W0228500

Luise Rinser · Gratwanderung

Luise Rinser

Gratwanderung

Briefe der Freundschaft an Karl Rahner 1962-1984

Herausgegeben von Bogdan Snela

Kösel

Mit 12 Fotos und mehreren Handzeichnungen aus dem Archiv von Luise Rinser, Rocca di Papa/München.

ISBN 3-466-20390-2

Druck und Bindung: Kösel, Kempten
Umschlaggestaltung: Kaselow Design, München
Umschlagfotos: Vorderseite links Karl Rahner, Foto © Pressedienst Willy Pragher, Freiburg i. Br.; rechts Luise Rinser, Foto aus dem Archiv von Luise Rinser, Rocca di Papa;
Klappe: Luise Rinser, Foto © Isolde Ohlbaum, München

1 2 3 4 5 6 · 99 98 97 96 95 94

Gedruckt auf umweltfreundlich hergestelltem Werkdruckpapier (säurefrei und chlorfrei gebleicht)

Inhalt

Vorwort 7

Mit welchem Namen nennst Du mich vor Gott? (1962) . . . 15

Sich ins Geheimnis vortasten 15
Ganz Mensch geworden 29
Du hast mein Innerstes berührt 43
Die tiefe Spur in unseren Herzen 55
Wir sind Alles-oder-Nichts-Menschen 65
Wie nennst Du mich vor Gott? 77
Laß mich diesem Menschen keine Fessel sein 92
Ich freue mich auf Dich mit Haut und Haar 104

Heiterkeit und Freiheit – die Frucht des Verzichts (1963) . . 117

Das Problem Priester – Frau modellhaft lösen 117
Liebender Schauder vor dem Abgrund der Fülle 127
Es gibt Augenblicke, da man schlechthin lebt 135
Ein aufgerissenes Herz 142
Versuch des Ausbruchs 152
In Verbindung mit dem Kern und Urgrund 160

Wie an einem Seil bei einer Gratwanderung (1964) 165

Ich hab gar nichts Sicheres mehr unter den Füßen 165
Wieder einmal an einen Anfang zurückgeworfen 175
Das Ineinanderspiel von Phantasie und Realität 186
In den Abgrund hinein 197
Geschleppt als Klotz den Berg hinauf 206

Spüren das im Wort Verschwiegene 218
Behalt mich lieb, auch wenn ich Dir wehtun muß 233
Laß uns nun ruhiger miteinander weitergehen 250

Im Banne der Schwermut (1965) 265

Ehrfurcht habe ich vor Deinem Schmerz 265
Du bist Reichtum auch wo Du Schmerz bist 278
Ich bin trotz aller Schwermut glücklich 288
Denn Genie und hohes Talent sind störend 297
Dunkle und bittere Seite der Liebe 309
Durch ein Schlangental gegangen 317
Der Ausweg ist uns noch dunkel 329

Lieben und Leben auf die endgültige Erfüllung hin (1966-1984) 335

Wenn ich die Nachricht von Deinem Tod bekäme 335
Auf den Knien meines Herzens 348
Ich kann mir eine Trennung von uns beiden nicht vorstellen 361
Ob Zölibat heute sinnvoll ist? 376
Den Raum der Stille in mir wiederfinden 389
Liebe ist doch nicht Abhängigkeit 397
Im Schweigen sind wir uns viel näher 404
Das ist das Problem, daß Gott schweigt 413

Der letzte Brief (30. März 1994) 419

Anhang

Editorische Notizen 423
Lebensdaten von Karl Rahner (1962-1984) 467
Lebensdaten von Luise Rinser (1962-1984) 469
Bildnachweis 470

Vorwort

Diese Briefe sind eine Auswahl aus den hunderten, die ich in mehr als zwei Jahrzehnten an Karl Rahner schrieb, die meisten als Antworten auf die seinen. Der vollständige Briefwechsel würde Tausende von Seiten umfassen[1]. Daß hier und jetzt nur meine Briefe veröffentlicht werden, hat einen juristischen Grund: Rahner war Jesuit, und sein Orden erlaubt die Publikation seiner Briefe nicht, obwohl ich die rechtmäßige Besitzerin bin, und obwohl Rahner nie die Rückgabe seiner Briefe an den Orden verlangte, ja nicht einmal in Erwägung zog. Wir sprachen im Lauf der Jahre einige Male über die Publikation unsres Briefwechsels[2]. Hätte er sie nicht gewollt, hätte er meine Briefe verbrennen können. Er gab sie mir, Päckchen um Päckchen, zurück. Auf manche Päckchen schrieb er eigenhändig: »Nach meinem Tod ungeöffnet an Frau Luise Rinser zurück«. Einige Male waren wir uns darüber einig, daß der gesamte Briefwechsel nach seinem und meinem Tod veröffentlicht werden soll. Aber wir haben den Gedanken daran fallengelassen, genau gesagt: einfach vergessen. Daß Rahner mir unser beider Briefe anvertraute, und nie die Rückgabe der seinen erbat, beweist, was er auch mehrmals sagte, daß er sie nicht in den Händen seines Ordens sehen wollte. »Bei dir sind sie wohl verwahrt.«

Verwahrt, wozu? Für wen? Wenn sie nicht publiziert werden sollten, warum dann nicht die Vernichtung? Was sollte denn sonst geschehen damit?

Ich besitze alle seine Briefe an mich, an die achtzehnhundert[3], und einen Teil meiner Briefe an ihn. Ein Teil meiner Briefe aus den letzten Jahren fehlt. Ich weiß nicht, wo sie sich befinden[4]. Es sind die am wenigsten wichtigen, am wenigsten interessanten meiner Briefe an ihn.

Nun: ich habe mir seit Rahners Tod 1984 keine Gedanken darüber gemacht, was mit unsern Briefen geschehen sollte. Meine Söhne würden nach meinem Tod schon das Richtige damit tun.

Eines Tages[5] sagte ich in einem Gespräch mit Dr. Snela (Schüler Rahners) so nebenher und ohne jede Absicht, daß ich viele hunderte von Briefen besitze, die meinen und die Rahners. Dr. Snela meinte, es sei doch schade, wenn sie nicht veröffentlicht würden. Ich erinnerte mich nicht mehr recht, was in diesen Briefen stand und hatte keine Lust, sie wiederzulesen oder vielmehr: mich ängstigte die Fülle und wohl auch, soweit meine Erinnerung reichte, die Problematik des Inhalts. So übergab ich sie in großem Vertrauen Dr. Snela. Er sollte sie lesen und dann urteilen, ob sie veröffentlicht werden können. Er fand den Briefwechsel faszinierend, menschlich tief berührend und vor allem theologisch und kirchenhistorisch wichtig[6]. Schließlich willigte ich ein, wenn auch die Jesuiten einverstanden wären. Sie waren es nicht, was Rahners Briefe angeht[7]. (Über ihre Begründung schweige ich.) Über meine Briefe kann ich frei verfügen[8]. Da sie vielfach Antworten sind auf Rahners Briefe, vermitteln sie, was er mir schrieb. So ist denn dieses Rahner-Kapitel mit dabei. Ich meine, der Orden sollte stolz sein darauf, einen nicht nur theologisch, sondern auch menschlich so großartigen Mann in seiner geistigen Ahnenreihe zu haben. Denn man muß schon sehr großes Format haben, um als Zölibatär zu wagen, was er wagte: eine Frau zu lieben und an dieser Liebe tief zu leiden. Aber warum das verschweigen? Warum nicht zeigen, wie ein Zölibatär eine Frau lieben kann, ohne als Ordensmann zu scheitern, im Gegenteil: daran zu wachsen.

Nun: Rahners Briefe bleiben also vorläufig leider unveröffentlicht. Die meinen aber lasse ich publizieren. Ich bin mir bewußt, welches Wagnis ich damit eingehe. Nicht als gehe es um Skandalöses. (Das, was heutigentags innerhalb der katholischen Kirche um den Pflichtzölibat geschieht, durch Schuld der Kirche, ist tausendmal skandalöser als das, was zwischen Rahner und mir geschah.) Es ging bei uns nicht um »verbotene Liebe«, es ging um das Erfahren-Wollen dessen, was wir »Beides« nannten: das göttliche Experiment, ganz Mensch, ganz Mann, ganz Frau zu sein, ganz »Fleisch und Blut«, und dennoch ganz und gar spirituell zu leben.

Wir haben diese Gratwanderung gewagt. Wir gingen dabei zeitweise wie auf dem scharfen Messer-Rücken, denn wir waren eben nicht nur spirituell, und wir waren auch nicht simpel Fromme, sondern höchst kritische Zeitgenossen, aus mancher kirchlichen Sicht nahe an der »Häresie«. Das eigentlich Schwierige aber lag nicht auf meiner Seite. Es war auf Rahners Seite: er litt. Mein Leiden war nur Echo und Spiegel des seinen. Denn er liebte mich, ich aber war an einen andern Mann, ebenfalls Ordensmann, seit vielen Jahren gebunden. Rahner wußte das von Anfang an, aber wir glaubten, »beides« zu leisten: meine Liebe zu einem andern und die tiefe Beziehung zwischen Rahner und mir. Wir haben auch dieses »Beides« geleistet, aber Rahner bezahlte dafür einen zu hohen Preis.

Der Anlaß zu meiner Begegnung mit Rahner war die Anfrage des Moraltheologen Egenter, ob ich ein Buch über die spezifische Art der Askese der Frau schreiben wollte. Ich suchte in meiner Bibliothek nach Material und fand ein Buch über »Askese und Mystik«. Der Co-Autor war Karl Rahner[9]. Ihn also konnte ich um Rat und Hilfe bitten. So schrieb ich ihm denn, ob ich ihn in Innsbruck besuchen könne. Kaum war mein Brief fort, wollte ich ihm einen zweiten nachschicken. Ich wollte um Entschuldigung für die Belästigung bitten, er habe natürlich keine Zeit, und ich zöge meine Bitte zurück. Doch schon war seine Antwort auf den ersten Brief unterwegs: er erwarte mich also am 27. Februar (1962) mittag an der Pforte des Jesuitenkollegs, Sillgasse 6 in Innsbruck[10]. Ich erwartete einen hochgewachsenen, hageren, strengen Mann, der mir eine halbe Stunde Audienz gewähren würde. Vor zwölf Uhr schon öffnete sich die Pforte (immer waren wir beide überpünktlich, so daß unsre Treffen im Lauf der Jahrzehnte immer früher sich ereigneten als abgemacht.) Der berühmte Jesuit: er war klein und unscheinbar, er trug unterm Arm zusammengeknautscht einen Regenmantel, und an der Hand eine Mappe. Wir schauten uns an, dann fragte er: »Und wohin gehen wir jetzt?«. Ich sagte ebenso trocken: »Zum Essen im ›Grauen Bären‹«. »Der graue Bär«, er wurde unser Treffpunkt für viele Jahre. Wir gingen also essen, und der Ecktisch wurde später immer für uns reserviert.

Und was redeten wir? Nun: über die Ursache meines Kommens. Ein theologisches Gespräch. Aber war ich wirklich deshalb, nur deshalb, gekommen? Es war die Zeit meiner tiefen verworrenen Leiden um

»M.A.«. Ich sprach einem Zölibatär, einem Ordensmann, von meiner Liebe zu einem andern Zölibatär und Ordensmann. Rahner hörte zu (mit einem Ohr, denn auf dem andern war er taub seit seinem Kinder-Scharlach). Und dann fragte er trocken: »Ist das (diese Liebe) exclusiv?« »Ja«, sagte ich. Dieses »exclusiv« war später Ursache zu Rahners großem Leiden. Er wußte von der ersten Stunde an, daß es einen Mann gab, den ich »exclusiv« liebte. Kein Geheimnis.
In der Nacht hatte ich einen Traum, an den ich mich nicht mehr erinnerte. Aber am Morgen fand ich auf dem Nachttisch einen Zettel, einen Briefumschlag, auf dessen Rückseite ich, im Traum, geschrieben hatte: »Ist Liebe Liebe nur, wenn sie geht der Liebe Spur.« Hatte ich das geschrieben? Es war (und ist) meine Handschrift, aber seltsam verfremdet. Wer schrieb das?
Am Morgen kam Rahner, nach der Messe, zum Frühstück und ich zeigte ihm den Zettel. Was bedeutet der Satz?
»Ha no«, sagte er in seinem badischen Dialekt, »des isch doch einfach. Es bedeutet, daß es nicht nur eine einzige Art von Liebe gibt.« Für ihn war alles klar, so schien es. Später freilich wurde aus dem einfachen klaren Satz ein herz-abschnürendes Problem. Konnte ich denn zwei Männer lieben? Auf verschiedene Art lieben? Wir glaubten, »beides« gehe. Liebte ich denn Rahner? Er faszinierte mich, und ich liebte seine ungemein schönen braunen Augen, auch seine Stimme. Und er tauchte in meinem Leben auf in just dem Augenblick, in dem mich der Dritte, M.A., entsetzlich quälte, von seiner klerikalen Verformung eingeholt, mich zurückstieß, sich wieder näherte, um das Spiel von neuem zu beginnen mit immer höherem Einsatz. Da nun kam Rahner und gab mir, was der andere mir vorenthielt: Wärme, brüderliche Nähe, scheue Zärtlichkeit auch, und unauffällige aber authentische spirituelle Führung. Während der Dritte sich brüsk zurückzuziehen und zu verstecken versuchte und seine Gefühle leugnete, war Rahner jederzeit erreichbar, telefonisch und besuchsweise, und er schrieb mir. Er schrieb schöne Briefe, fast täglich, manchmal fünf Briefe am Tag, und seine jesuitische Erziehung und Selbstkontrolle wurde langsam überwachsen von seiner tiefen warmen Menschlichkeit. Er »blühte auf«. Kein Wunder, daß ich mit meinem ganzen Wesen mich ihm anvertraute. Ich hielt mein Gefühl für Liebe

und war so unvorsichtig, diese Liebe Rahner zu zeigen. Vermutlich hoffte ich auch, dadurch den andern zu vergessen.

Zwei Jahre etwa waren Rahner und ich (meist) heiterglücklich. Meine Briefe bezeugen es. Aber schließlich brach die dünne Eisdecke ein, die sich über meiner großen Liebe zu M.A. gebildet hatte, und ich sah, daß ich nur ihn liebte mit jener Liebe, die »exclusiv« ist. Auch brachten es die Konzilsjahre mit sich, daß ich M.A. sehr oft sah und er es nun wagte, mir seine Gefühle zu zeigen.

Rahner erlebte das und ich sagte es ihm auch. Er fühlte sich von mir verraten und tief verletzt, und er vergaß, was ich ihm von Anfang an und immer wieder gesagt hatte: daß ich M.A.liebte, »exclusiv«.

Jetzt, beim qualvollen Wiederlesen jener Briefe erscheint mir meine Aufrichtigkeit grausam. Aber wie anders hätte ich mich verhalten sollen? Ich war das Weizenkorn, das zwischen den Mühlsteinen gemahlen wurde. Ich litt. Rahner litt. M.A. litt. Was für eine unerträgliche Situation, was für eine unlösbare Aufgabe.

Wir lösten sie schließlich. Der Kampf endete in Frieden. Mit Rahner verband mich eine tiefe treue Freundschaft, bis zu seinem Tod. Buchstäblich bis zu seinem Tod, denn ich hörte seine Stimme durchs Telefon wenige Stunden vor seinem Heimgang.

Wenn ich, nach langem Zögern und mit Widerstreben meine Briefe veröffentliche, so hat es einen triftigen Grund: Sie enthalten, als Echo zu Rahners Briefen, sehr viele seiner Gedanken und Gefühle, die wichtig sind zum Verständnis seiner Person und auch seiner Theologie. Sie sind mehr als eine Ergänzung zu allem, was bereits über ihn geschrieben und publiziert wurde; sie sind, gespiegelt in meinen Briefen, sein intimes Tagebuch, das Tagebuch eines großen Theologen, der ein großer Mensch war.

Was bei dieser Publikation mein eigenes Problem ist, daß ich mich dem Unverständnis der Leser preisgebe, weniger in meinem Verhalten zu Rahner als in dem, wovon zu sprechen eigentlich unmöglich ist. Ich rede von dem Gebiet, das man, weil es so überhell ist, für dunkel hält. Ich rede von dem, was man »Mystik« nennt. Ich rede nicht von »okkulten« Dingen, auch nicht von Parapsychologie, nicht von »Esoterik«. Ich rede simpel von Mystik, das heißt von jener besonderen Art, in Verbindung mit dem universellen namenlosen

Geist zu leben, der sich in jeder Weltreligion jenen offenbart, die dafür offen sind. Ich lebte als Kind (möglicherweise als Frucht aus einem früheren Leben) eine authentische Form mystischer Frömmigkeit, die später überdeckt wurde von meiner Intellektualität und meiner Befassung mit dogmatischer Theologie, die mich zum Agnostizismus bis zur Grenze des Atheismus führte, viel später aber, auf dem Weg meiner Begegnungen mit fernöstlichen Religionen, wieder einholte.

Ich sprach zu niemand über meine Erlebnisse, nur zu Rahner, der von sich behauptete, nie Mystik erlebt zu haben, der aber ganz gewiß jene Art der Verbindung zu seinem Gott hatte, die mystischer Natur war: das wortlose Weilen im »Heiligen Geist«.

Meine eigenen Erfahrungen dieser Art gebe ich notgedrungen teilweise preis, weil sie Teil meiner Korrespondenz mit Rahner sind. Aber nicht nur deshalb. Ich versuche zu zeigen, daß sich auch auf diesem Gebiet »Beides« verbinden kann. Man kennt mich als »Links-Katholikin«, als politisch engagierte Zeitgenossin, als Teilnehmerin an Protestmärschen, als Unterzeichnerin, auch Verfasserin »revolutionärer« Aufsätze, kurzum: als eine »aufmüpfige« nüchterne Person, die fest auf beiden Beinen steht. Zwar lassen sich in fast allen meinen Büchern Spuren finden, die das Vorhandensein einer besonderen Art von Sprititualität verraten, aber eben nur Spuren[11]. In meinen Briefen an Rahner rede ich deutlich. Freilich habe ich nicht alle diese Briefe zum Abdruck freigegeben. Einige bedürfen des Schleiers der Intimität zwischen Mensch und dem, was man Gott nennt.

Ich bin nicht die einzige, die »beides« lebt: ich erinnere an den ehemaligen ägyptischen (ermordeten) Staatspräsidenten Sadat, der in seiner politischen Autobiographie im Gefängnis der Engländer über seine mystischen Erlebnisse schrieb. Und ich erinnere an Dag Hammarskjöld, Generalsekretär der UN, Finanzmann und Politiker von Beruf, der sein intimes Tagebuch (»Zeichen am Weg«) seinem Freund übergab zur Veröffentlichung, und der seine Leser enttäuschte, die Politik erwarteten und Mystik fanden.

Es wäre eine reizvolle Aufgabe, ein Buch zusammenzustellen mit Dokumenten mystischer Frömmigkeit politischer oder sonstwie »weltlicher« Personen, von denen man das nicht erwartet.

Was mich beim Wiederlesen meiner Briefe ungemein stört, und was meine Leser stören, befremden, schockieren kann, ist meine Sprache von damals. Es ist die Sprache der Theologie und Frömmigkeit, eine Sprache, die viele »Klischees« enthält. Aber damals kannten wir keine andere Sprache für spirituelle Erfahrungen. In meinen Briefen sprach ich zu einem Theologen, der mein »Guru« war und der die »Klischees« verstand als Symbol-Sprache.
Der Leser wird bald bemerken, daß ich mich nach und nach von dieser Sprache löste, so wie ich mich von veralteten Glaubensvorstellungen löste, so weit löste, daß meine kirchengebundene Religiosität zum Zweifel, zum Agnostizismus bis zum Atheismus führte, was meinem Briefpartner, der Jesuit und als Theologe Dogmatiker war, große Probleme schuf. Aber ich mußte meinen Weg gehen. Er führte mich über meine Befassung mit östlichen Religionen zu einer universellen Religion, in der auch das Christentum seinen Platz hat. Mit großem Widerstreben lasse ich jene meiner Briefe veröffentlichen, die von meinen spirituellen Erfahrungen sprechen. Wen sie befremden, der möge bedenken, wie heiß sich heutzutage viele Zeitgenossen, besonders jüngere, bemühen, mit Hilfe esoterischer Praktiken das zu erreichen, was mir ganz natürlich gegeben war, wie es allen gegeben ist, aber von den meisten nicht wahrgenommen wird, weil sie sich nicht dafür öffnen.
Nun: so wage ich denn diese in doppelter Hinsicht riskante Publikation in der Hoffnung, die Leser mögen nicht nur die Größe Rahners begreifen, sondern auch das einfache klare Phänomen der Mystik, befreit von jeder modern esoterischen Scharlatanerie, jenes Phänomen, das die Menschheit durch viele Jahrtausende auf ihrem Weg begleitet: das Phänomen, das einfach darin besteht, daß man sich öffnet für die Welt des Geistes. Aber ich betone: es geht nicht um mich, es geht um Rahner, diesen außerordentlichen Menschen, der es wagte, liebend und leidend zu leben und von dem das Wort Jesu über einen seiner Jünger, Nathanael, gelten kann: »Seht, ein Mensch ohne Falsch.«

Rocca di Papa, 30. 3. 1994, 10. Todestag K. Rahners

Luise Rinser

Mit welchem Namen nennst Du mich vor Gott? (1962)

Sich ins Geheimnis vortasten

Rom, 20.02.62[1], frühmorgens
vor dem Flug nach Deutschland, *daher* in Eile.

Verehrter Pater Rahner,
gestern abend hatte ich beschlossen, Ihnen zu schreiben, daß ich meine Bitte, Sie zu sehen, zurücknehme, da ich mir denken kann, daß es Sie einfach nicht interessiert, mit Nicht-Theologen zu diskutieren, denen viele Voraussetzungen fehlen. – Nun aber überfällt mich plötzlich ein derartiger Zorn auf die ganze Theologie, daß ich es Ihnen *sagen*, nicht schreiben muß. Mir ist, nachdem ich mich lange mit den Fragen der Jungfräulichkeit beschäftigt habe, verschiedenes aufgegangen.
1. Daß *diese* ganze Frage – wie die gesamte Theologie – vom *Manne* aus gesehen ist, nicht vom Menschen aus.
2. Daß eine Theologie, die am Leben vorbeiredet, nichts taugt, denn auch Christus redete immer *zum* Leben. Ich meine »Leben« in *allen* seinen Ebenen. Jedes seiner Worte ist *brauchbar*, »versteh-bar« auch für den »kleinen Mann«.
3. Daß die Theologie der Jungfräulichkeit nichts anderes ist (ich meine die *Überschätzung* der Jungfräulichkeit) als die Sucht
a. nach einer Bestätigung und Erhöhung des eigenen Wesens, des eigenen, jungfräulichen Standes zuungunsten der anderen (also Hochmut);
b. nach der Bildung eines *exclusiven* Standes: »Die Priester-Kaste« oder der Zirkel der »Höchst-Eingeweihten«. (Ich verallgemeinere, das ist schlecht, aber *auch* richtig. Ich kenne natürlich ganz wunderbare Priester auch!!)

So werden die jungen Leute im Germanicum erzogen, und so soll ich meinen Sohn erziehen lassen? In diesem Hochmut, dieser Lieblosigkeit, diesem manichäisch-gnostizistischen »Ideal«? Welche Verantwortung auch für mich.

Ach, Pater Rahner! Jetzt weiß ich übrigens, warum ich Sie *so* schätze: Weil Sie »unsicher« in einem sehr schönen Sinne sind. Ihnen fehlt jeglicher Theologen-Hochmut. Sie lassen alle Fragen offen. Sie lernen, indem Sie denken; Sie tasten sich vor ins Geheimnis und lassen uns nicht im Zweifel darüber, daß Sie nur tasten. In dieser Ihrer Demut ist es begründet, daß Sie mir wirklich ein *Führer* sein können.

Und ich möchte Sie *doch* sprechen! Wenn es irgend geht – bitte, machen Sie es möglich.

Ihre (von der Theologie verstörte)
Luise Rinser

Roma, 5.3.62

Lieber Pater Rahner,

da diese Arbeit [Felix Tristitia][2] beim ersten Schreiben offenbar verloren ging, (falls sie sich nicht eines Tages unter Ihren anderen unerledigten Papieren findet...) schicke ich sie noch einmal. Hoffentlich geht's damit nicht so wie mit den scheußlichen Hochzeitsgeschenken, die man kaputtschlägt, um sie nicht sehen und haben zu müssen – und dann kommt die gute Tante, die Geberin, – und schenkt einem die selbe lästige Sache *noch* einmal! (Aber Sie *müssen* sie ja nicht lesen. Freilich hätte ich es gern, täten Sie es doch!)

Es war *schön* bei Ihnen, schön und heiter, und so ganz anders, als ich mir's, falls ich mir etwas *Bestimmtes* überhaupt vorgestellt hätte, vorausgedacht hatte. Ich danke Ihnen von Herzen. Ich habe *vieles* zu sagen, nicht von mir, sondern von Ihnen, denn am 2. Tag war ich ganz passiv und ließ Sie auf mich wirken, da weiß man dann manches. –

Ihre Luise Rinser

Roma, 12.3.62[3]

Lieber Pater Rahner,
da, wie Sie schreiben, Briefe gut in die Fastenzeit hineinpassen und da Sie mir ja Autorität in allen Fragen sind, die in etwa zur Theologie gehören, schreibe ich Ihnen einen Brief, der aber nicht ganz den Geist der Fastenzeit spiegelt insofern, als darin nicht von Fasten die Rede ist, sondern vielmehr von Reichtum, Fülle, Freude. Ich schreibe nämlich in der ersten Freude über Ihren Brief. Ich freue mich, daß Sie überhaupt geschrieben haben (ich hatte doch, jetzt gestehe ich mir's ein, recht sehr auf ein Zeichen gewartet), und ich freue mich über die Tonart, in der Sie schrieben, die so viel heiterer (und bekömmlicher) ist als die M.A.'s, und ich freue mich über das, was Sie schrieben – vor allem natürlich darüber, daß Sie mir Mut machen können, *so* weiter zu arbeiten. Sie wissen gar nicht, *wie* gut Ihr Brief für mich ist. Ich bin nämlich inmitten vieler Freunde und trotz M.A. ein sehr »alleiniger« Mensch, weil mich eigentlich niemand ganz versteht. Nicht als fühlte ich mich »unverstanden« (gräßlich »eine unverstandene Frau«!!) und als hätte ich das dringende Bedürfnis, von jemand anderem als dem HERRN *verstanden* zu werden. Aber beim ersten Zusammensein mit Ihnen war mir klar, daß Sie meine Sprache sprechen (zwar nicht was Ihren Stil, Ihre Worte anlangt, aber was Ihre Gedanken betrifft). Auch Sie sind einsam mit Gott, *und ER genügt.* Aber dennoch ist es schön, wunderbar schön und in tiefstem Dank »auf den Knien des Herzens« (stammt von Kleist!) hinzunehmen, wenn man einem Menschen begegnet, bei dem man das Gefühl selbstverständlicher Nähe hat. Darum waren wir ja auch so heiter mitsammen. Wir haben viel gelächelt und gelacht. In meiner Erinnerung sind die *acht*(!) Stunden (fünf plus drei) im »Grauen Bären« wie ein einziges Lächeln, und immer, wenn ich an Sie denke, überkommt mich diese himmlische Heiterkeit. Ich habe in meinem Leben so etwas noch nicht erlebt, ehe ich Sie sah. Ob Sie nicht auch in ähnlicher Weise an mich denken? Heiter, schwerelos, selbst-verständlich? Können Sie es mir *sagen*?
Ich freue mich innigst auf jedes Zeichen von Ihnen (ein Satz auf einer Karte kann mich für eine Woche ernähren, wenigstens in der Fastenzeit...) und auf das so schön angebotene Wiedersehen.

Gerne wüßte ich, wo meine Gedanken Sie finden, jetzt, wenn Sie nicht in Innsbruck sind. Wohin darf ich, wenn ich will oder muß, schreiben? Wie lang sind Sie fort? Schreiben Sie mir ein Kärtchen darüber, *bitte.*
Nun aber genug vom Persönlichen (obgleich ich finde, daß man – mit dem Mitteilen vom Persönlichen – nicht so *hochmütig* sparsam sein soll, wie es sich manche egoistische Leute schuldig zu sein glauben). – Ich habe gestern einen großen Schmerz erlebt: Ist es wahr, daß Papst Giovanni einen Erlaß herausgegeben hat, in dem *befohlen* wird, *alle* theologischen Schriften in *Latein* abzufassen? Kardinal Doepfner soll sehr böse sein darüber. Mit Recht. Man will offenbar damit erreichen, daß sich jene italienischen Cardinäle, dicht um den Papst, jederzeit *mühelos* über alle theologischen Schriften orientieren können. Außerdem will man, daß die Laien die oft prekären neuen Schriften nicht (mehr ohne weiteres) lesen können (als ob es nicht genug Laien gäbe, die Latein können, und als ob man nicht raschestens Übersetzungen machen lassen könnte!!). Diese ganze Bewegung scheint mir als Symptom beängstigend, und allen Bestrebungen, Laien (=Charismatiker) und Lehramt näher zusammenzubringen, ins Gesicht zu schlagen. Wie verhalten *Sie* sich dazu? Werden Sie in Latein schreiben? *Tun Sie es nicht!* Alle Theologen der Welt sollten sich zusammenschließen in dieser Frage. Haben Sie schon etwas unternommen? *Sie* können es sich trotz allem leisten! Ich bete sehr intensiv für Sie um Mut und Kraft. – Ihre Schrift (in »Stimmen der Zeit«)[4] zum Konzil ist großartig! *Sie* haben ein Charisma ohne Zweifel. (Wie dankbar bin ich Gott, daß ich nicht nur Ihre Schriften, sondern Sie selbst kennenlernen durfte).
Ich fand übrigens bei der Beschäftigung mit der Geschichte des 14. Jahrhunderts (ich muß für den Bayrischen Rundfunk eine Sendung zum Tag der S. Caterina machen), daß jene Epoche Ähnlichkeit mit der unseren hat: vorreformatorischer Geist, Anfechtung der Allmacht des Papstes, Aufbruch der Laien-Frömmigkeit, Beachtung des Charismatischen in der Kirche, symptomatisch: keine neuen Orden, aber »Säkular-Institute«, die große allgemeine Unruhe, und sofort. Man müßte eine Arbeit schreiben darüber. – Ich schrieb noch ein ganzes Blatt voller Einfälle, teils zum Thema der Jungfräulichkeit,

teils zu Ihrem Thema der Entwicklung Jesu, aber Sie tun mir leid, wenn Sie das alles lesen müßten. So schicke ich das Blatt nicht mit.– Für Ihre Schwermütige bete ich. Wollen Sie ihr vielleicht meine Schrift über die Schwermut[5] geben? Kann ich mich sonstwie um sie annehmen? Manchmal habe ich auch so etwas wie eine charismatische Fähigkeit, *weit* über *meine* Kraft hinaus zu wirken und Ursachen aufzudecken (intuitiv), die kein Analytiker fand. –
Daß Sie meiner (geliebten) Buben so lieb gedenken, wärmt mein Herz. Dank! – Die beiden kommen Ende März für eine Woche zu mir und fahren dann mit ihrem VW nach Griechenland, während ich am 11.4. für zwei bis drei Wochen (Ostern!) nach Jordanien und Israel gehe. – Auf der Fahrt nach München (*etwa* 7.Mai) werde ich also nach Innsbruck kommen. Ich freue mich darauf! (Mehr als auf alle bevorstehenden Reisen: Israel – Holland, – Polen).
Zu Ihrer Frage: Über Mischehe schrieb Frau Dr. Gertrude Reidick eine *gute* Arbeit in »Una Sancta« (ich weiß nicht genau, wann, etwa Herbst 61).
Ich lege Ihnen ein Gedicht von mir bei. Ich kann keine Lyrik –, ich schrieb es mit etwa 24 Jahren so wies dasteht[6]. Ohne Korrektur, »in Trance« fast. Jetzt *erschrecke* ich über das, was ich da sagte oder vielmehr: was *mir* da gesagt *wurde.*

Ihre dankbare Luise Rinser

Die Stimme

für Karl Rahner, März 1962

Anhauch des nächtlichen Weltraums
Verharrt vor umfriedetem Pferch.
Dunkle Vögel voller Anruf werfen mächtig
Sich in die Stauung um die ausgesparte Insel.
Doch hier ist Schlaf der satten Lämmer
Und Traum von Gräsern und von Wolle.

Nur Eines Traum steht, aufgerissen, offen.
Das Innre der gewohnten Frucht schmeckt
Plötzlich bitter. Und fernher aus der Fülle
Der aufgehäuften Nacht ruft eine fremde

Stimme, die es meint: Steh auf und komm.
Es läßt die Wärme nachbarlichen Tiers
Und überschreitet blind den Kreis der Hut.

Draußen empfängt es voller Aufbruch die Nacht.
Zitternd einrollt sein festliches Fahnentuch
Der fortgewiesne Himmel, aus dem Stürme stürzen,
Und aus dem Dunkel jäh springt auf das Tier,
Das jagende, voll Übermacht und Strenge.
Nicht Stern noch Bergung. Nur das Lamm.
Und Jagd und Ruf. Und Bäume voller Schrecken
Nehmen sich zurück.

Da wölbt sich aus der Nacht
Die fürchterliche Stimme: Steh, Steh!
Entflieh nicht mehr.
Schonung ist nirgendwo.
Und überall bin Ich.
Gezeichnet hab Ich dich.
Sieh, dunkel ist dein Fell von Blut,
Fremd deine Spur vom scharfen Ruch
Des frischen Brandmals meiner Hand.
Knie nun, knie,
Daß du im Knien
Empfängst den besonderen Auftrag:

Verwehrt ist der Pferch dir und das gewohnte
Süße Tal der Nahrung. Siehe dort
Das Verworfne des unfruchtbaren,
Des unaufhörlichen Gebirgs!
Erstarrt dein Blut? Dort weide.
Denn dort
Bin Ich.

Rom, März 1962[7]

Warum nur machen mich Ihre Briefe so heiter? *So* heiter *sind* sie (Sie) doch gar nicht! Aber das alles ist in der Serenität der *sacra indifferentia* daheim – *das* wird's sein. Oder? Man weiß so wenig, und alles bleibt Geheimnis, und das ist *gut* so. Ich rede *viel* mit Ihnen. *Hören* Sie's? Stört es Sie?

Ihre Luise Rinser

Roma, 15.3.62

Lieber Pater Rahner,
ich habe eben bei Ihnen in Innsbruck angerufen, um Ihnen etwas zu sagen, aber ich hörte, Sie seien nicht da und kämen erst Sonntagabend wieder (so hatte ich's *doch* recht im Kopf behalten, daß Sie ab 14. nicht in Innsbruck seien! Ich muß nämlich nach Frankfurt, morgen 16.), weil mein Verleger wünscht, daß ich bei einer Fernsehsendung »Bücher und Dichter« mitmachen soll, und ich tu's seufzend. Was für ein unruhiges Leben. Aber ein gutes Training für Gelassenheit und für's Bewahren der »inneren Zelle«!
Nun: Da ich von Frankfurt nach München fliege, um dort, für einen Tag meine Buben zu sehen, liegt der Gedanke nahe – – – usw. Sie ahnen alles! Ich könnte am Dienstag, 20., morgens acht in München abfahren, wäre um 10.46 Uhr in Innsbruck und könnte um 15.57 Uhr wieder weiterfahren nach Rom. (München-Rom also mit Zug… mit starkem Zug nach Innsbruck!!!) Ich könnte aber natürlich auch am Nachmittag kommen und am nächsten Tag weiterfahren. Aber ich will Ihnen diesmal *ganz* wenig Zeit wegnehmen – wenn's Ihnen nicht paßt (mein Kommen, meine ich), sagen Sie's, aber erfinden Sie bitte, eine liebevolle Ausrede. Ich ertrüge *jetzt* (trotz Fastenzeit) ein glattes Nein schlecht, da ich mich so kindlich auf Sie freue. Für mich ist einfach jetzt »Rebhuhn« und *nicht* »Fasten«, und so soll es sein. Ich bin dem Oberbefehl M.A.s entlaufen und flüchte unter Ihre menschlichere Flagge. Bergen Sie mich dort, bitte.

Ihre Luise Rinser

Roma, 22./23.3.62

Lieber Pater Rahner,
eben bin ich angekommen, es ist Mitternacht und es regnet (wäre ich doch in der Innsbrucker Sonne geblieben...), ein Postberg liegt da, (wiewohl nur fünf Tage alt), aber ich habe wie der Hund nach dem Knochen nur nach *einem* Brief gegraben und ihn auch gefunden. Dank. Dank für alles. Wenn ich heute früh (vor 700 Kilometern) sagte, ich wäre doch nicht mehr ganz so himmlisch heiter in unserer Beziehung, so war das nur ein Schatten, er kam von Müdigkeit und ich spürte wohl auch voraus Ihre Sorge Ihres Bruders wegen, ich bin nämlich eine Antenne, und außerdem hatte ich in der Nacht einen Traum von uns beiden (ist das ein süßes Wort: von uns beiden –, sagen Sie sich das einmal vor, ganz leise) einen Traum der schön war, aber mich ein wenig befangen machte. Aber jetzt ist die reine Freude wieder da, stärker noch. Was sind Sie doch für ein bezaubernder Mensch! Ihre Augen – diese schönen Augen, die ganz ruhig sind und rein und warm, in denen die meinen stundenlang ruhen können, diese Augen liebe ich innig. Manchmal werden sie dunkel – kastanienbraun, das habe ich noch nie bei einem Menschen gesehen. Hoffentlich störe ich Sie jetzt nicht in Ihrem Schlaf, weil ich allzu intensiv bei Ihnen bin. Ich werde mich behutsam wiederzurücknehmen.

Ob Sie »Liebe Luise Rinser« schreiben dürfen? Dürfen? Es ist mir ein Geschenk. Wenn Sie ganz generös sein wollen, dann *dürfen* Sie auch noch anders schreiben, wie, das überlasse ich Ihrem schöpferischen Herzen. Ich meine, wir werden eines Tages ganz von selbst eine noch andere Anrede gefunden haben. Das ergibt sich bei uns *alles* ganz von selbst, das wächst pflanzenhaft. Sie werden auch einen neuen Namen für mich finden, da Sie ja etwas Neues aus mir machen. Und wie soll *ich* schreiben? Pater, das bezeichnet das, was Sie mir sind, nicht richtig.

Daß Sie mich gernhaben, ach das ist schön, das macht mich tief innen glücklich. Aber was bin ich Ihnen denn, was *kann* ich einem Manne wie *Ihnen* sein? Vielleicht genügt es, wenn ich Sie einfach liebhabe. Das Angenommen-Sein von einem Menschen ist eine Quelle der Kraft, das ist wahr. Und wir beide haben uns angenommen, im ersten Augenblick.

Sie haben gestern beim Tee da oben (säßen wir doch wieder dort) gefragt, was denn Liebe sei, da man ja »das Heil« jedem, nicht nur dem besonders geliebten Menschen wünsche. Ich möchte dazu sagen, daß andere als ich schon recht Gescheites darüber geschrieben haben und daß dennoch nichts geklärt ist und *alles* Geheimnis blieb. Und was da zwischen *uns* ist, das ist dreimal ein Geheimnis. Genug, *daß* es da ist. Danken wir dem guten Gott, der uns dies gab. Freuen Sie sich dessen, nehmen Sie von mir alles, was ich geben kann. Ich spare nie mit mir, ich werde *ganz* da sein für Sie und auch für M.A., denn beides ist etwas für sich Ganzes und Heiles. Daß Sie mir in gewisser Weise näher sind als er, weiß ich. Was *er* falsch macht, das machen *Sie* richtig. Ich lege mich ganz vertrauensvoll in Ihre Hand oder wenn die zu klein ist, in Ihren Arm und lasse mich beschützen und wärmen. –
Daß Sie meine Aufsätze mögen, macht mich stolz. Und Sie, wenn Sie mir schon ein Urteil zutrauen, dürfen auch ein klein wenig stolz sein, wenn ich Ihnen sage, daß ich Ihren Geist schlechthin bewundere und daß ich Ihre Vorlesung ausgezeichnet fand. Sie war so klar, daß selbst ich, die ich da so mittenhinein kam und nicht vom Fache bin (freilich brennend interessiert), alles verstand, – ich kann es Ihnen jederzeit beweisen!
Die Fahrt (gestern) war unseres Zusammenseins würdig, sie hatte etwas von einem Märchen. Ich ging Mittag in den Speisewagen und setzte mich an einen Tisch zusammen mit einem Paar (einem älteren Mann und einem irgendwie dazugehörenden Mädchen), und dann kam noch ein italienischer Ingenieur. Der andere Mann war ein vor langer Zeit in Schweden eingewanderter Deutscher. Wir kamen in ein Gespräch, ich machte die Dolmetscherin zwischen den Deutsch-Schweden und dem lustigen Italiener. Nach einer Weile sprachen wir von deutscher und italienischer Literatur, vom Film her kommend, und der Schweden-Deutsche sagte, die moderne deutsche Literatur sei ihm zu nihilistisch und es gäbe nur eine, die er gelten lasse und ob ich von ihr etwas gelesen habe – nämlich von Luise Rinser. Ich zog schweigend meinen Paß und reichte ihn ihm. – Sie können sich den Knall-Effekt vorstellen. Die Sache mußte dem Italiener erklärt werden, und er bestellte Wein, guten und davon viel, und wir feierten irgendetwas, ich glaube mich, jedenfalls war es

ungemein lustig, und der ganze Speisewagen lachte mit uns, weil unsere Heiterkeit ansteckend war. Niemand freilich wußte, daß *ich* so heiter war, weil ich eineinhalb Tage mit einem großen Theologen verbracht hatte... Ist das eigentlich ein Grund zur Heiterkeit?? Nachher in meinem Abteil (die anderen stiegen in Rovereto aus und schenkten mir noch eine schwedische Puppe) sprach mich ein Deutscher an, ein Ornithologe, und wir waren bald mitten in einem theologischen Gespräch–, er ist »Pantheist« und außerdem glaubt er nicht an »Wunder«, und ich erklärte ihm erst einmal, was Wunder seien, und da er der Kirche vorwarf, sie kümmere sich nicht ums Soziale, mußte ich ihm auseinandersetzen, daß das nicht ihre Aufgabe sei, wohl aber eine ihrer Wirkungen, sofern sie aus der Befolgung des Gebotes der Nächstenliebe hervorgehe, und so fort. Der Mann war sehr beeindruckt, und ich glaube fast, ich habe ihm ein paar Lichter angezündet. Außerdem sage ich solchen Männern, die mich zuerst als moderne, interessante Frau sehen, daß ich jeden Morgen zur Messe gehe, – das frappiert sie. Ist das richtig? Sie sehen, ich nütze jede Gelegenheit, und wenn ich mir auch nicht einbilde, daß solche Leute sich nun zu unserer Kirche bekehren, so meine ich doch, daß der eine oder andere nachdenklich wird. Ich kann es nicht lassen, von diesen Dingen zu sprechen, – »sei es gelegen oder ungelegen«. So wie ein Verliebter immer von der Geliebten reden will auch zu Leuten, die das gar nicht interessiert, so muß ich von meiner großen Liebe reden.

Bitte sagen Sie dem Fr. Wachtler, der mir den Brief schrieb, ich würde ihm bald antworten. Ist es der, der uns vor der Diskussion an der Pforte begrüßte? Und jetzt hoffe ich, daß die liebe Verwandte »net alle Tag' kommt«, ich möchte sogar wünschen, daß Sie in etwa einer Woche denken: »Die Luise (oder wie nennen Sie mich in Ihren Gedanken?) war aber schon lang net mehr da«... Allen Ernstes wünsche ich Ihnen – bei aller schwebenden Heiterkeit und Freiheit unserer Beziehung –, daß Sie ein wenig Heimweh nach mir haben. So eine bin ich!!! Ist das schlimm oder bloß dumm oder ist es gut? Jetzt wird es aber Zeit, daß ich aufhöre mit dem unmöglichen Nachtgespräch, – es ist zwei Uhr.

Ihre, im Augenblick noch auf einen Namen Wartende.

P.S.: Meine Kinder nennen mich »Wuschel« oder »Wuscha« – siehe »Winnie the Pu.« M.A. nennt (nannte) mich Maria – die Hälfte seines Namens. – Ihnen bleibt ein weites Feld!)

Roma, 25.3.62[8]

Herzlich willkommen in der Heimat! Ein kleiner Gruß – im Zeichen des guten Grauen Bären, von dem wir beide jetzt weit weg sind. Aber er steht ja auch als *sehr* großer Bär am Himmel, beiden sichtbar!

Roma, 29.3.62

Anrede am Schluß!!
(Wenn ich doch wüßte, ob Sie wirklich meine Handschrift schwer lesen können und ob es Ihnen lieber ist, wenn ich mit Maschine schreibe! Sagen Sie es mir ehrlich!)
Dank für Ihren Brief, der da heute so unerwartet zu mir kam. Nie im Leben hat mir eine österreichische Briefmarke Herzklopfen gemacht – nie *vorher*, meine ich. Aber wir zwei, wissen Sie, wir sind sonderbare Leut: Immer meint eines von uns, es hätte vielleicht zuviel gesagt und damit dem anderen ein wenig Schwierigkeit bereitet. Ich glaube, wir müssen so rasch wie möglich lernen, daß wir einander voll vertrauen dürfen, das heißt, daß wir einander zutrauen, alles, *alles* zu verstehen, was der andere sagt, und zwar mit allen Hintergründen und unter allen Beleuchtungen. Abgemacht? Wenn Sie neulich sagten und auch schrieben, daß Sie unbegrenzt Lob und Ermunterung vertrügen, so sage ich Ihnen jetzt, daß ich unbegrenzt Zärtlichkeit und derlei, wie immer Sie es nennen mögen, vertrage. Ich habe Ihnen gegenüber darin ja auch keine Hemmungen, einfach aus dem Gespür heraus, daß Ihr Herz genau so groß ist wie Ihr Verstand, Ihr Geist. Wenn Sie *können*, sagen Sie mir viel Liebes, und *haben* Sie mich lieb (wenn Sie Zeit und Lust dazu haben...) Ich will Ihnen auch Liebes sagen und tun, denn vielleicht brauchen auch (*sogar!*) Sie das. Sie sind ja nicht so dumm und verbohrt wie M.A., der glaubt, dem lieben

Gott etwas wegzunehmen, wenn er seine Gefühle für mich eingesteht, und der glaubt, ich betrüge den lieben Gott, wenn ich jemand Irdisches liebe. *Saudumm.* Ich kann Ihnen aber, falls Sie je eine ähnliche dumme Versuchung hätten, sagen, daß ich inmitten meiner starken Freude über Sie dem lieben Gott in aller unmißverständlichen Deutlichkeit und ohne mit der Wimper zu zucken angeboten habe, ER (freilich *nur* ER) dürfe, nein *müsse* Sie mir wieder wegnehmen, falls meine Liebe zu IHM dadurch auch nur die leiseste Einbuße erlitte. Und das würde ER zweifellos tun, denn wir, der liebe Gott und ich, verstehen uns darin sehr gut, und ER macht nicht lange Umstände, wenn IHM etwas nicht paßt an mir. ER hat mir schon verdammt viel weggenommen, so daß ich jetzt volltrainiert bin in der *sacra indifferentia* wie ein alter Jesuitenzögling. Sie haben es nämlich – ich weiß nicht, ob Sie das bereits bemerkt haben, mit jemand' zu tun bekommen, der zwar sehr lieb ist oder jedenfalls sein kann, der aber ebenso hart sein kann (eher freilich zu mir als zu anderen), wenn es um Gott geht. Aber da es Ihnen um dasselbe geht, kann da nichts passieren, und wir dürfen unser junges Gefühl füreinander seelenruhig uns zeigen. Wissen Sie, bei unsereinem (darf ich so sagen?) ist es so, daß *alles* letzten Endes IHM zugute kommt und von IHM gesteuert wird – denn Menschen, die bewußt IHM gehören, stehen ja unter seiner direkten Leitung. Sie sehen, was für Einbildungen in bezug auf mich ich habe, und vielleicht müssen Sie einmal in priesterlicher Funktion mich ausschimpfen meiner Liebesgewißheit wegen – ich meine, meiner Gewißheit wegen, von IHM geliebt zu sein. Aber wenn ich Ihnen eines Tages (und auf *diesen* Tag freue ich mich) erzählen darf, was mir so auf diesem Gebiet, das man etwa das »mystische« nennen kann, passiert, dann werden Sie mich entweder für leicht verrückt halten oder aber – ich weiß nicht – jedenfalls das oben Gesagte verstehen. Überhaupt, nebenbei gesagt, habe ich Sie als *Priester* lieb, und ich könnte mir vorstellen, daß ich bei Ihnen beichten würde und all das sagen, was mich in Ihren menschlichen Augen herabsetzen würde.

Für Ihren Bruder bete ich, daß ihm sein Leiden zur letzten Läuterung verhilft. Ist's recht so? Und für Sie, da bete ich zum Heiligen

Geist, dessen Liebling Sie sind. Der erwartet noch allerhand von Ihnen!! Auf Ihre Sendung freue ich mich. Sie tun sich leichter mit der Lektüre *meiner* Sachen. Rahners Theologie braucht viel Einarbeitung, kann ich Ihnen sagen.

[…]

Was das »Kein-Vater-Sein« anlangt: Nehmen Sie meine Kinder oder einen davon! Freilich, es ist halt nicht das Rechte. Darunter leidet auch M.A. bitter. Das ist weit schwerer als ohne Frau zu sein, nicht wahr?

Vergessen Sie nicht, Ihre Mutter sofort nach Ihrer Geburtsstunde zu fragen! – Und nun eine Bitte: Schicken Sie mir ganz gleich sofort irgendetwas, das Sie viel bei sich tragen, ein Kreuzchen oder meinetwegen ein Taschentuch (es muß nicht unbedingt gebraucht sein), oder sonst etwas von Ihnen-Selbst, das ich mit mir nehmen kann auf die Reise und immer bei mir tragen als Segenszeichen. Sie sagen selbst im letzten Brief, je älter man wird, desto weniger abstrakt soll man sein. Also denn!! Ich lerne alles von Ihnen. Eben, abends, kamen Ihre Schriften. Wie lieb von Ihnen! Ich werde dann, wenn ich alles gelesen habe, bei Ihnen promovieren…

Der Gruß nach Freiburg sollte ein doppelter sein, aber ein Teil kam wohl nicht mehr in Innsbruck an: Das neue Buch und noch ein anderes, und für den Empfang in Freiburg ein Blumenstrauß (ich hoffe, die Person, die ich beauftragt habe, hat's gut gemacht.)

Bitte, schreiben Sie mir nach Israel, schreiben Sie mir sehr viel Liebes (wenn's irgend geht), und zwar bin ich am 18. in Jerusalem, schreiben Sie bitte »eingeschrieben« (ich fülle Ihre Portokasse nachher wieder auf), *Luftpost und eingeschrieben*, denn das ist sicherer, und ich könnte es schwer ertragen, einen Brief von Ihnen verloren zu wissen.

[…]

Der Brief hat keine Anrede. Ich weiß keine. Die, die mein Herz bisweilen gebraucht, vor allem im Gebet, die sag ich nicht (noch nicht). Pater Dold sagte einmal, ehe ich Sie kannte, er habe mit dem »Rahner-Karli« studiert. Das ist *auch* hübsch, aber ich weiß was anderes.

Ihr Wuschel

Rom, 30.3.62

Ich begann in der »Hominisation«[9] zu lesen. Das liest sich *aufregend*, und ich bin ganz gebannt. Ich las bisher Teilhard de Chardin nicht, nur einiges *über* ihn, und da sind diese Fragen alle sehr interessant für mich geworden. – Eben habe ich auch angefangen, die »Dogmatischen Erwägungen über das Wissen und Selbstbewußtsein Christi«[10] zu lesen. Wenn man sich in Ihren Stil (auch Denk-Stil – und der ist ja derselbe wie der Sprech- und Sprach-Stil, bei Ihnen jedenfalls) eingelesen hat, liest man das alles relativ leicht, und ich bin ein ganz zu- und vorbereiteter Boden für all das, was Sie sagen.

Neulich fiel mir etwas ein: Vielleicht ist das Christentum *deshalb* so »manichäisch« (durchsetzt), weil wir Christen, ebenso zur Lustbefriedigung neigend wie alle anderen, dennoch (erbsündlich bedingt) *stellvertretend* am großen Bruch von Leib-Seele-Geist leiden *müssen*. Uns ist schmerzhaftes Problem (theoretisch wie praktisch, *theoretisch* vielleicht noch mehr), was anderen ganz entfernt ist: sie lösen die Frage »spielend« im *Nicht-Sehen* der Frage!

[...]

Manchmal überflutet mich ein zarter Wasserfall von Glück, darüber, daß Sie *da* sind, für mich *so* da sind, so nah, so brüderlich. Solche Begegnungen, die man, wäre man jünger, nur mit Komplikationen erlebte, sind in unserem Alter dagegen das *reine* Glück. Ich hoffe so sehr, daß auch Sie es so empfinden. Manchmal, flüchtig, wie eine aufsteigende Träne, tut es ein wenig weh, daß Sie soweit weg sind. Ich bin halt ein »inkarnierter« Mensch, eine inkarniert Liebende. Macht's was???

Sagen Sie: Neulich am Telefon, da war mir's, als ob Sie deutlich, sogar zweimal, gesagt hätten: »Nein, nein, das mußt Du nicht denken...«. Das war sehr süß. – Mögen Sie das Wort »süß«? Douce, dolce, soave, sweet... es ist *schön*, finde ich, wenn man's der heutigen Banalität wieder entkleidet. Ich finde, es paßt auf *unsere* Beziehung. Lachen Sie mich nicht aus – aber in Ihnen ist so viel Poesie –, das wissen Sie ganz sicher nicht.

Ich bin bei Ihnen, soviel Sie's mir erlauben.

Ihr Wuschel

Ganz Mensch geworden

Roma, 7.4.62[11]

Nun sag ich das erste Mal »Du«, und das ist ein feierlicher Augenblick. Dieses Du macht mir Herzklopfen, obgleich es doch so selbstverständlich ist zwischen uns, und vom allerersten Augenblick an »da« war, ur-vertraut. Ach, mein lieber Fisch (weil Du doch im Zeichen des Fisches – Eucharistie! – geboren bist), Rahner-Karli, oder Carlo, oder wie magst Du von mir genannt sein? (Es gibt auch einige nicht-schreibbare Namen). Wie glücklich macht mich das! Du brüderliches Herz, Du unerwartetes Gottesgeschenk! Du sagst, Du seist alt und müde. Du bist's nicht; nicht alt, nicht herzensmüde, Du bist nur erschöpft von vieler Arbeit. Aber in Dir ist viel Junges, sogar Bubenhaftes, viel aufgesparte Liebeskraft auch. Gestatte es Dir ruhig und mit Vertrauen und Freude, Dein Herz mir zu zeigen. Ich tu's ja auch, denn ich bin »ganz daheim« bei Dir.

Bei Dir bin ich daheim, bei *mir* (zur Zeit) weniger, ich lebe in einem Wirbel von Arbeit, Besuchern, Post, Laufereien aller Art (*vier* Visa brauche ich *zuletzt*: Libanon, Syrien, Jordanien, Israel. Jetzt habe ich sie endlich alle zusammen –, es bedeutete stundenlanges Warten in den Konsulaten!)

[...]

Ach, Fisch, mein Herz ist so voll von Dingen, die ich Dir sagen möchte, aber ich kann's nicht. Du müßtest hier sein. Ich würde Dich anschauen, in Deinen guten, schönen Augen versinken und schweigen, und Du wüßtest *alles*. Ich wünsche fast (nein: wirklich), ich wäre schon wieder zurück aus Israel und dürfte nach Innsbruck fahren...

Dank für den Rosenkranz!

Das war lieb von Dir. Ich leg Dir was Winziges bei, vorläufig, bis ich was Besseres finde: ein Kreuz –, Du wirst's schon recht verstehen: M.A. ist mein Kreuz –, trag's *Du* mit mir, dann ist's leichter. Es ist wunderbar, daß *Du* da bist jetzt. Niemals vorher habe ich dieses Daheim-Sein-Gefühl erlebt, dieses schwebende, ruhige, starke Gefühl.

Ich will Dich nie quälen mit Theologie. Du sollst bei mir ausruhen dürfen von *allem*. Laß mich einfach warm sein und hilfreich, leicht

und heiter. Und arbeit nicht zuviel. Du bist ein bißchen *besessen*, weißt Du das? Ich möchte, daß Du Deiner Arbeitswut Einhalt gebietest, ganz souverän. Ich bin nicht dafür, daß man sich *schont*, *das* meine ich nicht. Aber ich habe erfahren, daß man *Sklave* der Arbeit werden kann, und auch hierin ist das Maß, die discretio, *wichtig*. Sonst kommt man in einen großen Automatismus hinein. Da ist *Deine* Gefahr: daß Dein Intellekt einfach mit Dir durchgeht wie Vollblutpferde, und diese Pferde tun, was sie wollen, statt daß Du einmal sie laufen, einmal sie stille stehen läßt. Darf ich das sagen? Es gibt doch eine Psycho-Hygiene. Du sollst einmal Ferien machen. Auch *ich* sollte es. Gehen wir halt einmal miteinander wohin, wo man das kann. (Es geht ja niemand' was an.) Ich habe seit zwölf Jahren niemals Ferien gehabt. Wir sollten ein wenig aufeinander aufpassen, wir zwei.
(Ich red wie eine alte, nüchterne Ehefrau… Aber das gehört *auch* dazu.)
[…]
Du meinst, ich darf ruhig daran glauben, daß Gott mich liebhat auf eine vielleicht ein wenig besondere Weise? Wie gerne möchte ich *glühen* vor Liebe zu IHM, aber das kann man nur, wenn er einem die Gnade dazu vorher gibt! Bisweilen, nach der Kommunion, erfahre ich das (als Geschenk aus heiterem Himmel, oft in eine tiefe Morgenmüdigkeit hinein, ganz unerwartet), und das ist zum Sterben schön, und ich weiß dann ahnungsweise, wie es ist, bei IHM zu sein. Aber einmal, als ich es *nicht* erfuhr und es haben wollte, »hörte« ich deutlich einen Satz, der gewiß nicht von mir stammte: »Du sollst Gott nicht genießen – Du sollst ihn erleiden.« – Wenn ich *davon* rede, wird mein Herz viel zu eng. – Weißt Du: Ich kann nichts mehr lieben als IHN, und das, was in IHM ist mit mir. Daß *Du* da bist, ist so schön nur deshalb, weil wir uns in IHM treffen. Aber Du mußt nicht denken, daß ich Dich nicht einfach auch »menschlich« lieb hätte! Doch von einer gewissen Stufe ab fällt das eben zusammen. – Ja, was ist Liebe, lieber Fisch??? –
Ich hab dich wirklich von Herzen lieb. Wenn Du meinst, andere »überrundeten« Dich wissenschaftlich, so glaub ich nicht daran, denn *Du* bist der schöpferische Geist, und die anderen leben von Dir. Ich

glaub's fest, ich kann das beurteilen, wenn's auch anmaßend klingt. Du mußt aber daran nicht denken, es ist gleichgültig, denn man gibt ja immer nur weiter, man fügt ein paar Glieder an eine Kette, die uns übergeben wurde und die wir weitergeben. Man muß nicht an der eigenen Leistung hängen. Aber das tust Du ja *gar nicht*. –

[...]

Mein Gott, wie bin ich glücklich bei Dir, mit Dir, mein lieber Fisch. Fühl meine ganze Wärme, fühl wie leuchtend Du in mir bist (ich kann's nicht besser sagen). Ich werde im Hl. Land *intensivst* für Dich beten. Bet nur dafür, daß in Erfüllung geht, worum ich Gott bat – um nichts sonst, als um dies: daß *kein* Mensch, der in irgendeine Beziehung zu mir tritt, verloren geht. – Ist das vermessen? *Dir* soll der Heilige Geist große Erkenntnisse geben und die Kraft, sie uns mitzuteilen.

Nun werd ich vielleicht zu allerletzt vor der Reise noch einen Gruß schreiben (Dank übrigens für Deine Karte!) und dann erst wieder aus Jerusalem (dann nach Innsbruck). Vergiß mich nicht...

Und fühl Dich *nicht* mehr alt und sterbensmüde!

Ich hab Dich lieb. Mein Herz fühlt eine steigende Flut von Dankbarkeit. *Dein Wuschel*

P.S.: Ist ein Wuschel masculin, grammatikalisch? Die Kinder sagen: *das* Wuschel. Aber wie Du meinst!)

Roma, 9.4.62

Lieber Fisch,

ich sollte eigentlich an so einem Abend nicht schreiben, weil ich da »Dummes« sage. Untertags bin ich heiter, ich habe sogar einen neuen Elan durch Dich. Aber abends, müde und doch noch viel zu wach um zu schlafen, da hab ich halt – darf ich's sagen? – ganz leise?! – ja, da hab ich Heimweh nach Dir.

Ich lese Deinen Brief drei-, viermal, immer den einen Satz (davon, daß Du dankbar bist, weil Gott mich Dir geschickt hat; – und dem vom »neu geschenkten Lebensgeist mit wahrem Inhalt«, wie Du

schriebst); und jedesmal klopft mein Herz so sehr, daß es fast wehtut. Was ist denn das mit uns, sag?
Ja, was ist das Herz? Denkst Du denn auch so an mich? – Ich möchte jetzt weinen, weil ich nicht zu Dir darf, sondern so weit weg fliegen muß. Magst Du das Foto? Da schau ich Dich an, wie eben ein Wuschel schaut, schwermütig, vertrauensvoll und doch zögernd, – ob Du's nicht verjagen wirst.
Weißt Du, es kam nicht von ungefähr, daß ich gerade über *Schwermut* einen Aufsatz schrieb. Laß mich nimmer allein, Fisch! Ich bin so leidensfähig, – genauso sehr freilich fähig zur Freude. – Wirklich, Du *darfst* mich nicht mehr allein lassen. Ich bin ziemlich stark und tapfer und auch gelassen, sogar klug, aber irgendwie bin ich eben ein Wuschel, das liebgehabt werden will. Ich *werde* geliebt, ja, von M.A., aber so hart, so heftig, so aggressiv, so freudlos auch, glaub ich, (ich weiß aber nicht recht); jedenfalls so *unerlöst* liebt er mich, eben als *Mann* nur, nicht als reifer Mensch. Und ich möchte so geliebt werden wie *ich* liebe: ruhig und stark und treu und ohne Skrupel, »schwebend in IHM«. Du, Fisch, *kannst* so lieben. Im *Lichte* lieben. Mit dem Vorgeschmack des Neuen Aion. Meinst Du, es *ist so* zwischen uns? Diesen Brief schicke ich *nicht* ab, den bekommst Du in München in Deine Hände, und ich schau Dich an dabei. Jetzt wein ich vor Heimweh, Fisch!

Roma, 10.4.62, abends –
(Tag vor der Abreise)

Lieber Fisch,
ich bin jetzt eigens zum Telegrafenamt gefahren, um ein Telefonbuch von Freiburg zu finden, es gibt eines, oh Wunder, aber das Vinzentiushaus ist nicht darin. Wie gibt's denn das? Ich hab mir die Adresse (Tel.Nr.) Deines Bruders und die von Herbert Vorgrimler rausgesucht und versucht, einen der beiden zu kriegen, *ma nessuno risponde*. Was ist denn da los? *Soll* ich Deine Stimme vor der Reise denn nimmer hören? Und ich hab doch so Heimweh! Ich mag gar nicht fahren, hörst Du?! Ich hab gemeint, es käm noch ein Briefchen

vor der Reise, aber wahrscheinlich hast Du den meinen abgewartet und – oder – bist in Genf oder was weiß ich.

Ach, mein lieber Fisch, was ist denn das: daß ich auf einmal *nichts* mehr will als nach Freiburg (oder Genf oder wo Du eben bist) zu fahren...Was hast Du denn mit mir getan? Verhext hast Du mich, Du Magier, der nicht wußte, daß er einer sei. Gestern abend hab ich Dir einen Brief geschrieben, den ich nicht abschicke, den kriegst Du vielleicht im Mai, wenn wir uns sehen. (»Komm lieber Mai und mache – die Bäume wieder grün –, *daß ich nach Innsbruck küm.*«)

Kennst Du die Melodie dazu? Kinderlied – paßt also für Dich und mich. Ich mein's *ernst*: Wir sind in *einer* Hinsicht Kinder: spontan, vertrauensvoll, ohne Berechnung, glücklich über den Augenblick, liebevoll auch, und wir möchten spielen, sehr heiter. Was für ein Spiel ist's denn, lieber Fisch? Weißt *Du* es?

Schreib mir nach Petah-Tikwah, Dr. A. Frankenstein. – Schreib mir,*bitte*. Laß mich nicht allein. Nie, nie, nie mehr. Du mein liebes Licht.

Nun sag ich nichts mehr als: auf Wiedersehen, und: *Bet* für mich, vergiß mich nicht, schau halt meine Augen an auf dem Foto –, es sind Wuschel-Augen.

Sehr Dein Wuschel

Rom, 11.4.62, Samstag früh

Eben las ich Deinen Aufsatz »Weihnacht und die Kraft des Glaubens«. Ich bin ganz aufgeregt davon, weil Du da die schwierigsten Dinge in einer gelassenen Selbstverständlichkeit hinsagst, wie ein Mathematik-Genie etwa das Problem der Quadratur des Kreises approximativ löst, so aus dem Handgelenk! Du denkst ungeheuer *leicht*, und alles ist durchleuchtet, darum leuchtet's ja auch sofort ein. Und wie *gut* Du schreibst, dort, wo Du nicht aus begreiflichen Gründen hundert Einschachtelungen machen mußt, was dann etwas beschwerlich zu lesen ist. Aber bei so »ungefährlichen« Fragen schreibst Du mit einer trockenen Eleganz. – Im Schreiben wie im

Leben bist Du ganz *Du* – das trifft auch für den Gedanken zu. Aber ich, Wuschel, kenne *darunter* auch Deine Poesie!!! –. Das ist sehr schön, *aufregend* schön! Wie sicher, aber bescheiden Du die Psychologie in ihre Schranken verweist! Ich, von eben der Psychologie herkommend, bin glücklich zu sehen, daß Du der Gnade einen so viel größeren Raum läßt, als es viele andere tun (die anderen *reden* nur, theoretisch, davon, bei Dir ist's Vollzug.) Ich bin stolz und glücklich, daß Du bist, der Du bist!
[...]

Beirut, 12.4.62

Lieber Fisch,
Dein letzter Brief begann mit den Worten »Kannst Du Dir vorstellen« –; also: kannst *Du* Dir vorstellen, wie ein Wuschel, ein sehr beherztes Tier, *allein* sitzt? Es hat mich nämlich *keine* Reisegesellschaft erwartet, wie ich dachte, sondern ein ungeheuer schöner Mann von 35 Jahren, der mich »in die Hand nahm« und über mich verfügte. Mit seinem Chauffeur, einem lieben, sanften, dummen Mann, schickte er mich nach Byblos, und nachmittags kreuz und quer durch die Stadt Beirut, und dann kam der schöne Mann wieder und erzählte mir, ich könne *nicht* nach Damaskus, und ich könne überhaupt jetzt nicht nach Jerusalem, weil für fünf Tage (mindestens) alle Flugzeuge überfüllt sind, da es ja keinen anderen Weg mehr gibt nach dort, weil man *durch* Syrien nicht kann der Revolution wegen, sondern nur *über* Syrien hinweg mit Flugzeug. Was tun? Er meinte kühn, ich sollte eben hierbleiben; er hatte eine Deutsche zur Frau gehabt, aber die trieb Spionage für die Juden und wurde von der Regierung abgeschoben nach Hause, und er trauert ihr nach. Nun: Was soll ich 5-10 Tage hier? *So* schön ist's auch nicht. Ich sagte ihm, ich *müsse* nach Jerusalem, und zwar morgen oder übermorgen, und er soll was für mich tun. Ich machte meine schönsten Augen. Nun, er ging telefonieren mit irgendeinem hohen Tier – und während er telefonierte, betete ich zum Hl. Pius und noch zu einigen anderen, und plötzlich *hatte* ich die Zusage, und zehn Minuten später das Billet für ein Charter-Flugzeug außerhalb der normalen Flüge. Und

so ist alles gut. Morgen früh fahren wir noch nach Balbeck, dann gleich zum Flughafen, und um drei Uhr nachmittag bin ich auf der *terra sancta.* – Byblos ist schon recht interessant. Ein arg heidnischer Platz: Tempel für Baal, Astarte und Adonis, und man feierte im Frühling hier das Fest. Ich fand einen Ysop, zum ersten Mal lernte ich ihn kennen (Besprenge mich mit...). Ich stellte ihn mir vorher als besseren Weihwasserwedel vor, aber es ist eine Blume wie etwa eine niedrige Königskerze, gelb blühend, mit einem ganz, ganz zarten Duft. – Auf den Bergen liegt ein klein wenig Schnee, aber hier ist's sehr warm, sommerlich, viel wärmer als in Rom. Die Leute sind sanft, mit Rehaugen, die Mädchen schön, die Männer auch; aber als ich gestern abend ahnungslos ein bißchen zwischen Hotel und Meer spazieren ging, allein (hundert Meter etwa) da hielten immer Autos mit Männern – und so ging ich denn *eilends* ins Hotel zurück. Ja, ja, ein Wuschel allein im Libanon! *Wärst Du doch da!* Ich erlebe alles *mit* Dir zusammen. Ich freue mich *so* aufs Wiedersehen. Warum bin ich hierher gegangen statt nach Freiburg? (Weil Du in Freiburg keine Zeit für mich hättest, nur deshalb!)

Dein Wuschel

Jerusalem, 16.4.62

Lieber »Fisch«,
ich hoffe, diese Karte erreicht Dich noch zu Ostern: Ich bin tief bewegt von allem, was ich hier sehe und berühre. Gestern machte ich die große Prozession mit. (Es ist der Weg, den Jesus ging von Bethanien nach Jerusalem.) Heute kniete ich lange an der Stelle, die das Bild zeigt: Unter dem Altar, die Vertiefung im Fels, in der das Kreuz steckte. Ob's *so* ist oder anders: Ich fühle, daß es *wahr* ist. – Übermorgen bin ich in Israel und hoffe auf einen Brief von Dir. – Du bist immer und überall bei mir. Fühlst Du's?

Dein Wuschel

Jerusalem,
Karfreitagnacht 20.4.1962[12]

Lieber Fisch,
es ist wie ein Traum: Ich sitze vor einer Balkontür in einem Hotel außerhalb Jerusalems, hoch auf einem Berg, etwa 900 m hoch, und wenn ich meine Augen von diesem Blatt hebe, sehe ich im Tal und auf den gegenüberliegenden Hängen Jerusalem, das neue und das alte, Israel und Jordanien, getrennt durch einen dunklen Streifen Niemandsland. (Ich bin in Israel nun.) Es ist Vollmond, und gerade vor dem Schreiben habe ich einen Gang über den Hügel gemacht, allein (was nicht jedermanns Geschmack ist in *so* fremdem Land, in völliger Einsamkeit, denn das Hotel liegt weit ab von allen anderen Behausungen), der Mond stand und steht gerade über Jerusalem.
[...]
Ich kam von Tel Aviv und wußte nicht, wo ich einen Karfreitagsgottesdienst finden würde – und da hörte ich, daß auf dem Zionsberg bei den Benediktinern einer sei, ich kam genau zurecht. Es war schön. Es sind *deutsche* Benediktiner, und obgleich es ein arg kleiner Convent ist, war's doch »richtig«. Der Abt ist fein, ich lernte ihn nachher durch Zufall kennen, als ich – wieder durch Zufall – ins Gespräch mit einem (jüdischen) Benediktiner kam, der meinen Aufsatz über die *tristitia* gelesen hatte und mich dann mit dem Abt bekannt machte, der wiederum mit M.A. in Rom studiert hatte... Kleine, kleine Welt. – Morgen, Osternacht, werde ich wieder dort sein. Und jetzt beim Spazierengehen, war ich voller Sehnsucht – ich dachte, der Herr *müsse* mir begegnen auf dem Hügel. Ich rief »Rabbuni«, aber ER kam nicht, und ER sagte mir, ER sei doch viel näher bei mir als ER's sein könnte, käme er jetzt des Weges (ich war ja bei der Kommunion gewesen); aber so bin ich halt, so dumm, daß ich IHN *sehen* möchte ... Mein armenischer (christlicher) Führer in der Altstadt sagte neulich, ich käme ihm vor wie Magdalena, die überall nach dem Rabbi sucht...
Morgen bin ich bei Martin Buber eingeladen, nachmittags, und ich werde ihn fragen, warum er nicht glaubt, daß Christus, der Messias, schon gekommen ist... (aber ich werde es nicht wagen, so zu fragen!!)

Ich wollte Du wärest da. Ich wünsche mir keinen anderen Menschen lieber (an M.A. denke ich dabei nicht, der steht außer jeder Diskussion) als Dich.
In Israel ist Schabbath-Ruhe (Pessah noch dazu), und so feiern sie ohne es zu wollen, Christi Grabesruhe. – Gestern war ich eingeladen zum »Seder«, dem Festbeginn, und ich habe ein *rituelles* jüdisches Mahl mitgemacht, mit den Lampen und den symbolischen Speisen. Seltsam, diese Psalmen und Gebräuche einmal auf der »andern« Seite zu erleben. Aber wie erlöst sind doch *wir!* Ich hab's nie vorher so stark gefühlt, und ich bin unendlich glücklich, christlich zu sein – und war doch nie vorher zugleich einem Volke so verbunden wie dem jüdischen. Geheimnisvolle Bande sind das.
[...] *Dein Wuschel*

Haifa, 25.4.62[13]

Mein (nun, »mein« nicht gerade, aber doch auch) – mein sehr lieber Fisch [gezeichnet]: *Drei* Briefe habe ich jetzt von Dir und alle drei sind so schön und die beiden letzten ergreifend schön.
– Ich war die letzten Tage in Galiläa. Ach, das wäre ein Land für Dich! Ich werde nun immer Heimweh danach haben. Es ist, als hätte SEIN Land etwas Besonderes von IHM bewahrt. Darüber muß ich Dir erzählen. – Letzten (Kar-)Samstag eindreiviertel Stunden bei Martin Buber. Eine aufregende Begegnung. Gespräch darüber 1. Was können wir von Gott wissen? 2. Was ist denn eigentlich gemeint mit »Liebe« und »Nächstenliebe«? – Buber war ein wenig krank, lag im Bett, ehrwürdig und weise. – Zum Schluß tat er etwas Seltsames, Ergreifendes, zunächst mich reichlich Bestürzendes: Er zog mich zu sich und küßte mich auf Augen, Stirn, Mund und gab mir eine Art Segenszeichen. Ich weiß nicht warum, und was er sich dabei dachte. Aber es war schön. Im übrigen bin ich seither ein wenig eitel, lieber Fisch. Buber sagte nämlich plötzlich: »Sie sind aber eine *gescheite* Person!!!« Nun ja. *Ich* find's nicht, aber meinetwegen mag er's glauben. Wenn er mit *Dir* redete, was würde er *dann* sagen? Denn Du bist gescheit. Ach viel mehr als »gescheit«. Du bist etwas ganz Beson-

deres und deshalb von mir im Herzen meines Herzens verehrt und geliebt als eine Kostbarkeit.
Hast Du gewußt, daß die Hl. Familie in einer Art Felsenhöhle wohnte? Und Maria vorher auch. Ob das wahr ist? Meinetwegen. – Hier in Haifa ist ein Tempel der Bahai-Sekte.
Sie lehrt Liebe zu Mensch, Tier, Blume, und Toleranz. Und was ist daran *neu*? Seltsame Welt: Hat Christus und sucht anderes.
Am 28. wieder Rom (wenn Du diesen Brief hast!)

Dein Wuschel

Roma, Weißer Sonntag, 29.4.62[14]

Lieber Fisch,
[...]
Ich hab seit meinem Gespräch mit Martin Buber eine Schwierigkeit: Ich denke, daß Gott sich immer wieder neu offenbart, jedem Volke (und jedem Menschen) *so*, wie es ihm adäquat ist. Und, so frage ich: Warum sollten wir Christen *die* Wahrheit wissen? Genügt es nicht, zu glauben, daß uns Gott *viel* geoffenbart hat durch Christus? Ist das Christentum die (bis jetzt) höchste Form der göttlichen Offenbarung? Woher haben wir die Sicherheit? Glaubst Du nicht, daß eines Tages Gott sich noch deutlicher offenbaren kann in einer neuen »Religion«? Ist das Christentum die *letzte* der Offenbarungen vor dem Zeiten-Ende? (Ich komme da ganz auf Berdjajeff hinaus, wie ich plötzlich merke.) Sag mir was darüber, nächste Woche. – Buber fragte mich, was ich unter »Religion« verstünde. Ich sagte: »Das immerwährende, reale Verbunden-Sein mit Gott.« Er fragte: »Brauchen sie dazu eine Religion, eine Kirche?« Ich sagte: »Ja, der Sakramente wegen, – der Eucharistie wegen.« Und da schieden sich die Wege. Ach, Fisch, ist das alles schwer, sobald man denkt. Und wenn ich bei der Kommunion IHN fühle – wie einfach ist's dann! Wie hältst Du es aus, Theologe zu sein? Wie groß muß die Gnade sein, die ER Dir gab, daß Du dabei so tief fromm und so liebend bleiben konntest!
[...] *Dein Wuschel*

P.S.: Einige Stunden später:
Ich möchte Dir so vieles sagen, ehe wir uns sehen, denn vielleicht wage ich es dann nicht mehr. Aber immer, wenn ich es versuche, merke ich, daß es nicht geht, es ist zu zart, und es ist Geheimnis, es ist nicht zu sagen. – Einige Male in Deinen Briefen schriebst Du auch »Man kann das nicht sagen«. Es ist wahr. Aber Du sollst doch wissen, daß ich mit Herzklopfen zu Dir komme, mit einem süßen Herzklopfen. Du hast mich erlöst von meiner etwas starr gewordenen Askese, die mir M.A. anerzogen hatte zu *seiner* Rettung (nicht zu meiner), und die gewiß gut ist für eine Weile, – ich hab viel gelernt in sechs langen, harten Jahren (es war das Noviziat) –, aber nun, da ich's kann, was da zu lernen war, darf ich wieder locker werden, ein wenig glücklich sein, ganz einfach menschlich, und Dich liebhaben. Nicht wahr, Du verstehst? *Du* hast nicht Angst vor so etwas!? *Du* kannst das. *Du* darfst Dir erlauben, die Süßigkeit einer Begegnung anzunehmen. – Ich leg meinen Kopf in Deine Hände, vertrauend, gelöst, dankbar, selig. Nimm mich an, Du, der Du lieben kannst; Du, der *jetzt* darf, was er früher vielleicht nicht gedurft hätte – jetzt, da wir beide, ganz Mensch geworden, doch schon mit einem Fuße »drüben« sind, aber mit dem anderen noch hier, auf der Erde, die stark ist, reich und süß wie die Landschaft im Libanon.
Ich freu mich auf Dich, Fisch, lieber Fisch. Verbirg Dein Herz nicht vor mir, Du!

Dein Wuschel

Roma, 30.4.62

Mein 51. Geburtstag (eine alte Frau, lieber Fisch!) – Heute kam auch noch Dein Brief vom 27., dem Tag, an dem Dein Kopf wehtat, armer Fisch, müder, erschöpfter! Daß gerade *heute* ein Brief kam, war schön. Es war, ehrlich gesagt, die einzige Freude, die ich heute den Tag hindurch hatte. Was für ein wirrer Tag! Am Morgen, halb sieben bis halb acht, zwei Messen (eine ist die eigentliche Messe mit der Kommunion, die andere ist einfach eine angehängte Zeit zum Dank-Sagen, und also für mich keine wirkliche Messe, aber das macht nichts). Was ich dabei erlebte, darüber später im Brief. Dann

hatte ich Ärger mit dem Auto, weil der Kundendienst Unsinn gemacht hatte und obendrein mir widerrechtlich Geld abnahm, daß ich jetzt Beschwerde einlegen muß bei der Generaldirektion, – und so etwas geht mir ganz gegen den Strich. Dann einige kleinere Ärger. Dann Zahnarzt, – auch grad keine Geburtstagsfreude. (Aber viel Post – doch meist nichts wirklich Gutes – die alten Klagen alter Freunde, angehängt an Geburtstagswünsche.) Und seit dem frühen Morgen liege ich abgestürzt in einem Abgrund. Ich bin eigentlich viel zu müde, um es zu erklären, aber ich versuch's. Es ist so: Seit dem Gespräch mit Buber fühle ich ansteigend Angst vor Gott. Wenn wir uns Christus nun *selbst* gemacht, selbst ausgedacht hätten als Trost, damit wir *Gott* nicht sehen müssen? Haben wir in Christus mit *Recht* Gott ver-menschlicht? Was wissen wir von alledem? Nichts – (Herr, ich glaube! Hilf meinem Unglauben! – Ich rufe, schreie das aus dem Grund meines Herzens heraus.) Denk Dir, Fisch, es ist das erste, aller-erste Mal in meinem Leben, daß ich so fühle (nicht nur »denke«.) Es ist ein existentieller Zweifel. Und dabei, paradoxerweise, fühle ich Gottes Nähe, fühlte sie auch bei der Kommunion heute früh (bis zu Tränen erschüttert. Aber diese Tränen sah niemand.) – Warum diese Prüfung? – Fisch, wenn das alles nicht wahr wäre – denk doch: Und wie leben wir, worauf verzichten wir, was tun wir um Christi willen, – um dieses unseres Heils willen – Du siehst, ich rede im Dunkeln und Gott preßt mein Herz zusammen. Aber Du sagst im »Kirchenjahr«[15], wir sollten nicht zu rasch »Gott« sagen. Auch Du machst mir Angst. Alles *macht* mir Angst. Und obgleich ich Christi Nähe herzbewegend fühle, mißtraue ich diesem Gefühl und sage mir, es sei nur mein Wunsch, keine Wirklichkeit. –
Und Du fragst nach M.A.. Ach, keine Zeile von ihm. Ich fühle ihn nicht mehr. Er tut *nichts* für mich. Vermutlich betet er, ich weiß es nicht. Ich weiß nichts mehr von seiner Liebe. Ich habe nur mehr *einen* Halt: *Dich!*
Und die Kinder schreiben nicht – ich rief dreimal in München an, aber das Telefonamt sagt immer nur »nessuno risponde«. Sie wollten heute zurückkommen. Jetzt ist's Abend. Ich bin in Sorge. (*1.Mai*: Gott sei Dank – sie sind zurück, heil! – Sie riefen eben an.

– Hoffentlich falle ich nicht wie letztes Jahr in eine tiefe Schwermut, – sie dauerte 9 Monate. Das ist lang. Lichtlose Nacht. Aber ich hatte fast immer SEINE, Christi, Nähe, wenn auch *nur* als *Schmerz*, aber immerhin als Wirklichkeit. Du weißt noch nichts von meinem Leiden. Niemand erfährt sonst etwas davon, niemand merkt es, ich bin ein »heiteres Geschöpf«, immer guter Laune, immer zu Späßen bereit. Und dabei leide ich viele Leiden. – Ich erlebe zur Zeit etwas Neues: Ich kann nicht mehr *allein* sein mit dem HERRN, ich kann nicht die laute, bunte, dumme Welt hinter mir lassen und zu ihm fliehen – ich muß diese laute, dumme, böse Welt mitnehmen, zu IHM, in IHN hinein – ich bin nicht mehr allein mit ihm, – das ist hart, verstehst Du das? Ich weiß auch nicht mehr, ob mein Weg der richtige ist. Vielleicht sind alle anderen »richtiger«. Ich habe Angst, mein Fisch. Vielleicht hat Gott mich zu sehr verwöhnt, in den letzten Jahren, mit SEINER Liebe. Vielleicht habe ich mir das aber auch nur eingebildet, und er hat sich gar nichts aus mir gemacht, und alles, was ich von *IHM* zu *hören* glaubte, waren nur meine eigenen dummen Gedanken.

Du siehst: Ich bin hinuntergesunken ins Dunkle.

P.S.: 1.Mai, auf der Post am Bahnhof: Nimm's nicht allzu ernst, was in dem Brief steht. Mich trägt eine große Freude über all das hinweg. Ich fliege über meinen Schatten und bin bei Dir. Ich kann ja lieben – wovor also sollte ich mich ängstigen!!

Rom, 1.5.62

Ich schreibe Briefe, Briefe (Antworten) ohne Ende, und eben kam es mir so: *Alles* ist wahr, was *ist*, und man weiß alles, d.h. man weiß nichts, und das ist dasselbe. Das Zusammenfallen aller Gegensätze in Gott ist mir plötzlich existentiell »greifbar« geworden dank der Erfahrung der *Wahrheit*, daß alles wahr ist, was ist.
Nun entscheidet es sich, ob ich durch diese Erkenntnis *müde* werde, d.h. in meiner Aktivität, der äußeren (auch inneren) gelähmt (ge-

stillt) oder ob ich dadurch noch mehr lieben lerne, im Dulden, nein, Würdigen *alles* dessen, was da ist.
Ich fühle, das ist eine große Entscheidung, die sich in mir ohne mein Zutun ergibt.
Mein Fisch, ist das alles Unsinn, was ich schreibe, sag? Oder ist es »richtig«, liegt's auf dem Weg zu Gott? Gehe ich denn zu Gott, *in* Gott? (Man kann »zu« Gott nicht gehen, denn ER ist ja nichts außerhalb des eben Gegenwärtigen, man geht *in* Gott, nicht wahr?)
Fisch, ich bin bedrängt von neuen, noch unsagbaren Erfahrungen. Ich habe Ängste unbekannter Art. Vielleicht habe ich auch Angst vor Dir, vor dem Geheimnis zwischen uns. Sieh, ich sag Dir *alles*. Ich bin ein Kind vor Dir, ein Beicht-Kind, und ich bin doch ebenso sehr eine Frau, auch bei Dir, *gerade* bei Dir. Wie reich, wie dunkel, wie schwer, wie spärlich und doch überhell durchleuchtet ist dieses unser Leben, das Leben überhaupt, und *unseres* zumal!

Dein Wuschel

P.S.: Und das nach der Reise an SEINE Hl. Stätten. Wie geht das zusammen? Da, wo alles *wirklich* war, wurde es *mir* un-wirklich. Nun heißt's: die Zähne aufeinanderbeißen und wieder einmal den Sprung ins Ungewisse tun. Ich werde weiter glauben, denn ich *liebe*. Und wenn ER mich *ganz* verläßt: Ich laufe IHM nach.
Aber hilf *Du* mir, mein Fisch, hilf mir mit Deinem Geist und Deinem Herzen, diesem warmen, reinen, guten Herzen. – Wenn ich zu Dir komme, nächste Woche, will ich aber heiter sein für Dich, denn auch Du sollst nicht leiden unter *meinem* Leiden, – obgleich zvielleicht Freundschaft (oder wie immer das heißt, was uns verbindet) *darin besteht*, des anderen Leiden mitzutragen. »Daß einer des anderen Last trage.«
Wäre ich nur schon bei Dir. Deine Nähe ist Trost. Wenn Du nicht wärest, jetzt, es wäre *völlig* finster. Du mein Licht, – sei es mir (und vielen).

[…] *Dein Wuschel*

Du hast mein Innerstes berührt

7.5.62,
am Vorabend unseres Wiedersehens

Du, mein Fisch, mein geliebter Freund,
nur noch eine Nacht trennt uns, nein, verbindet uns. In *16* Stunden sind wir beisammen. Wahrscheinlich sind wir schüchtern und können nichts sagen von dem, was wir möchten, wovon unser Herz voll ist zum Überlaufen. Schon jetzt stockt mir die Feder, die Hand, der Kopf. Ich kann nicht sagen, was ich fühle. Es ist süßer Schrecken, es ist tiefste Demut, es ist Angst vor dem, was sich in dieser Begegnung verbirgt, es ist Verehrung, es ist kindliche Hingabe, es ist Partnerschaft und Treue (für ein *Leben* vorweggenommene Treue, besiegelt schon seit Anbeginn), es ist auch Sehnsucht, ich weiß nicht, wonach, vielleicht einfach nach Deiner leiblichen Nähe, nach der Ausstrahlung Deiner Person, nach Deinen Augen (die haben's mir angetan!); – dies alles ist es, und doch ist damit nichts gesagt. Eine Flut ist es, die steigt und steigt. Was tust Du mit mir, mein Fisch? Wie sehr ziehst Du mich an Dich!

Oh mein Gott – ohne Dich, Gott, kann ich dies nicht bestehen, es ist zu groß, zu tief; bedenke doch, daß dieser Mann *Dir* gehört. Bedenke, daß auch ich *Dir* gehöre. Und wir zwei, so scheinst *Du* es zu wollen, wir sollten uns begegnen, wir sollen zusammensein, durch ein tief geheimnisvolles Band verbunden, dem einen Namen zu geben ich mich scheue, – *was*, oh Gott, willst Du von *uns*, diesem Paar, das nur Dir leben kann? Du willst, ohne Zweifel, ein *Ganzes.* Was aber ist »das Ganze« in unserem Falle? Warum läßt Du es im Dunkeln? Wohin ist all mein Mut, wohin meine Freude des »Besitzens« (früher empfunden, *früher,* wenn mir ein Mensch geschenkt wurde), wohin meine Sicherheit? Ich *knie.* Diese Begegnung, oh Herr, kann ich nur im *Knien* leisten. Ganz klein nur, ganz von *Dir* geführt, ganz ohne Eigenwillen, ohne Wünsche, ganz bereit zu allem, was diesem meinem lieben Fisch dient, ganz absehend von mir, selbst dem Ungewöhnlichsten offen, – so vielleicht kann ich's bestehen. Mir tut das Herz weh, zu fühlen, was *Du*, Herr, mir mit diesem

Menschen gabst, der ein Mann ist und ein Kind, ein großer Gelehrter und ein Liebender – und mir so nah, so sehr nah als wäre er ein Teil von mir und ich ein Teil von ihm.
Hilf uns lieben, Du Liebender!

Innsbruck, 7.8.9.Mai 62

Denk Dir anstelle des Lämmchens [auf der Rückseite der Postkarte] ein Wuschel (es sieht genauso aus!) –, dann weißt Du, wie man ein Wuschel behandeln muß, Du *guter* Hirte!

Murnau am Staffelsee, 9.5.62

Mein sehr liebgehabter Fisch,
ich bin *ganz* langsam hierher gefahren, ich muß um halb zwei Uhr in Weilheim sein zum Kaffee bei meiner Hellseherin, und jetzt ist's gerade 12 Uhr, ich hab nur mehr eine Viertelstunde zu fahren, nun sitze ich in einem Café überm See; sehr hübsch ist alles, nur eben: *Du* bist nicht da, und ich kann mich nur dann wirklich freuen, wenn ein geliebtes Wesen bei mir ist. Die Freude des anderen ist meine Freude. So nehme ich alles Hübsche rings um mich mehr theoretisch zur Kenntnis. Mein Herz ist in Innsbruck geblieben. Wo hast Du's denn hingetan? Verwahrst Du's gut? (*In* dem Deinen?) Ist nur gut, daß ich *noch* ein Herz habe, das für die Kinder. Und wie ist's mit dem für M.A.? Ach, ich *weiß* nicht!!! Du bist mir so nah, so bestürzend-beglückend nah, so beinahe Ich-Selbst, daß ich vor lauter Staunen darüber nichts anderes mehr weiß. Aber auch das wird seine rechte Ordnung finden. Und wenn's auch ein scheinbares Aus-der-Ordnung-Fallen wäre, so wird es eben *doch* in Ordnung sein. – Mein Fisch, Du machst mich sehr glücklich. Diese Tage, die Du so ausgefüllt hast mit Dir (Du hast!) und Deinen Schätzen, kommen erst jetzt zur vollen Blüte. Aber warum ist's nicht ohne Schmerz? Ich glaube, ich weiß: Weil ich versuchte, aus einer menschlichen Liebe jenes Absolute zu machen, das Dir wie mir *nur* der Herr geben kann. Ach Fisch, mein Verlangen nach der Fülle, nach dem Ganz-und-gar-Al-

lem ist mein Schicksal. Und auch wenn ich weiß, daß meine wahre (nein: *wahr* ist auch eine andere) also: meine einzig *ganz* erfüllende Liebe der Herr ist, versuche ich doch – weil mein Wesen daraufhin angelegt ist – auch in einer menschlichen Beziehung (schon gar im engen Eros-Bereich) alles zu geben, auch alles zu empfangen, und *das* Unerhörte, *das* Vollkommene daraus zu machen. Ich bin ein Mensch des Un-Maßes, mein Fisch! Und wie schwer fällt es mir, Maß zu halten! Wie kurz muß Gott mich halten, damit ich für Menschen erträglich bin, – wirst Du mich ertragen? Mit Liebe, mit Geduld? – Aber das Nur-ertragen-Werden wird mir nicht genügen. Ich möchte auch im anderen Flammen schlagen. Ich bin so: entweder kalt oder heiß, – das laue, »bekömmliche« Maß ist *nichts* für mich. – Nun heißt das nicht, daß »Flamme« eine verderbliche Leidenschaft sein sollte. Nein, nein, das ist nicht mein Wunsch, das liegt außerhalb meines Weges. Ich möchte nur, daß unsere Beziehung etwas *Großes* ist und weiterhin ins Immer-Größere wächst. –
Dazu bedarf es aber Deines *Herzens*, Deiner schlafenden Emotionen! Und als ich gestern, als Du schlafend auf der Bank lagst, die süße Sehnsucht spürte, diesen allzu schmal gewordenen Mund zu küssen, ganz zart (als wär's der Wind), da wollte ich's tun wie der Prinz im Märchen (Dornröschen). Es ist der Zauberkuß, der ins Herz dringt. (50 Pfennige würde ich dafür *leicht* bezahlen..., es ist ja auch kein Großmutter-Kuß... Aber danach, als Du wach warst, waren 50 Pfennige ganz viel. Du kanntest offenbar Deinen Wert! – Ich biete Dir mindestens das Zehnfache... [Karl Rahner als Kind verlangte von seiner Großmutter 50 Pfennige dafür, daß sie ihn küssen durfte.] Lassen wir's wachsen, haben wir alle beide Geduld. Es ist ja erst der Same ins Erdreich gelegt worden, – und ich möchte schon den blühenden Baum sehen oder den Apfel pflücken (nicht als Eva, – nein! *So* ein Unheil möchte ich denn doch nicht anrichten!!!) –
Jetzt saß ich eine Weile da und tat nichts als Staunen: Daß Du, der große Karl Rahner, der einsame Karl Rahner, der nie mit einem Mädchen Hand in Hand unter Blütenbäumen saß, daß *der* sein Auge (seine *beiden* schönen braunen Augen) auf mich warf. Was bin ich denn, daß Du mich lieb gewannst? Was bin ich *Dir*, mein Freund? Weißt Du es? Wissen wir etwas? *Was* wächst denn da im Verborge-

nen, zu SEINER Freude, nach SEINEM Willen? Jetzt fließt mein Herz über von Dank. Immer dann, wenn ich unsere Beziehung zu IHM in Beziehung setze, fühle ich: ja, *alles* ist richtig.
Aber Du wirst Geduld haben mit mir, bis ich das *immer* weiß.
Und wenn wir bisweilen uns leiden machen, so *soll* es sein. Wir werden daran wachsen.
Ich *hoffe* sogar, daß Du eines Tages scharf leiden wirst, ganz menschlich leiden, sei es aus Eifersucht, sei es aus später Trauer um eine menschliche Nicht-Erfüllung – oder sei's noch anders, ich weiß nicht welche Möglichkeiten es noch gibt (Liebe ist erfinderisch im Leiden und Leiden-Machen!) Verstehst Du mich? Ja, *natürlich!*
Du weißt: Hab ich lieb, so hab ich Not. Meid ich Lieb, so bin ich tot. Eh daß ich Lieb und Leid will lan, eh will ich Lieb mit Leiden han. Amen. (aus »Die Bernauerin« von Carl Orff.)

Dein Wuschel

P.S.: Daß ich die Initialen Deiner Mutter habe, ist *schön*!

München, 11.5.62[16], vor der Abreise

Mein lieber Fisch,
in dem Päckchen sind 3 Dinge zu Deinem Besten: Die Erzählungen der Chassidim von Buber (für Deinen Geist und Deine Seele), eine Medizin (für Deine Nerven) und ein Kölnisch Wasser (für Deine Haut und auch für die Nerven). Benütze alles. Aber verwechsele nichts –, nicht daß Du das Kölnisch Wasser als Medizin nimmst… usw.
[…]
Gestern hörte ich eine Deiner drei Schallplatten, die Karsamstagspredigt. Schön. Ich hab Deine Stimme sehr gern: ruhig, warm. Du sprichst *gut*! Ich freu mich darüber. Und Du hast über mein neues Buch[17] geweint? *Du* hast geweint! Hätte ich diese Tränen sehen, spüren dürfen! – Ich danke Dir dafür. – Auch ich habe schon oft über das geweint, was Du schriebst. Einzelne Sätze trafen mich wie glühende Pfeile, und Sie entrissen mir Tränen, sehr heiße. – So weinen wir also über uns –, eins über andere, aus Freude, aus Ergriffenheit.

Wie schön. Wir werden sicher noch öfters weinen, andere Tränen, ich meine Tränen anderer Art. Auch das ist gut. Alles wird gut sein zwischen uns. Unzerstörbar. Nicht wahr? – Du hast heute am Telefon gesagt, daß wir beide uns helfen werden. Aber Du bist mir ja *so* weit voraus, unendlich weit. Und doch: ich werde Dir helfen, als *Werkzeug* werde ich Dir helfen können. – Ja, Du hast recht: in meinem Buch weiß ich bereits »alles«, und ich werde nun große Mühe haben, mich selbst einzuholen. Aber vielleicht ist auch *Dein* Werk, *Dein* Konzept, *Dir* voraus. Nun, so *muß* es ja wohl sein. Von Ewigkeit her sind wir entworfen, und vielleicht haben wir eine Ewigkeit lang »Zeit«, diesen Entwurf bis zur Vollkommenheit auszuführen. – Ich möchte keine Ewigkeit ohne Entwicklung. Aber ist das nicht ein Widerspruch in sich?
Ach, lieber Fisch – was machst Du mit und aus mir?! Die letzte Begegnung geschah unter heiterem Himmel, unter Blütenbäumen, im Mai voller Lieblichkeit. Aber die *kleine* dunkle Wolke, die mich (und wohl darum auch Dich) überschattete oben am Kirchlein, am Nachmittag, sie ist ein Zeichen dafür, daß der »Mai« nicht ganz unser Monat ist. Du hast mein *Innerstes* berührt. Ich versteh das alles selber noch nicht. Du wohl auch nicht. Aber ich weiß, daß Du (mir) ein ungeheurer Anspruch Gottes bist. Am liebsten möchte ich feige sagen: »Ich *kann* Karl Rahner nicht.« – Du, so still, bescheiden, Dich zurücknehmend, Du bist *Explosiv-Stoff*, Du bist der fleischgewordene, höchste geistige Anspruch. Wer's mit Dir hält, – wer es wagt, sich mit Dir einzulassen, der wagt etwas Großes. So nimm also meine Hand und führe mich. Wenn nötig, mit männlicher Gewalt. Mein »sanfter«, »unpädagogischer« Freund – Du hast Kräfte, denen ich nicht widerstehen kann (und will). Ich kann nicht mehr zurück; ich muß mit Dir gehen. Wohin bringst du mich?
Nun muß ich Koffer packen; Gleichnis für mein Leben: reisen, weiterfahren, nur flüchtig zu Hause sein. Laß mich bei Dir *daheim* sein. Geht das? Umgib mich mit Deiner Wärme. Ich tu's auch: ich gebe Dir alle meine Wärme. Ich bin so tief dankbar, dem guten Gott dankbar, daß er mir *Dich* gab. *Ich* will Dich nie traurig machen, nur wenn es sein muß um größerer Dinge wegen. Und mach auch Du mich nicht leiden –, ich hab soviel davon gehabt. – *Dein Wuschel*

P.S. Bet stark für M.A., bitte.
Wir müssen sehr für ihn sorgen.
Bet, daß er sein Herz aufreiße, damit er lieben lernt.

Den Haag, 14.5.62

Lieber Fisch [Zeichnung]
als ich gestern hier ankam, war Dein Brief schon da. Dank! Wie lieb von Dir, mein Leben so zu begleiten, zu behüten. Manchmal sitze ich – wie eben jetzt – staunend da und frage mich: wie kann das denn sein, wie ist das nur möglich, daß der große Karl Rahner (ich meine mit »groß« nicht *nur* Deinen wissenschaftlichen Rang) mich gern hat, mir Freund ist, Partner, ich weiß nicht was alles. Was bin ich denn, daß Gott mir *diesen* Menschen gab! Wieviel vertraut ER mir da an. Wie sehr vertraut ER mir, daß ER mir diesen Karl Rahner, seinen Liebling, gab als Weggefährten zu beiderseitigem Heile. –Daß ein paar Tränen dabei sind, was schadet es!? – *Sunt lacrimae rerum.* Deine Tränen über mein Buch, sie galten auch Dir und mir, meine ich, da Du, wie Du sagtest, das Buch als Brief an Dich erlebt hast. So *ist* es auch –, selbst wenn ich Dich, als ich es schrieb, noch nicht von *Angesicht* kannte (aus Deinen Werken wohl). Und wir kannten uns ja von Ewigkeit her –, daher das augenblickliche *Wieder*-Erkennen beim ersten Sehen, nicht wahr? Warst Du mir Bruder, oder *was* warst Du mir?
[...] *Dein Wuschel*

Maria Laach, 16.5.62[18], abends

Deine beiden Briefe, mein lieber Fisch, haben mich hier erwartet, als ich Mittag ankam. Dank! *Wie* oft ich sie nun schon gelesen habe, will ich Dir lieber nicht sagen; und bei jedem Lesen erschrecke ich von neuem und tiefer. Was *sagst* Du mir, mein Freund! Ich nehme es mit freudigem Erschrecken und großer Dankbarkeit hin. Es ist noch zu neu und *zu* groß, als daß ich's ganz fassen könnte. Ich muß erst langsam, langsam hineinwachsen. Denn *Du* bist nicht eben nur ein Mensch, ein Mann, – Du bist eine ganze Welt, und auf dieser Welt liegt Gottes Siegel. Sollte es *mir* erlaubt sein, es zu lösen? – Du schreibst: »Ich bin zu allem bereit.« Auch ich bin es nun. Zu allen Freuden, zu allen Leiden *mit* Dir, durch dich. Mir ist, als gäbe ich ein Ehe-Versprechen. Und ich trage doch M.A.'s Ring.

[…]

Ja, in dieser meiner über-natürlichen Welt geht das. *Nur* in ihr! Und doch ist's noch schwer. Du verstehst. Aber denk nicht, ich quälte mich. Oh nein! Ich hab alles Gott hingelegt. Da ER es so fügte, soll ER sehen, wie das geht, wenn die »Exclusivität einer Liebe« – (Du erinnerst Dich Deiner Frage beim ersten Sehen? Beim *ersten*, mein Lieber!!) – Wenn sie aufgebrochen wird, weil sie, die Liebe, groß genug geworden ist, um ein anderes Herz noch zu umschließen, *ganz*.

[…]

München, 22.5.62[19]

Geliebter Fisch,

[…]

Du hast ein schönes Wort gesagt, *das* große Wort, das magische und heilige Wort »Liebe«. Von *Deiner* Liebe sprachst Du, zum ersten Mal. Ich lasse es ganz tief in mich hineinfallen und will es schweigend dort bewahren.

[…] *Dein Wuschel*

München, 24.5.62

Mein lieber Fisch,

es reicht nur zu einem kurzen Gruß. Ich bin heute müde von diesem langen, harten Tag. Jetzt war ich noch zwei Stunden mit Deinem Lieblingsjünger zusammen, wir gingen spazieren am Nymphenburger-Kanal, und er stellte sehr gescheite Fragen, und ich kam mir sehr einfältig vor, aber letzten Endes meinen er und ich in *allem* dasselbe, das ist schön, und der Abend war also schön. Dann nahm er mich noch in sein Zimmer mit. Wir redeten *nicht* immer von Dir, sondern auch vom Lieben Gott, aber meist warst eben Du *doch* dabei, und das

ist ganz herrlich, daß das so ist. Ich glaube, Metz bekam den Eindruck, ich sei in Dich verliebt, das *bin* ich ja auch (!!), und daß Metz das meint, macht nichts, denn *er* ist ja genauso in Dich verliebt. Er sagte mir, daß er bei Dir den *Vater* fand. Ich sagte ihm, in seiner Beziehung zu Dir sei der Eros mächtig. Er sagte ja, es sei so. Er gab mir (vorher schon schickte er sie) seine Arbeit über die »Armut«. Finde ich *sehr* gut. Du auch?
[…]
Nun ist's halb elf, ich muß noch ein wenig packen, hab auch heut noch fast nichts gegessen und hab plötzlich Hunger, und über M.A. bin ich traurig, traurig. Aber andererseits: Er war so weich, so warm, so »anders« zu mir, daß ich fühle, wie sich seine Starre löst. Wir müssen ihm helfen, Du und ich. Du vor allem wirst es können. Vielleicht gibt es sogar einmal ein Gespräch.
Bin *ich* froh, daß Du da bist!
Dein gestriger Brief ist schön; schön an sich; er ist »vollkommen«. Verstehst Du das? Er ist wie Herzensmusik. Du bist so ein erlöster Mensch, Du! Ich muß Dich ja liebhaben. Ich weiß jetzt, daß *beides* zusammen geht, M.A. und Du, und das ist *gut* so. Alles ist gut.
Ich freu mich *tief* auf Mittwoch, Du!

Dein Wuschel

Gute-Nacht-Brief[20]
Gstadt am Chiemsee (Vigil zu Himmelfahrt) 30.5.62 (wie nur kommen wir *hierher* – und wohin werden wir noch kommen, wir zwei, *mitsammen* – denn *mitsammen* werden wir immer sein, ob du in Afrika, ich in Asien sein mag – aber bitte, geht nicht *mutwillig* so weit weg von mir…)
Das Wuschel sitzt und wartet. Es saß nicht immer hier, es war auch in der Kirche und auf dem Friedhof, auf dem's gut zu liegen wäre, tot oder lebendig – im *Augenblick* wär mir's lieber: lebendig und *im* Gras, statt tot *unterm* Gras.
Ach, Fisch, mein Fisch – ich entdecke eben, daß ich – neben aller tiefen Feierlichkeit – auch schlicht und einfach ver-liebt bin in Dich. Wie findest Du das? Bin ich nicht zu alt zu so etwas… Ach, es ist

schön. Es ist Mai. Und alles blüht, und ich hab Sehnsucht nach Dir und warte, warte, warte…

[…]

Komm und bleib – obgleich Dich nichts halten wird, es sei denn, Du selbst wolltest bleiben.

Fühl Dich *frei*. Nur in solch schöner Freiheit gedeihst du. Auch in diesen Tagen fühl Dich solcherart frei. Kümmere Dich nicht um mich. Vernachlässige nicht Deine Freunde um meinetwegen. Wir sind ja beisammen, auch wenn wir uns *nicht* sehen.

Nun schlaf gut, tief, ruhig, glücklich. Ich bin Dir *nah*.

Innsbruck, 1.6.62 – nachts halb elf

Ich knie noch immer dort, wo Du gesessen hast – müde, glücklich, ein wenig traurig warst Du und voller Liebe. – Und ich, was erfahre ich jetzt?

Warum dieser heftige Schmerz? Was denn *will* ich, was denn wird mir nicht gegeben, daß ich solche Schmerzen darum haben muß?

Ich will nicht «Dich«. Du bist, *der* Du bist und *wo* Du bist, und Deine Wirklichkeit (Du, Dein Leben, Deine Arbeit, Gott) ist *das* Reale, das ich *mit* Dir zugleich liebe. Ich möchte Dich gar nicht ohne das alles. Ich trauere also nicht darüber, Dich nicht »als Mann *haben*« zu können. Vielleicht trauere ich aber, weil ich mich Dir nicht *geben* darf. Ich hab ja nichts für dich außer mich – selbst. – Aber bin ich nicht auch ich plus *meine* Wirklichkeit, also der Wirklichkeit des Verzichts von vorneherein, *auf den Verzicht hin angelegt*? (Später, beim Durchlesen eingefügt. Ist das so, Fisch? Ist's wirklich so bei *Dir und mir*?) Und ist somit nicht alles aufs Schönste geordnet?

Ja. Und nein. Mein Fisch, geliebter Fisch – Du bist *noch* mehr als Du plus Deine mir bekannte »Realität«. Du bist (mir) Geheimnis. Und in diesem Deinem Geheimnis liegt die Ursache für meinen Schmerz, der *zugleich* Seligkeit ist.

Ach, Fisch, ist die Liebe schwer!!!

Was *da* geleistet werden muß an Vertrauen in Gott, an Hingabe ans Geheimnis des anderen, ans Geheimnis Gottes.

Warum nur, warum, mein so geliebter Fisch, ist nur so vieles verboten?! – Ist's darum, weil uns dafür so vieles erlaubt, so vieles gegeben ist? ich weiß es nicht. Ich leide, ich hab Sehnsucht. Ach diese *unüberwindlichen* zehn Meter, die uns trennen. –
Nun weine ich nach dir.

Innsbruck, 2.6.62, *Am Morgen*

Weißt Du, mein Fisch – es ist für mich (vielleicht sogar für Dich) *schwer* zu wissen, was wir tun müssen. Denn entweder ist eine Liebe Alles oder Nichts (jedenfalls für Leute wie Dich und mich!!)
Zeige ich Dir, daß sie ein »Alles« ist, so wird's schwer. Zeige ich's Dir *nicht*, so *weißt* Du es nicht, und alles bleibt vage, halb, »geistig«. Ich liebe aber *inkarniert*, denn du bist ja kein Engel und sollst (darfst) keiner werden. Du bist ein Mann, und ich bin eine Frau. Wie ist das zu bewältigen – sag es mir, *wenn* Du es weißt!

Innsbruck, 6.6.62
(was für ein hübsches Datum! – und was für ein Tag!) –

Jetzt, zwischen halb und dreiviertel acht, sitze ich da und glaube, nicht leben zu können ohne Deine Nähe. Ich habe heftige Sehnsucht nach Dir. Warum es nicht sagen. Aber ich nehme diese Heftigkeit zurück – fühlst du es? Ich gebe Dich wieder frei an IHN. *Nie* will ich Dir Fessel, nicht Last sein, nie Hindernis. Aber ich will dich auch bewußt teilhaben lassen an meinem Leben und meinem Leiden – oder wie soll ich mein Gefühl nennen? – es ist zugleich starker Schmerz und tiefste, innigste Freude. Die Freude ist das Bestimmende aber!
[…]

München, 7.6.62. Abends viertel vor elf

Liebster Fisch,
eben ist Prof. Matussek fortgegangen, er war seit sieben Uhr hier, aß viel, rauchte viel, redete viel. Wir sprachen über Schwermut und

Keuschheit, interessant. Aber weißt Du: ich weiß im Grunde genau so viel wie er, der Gelehrte. Das meinte übrigens auch er! Er las meine Arbeit über Schwermut (einige Seiten, er nahm sie mit) und fand (wie Du), daß ich da Dinge gesagt habe, die niemand sonst gesagt hat. Nun ja. – Wir sprachen über Priester und Frauen und über die Notwendigkeit (oder Überflüssigkeit) einer Partnerschaft beim Priester. Er meinte: »Nun, etwa Pater Rahner, der braucht keine Frau, der ist so tief in Gott, daß ihm das genügt. Und wenn der auch eine Frau kennte oder liebte, so würde er sie nie begehren, darüber ist er weit hinaus.« (Wuschel lächelte im Herzen, denn so unrecht er hat, so recht hat er *auch*, – nicht wahr!?) – Im übrigen sagte er etwas Schönes, sehr, sehr Schönes über Dich. Er sagte (Du erinnerst Dich an seine Ausführungen über die »Glaubwürdigkeit der Zeugen für die Wahrheit der historischen Existenz Christi und seiner Lehre« – so etwa hieß doch sein Thema) –: »Ich hätte gerne im Vortrag gesagt: wir haben hier unter uns ein lebendiges Beispiel für die Wahrheit des Sagens, daß die «Glaubwürdigkeit der Zeugen« für das Christentum unserer Tage *entscheidend* ist. Schauen Sie Pater Rahner an! Das ist ein Mann, dem man es *glaubt*, wenn er sagt, er habe Christus »erfahren«. Da sagte ich: »Ja, er ist ein Heiliger.« (Ich lächelte dazu, um dem Satz sein Gewicht zu nehmen.) Aber Matussek sagte: »Ja, das ist er *wirklich*.«

Hörst Du, mein Fisch? Jetzt danke Deinem geliebten Herrn, daß ER Dich so machte, daß man durch Dich, um Deinetwillen fast (möchte ich sagen) an Gott glauben kann! –

Zum Schluß sagte Matussek, er habe mich schon auf der Tagung immer beobachtet, denn ich habe »ein süßes Gesicht.« Und ich *sei* auch, sagte er, »süß«. Was sagt mein Fisch dazu? *Dir* jedenfalls bin ich süß!

Er meinte auch, daß er den Eindruck habe, ich *bekäme* zu wenig vom Leben und *gebe* zu viel; ich sollte mehr für mich fordern, mehr erwarten, nicht so »mich zurücknehmen«. (*Er* sagte: nicht so anspruchslos sein.) Das sagte mir auch schon ein anderer Psychologe, der Mitarbeiter von Prof. Bitter auf Grund einer Schrift-Analyse. – Sonderbare Leute, das! Ich sagte zu Matussek, er irre, ich bekäme unendlich viel Schönes vom Leben. »Ja,« sagte er, »das ist seltsam:

Man merkt, daß Sie die Schwermut sehr wohl kennen, aber Ihr Fleisch (!!!) strahlt Leben aus.«(!!!!!) Ich sagte, ich habe letztes Jahr neun Monate schwere Depressionen gehabt. Er fragte, was ich dagegen getan habe. Ich sagte: »Dagegen getan? Nichts. Ausgehalten. Gearbeitet. Gebetet. Gewartet. Und mich, soweit es ging, gefreut, daß Gott mir die gleichen Leiden schickt wie meinen Brüdern und Schwestern!!« (d.h. den anderen Menschen.) Er war überrascht. Er sagte: »Und wir Psychiater raten den Depressiven immer dazu, aus dem Beruf herauszugehen usw., solange die Depression dauert.« Ich sagte ihm, daß das wohl oft falsch sei. Er meinte am Schluß, ich hätte ihn inspiriert, nicht in erster Linie dank meiner Worte, sondern durch mein Sein.
So, jetzt weißt Du es. Ich lächle, denn »mein *Fleisch* strahlt«, weil mein *Herz* strahlt, weil Deine Liebe es bestrahlt und weil ich ganz und gar passiv der Liebe (SEINER und Deiner) hingegeben bin.
Ach, Fisch – das Glück (das *selige* Glück) das Du mir gibst, strahlt wirklich so aus mir, daß alle Menschen um mich es spüren. Du hast mich mir gegeben, indem Du Dich mir gabst und uns beide Gott anheim gabst. *Geliebtes Herz Du.*

Die tiefe Spur in unseren Herzen

München, 8.6.62
(noch sechs Tage!)

[...]
Dein Aufsatz über »Meßopfer und Askese«[21] ist *großartig.* Was für eine geistige Weite und Tiefe. Ich liebe Dich *dafür* noch mehr, immer mehr, immer *größer.* Und alles, was Du sagst, habe ich in mir selbst schon gewußt und vollzogen, z.B. das Geltenlassen *aller* Formen der Gottesverehrung und Heiligenverehrung, und die

Gleichstellung der Messe mit anderen religiösen Akten. Ich habe (*Dir* darf ich es sagen) Gott (Christus) schon sehr stark *erlebt* in der Messe, aber auch außerhalb. Jene Intensität, mit der ich IHN oft bei der Kommunion erfahre (als *ganz wirklich*, so daß ich gar nicht zweifeln *kann*, daß ER jetzt da ist und zu mir »spricht« – ich »hörte« IHN ja schon oft etwas sagen) – jene Intensität habe ich auch schon im bloßen Gebet, oder als Folge eines kurzen liebenden Aufblickes erlebt: daß ich *überstürzt* wurde von einer Flut von Gnadenglück, so daß mir das Herz zu zerspringen drohte. Oft, wenn ich sage »*Du* weißt, daß ich Dich liebe« (das ist eigentlich mein liebstes Gebet, es ist meine *Gebetshaltung*), ist ER einfach da, als Antwort. (Und, nicht wahr, ich bin keine hysterische Betschwester, ich habe einen handfesten bayrischen kritischen Verstand!!) – Einmal, Pfingsten vor vier Jahren, blieb ich volle zwei Tage in einer Art Entrückung (ich liebe den Heiligen Geist!) so daß ich einfach aus dem Jubel (aber einem Jubel, der nicht zuerst aus mir, sondern aus IHM kam) nicht mehr entlassen wurde. Immerfort blieb das Herz erhoben und heiß brennend.
Ich habe oft Tagebuch geführt darüber – aber diese Tagebücher hat alle M.A.; und er gibt sie mir nimmer, ich bat ihn schon darum. Er sagt, sie seien sein Eigentum. Was kann ich da machen!!! – Da stehen solche Dinge drin. Ich möchte, daß Du sie wüßtest, ich kann sie jetzt nämlich nicht mehr recht erzählen, ich »vergesse« sie irgendwie; Gott nimmt sie in SEIN Dunkel (oder SEIN Licht) mit, mir bleibt nur eine leise süße Erinnerung.
Ach Du – daß wir das alles *gemeinsam* haben dürfen! Daß wir die *ganz* gleiche Sprache sprechen, Du, das ist mehr als »Glück«, das ist schon etwas von der Seligkeit des neuen Aion, nicht wahr?
Nun muß ich in die Stadt, Besorgungen machen. Nachmittag kommt ein »Schäflein«, männlich, mit schweren Problemen. Morgen besuche ich in Dachau eine alte Frau aus Leipzig, Flüchtling, arm (wohnt im Lager), sie hat eine Art Parkinson, am ganzen Körper geschüttelt; ich nehm sie immer mit ins Café, das freut sie sehr, und ich muß sie füttern, weil sie den Löffel nicht halten kann. Sie ist rührend. Ich hab eine große Liebe zu solchen Menschen. Sie hat niemand mehr auf Erden, denke Dir, nur eine

Tochter im Osten, die nichts von der geflüchteten Mutter wissen will. […] *Dein Wuschel*

Pfingstsonntag, 10.6.62[22]

Geliebter Fisch,

[…]

In S. war ich im Hochamt, das M.A. zelebrierte, aber er war nicht sehr feierlich (*er* schon, aber der Chorgesang war schlecht und ärmlich, die Predigt eines seiner Mönche war Klischee, armselig). Und ich spürte, daß »der Geist« fehlte, allerorten. Ich selbst betete sehr, vor allem für M.A., aber das große Glück blieb aus. Einmal nur war ich »hinweggenommen« und »hörte«: »Empfange die Liebe (oder *meine* Liebe – das vergaß ich) und wisse, die Liebe ist Schmerz.« (Ich kann genau unterscheiden, was ER sagt und was nur ich hören *möchte*!!)

Aber auch das, nicht wahr, ist schon sehr viel, und mir stürzten die Tränen aus den Augen, weil, wenn ER spricht, ich immer zu klein, zu eng bin für die Fülle.

Halb zehn Uhr abends:

Abends hatte ich Besuch – Du kennst ihn auch, jedenfalls hast Du im Venio-Haus schon Dich mit ihm unterhalten: Bruder Lucas, der Maler, Benediktiner aus Maria Laach. Er sagte, er habe sich seit Jahren gewünscht, mit mir zu reden. Nun tat er es. Was für eine reine und kühne Seele! Er sagte, Du habest einen ganz tiefen Eindruck auf ihn gemacht: »*Augen* hat dieser Rahner, Augen – reine, warme wunderbare Augen.« (Da siehst Du!) Er hat eine *gute* Menschenkenntnis. Er sagte von Dir, das Großartige sei, daß Du »ganz Du« seist, alles decke sich, und keine Faser sei falsch. – […]

Ehe ich zu Deinem Ärger komme (Rom), zum Hauptthema, erzähle ich alles andere »herunter«, weil Du ja *alles* wissen sollst. Heute hatte mich in S. in der Kirche ein junger Pater gesehen, der mich von Rom her kennt. Er bat M.A., mit mir nach dem Amt zusammen sein zu dürfen. Er durfte es. […]

(Du weißt, daß M.A. mir ein Telegramm geschickt hatte, »Besuch leider nicht möglich. Pfingstliche Grüße«. So herzlich gehalten, wie es *ihm* möglich ist. Früher war er brutaler, und es ist ein Fortschritt.)

– Ich konnte dem Pater daher nichts sagen, und als er mich drängte, doch dem M.A. Lebewohl zu sagen vor meiner Romreise, willigte ich ein. Er ging also zu M.A., aber M.A. ließ mir sagen, er könne nicht, er müsse gleich wegfahren, einen schwerkranken Bruder ins Krankenhaus bringen. Das ist richtig, aber ich finde, er hätte unbedingt mich begrüßen müssen und sei es nur durch einen Handschlag. So ließ er mich wieder einmal demütigen. Das war schon ein Schmerz für mich, und ich schrieb es ihm auch, daß das falsch war. – Aber ich hörte auch von diesem Pater, daß M.A. sehr lieb jetzt sei zu seinen Leuten, »wie ein echter Vater«, und daß sie ihn heiß liebten und zu ihm stehen in *allem.*
Nun, wenn das so ist, so mag er ruhig zu *mir* unlieb sein. Nicht wahr? Eines Tages wird er auch *dies* lernen. –
Nun aber: Da ich Deinen 2. Brief mit dem eigentlichen Bericht nicht habe, weiß ich nur, was Du mir am Telefon sagtest. Ich finde es empörend. Aber es wird ohne Folgen sein, d.h. man wird die Anordnung zurückziehen. Deine Reaktion freute mich: Du warst heftig zornig und männlich, aber im tiefsten Herzen von demütiger Gelassenheit. Mein Gott, Fisch, geliebter Fisch, was für eine *Größe* hast Du!
[...] *Dein Wuschel*

P.S.: Sei vorsichtig mit Rom, Du!
Sei diplomatisch. Wir brauchen Dich!

München, Pfingstmontag, 11.6.62

Liebster Fisch,
weißt Du, es wäre gar nicht so schlecht, wenn »die« Dich wirklich nicht mehr schreiben ließen, d.h., wenn Du nicht mehr schriebest. *Es entstünde ein tiefes Schweigen (einerseits), und dieses Schweigen schrie laut!* Und (andererseits) aber würden *viele* sich laut äußern zu diesem Fall, und das gäbe dann *viel* Ärger für die Verbietenden. Ich würde sicher einen Aufsatz darüber schreiben, ganz grundsätzlich (unter Deiner Leitung!) Und überhaupt: selbst wenn Du wirklich schweigen würdest, so würdest Du ja weiter *denken*, und der Gedanke (der *Deine*) ist eine sprengende Kraft wie das Wort, vielleicht noch stärker.

Vielleicht ist das Ganze *positiv*, gut, notwendig. Dies nur möchte ich Dir rasch sagen.

Alles ist gut. *Dein Wuschel*

P.S.: Auf der Rückseite ist auch noch etwas!

Abends:
Ich sagte Dir am Telefon, daß ich heute im Amt ganz verzweifelt war, weil mir der Heilige Geist ganz fern schien. Ich war im Dunkeln und allein. Ich *schrie* zu IHM, wirklich, ich schrie aus der Verlassenheit und wußte mit aller Schärfe, daß ich ohne IHN einfach nicht sein kann. »Sine tuo numine....« Das ist eine herrliche Erfahrung, ich machte sie schon öfter in solcher Intensität. Und als ich lange genug um Ihn gerungen hatte, dachte ich: »Vielleicht bei der Kommunion – «. Aber auf einmal, zwischen Wandlung und Pater noster, war ER *da*.
Das ist ein so seltsames Erlebnis, mir längst nicht mehr fremd, eher vertraut, und doch jedesmal ein neues, seliges, süßes Erschrecken. »Was begibt sich jetzt – ?« Und dann das Hinweg-Genommen-Sein in eine unsagbare Leere. Da ist *Nichts* mehr, weil *Alles da* ist. Ich kann es nicht anders sagen. Und dann füllt sich mein Herz, nein mein ganzes Wesen, meine ganze Person, mit *Wärme*. Eine süße, zarte, brennende Wärme, die eigentlich wehtut, weil sie *herzsprengend* ist. Es ist ein »Eros-Erlebnis«, ohne Zweifel, aber wirklich gehöre ich ganz und gar Gott. Ich könnte *wirklich* nicht leben (*physisch* sogar nicht einmal) ohne IHN. ER ist einfach meine Speise, mein Trank (ob in, ob außerhalb der Kommunion, das ist gleichgültig). Ich würde *alles* hingeben, um IHN behalten zu dürfen.
Sag IHM, sag *Du* IHM, daß ER mich ... nehmen soll.
Du, können wir am Freitag eine Morgenmesse haben, gleich wann? Und kannst Du da mein Angebot «feierlich« machen? Es ist mir Ernst, auch wenn ich mich ein wenig, ein klein wenig ängstige vor den sicheren Folgen. Aber ich liebe IHN. Meine Liebe ist etwas sozusagen »Handgreifliches«. Und in *dieser* Liebe liebe ich Dich, mit aller Kraft, mit süßer Kraft.
Auf ganz bald!

München, Pfingstmontag 11.6.62,
noch später abends:

heute, gerade heute geht mir unsere Liebe wie eine Knospe auf, sie blüht, sie zeigt sich mir in ihrem Kern. Vielleicht weil Du es schwer hast, vielleicht weil heute Pfingsten ist –: ich *weiß*, daß ich Deinen Weg bis zum Ende mitgehen darf, muß, kann als die rechtmäßige Gefährtin. Dies ist das Treue-Versprechen, mein Fisch, geliebter Fisch, und das gilt. »Endgültig« – wie Du nach der Herreninsel-Messe sagtest. Du hast es eher »gewußt« als ich. Nun weiß ich es auch, und ganz.
Wie das mit der Liebe zu M.A. zusammengeht, weiß ich nicht. Aber ich weiß, *daß* es geht. Und das genügt, nicht wahr? Wir Drei in IHM. *So* ist es, meine ich. Ihr zwei müßt eines Tages Freunde sein. *Du* wirst M.A. und mich in Dir zusammenfinden.
Fisch – Du bist ein Mann. Es wird einmal vielleicht nicht ganz leicht sein für Dich, M.A. in unserem Leben zu haben. Aber auch M.A. wird daran leiden. Wir Drei aber werden es lernen. Diese Liebe sprengt die Grenzen des »Paares«.
Mein Herz quillt über vor Liebe.

Innsbruck, 14./15.6.62[23]

Mein geliebter Fisch,
was ich morgen früh versprechen werde, geht eigentlich mir selbst weit voraus. Ich weiß nur dunkel, daß ich damit *mehr* verspreche als ich *weiß*.
Ich gebe Dir und Gott also einen Blanco-Scheck.
Ihr könnt sehr hohe Summen eintragen – und wenn sie mein Kräfte-Konto übersteigen, so muß eben Gott (oder mußt *Du*) etwas zu-legen aus einem unerschöpflichen Schatz. Nur *so* wage ich dieses »Versprechen über den Tod hinaus«. Es ist ein mir abgefordertes Versprechen. Gott verfügt – mit meinem Einverständnis – über meinen Willen und meine Zukunft.

So wage ich es denn *in IHM*:

Für alle Ewigkeit
in aller Not, in allem
Glück bin ich bei Dir
und mit Dir in IHM,
und nie ohne IHN,
und alles in der Liebe, die Dich, M.A.
und *alles* umfaßt.
Wuschel

Mein Gott und Herr
Der Du weißt, wie ich Dich liebe:
Gib, daß ich dem Fisch, den Du liebst und der
Dich mit seinem ganzen Wesen liebt, eine
gute, treue Gefährtin auf seinem Weg zu Dir
sein kann und darf. Gib, daß er durch mich
nichts verliert, aber mehr und mehr gewinnt.
Gib, daß er, indem er mich liebt, Dich noch
inniger liebt und in mir und Dir *alle* Menschen.
Laß ihn und mich und M.A. zu Dir gelangen.

Innsbruck, 15. Juni 62

Morgens nach *unserer* Messe

Hast Du die *Zeichen alle* bemerkt?
Das *Rot* des Messgewandes (und die roten Fische, eingestickt in die Albe?)
Und die Texte: »Zahlreich sind die Leiden… aber aus allem befreit sie der Herr.«
In der *oratio*: »… in ungehemmter Liebe vollbringen«.
Im …: »Ein *neues* Lied« (ja, unser Lied ist neu).
Lectio: »…erfüllt sich ihr Hoffen auf Unsterblichkeit.
Ein wenig nur werden sie gepeinigt, aber viel Herrliches wird ihnen widerfahren, denn Gott hat sie nur geprüft – und ER fand sie seiner wert. Wie Gold … hat ER sie erprobt, *und wie ein Brandopfer sie angenommen…*«

Beim Offertorium hörte ich IHN zu mir sagen (mit dem Blick auf Dich).
»Du weißt nicht, wie schön er ist in meinen Augen.« Während der ganzen Messe war ich ganz und gar *in IHM* – beinahe habe ich es nicht ertragen. Aber dann erfüllte mich eine große Stärke, eine *himmlische* Seligkeit und ich wußte (und weiß), *ER* hat das gewollt, alles was zwischen uns geschieht. *ER* verfügt über unsere Liebe. –
Je mehr Zeit darüber vergeht, desto stärker wird die Flut in mir – nicht nur im »Herzen«, – im ganzen Wesen.
Es ist etwas geschehen, was größer ist als ich.

16.6.62, 9 Uhr früh

Ich *kann* nicht abfahren, geliebter Fisch, ohne Dir einen Gruß zu hinterlassen. Ich war nach unserem so schönen Frühstück (haben wir denn »gefrühstückt«? Ich meine, wir haben uns nur angeschaut und uns auch wirklich »gesehen«) noch zwei Messen lang in der Kirche, vor *unserem* Altar, und, obgleich ich gefrühstückt hatte, ging ich zur Kommunion, weil ich einfach *mußte*, aus Sehnsucht, und dann habe ich alles mit IHM besprochen, richtig besprochen wie mit dem besten aller Freunde – und ER war einverstanden mit meiner Art, so mit IHM zu reden, so »nüchtern« und »verständig« – und auf einmal war mein Gesicht naß von Tränen, sie waren unvermerkt gekommen, einfach aus dem überstarken Gefühl SEINER Nähe heraus, meine ich.
Daß es *dies* gibt, Fisch, daß man mit der Gottheit *reden* kann, so von Freunde zu Freund, und eigentlich ohne Furcht, daß man zu kühn sei! Daß ER es sogar zu *wollen* scheint, daß man auf *solche* Weise IHN einbezieht in *alles*, was man lebt! Ich hab IHM auch gesagt (was ER ja längst weiß, von Ewigkeit her weiß!), daß wir, Du und ich, es nicht so ganz leicht haben *um SEINETWILLEN*, und daß ER *das* mittragen müsse und daß ER mit-verantwortlich sei, und daß er das, was zugleich unsere Stärke und unsere Schwäche ist, in SICH aufnehmen müsse, an-nehmen müsse als eben das, was wir sind, wir beide.
Dann ging ich *getröstet* weg.

Liebster, liebster, geliebter Fisch, *sei glücklich, denn es ist Glück, lieben zu können* und geliebt zu werden. Unsere Liebe, die ja keine bloß »süße Exclusivität« hat (ich meine sie ist zwar »exclusiv«, aber nicht bloß »süß« in dieser Exclusivität, sondern auch hart, ernst, feierlich – und damit ist sie *mehr* als exclusiv – Du verstehst mich schon) *diese* unsere Liebe wird ausstrahlen auf viele. Strahl sie aus, geliebter Fisch! Um Gottes und unsert-willen: *Liebe*!

Dein (ja: Dein) Wuschel

P.S.: Ach – mein Rahner-Deutsch…! In der Liebe wird man sich ähnlich. Wohin soll das führen…!!!

[…]

Roma, 22.6.62 [24]

Ach Du, zum ersten Mal Du und ich beisammen hier in Rom!

[…]

Roma, 24.6.62,
abends viertel vor sieben.

Du mein geliebter Fisch,
war das nun alles ein Traum? Aber das sind doch Deine Spuren […]. Deine Fotos; das Meßtuch, (wie heißt es eigentlich? das ich ins Germanicum schicken muß) – Du warst also *wirklich* da. Ja, und die Spur in unseren Herzen, sehr tief, mein Fisch, unbeschreiblich tief, sanft und scharf zugleich, unendlich trostvoll und auch schmerzhaft – schmerzhaft deshalb, weil das Glück, von *Dir* geliebt zu sein, einfach *zu* groß ist für mich. Du *kannst* lieben, mein geliebter Fisch! Du liebst als Mann, als Priester, als Mensch, als Freund, als Bruder, als Geliebter, als Vater auch, als Führer – was für einen Reichtum breitest Du vor mich hin – und ich zittere ihn zu ergreifen, Du! Bei all meiner zärtlichen Nähe und Zutraulichkeit bebt doch mein Herz. Hast Du's in meinen Augen gelesen, daß Ehrfurcht in meiner Liebe ist? Ach, Deine Augen – sehe sie vor mir, ohne Brille, so dunkel, so

warm, so klug, und voller Leidenschaft auch, und so rein, und so zärtlich auch.

[...] *Dein Wuschel*

Rom, 27.6.62

Innigst geliebter Fisch, mein Fisch,
heute habe ich eigentlich *eine* Zeile von Dir erwartet. Ich hab doch so sehr Sehnsucht nach Dir. Gestern abend begann ich Deine Advent-Platte zu spielen, aber es ist unerträglich, Deine Stimme (Du sprichst sehr, sehr gut, Du!) zu hören, ohne Dich wirklich hier zu haben. Ich beginne nun wieder zu arbeiten, mühsam. Bin ganz außer Übung. Seit fünf Monaten keine wirkliche Arbeit, denk Dir. Man darf nie so lange aussetzen. Man wird faul. – Ich will jetzt den Aufsatz für den Umfrage-Band »Aus welchen Quellen leben wir heute?« schreiben. Dazu las ich eben, weil ich etwas über »Weltfreudigkeit« darin sagen will, Deinen Aufsatz über Ignatius. Das ist (unter anderem, *vielem* anderem) eine herrliche Deutung Deines Ordens: »Jederzeit bereit sein, einen neuen Ruf Gottes zu anderen Aufgaben ... zu hören« – Und: »Nimmt zur *Pflicht* sich zu wandeln.« *Das* also lebst Du jetzt. Mit mir. Aber ein eigentlicher »Wandel« ist das nicht bei Dir, denn das liegt ja »auf Deiner Linie«, das Lieben, und ist also nur eine Fortführung Deines bisherigen Lebens. (Freilich: jeder Wandel ist im Grunde kontinuierlich zum vorhergegangenen Leben. Oder nicht? Gibt es Sprünge in absolut Neues? *Nein*; nicht wahr?)
Nebenbei: Schlag einmal in Deinen Schriften zur Theologie Band III auf, Seite 327, Dritter Absatz, über die Ehe. – S. 335 finde ich in Zeile 9/10 etwas, das ich nicht *so* hinnehmen kann. Darüber mündlich. Denn: ist unsere Liebe nicht *auch* eine »irdische«?
Etwas Seltsames, – Fortsetzung zu Pater Dold's sonderbar hellsichtigem Ausspruch vom »trockenem Dogmatikerherzen«. Er schreibt mir: »Rahner, dieser gescheite Mensch, braucht zur Abrundung Ihre wunderbare, reife Liebe.« So, da haben wir es. Dieser Dold nennt das einfach »Liebe« und sagt, Du brauchst sie. Und ich sagte ihm *kein* Wort!
[...]

Eben (Telegramm) eine Einladung, zu einer wichtigen Sitzung der Akademie der Künste, der ich angehöre, am 7./8. Juli nach Berlin zu fliegen. Soll ich, muß ich?
Wie sehr war ich gestern bei Dir, bei Euch in München. Wie war es? *Sehr* warte ich auf einen Brief.
Ich fand gestern einen Tagebuchfetzen von mir, 1929, ich war 18 Jahre alt: »Ich wollte, ich bezahlte einen Augenblick höchster Hingabe an einen Menschen oder an Gott mit meinem Tod.«
Fisch, mein Fisch. Mein Herz tut weh. Wie hast Du mich in diese Liebe hineingelotet, hineingeführt, unwiderstehlich trotz aller Behutsamkeit, wie zielsicher hast Du mich erobert! Freilich: im ersten Augenblick in Innsbruck war ja schon alles entschieden. Weißt Du, was Dein erster Satz war (nach der Begrüßung): »Wohin gehen wir jetzt«?
»Wohin?« Und »wir«, und »jetzt«. Und die *Bewegung*, die Bewegung ins Freie und Weite. Immer »wir«, wir beide, zusammen.
Ich bin tief glücklich.
[...] *Dein Wuschel*

Wir sind Alles-oder-Nichts-Menschen

Roma, 27.6.62[25]

Mein Fisch,
gestern kamen Deine beiden Briefe vom 24. Ich hab den Tag auf meine Weise gefeiert: morgens war ich in Maria Maggiore in zwei Messen, eine als Messe für Dich, die andere einfach als Zeit zum Beten. Abends hab ich dann noch einen Rosenkranz gebetet für Dich (*Deinen* Rosenkranz in der Hand), und tagsüber waren meine Gedanken innig bei Dir.
Ich hab ein bißchen schlechtes Gewissen, weil ich Deine drei Studenten nicht herumgefahren habe. Aber weißt Du, es ist entsetzlich heiß tagsüber (gestern solls 40 Grad im Schatten gehabt haben) und

mein Herz samt Kreislauf ist dem nicht mehr gewachsen, ich schleppe mich jetzt nur mehr durch den Tag. Steffi kommt erst am *1. [Juli]*, er hat am 31. [Juni] seine Autofahrprüfung erst, fährt oder fliegt dann nach hier ab, um am 4. [Juli] mit mir im Auto nach Brixen zu fahren, von dort nach München zurück. Auf diese Weise sind wir wenigstens ein paar Tage zusammen. Aber ich bin bis dahin verurteilt, hier zu bleiben; ich wäre soviel lieber nach München gefahren, um dieser Hitze zu entgehen. Ich war noch nie um diese Zeit hier, ich wußte nicht, *wie* heiß es sein kann. –
So bemühe ich mich also, mich halbwegs in Form zu halten. Arbeiten kann ich nimmer. Ich schreibe einige Briefe, lese, gehe viele Male unter die Dusche (aber es kommt kein richtig kaltes Wasser mehr).
[...]
Inzwischen besuchte ich auch noch den Mann meiner Putzfrau Pina. Pina ist seit 14 Tagen bei ihrer kranken Mutter in Neapel. Ihr Mann ist (vielleicht aus Protest) krank geworden. Schwere Bronchitis mit hohem Fieber, ist schon wieder besser, fühlte sich elend, von aller Welt verlassen. Die Italiener (im Süden) sind rechte Kinder: Sie heulen ihren Jammer einfach in die Welt hinaus wie die Hunde den Vollmond anheulen. Sie *scheinen* völlig wehleidig – und sind doch viel tapferer im Ertragen als viele scheinbar Tapfere! –
Neulich war ich einmal am Meer und liebte die Menschen hier besonders: Das war ein kleines Welttheater auf der Szene, am Strand; z.B. ein sehr schönes Liebespaar, sie schlief, er betrachtete sie als wär's ein Heiligenbild, dann küßte er sie sanft auf die Haare; daneben eine ganz häßliche Alte mit Hängebrüsten und dickem Bauch; am Wasser ein Mann mit einem überaus dicken, sichtlich debilen Mädchen, das mit offenem Mund häßlich stumm, zähnebleckend vor sich hinlachte; daneben ein paar sehr hübsche junge Burschen mit einem Mädchen (vielleicht Tänzer oder Schauspieler), daneben unter einem riesigen Sonnenschirm eine ganze Familie, da wuselte es nur so von Kindern, Großmüttern usw., usw., dazwischen vergnügte Hunde – verstehst Du: Leben, Leben, Leben!
Alles hat darin Platz, und niemand starrte auf das schöne Liebespaar, niemand nahm Anstoß an der häßlichen Alten, niemand an dem

debilen Mädchen, niemand zeigte falsches Mitleid oder schaute absichtlich weg. Man nahm *alles* an, alles ans *Herz*. Leben ist eben alles, und dies alles ist Leben. Ich liebe es sehr, in seiner Fülle. Aber erst, seit ich Dich habe, kann ich das wieder. Manchmal überflutet die Liebe zur Welt mein Herz (weil sie Gottes ist – aber nicht *nur* deshalb, oder freilich: das versteht sich von selbst, daß *ich* sie nur liebe, *weil* sie sein ist – denn etwas außer ihm könnte ich nicht lieben!! Messerscharf geschlossen, nicht wahr, *maestro*!?)

[...] *Dein Mädchen*

Roma, 28.6.62[26]

Mein Fisch,

eben kam Dein Brief. Dank! Nie im Leben habe ich so schöne Liebesbriefe bekommen wie von Dir (von diesem »trockenen Dogmatikerherzen...« Ach Du! Du bist ja nicht trocken, Du bist ja Feuer und Leben und Quell und Freude und Innigkeit und Zärtlichkeit und starke Männlichkeit.) Immer sehe ich Dein Gesicht vom Sonntagvormittag vor mir, als Du auf dem Sofa saßest und ich von unten her Dich ansah. Deine Augen waren voll stiller Glut, Dein Mund leidenschaftlich ernst geschlossen. Das Bild eines Mannes, der, obgleich hingerissen, dennoch ganz »bei sich« ist; bei sich heißt: bei Gott. Wie Du das kannst, dies »Beides«! –

Mit Dir leben, mit Dir arbeiten dürfen, was für ein Glück für mich! Wenn ich die Frage meines Aufsatzes (Aus welchen Quellen leben Sie?) ganz einfach beantworten dürfte, würde ich sagen: »Ich lebe aus der Nähe zu Gott, aus dem Schmerz um M.A., aus der Liebe des Fisches, und aus der Liebe von und zu meinen Kindern.« Und das alles wäre letztlich *Eines*. Was mich trägt, ist der breite starke Strom, auf dem hin mein Fisch und ich zu Gott geborgen werden. Halt mich fest, geliebter Fisch! Gestatte mir kein Abweichen, kein einziges! Ach, weißt Du, es gibt ja *wirklich* für mich kein Glück außer *in IHM*. *Du* wirst wissen, daß das ganz wahr ist. Ich weiß es zu meinem eigenen Erstaunen. Heut war ich wieder zu Tränen erschüttert (Evangelium, Vigil Peter und Paul) – :»Herr, Du *weißt*, daß ich Dich liebe.« Dieser fast verzweifelte Schrei ist der meine. Besonders wenn

ich fühle, IHN eine Weile nicht genug geliebt zu haben (»eine Weile« ist oft nur eine Stunde. Aber schon eine Stunde ist viel zu lang,um IHN nicht gegenwärtig zu haben.) »Ohne Dich nur Tod.« Ja wahrhaftig! Was wäre unsere Liebe *außerhalb* SEINES Herzens! Was sie ist, das ist sie nur in IHM. Und, ja Du hast recht, ich sag's in unseren Worten nur: daß sie in IHM nur ist, macht sie auch im Zwischen erst zur echten starken Liebe zwischen Mann und Frau. Wer es fassen kann, der fasse es. (Franz v. Sales wußte das! Und der Herr selbst.) Ja, ich bin glücklich.
So glücklich, daß die Leute mich daraufhin ansprechen, ich sei so jung und strahlend. – Heute nach der Messe in S. Anselmo wartete P. Johannes M. auf mich, ein Luxemburger, sehr fein und scheu, etwa Dein Alter, Bibliothekar und Professsor (kennt alle meine Bücher) und sagte:» *Endlich* sind Sie wieder da. Ich habe es so vermißt, Sie auch in der Messe zu sehen.« ... Und auf dem Heimweg begegnete mir mein Freund, der Straßenkehrer, legte seine Hand aufs Herz (in der andern trug er seinen Sack für die Abfälle) und machte mir eine Liebeserklärung und einen Heiratsantrag. »Wenn ich jung und Millionär wäre, würde ich Sie heiraten. Aber so kann ich Sie nur aus der Ferne anbeten.« Was sagst Du *dazu*!?!!! Als ich lachte, war er ganz beleidigt, denn es war ihm ernst.
SEINE und Deine Liebe machen mich strahlend und zur Freude der andern. *So* also ist das Christentum, Du! Und obgleich ich ans Kreuz gebunden bin, bin ich frei in der Freude! – [...]

– Später: Durch Dich wird (auch) bei mir eine 3. Periode des Schaffens eingeleitet: Die der Wieder-Selbstverständlichkeit. Oder wie ich sagen soll.
1. Periode: unbewußtes Schaffen (»Gläserne Ringe«)[27],
2. dann steigendes Bewußtwerden bis zur »Vollkommenen Freude«[28].
Und nun
3. dank des Gestillt-Werden in Deiner Liebe die neue Stufe: Geist *und* Poesie vereint.
In unserer Liebe ist Sehnsucht, Spannung *und* Stillung in Einem. Nicht wahr? *Keines* dürfte fehlen.

Lieb mich, Fisch, lieb mich mit all Deiner männlich-priesterlichen Kraft! Was Du liebst, wird *Welt* werden in mir.
Ich werfe mich nun ganz in Deine Arme, diese starken, schützenden Arme. Habe ich endlich, endlich »gefunden«?
Ganz herrlich ist Dein Satz im letzten Brief: »Wir brauchen nicht tot zu sein, damit ER sei und lebe.« Ja, das ist wahr! Was für eine beseligende Erkenntnis!
Mein Herz ist ein über-voller Krug! Nein, das Bild stimmt nicht, denn ein Krug enthält eben nur so viel, wie er selber groß ist. Aber ich enthalte ja weit mehr! Ich enthalte Dich, Deine Liebe, Deine so tiefe, große, reine Liebe. Und ich enthalte IHN!

Später: Fisch, wie Du weintest, neulich hier, das werde ich nie vergessen. Du hast geweint aus Erschütterung über die Drift zu Gott hin. Es waren mystische Tränen. Ja, es ist herrlich *und* schrecklich, Gott als Realität zu fühlen und *nie* mehr sich von IHM befreien zu können. Gottes Treue ist furchtbar, Fisch! Ich habe mich IHM ja *feierlich* gegeben, es ist so gut wie ein Ordensgelübde. Es gilt absolut! Absolut gilt aber auch das Versprechen am Herz-Jesu-Altar in Innsbruck!

Dein Wuschel

Roma, 1.7.62[29]

Liebster Fisch,
gestern Dein Brief vom 27., ein müder Brief. Inzwischen hast Du wohl *3* Briefe von mir bekommen, hoffe ich. Du schreibst nicht, wie es in München war (Dienstag. Mit den Kindern. Mit Deinem Vortrag. Sahst Du »unser Kind« J.B.Metz? Spracht Ihr etwas über uns? Nein, denke ich. [...]
Ich fand bei Kierkegaard zwei schöne Sätze: »Es lag ein göttlicher Protest vor« und »Meine Person war mit Beschlag belegt.« (Dies in Bezug auf sein Nicht-Heiraten.)
Mein verrücktes Melner »Schäfchen« (deren Brief Du neulich gelesen hast) schickte mir ein schönes Buch über einen Starez. Ich denke: Wenn Gott Heilige erweckt außerhalb der (römischen) Kirche, dann muß ER doch dieses Außerhalb-Sein anerkennen; sonst könnte ER

nicht Heilige *dort* erwecken, wo von »Rechts« wegen keine sein könnten. Also muß Gott doch die römische Kirche nicht als SEINE ewige Braut ansehen.
Da hast Du Deine Häretikerin. Belehre Sie in Christi Namen! Aber meine *Liebe* will *alles* umfaßt wissen. Meine *Liebe* rebelliert gegen die Kirche und ihren Anspruch.
Von Hannover das Programm. Ich lese am 24. nachmittags – ich zweifle, ob Du dazu kommen kannst. Du wirst dann gerade selber reden. Ich schrieb zwar, ich wollte *unbedingt* zu Rahner's Vortrag – aber ob es geht? Wann fährst Du hin? Fahren wir zusammen hin? Ich muß es bald wissen, wegen Quartier. Ich hörte, ich wohne mit Christel im gleichen Hotel wie »Professor Rahner«. So, so. Das ist nicht übel.
Dein sehr törichtes Mädchen war gestern den ganzen Tag traurig. Warum? Was Du in Deinem Brief nicht geschrieben hast, daß Du ein wenig Sehnsucht nach mir hast... *So* dumm bin ich. Schimpf mich aus! – Und dabei war der liebe Fisch nur einfach *tot*müde. Aber, nicht wahr: Du liebst mich? Ich könnte jetzt nur mehr *sehr* schwer darauf verzichten, von Dir geliebt zu sein. Du hast mir ein Brandmal aufgedrückt, das mich als Dein Eigentum kennzeichnet. Bisweilen, wenn ich *denke*, weiß ich nicht ein noch aus, M.A.'s wegen. Ich meine dann: *sein* Brandmal und das Deine seien doch das gleiche, und es sei das des *Herrn*. Denn ich gehöre weder M.A. noch Dir, sondern IHM. Aber sind das nicht ein wenig abstrakte, spiritualisierende Gedanken-Lösungen? *Wem* gehöre ich als leibhaftige Person mit Fleisch und Blut? – ER allein mag da helfen. Man muß ja nicht alles gedanklich durchhellen können, nicht wahr? Man muß auch Spannungen aushalten können. Man muß das Vorläufig-Unklärbare hinnehmen. Ist es so? – Jetzt muß ich wieder an die Arbeit.
– Eben, als ich Papier aus dem Schrank nahm, fiel mir ein Umschlag mit M.A.'s Briefen entgegen. Ich lese neu darin. Wie als direkte Anwort auf das Oben Gesagte! Mein Gott, wie er sich abquälte und wie er mich quälte! Nein, nein, – ich will jetzt, daß er – in gewisser Weise – *allein* sei, ohne das Gefühl meiner Nähe, damit er diese Beziehung revidieren kann in der echten Distanz. –

Er war oft *abscheulich* zu mir, hart, verquer, starrsinnig, ja *kränkend*. Wenn man diese Briefe liest, würde man glauben, ich hätte mich ihm aufgedrängt. Wie gut, daß ich seine Briefe aus der Anfangszeit habe.
Fisch, wie sehr habe ich gelitten 7 Jahre lang! Erst seit *Du* da bist, lebe ich wieder, freu ich mich wieder. Dank, Dank!
Nicht wahr, liebster Fisch, Du verstehst, daß ich nicht »vergleiche«, aber daß ich *auch* die M.A.-Beziehung leben *muß, mit Dir*. Ich bin *treu*, ohne daß ich diese Treue ganz verstehe und ihre Realisierung schon *sehen* kann.
[...]
Ich las inzwischen (in den letzten Stunden) in »Askese und Mystik« (Viller – Rahner) das Kapitel über die Jungfrauen. – Mein Gott, wieviel hast Du schon gearbeitet in Deinem Leben!
Bei uns war jetzt, nachmittags, scheußliches Wetter: zwei starke Gewitter, ein wenig Hagel auch, Kälte, jetzt wieder Wärme. Das hält kein Pferd aus. Ich jedenfalls habe ziemliche Kreislaufstörungen, könnte immerzu schlafen, arbeite nur mit äußerster Anstrengung, quäle mich mit törichten Gedanken ab. – Wärst Du doch hier. Deine Augen würden mich gesund machen.
Jetzt lese ich Ambrosius (De virginitate, 3 Schriften) in der Kösel-Ausgabe der Kirchenväter. Der schreibt einen herrlichen Stil! Da ist ja ein Dichter. (Beispiel für Dein Thema »Priester und Dichter« in Personal-Union!) Früher gab's deren mehrere!
Ich habe das Bedürfnis, jeden Augenblick meines Lebens mit Dir zu teilen, Du! –
Daß wir Frauen (indem wir *zuerst* mit den Klöstern anfingen) Schuld an Eurem Zölibat seien, ist sonderbar. Einmal reicht Eva den Apfel dem Adam, ein andermal macht sie ihn zum Zölibatär, ein drittesmal verführt sie ihn wiederum; und wie Beatrice den Dante, macht sie ihn zum Dichter; – und Adam? Was für ein ambivalentes Verhältnis.
Ich muß nun doch nach Berlin fliegen zu einer Akademie-Sitzung, sie schickten schon 2 Telegramme. Ich glaube, ich muß am 6. fliegen. Ob ich auf dem Rückweg in München unterbreche und nach Innsbruck komme? Aber nein: Ich störe Dich bloß. Es ist sicher

besser für Dich, wenn ich bis Brixen warte. Ich rufe Dich aber von München aus an am 9., *denke* ich.

[...] Leb wohl, mein geliebter Fisch.

Vergiß nicht

Dein Wuschel

Roma, 3.7.62[30]

Gestern abend erst kam Dein Brief vom *27.*,während die vom 28. und 29. schon am Morgen gekommen waren. Geheimnisse der Post. Gestern früh in der Messe war ich müde und trocken und daher traurig. Ich bat um ein Zeichen. Es kam. Er sagte:» Kannst Du nicht verzichten auf meine *fühlbare* Nähe?« Ich:» Nein, jetzt nicht; ich glaube nicht. Aber wenn Du meinst... Aber laß mich nicht allein!« Er: »Ich geb Dir ein Zeichen: daran, daß Du die Menschen noch mehr liebst, erkennst Du meine Nähe.« Ich wußte sofort, daß das heißt, ich werde mehr leiden müssen. In der Tat: Ich fühle immer stärker mit den Menschen. Das ist kein abstraktes Mitleid, das ich nach Belieben auch abwerfen könnte. Es ist etwas in meinem *Innersten.* Ich fühle, wie die Menschen leiden unter tausend Leiden, die doch alle nur *eines* sind: unfrei zu sein; nicht die Freiheit der Kinder Gottes zu besitzen. (*Du* hast diese Freiheit, geliebter Fisch. Weißt Du, welche Gnade das ist? Gnade aller Gnaden.)
Und seltsam – ich bekomme ja *oft* Zeichen: Ich las untertags in dem Buch über den Starez Siluan und fand dort ähnliche Sätze; er sagt, man müsse *immerfort für alle Menschen beten.* Von einem anderen Mönch sagt er:»Der hat nicht das Gebet für die Menschen.« Ich verstehe das durch und durch. Wer Gott liebt, der liebt seine Menschen; die Menschen lieben ist etwas Reales: mit ihnen leben, ganz eins sein, ihr Heil *heiß* wollen (gar nicht anders *können* als dies wollen). –

[...]

Ich beginne allmählich zu denken, daß Brixen als *Kur* für mich dringend nötig ist. Ich bin doch recht müde, und die Galle ist auch nicht ganz wie sie sein müßte. In 4 Wochen, Fisch!

Daß Du die Contra-Latein-Arbeit veröffentlichst, finde ich richtig. Jetzt kämpf Du als guter Löwe. Der Herr wird dem Löwen schon das richtige Gebrüll eingeben. Aber er soll *leise* brüllen, er soll mehr knurren, das wirkt stärker.
Neulich lernte ich Pater Schmitz (Radio Vatican) kennen. Er war mit Dr. Auhofer (Herder) abends bei mir. Ganz nett. Aber all diese Rom-Leute haben etwas Verschlagenes, Glattgebügeltes, Aalhaftes, Unechtes. Findest Du auch? Selbst wo sie rebellieren, sind sie noch glatt. (Es ist *Mode* zu rebellieren, scheint mir.)

Dein Wuschel

Roma, 4.7.62

Mein geliebter Fisch,
innigen Dank für den Eilbrief, er hat sich mit meinem Eilbrief gekreuzt, und auch, seltsamerweise, in *einem* (wichtigen) Gedanken: den des gelassenen Mißtrauens gegen uns selbst (und unsre »Leidenschaft«, oder wie man's nennen könnte, *das* nämlich, was es nicht ist, aber doch sein und werden könnte bei der Heftigkeit unserer Naturen und der Fähigkeit zu absoluter Hingabe.) – Alte Eheleute sehen sich schließlich äußerlich ähnlich und haben die gleichen Gewohnheiten. *Wir* beide werden das *Gleiche denken*! Wie schön. (Aber freilich: Du *weißt* bereits sehr, sehr viel, und ich ahne es nur. Aber manches *weiß* ich auch schon »aus mir selbst«.)
Ich schreibe Dir eigentlich deshalb, weil mir eben einfiel, seltsamerweise bei der Lektüre über Origines in »Askese und Mystik« (vielleicht angeregt durch das Wort »größere Wirklichkeits-Nähe« – gegenüber Klemens, vielleicht aber durch einen amerikanischen Schlager im Radio!) – daß Du etwas schreiben *mußt* über »Priester und Welt, so wie sie *ist*«, d.h., wie sie sich in Dichtung, Film, Fernsehen usw. darstellt und wie man sie *nicht* aus dem Beichtstuhl kennt, wo man sie mit Berufsscheuklappen anschaut und nur unter dem Aspekt der Sünde sieht oder unter dem der Gnade, jedenfalls nicht in ihrer Quasi-Eigengesetzlichkeit. –Ich meine, Ihr, die Priester, *müßt* wissen, *wie man lebt.* Ich höre da den blöden, kindlichen *und* sinnlichen *und* sehnsüchtigen Song und *liebe* ihn, warum? Weil ihn *Menschen*

gemacht haben und weil Millionen in ihm ihre Sehnsüchte Musik haben werden lassen. Man lebt da so: in Arbeit, Sorge, Betrunkensein, Geldgier, Liebeshunger, Bett, Ehebruch, Mordgedanken, Güte, Helfenwollen, Einsamkeit, Traurigkeit, und viel viel Sehnsucht; man gibt dieser Sehnsucht und ihren Zielen verschiedene Namen, nur nicht den richtigen: GOTT. Aber man *meint* IHN. Man meint IHN in der Umarmung und im Rausch und in der tiefsten Schwermut. Man meint *immer* nur IHN.

Das Leben dieser Leute *ist* Leben, *ist* Wirklichkeit, *muß* gelebt werden, *so* gelebt. (Ich sehe wie in einer großen Vision die Welt in ihrer bunten Vielfalt, ihren unermeßlichen Reichtum, und ganz umschlossen von Gottes Armen. Ich bin hingerissen von der Liebe zu dieser SEINER Welt.)

Warum lesen Priester *mit schlechtem Gewissen* Romane? Warum schleichen sie *mit schlechtem Gewissen* ins Kino? Warum ist Theater fast verboten?

Ach, lieber Fisch, lehre *Du* doch die Priester die Welt lieben, indem Du ihnen Mut zusprichst zum Kennenlernen dieser Welt, die Gottes Welt ist, auch wo sie so gott-fern scheint!

Was für ein Hochmut liegt doch in den Priestern verborgen (für mich freilich gar nicht *verborgen*!) Man schaut nur mit Mitleid auf die »Welt« und fühlt sich ihr unendlich erhaben. Man hat Angst, sich zu beschmutzen an ihr. (Schlagt *nicht* die Augen nieder, Ihr jungen Mönche! Wagt einen langen Blick! *Auch Gott sieht die Welt an!* Er ist in jeder Spelunke, in jedem Schlafzimmer so gut wie in Euren oft gar nicht sehr sündelosen Zellen!)

Fisch, liebster Fisch: Lieb auch Du die Welt, auch die Spießer, auch die alten bösen Kardinäle, auch die dummen Weiber, die unbegabten Studenten, die trockenen Priester, die Huren (da geht's leicht, das Lieben!!), die Betschwestern, die Geschäftsleute – alle, alle!

Und lieb Du auch mich so wie ich bin: ein Kind der Welt so gut wie ein Kind Gottes.

Fisch, – vielleicht müßten wir *darüber* ein »Gespräch« machen (Radio, und schriftlich.)

Seit ich Dich »habe«, »habe« ich die Liebe (DIE LIEBE) in einem Maße, das *mich* übersteigt, verstehst Du!

(Eben dachte ich an Deinen Satz im gestrigen Brief, daß ich das Charisma der Liebe habe. Vielleicht, ja, vielleicht soll man's so nennen. Aber ich müßte diese Liebe realisieren in etwas wie Krankenpflege, Pflege von Irren oder dergleichen. Reden und Fühlen geht leicht – aber das treue Ausharren, *das* wäre es. Was soll ich *tun*, Fisch, mein »Spiritual« – trotz gewisser scheinbar unspiritueller Sätze im letzten Brief, den Straßenkehrer und die Eifersucht betreffend…
Ach Fisch, wie zauberhaft geht das bei uns ineinander! *Das ist Mozart*: tiefster Ernst, Wissen, Scherz, Traum, Spiel, Liebe, Tod, und wieder Spiel. … (Unsre mozartische Liebe!)
[…]
Dein Brief ist schön, mein Fisch. – Nein, ich rede nicht über unsere Liebe, schon gar nicht mit jemand vom Klerus. Wirklich – *niemand* würde das in seiner echten Eigen-art verstehen. Was für uns das In-Gott-Natürliche ist, also erlaubt (weil halt *richtig für uns*), das wäre für andere ein allzu großes Wagnis und eine Falle. Nicht als fühlte ich *mich* sicher und glaubte ich *Dich* allzu sicher, das wäre gerade der Vorhof zum Fallen! – Aber ich weiß uns doch »mündig«, und was wir wagen, wagen wir in Liebe, und diese Liebe bedeutet für uns nichts *außerhalb* und schon gar nichts *unterhalb* der Liebe zu Gott. Aber Du weißt (oder weißt noch nicht ganz), daß wir *beide* sehr leidenschaftlich sind, bei aller Zucht, und daß wir uns jeweils einer Sache, einer Arbeit, einem Gefühl *ganz* hingeben. Wir sind Alles-oder-Nichts-Menschen! Und darum wird unser Gefühl auch ein leidenschaftliches sein, d.h. noch mehr werden. Und das *muß* so sein. Wir sollten die Flamme nicht krampfhaft dämpfen, aber nur mit gutem Rebholz, duftendem, schüren!
Ach Fisch, – ich möchte Dir nicht nur »geistige Partnerin« sein, sondern auch »Dein Mädchen« sein dürfen, mit aller unverbrauchten Poesie des Mädchens, das schon wieder jungfräulich ist trotz der beiden Kinder – verstehst Du? Läßt Du mich Brautkranz und Schleier tragen? (Auf dem Bild in Deinem Herzen, meine ich!)
[…]

Innigst
Dein Wuschel

Roma, 4.7.62, abends

Geliebter Fisch Du,
es gibt Stunden, in denen ich auf eine äußerst intensive Weise bei Dir bin. Ich sage Dir dann im Herzen Dinge, die, will ich sie niederschreiben, sich als unsagbar erweisen. Geht's Dir nicht auch so? Oft schreibst Du: »Ich kann es nicht sagen.«

Mein Fisch – ein Seufzer, eine Träne bei geschlossenen Augen und ineinandergeschlungenen Händen (aus Freude und Schmerz), und das Herz klopft hart doch süß. Ist das Liebe? –

Wie unsagbar schön für mich zu wissen, daß alle meine Worte Dich, Dein innerstes Herz, erreichen. Für jedes Wort hat Dein Wesen eine Antwort. *Du bist* meine Antwort. Und ich bin die Deine. –

Laß uns in Eurem grauen Sprechzimmer unsichtbar ein Zeichen machen: denn dort begann das neue Leben; dort liegt – hingelegt beim ersten Blick, ohne daß wir es wußten, – der Grundstein unseres Hauses, des goldenen Hauses, des Hauses aus Licht.

[…]

Du – man *kann* »Beides«! Was für eine Erkenntnis von der Freiheit des Menschen! Was für deine hohe Erfahrung wird uns da zuteil.

Du, Fisch, ich *weiß*, daß Du Dich noch mehr »loslassen« darfst, um erst mehr zu erfahren. Hab alles Vertrauen. Steig über Dich hinweg zu Dir – und – mir; steig hinunter in die Tiefe, die unsere Höhe sein wird. Vertraue Dir dennoch (trotz allem, was Du und ich in den sich kreuzenden Briefen sagten) – vertrau Dir! Leg Deine Arme inniger noch um mich, *die ich Deine Wirklichkeit bin*.

Durch mich hindurch, in mir, mit mir bekommst Du, was Du – ungewußt – ersehnt hast: Du erfährst »Leben«. Leben in allen seinen Dimensionen. Ich breite Dir den ganzen Reichtum hin, den eine Frau (den gerade diese eine, die ich bin) zu vergeben hat.

Ach Fisch, wärest Du jetzt da: ich sähe Dich an mit selig-trunkenen Blicken, und Deine Augen würden antworten, genau so.

Du wischtest alle meine (geweinten, bitteren) Tränen ab – und Du darfst alle Deine (ungeweinten, bitteren) Tränen (auch die süßen) bei mir weinen, in meinem bergenden Arm, an meinem Herzen, dem wahren Nest.

Wie nennst Du mich vor Gott?

Roma, 11.7.62[31]

A.S. *Aber,* ich hab Dich lieb. Dies als Motto.

Mein geliebter, ferner, unerreichbarer Fisch,
eben als ich telephoniert hatte, kam *doch* Post. Der Streik ist beendet. Ich habe Dir heute früh schon einen Brief geschrieben, und einen auf der nächtlichen Fahrt, am Brenner. Beide schicke ich nicht ab, sie sind voller Klagen und also sinnlos, denn ich bin ja *glücklich.* Die Hauptklage will ich aber wiederholen hier: Ich meine, ich könnte Dir doch eine un-gute Versuchung sein – nicht in dem geläufigen Sinne, das ist zu schaffen; aber in dem Sinne, daß Gott Dich nicht mehr für sich allein hat. Ich wollte Dir sagen, daß ich wieder fortgehe aus Deinem Leben, ehe es zu spät ist. Aber das wäre eine für uns unwürdige, billige Lösung, die keine wäre. Nicht wahr? Oder soll ich lieber fortgehen, spurlos? (Denn diese Spuren würden verwehen im Hauch von drüben her.) Aber unser Treueversprechen – ? Wäre es *wahre* Treue, Dich zu verlassen? Fisch, mein Fisch –
Preisfrage: was ist das?

Für die richtige Lösung ist ein erster und einziger Preis angesetzt: ein Wuschel (sehr seltenes, vielleicht einziges Exemplar.)
– Ich bin ein *töricht* heroisches Geschöpf. Laß mich nicht so leicht fortgehen! Nur wenn Du unbedingt mußt. –

Ein wenig quäle ich mich wegen M.A. Denn die Treue ist etwas, das nicht abgetan werden kann. So bin ich denn wie jener Esel zwischen zwei Heubüscheln? Aber ach, jener verhungerte aus eigner Schuld, während ich – durch wessen Schuld? – von beiden fresse, aber keines ganz haben darf ... !

[...] Dein törichtes, trauriges, sehnsüchtiges *Wuschel*

Rom, 12.7.62

Mein von Herzen geliebter Fisch,
jetzt ist Dein Brief *noch* nicht gekommen und ich fühl mich daher ein wenig alleingelassen von Dir, aber das ist ja töricht, nicht wahr. Statt dessen kam ein Brief von meiner Memminger Gelähmten mit einem *reizenden* Bild von Dir (ich gab ihr einiges von Dir zu lesen) aus einem Benziger-Prospekt: Du stützt (im Prospekt) Dein Kinn auf Deine Hand und lächelst lieb und gescheit, und mein Herz tat bei diesem Anblick weh vor Sehnsucht, aber dann füllte es sich mit Freude bis obenan!

Daß es Dich *gibt*, ist schon Glück. Und daß die Kirche Dich hat, ist Glück. Und daß Du in mein Leben kamst, ist Glück, mehr als zu sagen ist.

Ich habe Dich lieb. Weißt Du es?

Am 26. Juli wäre ich gern bei Dir in Freiburg. *Feierst* Du Dein 30-jähriges Priesterjubiläum? Wieso warst Du schon 27 Jahre alt bei der Weihe? M.A. (24.7.1927) war 25. Ist das bei Euch Jesuiten so? Ich wollte, Du und ich wären auch schon so lange beisammen. Ach mein Fisch, mein Fisch, was wäre ohne Dich jetzt mit mir?!

Ich wollte, ich wäre am 26. mit Dir zusammen. Aber wir feiern dann dieses Fest im August in Brixen! War ich nicht vor 30 Jahren schon bei Dir. Nichts beginnt plötzlich. Ich war Dir von je bestimmt. Vielleicht war ich Deine Primizbraut, unsichtbar? Ich war 21 Jahre alt, ein ganz jungfräuliches Mädchen, sehr mit Gott beschäftigt. Wären wir uns damals begegnet – was wäre geschehen? Wir wissen es nicht. Aber was geschehen *ist*, wissen wir: Du hast Dich bereit erklärt zu *allem*, was Gott Dir abverlangt – und so war ich damals in Dir schon beschlossen. (Darf man so sagen, so denken?) Hier ist die

Auflösung des Bilder-Rätsels aus dem letzten Brief: der Fisch, das ist klar. Die Pflanze, der kleine Baum, den der Fisch *trägt*, das bin ich, geborgen von Dir, mit-bewegt von Dir. Aber meine Wurzeln sind im Fisch, meine Wurzeln durchziehen den Fisch, sind in seinen Adern und Venen, in seinem Blut, in seinem Fleisch, in seinem Herzen, seinem Kopfe, überall in ihm bin ich. Wer mich ausreißen will, nimmt mir den nährenden Boden, und zugleich verletzte er den Fisch tödlich. – Fisch und Baum aber schwimmen im Strom der Gnade, der auch ein Tränen-Strom sein kann – und als solcher *auch* Gnade, *auch* Treue ist.
Hattest Du recht geraten? – Das soll unser Wappen sein. Ich wünsche mir von Dir ein kleines goldenes Herz, in dem dies eingraviert ist. Wir machen's in Brixen dann. Willst Du? Willst Du dann auch so eines? Einen Herzenstausch? Erfinde eine Inschrift dazu!
(Ach, wie romantisch bin ich doch. Aber was *ist* »Romantik«? Doch das Wissen vom Geheimnis der *Zeichen*.)
[...] Ich lege sanft meine Arme um Dich!

Dein Wuschel

P.S.: Die Herzspitze (unten also) trägt Küsse für einsame Abende und fromme Morgen. Das Bäumchen hat ganz oben ein kleines Kreuz, siehst Du's? Und zwei blühende Rosen trägt es auch. Was die bedeuten, weiß ich selbst nicht. Aber es müssen *Blüten* sein, wenn mich was freuen soll. Nur das *Blühende* liebe ich. Da Fische nicht blühen können, brauchen sie Rosenbäumchen, die blühen, *dann* blühen also auch Fische [siehe Abb. S. 80][32].

Roma, 12.7.62

Geliebter Freund,
das wird ein langer Brief, ein Tagebuch-Brief, da Du ihn ja erst am 26. bekommen wirst.
Eben, fast aus heiterm Himmel, ergriff mich der Schmerz der Vergänglichkeit. Wir werden sterben, Fisch. Wir werden sterben, ehe wir uns ganz erlebt, uns erfahren haben. Nur der erste Akt unserer Liebe spielt sich auf Erden ab. Aber werden wir die nächsten Akte

erfahren? Geht das Spiel weiter? Ist die Sehnsucht nach der Umarmung (ich meine damit mehr als das Wort meint, viel mehr als alles »Körperliche«) nicht geboren aus dem Unglauben, der Unhoffnung auf den Himmel? *Jetzt und hier* möchte man sich besitzen! Weil es vielleicht nur ein Jetzt und Hier gibt! Oder weil die Umarmung nur jetzt und hier möglich ist! –

Wieviel tiefer ist doch all das, als man so gewöhnlich denkt! Sich-Umarmen aus der Traurigkeit zweier dem Vergehen anheim gegebener Menschen! Ist *das* Sünde? Nein. Und doch: das Vorwegnehmen der *jenseitig* nur möglichen Erfüllung, das ist für uns (ich spreche ja nur von uns! Denken ist erlaubt) – die Sünde. Ist es nicht so, Fisch, liebster?

13. Juli

Endlich heute Dein Brief. Ich habe gelacht darüber, daß der Herr Professor Liebesbriefe liest und schreibt während der Prüfung! Du bist schon ein rechtes Mannsbild. Und mir ist's süß, das alles zu hören. Wenn Du »mein Mädchen« sagst – –. Darin ist etwas von lang ersehnter Erfüllung. Verstehst du das? Ja. *Du* verstehst *alles*. Mich auch. Laß mich denn »Dein Mädchen« sein und bleiben, da ich doch nicht Deine Frau sein darf. Das Vor-Bräutliche, das da gemeint ist, das ist schön und wahr. Dieser Brief macht mich glücklich. Fisch, ich werde Dich nie mehr beschweren mit »Problemen«. Sollte ich's wieder versuchen, so nimm mich in Deine Arme, sanft, ernst, beschwichtigend – dann löst sich alles. Ich will Dich *richtig* lieben. Freilich ist mein ganzes Wesen *nicht* auf Verzicht angelegt, meine ich. Mein Reichtum fließt über, reißt mich hin, reißt Dich vielleicht mit. Aber – ach: heut früh begann ich ein Gedicht zu schreiben. Überschrift: »Gebet *wider* besseres Wissen.« Es beginnt: »Gott, gib mich mir zurück.« Aber ich *will* ja nicht *mich*. Nein. Wer das *andere* hat kosten dürfen, wird nie nie mehr satt von sich selbst. Und Lust ist etwas, daß man *doch*, selbst in sublimster Projektion, für *sich* will.

[...]

Ich lese immer wieder Deinen Brief. »Mein Engel des Lebens, mein Mädchen«, schriebst Du. Das sage ich mir im Herzen vor, und es ist unbeschreiblich süß.

[...]

Du schreibst, es stehe in der Bibel, daß Du IHN *und* mich lieben dürftest. Steh ich in der Bibel!!! Zeig mir, *wo* ich steh. Ist da von einem Wuschel die Rede? Oder meinst Du das Mädchen im Hohen Lied???! »Meine Schwester, meine Braut.«

Wie nennst Du mich *vor Gott*, sag!?

14.7.[33]

Dein Brief! Wie freu ich mich über jedes Deiner Worte. –

Daß Du müde bist, hundemüd, weiß ich; es macht mir Sorge. Du lebst ja über Deine (physischen) Verhältnisse. Du brennst nicht nur an *zwei* Enden! Du *ver*brennst überall. Aber soll, kann ich Dich schützen? Lebe ich viel anders?? Wir leben ja nicht für uns und unser Wohlergehen auf Erden. Wir leben für den Tod, diese Pforte zur Freiheit.

Aber daß wir *beide* uns in Brixen *erholen* müssen ohne viel Arbeit (hörst Du!), das ist gewiß, *wenn wir arbeitsfähig bleiben wollen.*

Ich lese zum Keuschheitsaufsatz manche Auszüge, schreibe Einfälle nieder, schreibe viele Briefe (heute morgen kamen 8, gestern noch mehr), habe eben einen »Brief nach Israel« für eine israelische Zeitschrift geschrieben im Rohbau (einen Aufsatz über Probleme Israels, gesehen von einem Ausländer), – ich bin also fleißig, so gut es geht. In der Messe am Morgen aber (2 Messen) wird's mir jetzt immer übel (Herz), – ich setze mich still hin. Nach der Kommunion aber ist's wie weggeblasen. Ist das kleine Lilienblatt doch auch eine Medizin für den Leib??

Ich möchte mir so gerne vorstellen dürfen, daß mein Leib nach und nach ganz »aus Hostien besteht« und also der Leib Christi *ist.* Aber das stimmt dogmatisch *so* nicht. Schade. Man wird ja auch kein Apfel dadurch, daß man nur mehr Äpfel ißt. Und ich esse außer Hostien leider noch vieles andere. (Törichte Überlegungen.)

Ja, ich bete für Dich in großer Intensität. Dank für *Deine* Gebete. Wie Du mich trägst und hältst!
[…]
Als ich heut (den sautrockenen) Egenter las, wurde mir klar, daß in *Dir* viel Poesie ist. So etwas wie ein Dichter. Ich verwirkliche *dieses* Dein Teil. Und Du verwirklichst meine theologischen Ambitionen. So ist's recht! –
Mein Fisch, nach einer Zeit der Dürre beginnt in mir wieder vieles zu blühen, auch zu wuchern. Ich habe wieder Mut zum Reichtum des Lebens. Zu Dir. Zur Liebe. Zum Mich-Hineinwerfen in den Strom. *Ich wage unsere Liebe!* (Ich glaube, ich bin zaghafter darin – gewesen – als Du! Aber Du bist ja *wirklich* der *Mann* in unserer Beziehung.) Alles ist in der rechten Ordnung. Das ist schön!
Vergiß nicht mir zu schreiben, wie Du mich vor Gott nennst!
Jetzt fällt mir ein: Du hast jenen Brief nicht bekommen (sonderbarerweise), in dem ich sagte, ich wollte wieder fortgehen von Dir, damit Du nicht eines Tages mich stärker lieben würdest als Gott. *Den* also hast Du nicht bekommen!!! (*16.7.*, doch also, Du sprichst im heutigen Brief darauf an! *Dank*.)

15.7., Sonntagmorgen

Ich schrieb jetzt mein Gedicht fertig. Es ist ein bißchen aufregend. Ich werde es Dir in Brixen vorlesen. Das muß ich vorlesen. Es beginnt:

Erhöre mich nicht, oh Gott
Ich aber, ich
Mit ausgestreckten Armen
Begehre wieder ich selbst zu sein
Sündigen zu dürfen
Ohne zu wissen
Was Sünde ist
Verstoß mich
ins Paradies dieser Erde

Zu Baumlaub und Streufall
Wildkraut Fuchsfell Froschteich
Und all dem begehrlichen
Sündelos zeugenden
Sündelos mordenden Blut
Gib mich wieder
Gib die dreckige Herrlichkeit
Dieser wüsten Welt ...«

– Am Schluß dann die dreimalige Ausrufung:« Erhöre mich nicht...«
Mein Fisch – locke die Poesie wieder aus mir mit Deiner poetischen Liebe. Wag's! Nach all der Askese soll Dich der Reichtum des Lebens anfallen wie – nein, nicht wie ein schöner Tiger, nein, eher wie ein Regen von Licht, Blüten, Musik, ein Wasserfall!
M.A.'s Härte wider sich, daher wider mich, hat so vieles verschüttet in mir. Dir, seltsamerweise Dir, wird es zur Aufgabe gemacht, Dich zu wagen in dieser Liebe, damit der Quell wieder zu fließen beginnt – in mir, und also in Dir. Ach, »vertrocknetes Dogmatiker-Herz«: Du lebst, Du lebst!
Und mein eigenes, vergewaltigtes Herz, es lebt!
Bei der Arbeit, ich meine dem Dichten, taucht man in einen tiefen, tiefen Brunnen. Bewußtlos weilt man da unten. Wenn man auftaucht, weiß man nimmer recht, was einem geschehen ist. Fast so, wie im mystischen Gebet (da freilich ist die Tiefe zugleich die Höhe. Es *ist* ein Unterschied. Aber schön ist *beides*. Auch das Untertauchen in der Liebe, dem Bewußtlos-Werden im Eros, ist schön. Wie reich ist der Mensch!)

Mittag:
meinen Aufsatz über Israel fertiggeschrieben, überarbeitet. Israel betrachtet als heilig-unheiliges Experiment! Ob die mir das abnehmen??!

Nachmittag:
ich sehne mich nach Dir so, daß mir das Herz weh tut. Wie Du Besitz ergreifst von mir, Eroberer! Stück um Stück bekommst Du, Du Mann!

16.7. Morgens

[…]
Heute früh, in alle Müdigkeit hinein, intensivste Nähe Gottes, bildlos, wortlos. Der Pfeil der Liebe. Und als Zeichen, daß es *wahr* war: Tiefste Bereitschaft, die Menschen zu lieben. Ich liebe sie *wirklich*, Fisch. Ich staune darüber, wie das wächst. Aber wieviel Selbstsucht muß von diesem Feuer noch verzehrt werden. Du hilfst mir dabei.

Mittag:
Eben ein Anruf vom Osservatore Romano, *ich soll mitarbeiten* (in Deutsch. Man wird's übersetzen.) Morgen abend kommt ein Mann zu mir von dort. Was sagst Du zu Deinem Wuschel? Wie die Kirche nach mir greift! Ist's Gott oder der Teufel…? […]

Schon der 17., *erst* der 17.![34]

[…]
Noch wie viele Tage bis zum 5.August. *18.*
Ich las Rabbow »Seelenführung« (für: Erziehung zur Keuschheit.) Die Stoiker lehrten den katholischen Klerus die Erziehungsmethoden den jungen Klerikern gegenüber: Abwertung, Verekelung des Sinnlichen. Ich möchte wissen, wie sie mit ihren Verdrängungen fertigwerden, die *Zweit*rangigen unter den Stoikern (d.h. das Gros des katholischen Klerus.)

18.7., nachmittags

Deine Karte und Dein Brief. Dank, Dank! Hoffentlich ist's Dir nicht doch *auch* (neben der Freude) eine kleine Last, an mich zu schreiben bei all Deiner vielen, vielen Arbeit. Ich würde es Dir zuliebe schon

lernen, nicht oft Briefe zu bekommen. Aber freilich: Es ist *herrlich*, so mit Dir zu leben, alles mitzuwissen, mitzuleben, mitzutragen.
Mit Deinem Brief zusammen einer von Martin Buber. Er ist im August – September in der Schweiz und will mich sehen. Es wird gehen,und ich freu mich. Er schreibt: »Mein Herz gedenkt Ihrer.« (Bist du eifersüchtig? Nun, solange nicht *ich* es bin, die so an Buber schreibt, geht's noch, nicht wahr!... Aber Du freust Dich doch auch mit mir, daß der große alte Mann mich gern hat?)
[...]
Noch immer *scirocco*. Die Luft voller Staub. Man beißt auf Staubpulver. Aber es ist kühler. Ich war kurz am Meer. Nun will ich arbeiten, und viele Briefe schreiben, und beten. Und meinen Fisch innigst lieben.
Daß Adenauer und Minister sich in diese Deine Sache mischen, ist mir nicht lieb. Das sieht so nach Politik aus und läuft auf eine Prestige-Frage hinaus. Ich würde es an Deiner Stelle unterbinden. Man wird (die alten Cardinäle, meine ich) nur eigensinnig. Man sollte diplomatischer vorgehen. Eigensinn weckt Eigensinn, Aggression Aggression. Aber man muß es jetzt wohl »darauf ankommen lassen«, d.h. auf den Heiligen Geist vertrauen.
Eben überlege ich: Du kommst schon am 23. nach Freiburg, und wenn da dann kein Brief von mir gekommen wäre, würdest Du bekümmert sein (*wie* schön zu wissen, daß Du, wie ein rechter Geliebter und Liebender auf einen Brief *wartest*, und daß trotz aller lebenlang geübten Askese dann Dein Herz doch ein wenig unruhig wäre nach mir!) Also will ich diesen Brief doch schon wegschicken.
Ich bemühe mich, für den Katholikentag, ein »Interview« zu schreiben über die mir schriftlich vorgelegten Fragen: Gibt es eine christliche Literatur? Inwieweit ist Literatur glaubenshemmend bzw. -fördernd? Und so weiter. Ach, manchmal ist man des Redens müde. Wenn Du meine Hände hältst und wir uns in die Augen schauen, geschieht *mehr* in und an der Welt als mit all dem (meinem) Gerede. (Deines ist kein »Gerede«; Du schreibst *die* Theologie der nächsten 200 Jahre.)
(Wenn *das* die alten Cardinäle hier hören...Und extra für sie schreibe ich auch das: Ich schicke Dir viele innige Küsse. So, jetzt

wissen die es, und unser beider Heiligsprechung – halt: Franz von Sales legte – brieflich! – auch seinem Herzensschatz Küsse auf den Nachttisch. Was tun Küsse auf dem Nachttisch, frage ich. Die gehören ganz woanders hin, nicht wahr, Fisch???) Verzeih Deinem – plötzlich übermütigen – Mädchen, das Dich innig liebt, trotz Rom, *scirocco*, Hl. Officium, Erbsünde und was es sonst noch alles gibt, was da trennen möchte, *das* trennen, was nicht zu trennen ist.
Piscis, halt – der Vocativ muß doch »pisce« heißen??? Oh, mein Latein.

Innigst – Du *weißt* es –
Dein Wuschel, das Mädchen.

[...]

19.7.62, früh morgens

Ungeistliches und unseriöses P.S.:(nur der Scheck, *der ist seriös!*)
Wirklich schon der 19.? Noch rund 24 Tage nur mehr! *Nur???*
Jeder Tag, der uns trennt, ist zu viel.
Hier ein Scheck, dessen Sinn Dir dunkel zu sein scheint. Du hast mir neulich in Innsbruck für Taxi usw. 100 Schilling *geliehen*. Ich weiß schon, daß 100 Schillinge nicht 50 DM sind. Aber das macht nix. Das ist Wuschel-Land-Währung. Wenn Du jetzt Geld brauchst, laß den Scheck wechseln, *jede* Bank tut's. Wenn Du das Geld lieber in Lire in Brixen bekommst, zerreiß den Scheck, dann geb ich Dir das Geld in Brixen. Ist das klar?
Ich las eben zum Frühstück (d.h. während ich Tee trank) Esra Pound-Gedichte. Kennst Du den? Amerikaner. Faschisten-Freund in Italien. War drüben in USA dann lange eingesperrt in einem Irrenhaus, weil ihn die Leute lynchen wollten. 1885 geboren. Hat jetzt ein altes Schloß bei Meran gekauft. Haust dort. Ein Gedicht heißt »Fisch und Schatten«. Hat aber mit *meinem*, *unserem* Fisch nix zu tun. *Schöne* Verse.

»Und Menschen nennen mich verrückt, denn ich verwarf
der Menschen alt-vergebliches Gehaben«. …
Oder:
»Hier bin ich; der vom Leben trinkt
wie andere Menschen Wein.«

Doch das gibt keinen Eindruck. Ich hab ihn aber eben für mich entdeckt. Es ist *herrlich*, Neues *plötzlich* zu verstehen!

Roma, 22.7.62

Geliebter Fisch,
heute bist Du bei Deinem Freund Volk, das beruhigt mich. Den möchte ich wohl einmal sehen. Ich möchte wissen, wie Dein Freund ist. Wie der Mann ist, den *Du* Freund nennst. Eigentlich weiß ich *doch* wenig von Dir, soviel ich auch weiß. –
Noch 14 Tage, liebster Fisch, und wir sind beisammen. Ich habe Heimweh. Du schreibst, das Leben sei »doch unheimlich«, weil ein junger Priester, der Schlesier, geheiratet hat. *Wieso*, mein Lieber, ist das unheimlich? Gott allein weiß, wie das zu beurteilen ist. Je mehr ich lieben lerne (ich lerne es ganz offenkundig unter der direkten Anleitung Gottes, – darf ich das so sagen?) – desto klarer sehe ich, daß *wir* nicht urteilen dürfen, und *nur* Gott kann es. Er ist das vollkommene Verstehen, weil er die vollkommene Liebe ist. Immer mehr geht mir die Unbegreiflichkeit Gottes auf (*das* ist nicht *Dein* Einfluß, der Einfluß der Rahnerschen Gottesvorstellung bzw. – »Nicht-Vorstellung«!) Ich kann nichts mehr tun als mich, gleich Dir, in diese abgrundtiefe Dunkelheit werfen.
Mein geliebter Freund. Eigentlich ist damit, mit diesen drei kleinen Worten, *alles* gesagt. Wärest Du hier, genügte ein Blick. Ach, Dich wieder *sehen* dürfen, Deine liebe dunkle Stimme hören, Deine warmen, ruhigen Hände fühlen. Du meine Sicherheit, mein Schutzmantel, mein sanftes Feuer, meine Heimat, meine Stütze gegen den Wind. – Aber vielleicht täusche ich mich, und *Du bist* der Wind, der Sturm, das große wilde Feuer, die Unsicherheit –? Was wissen wir denn von uns!
[…] *Dein Mädchen Wuschel*

Roma, 23.7.62

Geliebter Fisch,
sei willkommen geheißen von mir mit diesem Brief in unserem Versteck! Morgen in einer Woche um diese Zeit sind wir beisammen. Ich kann mir's kaum ausdenken. –
Eben schlug ich den »Seidenen Schuh« auf und was find ich? Don Rodrigo zur Schauspielerin, die ein Bild malt:

> »Es gibt doch Dinge, bei denen geht nichts über die
> Mischung von Mann und Weib…«

Schauspielerin:

> »Ich werde nicht um meine Meinung gefragt.
> Ihr habt mich ohne weiteres annektiert.« …

Kommentar überflüssig. Aber es muß bei uns heißen: »*Wir* wurden nicht gefragt. *Man* hat uns einfach annektiert.«
Und doch, – jenes Mal auf Herrenchiemsee – – da wurdest *Du* gefragt, und dann hast *Du mich* annektiert! So sei es. Es gibt nichts Schöneres für eine rechte Frau, als von einem Manne einfach mirnichts-Dir-nichts an sich genommen zu werden. Freilich – wie das bei *uns* beiden vielschichtig –, und durch alle Schichten durch-sichtig ist! –
Ich habe heute nachmittag alle Deine Briefe geordnet und nummeriert. 53, mein Fisch (mit den Karten).
53 [eingerahmt von einem Herzen, Anm.d.Hrsg.] angefangen Ende Februar, bis Ende April waren es 13, bis Ende Mai 20, bis Ende Juni 33, und Juli der Rest. Und was für herrliche Briefe! Eine Theologie der Liebe: Von Mensch zu Mensch, Mann zur Frau, Mensch zu Gott, Gott zum Menschen. –
Man müßte diese Deine Briefe wenigstens auszugsweise veröffentlichen dürfen! Wie sehr könnten sie vielen Priestern helfen, die Liebe zu *ordnen*, zu heiligen, ohne sie zu ent-wirklichen. Du bist großartig, mein Fisch. Ja. Ich meine das Wort so: groß geartet.
[…]

27.7.62, abends[35]

Eben 3 Karten von Dir: 19.7., zwei aus dem Zug, 24.7., aus Freiburg. Wahrlich geheimnisvoll sind die Wege der Post!
Aber wie bist Du lieb und gut zu mir!
Ich war am Fest St. Prassede *nicht* dort und gestern, obwohl ich vorhatte, es zu tun, auch nicht – denn ich bekäme dort allzu sehr Sehnsucht nach Dir und müßte traurig sein, daß nicht *Du* am Altar stehst.
Ich freu' freu' freu' mich auf Brixen, das heißt natürlich nur: auf Dich.
Ja: Baum-Fisch-Herz-Strom-Rosen-Kreuz. Magische Worte, nicht wahr? Nur Du und ich vermögen sie zu deuten.
Bald, bald sind wir beisammen.
Das Herzmittel wirkt *gut*!
Es geht mir viel besser.

Roma 29.7.62[36]

Sonntagmorgen. Du wirst noch in Freiburg sein, aber morgen in Innsbruck. Ich lebe mit Dir!
Heute war ich früh und lang in der Kirche, schon *vor* der Messe (bei den Dominikanern in St. Sabina – nach S. Anselmo mag ich nimmer, weil der komische italienisch-englische Pfarrer immer auf mich wartet, er ist mir lästig, aber das ist vielleicht schlecht von mir) und in der Messe hab ich etwas erlebt, was nur Du wissen darfst und sollst; einen solchen Ansturm von dem, was man »vollkommene Reue« nennt, Liebesreue, daß ich's kaum ertragen konnte; und ER sagte, er sei ein Feuer, in dem die Sünden verzehrt würden. »Nun verbrennen *wir* Deine Sünden«, so hieß es.
Dabei, vorher, die ganze Zeit schon, habe ich das Gefühl, einfach *nichts* mehr zu sein, nur Sünderin, aber nicht einmal eine große, sondern eine über und über mit kleinen häßlichen Fehlern bedeckte. –
In der Kommunion aber war mein Haus (ich sah mich so: als unordentliches, schmutziges Haus) plötzlich von *Seiner* Gegenwart so

erfüllt, daß Seine Helligkeit *alles* überstrahlte, *alles* ausfüllte, bis in den letzten Winkel. Aber wie kann mir denn eine solche Gnade zukommen!? Vielleicht ist's nur meine eigene Phantasie. Aber das darf Gott doch nicht zulassen, daß ich mich täusche? – Ich sollte mich vielleicht gar nicht um derartiges kümmern? Leben, als wäre es *nicht*. Was meinst Du dazu? Und doch resultiert aus derartigem meine Liebe zu den Menschen, die es mir unmöglich macht, jemand *nicht* zu lieben. –
[...]

Nachmittags. Mir ist, als *müßte* ich etwas Dichterisches arbeiten, aber die Pomposa-Geschichte (von dem verfallenen Kloster) ist noch nicht reif. Dieser Zustand der Schwangerschaft ist seltsam; er ist der Verzweiflung ebenso nahe wie ekstatischem Glück, – denn man »weiß«, daß man das Ganze eigentlich schon »hat«, man muß es nur gebären, aber *das* eben geht nicht, ehe die Zeit dazu reif ist. Ein schaurig-schöner Zustand.

30. morgens[37]

Bei mir ist überhaupt vieles im Werden, – durch Dich ausgelöst.
Eben hatte ich dies geschrieben, da kam Dein Brief vom 26. aus Freiburg als eine Antwort, die genau dahin paßt, wo ich eben war: durch Dich kommt *ungeheuer Neues* in mein Leben; ich sehe nichts mehr an seinem alten Platz und in alter Beleuchtung. Zum Beispiel: Die *Vorstellung* von einem »christlich-braven« Leben (um nur eines zu nennen) – wieviel Böses resultiert daraus, wieviel Enge, Härte, Sterilität.
Was machst Du aus mir! *Es ist herrlich mit Dir zu leben.*
(Ich muß lächeln: Du schreibst mir, ich sei wunderbar, und ich schrieb, Du seist großartig. Dies nenne ich aber auch: Verliebtsein... Wenigstens was Dein Urteil über mich betrifft, oh Fisch!)
Aber ich glaube, Du machst noch etwas tatsächlich Brauchbares aus mir. Und ich will gerne all das arbeiten, was Du von mir erwarten zu können glaubst. Rabbuni...
Dein Fest feiern wir zwei, bald, in großer Stille. Ich freu mich tief.
[...] *Dein Wuschel*

Laß mich diesem Menschen keine Fessel sein

Brixen, 7.8.62, mittags

Geliebter Fisch,
ich glaube mich jetzt zu verstehen: Neben Dir werde ich unendlich verzagt. Deine Reinheit, Deine Nähe zu Gott, Deine Zucht, Deine – verzeih, lies darüber weg – Deine Heiligkeit lassen mich meine Nichtigkeit allzu sehr empfinden. Ich erreiche Dich nicht auf Deinem Weg. Aber ich *möchte* Dich erreichen – so oder so. Und da versuche ich es auf der Ebene des irdischen Eros. Ich möchte Dich mir »handlich« und nah und verständlich und erreichbar machen dadurch, daß ich mich in Deine Arme wünsche. Das ist es. Keine andere Art von simplem Begehren (nicht als ob ich *dies* abwerten möchte – nein, oh nein – aber es trifft nicht den Kern, nicht einmal in die Nähe des Kerns.) In der Umarmung (und es brauchte nicht das schlechthin »Verbotene« zu geschehen) »hätte« ich Dich – so *glaube* ich; aber vermutlich wärest Du selber dort mir entrückt und Du lägest in den Armen Deines Gottes. Oh – ich glaube, ich bin eifersüchtig auf Gott, auf Dich und Gott. Das ist töricht – aber es ist so. Du sollst es wissen. Selbst ich habe keinen Platz daneben in Deinem Leben; nur als eine Aufgabe bin ich Dir gegeben (neben anderen Aufgaben.) Das ist *schwer* für mich zu lernen.

Schwer, mein Fisch. Ach, mein Schicksal. – Du würdest vielleicht aus lauter geistlicher Liebe zu mir mich umarmen, um mir etwas unendlich Liebes zu tun. Aber es wäre nicht Dein eigentlicher Wunsch. – Es ist schrecklich von einem Heiligen geliebt zu werden. Fast möchte ich aus lauter Verzagtheit rebellisch werden und fortgehen. Ich bin – selbst den 3. Juni, Innsbruck, verraten wollend – immerfort auf der Flucht vor Dir. – Du hast mich an einer äußerst empfindlichen Stelle meines Wesens getroffen, ganz ganz innen. – Du bist mir identisch mit dem, was Gott – vielleicht, ach *vielleicht* nur, – von mir will.

Aber sollen wir uns denn nur »einfach« geistlich lieben? Was ist das denn? Ich kann das nicht, weil ich nicht weiß, wie das geht.

Fisch, Du siehst mich in einer tiefen Verwirrung. Nicht eigentlich Traurigkeit. Nein: Verwirrung. Rebellion. Verschiebung der Akzente. Mehr noch: Unordnung. Jetzt eben, wo ich nach Jahren der Askese (und *Liebe* zur Askese, – zur falschen vielleicht, aber gleichviel) wieder die »Welt« zu lieben begann, wieder ein wenig zu blühen begann – jetzt dies. Verstehst Du das?
Ach, versteh's nicht als Theologe nur. (Aber Du *bist* ja Theologe! Dein Theolog-Sein bist ja eben *Du* – das ist ja das Kreuz!!!)

Brixen, 8.8.62

Fünf Minuten, nein zwei nur, von Dir entfernt, leide ich in Freuden Sehnsucht. Mein innig geliebter Fisch, ja wirklich und wahrhaftig: innig Geliebter, wie schön war es heute, wie vollkommen schön. Alles. Daß *alles* da ist, alles gleich stark, die Arbeit, die Liebe zu IHM, unsere Liebe, die gemeinsame heilige Sorge für die Menschen, und wiederum *nichts* vereinzelt, sondern *im* Ganzen – das ist ein Gnaden- Wunder. Und zu sehen, wie jedes von uns aufblüht im andern, durch den anderen, das ist eine hohe Freude.
Mein Fisch, denke nun nicht mehr, daß es traurig sei, daß Du mir nicht *alles* geben kannst (ich würde sagen: daß ich Dir nicht *alles* geben darf). Denn durch das, *was* Du mir gibst, ist in mir eine schöne, reine Unbefangenheit entstanden, die etwas Brüderliches hat und etwas von legaler Ehe (im Sinne des Selbstverständlichen, das etwas schon Gestilltes hat). Freilich, freilich, mein Liebster – ich *weiß*: wir sind nicht ungefährdet, denn all dieses Gemeinsame weckt, nein, läßt wachsen auch die Sehnsucht nach dem allerletzten »Erkennen« des anderen. Aber wir werden das schon zu gestalten, zu tragen, zu erleiden wissen. (»Denn wo Not ist, wächst das Rettende auch ...« [Hölderlin]. Ich weiß es nimmer wörtlich.) Und da wir ja *wirklich* in der bereits abgeschossenen Rakete fliegen, auf den Tod zu, ja, sagen wir es *mutig* zueinander – aber auch mit *Freuden*, denn dieses Auf-den-Tod-zu heißt ja: zu IHM. (Mein Gott: wirklich, wirklich – zu

Dir, oh Gott. Ich begreife *nichts* davon, aber ich weiß *doch*, was das ist: zu Dir fliegen!)

Mein Fisch, geliebter, pfeilgerade fliegender – nimm mich mit! Du, der in schöner Demut sich für schwach hält, Du bist stark genug, nun auch mich, Deine Gefährtin, mitzureißen. Mein Gott, laß mich diesem Menschen keine Fessel sein, ich bitte Dich. Trenne mich scharf von ihm, wenn ich ihn hindern würde. *Du* weißt, daß ich dies zitternd sage, voller Angst, Du könntest mich beim Wort nehmen – und Du weißt, wie ich, der kleine Baum, in diesem Fisch verankert bin, ohne ihn nicht mehr zu denken. Aber dennoch: ich sage es tapfer, weil ja *nichts* gilt als die Wahrheit: lieber allein sein in großem Leid, als meinem Fisch Leid bringen – und für ihn gäbe es nur *ein* Leid: Dich zu verlieren – oder Dich nicht mehr nahe zu fühlen.

Herr, mein Gott: ich *muß* ihm Versuchung sein und zugleich *muß* ich ihm Flügel geben zu Dir hin, zur alleinzigen Liebe. Du weißt, was Du mir aufbürdest mit diesem ungeheuerlichen Geschenk. Verlaß mich nicht bei diesem Werk. Ohne Dich kann, kann, kann ich's nicht. Nichts. *Sine tuo numine* – ich fühle es bis ins Aller-Innerste – *nihil est innoxium* …

Aber laß mich ihm auch *alle* Liebe geben – alle, deren er bedarf für sein hohes Werk. Laß mich ihm aber auch nicht nur Prüfung sein. Erniedrige mich nicht dazu, Herr. Laß uns *das Ganze* leben. Nicht als Prüfung. Auch nicht als Zugeständnis ans »Menschliche«. Nein, nein! Kein Rückfall, ich bitte Dich – nur Vorwärtsflug, Aufwärtsflug!

Aber laß es zu, daß er *erlebt*, was er theoretisch schon immer weiß: wie es ist, in einem Du, das eine Frau ist, zu leben. Wie das *praktisch* ist, dieses Geben und Nehmen, dieses Sich-Sehnen und Sich-Stillen, dieses Verzichten aus Liebe (ja, wir sagten es heute: Verzicht ist *allerorten*, auch in der Ehe, auch in der stürmischsten nur-irdischen Liebe!) –, dieses Vergehen im Blick des anderen, diese zarte süße Ekstase des Hinweggehobenseins über die Grenzen des eigenen Ich, dieses Erkennen (ja, Erkennen) des anderen, das eben wirklich an die Sinne gebunden ist, an Blicke und Gebärden und Worte; auch die Geborgenheit laß mich ihm geben; den Trost des Doch-nicht-allein-Seins.

All das, Herr, der Du mein Gott und mein höchst Geliebter bist (Du weißt, daß es wahr ist, was ich hier sage –: Du hörst mich und kennst mich) – all das laß mich *in Deinem Namen* ihm geben.
Fülle mein Herz mit Dir, damit alles, was mein Herz ihm gibt in Fülle, eigentlich *Du* bist.
[…]

Brixen, 10.8.62,
früh halb 7 Uhr

Mein Fisch,
wahrhaft geliebter, ich kann's Dir in Worten nicht sagen, wie mich die gestrige Stunde erschüttert hat, als Du da vor mir knietest (Du bist vor der *Liebe* gekniet, die Du erfahren darfst und vor der auch ich knie in großem Staunen, in Ehrfurcht, mit Zittern und einem Jubel, den ich kaum in mir zu erleben wage). Wir sind ja *beide* ins *Aller-Innerste* getroffen von etwas, das noch viel stärker ist als wir's beide vorher ahnten.
Mein Fisch, – ach, ich *kann* es nicht sagen, *was* ich erfahre in Deiner Liebe. Es macht mich leben. Du, Du liebst mich, Du! Und ich darf Dich lieben!
Und unser »Beides«, ja, Fisch, es ist wahr, es ist wirklich! Ich fühle Gott ganz nah, wenn ich bei Dir bin. Daß Du dies erleben darfst nach dem langen, harten, treuen Dienen, das ist wunderbar. Die *Fülle* der Liebe einer Frau kommt zu Dir – der Liebe, die Dir gemäß ist, Fisch!
Hab Vertrauen, Freude, reine Freude. Ich bin ein einziger Dankgesang. (Was für arme Worte für das, was mich erfüllt.)
Ich könnte natürlich schweigen über all das und schwerelos heiter mich zeigen. Daß ich's nicht tu, kommt daher: wie in der künstlerischen zArbeit alles intensivst gefühlt werden muß, so will ich auch unsere Beziehung zur äußersten Intensität bringen. Darum bohre ich bei mir und Dir dort, wo es weh tut. Denn genau dort sind die Quellen. Genau dort setzt das *Große* der Liebe an.

Rom, 12.9.62, vormittags[38]

Ich komm nicht zur Ruhe. Eben hat mir meine Pina viel Leid geklagt, nebenbei den Schlüssel im Schloß eines Schränkchens abgebrochen, so daß Antonio, der Portier gerufen werden mußte, der auch nicht helfen konnte, aber Anlaß zu langen Plaudereien war, und es ist 10 Uhr 15, ohne daß ich auch nur eine Zeile (außer diesen hier!) geschrieben habe. Und nachmittag kommt B. zu Dritt zum Tee, und so geht es fort. Wie soll ich das nur machen, Fisch? Ich will lieb sein zu allen, aber ich muß doch arbeiten. [...]
Bei Buber war's schön. Er hat übrigens nicht *blaue* Augen, wie ich dachte, (in Jerusalem schienen sie mir so) sondern grau-braune, aber strahlende. Wir sprachen über die Frage, warum er nicht den Messias annehme in Christus. *Er* warf die Frage auf, nicht ich. Er sagte, die Welt sei so unerlöst, daß es unmöglich sei zu denken, der Messias habe sie bereits erlöst. – Wir sprachen auch über das falsche Gottesbild der Menschen, und er sagte da Vieles, was auch Du sagst. Ihr würdet euch in allem verstehen, außer in der Christus-Messias-Frage (was freilich arg viel ist).
Buber ist *doch* alt geworden seit seiner Krankheit, er ermüdet rasch. Ich war zwei Stunden bei ihm, am Schluß war er sehr müde und ich ging, sobald ich es merkte. Während des Gesprächs sagte er mehrmals: »So ist es.« Er sagte, man könne Gott so lieben, wie den geliebtesten Menschen, also mit dem ganzen *Gefühl*, nicht mit dem Willen. Und ich spürte, daß er wirklich Gott *so* liebte. Da sind wir ganz einig, er, Du und ich. Das ist schön.
[...]

Rom, 15.9.62[39]

Geliebter Fisch,
gestern kamen 3 Mainzer Briefe von Dir und eine Karte. Das war ein Festtag, und es war gut, denn ich war depressiv. Aber das macht nichts. Ich kann arbeiten, und so mag es mir sonst gehen wie es will. – Zur Zigarettenfrage: ach mein Lieber, was habe ich da mutwillig angerichtet! Soll ich Dich ausschimpfen und sagen: »Du unbe-

herrschtes Mannsbild Du ...« (*Überholt* durch den heutigen Brief!) Aber das stünde mir schlecht an angesichts eines so braven, treuen Asketen, der Du bist. (Du, ich meine es ernst!) Aber Norbert Westrich sagte, daß es besser für Dich sei, nicht zu rauchen. Und wenn ich »fünf am Tag« erlaubte, Du aber nicht im Stande bist, bis fünf zu zählen, dann – ja, dann zieh die Konsequenz selbst. Aber daß Du dann nicht unleidlich wirst in der Askese, Du! Besser 10 Zigaretten am Tag und lieb zum Nächsten sein, als asketisch und ekelhaft. Hab ich recht, oder ist es so??? Daß Du für *mich* verzichten willst aufs Rauchen, rührt mich sehr. Natürlich hilft nicht das Nicht-Rauchen, sondern Deine Liebe, – mein geliebter Herr Theologe! Der Sinn der Askese ist nicht nur, wie K. Rahner sagt, Einübung des Todes; sondern, wie Wuschel lehrt (eine große Theologin des 20. Jahrhunderts, leider als Theologin nicht geschätzt), die Bereitwilligkeit zum Lieben, die sich in kleinen asketischen Akten symbolisch ausdrückt. (P.S. später: stimmt nicht ganz. Es muß da eine *reale* Verbindung bestehen. Ich überlasse es Dir, sie herauszufinden.) ...

[...]

Und Du, mein »kühler« Fisch, Du hast jetzt schon bemerkt, daß 1000 km Entfernung *doch* eine Realität sind, an der man sich das Herz ein wenig wundstoßen kann! Ja. Aber ich hoffe, Du hast wenig Zeit zur Sehnsucht. Oder nein: um Deinetwillen *muß* ich Dir Schmerz wünschen. Du mußt die Liebe erst einmal in ihrer natürlichen Form ganz kennenlernen, also mit dem unserer Situation entsprechenden Schmerz. Gut so. Und Du bist so schön und fromm bereit dazu. –

[...] *Dein Wuschel*

Rom, 16.9.62, Sonntagmorgen

Mein lieber Fisch,

ich weiß zwar, daß ich das, was ich Dir sagen möchte, doch nicht wirklich sagen kann, aus zwei Gründen, 1. weil es überhaupt unsagbar ist, 2. weil es mir alsbald entschwindet – aber Du darfst's dennoch andeutungsweise wissen: Endlich heute in der Messe (in der 2.; in der ersten war ich bei der Kommunion und ganz trocken, wenn auch heiß bemüht) habe ich SEINE Nähe wieder gefühlt. Ich war vorher fast

verzweifelt über SEINE Ferne, habe sie aber angenommen, weil ich ja kein Zeichen der Nähe *verdiene*, zur Zeit ganz besonders nicht, weil ich einfach »nichts bin«, »nichts habe«, »nichts tue«. Aber vielleicht hat IHN gerade dieses mein Nichts angelockt, und so kam ER denn als – wie soll ich sagen? – als »Ewigkeit« zu mir. ER durchbrach die Zeit, die mich hält und gab mir die Ewigkeit. Es dauerte fast die ganze 2.Messe, und es war nur ein einziger Augenblick, wie mir schien, ein Augenblick, in dem ich unbeweglich kniete und nicht merkte, daß ich weinte. – Ich konnte nur eben fühlen: »Vater, Geliebter, Geist der Liebe«, – und so war ich von der Trinität umfangen.
Daß es dies *gibt*, Fisch! Man liest es so in den Heiligenriten und denkt: »Nun, die sind halt Heilige«. Aber daß einem das selbst geschehen kann *als etwas ganz Natürliches*, das ist doch seltsam. Und wieso *ich* eigentlich? Ich mit den vielen Sünden und sonstigen Fehlern. Verstehst Du das? Ich nicht. Es sei denn, man machte radikal ernst mit dem Glauben, daß die Gnade einfach unverdient kommt. Aber warum mir und nicht auch allen anderen? –
Aber ich kann Dir das Erlebte nur in dürren Worten sagen. Wie es *eigentlich ist*, das entzieht sich dem Wort. Man kann allenfalls sagen, man sehe etwas, das zugleich Licht und Dunkel ist, das Etwas ist und Nichts (also Alles?) und fühlt nicht mehr Zeit und Raum, und nicht sich selbst, aber gerade sich selbst äußerst stark im Ausgelöschtsein in IHM, und man fühle einen tiefen weithin ausgedehnten Frieden, in dem der Lebensschmerz weiter besteht aber aufgelöst ist. Kurzum: Es ist ein Abglanz (so *denke* ich soeben) der *coincidentia oppositorum* Gottes.
(Mein Fisch – bin *ich* neugierig auf die Ewigkeit!!! Und doch darf man sich nicht aus der Zeitlichkeit hinwegwünschen, ehe die Zeit für die Veränderung gekommen ist.)
Heute gab mir das Evangelium schwere Sorge auf: Gott sagt,er wisse, wessen wir bedürfen … Ja, aber die Millionen, die *verhungern* auf Erden – wer kümmert sich um die? Ist das Evangelium hier *Lüge*? Das darf nicht sein. Hast Du heute darüber vielleicht gepredigt? Wenn, dann wäre es genau jetzt 8 Uhr 15 bis 8 Uhr 30. Welche Antwort hast Du???
Nun will ich arbeiten, arbeiten. Wie Du. Ach wir beiden armen Esel, die wir unsere Last schleppen!

Rom, 17.9.62[40]

Mein liebster Fisch,
heut kamen 2 Briefe von Dir, ein sehr sehr schöner und lieber, und einer, über den ich teils Tränen lächeln teils wirklich laut lachen mußte: der Bild-Brief. Du kannst ja zeichnen, Du! (Was kannst Du nicht!!?) Das Porträt unseres Bären ist ausgezeichnet! Und nicht einmal das berühmte von mir an wichtiger Stelle errichtete Steinmanndl ist vergessen … (Ich wollte, wir wären jetzt eben dort … Pazienza: in einigen Wochen können wir wieder eines errichten, hier in Rom, – zu irgendeiner ähnlichen Gelegenheit.)

[…] *Dein Wuschel,*

Roma, 17.9.62

Liebster Fisch,
immer noch erfreut mich Dein Bildbrief von Herzen. Er liegt vor mir, und ich lächle! – Ich bin fleißig so gut es geht. Nebenbei lese ich Th. Haecker »Vom Wunderbaren und dem Nichts«, und anderes, ausnahmsweise nicht Rahner, damit mich sein Stil nicht *ganz* überspielt. Heute in der Messe war ich wieder sehr nahe bei IHM, und ich hatte wieder einmal die »Vorstellung«, das geöffnete Herz zu sehen – und ich konnte einfach hineingehen, und es schloß sich hinter mir, still wie ein Wasser sich schließt, wenn der hineingeworfene Stein untergegangen ist. Und nun *dachte* ich – mitten in diesem In-IHM-*Sein dachte* ich:»Ist das nun einfach Phantasie oder entspricht dem eine Realität?« Und während das selige Gefühl anhielt, dachte ich völlig klar – mit dem Intellekt – daß es ganz gleich sei, *wie* das nun ist. *Jedenfalls* entspricht dem Bild *die* Wirklichkeit: das Herz ist offen, es ist geöffnet für mich, ich gehe hinein. Wenn immer Gott Liebe ist, also das *Herz* das Symbol ist, dann *muß* mein Gefühl stimmen.
Man darf sich sicher die Ekstase der Heiligen, die *echte* Ekstase, die *rein* ist von Hysterie, vom Wunschtraum, von Sexualität auch (denn die spielt sicher eine Rolle bei vielen) nicht als *Rausch* vorstellen, als Benebelung, als Wollust sublimer Art. Es ist sicher eine ganz große ruhige Klarheit: Es ist Feuer *im Kristall*, meine ich, und der Intellekt ist *mit* dabei, nicht ausgeschaltet. Überhaupt meine ich, daß der

Intellekt zu unrecht als *zweitrangig* bezeichnet wird. Er ist ebenso erstrangig wie das Gefühl. Bisweilen (seit ich *Dich* kenne vor allem) meine ich, daß der Intellekt *mehr* ist als das Gefühl, aber de facto ist sicher beides *eins*, *dort*, wo der Mensch heil ist (heilig). *Du* bist so ein Mensch. Ich sage das jetzt ohne Hinblick darauf, daß Du *mein* Fisch bist mit einem kleinen Bären und einem geliebten Mädchen und all dem. Ich sage es jetzt objektiv: Du bist ein *Wurf* Gottes! Du bist ihm schön gelungen. – Daß Du das selbst nicht recht weißt (*ahnen* tust Du's) ist eines der Geheimnisse des Christlichen, das uns (leider) um den Selbstgenuß bringt!!! (Ich sehe übrigens eine Gefahr für den Mystiker: etwas zu verwechseln, nämlich die Freude über Gottes Nähe mit dem *Genuß* dieser Freude als etwas, was der eigenen *Person von sich aus* gelingt. Stimmt's? – Darum sagte mir Gott einmal so sehr deutlich, daß ich ihn »erleiden«, »nicht genießen« solle.)
[...]

Roma, Donnerstag (19 oder 20., ich weiß nicht.)
September 62

[...]
Du schreibst, Gott liebe mich. Meinst Du? Wenn, dann tut er es grundlos! [...]
Es ist schauderhaft, von den Menschen für etwas Besonderes gehalten zu werden. – Ich weiß schon selbst, daß Gott mich irgendwie erfaßt hat; ich merke es daran, daß ich immer mehr *begreife* von der Liebe, der Nächstenliebe zumal. Aber deshalb tu ich noch lange nicht das, was manche von mir denken, weil das *Wissen* noch kein *Tun* ist, und weil die Diskrepanz zwischen Wissen, Sollen und faktischem Tun allzu groß ist bei mir. Ach Fisch, warum schuf Gott uns so unvollkommen? (Ich meine natürlich: Warum ließ er uns in Erbsünde fallen?) Warum müssen wir denn unser »Nichts-Wert-Sein« einsehen, *um* von IHM geliebt zu werden? Für *mich* begreife ich dies ohne weiteres. Aber wenn mich andere fragen, kann ich's ihnen kaum erklären.

Freitag, 8 Uhr 15 morgens

Heute früh 7 Uhr mußt Du besonders stark an mich gedacht haben; ich war plötzlich fast leibhaftig bei Dir. – Heute bei der Messe hatte ich eine seltsame »Vorstellung« oder wie Du's nennen willst: ich war nicht bei Christus, sondern innerhalb der Trinität. Wie soll ich's sagen. – Also *so* war's: Du stehst in einer großen Zentrifuge, die sich so furchtbar schnell dreht, daß sie stillzustehen scheint, und Du im Mittelpunkt stehst … sowieso still. Und Du hörst ein gewaltiges Brausen, daß es genau wie Stille ist. Also ein lautloser Bewegungs-Sturm sozusagen. Das Welt-Ganze hörst Du sich bewegen. – Verstehst Du ungefähr? Das war großartig zu erleben und ich konnte hernach nichts tun als flehentlich bitten, mich dort bald dies alles wirklich für ewig erleben zu lassen. Wenn ich sonst nicht so stinknormal wäre in *allem*, Du weißt, würde ich denken, ich sei doch ein bißchen verdreht, wenn nicht hysterisch. Aber ich prüfe mich sehr – alles funktioniert recht gut, und also muß da wohl einfach wirklich die Ewigkeit hereinbrechen, bisweilen, in meinem kleinen zeitlichen Tag.

Aber ich will doch keine »Mystikerin« werden, ich will nichts derlei; ich will leben wie unsere Brüder und Schwestern, alltäglich. Aber ich habe heute wieder einmal das Gelöbnis erneuert oder wie ich's nennen soll: Gott hat die Verfügungsge walt, *unbeschränkt*, über mich. Und das meine ich ernst. *ER* weiß das schon. Und zich weiß auch, wie hart in den Konsequenzen das ist.

[…] *Dein Wuschel*

Roma, Samstag 21.,
nein *22* (!) September 62[41]

Mein Fisch,

gestern abend Deine Stimme! Auf einmal war da wieder leibhaftige Wirklichkeit. Deine tiefe, warme, männliche Stimme, ein wenig aufgeregt, wenn *Rom* anruft (– es könnte ja der Papst sein –), und wenn man sich auch nicht viel, nichts Wichtiges sagen kann, so ist man doch beisammen. Auch die Stimmen können sich umarmen.

Noch viele Tage ... 23., 24., 25., 26., 27., 28., 29., 30. [September], 1., 2., 3., 4., 5., 6., 7., 8., *9*. [November] –
17 Tage. Wenn Du diesen Brief hast, dann wohl nur mehr 14. Ich weiß nicht, wohin ich Dir dann schreiben soll. Sag mir's genau, ob ja oder besser nein, und wenn ja, wann und wohin (*was*, weiß ich selber...!) Am 4. [November] kommen die Äbte nach S. Anselmo. Denk an mich, bitte. Sag IHM, daß ER nicht erlaubt, daß M.A. mich quält.
Gestern abend, als ich von der Zahnärztin heimging, zog es mich in eine der runden Kirchen an der Piazza, und da wieder zog es mich zu einem Altar – und da war ein Herz-Jesu-Bild. Ich hab sehr für Dich gebetet. – Wenn mir nur dieser Kult durch soviel Kitsch nicht leicht getrübt erschiene! ER hat immer große Mühe, bei mir durch diese Schicht von Widerstand einfach hindurch zu stoßen!
Beiligend 2 kleine Arbeiten. Die über die Gleichgültigkeit ist viel länger, problemreicher als sie hier ist, wo äußerste Strenge vorgeschrieben ist.Ich geb die längere Fassung an irgendeinen Funk, muß sie aber als solch längere Fassung doch auch besser ausbauen. Das Problem des Ärgernis-Seins durch das bloße Da-Sein ist *schrecklich!*

9 Uhr:

Eben Dein Brief. Dank! – Ich mein' doch nicht unbedingt, man soll antikonzeptionelle Mittel nehmen. Ich meine, der Ehemann sollte sich beherrschen lernen, verdammt! (Pardon.) Denn es sind ja die Männer, die über die Frauen herfallen – und die guten, liebenden Frauen (unsinnlich oft) lassen es sich gefallen und tragen die Folgen. Schau, *so* ist es. Und wenn Du *ein* Gegenbeispiel hast, so bleibt doch die Tatsache, daß es fast immer anders ist. Und wenn man zu viele Kinder hat, leidet das Eheleben als Liebe, als Du-Beziehung, sehr oft. Aber was hilft's, darüber zu reden. Du und ich, wir haben zusammen keine Kinder, und ich hab nur zwei, ich hätte aber gewiß viel mehr gehabt, wäre ich länger verheiratet gewesen. Und *gerne* hätte ich mehr... Nun, dafür haben Du und ich außer »unseren« beiden noch hundert und mehr! [...] *Dein Wuschel*

Roma, 22.9.62, 20 Uhr 12
(nach Deinem Vorbild bezeichne ich jetzt
auch Stunde und Minute –
es ist hübsch zu wissen, wann eins dem andern schreibt.)

[…]

Eben hab ich einen langen, langen Brief schreiben müssen an eine Kasseler Musiklehrerin mit Antworten auf Fragen nach der Auferstehung des Fleisches usw. Profunde Unkenntnis der Glaubenslehre zeigte sich da. Ich las zur Vorsicht nach in K. Rahner, Schriften zur Theologie Band II. – Es ist *herrlich*, Dich zu lesen. Diese Klarheit, diese Kraft der Unterscheidung, diese männliche Entschiedenheit und diese vorsichtige »Forschungs-Methode«, wenn man so sagen kann, entzücken mich.

Seit ich mich in Deinen Stil eingelesen habe, ist er mir eine ästhetische Freude (meistens wenigstens.) Dabei las ich in Band *III* etwas über Heiligkeit[42]. Das muß ich weiterlesen, das ist interessant und hat ein wenig (beim Anlesen) meinen Widerspruch erregt (über die »Stufen«). Ich bin neugierig, was Du weiterschreibst. Dabei fiel mir auf, daß ich bei mir (ohne daß ich eine Heilige wäre oder würde bzw. werde) Stufen entdecken kann – es sind einfach die schubweise geschehenen Ablösungen vom Ich. Das ist alles. Sie sind identisch mit dem Wachsen in der Liebe. Sagst Du das auch? Ich muß morgen weiterlesen. Da haben wir ein Gesprächsthema für Oktober und November! Aber da *müssen* wir über *die* (nicht *unsere)* Keuschheit reden, für meine (unsere) Arbeit, nicht wahr.

Ach dieser Briefstoß neben mir…

[…]

An M.A. schrieb ich einen guten, lieben, ernsten Brief. Ich schickte ihm »unseren« Brixener Aufsatz. – Jetzt ist mir wohler. Ich *darf* ihm nicht das Gefühl der Verlassenheit geben. Nicht wahr, Du hilfst mir auch *dabei*!? (Verlange ich viel?) Jetzt ist's 20 Uhr 33 und ich bin müd' zum Schlafengehen, darf aber noch nicht, natürlich. Aber zum Beten bin ich zu müd. So muß ich eben nur liebend aufblicken. »Herr, Du weißt….«

Ich freue mich auf Dich mit Haut und Haar

23.9., 9 Uhr früh (seit vier Stunden bin ich auf.)

Gestern schlief ich einfach ein, wachte um halb zehn wieder auf und schrieb noch einen langen Brief an die Freundin von Pater Thomas Sartory, Antwort auf einen Brief von ihr. Heute früh begann ich endlich wieder damit, wie ich's früher machte, in der Bibel zu lesen. Abraham und Sarah. Schön ist das, wie die beiden lachen über Gottes Verheißungen und *dennoch* glauben. Und daß Gott wahrhaftig ihnen erscheint. Mein altes Thema: Gott kommt tatsächlich zum Menschen. Nicht nur in der Gestalt des Brotes, sondern auch *anders*. Das ist ungeheuerlich zu denken: Dieser Einbruch Gottes und der Ewigkeit in unseren Tag. – Und ein anderes Thema ist darin: Abraham bat Gott um ein *Zeichen*. Ich bin *auch* zeichensüchtig! Also *darf* man es sein! Gott geht darauf ein. (Siehe auch Therèse von Lisieux: Schnee am Profeß-Tag.) Dieser auf den Menschen *eingehende* (zärtlich und mit Humor eingehende) Gott ist unendlich liebenswert (menschlich gesprochen.) Ich habe IHM heute wieder viele Liebes-Erklärungen gemacht. (Bist Du eifersüchtig?) So nun an die Arbeit.

[...] 18 Uhr

Jetzt muß ich Briefe schreiben. Morgen lese ich weiter Deinen Aufsatz über das Problem des Stufen-Weges der Heiligkeit.

Wieder ein Tag vorbei.

Ach, Fisch, wie schön, wie gut, Dich im Leben zu haben. Einen so warmen, lebendigen Mittelpunkt! – Und Du hast also Sehnsucht. Ja, hab Du sie nur. *Arg* weh soll's tun, damit Du fühlst, daß Du lebst und liebst. Die ganze Wirklichkeit, die Du mir wünschest, wünsche ich auch Dir: Liebe *und* Schmerz, Unruhe *und* Frieden, Zweifel *und* Sicherheit –.

Ich möchte *fast*, Du wärest nicht zu weise, um eifersüchtig zu sein, um auch diesen Sektor der Liebe kennenzulernen. (Ich bin so fürs *Ganze*, immer fürs Ganze, Runde, das nichts ausläßt. Freilich gibt's da Grenzen, ich weiß. Und doch: was ist, muß so *wie* es ist, *ganz* sein. *D'accord*?)

Jetzt ist's 18 Uhr 30 und ich bin müd (hunde-müde!) und möcht ins Bett. Aber der Tag dauert noch fünf Stunden, länger als ich möchte *heute*! Wärst *Du* da, wär's anders.

Komm, Du! *Dein Wuschel*

Roma, Sonntag, 23.9.62, 13 Uhr 54

Mein Fisch,
ich gebe diesen Brief B. mit, die ihn heut Nacht nach München nimmt und morgen Mittag einwirft. Ob Du ihn Dienstag früh wohl hast, eher als wenn ich ihn in den Kasten würfe? – Gestern abend hatte ich so Sehnsucht, daß ich dachte, ich führe einfach nach München. Warum nicht. Aber Du mußt arbeiten, ich muß arbeiten. Vernunft, Wuschel, Vernunft. Bisweilen habe ich sie, wenn es sein *muß*. Ungern. Wie Du. (Du schriebst es einmal.) Werden wir genügend haben, wenn wir beisammen sind? *That is the question*, sagt Hamlet, sagt Wuschel, sagt Fisch, sagt der liebe Gott.
Ich muß gleich fort, B. abholen hierher. Die ist einfach unersättlich und irgendwie legt sie dadurch eine Distanz zwischen mich und sie, die sie freilich nicht merkt. Ich lerne daraus einiges für mich. Aber es ist *so*: Ich schrieb in meinem Aufsatz (dem sehr erweiterten über »Mir ist's gleich, was die andern über mich denken«), daß der Christ (= der Liebende), der in Banden (der Liebe) Liegende ist und der Unfreieste also. Das ist wahr. Ich schrieb aber, daß er darin, nur darin, seine Freiheit finde. Und das ist auch wahr. Und ER gibt mir augenblicklich Gelegenheit, es zu erproben und danach zu handeln. Ich bin ein geplagtes Schulkind. –
Ob Du müde bist, wenn Du am 9. [Oktober] hier ankommst? Wie ich mich freue auf ein Gespräch (wie ich's nur mit Dir haben kann), auf Deine Augen, Deine Stimme – auf alles eben, auf Dich mit Haut und Haar. Ich bin ungeduldig. Noch *so* viele Tage!
Ein anderer Brief liegt angefangen hier, den schreib ich abends fertig. Wie geht's dem kleinen Bären eigentlich? Liebst Du den auch? Und hast Du *je* daran gedacht, daß er einigen Vorrat von Küssen auf seiner kleinen Nase trägt...?
Grüß ihn von mir. *Dein Wuschel*

Roma, 24.9.62

A.S.: Ich schreibe Dir nicht so oft wie Du mir, aber dafür Romane in Fortsetzungen. Bekam M.A. Jahre hindurch Tagebuchaufzeichnungen, so bekommst Du jetzt Tagebuch-Briefe. Ihr beide habt also mein Leben schriftlich.

Liebster Fisch, liebster,
wenn Du mich sehen könntest, wie ich ausschaue beim und nach dem Lesen von Briefen wie den beiden letzten! Ich sitze da und fühle mich lächeln, so, als hättest Du mich umarmt und geküßt. Nein, mir werden Deine Briefe nicht zuviel, Du dummer Mensch. Ob ich denke, Du seist ein wenig verrückt? Vielleicht *bist* du es (ich meine doch! Beweis: Du merkst es nicht …), aber da ich es selber auch bin, merke *ich* es nicht. Von mir kannst Du füglich kein vernünftiges Urteil über Deine »Befindlichkeit« erwarten. (Wäre das nicht eine schöne akademische Anrede:»Eure (werte) Befindlichkeit« – so wie: »Eure Spectabilität …«?) Du siehst, ich bin durch Deine letzten Briefe sehr erheitert. Zudem begann ich heute, eine Geschichte zu schreiben, wieder alles Erwarten, und es wird eine bittersüße Liebesgeschichte, die ein junger Mann erzählt, der sie mit seinem Vater mit-erlebt, der als alternder Mann noch hoffnungslos eine Kellnerin liebt … Ich bin ganz besessen davon. Der liebe Gott kommt gar nicht drin vor, nicht in Worten, aber die melancholische Tiefe des Lebens ohne ihn wird dennoch spürbar, so hoffe ich, und einiges mehr. –
Gestern brachte ich also B. und die andern nach einer Nachtfahrt zu den Brunnen Roms zur Bahn. Und ich war schlecht genug, hernach tief aufzuatmen und meine Freiheit zu genießen. Heut hab ich einen ganzen langen Tag allein für mich, denke Dir (falls nicht unangemeldet jemand kommt.) Wäre ich ein Mann, – in diesem Augenblick klingelte es, aber es kamen nur rote Rosen, Abschiedsgeschenke von den Deutschen – also, wäre ich ein Mann, ich bliebe unrasiert, ungewaschen und wie Kardinal Faulhaber, wenn er Grippe hatte (wie Dold erzählte) in Unterhosen, ich rauchte Pfeife und wäre eben ein Mann. Aber so, so *bin* ich

schon gewaschen, gekämmt usw., da ich ja schon in der Messe war, und alles übrige ist ja auch unpassend für mich. So also arbeite ich denn wenigstens männlich und allein! –
Du, Deine unterzeichneten Fische sind zur Zeit sehr fett und sehen zufrieden aus!!! –
[...] 

25.9.62, 9 Uhr 10:

Kein Brief von Dir. Gestern freilich *5*!! Aber wenn *keiner* kommt, ist's dennoch ein wenig traurig. Es fehlt etwas. *So* verwöhnt hast Du mich! Wie könnte ich weiterleben *ohne* Dich, wenn schon ein Morgen ohne Brief seine kleine Traurigkeit hat!!!
Gestern bin ich *doch* aus dem Haus gegangen und ans Meer gefahren, es wurde gegen Mittag plötzlich so strahlendes Wetter, daß ich nimmer aushielt, zumal ich schon sehr fleißig gewesen war. Ich hab gebadet. Es war herrlich noch. – Heut will ich wieder hinaus, kurz; nachher kommt P. Johannes. Ich bin jeden Morgen in seiner Messe. Er will mir Stoff bringen über die zuletzt Kanonisierten. – Ich schreib eine neue Geschichte also. [...]
Was hast Du denn in welchem Theater mit welchem Erfolg gesehen? Schreib's doch! *Ich* wollte Dich doch (an Weihnachten) irgendwohin mitnehmen. Tun wir auch! Wir gehen »groß« aus, wir zwei!!! Ich kauf Dir eine schöne Krawatte!
Ich schreibe an meiner Geschichte, ohne zu *ahnen*, ob sie was wird. Eigentlich langweilt sie mich schon wieder. Ich mag nimmer dichten, Du! Nur aus-denken die Sachen, das mag ich, aber nicht ausschreiben. Ich will Theologie schreiben, weil ich davon nichts versteh; *das* interessiert mich. Ist das klar?
Was Fisch und Aquarium (Kirche) anlangt, so meine ich, besagter »kleiner« Fisch ist ein ziemlich großer, scharfzähniger Hecht, der zuschnappen kann im rechten Augenblick, wenn man ihn (theologisch) reizt. Jedenfalls ist's ein beachtenswerter Fisch, *uralt* vor Weisheit, das Prunkstück des Besitzers, (der *nicht* das Unheilige Offizium ist, sondern Er selbst) und von IHM selbst gehegt und beschützt!

25.9.62, Spätnachmittag

Liebster Fisch,
nun kamen doch noch *zwei* Grüße von Dir: mittag der Hannover-Aufsatz, abends Dein sehr lieber Brief. Dank! Heut war ich wieder am und im Meer, es ist himmlisch klar und still, und dann eilte ich heim und wartete auf den Pater, der nicht kam – offenbar ein Mißverständnis. Macht auch nix. Ich bin gern allein (mit Dir.)
Also im »Becket« warst Du. – Wir, Du und ich, gehen in eine Mozart-Oper, in die 1. Reihe, da hörst Du auch das Pianissimo. Magst Du? Du mußt doch die Erde lieben mit *allem*, was sie bietet! Samt dem Wuschel, diesem sonderbaren, Dir zugeführtworden-seienden Tier aus der Wildnis. – Also, Du willst im Himmel *eine* Wohnung mit mir zusammen haben. (Du, ich »glaube« nicht an den (so einen) Himmel, weil ich ihn gar nicht (so) will – ich »will« nur an SEIN Herz stürzen (mitten in die *Trinität* hinein, wie ich's einmal im Traum so deutlich erlebt habe), mit meinen Allerliebsten zusammen: Dir, M.A., Christel, Steffi. Das ist *mein* Himmel. Ist das eine Häresie oder bloß eine Dummheit? Wie auch immer: ich bin *dennoch* gern auf Erden, seit ich mich entschlossen habe, es zu sein – wider alle Sehnsucht –, wider alle Schmerzen auch, die hier zu erdulden sind.
Du, hast Du in der Predigt nicht eine Art Blasphemie gesagt? Der Knabe war doch nicht *nur* biologisch tot – er war mausetot, auch im theologischen Sinne. Sonst wäre er ja nur schein-tot gewesen, und das Wunder Christi wäre ein Schein-Wunder gewesen!!! (Übrigens hat er das Wunder der Mutter zuliebe getan. Also ist Dein Argument, Gott sei nicht so grausam, einen Menschen wieder ins Diesseits zurückzurufen, zweifelhaft!!!)
Du, am letzten Sonntag wurde in St. Peter schon wieder eine Bombe entdeckt. Sie war nicht losgegangen. Das kann ja lustig werden! Hoffentlich, *wenn* eine losgeht, dann auf die richtigen… Pfui Wuschel. (Aber Du sagst ja, man solle nichts »verdrängen«. Also!?)
Habe ich sonst nix mehr zu sagen? Doch – ich schreibe es mit Geheimtinte – es steht hier:

Kannst Du's lesen?
Der »Endesunterzeichnete« Deines letzten Briefes, nämlich der Fisch, schaut sehr ausdrucksvoll, aber leicht melancholisch. Was hat er? Sehnsucht? Gut so. Noch *14* Tage. 14, 13, 12, 11, 10, ...

Dein Wuschel

Roma, 28.9.62[43]

Liebster Fisch,
nun muß ich wieder Tagebuch-Brief schreiben, weil Du den Brief ja erst am 2./3. in Innsbruck haben sollst.
Ich bin *begraben* in Arbeit. Gestern rief mich zu allem hin die »Welt am Sonntag« (in Hamburg) an, ich sollte sofort einen Aufsatz (5 Schreibmaschinen Seiten) zum Konzil schreiben. Ich wollte nicht. Ist ja soviel schon da. Und jetzt im letzten Augenblick... Sie boten mir 500 DM. Nun ja. Und ich hab ja Material genug. Also schreib ich's halt, und jetzt macht mir's sogar Spaß. Ich hab *natürlich* auch Dich genannt, weil Du nämlich heute im »Osservatore Romano« stehst unter den 200 periti, den theologischen Sachverständigen. Schmaus auch, Haas, Häring, Tilmann (der Oratorianer) usw. Und ich zehre auch von Deinem Aufsatz in den »Stimmen der Zeit« und vom Kleinen Theologischen Wörterbuch (zum Historischen)[44]; (und Beas Aufsatz im Radio.) Und im übrigen gebe ich meinen eigenen unmaßgeblichen Senf dazu, der auch nicht dümmer ist, als das, was viele andere schrieben.
Leider bleibt meine Erzählung, bis Seite 26 gediehen und merkwürdig anders als meine letzten Sachen, einige Tage liegen. Macht nichts.
Du, ich bin schrecklich stolz auf Dich. Was in dem »Furche«-Aufsatz steht ist schön *und* wahr. »*Mein* Karl Rahner ist das«, sage ich vor mich hin! ...
Aber ich hab das alles auch schon vorher gewußt, sogar *vor* unserem ersten Treffen. Ach Du meine *uralte* Liebe Du!

Eben fiel mir ein, wie das eigentlich ist, wenn man (nicht *ich* hatte eine jetzt) eine, irgendeine Versuchung hat, zum Beispiel Glaubenszweifel oder auch gegen die Keuschheit. Man »verdrängt« sie doch als braver Christ. Aber ist das gut? Darf man sie (siehe in bezug auf den Glaubenszweifel in Rahners Vortrag in Hannover!) denn aufsteigen lassen, sie bei »Licht« besehen, sich einlassen mit ihnen? Sich-Einlassen mit Glaubenszweifeln *kann* gut sein, mit Versuchungen gegen die Keuschheit *ist's* schlecht. Wie das? Schreib doch etwas über die rechte Art, den Versuchungen zu begegnen. (Wir kommen in unserem Keuschheitsbuch aber ohnehin gerade *darauf,* nicht wahr?)
[...]

17 Uhr:

Ich hab wie eine Irre gearbeitet und das Wesentliche schon im Rohbau hingeschrieben. Mir selber ist dabei vieles klargeworden, was hinzuschreiben nicht geht, aus Platzmangel und weil es zu weit führte, zum Beispiel über den von Dir berührten Unterschied zwischen der »Summe von Bischöfen« und dem unfehlbaren Gesamt-Episkopat (wie denn eine Ehe ja auch nicht die *Summe* von Mann, Frau, Kind ist, sondern eben etwas Neues. Und wie Du und ich zusammen auch nicht bloß Carlo plus Luisa sind – *Carlo* Rahner, steht im Osservatore Romano – sondern eben *wir.*) Ach, diese Abschweifungen eines Weibergehirns – schrecklich! –
Hab ich eigentlich ein Weibergehirn, frage ich mich. Manchmal meine ich nein; ich kann doch männlich logisch denken – oder etwa nicht??? Und Du hast ein weibliches *Herz*, glaube ich; zu Deinem so ungemein männlichen Verstand dazu. Das ist gut.

29.9., *6 Uhr 15*:

Kurz vor dem Fortgehen zu Messe – ich bin um 5 Uhr aufgestanden wie jetzt immer, habe dann Bibel gelesen und mich geärgert über den listigen Jakob. – Aufgewacht bin ich heute *vor* dem Läuten des Weckers mit dem Gedanken: »iusta et peccator«. Sonderbar. Ich schlief noch als ich's dachte – und dann war ich sogleich (zu-gleich) hellwach und *glücklich*! Sonderbar (als sei ich schlafend intensiv mit solchen Gedanken beschäftigt gewesen. *Wo* ist man schlafend??)

16 Uhr 15:
Der Konzilsaufsatz ist fertig. Muß nur noch getippt werden, heut oder morgen vormittag und etwas gekürzt auf genau vorgeschriebenes Maß, Du kennst ja derlei: 5 Seiten je 30 Zeilen, je 60 Anschläge. Aber diese Beschränkung hat ihr Gutes auch: Sie zwingt zu äußerster Präzision. (*Alles* hat sein Gutes!!)
Der Bärenbrief ist entzückend. Also ich muß schon sagen: wenn solches selbst an *Bären* geschieht, daß sie theologisch-intellektuell werden, wie soll dieses dann nicht an einem weit mehr dazu prädisponierten Wuschel geschehen! Was wird aus *mir* so nah bei Dir, monatelang! (M-o-n-a-t-e-l-a-n-g! Hörst Du! Unausdenkbar herrlich!) Gott gebe, daß das Konzil lange lange sich hinzieht. Jahre, »Jahrende«, wie Karl Valentin sagte.
[…]
So einen wie dich gibt's nimmermehr! Gibt es vielleicht Dich auch nicht? *Kann* es so etwas wie Dich geben: zugleich – so furchtbar grundgescheit, so tiefsinnig, so verspielt, so liebevoll, so fromm, und dazu noch fähig, sich ganz natürlich in ein Mädchen zu verlieben – siehe Steinhaufen auf der Straße nach Bruneck… – (Ach, um unsere Kanonisation ist's geschehen, d.h. um die *meine*; denn Du wirst einfach heiliggesprochen, weil Du ein Kirchenvater bist. Ach, Du mein Kirchenvater!!!) (Aber meine »heroische Tugend«, sieht die niemand? Ist's nicht heroisch, hier in Rom zu leben, wo Du in München bist, warst, und mich *nichts* gehindert hätte, auch dort zu sein? Und Dich nicht zu verführen, ist das nicht auch heroische Tugend? Und überhaupt …) Ach, die Aussicht auf den 9. [Oktober] macht Dich und mich übermütig. Nun, ich krieg vorher schon noch ein nettes kleines vergiftetes Messer ins Herz gestoßen von M.A., da sei sicher. Wie gut, daß ich »hart im Nehmen« *geworden* bin. –

Warum, zum Kuckuck, hatte ich jetzt die Assoziation von frischen Nüssen – in diesem Augenblick? Ist M.A., die harte Nuß, doch im Innern weich und süß? Weiß der Teufel. (Wuschel, fluch nicht!) – Jetzt stürze ich mich mit liebevoller Wut auf meinen Postberg. Viele meiner Verrückten und Schäfchen warten auf Antwort. –
Mir fallen zur Zeit viele Geschichten zu schreiben ein, zum Beispiel eine bissige über eine »Heilige Familie« (»Die unheilige Familie«), eine Familie, die sich zum Ziel gesetzt hat, der Umwelt ein Vorbild zu sein, und nun »heiligmäßig« lebt, zuckersüß, und sich dabei zu hassen beginnt, weil eben alles falsch ist, weil nämlich Heiligkeit etwas ist, dessen man sich nicht bewußt sein darf, heutzutage jedenfalls nicht. (Dieses Problem – Phänomen besser – beschäftigt mich *heiß*, gedanklich und künstlerisch.) [...]

22 Uhr 15:

Ich las eben Lessings »Minna von Barnhelm«, ein entzückendes Lustspiel mit hübschen Sätzen wie: »Man ist verzweifeltwenig, wenn man weiter nichts ist als ehrlich.« Und: »Seiner Geliebten sein Glück nicht wollen zu danken haben ist unverzeihlicher Stolz.« Und (sagt Minna): »Die Ehre ist – die Ehre.« Tellheim nämlich ist auf seine (Offiziers-) Ehre erpicht und erklärt ihr: »Die Ehre ist nicht die Stimme unseres Gewissens, nicht das Zeugnis weniger Rechtschaffener ...« Und *sie* darauf obiges. Wie wahr! Tellheim ist eine Art »M.A.«, ein törichter Starrkopf, ein dummes Mannsbild halt. – So, nun aber geh ich ins Bett, übermüde, über-wach noch; 22 Uhr 20. –
Gute Nacht, mein Schatz (zu diesen Worten gibt's ein bezauberndes Lied von Brahms.) Dein Foto bekommt einen Kuß auf die eben noch »draufe« Herzgegend. Morgens, abends, mehrmals untertags. Die Nacht stehst Du neben meinem Bett. *So* also ist das ...
[...] *Dein Wuschel*

Rom, 1.10.62[45]

Also *endlich* dieser Oktober!! – 4 (*vier*!) Briefe von Dir heute morgen. Wie schnell diesmal die Post arbeitete.

Du, ich hab die »Welt am Sonntag« gefragt, ob sie mich als Sonderberichterstatterin vom Konzil wollen. Sie wollen. Ich muß ihre eben eingetroffene Bescheinigung beim Vatikan bestätigen lassen und mir eine Pressekarte geben lassen, weiß nur noch nicht, wo. Ich fahr mal eben hin.
Ferner fragte ich hinterlistig, ob sie literarische Portraits von führenden Leuten wollen, zum Beispiel von Rahner. Sie wollen.
Was meinst Du dazu? Wir überlegen das mitsammen, ja? Wir werden also beide Arbeit über Arbeit haben. Wann haben wir Zeit für uns???
Ich freu mich, daß Du Häring usw. magst. – In der Krankenabteilung zu wohnen ist jedenfalls komfortabel!!! Und das Germanicum ist nicht weit von mir, *das* ist wichtig. Du wirst also (vielleicht) wirklich *eingreifen* können in die Geschichte der Christenheit. Das zu denken, ist großartig, nicht wahr? In aller Demut: Es muß für einen Mann *doch* schön sein, es zu dürfen. Aber wie meist, ist die *Frau* darauf eitel, nicht der Mann selbst …
Der als abgemagert (aus Sehnsucht) dargestellte Fisch des vorvorletzten Briefes ist infolge der Telefonanrufe, Frühstücke bei Christel, guter Nachrichten und der Aussicht auf den 9. [Oktober] schon wieder etwas fetter geworden im letzten Brief …
Ich schreib lauter Unsinn – vor Freude.

Dein Wuschel

P.S.: M.A. ist nicht bei den offiziell geladenen Sachverständigen, sondern nur als Abt da. Ich dachte, er sei Sachverständiger für Ostkirchenfragen, sagte man mir. Vielleicht kommt noch ein 2. Schub Einladungen – erwartet man in S. Anselmo. Ich bin M.A.'s wegen ganz ruhig jetzt. Hab alles IHM übergeben. Im Alten Testament lese ich eben, daß man sich *wirklich* auf IHN, *nur* auf IHN, verlassen sollte.
Beim Konzils-Aufsatz mußt Du bedenken, daß ich schreiben mußte, was *die* wissen wollen. Hab Nachsicht. Hauptsache: ich konnte *Dich* nennen … Ein öffentlicher Liebesbrief an Dich ist das Ganze!

Rom, 3.10.62[46]

Liebster Fisch,
jetzt bist Du wohl in Innsbruck. Wie gut kann ich verstehen, daß Du in aller Stille arbeiten möchtest. Ich möcht's auch, es ginge an sich jetzt gut. Wir müßten allein zusammen hier sein und arbeiten, jedes für sich und auch beide miteinander. *Das* wäre das Richtige. Ob's *das* einmal für uns gibt?
Dank für Deinen München-Schlafwagen-Wien-Gruß. Es stand nicht eben viel darin, und darum muß ich mich nicht schämen, wenn auch in diesem hier nichts Rechtes mehr steht. Ich warte aufs Sehen, Hören, Fühlen, Schmecken.
Und unser Bär: wie ist ihm die Fahrt mit dem Bischof bekommen? *So* ein Bär: der Herr ein großer Theologe, die Herrin eine Schriftstellerin, ein Bär beim Konzil – dem müssen wir wohl Exerzitien in der *Demut* erteilen?!
Mir auch: der Stolz über Dich macht mich recht eingebildet. Und Du bist stolz auf mich …
[…]
Fisch, mein Fisch, Fisch aller Fische –
(in Frankreich gibt's ein ganzes Museum voller Fische. Ich zeig Dir den Zeit-Artikel, wenn Du kommst.)
Jetzt schreib ich nimmer, weil es nix Gescheites mehr wird und weil Du ja kommst!
E allora: vieni, vieni! *Dein Wuschel*

P.S.: *Den Bären nicht vergessen!!!*
[…]

Rom, 18.12.62[47]

Eben Dein Brief, ein so heiterer, lieber. *Dank!* Dein Wuschel, lieber Fisch, weiß nimmer, wo ihm der Kopf steht vor Einkaufen, Päckchen-Packen, Auf-der-Post-Anstehen, Plätzchen backen, Wohnung säubern usw. Aber ich hab Weihnachtsstimmung, wie lang nicht mehr. Mein Fisch kommt ja! Unvorstellbar schön, mit Dir, mit dem

Du, das auch der große Rahner ist und ein Priester dazu, Heiligabend zu haben. Das ist *zu* schön, um sich's überhaupt vorstellen zu können.

Mit Baptist [Metz] habe ich telefoniert. Bitte, komm mit Zug! – *Glatteis!*

Und kommt vom Zug gleich erst mal zu mir zum Kaffee, Ihr beide, ja?

Ich freu mich so!

Obgleich heut die halbe Nacht immer wieder der gleiche Traum in Variationen kam: M.A. wollte mich immer von Dir wegholen. Legte seine Hände auf mich. Immer wieder. (Man »legt die Hand auf etwas« heißt doch, es als sein Eigentum bezeichnen. Aber das *darf* er nicht.) Ich schlief bis *halb 9* heut morgen, bis Christel kam. Nun, wir werden alles recht machen. Ich freu mich dennoch ganz heiter, gelöst, frei.

Millionen Grüße!

Dein Wuschel

Heiterkeit und Freiheit – die Frucht des Verzichts (1963)

Das Problem Priester – Frau modellhaft lösen

Osnabrück, 14.1.63[1]

Mein Fisch,

[...]

die Kölner waren begeistert von mir bzw. von meiner Lesung, ich bekam am nächsten Tag noch viel Schönes zu hören, auch Briefe kamen noch über Zanders zu mir. In Bocholt, einem kleinen Ort, waren es 400 Leute, sehr nett; hier gestern abend ein überfüllter Saal, 300 Leute, man hatte nirgendwo mit so vielen gerechnet. Jetzt glaub ich's allmählich selber, daß ich »berühmt« bin. Aber es ist mir gleichgültig. Freilich ist mir *nicht* gleichgültig, wenn ich auf solche Weise den Leuten eine Ahnung vom Christlichen, auch vom spezifisch Katholischen geben kann. Hier ist man (ich merkte es gestern bei einer Diskussion hinterher im kleinen Kreis) sehr eng. Meine Ansichten über die Kirche wurden fast als Ketzerei empfunden. Aber die Protestanten waren glücklich. Ich glaube, meine *eigentliche* Aufgabe ist es, den Leuten zu zeigen, daß der Katholizismus etwas Großartiges, etwas Freies, Heiteres ist. Eine Welt-Zugewandtheit – das ist's, was ich vorlebe, scheint mir. Wie aber soll ich den Leuten beibringen, daß Aszese *auch* nötig ist? Daß die Heiterkeit und Freiheit nur die Frucht großer Strenge, gewisser Verzichte sind? Aber das überlasse ich alles IHM.

Ich bin arg erkältet, es ist aber etwas besser heute. Gestern rutschte ich im Zug aus, fiel zwar nicht hin, habe aber eine Sehnenzerrung im Rücken, Hüftgegend, mußte heute schon mit irgendwas Elektri-

schem behandelt weden, was eine Ärztin tat, die eine meiner Leserinnen hier ist. Heute ist mein freier Tag, morgens geht's nach Cuxhaven, ich »erledige« Post, aber der Stoß nimmt nicht ab. Sisyphus-Arbeit. Und doch: ich bemühe mich, es mit Liebe zu tun, weil's sonst ja nichts nützt. Ja ja, das *praktische* Lieben ist gar nicht so leicht. Übrigens kommen die Texte meines Fotobandes überall ganz besonders gut an[2]. –
Ja, mein Fisch – was soll ich Dir noch sagen hier im Brief? Weißt Du nicht alles?
– Vorgestern träumte ich, ich sah viele tote Lämmer, nein, eben *nicht* tote, sie lebten, lagen aber wie geschlachtet auf einer Art Fließband, noch im Fell, und sie waren aufgeschnitten und brannten mit hellen Flammen aus dem Innern. Seltsam. Sie taten mir entsetzlich leid. Solltest *Du* das sein? Das schon geschlachtete, das heißt geopferte Lamm, aufgeschnitten (oder aufgerissen) und brennend? Und auf dem Fließband: das ist wie unser Fluß, der uns hinausträgt ins Unendliche, im kleinen Boot, dem *einen* mit uns beiden.
Verbrenn mir nicht zu rasch, liebster Fisch, ich bitte Dich. Schon Dich, wo und wann immer es geht.

Dies alles hat die Zensur zwar nicht herausgeschnitten, aber ich hab's schon gar nicht hingeschrieben. Kannst Du es dennoch lesen? Lies es! Ich bin unendlich glücklich, wenn ich an Dich denke.
Unser kleiner Bär läßt grüßen, er tröstet mich!

Dein Wuschel

Goslar, 20.1.63[3]

Mein Fisch,
Dank für Deinen Brief nach Münster. Ich hab mich innig gefreut darüber. Ich schreib jetzt sehr wenig, weil ich nicht weiß, ob Dich dieser Brief wirklich erreicht und wie und wann, und *wenn* Du in Frank-

furt bist, sehen wir uns ja bald. Hoffentlich bist Du wirklich dort. Ich rechne: Heute Goslar, Montag Hannover-München, Dienstag Marburg, Mittwoch also Frankfurt und Donnerstag und Freitag bis Nachmittag etwa. Wir haben uns *Monate* nicht gesehen, scheint mir. Dein kleiner Bär sagt, er erinnere sich kaum mehr an Dich … Hier ist's bitterkalt im Harz. Eben sagte der Hoteldirektor, ab morgen seien keine Kohlen mehr da, dann müsse er schließen. – Die Züge haben stundenlange Verspätungen. Ich stehe an eisigen Bahnhöfen herum, aber meine Erkältung ist seltsamerweise vergangen. – In Münster über 500 Leute, in Braunschweig 650 (laut Kartenverkauf – was für Braunschweig *enorm* sei, sagte man mir.) Sie kommen trotz der grimmigen Kälte, die Braven. – Vorgestern, bei 1 Stunde Wartezeit zwischen zwei Zügen, kam ich ins Gespräch mit einem Mann, dessen Hände mir vom ersten Augenblick an Furcht einflößten. Nach 5 Minuten erzählte er, er sei SS-Hauptsturm[bann]führer gewesen, er bereue es nicht, er würde wieder mitmachen … Ich muß Dir mündlich erzählen. Grauenhaft. Als ich hernach im Zug [dies] erzählte im Gespräch mit anderen Leuten (neben mir ein junger evangelischer Pastor), stieß ich auf Unverständnis. Zuerst glaubte man mir nicht, dann fand man, so etwas sei doch nicht ernstzunehmen… In Braunschweig hatte ich ein 4-Stunden-Gespräch mit dem Großmeister der Loge, und das war *wunderschön.* Auch davon mündlich. Ich glaube, man muß diese Dinge ernstnehmen und sich damit befassen. Ich habe viel gelernt. Dafür hörte ich eben, 7 Uhr morgens, den Hirtenbrief des Hildesheimer Bischofs über Mischehen. Da hörte ich zu meinem Erstaunen, bei Mischehen-Trauungen dürfe keine Brautmesse stattfinden und der große Brautsegen nicht gesprochen werden. Überhaupt hatte der Hirtenbrief einen Ton, als wäre nie ein Konzil gewesen. Ich glaube, gewisse Herren sind nur in Rom mutig. Heimgekehrt, verfallen sie wieder dem alten Trott. Arme Kirche, armer Heiliger Geist der Liebe.

Über diese Reise könnte ich ein Buch schreiben, so mannigfach sind die Erlebnisse. Vielleicht schreib ich zumindest einen Aufsatz.

Jetzt muß ich dann zur Lesung, eine Matinee, 11 Uhr. Ich hab's *so* satt! Aber dann hilft mir doch immer ein Gnadenstrahl, daß ich die Leute anrühren kann.

Alles andere mündlich. Betrachte... Ich reise mit *Dir*. Du weißt es ja. *Alles*, nicht wahr!
Auf bald, bald! *Dein Wuschel*

P.S.: Wegen Freiburg: sehr schön so, freu mich!

[Frankfurt] 25.1.63, abends
zwischen 10 und halb 11 Uhr

Mein Fisch,
ich schrieb den ganzen Rest des Tages Briefe. Das ist der letzte. Ein müder Brief. Aber ich bin glücklich. Daß Du heute noch kamst, das war so schön und so ganz *Du*. Wie sehr kannst Du, was Du nicht zu können glaubst: lieben! Nun geh ich ins Bett.
Ich war heut beichten, einfach so, weil grade ein Beichtstuhl bzw. wartend leer war. Aber ach – der dumme Franziskaner verstand nicht, als ich sagte, es bestürzte mich, daß mir so wenige Sünden einfielen, die ich begangen haben könnte außer Unterlassungen. Er war wirklich nicht vorbereitet auf ein solches Beichtkind. Aber es macht nichts – ich habe von vornherein damit gerechnet, dummes Zeug zu hören und dennoch zu fühlen, daß mir verziehen wird. Aber in der Kabbala heißt es, daß einem nur jene Sünden verziehen seien, die man nie mehr begehe; umgekehrt: daß man erkenne, ob man Vergebung erlangt habe, wenn man eine Sünde nie mehr begehe.
Ob das stimmen *kann*?
Nur mir ist's gleichgültig: Ich werfe mich in Gottes Arme; er *muß* mich nehmen wie ich bin; ich bin sein Geschöpf, sein Kind, Christi Schwester. Ich kenne keine Problematik in meinem Sein zu Gott. Ob das wirklich leichtfertig und dumm von mir ist? Oder richtig? Auch das ist mir gleichgültig. Es ist so, wie es ist.
So ein Wuschel hast Du, ausgerechnet Du, der stets distinguiert! Wuschels tun das nicht, so scheint es. Sie sind undifferenzierte Kinder, wo es um Gott geht. Ach, dieser Atheist von heute! Ist er nicht doch vielleicht dumm, da er sich mit dem biologischen Leben begnügt als Ursache fürs Leben und Hoffen???

Du, ich hab Dich lieb. Du bist ungeheuer (gemeingefährlich...) gescheit! Und bist ein Mannsbild, *nur* ein frommes Kind. Überhaupt *Du*; Du bist Du (Dein Occam imponiert mir. Ich bekenne mich zu ihm. Da hast's!) Du bist für mich überaus anregend. Was alles ich durch Dich lerne! Wie anders als früher kann ich, mit Hilfe *Deiner* Theologie, mit Menschen reden!
Ich umarme Dich heftig (in den Grenzen des Erlaubten und nur aus reiner Freude an Deinem So-Sein). Spürst Du's in Deinen Schlaf hinein? Millionen Grüße.

Dein Wuschel

[...]

26.1.63, morgens[4]

Jetzt müßtest Du eigentlich zum Frühstück kommen. – Ich hab Sehnsucht, Heimweh nach Dir.
[...]
Dein, unser Bär sitzt vor mir und fragt: »Wo ist der Herr?« – Jetzt fangen wir gleich zu weinen an, er und ich.
Aber was denn: in 10 Tagen, nein: 27., 28., 29., 30., 31., 1. [Februar], 2..
7 Sind's. Eine Woche etwa. Also, Bär, sei still, wein nicht, albernes Tier (es hat tatsächlich feucht glänzende Augen.)
Du frühstückst eben mit Deinem Bischofsfreund, den ich, vom Sehen und weil Du ihn magst, auch mag.

Behalt mich lieb.

Würzburg, 28.1.63

Mein Fisch,
wieder 2 Lesungen *hinter* mir. Jetzt gleich fahre ich nach Mannheim, dann nur mehr die 2 Schweizer Lesungen. – Erlangen war hübsch mit allem Drum und Dran, davon mündlich. Und hier wurde ich natürlich sehr gefeiert, so mitten im »Schwarzen« und Konservativen, das ist kein Wunder. Viele Kleriker waren da, u.a. Fleckenstein und Auer (welche Ehre). –

Fortsetzung im Zug; vorhin wurde ich abgeholt mit Auto vom Echter-Verlag. Wegner (Direktor dort) war sehr liebenswürdig, natürlich; er will mich ja als Autorin behalten. Dort erfuhr ich, was Du mir verheimlicht hast …; daß der Echter-Verlag Dir angeboten hat, 14 Tage mit Baptist [Metz] auf Verlagskosten irgendwohin »zur Erholung« zu gehen und dabei den Plan zu einer Dogmatik-Ausgabe zu besprechen. Und Du habest zugesagt. Ist das wahr??? Aber wann, wie, wo!!!? Wann arbeitest Du jemals wieder für Dich? Überleg Dir doch derlei *genau*, ob's dafür steht. Überlaß dem Baptist solche Sachen, und schreib Du Dein, vom Schöpferischen her gesehen, so viel wichtigeres Werk. *Auswerten* können Dich andere. *Denken* kannst es nur Du. –

Gestern waren auch noch andere Leute von der Universität bei meiner Lesung, und auch ein berühmter Psychiater, ich hab den Namen vergessen, so was wie Schoeler, er verlangte dringendst, als der Saal längst ausverkauft war, noch Karten für sich und eine ganze Suite. – (Wollte der wissen, ob ich normal sei …?) Auch in Erlangen war ein Philosophie-Professor, Grumbler oder so ähnlich, da, der mir sagte, meine »Nina«[5] habe ihm tiefe Aufschlüsse gegeben in metaphysischer Hinsicht. Ein anderer Theologe schrieb mir (ich zeig Dir die Briefe), ich habe ihm einen Beitrag zur Metaphysik der Geschlechter gegeben mit meinen Büchern. – Und ein Mädchen aus der Ostzone schrieb, sie habe entscheidende Impulse aus meinen Arbeiten erhalten, und nun, auf Grund von »Geh fort …«[6] gehe sie ins Kloster. – Derlei Briefe kommen ja immer häufiger. Ich bin bestürzt über die Wirkung meiner Bücher.

Gestern hatte ich, in Erlangen, eine Diskussion mit einem »zornigen jungen Mann« (Katholik, aber Rebell), bei der ich wieder einmal ohne Kenntnis der Rahnerschen Theologie ganz versagt hätte. So aber glaube ich, recht schön pariert zu haben, in aller Sanftmut. Der Mann sagte: »Was sind Sie für eine seltsame Frau – ganz Frau, und so gescheit, und so gelassen, so sicher in sich ruhend und doch präsent für alle modernen Fragenden …«

Ich sagte dann jedesmal mit einem Aufblick: »Dank! Es ist *Dein* Werk, mein Herr. Laß mich nichts sein als Dein Werkzeug.«

Vielleicht liegt eben darin meine Wirkung, daß ich keine für mich suche. So wie Du. Da ist etwas, was uns (unter allen anderen) verbindet. Nur ist's bei Dir soviel selbstverständlicher, schöner als bei mir. […] *Dein Wuschel*

Thun, 30.1.63[7]

Ganz rasch vor der Abfahrt einen Gruß. Auch hier viele Leute – für eine so kleine Provinzstadt erstaunlich. Ich bin müde, aber heiter. Wärst Du nur da – hier einige Tage mit Dir!! Es ist still und schön hier. Heut beim Frühstück sah ich 10 Minuten lang keinen Menschen auf der Uferpromenade, nur Tiere: *im* Wasser Schwäne, Enten, Taucher; *am* Wasser Hunde. Man müßte einen Film drehen mit lauter Tieren. – »Die Stadt der Hunde« Nur Hunde agieren (Menschen in Masken) Hündische Sitten, die menschlicher wären als die menschlichen, – soll ich? – Ich bin ganz bei Dir.

Komm bald!

Dein Wuschel

Innsbruck, Hotel »Grauer Bär«, 15.3.63[8]

Gel da schaugst! Frau Swinegel ist schon *vor* Dir da. Dreiviertel acht abends, eben angekommen, fünf Uhr früh von Rom weg, herrlich schnell gefahren, mehrmals geflucht, muß beichten. Und Du hältst jetzt gleich Deinen Vortrag, während wir essen, nicht an unserem Stammtisch, sondern zwei Tische weiter südlich, wo wir unser allererstes gemeinsamen Essen aßen. So, und jetzt will der kleine Bär was schreiben: Nein, noch nicht kleiner Bär. Wollt nur sagen, daß ich *nicht* geflucht hab, sondern unflätige Schimpfworte gebraucht gegenüber einem bösen Lastwagen, der uns nicht vorlies und dafür (noch dazu) Dreck in die Nase geschleudert hat… Jetzt muß ich die Suppe essen. Bis nachher.
Kleiner Bär sagt: wooo ist der Herr? Man hat mir versprochen, den Herrn zu treffen, aber da ist *kein* Herr. Bin traurig!
Julchen [das Auto] steht vor der Universitätskirche, über und über dreckig, – eine Sauerei, und Julchen ist mißmutig wegen Dreck und

Regen und will nach Rom zurück. Ich nicht, weil ich nach Berlin will mit dem dummen kleinen Bären.
Innsbruck ohne Fisch – nein: brrrr! Es ist leer und kalt und dunkel und reizlos. So, jetzt weiß ich gar nix mehr. Bin dumm im Kopf, dümmer noch als sonst, aber lieb, wie sonst auch. Ach Fisch – schlaf gut mit diesem Brief unterm Kopfkissen. Träum von uns!

[Als Briefende eine gezeichnete Spirale
als Zeichen für die Unterschrift des Wuschels, Anm.d.Hrsg.]

P.S.: Das Brot hab ich mir vom Mund abgespart
für Dich!

P.S.: Bin ganz dumm im Kopf (nein, nicht im großen Zeh – vielleicht auch ein bißchen...) und weiß gar nichts mehr. Freu mich aber trotzdem sehr auf nächsten Samstag (Sonntag)! [...]

[München, 8.4.63], Karmontag, abends[9]

Liebster Fisch,
ich möchte Dir so vieles sagen und merke, daß ich nicht recht schreiben kann, aus zwei Gründen, erstens weil es fast unsagbare Dinge sind, zweitens weil fremde Augen falsch lesen könnten. Aber vielleicht sollte ich furchtlos sein! Ich glaube, daß diese letzten Wochen sehr wichtig für mich waren, dieses Leben sozusagen auf dem Grund eines Brunnens, müde und von äußeren Ereignissen zugedeckt, aber ganz innen höchst lebendig, aber unbewußt. Allmählich tauche ich auf, aber nur halb, und alles ist noch unter Wasser. Ein seltsamer Zustand, ein wenig labil aber heiter, vorwiegend, und ganz gelassen.
Überhaupt scheine ich schlafend, träumend ein Stück Weg zurückgelegt zu haben, von Dir geführt. Immer mehr weiß (nein: ahne) ich, was Du mir bist: der lebenslang gesuchte Führer. Du willst es gar nicht sein, Du willst einfach bei mir sein, in aller Anspruchslosigkeit und Wärme, ein Mensch bei einem anderen, ein Mann bei einer Frau. Aber das ist nur die äußerste Haut unserer Verbindung. Ich

fühle, daß sie wirklich eine göttliche Fügung ist. Durch Dich bin ich eingeordnet worden in die Welt. M.A. hat mich »gelehrt« zu leiden und selbstlos zu lieben. Du aber hast mich gelehrt zu *sein*, indem ich es aufgeben konnte (in Deinen Händen liegend), sein zu *wollen*.
Aber ich ahne noch viel mehr, – Unsagbares. Das »Beides« vom vorigen Mai, sagt eine ungeheure Wirklichkeit aus. –
Ich habe Dich so lieb, daß ich's nicht mehr recht sagen noch sonstwie ausdrücken kann. Du hast mich auch gelehrt, »loszulassen«, den M.A., die ganze Welt, und auch Dich. Du hast mich die Freiheit der Kinder Gottes gelehrt.
Gestern im Amt große Erschütterung bei der Passionslesung. Am meisten packt mich immer wieder die schlichte Antwort Christi auf die Frage, ob er der Sohn Gottes sei: »Ich bin es«. Oder: »Du sagtest es«. Das ist unsagbar großartig. Die alleräußerste Einfachheit der Wahrheit.
Im übrigen begreife ich, nachts wachliegend, einiges von Gott und warum *seine* Art der Heiligkeit nichts mit der üblichen Vorstellung von Heiligsein zu tun hat, und daß bei Ihm auch die Zerstörung ihren Platz hat und das Spiel, einfach *alles*. Aber man kann vor Ihm verzagen: Es hilft ja nichts, »tugendhaft« sein zu wollen. Es hilft nur, sich diesem »Ungeheuer«, diesem Abgrund hinzuwerfen, zitternd und liebend. *Das* ist: fromm sein. Sag, ist's töricht? Du verstehst mich schon.
Ich geh fast täglich eine drei Viertelstunde im Nymphenburger Park spazieren, allein, dankbar, ganz still, mit Dir vereint. Du solltes auch oft laufen. Das ist Medizin! – Im August dann, ja?
Mein Fisch, Du Glück meines Lebens, mein tägliches Brot, mein Licht –

Dein Wuschel

P.S.: Was M.A. anlangt, so hat eine ganz neue Phase begonnen, ich »liebe« ihn nicht mehr, nicht mehr »so«, denn ich finde in Dir *alles*, was mir ein Mensch geben kann, und Dein Wert an sich ist höher als der seine, das ist nun einmal so; Du bist reif und weise, wo er unreif und unklar ist. Aber natürlich liebe ich ihn dennoch weiter in einer tiefen Treue, die sich sehr gut verträgt mit der Verbindung zu Dir, ja, die dadurch sogar gestärkt wird, das ist Dir so klar wie mir. Meine Aufgabe an M.A. ist: ihn lieben zu lehren, indem er an meine Treue glauben

lernt. – Ich dachte noch vor Monaten, beides sei unvereinbar und brächte mich in eine Art Schizophrenie. Aber im Gegenteil: beides hat sich schön ineinandergeordnet. – Aber ich weiß auch dies: ohne Dich hätte sich die (für mich) so notwendige Lösung von M.A. niemals vollzogen, und ohne Deine stets stärkende Nähe (ich fühle Dich immer als Schutzengel in meinem Rücken!) ertrüge ich dieses »Getrennt-Sein« von M.A. nicht. Wir *3* sind eben eine Familie hinsichtlich der einen Aufgabe, die da heißt: das Problem Priester – Frau modellhaft lösen – auch wenn niemand davon erfährt. Einfach daß eine andere Lösung *da* ist, in den Bestand der Welt eingefügt (nein zum Vorhandenen hinzugefügt), *das* ist wichtig.
Ach, mein Fisch – *reden* muß ich mit Dir. Wir haben uns eine Ewigkeit lang nicht gesehen, Du!
Karfreitag *oder* Karsamstag verbringe ich in S. bei M.A.! Ist's recht so?

[München], 11.4.63,
Gründonnerstag früh[10]

Mein Fisch,
es ist schon sehr traurig, von Dir 3 Tage keine Post zu haben, (oder sind's nur 2? Aber auch das ist traurig ...) Und noch dazu zu wissen (aus dem Montagbrief), daß Du unendlich müde und bis zum Zerreißen gespannt bist. Ich bete immerfort für Dich um Kraft. Aber ob das hilft, besonders in diesen Föhntagen, wo *alle* Leute klagen? Nun, Du hast ja, aller »Natur« zum Trotz, oder vielmehr mit Hilfe geheimer Quellen der Natur, immer noch einen Reservetank, den Du anzapfen kannst. (So tröste ich mich über Dich!!!) Ich bin dennoch heiter, ich scheine wirklich einen Graben übersprungen zu haben an Deiner guten, festen Hand. Karfreitag mittag fahre ich nach S., den Gottesdienst dort zu feiern, ohne aber mit M.A. zu sprechen, das hat jetzt keinen Sinn. Er soll nur sehen, daß ich treu bin. Und das bin ich; jetzt umso mehr, da ich begriffen habe, wie gut das zusammengeht. Ach Du – wieviel habe ich lernen dürfen an Dir.
Ich komme also Montag. Ich fahre vormittag zu meiner Mutter nach Rosenheim und mittag weiter, so daß ich um 3 Uhr bei Dir bin, dann hast Du ausgeschlafen (?), hoffe ich. Hast Du dann Zeit für mich?

Ich will diese Tage still verbringen, und auch bei Dir, natürlich (ich lebe ja *immer* mit Dir), und ich wünsche Dir mit meiner ganzen Kraft einen Strahl der Osterfreude, die Dir zukommt, da Du soviel Kartage in Deinem Leben hattest (und hast).

Tausend und noch mehr Grüße –
auch vom Christel –
Dein Wuschel

Liebender Schauder vor dem Abgrund der Fülle

Verona, 16.4.63, Osterdienstag

Mein lieber, liebster Fisch,
es ist 8 Uhr abends und ich habe endlich ein halbwegs brauchbares Hotel gefunden, mich gewaschen und sitze nun im Restaurant, hungrig, denn ich habe seit unseren Joghurts in Innsbruck nichts mehr gegessen oder getrunken, hatte auch keinen Hunger und war seltsamerweise auch gar nicht müde! Das hast natürlich *Du* gezaubert (oder sagen wir: erbetet), Du bist schon so einer, der das kann! Hab Dank! Die Fahrt war schön, nicht viel Verkehr, ich fuhr nie schneller als 90 oder 100, also sehr gemütlich, und ich sah den Frühling. Aber Du hättest sehr weit mitfahren müssen, um ihn zu sehen! Erst bei Trento blühte wirklich alles, und dann vor Verona, das war wie im Märchen: Die Ebene, die sich auftut, wenn man die Veroneser Klause hinter sich läßt, war rosa-lila, lauter kleine rosa-lila Wolken: die Wipfelchen der Pfirsichbäume, und das in der silbergrauen Dämmerung, und auf den Bergen noch ein Schimmer von rosa-goldenem Sonnenlicht, alles ganz zart, und sehr süß, aber *schön* süß, süß wie – wie was? (Nun muß ich Suppe essen, meint der Ober.)
(Und nun hab ich das ganze Essen hinter mir, es war leicht und gut, und jetzt ist's gegen 9 Uhr, und ich gehe schlafen, aber Verona ist laut da, wo ich wohne; macht nichts, schlimmstenfalls nehm ich ein

Schlafmittel; ich will morgen ziemlich früh fort. –) Mein Fuß tut nicht mal weh. Das hast auch *Du* gezaubert. Und wie ich jetzt abends durch die Stadt fuhr, langsam, nach einem Hotel suchend, und als es völlig aussichtslos schien, weil die, die ich fand, besetzt waren und ich überhaupt nur 3 fand, da dachte ich: »Jetzt lieber Gott, führ mich Du.« Und er tat es sofort. –

Außerhalb Brixens standen zwei Schwarze (keine Neger, nein, Pfarrer!) an der Straße und schauten, als wollten sie mitgenommen werden. Ich hielt natürlich (seh ich doch in jedem »solchen« Dich) und meinte, für zwei sei wenig Platz, aber es gehe schon, aber es wollte nur einer mit, der Ältere, und ich sagte:»Aber nach der Römischen Synode dürfen Sie nicht mit einer Frau fahren«, – und dann unterhielten wir uns recht nett bis Bozen; er heißt P. Oswald und ist Augustinerchorherr in Neustift bei Brixen! Er meinte, beim Konzil sollten sie Wichtigeres tun als sie bei der Synode taten, von wegen Nicht-mit-einer-Frau-Fahren usw. – Er sagte, er habe mit seinem Begleiter gewettet, ob ein Mann oder eine Frau ihn mitnehme – er hat verloren, glaub ich. Er meint aber, Frauen als Fahrerinnen seien ihm lieber, weil sie nüchtern seien (nicht trinken). –

[...] *Dein Wuschel*

17.4.63, Ostermittwoch

Mein Fisch,

wo ist das Wuschel jetzt? Es fuhr um 6 Uhr in Verona weg und war um 9 Uhr vierzig Kilometer vor Florenz, und da sitzt es jetzt, halb 10 Uhr, nahe der Autobahn auf einem Berg im Apennin auf der Terrasse eines Restaurants, ganz allein, hat gefrühstückt, eine Zigarette geraucht – sitzt natürlich im Freien, in der Sonne, es ist *warm* – und Wuschel sehnt sich. Wie kann man denn etwas so Schönes *allein* genießen? Die Fahrt durch die Po-Ebene, an sich scheußlich, weil enge Straße, viel Verkehr und Frostaufbrüche (ja, dies Jahr sogar in Italien!), war dennoch herrlich; ein Mai-Morgen (hier ist der April der Mai, und der Mai ist schon Sommer!) mit taunassem Gras, mit frisch begrünten Büschen, mit jungem Pappelgrün, und mit Blütenträumen – ein Blütenmeer, bald rosa (Pfirsiche), bald schneeweiß

(Kirschen, Birnen) – und blauer Himmel, zart im Morgenlicht, über allem ein Schimmer von Nebel oder auch Holzrauch aus den Dörfern – und hier nun, hoch oben, ist's wie im Stubaital März nicht Mai, karg, großartig, großräumig, ernst, alle Linien (Straße, Hügel, Berge) haben einen großen langen Schwung, gelassen in sich, das ist schön. Und ich bin *ganz* allein, ohne lärmende Italiener, ohne großmäulige Deutsche, ohne spießige Österreicher, allein mit meinen Lieben (Ihr seid jetzt alle da: Du, der Exilkönig, Christel, Steffi) nah bei mir und heiter, alle. Auch Du! Du solltest heiterer sein, überhaupt. (Lobst Du manchmal Menschen?) Ich bin tief einverstanden mit der Welt (– eben ein nettes Gespräch mit der Kellnerin, eine gutmütige Frau, die sich mit mir des Tages freut); tief einverstanden also bin ich mit Gott, dem so viel eingefallen ist: der potenteste aller Künstler, aller Wissenschaftler. Das imponiert mir am meisten an Ihm: seine Verschwendungssucht, seine völlige Souveränität, seine Phantasie, sein Alles-Sein. Ich liebe Ihn um dessentwillen. Seltsam diese Entwicklung, als Kind liebte ich Christus in der Eucharistie am meisten, dann Gott-Vater als Vater, dann wieder Christus, dann plötzlich den Heiligen Geist, und jetzt wieder Gott als den *Schöpfer*, den grandiosen, sozusagen »beziehungslos« ihn bewundernd, – ihn liebend, auch wenn er sich gar nicht um mich kümmern würde, – ich liebe Ihn *um seinetwillen*, hingerissen. – Und Christus? Und der Heilige Geist? Die sind mit dabei. Der Hl.Geist ist eben das, was mich von Gott her mit ihm liebend verbindet. Und Christus, Mensch geworden, sagt dem Vater, was ich brauche als Mensch, was *wir* Menschen brauchen. – Ach, was für eine kindliche Theologie! Macht nix. Hauptsache: ich kenne den liebenden Schauder vor dem Abgrund der Fülle. Meinst Du nicht auch, daß das richtig ist?
Du, – sei heiter, Du Vorzugskind Gottes, *so* verwöhnt, daß Du's gar nimmer merkst und findest, bei Dir »täte sich nichts«. Dummer! Deine Augen sind gehalten, damit Du nicht *erschrickst* vor der Fülle, die Gott Dir gab und gibt. So, jetzt weißt Du es. Glaub's!
Die Sonne ist herrlich! Jetzt fahr ich dann weiter.

Dein Wuschel

Roma, 21.4.63

Sonntagvormittag, Sonne, Wärme, Blüten, Duft von frischgemähtem Gras in den Anlagen vor dem Haus – die ganze Herrlichkeit eines deutschen Mitte-Mai-Tags! Flieder blüht, Kastanien blühen, eine fast zu heftige Verschwendung für jemand, der allein ist. Aber der Allein-Seiende hat keine Zeit viel darüber (über das Alleinsein) nachzudenken, denn er (es, das Wuschel nämlich) muß Briefe – Briefe – Briefe – schreiben, ohne Ende. Es ist wie verhext: je mehr ich schreibe, desto mehr liegen da – scheint mir. Wie bei Dir und Deiner Arbeit. Du, lassen wir uns doch nicht verhexen von Arbeit! Souveränität auch hier! Das predige ich Dir. Aber wie halte ich's? Ach – ich bin faul. Nur Briefeschreiben tu ich.

[…]

Und Du reist und reist (*ohne* mich. Wieso das??? Darf das denn sein?) Vergiß nicht, mein Schatz, am 30. April eine Messe zu lesen für Dein Wuschel, das am selbigen Tage eine alte Frau von 52 Jahren wird! Ich werde zum Geburtstag ein Essen für die beiden Damen Michael geben (Astrologin) und zum Frühstück vielleicht Pater Johannes einladen, der sicher wieder eine Laubsägearbeit macht … (ich bin bös, nicht wahr, weil ich spotte. Aber es ist liebevoller Spott. Gibt es das aber??)

Heute las ich alle Osterevangelien hintereinander und weinte vor Aufregung, weil da so vieles herrlich und unbegreiflich ist. Petrus, der einfach ins Wasser springt, als der Herr am Ufer steht –! Aber wieso erkennen die Jünger den Herrn nicht? Ein verklärter Christus muß doch dem vorher gelebt habenden ganz ähnlich sein? Ein verklärter Leib gehört doch zur Seele, ist also nach *ihrem* Plan gebaut, wieso dann aber unkenntlich? Erklär mir das, auch wenn Du kein Exeget bist. (Kannst Du's?) –

Auf einmal, um halb 12 Uhr vormittags, war ich so müde, daß ich mich hinlegte und eine Stunde schlief. Dann aß ich rasch, nun schreibe ich weiter – aber eben kam ein Eilbrief vom Verlag, ich muß sofort Korrekturen zum »Gefängnistagebuch«[11] lesen. Also denn – Später weiter im Brief an Dich. –

Roma, 24.4.63

[...]

Martin Buber schickte mir ein Buch von sich: »Elija«, ein Stück. Ich las in letzter Zeit Romane von Julien Green. Er ist ein Dichter, ja, aber ein Konvertit, ein Homosexueller dazu, und ein Puritaner, und für ihn ist das Sexuelle das Alpha und Omega des Lebens. Er ist ein sexueller Sünder *und* ein frommer Katholik, aber eines beeinträchtigt das andere, so wühlt er im Dunkeln. Nein, Du, wir müssen da wirklich mit einem reinigenden Besen dreinfahren. Ich weiß ganz einfach, daß beispielsweise Masturbation *keine* schwere (keine *Tod*-)Sünde ist, normalerweise. Auch das Miteinanderschlafen junger Leute ist keine. Ehebruch (normalerweise) aber *ja*. Wir müssen wirklich eine leb-bare Moral finden. Wir müssen helfen, bald.

Dem Pater Johannes, der willig ist, auf mich zu hören (aus Liebe!), sage ich lauter so schockierende Dinge, aber er lernt, und jetzt denkt er fast schon so wie ich, jedenfalls ist das alles bei ihm aufgerissen worden, was so schön sauber festgetreten war. –

[...] *Dein Wuschel*

Roma, 26.4.63[12]

Mein Fisch,

[...]

Vorgestern war ich mit den Michaels am Meer, dann in meinem Weinberg. Es war so herrlich dort, daß ich beschlossen habe, *doch* ein Häuschen zu bauen, nächstes Jahr oder diesen Herbst. Mal sehen. Es eilt ja nicht. Aber weißt Du, ein Bauernkind wie ich, sollte doch *Erde* unter den Füßen haben, nicht Asphalt. – Und heut bin ich vier Stunden in der Stadt herumgelaufen, in der Villa Borghese, im Park, ich habe mir unbekannte Teile entdeckt, saß eine Weile in einem kleinen Café dort im Freien unter Palmen, Glyzinien, Rhododendron, und neben einem großen Beet blühender, stark duftender Verbenen (Rosen blühen auch schon), und kam gerade noch vor Ausbruch eines argen, herrlichen Gewitters heim, es hagelte sogar, und jetzt, zwei Stunden später, zieht das schwarze Gewölk immer noch her und hin und will von neuem beginnen. –

Aber so ein liederliches Leben führe ich: einfach in der Sonne sitzen, Espresso trinken, träumen. Da hört sich doch alles auf. – Aber ich habe wenigstens mein Gefängnistagebuch für die Neuherausgabe korrigiert (*ganz* kleine Änderungen) und ein langes Vorwort geschrieben, warum ich das Buch so lange nicht mehr erscheinen ließ, aber jetzt schließlich doch neu herausbringe. – *Aber ansonsten fällt mir einfach nichts ein!* Dafür lerne ich Italienisch. Ist auch was. – Gestern war mein alter Jude zum Abschied hier, er reist jetzt fort für 5 Monate, und er erklärte mir, er wolle konvertieren, damit er in ein und derselben geistigen Welt wie ich lebe. Ich verbot es ihm, ging aber mit ihm beten. Er sagt, ich habe sein Leben (*ihn*) völlig verändert, umgestülpt, jetzt lerne er zu sterben, in Frieden hinzugehen, da er durch mich, in mir »das Heilige« kennengelernt habe. Seltsam, und man (ich) selber ist (bin) so unheilig! Aber wie schön, als Werkzeug benutzt zu werden.

Komm bald, Fisch, lieber, sehr lieber Fisch!

Dein Wuschel

Camaiore, 3.5.63[13]

Mein Fisch,
hier wimmelt es von Fischen; überall sind Fische: auf den Zündholzschachteln, auf Obstschalen, Zigarettendosen, und in meinem Schlafzimmer hängt etwas, das ich einmal nachzumachen Lust hätte, ein »perpetuum mobile«, an der Decke aufgehängt, so:

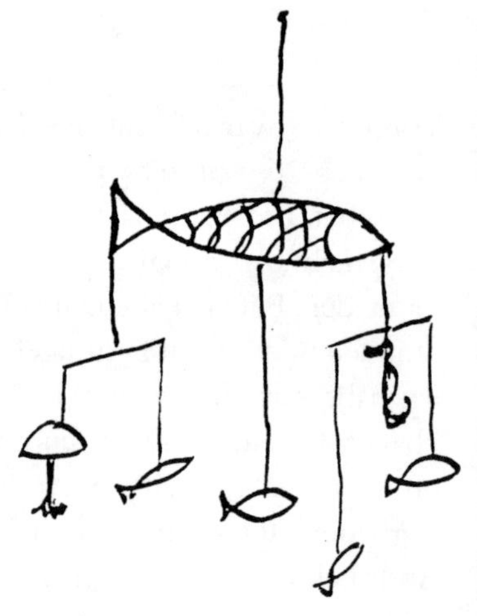

Aus Bambusstäbchen gemacht, und das bewegt sich alles leise, lautlos, als schwämmen Fische in einem Aquarium, es ist einschläfernd wie ein (stummes) Wiegenlied.

Wie sollte ich also bei all dieser Fisch-Gesellschaft nicht an Dich erinnert werden, an den einen, den seltenen, nein: einmaligen Fisch, der *nicht* da ist und der doch da sein sollte, damit ich glücklich wäre. – Ich bekam 3 Briefe von Dir, einer war schon vor mir da; Du bist lieb. Dank! Gestern abend hatte ich aber die beiden heute gekommenen noch nicht, also wußte ich nicht, daß Du in Freiburg bist – ich weiß auch heute noch nicht, was Du dort tust, das hast Du mir verschwiegen (oder es steht in einem Brief, der noch nach Rom ging und erst nachgeschickt wird.) Ich rief gestern abend in Innsbruck an und erfuhr, daß Du in Freiburg seist, man gab dem Telefon-Fräulein sogar die Freiburger Nummer an, aber da wollte ich nicht anrufen, wer weiß, bei wem Du warst. Aber da ich nicht wußte, daß Du nach Freiburg fuhrst, dachte ich mir schlimme Dinge aus: vielleicht ist Deine Mutter plötzlich erkrankt, oder man hat Hugo's Operation ganz rasch machen müssen usw. usw. Nun, Gott sei Dank, ist alles einfacher, wenn auch mir noch dunkel. –

Camaiore, 5.5.63

Liebster Fisch,
Dein Wuschel ist melancholisch. Diese Landschaft, dieses Haus machen mich ganz dunkel. Ich glaube, ich gehe nachher nicht wieder hierher zurück. In diesem Haus ist keine gute Atmosphäre, oder eigentlich gar keine. Es ist einfach *leer.* Ohne gute Geister. Obgleich neulich einmal der Dorfpfarrer da war, um es, wie man das hier jährlich an Ostern macht, auszusegnen (in Abwesenheit der jüdischen oder vielmehr ganz unreligiösen Besitzer. Das ist fast so wie eine Nottaufe! Aber dennoch hielt sich der Heilige Geist nicht hier!!! Im Ernst: das Fehlen von dem, was jeder noch so schäbige Ort der Welt besitzt, an dem *gebetet* wird, macht mich ganz krank. Ich komme nicht dagegen an. Auch die Hausmeistereheleute sind nicht fromm, obgleich Italiener.) Nun: noch 10 Tage, nein: 6., 7., 8., 9., 10., 11., 12., 13., 14., – 9 (*neun*) Tage, und wir sehen uns, und ich kann mich von hierweg erlösen. Hoffentlich gefällt's mir nicht gerade dann ...!

Gestern vormittag fuhr ich nach Lucca (21 km) durchs Gebirge (Hügel mehr als Berge) und ein entzückendes Maiental, wie in Deutschland, mit frischem Laub an den Sträuchern, hohem Gras mit Blumen drin, ein Bach, alles sehr lieblich, gar nicht toscanisch für etwa 15 Kilometer. Lucca kenne ich schon. Ich wollte also den Volto Santo sehen im Dom (S. Martino), aber der Meßner sagte, das dürfe man nur an einigen Tagen im Jahr sehen, am 3. Mai, 15. September, Karfreitag usw. Ich sagte, ich sei eigens deshalb hergekommen, ich käme von Rom (das stimmt alles, bloß nicht genau ...), und ein mir bekannter Theologe habe darüber geschrieben usw. usw. –, und da sagte er, ich soll um 12 Uhr kommen (mittag! – nicht daß Du denkst Mitternacht), wenn die Kirche geschlossen wird. Ich kam, und er zog den Vorhang von dem Kreuz – die Karte, die ich beilege, zeigt Christus bekleidet, dort hängt er aber nackt. Großartig ist das. Man wird sofort gepackt. Es ist so schlicht, daß es einfach nicht schlichter sein kann, und es drückt eine große, eine gewaltige Kraft aus, man spürt, daß da etwas kapiert worden ist vom Erlöser-Gott.– Es war auch eine Frau (Italienerin vom Land) in der Kirche geblieben, aus Versehen, als man schloß, und als sie merkte, der Vorhang (und die Kapelle) würden geöffnet, stürzte sie herbei und weinte. Das gerade hatte sie nicht zu hoffen gewagt, und das sei ein Wunder, denn sie verehre das Kreuz, und ihre Tochter sei sterbenskrank, für die zu beten sei sie gekommen, und nun wisse sie, daß Gott helfen werde, da er *dies* Wunder getan hat, gerade für *sie* den Vorhang zu öffnen. Sie warf sich auf die Knie und betete mit ausgebreiteten Armen und laut und mit Weinen. Eigentlich war mir's zuwider, ich wäre gern schweigend mit diesem Kreuz allein gewesen. Aber es macht nichts; die Frau war glücklich, und vielleicht hast *Du*, weil Du mich dahin schicktest, ein »Wunder« bewirkt. So ist *alles* gut und recht.

[...]

Es gibt Augenblicke, da man schlechthin lebt

Camaiore, 30. (glaub ich!) 5.63[14]

Mein Fisch,

[…]

Hier blühen nun alle Rosen. Es ist eine Pracht. Nicht ganz so wie im Rosengarten in Rom (weißt Du noch unseren Abendspaziergang dort?), aber doch auch herrlich. Und ich saß einige Stunden bei den Rosen am Bassin unten, auf den sonnenwarmen Stufen, in der Sonne, in einem schönen Wind und las ein Buch über polnische Geschichte und Politik. Ich muß doch was wissen, wenn ich dort sein werde. Und dann saß ich noch vor dem Haus, als die Sonne unterging. Im Dorf läuteten die Glocken, das frisch besprengte Gras duftete, ich roch noch an einer großen roten Rosenknospe, die Berge waren seltsam silbrig, der Himmel ganz klar und rein, und ich hatte in dieser Minute alles Leben – (Unterbrechung von 10 Minuten: die Frau brachte mir Apfelkompott, mit ihr kamen das Kind und der Hund, und es gab Gelächter und Lärm) – also: indem ich beim Läuten der Abendglocken an der Rosenknospe roch, die Füße im feuchten Gras, denn Blick im reinen Himmel, da hatte ich *das* Leben. Oder vielmehr: ich »hatte« es nicht, ich *war* es. Und indem ich dachte, ich müsse Dir das mitzuteilen versuchen, habe ich es in einer *viel*fachen Intensität gefühlt. Es gibt Augenblicke, da man schlechthin *lebt* und darin glücklich ist, einfach seiend, und das ist gar nicht nur »naturhaft«, vegetabilisch oder wie man sagen will – es ist genuin religiös, denn das Leben, das man fühlt und *ist*, das ist eben das *Ganze* des Daseins und also Gott, darum auch ist man *restlos* glücklich dabei. (Wäre es nicht Gott, bliebe ja die Schwermut des *Teil*-Erlebens.)

[…] *Dein Wuschel*

Camaiore, 4.6.63[15]

Mein Fisch, mein liebster,

[…]

Und nun ist der Papst tot, seit gestern abend 7 Uhr [3. Juni, 19.45 Uhr]. Dr. Stachel (er hatte die Telefonnummer von Christel) rief mich an, ob ich für den Echter-Verlag ein Buch über Giovanni schreiben will. Ich glaube, ich will. Mein Aufsatz über ihn hat mich sehr vorgewärmt für diesen Gedanken. Man kann so vieles aufhängen an diesem Lebensbild, auch das Konzil, auch die Idee der Ko-Existenz Ost-West usw. usw. Material gibt's genug.

Nebenbei las ich zwei Bücher über Polen, als Vorbereitung. Eines *mußt* Du lesen, wenigstens die Kapitel über das Tauziehen zwischen Kirche und Staat dort, genau gesagt zwischen Gomulka und Wyszynski. Übrigens ist Wyszynski furchtbar altmodisch. Ich glaube, Du sagtest auch so etwas. Ich mag keine Audienz bei ihm, auch wenn ich sie kriegen könnte. Er sagt ja doch nichts. Und er spricht die Klischees von vor 20 Jahren. Keine Ahnung von moderner Theologie. – Die Geschichte dieses Tauziehens ist so spannnend zu lesen wie ein Kriminalroman. Jede der beiden Parteien *will* gar keinen Frieden. Jede will *ihre* Märtyrer. Ein seltsames Volk, diese Polen. Jetzt freu ich mich (wohl vorbereitet) auf diese Reise.

Jetzt geh ich dann, 6 Uhr, zum Fernsehen: Übertragung der Leiche Giovannis nach St. Peter. In den Radionotizen wurde auffallend oft *Montini* genannt. Er war auch noch beim sterbenden Papst. – Daß Giovanni an *Pfingsten* starb, war mir sicher. Der Hl. Geist hat ihm die Ehre erwiesen, ihn an *diesem* Fest heimzuholen. Denn Giovanni war doch in den letzten Jahren wirklich ein Geist-Geführter! Sonst hätte er die erstaunlichsten Dinge nicht wagen können. – Du, wenn ich im Credo zu der Stelle komme:»Et in Spirito Sancto …« wird mir immer heiß und hell.

[…]

Dein Wuschel

Roma, 8.6.63[16]

Mein Fisch,
daß Du heute früh angerufen hast, war schön, sehr schön und gut! Jetzt bekam ich Deinen Brief von Pfingstsonntag (über Camaiore!). Daß ich Montag vormittag noch in Innsbruck angerufen habe, Du aber – sagte man – schon verreist warst, schrieb ich schon, glaube ich. Aber nun haben wir ja unsere Stimmen gehört, und alles ist gut. Nein, nicht alles: denn ich habe Heimweh. Aber dieses Heimweh ist doch auch wieder »gut«. So ist *doch alles* gut! – Daß der Lehrstuhl (ich stell einfach einen Leh*n*stuhl in die Aula der Uni und erkläre ihn als Leh*r*stuhl für Rahner ...!) erst nächstes Jahr errichtet wird, ist dumm. Du fühlst Dich jetzt in Innsbruck schon so halb auf der Straße, nicht wahr. Aber wer weiß, wozu es gut ist, vielleicht rufen sie Dich nach Rom. Wir werden sehen. Das Münchener Kultusministerium ist blöd. War es immer. Ich sagte Dir schon, glaub ich, wie sie meinen Ex-Ehemann Orff[17] hinausdrängten: Er war außerordentlicher Professor an der Hochschule für Musik. Er hatte eine Meisterklasse, was bedeutet, daß er nur wenige Schüler hatte, naturgemäß. Er hatte vier, jeder war aus einem anderen Land oder Erdteil. Da kündigte man ihm die Professur. D.h., man wandelte sie dann so ab: Er müsse eben dann viel mehr Wochenstunden machen und jede gehaltene Stunde aufschreiben und zur Kontrolle vorlegen und werde ihn *danach* honorieren, statt ihm das Monatsgehalt von 1000 DM zu zahlen. Da machte er Krach und setzte sich durch. Aber schließlilch ging er und zwar ans Mozarteum nach Salzburg, wo sie ihn auf Händen tragen und mit Geld füttern. Sau-München. Die Stadt, die mich noch nie zu einer Lesung eingeladen hat!! Na ja. – Ich fuhr Mittwoch nach Rom zurück, wollte abends nach St.Peter. Das war unmöglich. Ich brauchte bis zur Engelsburg (weiter durfte man nicht mit Auto) eine Stunde. Meter für Meter schob man sich in Viererreihen vorwärts. Dann versuchte ich zu Fuß zur Kirche zu gehen. Denk Dir: es gab nur einen einzigen Zugang, nämlich die Conciliazione. Die war schon brechend voll (»brechend«, nein: »gestopft« ist wohl richtiger). Ich stand sehr lange, bis einmal wieder eine Absperrung aufgemacht wurde (es ging schubweise), aber da stand man so eng, daß man fast erdrückt wurde. Eine Frau erzählte am nächsten

Tag, sie habe von dort bis zum Tor der Peterskirche 3 Stunden gebraucht! Ich kehrte um, ehe ich in den Strom geriet. Dafür fuhr ich nachts 3 Uhr hin und blieb bis halb 5, bis es Tag war. Das war herrlich. Immer noch und schon wieder waren Menschen in der Kirche, aber nur vielleicht 100, die standen oder knieten um die Tumba und beteten schweigend. Es war tiefe Andacht. Manchmal erschienen Eltern mit kleinen Kindern auf dem Arm und sagten: »Schau, der *gute* Papst« – und die Kinder schauten. Der Papst wurde heilig gesprochen, vom Volk. Eine Volkskanonisation. Paß auf, der wird *bald* kanonisiert. Die Welt will es so, und er wird der Patron des Friedens. Ein Brückenpapst zwischen Ost und West! – Ich freu mich darauf, das Buch (für den Echter-Verlag) zu schreiben[18]. Da kann man viel anderes anhängen. Über moderne Theologie und einen modernen Priestertyp. Zum Beispiel.

[...] *Dein Wuschel*

Roma, 15.6.63, morgens 6 Uhr[19],
während Du Deine Messe hast.

Weißt Du, mein Fisch, was für ein Tag heute ist? Vor einem Jahr haben wir in Innsbruck Messe miteinander gehabt mit den herrlichen Texten, die so seltsam passend waren (und sind). Zum Beispiel:»... und alles was gut ist, in ungehemmter Liebe vollbringen«, und :»Daß Eure Namen im Himmel eingeschrieben sind«, und daß wir auf Schlangen und Skorpionen wandeln können, und daß wir nicht hochmütig denken (*Denken*! Das geht auf Dich; denn ich denke ja nicht eigentlich.) Und daß wir dem Herrn ein *neues* Lied singen sollen: Neues in Deiner Arbeit, ein bißchen auch in der meinen, und wir beide in der Art unserer Verbindung. [...]

Nachher:
Heut nachmittag bin ich bei Doepfner im Germanicum. Wieso? Es kam so: Ich schickte ihm neulich durch Aldo meine Arbeit über die Hoffnung und ein Briefchen, ob ich eigentlich »meinen Bischof« einmal zum Tee einladen dürfte. Gestern ließ er anrufen, er habe dieser Tage so wenig Zeit, aber ob ich heute zu ihm kommen

möchte. Nun ja. *So* war's eigentlich nicht gedacht, aber meinetwegen. Ich mag ihn ganz gern, obgleich er nicht sehr gescheit ist und hundsschlecht predigt, mit nichts darin als gutem Willen. Er ist sehr männlich, aber es fehlt ihm vieles. Bloß sehr gut aussehen tut er, braun und schwarz und mit seinem eigensinnigen Kinn. Genug darüber. (Ich werde versuchen, ihm einiges über Predigten zu sagen, damit er keine Klischees mehr verwendet. Aber ob man's ihm beibringen kann, dem Eigensinn?)
Gestern kam von Martin Buber ein Brief, er sei wieder krank gewesen, und Juli-August sei er wieder in Luzern, und wie denn *meine* Sommerpläne seien, und der letzte Satz heißt: »Zu meiner Freude an der Erde (einer entschlossenen – entschlossenen! – Freude) trägt bei, daß es Sie darauf gibt.« Das ist hübsch gesagt, und es ist schön, aber wieso meint er das eigentlich, da er mich doch kaum kennt? Wenn mein Fisch es sagt, begreif ich es eher, der ist sozusgen immer mit mir zusammen. Aber Buber? Na, wie auch immer: mich freut's, wenn es ihn freut. [...]
Du, Dein Plan, als freier Schriftsteller in München zu leben, ist sehr einleuchtend. Wenn sie Dir das erlauben, und wenn es wegen der Professur geht, tu's. Kannst Du es nicht tarnen als ein Jahr Urlaub, teils wegen Krankheit teils wegen Arbeit? [...]
Und Du bist fleißig, mein Fisch, wie immer, das ist recht. Auch ich schreibe für das Buch an junge Menschen.
Der Arche Verlag will, daß ich ein Buch schreibe: 40 bis 50 Heiligenbilder (kurz) ganz modern gesehen, mit Aufsatz über Heiligkeit, Heiligsprechung usw. – Soll ich? Aber erst das Papstbuch und das Keuschheitsbuch. Buber, dem ich von letzterem schrieb, schrieb dazu: »Es scheint mir da letztlich um das Problem des großen Motivationszusammenhangs der ganzen Person, um die leibseelische ›Intention‹ zu gehen.« – Aus Israel kam ein anderer Brief: man habe dort halbmast geflaggt für den toten Papst und eine Art Staatstrauer gehalten!
Mein Fisch, *bald* sehen wir uns. Ich hab Dich innig lieb und *lebe* mit Dir!

Dein Wuschel

P.S.: Mußt halt Deine Aversion gegen Innsbruck jetzt in Demut ertragen. Ist eben ein kleines oder mittelgroßes Fegefeuer!

Roma, 16.6.63[20]

Mein Fisch,
heute kamen *drei* Briefe von Dir, auf einmal, alle drei schön, lieb, freudebringend. Dank.
Einige *notizie del giorno*: Gestern eine Stunde bei Kardinal Döpfner. Im Germanicum. Ich hatte mir nichts von dieser Stunde versprochen. Aber es war schön. Er (Döpfner) war völlig entspannt, weich, warm, lieb. Er hatte meinen Aufsatz über die Hoffnung gelesen und war tief beeindruckt, sagte er, und er hat »Geh fort« gelesen und hält es für ein klassisch schönes Buch; und hat »Nina« genau gelesen und interessiert sich sehr für mich, und er ließ sich vieles sagen über den modernen Menschen, auch über das Keuschheitsthema, und wir sprachen über den Unglauben (ich meine: er hat Glaubenszweifel – ich schrieb ihm heute, daß Glaubenszweifel vielleicht nur der hat, der eine falsche Gottes-Vorstellung hat; wer die richtige, nämlich *keine*, habe, *der glaube*! Ob das stimmt, Fisch?) – und ich mußte ihm von meiner Arbeit erzählen, und einmal kam die Rede auf Dich – er sagte, daß man heute meine, nur *der* verstünde den modernen Menschen, der selbst kaum glaube – ich sagte: »Nun, das stimmt zum Beispiel bei Karl Rahner nicht« – und er sagte mit Wärme, mit intensiver Liebe: »Ja, der Rahner!!!« Aber ich verriet nichts weiter. Mein Herz rief natürlich ziemlich laut auch: »Ja, Rahner!!!«
Es freut mich sehr, daß ich mit Döpfner in eine Beziehung gekommen bin. Es tat ihm wohl, ich fühlte es, mit mir zu reden, gescheit und doch ganz einfach.
Du Unmensch hast mir nicht gesagt, daß Du über den Schlaf[21] geschrieben hast! Wieviel leichter hätte ich es gehabt, wenn ich einfach abschreiben hätte können. So mußte ich allein denken. Na ja – es ging auch irgendwie. Bin froh, daß Dir die kleine Arbeit gefällt. –
Übrigens fragte Döpfner, ob er R. Schneiders »Winter in Wien« lesen müsse. Ich sagte *ja*, unbedingt. Jetzt schick ich ihm (als Geschenk) mein gelesenes, angestrichenes Exemplar. Ich meine, das müßte ihn freuen, – wenn er es kapiert. –
Übrigens: Ich sagte gestern, ich tippte auf Montini und Lercaro, aber ich meinte, auch die seien nicht ganz die Richtigen. Da rief Döpfner:

»Wenn Ihnen *die* nicht einmal passen, dann müssen Sie sich einen backen.« (Kennst ja seine Ausdrucksweise.) Ich sagte: »Also meinen Sie, daß einer von den beiden ...« Er (lächelnd): »Ich hab nichts gesagt.«

Ich schreib an den Briefen für *junge* Leute. – Und wenn Du wieder sagst, ein »alter Mann« (wie Du) brauche wenig Schlaf, dann bin ich bös; denn Du bist kein alter Mann. Du bist's tatsächlich nicht, Du supermoderner junger Fortschrittler Du ...

Sonst weiß ich vom Konklave nichts. – Ich weiß nicht, ob's klappt wegen Papstwahl (wo man mich doch braucht ... wen wählen die, wenn ich nicht aufpasse!), daß ich am 25. [Juni] schon in Innsbruck bin. Aber ich will sehen. Vielleicht geht's.

[...]

Das Wuschel ist stolz, Rahners Wuschel zu sein. Ich laß mir ein Halsband machen, auf dem steht in Rot und Gold: »Dies ist Rahners Wuschel ...« Mir geht's gut, ich bin heiter (Altersheiterkeit ...) – und ich hab meinen Fisch liiieb. *Wuschel*

P.S.: Wieso werden Deine Fische [am Ende der Briefe] immer fetter? Der vom 13. schaut höchst melancholisch, aber aggressiv!

Rom, 21.6.63

Der *arme* Montini! [Er wurde am 21. Juni 63 als Papst Paul VI. gewählt]

[...]

München, 28. Juni 63

Mein Fisch,

es war so schön diesmal (es ist immer schön, aber diesmal war es auch und zwar besonders schön, meine ich) und ich danke Dir für alles, für alle Deine Worte, Deine Blicke, für alles eben. Ich hab ein wenig Heimweh nach Dir. »Ein wenig« will sagen, daß ich nicht viel Zeit habe um mich darin auszubreiten, und das ist gut so. [...]

Für mich ist dieser Giovanni wirklich ein Ansporn zur Liebe zum ernsthaften Sich-Sorgen um andere, und zum schrankenlosen Gottvertrauen. Ich meine, ich beginne erst jetzt zu verstehen, was das ist: Gott vertrauen, sich in den Abgrund werfen, sich tragen lassen. Das ist etwas Ungeheuerliches, dieses »Sorget euch nicht«, dieses Sich-Verbinden mit dem Ur-Grund. Und wie doch C.G. Jung und andere Psychologen recht haben mit ihrer These vom Menschen, der nur dann heil ist, wenn er sich dem Strom des Unbewußten in sich selber anvertraut. (Ich sag's nicht gescheit, nicht klar genug, aber Du verstehst ja alles.)
Jetzt geh ich dann (früh) ins Bett, weil wir morgen ganz früh zur Oma nach Rosenheim fahren. Ich hab eine schöne goldene Brosche mit sechs kleinen Brillanten für sie gekauft, das wird sie (hoffe ich) ein wenig freuen.
[...] *Dein Wuschel*

Ein aufgerissenes Herz

Wieder in Rom, erster Abend, 5.7.63[22]

Mein Fisch,
[...]
Am letzten Sonntag sah ich M.A.. Ich hatte Heimweh nach ihm und rief ihn in S. an, zugleich betend, er möge nicht da sein. Er war nicht da, aber der Pförtner berichtete gegen alle Gepflogenheiten genau, wo M.A. war und wann und warum: bei einem Fest in einem Kloster, ganz nah bei München. Ich fuhr hin, mittag, wartete ein wenig neben seinem Auto (mit meiner Freundin Annelore, die mitgefahren war), und dann kam er. Er strahlte und stob Funken vor Freude wie immer, wenn er überrascht wird und sich nicht auf asketische Strenge einstellen konnte wegen Zeitmangel ... Wir plauderten über dies und das, und es war schön.

Ulla von Mangold ist Kapazität im Lesen der Handlinien. Sie hat schon Vorträge darüber an der Müchnener Uni gehalten. Vor 13 Jahren hat sie mir einiges gesagt. Jetzt wieder. Sie sagte: Meine linke Hand (Veranlagung) paßte eigentlich gar nicht zur rechten (tatsächlicher Status). Ich sei nämlich gedacht (von der »Natur«) als Weib mit Mann und Kinder und allem Zubehör. Ungeistig. Und geworden sei ich spirituell, asketisch. Aber da sei kein wirklicher Bruch. Freilich seien viele Kräfte bei mir gebunden durch Askese. Schöpferische Kräfte. Eines Tages würden sie, noch vor meinem 60. Jahr, auf jeden Fall, gelöst, und ich würde wie in einer Sturzflut neue Sachen schreiben, dichterische. Ich würde nicht alt werden. (Ich meinte immer, ich würde. Macht nix.) Ich habe die sogenannte Pluto-Linie, die Leute haben, die jetzt etwas sehr Wichtiges zu sagen haben zur Gestaltung des nächsten Zeitalters. (Mir kann's recht sein!) Ich habe, sagte sie, magische Kräfte, und ich hätte dämonisch zerstörend sein können. (Das stand auch in meinem Horoskop, – als ich 18 war!!) Ich habe »Wunsch-Gewalt«: alles was ich *erhoffe* (nicht mal dringend wünsche) werde wahr und wirklich. (Ich weiß nicht ...) Alles in allem ein glückliches Leben trotz vieler Leiden. – Stimmt! –
Eben Dein aus München nachgesandter Brief. *Dank!*
Ich weiß nicht recht, ob ich mit dem Bauen warten soll oder gerade *sofort* beginnen. Ich muß mich mit Leuten besprechen, die was verstehen davon. – Warum *genau* meinst Du, ich sollte nicht bauen? Was sonst tun mit dem Geld???
[...]

Dein Wuschel (das betrachtet...)

Roma, 9.(oder 10?)7.63[23]

Mein liebster Fisch,
[...]
Ich kann hier wieder vor mich hinarbeiten in aller Stille. Man soll nie etwas »haben« wollen, was nicht einfach sich ergibt. Es ist immer dann *so* recht, wie es ist. Alters-Weisheit.
A propos Alter: ich bin jetzt so schön braun, daß die Michaels mich gestern »Aida« nannten – Du weißt, die stammte aus Ägypten oder

Abessinien oder von wo her. Ich hab ein enges braunes Kleid, das Du nicht kennst, ich hab es schon zwei Jahre, trug's nie, weil es »unkeusch« ist (tiefes Dekolleté), aber jetzt, da ich mit Hautbräune bedeckt bin, trag ich's, und es sieht gut aus. »Verführerisch«, sagt Frl. Michael. Hörst Du?!?! Fehlt mir nur jemand, den ich verführen könnte und *wollte*, das vor allem. Das sind Hitzegedanken bei 38 Grad im Schatten. Aber *heitere* Gedanken, wie denn diese Hitze hier überhaupt etwas Heiteres hat. Klassische Heiterkeit. Keine »brume nordiche«.

Ach Fisch. Du siehst Dich als Lasttier, Schattengewächs, Kind der Dämmerung. Seltsam: Du, in Deiner geistigen Lucidität, in Deiner Fähigkeit zu brennen (*hell* zu brennen), in Deiner strengen Klarheit. Dein Kreuz ist es nur, daß Du nicht *früher* ein heiteres Wuschel trafst… Du wärest wohl aus Deinem Schattenreich herausgegangen, ausgebrochen – nicht über Deinen Orden hinaus, meine ich, nur geistig-seelisch. Vielleicht. Wer weiß. –

Aber es ist, wie es ist. Wir sind beide alte, hartgesottene Realisten. Also trägt jedes seine Last: Du Deinen Schatten, Deine Theologie, und ich meinen ungebrauchten Elan vital in der Liebe. (Das ist schon auch ein Kreuz. Wozu – ?)[24]

Dank für Deine lieben Worte über den Exilfürsten M.A..

Du: wann kommst Du im September nach Rom, *genau*? Können wir miteinander hierherfahren mit Auto? Soll ich Dich wieder zurückbringen und von München aus nach Polen fliegen? Oder doch gleich von hier aus, und bei Konzilsbeginn wieder da sein? Schreib's bald, wie ich tun soll, damit ich nun endlich mit Polen alles klären kann, bindend. –

[…]

Liebster Fisch – ich schicke Dir Wellen, hohe Wellen von Heiterkeit und Liebe. Nimm sie auf, laß Dich tragen. Bald sind wir beisammen, und Du brauchst *nicht* gescheit zu reden (aber wie das Keuschheitsbuch geschrieben werden soll *ohne* Gescheit-Reden Deinerseits, das weiß ich freilich nicht. Es müßte schon der *Santo Spirito* höchstselbst diktieren. Warum eigentlich nicht?)

Ich umarme Dich (in geziemender Weise – ich zieh mir vorher ein Kleid an – *pardon*!) *Dein Wuschel*

Rom, 13.7.63[25]

Mein Fisch (*Du* sagst es) –
Dank für einige Briefe, vor allem für den großen. Darüber nachher. Ich hab eben mit dem unvermeidlichen Pater Johannes Abschied gefeiert, er reist morgen ab, Gott sei Dank (ich mag ihn und mag ihn nicht, er ist langweilig in seiner Theologie, das verzeihe ich ihm nicht, und ich bin immer entsetzlich schockierend rebellisch, damit er seine dummen Klischee-Vorstellungen aufgibt; und er ist langweilig in der Art seiner Anbetung meiner Person, das verzeih ich ihm auch nicht. Aber er ist ein »Fisch«, und sonderbarerweise gibt ihm das eine Chance bei mir. Solcherart hat man seine geheimen Projektionen!!)
Ab morgen also bin ich allein, nur mehr Michaels sind in Rom. Alle andern Leute sind *fuori di Città*, bis September. Unser Haus ist sozusagen entwohnt. *Ich* komme bestimmt nicht vor dem 22. [Juli] weg, eher später. Die Hausgeschichten müssen vorher gelöst werden (Brunnenbau usw. usw.)
Nun zur Münchner Sache: also, Du scheinst nun doch... Aber ich will's nicht berufen, ich bin abergläubisch, Du weißt (Herr, ich glaube, hilf meinem Aberglauben...). Herrlich wäre es. Für Dich. Für uns. Für Christel. Kurzum: für die Familie und »die andern«. Du, ich könnte einen reichen Italiener (Milanese, ein italienischer Preuß also) heiraten... Stell Dir vor: Am Strand beobachtet mich einsame Frau ein einsamer Herr, schon längere Zeit, und heute endlich sprach er mich an, er erriet sofort, daß ich Schriftstellerin sei (falls er nicht sich längst meine Auto-Nummer gemerkt und die Polizei gefragt hat, das kann man), er wußte jedenfalls heute meine Nummer auswendig. Sagte: »Ich sah Ihren Wagen stehen ...« Er ist geboren am ...5.März! (Darf er das?) Aber 1898. Sieht sehr gut aus, elegant (auch markig, d.h. im Badeanzug), ein Herr von Welt, hat hier ein Hotel, wohnt neben der Klinik, wo ich Dich oft hinbrachte zu Kardinal König, hat aber nichts zu tun, er ist seit 2 Jahren Witwer, reich, sein einziger Sohn studiert Chemie – und ich gefalle ihm sehr, sagt er. (Haha –!) Und wir müssen uns bald sprechen, »richtig«, und da ich doch auch ohne Mann sei (riet er einfach) usw. usw. Er ist schwermütig, ihm gefällt nichts mehr auf der Welt. Heut nacht schlief er nicht bis halb 4 Uhr (so genau mußt ich's wissen), weil er

dachte, ob ich wohl plötzlich einfach nicht mehr an den Strand käme ... Aber er sagte auch, es sei seltsam, er sei all die Tage mir gegenüber so scheu gewesen, weil um mich eine Aura der Einsamkeit sei. Heute war nun zufällig ein Platz neben mir frei, und als er mich ansprach, zitterten seine Hände. (Nachher nimmer.) Er trug einen Platinring mit einem großen Brillanten. (Um mir seinen Reichtum und die Solidität seiner Werbung zu zeigen??) – Also – endlich einmal kein Klerikaler. Gibt es denn das noch für mich? Aber ich muß Dir wohl nicht eigens sagen, *wie* undenkbar für mich irgendeine »Geschichte« ist. Du – nicht wahr, das weißt Du!!! Es ist nur lustig, weil's wieder ein Fisch ist, der meine Nähe gern hat.
Ich schreib lauter Unsinn. –
[...]
Aber warum ist es Unsinn, was die Chirologin sagte? Daß meine schöpferischen Kräfte gebunden seien durch Askese? Das *ist* so. Da beißt keine Katz keinen Faden ab. Schau, wie hat es doch geströmt früher, ehe M.A. mich hart in Distanz drängte! Noch das »Abenteuer«[26] war von M.A. inspiriert, (und von jenem Morphinisten) – das war die Zeit, in der M.A. mir seine Liebe heftig zeigte. Und je asketischer er mich hielt, desto dünner wurde meine dichterische Substanz. *Du* lehrtest mich anderes, *Wichtigeres*. Aber jene quellende Kraft kehrt nicht wieder, da ich ja auch bei Dir auf Askese hin leben muß. Verzeih, – ich kenne im voraus Deine Reaktion. Aber es *ist* so. – Du sagst, Liebende dürfen einander Lasten aufbürden. Du tust es in Fakten, ich tu's nur in Worten. Manchmal ist in mir eine Klage, wenn ich Liebespaare sehe. Warum ist mir dieses einfache Leben verwehrt? Du weißt ja nicht wirklich, mein Fisch, was Du entbehrst, Du ahnst es nur. Ich aber weiß. Das ist ein Unterschied, ein großer. – Warum soll ich Dir und mir etwas vormachen? Ich sehe, daß mein Mund immer schmaler wird. Asketisch. Ich *will* aber keine alte Jungfer sein!
Ach Fisch, ich weiß – glaub ich – alles, was man entgegensetzen kann. Und doch: Ich bin eine Frau, ich bin lebendiges Leben. Nirgendwo steht befohlen, daß ich wie eine Nonne leben muß.
Freilich, um der allerletzten Wahrheit willen muß ich, über meine Klage hinwegspringend (und vielleicht als Selbstschutz auch??) sa-

gen, daß ich den Sinn dieses Entbehrens fühle. Dann fühle, wenn ich etwa bei der Messe IHN fühle, buchstäblich. Aber würde ich das nicht haben, hätte ich das andere? Das ist die Frage.
Ein bißchen muß Gott, dieser Unbegreifliche, es schon wissen, daß es Seinetwegen geschieht, in kühner Hoffnung ins Unbekannte hinein, wenn ein Mensch so lebt wie ich.– Denk nicht, ich wüßte nicht, daß auch Du, aufgewacht, nicht leiden könntest. Aber Du leidest nicht primär, sondern nur wenn *ich* leide. Das mag ich aber nicht. M.A. litt ganz simpel seinetwegen, gar nicht meinetwegen. Das ist weniger nobel, aber natürlich. –
Ach Fisch, lieber Fisch – verzeih, wenn ich derlei sage, aber ich muß doch mit Dir alles bedenken dürfen. Schade in *diesem* Falle, daß Du mein Fisch und nicht ein Beichtvater, ein relativ fremder, bist. Diese Personalunion von Liebstem und Beichtvater ist etwas schwierig für Dich, nicht wahr?
Noch wieviele Tage? 14., 15., 16., 17., 18., 19., 20., 21., 22., 23., 24., 25., 26., 27., 28., 29., 30., 31., 1., 2., 3., – *4., 5.* Doch noch 3 Wochen. *Nur?* Ich hab's gern, wenn Du Sehnsucht hast. Ein aufgerissenes Herz ist gut!
Ich mache viele Beobachtungen am Meer. Und *im* Meer. Eine perfekte Analogie zum »Gnadenleben«: man muß sich einfach von den Wellen tragen lassen, in ihrem Rhythmus, willenlos, sich anpassend, dann geschieht einem nichts Schlimmes. So wie man beginnt, gegen den Rhythmus zu atmen, geht man unter. Eine *desinvoltura* braucht man da. Eine Angstlosigkeit, ein einfaches Vertrauen. –
Und die Menschen am Strand sind so interessant. Ich mag sie alle. In ihrer Buntheit, Vielfalt, Kindlichkeit.

Mein Fisch –
Dein Wuschel

P.S.: Lies die *»Weltwoche«* (Zürich), da beginnt eine Artikelserie über die Kurie – toll! (Aber leider richtig, bis jetzt wenigstens.)
Wundert sich der Dr. Schuster nicht über die vielen Rom-Briefe? (Römerbriefe ...) Denkt er, Du korrespondierst (konspirierst) mit Montini?
[...]

Roma, 16.7.63[27]

Geliebter Fisch,

ich bin ganz bestürzt darüber, daß Du keine Briefe von mir bekommst. Ich schreibe doch jeden 2.Tag. Du mußt doch inzwischen mindestens 3 bekommen haben. Diesen hier schicke ich express, und dann wollen wir sehen, wie lang er braucht. Ich bekomm die Deinen ganz willkürlich: früher geschriebene viel später. Das gehört zu den Geheimnissen des Lebens.

Ich mach mir Sorgen wegen meines letzten Briefs, in dem ich über meine Askese und ihre schlechte Wirkung auf mein Talent klagte. Nimm's nicht so ernst. Denk nicht drüber nach jetzt, Du hast Wichtigeres zu tun. (Ja, doch: Wichtigeres. Ich werd schon mit mir selber fertig. Das gehört eben bei mir »dazu«, zu mir nämlich. Aber gestern, als der Milanese mir den Beginn seiner Liebe erklärte und ich ihm sagte, daß das nichts nutzte, weil ich »gebunden« sei, da fragte ich mich im Anblick seiner abgrundtiefen Bestürzung doch, wie das nun mit mir sei. Doch wie gesagt: lassen wir das – es ist wie es ist.)

Ich las eben in Deinem 5. Band: »Nichtchristliche Religionen«[28]. Ich bin wieder einmal hingerissen von Deiner Art zu denken! Mit einer männlichen Vehemenz gehst Du aufs Ganze, ohne zu zögern, mit dem Elan des Hl. Geistes! *Dein Wuschel bewundert Dich. Ertrag's!*

Im Augenblick bin ich mächtig stolz auf Dich: Vereinigte Staaten, Kennedy, Dr.h.c.[29] – fehlt nur noch, daß Du bei Lebzeiten zum Kirchenlehrer erklärt wirst. Und daß man Dir in Ansehung Deiner Verdienste den Zölibat erläßt, wenn Du 80 bist ... Soll ich darauf warten? –

Solche Torheiten kommen a) von der Hitze; es ist jetzt tagsüber arg heiß, und wenn einmal die Luft etwas feucht ist, dann ist's ganz arg, dann klebt z.B. der schreibende Arm am Briefblock; b) vom Ventilator, der meinen Geist, der ohnehin nicht von Rahnerscher Lucidität ist, durcheinanderwirbelt.

Wenn *Du* so entsetzlich fleißig bist, will ich's brav auch sein. Meine »Briefe« werden dicker und dicker. Ich glaub, wird doch was Anständiges und Nützliches.

Heut fahr ich mit dem Dr. Bruckner, dem Manager meiner Sachen, aufs Grundstück, dann wird alles besprochen. Vor März [19]64 kann ich sicher nicht zu bauen beginnen (langer Instanzenweg!) Da draußen ist eine Art künstlerisches Naturschutzgebiet, es dürfen nur »schöne« Häuser gebaut werden, und man darf nicht unter 5000 Quadratmeter Land als Bauplatz kaufen und haben. (Ich hab 7000) Eigentlich bin ich zu faul, um zu bauen. Aber andererseits, z.B. jetzt, ist da draußen, wo schon die reichen Römer ihre Sommersitze hatten, herrliche Kühle zum Arbeiten. Ich überlasse das alles dem Fluß der Zeit.

Im Augenblick bin ich eifrig beschäftigt mit Fragen wie: Was können wir von Gott wissen? Ist Christus etwa das dem Menschen zugekehrte Antlitz Gottes? (Welche Häresie!!!) Warum verbirgt sich der *ganze* Gott? (Gott als Ganzes, meine ich.) Was ist an unserer Moral zeitbedingt? Muß man sich an zeitbedingte Moral halten? Wenn man im Alten Testament Vielweiberei hatte, erlaubtermaßen, warum nicht jetzt? Und warum kann man nicht (da man *in* sich auch alle Schichten der Entwicklung hat) in einer anderen »historischen Epoche« leben? Was bleibt denn, wenn man alles Zeitbedingte von unserer Moral abzieht? (Kriege sind doch auch zeitbedingte Sünden!!) Ich fühle mich in einem Zustand, in dem *nichts* mehr Bestand hat. Aber seltsamerweise fühle ich mich in dieser fragwürdigen Welt recht wohl. So, als würde mir zwar aller Boden unter den Füßen weggezogen, aber als könnte ich dann eben schweben, ohne Boden! Eigentlich hat man nur dann *die* Wahrheit, wenn man nichts mehr für wahr hält und nichts mehr »hat«. Das Nichts, das Alles ist. – Der Gedanke der Gegensätze und ihres Zusammenfallens hat etwas ungeheuer Faszinierendes für mich. Ich bin so fasziniert davon, wie ein Veliebter von der Geliebten (oder eine Verliebte vom Geliebten. So auch.)

Aber ich rede dumm-gescheit. Vergiß das alles. Gescheite Männer mögen ja häufig dumme, liebe Frauen. Also – !

Jetzt sitzt mein Milanese am Meer und wartet auf mich, und ich bin nicht gekommen, weil ich nicht mag. Aber er weiß meinen Namen, liest meine Bücher in italienisch und französisch, weiß meine Auto-Nummer, meine Adresse wohl auch – ein zielbewußter Fisch, dem das alles leider nichts hilft. Aber vielleicht hilft ihm die Lektüre meiner Bücher. Wer weiß, wozu so was gut ist.

Schrieb ich, daß ich meinen armen Pater Johannes zum Abschied gräßlich schockierte, weil er mir mit seiner »Vorsehung Gottes« kam und mit dem »Willen Gottes«, und ich sagte, woher er denn den Willen Gottes wisse, da Gott der Unbegreifliche, Dunkle ist? Ich kann keine Klischees mehr hören, mir wird übel davon. Gott sei Dank: Dir auch. Drum kriegst Du ja den Dr.h.c.! Von mir auch: für Deinen Mut.

[...]

Noch 19 Tage. Es geht langsam, langsam.

[...] *Dein Wuschel*

Roma, 17.7.63

Lieber, liebster Fisch,

nun hast Du heute sicher den Expressbrief *und* das Telegramm und womöglich noch einen »normalen« Brief, und Du bist beruhigt. Bist es ja schon, wie ich aus Deinem eben angekommenen Brief vom 15.[7.] lese. Was für schöne, wunderschöne Dinge Du mir sagst. Bin ich Dein Licht? Seltsam: Ich selbst bin doch auch eher dunkel. Pater Becher schrieb, ehe er mich persönlich kannte, in einer Kritik: »Die dunkle Luise Rinser« – und ich bin doch »schwermütig«, wie man so sagt. Oder vielmehr: ich war es. Seit ich in die beginnende Altersheiterkeit hineingelange, bin ich offenbar heller geworden. Oder ich bin hell dort, wo mich *Dein* Licht anstrahlt. Vielleicht ist es so wie mit Sonne und Mond und Erde. Etwa so: ER ist die Sonne. Du bist der Mond. Du empfängst Dein Licht von IHM. Du gibst es weiter an mich, die Erde. Nun scheine ich dir hell! Aber es ist SEIN Licht, durch Dich an mich weitergegeben. –

Gestern und heut hab ich mich wieder sehr mit Dir als Theologen beschäftigt. Ich mußte nämlich einen Brief schreiben über das leidige Thema der »alleinseligmachenden Kirche« (wird auch in mein Buch aufgenommen). Damit ich keine Häresien schreibe, las ich Rahner, der genau das sagt, was mir paßt! (Hast Du ein Glück ...) Ich las im V. und im III. Band das Einschlägige[30]. Ich lese Dich jetzt mühelos, alles ist mir vertraut, und ich bin schlechthin entzückt (ich schriebs schon gestern) über Deine Art zu denken. Das ist ein Charisma, so

gescheit *und* so fromm zu sein. Du bist meine Schatzkammer edler Schätze, Du!
Und mein Fisch ist nicht fleißig genug, findet er? Dummer Fisch. Arbeitest Dich ja zu Tod. – Und er schießt mit Luftgewehr und kann's? Und ißt Braten vom Spieß. (Als ich vor Jahren in Griechenland war, luden wir die Inselleute zu einem Abendessen ein: Es kamen etwa 50 und wir brieten ein Kitzlein am Spieß. Auch viele Stunden lang. Und ein Mann drehte den Spieß und sang dazu – immer die gleichen Worte, und Georgiades (Orffs Freund, Grieche) übersetzte mir schließlich das Lied, es hieß: »Wenn ich einmal einen Engländer so am Spieß braten könnte...« (Es war zur Zeit der Cypernkrise.) Aber das Kitzlein schmeckte trotzdem pazifistisch-orthodox-christlich-gut! Mit Inselkräutern und Öl vorher eingerieben, dazu ein süßer Inselwein, dazu das Meeresrauschen und Vollmond, und die schönen Menschen, und das weiße Kirchlein am Meer, in dem (im Kirchlein) vor den Ikonen immer duftende Wachskerzen brannten, und an Schnüren aufgereiht Blätter von Basilikum und anderes wohlriechendes Gewächs hing und verdorrend betäubend roch, und wo ungeachtet der »Orthodoxie« das Wuschel stundenlang (alles zusammengerechnet vom frühesten Morgen bis Mitternacht) auf den Knien betete, damals für M.A., der litt (1956).
Das war eine Abschweifung, weit nach dem Südosten. Zurück zum Fisch: Iß nicht zuviel, sonst bist Du fett und ich mag Dich nimmer....
Ich fahr voraussichtlich am 22. [Juli], Montag (das ist wohl der 22.?) von hier weg, über Lucca, kaufe Keramik, nehme den »Maurice« mit nach München, bin bis etwa 2. [August] in München, fahre dann über Memmingen nach Luzern, zu Martin Buber, und bin am 5. [August] in Freiburg. Vorher muß ich einmal nach Traunstein (dem Dold gings wieder einmal sterbenselend). Und einmal vielleicht nach S., M.A. sehen. Wer weiß, vielleicht auch nicht. – Ist mein Fisch eifersüchtig? *Schön.* Er soll diese Erfahrung zu machen versuchen. Ich fahr dann wohl am 12.9. nach Polen. Vorher fahren wir mitsammen hierher. Ich flieg von hier nach Polen. Vielleicht. Vielleicht auch nicht. ((Vielleicht von München aus. Ist billiger.) Auf jeden Fall bin ich am *5.9.* in München, bei Dir. Wir sind doch zwischen Freiburg und München ohnehin zusammen???

Fisch, liebster – nicht wahr: Du nimmst meine Klagen über die »Askese« nicht *zu* ernst!!
Ich umarme Dich, und eine rote Nelke schaut mir ins Blatt, der Meerwind weht, die Stadt lärmt in der Tiefe, Vögel zwitschern, und ich freu mich, ganz allgemein und im besonderen über meines Fisches Liebe.

Dein Wuschel

Versuch des Ausbruchs

Roma, 18.7.63, mittags 14 Uhr (genau!)

Mein liebster Fisch,
ich hab zwar heut schon einen Brief in den Kasten geworfen, aber in den nächsten Tagen wird Streik sein (Post) und da wird vielleicht nichts befördert, so schicke ich heut noch diesen Brief fort, vom Bahnhof aus vielleicht. Ich werde von Dir nun auch keinen bekommen (bis ich in München sein werde, es sei denn, heut die Abendpost brächte noch einen, den im Telegramm als »überholt« angekündigten.) –
Ich war heut von halb acht bis halb elf am Meer, aber es war eigentlich nicht schön: Südwind, heiß und schwer, und lauter von Innen heraus unschöne Leute rings um mich, wie das manchmal so geht. Es ist unangenehmes Wetter: *Scirocco.* Nicht zum Atmen. Aber in meiner dunklen Wohnung, beim Ventilator geht's gut. Doch wird's bald Zeit für mich, gen Norden zu gehen. Ich fahr, mein ich, am Dienstag ganz früh, über Camaiore. Bin dann also sicher Donnerstag in München. Wenn ich dort Deine Telefonnummer vorfinde, ruf ich Dich an. Oder Du mich?
Ich hab gestern eine Erfahrung gemacht, von der ich annehmen muß, daß sie die direkte Antwort Gottes ist auf meine Rebellion der letzten Wochen. Hör zu: Ich hab Dir doch erzählt von dem Milanesen, dem Hotelier, der sich am Strand in mich verliebt hat. Nun:

Ich wollte auf sein Drängen hin am Montag mit ihm einen Kaffee trinken gehen, als ich ohnehin in der Stadt war; ich wartete in seinem Hotel eine kleine Weile, es hieß, er sei ausgegangen, käme aber sofort wieder. Ich hatte ihm vorher gesagt, ich käme *vielleicht*. Als er nicht kam, ging ich. Er dachte, am nächsten Tag mich am Meer zu treffen, aber ich fuhr nicht hin, aus Trotz oder wie ich's nennen soll. Da kam von ihm (der meine Telefonnummer nicht weiß, sie steht ja nicht unter meinem Namen im Telefonbuch) ein Telegramm, flehentlich, und gleich darauf ein Expressbrief, er sei untröstlich, aber sein Sohn hatte einen Autounfall, einen kleinen, und er mußte natürlich zu ihm am Montag – als ich mit ihm Kaffeetrinken wollte. Ein rührender Brief um Vergebung, und er habe die Nacht nicht geschlafen, und am Morgen alle Leute in meinem Haus angerufen, der Reihe nach, um mich zu finden, aber niemand wußte meine Nummer. Es gibt bei uns ja ein Telefon-Verzeichnis nach Straßen, und meine Adresse hatte er sich verschafft. Hernach erinnerte ich mich, daß auch bei mir jemand anrief, ob ich ihm helfen könne... Aber ich verstand nicht recht, es war eine so aufgeregte Stimme, und ich sagte unfreundlich, er irre sich, und hängte ein. Und das war *er* gewesen. Nun: Am Abend sahen wir uns, es war nett, und gestern Abend nochmal, da er heute für längere Zeit nach Mailand muß; wir fuhren im seinem schicken offenen Auto in der Stadt herum und redeten, und er war verliebt, aber brav, und dann ging ich heim. Das ist alles. Und damit Schluß.

Was das bedeutet? Schau: nun wurde mir vom Leben nochmal ein Angebot gemacht – ein Mann, Witwer, nicht klerikal, frei in jeder Hinsicht, elegant, wohlhabend, gescheit, männlich, verliebt – hier in Rom, bereit zu allem. Und ich mag nicht. Ich habe mit aller Schärfe gemerkt, daß das alles für mich nichts mehr ist. Nicht einmal wegen M.A., nicht einmal wegen Dir, nicht einmal wegen der »Moral«, die wäre mir gleichgültig (oh, sag's nicht weiter ...!) – sondern, (und das läuft nun halt doch wieder auf die »Moral« hinaus) weil es nicht *meine* Art zu leben ist. Ich scheine tatsächlich so gründlich verzichtet zu haben, daß der Verzicht das mir Natürliche geworden ist. Seltsam. Ich habe geradezu das Bedürfnis beichten zu gehen, obwohl ich ja gar nichts, nicht das Leiseste, getan habe, was da beichtbar wäre, –

sondern einfach, weil ich diesen *Versuch* des Ausbruches als unrichtig empfinde. Ich beichte das nicht – der Priester würde mich ja auslachen, aber ich sage es doch Gott. Verstehst Du? – Ist unsereinem denn nicht einmal ein *Versuch* erlaubt??? Ich bin leise traurig, aber dennoch sehr froh über die erhaltene Lektion.

P.S.: *16.*
Eben fiel mir beim Auf- und Abgehen auf der Terrasse, nachts, etwas ein: Was man so die »Barmherzigkeit Gottes« nennt, ist gar nicht das, was Barmherzigkeit meint. Es ist vielmehr ein völlig anderes Verhältnis zu den menschlichen Handlungen als es die Moraltheologie hat. Die moderne Theologie nähert sich der Betrachtungsweise Gottes, wenn sie bis zu einem gewissen Grad Casuistik treibt, d.h. beim einzelnen Sündenfall alle subjektiven Umstände mit-ansieht, z.B. die Psychologie heranzieht, die Soziologie, die Politik usw. »An sich« mag vieles »schwere Sünde« sein. Aber dieses »An sich« gibt es im realen Leben nicht. Da gibt es eben nur: reales Leben, und dem wird nur die Casuistik gerecht. Gott sieht jeden Menschen in dessen Ambiente, zeitlich-räumlich, historisch-gesellschaftlich usw. usw., und da bleibt dann wenig, was Sünde ist. Wenn z.B. die Moraltheologie sagt, es sei keine *schwere* Sünde, falls junge Leute mitsammen schlafen vor der Ehe, wenn sie den festen Ehewillen haben, so ist das sicher die Art, wie Gott so etwas sieht. – Die »Barmherzigkeit« Gottes ist kein geduldiges Verzeihen (das ist zu wenig, zu wenig für einen Gott und zu wenig für den Menschen), sondern ein Anders-Sehen der »Sünde« im Ganzen. Gott hat die Welt plural gewollt, also auch verschieden in den menschlichen Verhaltensweisen hinsichtlich einer objektiven Ordnung. Hab ich's in etwa verständlich gesagt? *Du* verstehst mich schon. Übrigens war ich heut abend zwei Stunden mit dem Milanesen spazieren, in seinem (offenen, »schicken«) Auto, es war nett, aber es geht nicht, ich muß die Sache wieder abbrechen; er geht morgen auf mehrere Tage fort, dann geh *ich* fort, und ich komme erst im Oktober wieder. Ich kann nicht erwarten oder vielmehr verlangen, daß er eine kühle Freundschaft hält. Er *kann* es, aber es macht ihn sicher nicht froh. Ich schreib ihm einen Abschiedsbrief, später. Da er ein *gentiluomo* ist, wird er's verstehen und respektieren.

So endet Wuschels frauliches Abenteuer rasch wieder. Ach Fisch, ich versteh mich ja mit niemand »Normalen« mehr. Wenn ich nicht (implizite – ich meine, ohne viel davon zu reden) mit ihm *in Gott* bin, ist es *gar nichts* für mich. Verstehst Du? Dieser Milanese ist ein absolut sekularer Mensch, für den Gott etwas Irreales ist, der nichts mit seinem Leben zu tun hat. *Poveretto.* Besser hätte man es gar nicht machen können mit mir!

Du bist mein Fisch. Ja. *cosi sia.* (das heißt: Amen.)

Dein Wuschel

P.S.: Erst im Brief vom 17. zu lesen
An dieser Stelle mußt Du nun den Brief von gestern nacht lesen, den ich als P.S. zum heut eingeworfenen geschrieben hatte, aber dann doch lieber nicht mitschicken [wollte] ohne diesen Kommentar.

Nun eine Frage: Wenn als »Sünde« von mir schon der Versuch des Ausbrechens aus dem Gehorsam gefühlt wird, wie ist das dann – dann muß man ja immer in der festgefügten Ordnung bleiben, dann wird man ja nie ins Unsichere, Dunkle hinausgeschleudert, dann gibt es keine Möglichkeit zur *felix culpa* –? Ohne Verletzung der Ordnung des eigenen Lebens kein Blick in den Abgrund. Du könntest sagen (Du Fisch), Du tust diesen Blick auch ohne Verletzung Deiner Ordnung. Ja, mein Lieber, aber Du blickst ja auch in keinen *Abgrund*, sondern in Deines Wuschels Augen! Ohne diesen Blick keine Erfahrung vom echten Leben. Ohne diese Erfahrung keine Weisheit. Ist das falsch gedacht? Wie auch immer: Dein Wuschel hat einen winzigen Ausflug in die *Unmöglichkeit* des »Lebens« gemacht, von dem es glaubte, daß es das entbehre – es ist zurückgekehrt, ohne etwas gefunden zu haben, was es entbehrt!!! –

[...]

Also, nun arbeite ich wieder, allein und froh meiner Ordnung, froh der erhaltenen Lektion (für die ich nicht einmal etwas bezahlt habe – es sei denn, ich müsse später dafür bezahlen, wenn der Milanese wieder in Rom ist und ich auch hier bin und er mich nicht loslassen möchte. Aber da wird mir schon etwas und jemand helfen – da bist ja dann *Du* hier!)

Hast Du mich dennoch lieb, auch wenn ich mit einem fremden Mann nächtlicherweise Auto fuhr … ? (Ein bißchen habe ich schon geflirtet, natürlich! Du kennst mich ja und mein spielerisches Temperament, das bisweilen sich regt.) Gibst Du mir die Absolution??? Ich will's auch nicht wieder tun (außer mit Dir … unverbesserliches Geschöpf!!!)

[…]

Dein Wuschel

Roma, 20.7.63

Mein Fisch,

[…]

Ich habe in den letzten Tagen (zum ersten Mal – sag's niemand, es ist eine Schande!) den »Tyl Eulenspiegel« von De Coster gelesen, ganz. Das ist ein ganz großes Buch. Realistisch bis zum Alleräußersten und doch ganz Poesie. »Unkeusch« und doch ganz rein. Gegen den Papst und doch für Christus. Aufregend. Aber weißt Du: zu lesen, wie damals unsere Mutter Kirche sich benahm, das bringt einen fast um alle Liebe zu ihr; die waren ja genau wie Hitler und seine Horden. Wir haben ein Meer von Blut und Tränen wieder gutzumachen, zu bereuen. Wir sollten – als Kirche – ganz demütig sein. Ich habe Angst, wie wir bei dem ganz großen Gericht einmal bestehen werden, wir Katholiken, wir Christen. Ob nicht die sanften Buddhisten viel besser abschneiden? Wer weiß. – Ich zweifle im Augenblick ziemlich an der Höhe unserer Ethik des Christlichen. Oder vielmehr: Sie ist so hoch, daß kein Mensch sie leben kann. Den Buddhismus kann man leben. – Neulich war ich hier wieder einmal beichten, bei einem Italiener. Du solltest den Unsinn hören, den die einem vorzusetzen wagen. Ich meine nicht eigentlich ihr Klischee, sondern den Hochmut, mit dem sie es servieren. Da sollte man wagen zu widersprechen (das darf man in Deutschland bei jedem, *fast* bei jedem), hier würde man aus dem Beichtstuhl gewiesen. Nun, ich kann dieses Zeug nicht mehr hören und sehen, z.B., wenn sich die Leute vor den Dominikanerbeichtstühlen in Maria Maggiore zu Boden werfen, und der Mönch sie einfach mit seinem Poenitenz-Stab auf den Kopf schlägt (sanft natürlich) – was soll denn das noch?

Sinnentleert. – Oder nicht? Ist für jene, die sich davon etwas erhoffen, doch »Wirklichkeit«? Ich bin in vielem protestantisch (Du auch, Gott sei Dank.) Aber ich möchte nicht protestantisch sein; das ist mir zu hausbacken, zu knöchern, zu deutsch. – Beides zusammen, wahrhaftig, *das* wäre eine Kirche!!!
[…] *Dein Wuschel*

Roma, 22.7.63[31], am Abend vor der Abreise,
hundemüde, dumm im Kopf –

Heut kamen, nach beendigtem Poststreik, 6 Briefe von Dir, darunter der »überholte«, der *nie* überholte. Was für ein schöner Liebesbrief. Aber wie kannst Du überhaupt nur von ferne daran denken, mich »zu lassen«! Wie gut, daß Du sagst, Du kannst es nicht. Auch ich könnte es nicht, aber ich denke ja auch nicht im leisesten daran. Was wäre mein Leben ohne Dich! Weißt Du das nicht? Wie Du Dich unterschätzt in meinem Leben, Du! – Nein, nein. – Und außerdem tragen wir ja unsere Ketten (Kettchen)[32] um den Hals. Das bedeutet doch schließlich etwas.
Jetzt kamen, um halb zehn Uhr, noch Pina und ihr Mann – ich falle um vor Müdigkeit.
Ach, mein Fisch, mein Herz ist voll von Dir! Von München aus dann *mehr.* […]
Wir müssen bisweilen härter sein, wir zwei! (Aber nicht zu uns, gegenseitig. Verzeih, wenn ich Dir Schmerz bereitet habe. Aber Auge um Auge … Und dafür liebe ich Dich jetzt noch mehr. Verstehst Du das? Ob ja oder nein: es ist wahr!)

Dein Wuschel

München, 25.7.63, abends[33]

Mein lieber, liebster Fisch,
eben hatten wir ein Gewitter, das bedrohlich aussah, zwei Stunden herumzog, sich nicht nach München hereinwagte, entsetzlich Wetterleuchten und Blitze produzierte, einiges (weniges) Wasser fallen

ließ und dann kläglich abzog. Immerhin: es ist kühler geworden. Ich hab mit Steffi 1 Mark gewettet, daß kein Gewitter kommt, nun kriegt er nur 50 Pfennige … Es war schön, sehr sehr schön, Deine Stimme zu hören am Telefon. Und wie Du sagtest, ich sollte nicht allzu sehr einverstanden sein …!!! Ich muß Dir etwas erzählen – es ist schon wirklich auffällig, wie ich erzogen werde.

Also höre: mein alter Freund »Maurice« (aus dem »Nina«-Roman) wollte mit mir von Lucca nach München fahren, in meinem Auto, und ich nahm ihn also mit, freute mich sogar darauf, nicht allein fahren zu müssen, und es ging zuerst sehr gut und freundlich und heiter. Wir fuhren bis Mailand, da kannte er ein sehr komfortbles Hotel und wir blieben dort, und es war auch noch sehr nett beim Abendessen, aber dann kam, was nicht kommen sollte: Er bedrängte mich, mit ihm zu schlafen. Damit brachte er mich in eine peinliche Lage, denn es ist sehr blöd, einem alten Freund gegenüber hart sein zu müssen. Er stellte es sich nämlich einfach sehr hübsch vor, diese Nacht zu haben. Ich aber war keineswegs willens, und so ging er denn, Gott sei Dank, schließlich unverrichteter Dinge fort. Ich fiel dankbar in einen tiefen, guten Schlaf. Am nächsten Morgen schien alles gut. Aber er war sehr nervös. (Er war doch einmal Morphinist, davon blieb eine gewisse Neigung zur Exzentrik, und ferner ist natürlich jene Anlage da, die ihn zum Morphinisten prädestinierte: die Schwermut.) Und schließlich, auf einer herrlichen Straße am Comersee, brach er einen Streit vom Zaun, ganz hysterisch. Ich begriff zwar, hatte aber keine Lust, auf einer engen, verkehrsreichen Straße mit der schönsten See-Sicht, zu streiten. Er sah das auch denn ein und begriff selbst, daß es einfach eine Reaktion auf mein Nein war. Aber hernach war alles gestört. Er wollte dann nochmal eine Nacht irgendwo bleiben, um alles gut zu machen durch einen friedlichen Abend (sagte er), aber ich erklärte ihm rundheraus, ich wollte mich nicht mehr in einer Lage wie am Abend vorher aussetzen, und ich fuhr nach München durch, über St. Moritz. Es wäre herrlich gewesen ohne ihn! Er ist in seiner Mannes-Eitelkeit gekränkt, und es ging eben alles anders, als er es sich vorgestellt hatte. Das ist schade. Einerseits. Andererseits war es wieder eine Art der Erziehung, nämlich so: Da war mir nun *wieder* ein Angebot gemacht worden, kein x- beliebiges, sondern von einem alten Freund, der immerhin wirklich drei Jahre mit mir verbunden war während seiner Morphium-Zeit. Und der mich sehr gern hat, und ein Herr ist und so fort. Aber ich wollte nicht. Ich, die ich gedacht hatte, ich würde um »das alles« betrogen – ich nehme es nicht, wenn es mir vor die Nase gelegt wird. Warum nicht? Da ist M.A., da bist Du, aber das ist es nicht allein, nicht vor allem, denn schließlich könnte ich sagen, das seien zwei verschiedene Ebenen ... Nein, ich bin eben nicht mehr »dort«. Das ist seltsam. Wie ist das nur? Und niemand würde mir das glauben. Aber das ist auch nicht nötig. *Du* weißt es. Und Gott. Das genügt vollauf. Ich bin aber sehr glücklich darüber, denn es zeigt mir, daß meine Klagen doch peripherer waren, und daß mein Leben und Wesen ganz einheitlich ist, ganz einverstanden mit dem, was ist und wie es ist (trotz Deines Anrufes, ich sollte nicht *so* einverstanden sein ... aber laß nur: in Deiner nächsten Nähe wird's mir schon wieder schwerer fallen!)

Aber Du sollst nun nicht mehr betrübt sein. Auch nicht über den »Abfall der Niederlande« (der Holländischen Priester). Dafür werden die *Laien* fromm und immer frömmer. Auch da eine Umschichtung. Ich bin sehr glücklich über die Übereinkunft Ost-West. Ich hörte aus Versehen die Nachrichten jetzt nicht. Ich hoffe, man hat den Atom-Vertrag unterzeichnet. –

Du bist übrigens ein ganz dummer Mensch! Wie kannst Du sagen, Du seist nicht schöpferisch, weil Du schwer arbeitest! Als ob das letztere wahr wäre. Ich finde, Du denkst und schreibst so flink, wie ... (frag mich in Freiburg, *wie*) (Höfer – Rom – hatte einen anderen Vergleich: mit Mozart nämlich und dessen Leichtigkeit! Also.) Und überhaupt ist da kein Zusammenhang.

Schöpferisch-sein hat nichts mit der Rapidität eines Schnellarbeiters zu tun. Aber das weißt Du ja selbst.

Auf den nächsten Zeilen etwas sehr Schönes. Lies es! Ganz feierlich steht es da.

Noch: 26., 27., 28., 29., 30., 31., 1., 2., 3., 4.: 10 Tage. Lang? Ja. Und nein.

Dein Wuschel

In Verbindung mit dem Kern und Urgrund

München, Samstag (?), Juli 63

Mein geliebter Fisch,
was für wunderbar schöne Briefe bekam ich in diesen Tagen von Dir! Den, den Du am 19. schriebst (nach Rom) mit der Frage der Inkarnation! Ich weiß nicht, ob je *solche* Liebesbriefe geschrieben wurden in der Welt: eine so innige Einheit von Theologie, Alltag und Geheimnis. Und jedes Wort ist wahr. Ich weiß es. Und jedes Wort ist auf vielen Ebenen wahr.
Und dann kam wer, und noch wer, und noch wer –

Rom, Mittwoch abend, 11.9.63[34]

Liebster Fisch [Zeichnung]
[...] Ich hoffe, das ist kein Trick von mir, um mir seine Liebe zu sichern ... Aber auch das ist gleichgültig, denn wenn ich einen Trick anwende, um von Ihm geliebt zu werden, so sieht Er ja, *wieviel* mir an Seiner Liebe liegt, und Er muß mich, über meinen Trick hinweglächelnd, um meiner Sehnsucht willen lieben.
(Ich werde Rahnerisch, um sechs Ecken herum – für den Zuschauer oder Zuhörer. Für *uns* ist's ein direkter Denkweg, nicht wahr?)
Seit ich (da Du bei mir bist) das Leben wieder liebe, liebe ich auch den Tod. Mein Tunnel-Traum von heute nacht! Übrigens bestehen meine Taggebete seit einiger Zeit auch nur aus dem Ruf: »Erbarme Dich meiner«.
Weißt Du, unter all dem, was ich so mit Dir oder gewissermaßen neben Dir erlebe, bin ich *immer* in näherer oder weiterer Verbindung mit dem Kern und Urgrund. Weißt Du das? Aber ich möchte, wie gesagt, jetzt wieder ganz ganz nahe hinkommen. (Falls Er das will. Aber vielleicht will Er, daß ich nicht *mehr* von Ihm spüre als meine Mitbrüder und Mitschwestern!?)
Fisch, mein Fisch, mach's gut mit Deinen Exerzitien, und nimm mich mit hinein. Wenn das nicht möglich wäre, müßten wir uns ja trennen, nicht wahr?!
Auf bald und immer! *Dein Wuschel*

Rom, 15.9.63

Geliebter Fisch,
gestern wollte ich Dir schreiben, aber ich war offenbar zu lang in der Sonne gelegen – es war sehr heiß mittags – und dann hatte ich, so scheint mir, eine Art Sonnenstich, jedenfalls war ich unfähig, irgendetwas zu tun außer ein bißchen lesen. Einen Brief brachte ich nicht zustand. Ich schlief auch schlecht diese Nacht, aber jetzt ist's wieder in Ordnung, und ich muß wieder arbeiten. Abends (5 Uhr) kommt Pater Johannes, der Unvermeidliche, er rief gestern an, wollte sofort kommen, aber ich mochte nicht, konnte auch nicht (siehe oben), und in der Kirche war ich heut auch noch nicht, ich hab verschlafen, eben weil ich nachts nicht geschlafen hatte. So, das sind die wichtigsten Neuigkeiten (*l'ultime notizie*, sagt dazu das Radio). Ich las heut schon Pascal, aber ich vertrag nicht mehr so viel solche Theologie. Dann griff ich verzweifelt zu Rahner, nach irgendetwas, das erste, was sich bot, war das »Dynamische in der Kirche«[35] – und es war herrlich erfrischend. Ja, das ist *unsere* Sprache, die heutige.
[…]
Ich möchte arbeiten, *Neues* schaffen, nicht den alten »Jan Lobel«[36] umschreiben zum Fernsehspiel. So was ist keine Arbeit, das ist Geschäft. Nur das Neue zählt, das Neu-Hinzufügen.
Dank für Deinen Brief vom 12., der gestern abend kam. *Wie* gern führe ich jetzt zu Dir … Soll ich – ? Nein. Am Freitag. Inzwischen wird M.A. kommen. Und mich etwas beunruhigen. Macht nichts.
[…] *Dein Wuschel*

Rom, 15.9.63, 2 Uhr nachmittags[37]

Fisch,
Dein Anruf. Deine Stimme. »Wärst Du nur da«, hast Du gesagt. Ja, wäre ich nur bei Dir! Ich könnte ohne weiteres kommen. Warum tu ich's nicht? Nicht der Arbeit wegen. Nicht der 45 Kilometer wegen. Sondern weil ich will, daß wir bis Freitag ausharren, damit Du Deine Exerzitien machst. Ich will, daß wir sie reflektieren. In all unserer Freiheit müssen wir Ordnungen einhalten, Ordnung halten.

Auch ich denke eine Menge, wenn auch nichts direkt Produktives. Ich denke, daß alle Menschen recht haben, in ihrer Art zu leben. – Das ist, so hingesagt, nichts besonders Originelles. Aber daß ich's *sehe*, verstehst Du, daß ich die Welt gleichsam *durchsichtig* vor mir habe und sehe, wie alles darin seinen Platz hat! Es ist eine Vision. Sie begleitet mich und erschüttert mich. Ich sehe mit Gottes Augen, sozusagen. Ich sehe mit Wonne die Vielfalt des Geschaffenen. Ich sehe die Einheit im Divergierenden. Wenn ich so weiter denke, kann ich eigentlich nur die Hände in den Schoß legen und auf den Tod warten, ohne etwas mehr verändern zu wollen in dieser Welt. – Aber freilich: es gehört zu dieser Welt ja auch die Vielfalt der Änderungs- Versuche. Bloß: wenn ein Mensch erkannt hat, daß *er* ja nichts ändert – was dann? – Man kann auf den Knien liegend vor der Vielfalt, der Ungeheuerlichkeit der Schöpfung, nur mehr sagen: »Ich verstehe nichts und alles. Ich bete an.« –

[...] *Wuschel [Zeichnung]*

Roma, 16.9.63[38]

Mein lieber Fisch,

ich habe Deinen Brief vom 13. heut morgen bekommen mit dem Satz vom »Wandel in Wuschels Gegenwart.« Genau so ist's bei mir: »Wandel in Fisches Gegenwart.« Ich tu alles mit Dir, eigentlich nur, um es dir zu erzählen. Zudem ich weiß, daß ich Dir's erzählen werde, erlebe ich es wirklich.

Was macht Dein Aufsatz über Objektiv-Subjektiv und umgekehrt? Ritzest Du Dir Deinen Verstand blutig im Denkgestrüpp?

Ich arbeite am Fernsehexposé, hab etwa die Hälfte, die schwerere glaub ich, hinter mir. Aber ich arbeite mühsam. Ich hab nämlich eine Magen-Darm-Verstimmung, weiß nicht woher und wieso, gar nicht schlimm, macht mich nur müde. Ist aber schon viel besser seit heut. Gestern war Pater Johannes da. Wie brav er ist! Wie bemüht, Klischees zu vermeiden bei mir! Und wie denkt er doch in Klischees! Immer spricht er von »Verdiensten«. Ich sage ihm brutal, daß das Quatsch sei; wer an Verdienste denke, bekäme keinen Lohn, und ich wollte überhaupt keinen Lohn, verdiente auch keinen, falls es so was

wie Lohn gäbe, denn ich tue nichts Gutes oder kaum, und es wäre dumm, das wenige Anständige unter all dem Unanständigen, das man tut, auch noch belohnt haben zu wollen. Er, Pater Johannes, schaut mich dann etwas mißtrauisch an, ob ich nicht spaße, aber ich spaße nicht , und ich sage ihm dann, mir sei's wurscht, ob ich »gut« sei oder nicht, ich schaute weder meine Sünden noch meine Tugenden an, ich kennte weder das eine noch das andre. Und so fort. Der Erfolg: Er sagt, ich habe eben einen hohen Grad von Vollkommenheit erreicht. Damit (du kannst Dir's vorstellen) bringt er mich zu einem inständigen Gelächter. Der arme Pater Johannes, er liebt mich, aber hat ein bißchen Angst vor mir!!!
Tanja schickte mir wieder Grass-Kritiken (seines neuen Romans »Hundejahre«), mit Textbeispielen. Ich weiß nicht – diese Kraftmeierei geht mir auf die Nerven. Aber können tut er was. Eine unheimliche Phantasie. Hieronymus Bosch. Aber ohne die Aspekte in die Ewigkeit. Eine mir zu flache Hölle.

17. früh
Hörte eben, daß Papst Paulus VI. »Moderatori« oder wie sie heißen, ernannt hat für's Konzil, als Diskussionsleiter: Sünens, Döpfner, Lercaro, Agagianian. Also doch progressive. Und Döpfner hört auf *Dich.*

Der Brief soll zur Post. Tausend Grüße, viele tausende!
Dein Wuschel

P.S.: Es hat eben durchs Fenster aufs Blatt geregnet. [Die Flecken] sind also keine Tränenspuren!! Könnten's aber sein, weil heut kein Brief von Dir kam…

Wie an einem Seil bei einer Gratwanderung (1964)

Ich hab gar nichts Sicheres mehr unter den Füßen

[München], 3.1.64[1]

Liebster Fisch,

Du fehlst mir. Damit ist alles gesagt. Amen. – Dank für Deinen so schönen Brief. – Ich schrieb gestern und heut etwa zwei Dutzend Briefe, und nicht kurze. Jetzt, abends, kommt ein Schäfchen (Böckchen). – M.A. ist hier, visitiert St. Bonifaz, fünf Tage, er kommt kaum durch den Dreck; wir haben zweimal telefoniert, ich erfuhr durch seinen Bruder, wo er ist (ich fühlte, daß er hier ist); der Bruder ist sehr, sehr lieb; er kommt am 12. [Januar] zu mir zum Tee, ich lud ihn nur so nebenbei ein, er sagte sofort: »Ja, *gern.*« Er erzählte, daß M.A. bei ihm war und er habe gesagt, daß es doch besser wäre für meine Söhne, wenn sie bei der Mutter wären (die Mutter bei ihnen), da habe M.A. mich verteidigt: »Nein, nein, Frau Rinser hat mehr als zwei Söhne, sie hat ein *Apostolat* für *viele.*« Ich finde es schön, daß er mich verteidigt. Heut fragte ich ihn (M.A.), wie es ihm geht. Er sagte: »Schlecht und gut.« Ich: »Warum schlecht?« Schweigen. Ich: »Und warum gut?« Er: »Aus dem gleichen Grund.« Vielleicht war's nur ein dummes Gerede, vielleicht aber höchst inhaltsreich. Wer weiß das bei ihm. Gleichviel: ich hatte ihm ein Briefchen geschickt, er soll abends anrufen – und er tat es prompt und lieb. Fortschritte!

Aber dennoch: Du fehlst mir. Mit wem sonst kann ich reden wie mit Dir. Wer sonst versteht *immer*, was ich meine. Wer sonst versteht meine Theologie!!! Heut ging mir plötzlich auf, daß Gott uns mit

menschlichen Maßstäben messen muß. Es ist ja gar nicht so, daß all unser Tun *nichts* wäre vor Gott, »eitel«. Nein: Gott nimmt das ernst. Was wären das für Eltern, die ihre Kinder nicht für *voll* nähmen! Und also erst Gott. Ich wachse immer mehr in das Verständnis dieser Verzahnung von Gott und Welt hinein. Bald mehr.
[...]

München, 7.1.64, abends
(nach unserem Telefongespräch),

So, (wie auf dem Bild) hält das Wuschel seinen Fisch, und *so* schaut der arme Fisch, wenn er nicht genug Luft bekommt (hoffentlich kann er trotzdem gut sprechen in Köln! Das Wuschel ist besorgt und betet für den Fisch; und so wird er denn doch recht gut in Wuschels Armen ruhen. Er ist ein *sehr* großer Fisch, nicht wahr? Und das Mädchen Wuschel schaut auch *sehr* besorgt auf das, was sie da im Arm hält. Die Unterschrift stammt nicht von mir, denn ich hätte nicht Tolstoi als Urheber dieses Satzes aufgeführt, sondern Augustinus. Wer hat da recht???
Gestern abend war ein Freund von Christel da, auch Theologe aus dem Georgianum, wir kamen in ein langes Gespräch über die Schwermut und über Priesterberuf usw.; er sagte, so hätte noch niemand mit ihm gesprochen (nie! Also haben meine Briefe *doch* ihre Berechtigung) und ich habe ihm geholfen. Christel saß in merkwürdigem Unbehagen da. Er meint immer, ich wollte ihn als Priester sehen. Aber ich will ihn doch nur dort sehen, wohin er gehört. Er ist in keiner guten Verfassung. –
[...] *Dein Wuschel*

München, 13.1.64[2]

Liebster Fisch,

[…]

Gestern war der Bruder von M.A. da, von halb vier bis halb acht (!! – merkte gar nicht, wie spät es war), *sehr* lieb, sehr weich, aber an Distanz gewöhnt, ein feiner Kerl sozusagen; die beiden sind nur eineinhalb Jahre auseinander im Alter. Einmal merkte ich seine Vorbehalte gegen M.A., als er sagte: »Wir haben die gleichen Stimmen und auch sonst viel Ähnlichkeit, aber er, M.A., war immer der Charmante, der glänzende Gesellschafter; ich war mehr fürs Innerliche, fürs Helfen.« Da dachte ich: »Aha –!« (Das stimmt schon, daß der Bruder der Innerlichere ist. Aber dafür hat M.A. andere Qualitäten. Sind aber *beide* recht. – Ach, meine Altersweisheit! Es ist die Deine. Deine Sicht der Welt durchtränkt mich mehr und mehr. Ist gut so. Ist jetzt Zeit für mich, alt … weise zu werden!)

[…] *Dein Wuschel*

Roma, 9.2.64[3]

Mein Fisch,

das Wuschel ist also wieder römisch. Die Sonne scheint, ich lag mittags eine Stunde auf der Terrasse, habe ein rotes Gesicht jetzt. Vormittags nach der Messe im Campo Santo war ich bei Michaels. Frau Michael hat eine Kohlezeichnung von Dir gemacht. Bis auf den Mund ausgezeichnet. Ich bin überrascht. –

Beiligenden Brief lesen, wo angestrichen. (Lohnt nicht zu schicken; sie schrieb nur von Deinem Düsseldorfer Vortrag, daß der Saal fast barst vor Menschen und daß – na, siehe *doch* Brief. Bin zu faul zum Abschreiben.) Dann wegwerfen; ist schon beantwortet. (Es ist meine Freundin, die in die Fürsorge ging.) Ich ließ ihr Heft 2 und 5 der Quästiones Disputatae schicken und dazu Baptists [Metz] »Armut«. – *Berge* von Post hatten sich angesammelt inzwischen, und Pater Johannes und der alte Jude und Christels Freund Aldo lauerten schon am Telefon auf meine Rückkehr. Heute kommt Pater Johannes, morgen der Jude, Dienstag Aldo. Ach, und ich möchte jetzt Ruhe, weil ich neue Einfälle habe. Ich muß doch mein Haus bauen da draußen in der Stille. Heute kommt Dr. Bruckner, weißt Du, der Makler, des Brunnens wegen; ich lasse weiterbohren, wird schon Wasser kommen. –

Als ich am Freitag hier ankam (die Caravelle flog nur *70* Minuten!!), war ich selig; ich lief dann fast drei Stunden spazieren in der Stadt, über den Pinccio und in mir unbekannte Stadtviertel und war einfach glücklich trotz eines leisen Schmerzes, weil Du und die Kinder und M.A. nicht da sind.

In mir tut sich viel Neues; ich hab gar nichts Sicheres mehr unter den Füßen als Christus, was freilich *alles* ist, aber praktisch ist es so, daß auch Er etwas Sich-Wandelndes ist in meinem Bewußtsein. Man *hat* Ihn nicht wie man einen Korb oder einen Tisch hat. Er ist lebendiges Leben *in* uns, also im Fließen, das ist herrlich, aber schwierig. Ach, die offenen Interpretationen –! *Du* hast mich geistig aufgerissen. Das ist gut so, sehr gut so. *Dank!* Ich bin momentan glücklich über unsere – sagen wir jetzt einmal: Freundschaft. (Die Michaels sagten, wir haben ausgesehen wie ein »altes chinesisches Ehepaar«. Ehepaar, alt, ja, aber warum chinesisch? – »So weise und gelassen zusammenpassend.« So ist es.)

Morgen kommt wieder ein Fisch-Brief.

Wie sagte M.A. zum Abschied im Dezember: »Man lebt ja auch in der Ferne miteinander!« So ist's. *Dein Wuschel*

Roma, 10.2.64[4]

Liebster Fisch,

heute kam Dein Brief. *Dank.* Deine Wünsche scheinen Kraft zu haben: Die Sonne scheint warm, wo der kalte Nordwind (die »Tramontana«) nicht hinkann, ist's herrlich; ich las gestern und heut mittag eine Stunde auf der Terrasse. Der Himmel ist strahlend blau. Ach, dieses Licht. Ich kann, kann, kann nicht mehr im Norden leben. Und heut bekam ich eine neue Arbeit. Darüber mündlich. Noch nicht spruchreif. Wenn mich jetzt nur die Leute in Ruhe ließen! Gestern Pater Johannes, der Unvermeidliche. Abends Dr. Bruckner (Makler) wegen Brunnen. Graben nicht weiter. Zu teuer.

Haben einen Ausweg: Bestechung der Gemeinde (eines Ingenieurs), daß er eine neue Leitung zu mir hinlegt mit einem dickeren Rohr, dann bekomme ich so viel Wasser, daß es im Haus reicht. Einen Brunnen kann ich später auch noch graben. Baugenehmigung noch nicht da. Hat Zeit. –

Heut war ich mit Pater Johannes bei der Äbtissin der Camaldolenserinnen, weißt Du: die ohne Baugenehmigung und ohne Geld gebaut haben am Aventin. Stimmt alles, was ich darüber im »Septembertag« schrieb. Noch viel mehr der Wunder hat sie mir erzählt. Eine sehr reizende Frau: klug, klar, fromm, gut aussehend, ganz offen und frei und lieb. – Von der Reklusin stimmt auch alles, was ich erraten hatte. Sie ist 54 Jahre, Amerikanerin, hat Universitätsstudium, ging mit 25 ins Kloster, drüben, war aber zu nah bei den Eltern, Vaters Liebling, der Vater untröstlich. Da reiste sie einfach nach Italien. Konnte nicht Italienisch. (Ihre Großeltern waren freilich Italiener, ausgewanderte.) Kannte niemand. Wurde Carmelitin in Rom. Genügte ihr nicht. Lebt nun seit 17 Jahren als Reklusin bei Wasser und Brot (buchstäblich); nur Donnerstag und Sonntag ein Teller Salat. Macht Handarbeiten. Ist immer heiter und sehr glücklich. Für was sie betet, erfüllt sich. Ich ließ sie bitten, für verschiedenes zu beten, z.B. darum daß ich erfahre, was Gott von mir *eigentlich* erwartet. – (Sie, die Reklusin, lehnt es ab, übernatürliche Gaben zu besitzen. Wenn sie einen Rat gibt, sagt sie: »Das rät Ihnen mein *Verstand*. Ich bin keine Prophetin.« Sie will nichts als beten und büßen (nicht für sich, letzteres. War vorher keine Sünderin!)

Hernach war mein alter Jude da, sehr anstrengend. Erklärte, ich sei das erste Du seines Lebens. Ich sei ihm die einzige Hilfe, die er je erfuhr. –

Und Post, Post, Post. Alle haben's auf mich abgesehen zur Zeit. Liebesbriefe auch. Und mein Hotelbesitzer rief an, flehentlich, er *könne* mich nicht vergessen. Ach, zum Teufel mit diesen Männern. Ich mag nicht. –

[...] *Dein Wuschel*

Roma, 11.2.64[5]

Liebster Fisch,

[...]

Mir kommt dies alles (ausgelöst durch die kritischen Zeitungszeilen) sehr im unpassenden Augenblick: Ich habe etwas Neues zu schreiben begonnen und bin nun sehr entmutigt. Ich möchte schreiben einen Monolog (der ein Roman ist) eines Zwanzigjährigen, der (monologisch) mit der Autorin dieses Romans spricht, deren Held er ist. (Fiktion und »Realität« sozusagen, durcheinander, *in*-einander). Er wünscht, daß sie ihn als 20-jährigen, mit dem »reinen Salz der Verzweiflung auf den Lippen« sterben läßt, und er begründet es beinahe heideggerisch. Und dann, rückblendend, an Hand der Gespräche der Leute bei seinem Begräbnis, entrollt sich sein Leben: seine vergebliche Suche nach dem »Vater« (dem leiblichen, dessen unehelicher Sohn er ist, aber zugleich nach dem Vater-Bild überhaupt. Mein alter Plan in reiner Form.) Alle Probleme junger Leute aus meinen »Briefen an junge Menschen« tauchen nun in dichtericher Form auf. Ich hätte so große Lust dazu, bin aber jetzt ganz lustlos. Neun Seiten schrieb ich heute[6]. Soll ich denn nicht lieber schweigen? Ich weiß Deine Antwort – aber eben: Ich bin mutlos. Wärst Du doch *da*, leiblich! *Jetzt*. Ich bin so allein mit den Dämonen des Zweifels. Es ist eine echte Versuchung, ich fühle es, bin aber ganz müde, ganz machtlos. Hilf mir! *Dein Wuschel*

P.S.:

Ich begann heute abend in Heideggers »Einführung in die Metaphysik« zu lesen – den Satz: »Warum ist Seiendes und nicht vielmehr Nichts« – Du weißt: Er führt seine Hörer da zuerst auf Glatteis, indem er sagt, die zweite Hälfte »und nicht vielmehr Nichts« sei überflüssig und überhaupt sei das Reden über das Nichts weil unlogisch, unwissenschaftlich. Ich las das zuerst einfach so, dachte aber dann: nein, das ist doch falsch; diese zweite Hälfte ist ungeheuer wichtig; im Lichte dieser zweiten Hälfte versteht man doch die erste erst richtig – usw. usw. Machte auch ein Fragezeichen an den Rand und dachte, daß man seltsamerweise über das Nichts so nachdenken könne wie über Etwas, und ob es darum dann nicht doch »Etwas«

sei.Kurzum, ich kam mir gescheiter vor als Heidegger. Dann las ich weiter – und fand all das von ihm gesagt, was ich vorher gedacht hatte!

[…] *Dein Wuschel*

12.[2.] früh[7]:
Eben (nachdem ich bei der Aschenweihe in S. Anselmo war) Deinen schönen, klugen Brief gelesen. (Ach, verzeih, wenn ich Dich »klug« nenne, das ist schon eine Frechheit, denn Du bist *weise*.) – Dank für diesen Brief, der in etwa schon eine Antwort auf diesen meinen ist. – Darüber im nächsten Brief. Dieser soll jetzt zur Post.
Jetzt regnet es. Nieselregen wie etwa in München. Paßt zu Aschermittwoch und zu Wuschels wirrer Melancholie (macht auch nix. Bloß möchte ich nicht als schlechte Schriftstellerin gelten bei diesen Mit-Autoren. Ein schlechter Dichter ist auch als Mensch niedere Qualität!)

Roma, 14.2.64[8]

Mein lieber Fisch,
heut kamen zwei Briefe von Dir – und Du hast noch keinen von mir bekommen? Inzwischen mußt Du mindestens drei haben! Eingerechnet den Klagebrief wegen der Gruppe 47. Ich habe mich nun »durchgebissen« und bin wieder ziemlich im Gleichgewicht, seit ich gestern plötzlich erkannt habe, daß es wirkliche Teufelsversuchungen gibt. Der Teufel sagte deutlich zu mir: »Wenn Du niederfällst und mich anbetest, indem Du ebenso negativ schreibst wie die anderen, werde ich Dir den ganz großen Erfolg geben.« Da sagte ich: »Nein, dann will ich lieber ganz ohne Erfolg sein.« »Ja,« sagte er, »das glaube ich: Märtyrerin spielen! Ganz ohne Erfolg sein, wäre leicht für Dich. Aber den mittleren Erfolg haben, das erträgst Du nicht. Also …!?« Ich sagte: »Klug gesagt. Aber Du irrst. Ich liebe nämlich Christus. Verstehst Du? Er war erfolglos – oder vielmehr: Er hatte den mittleren Erfolg – eine Schar glaubte an ihn, die meisten verspotteten oder haßten ihn. Wie soll ich es besser haben als Er, den ich liebe?« Da ging er von dannen, achselzuckend und ohne Hinter-

lassung von Schwefelgeruch, es blieb *nichts*, ein Hohlraum genau gesagt, und in den strömte Gott ein mit einer kleinen Zuversicht. Kein Triumph, oh nein, nur eine kleine Gelassenheit. Mit der lebe ich jetzt weiter.

Heute begann ich, wieder an dem neulich angefangenen Roman zu arbeiten. Außerdem hab ich einen kleinen Blumenstock gekauft, so einen, wie ich ihn Dir brachte, eine rotblühende Azalee, die ist fröhlich. –

Deine letzten Briefe waren (sind) schön. Wie kannst Du schreiben, ich »brauchte« sie nicht zu lesen!!! Und *wie* ich sie lese! Du warst depressiv? Warum? Dumme Frage: man *ist* eben depressiv. »Grund« gibt es da keinen. Aber ich hab's nicht gern, wenn Du verdüstert bist – so wenig wie Du es magst, wenn *ich* es bin!! Und dabei wissen wir doch beide, daß diese Zustände sein *müssen* bei uns – sonst *wären* sie nicht. (Ist das eine Philosophie??) Was Du schreibst über die Identität von Gott- und Nächsten- (und Fernsten-)Liebe – ja, das meine ich auch wohl. Ich *sehe* aber auch Rang-Unterschiede, weniger »moralische«, die interessieren mich wenig, aber *Größen*-Unterschiede. Es gibt klein- und es gibt großangelegte Leute. Ich halte es mit den Großen. Darum habe ich Dich gefunden – finden *müssen* mit meiner eingeborenen Wünschelrute fürs Große (ach, sprechen wir nicht von Wünschelruten ... Noch kein Wasser auf dem Grundstück. Aber Geduld.) –

Was Du schreibst davon, daß wir immer durch das Sein des anderen desavouiert werden, darüber sprach (spreche) ich in einer meiner Fünf-Minutensendungen im Bayerischen Rundfunk Samstag abend (Kirchenfunk). –

Weißt Du, ich habe es so leicht, die Menschen zu »lieben«, weil sie mich interessieren, als Schriftstellerin! Bisweilen freilich überkommt mich ein tiefer Überdruß, wenn ich ihre *kleinen* Bosheiten, ihre *kleinen* schlechten Eigenschaften sehe (Geiz, Neid, Verlogenheit kleinen Stils usw.). Dann verkrieche ich mich in eine Art aristokratischen Hochmut: Ich bin herablassend liebenswürdig zu ihnen. Aber das halte ich nie lange durch: Ich bin nun einmal besessen vom Wissen der *Einheit*: daß wir alle zusammen Christus sind. Dieses Wissen *lebe* ich (oder: es lebt mich, wenn ich so sagen kann).

Du kommst erst am 2. März? Oh – ! Aber ich bin ja vorher auch nicht da (Ätsch), wenn auch, zugegeben, nur am 24./25. [Februar] nicht, da bin ich in Milano, wo ein erlauchter Kreis über mein »Abenteuer der Tugend« diskutiert und ich (in Italienisch) das Schlußwort sprechen muß. –

[...]

Ich lese übrigens langsam und gründlich Heideggers Einführung in die Metaphysik weiter, daneben Teilhard (zur Zeit einen Aufsatz über die Bildung der Noosphäre). Schade, daß ich nicht Philosophie studiert habe. Es fällt mir so leicht, dies alles zu erfassen (*meine* ich wenigstens!!)

Fisch, lieber Fisch, ich lebe mit Dir, bin bei Dir, bekomme von Dir Mut und Hoffnung und Kraft, ich warte auf Dich!

Dein Wuschel

Roma, 15.2.64[9]

Ich habe gestern noch Deine Platte gehört (Lösch den Geist ...) Das Ganze ist aufregend. Schon sehr kühn!!! Du sprichst *sehr* gut. Ungemein sympathisch diese Stimme (nicht nur *mir*!!) Aber was ist Tutiorismus? Warum gebrauchst Du Wörter, die kein normaler Mensch versteht??? – Schöne Sätze kommen vor: »Schuldhafter Mangel an schöpferischer Phantasie!« Darüber ist viel nachzudenken. –

Übrigens der Heidegger gebraucht ganz wenige Fremdwörter. Eigentlich nur, wenn er zitiert. Was er in Deutsch sagen kann, sagt er in Deutsch, und dadurch ist er gezwungen, sehr genau auszusagen und bisweilen alte Wörter neu zu beleben. Das gefällt mir. Früher war ich gegen dieses »Deutschtum«, aber ich glaube, daß man dadurch viel lernt im Denken und auch, dabei, in der Sprache. –

Übrigens, als ich so meine kleine rote Azalee anschaute, kam es mir, daß diese Dinge sich selbst aussagen. Diese Pflanze sagt: Pflanze, Blüte, grün, rot, Zweige, Wurzel, Wachstum, Assimilation, Erde, Licht, Geruch usw. Aber sie sagt es sozusagen in *einem* Wort (einem Dauer-Wort): »Ich-bin.« Oder: »Ich-bin-Pflanze.« Du, ich bin natürlich jetzt von Heidegger angesteckt; aber *gefühlt* habe ich das von

je, dieses *Sein* im Seienden. Manchmal fühle ich, wie die Dinge vor Sein fast platzen und wie das Sein noch über ihre Grenzen hinausreicht, hinausstrahlt. (Bei mir setzt sich alle Philosophie sofort in Bilder um oder – und – in erfahrene, gefühlte, gelebte *Wirklichkeit*. Nicht: *cogito ergo sum*. Sondern: denkend lebe ich, lebend denke ich. Eines bedingt das andere. Eine kann nicht sein ohne das andere.) Wobei »Denken« bei mir heißt: dem Kern eines Wesens (eines »Seienden«) ganz nahekommen, vielleicht ihn *berühren*, vielleicht sogar *in* ihn eindringen.
Rede ich dummes Zeug für das Ohr eines gescheiten Mannes? Sag mir's mitleidlos, denn ich will ja *lernen*. Ich bin so glücklich, daß Du so profund gescheit bist (jedenfalls fand ich noch keinen Gescheiteren, *schöpferisch* Gescheiteren. Vielleicht, wenn ich den Teilhard gekannt hätte …? Aber der redet *nicht ganz* »unsere« Sprache. Aber »toll« gescheit ist er, und eine schöpferische Phantasie hat er – anbetungswürdig, möchte ich fast sagen. Liest Du ihn nicht doch???
- Hab auf Post gewartet. Heute nichts von Dir. Du hast vergessen mir zu schreiben, wann Du in Bremen bist.
Hab schon sieben Seiten vom Neuen geschrieben. Hat noch keinen Namen, keinen Titel meine ich. –
Jetzt geh ich auf den Markt, Kartoffeln kaufen und Gemüse, und den Brief (und andere) zur Post bringen. Ich bin wieder ziemlich »in Ordnung«. Ich reagiere heftig auf Bakterien, bekomme hohes Fieber und bin am übernächsten Tag gesund. (Ich rede von dem Ärger mit den Kritikern.)
Ich glaube, außer Dir versteht mich *niemand*. M.A. fühlt mich, aber Du kennst mich auch reflex. Ist gut so! Danke!
Ich las, nebenbei, Balzac »Tante Lisbeth«[10] – Du: phantastisch gut. Und Pascal (was seine Schwester über ihn schrieb). Aber *dessen* Art von Askese mag ich nicht. Niemand durfte ihn lieben, darum war er kratzbürstig zu allen … Verrückt!

Wieder einmal an einen Anfang zurückgeworfen

Roma, 16.2.64,
erster Fastensonntag[11]

Mein Fisch,

Dein Brief gestern – der schönste Liebesbrief, den ich je von Dir und überhaupt bekam! Der Gedanke, daß die ewige Seligkeit in der Liebe zu *einem* Menschen erfahren wird, ist aufregend. Was würden da jene sagen, die immer noch beten: »Mein Herz ist klein, kann niemand hinein als Du mein liebes Jesulein« …? Ja, deren Herz ist eben so klein, daß niemand hinein kann – und damit freilich auch das liebe Jesulein nicht! – Daß ich es für Dich bin, an der Du das alles begreifst, ist unsagbar schön für mich. Ich bin ganz bestürzt darüber, obgleich ich es ja schon wußte, vorher; aber es so glatt gesagt zu bekommen, so zu Füßen gelegt – und das «Du«, mit nichts sonst dazu gesagt, am Ende Deines Briefes, das Du, das *alles* sagt und alles enthält – ach, Fisch – ! Ein *Du* zu *haben*! Glückes genug auf Erden und in alle Ewigkeit. – Aber wie steht's denn dann mit meiner Reklusin, die nur Gott zum Du hat und eine (abstrakte) Menschheit, für die sie betet? Ist das dann nicht doch auch ein höherer Rang, von Gott aus gesehen? Ich frage Dich das im Ernst. –

Heut nacht träumte ich, jemand setzte sich im Scherz ein Tuch so auf den Kopf, daß es wie die Flügelhaube einer »Barmherzigen Schwester« aussah; alle lachten. Da nahm auch ich ein Tuch – und da war ich plötzlich in ein richtiges Nonnenhabit gekleidet, vom Kopf bis zu den Füßen, und ich *fühlte* mich als Nonne und fühlte den hohen Entschluß, »nur Gott zu gehören« –.

Ich hab heut den neuen Roman nochmal von ganz vorn begonnen, härter, straffer. Habe neun Seiten geschrieben. Dann lag ich eine Stunde halbnackig auf der Terrasse in der Sonne. Seit heut ist *richtig* Frühling. Wenn Du kommst, ist er bereits in vollem Gange, meine ich, obgleich der kalte, zwar herrlich sonnige aber windige Winter alle Knospen zurückgehalten hat. In den ersten beiden Jahren meines Hierseins blühte, laut meinem Tagebuchkalender, schon Ende Januar ein Kirschbaum unterhalb von S. Anselmo und

ein anderer am Gianicolo. Dies Jahr nicht. Und viele Mimosen sind erfroren.
Du, eine philosophische Frage, die mich brennend beschäftigt: Wie geht das zu, daß man so gänzlich unbestimmte Worte (Begriffe) wie »Gott« oder »Seele« oder meinetwegen auch »Glück« (und so fort) begreift? Woher weiß man, *was* das Ist? (Ich meine natürlich nicht *konventionelle Erklärungen* jener Begriffe, sondern ein ganz originales Begreifen.) Und wie ist dies »Begreifen« (als Vorgang) denn beschaffen? Hat man ein eigenes Sinnes-Werkzeug für solche Dinge? Mit welchen Kräften arbeitet man bei dieser Art von Begreifen des Ungreifbaren? – Darüber mündlich, wenn Du hier bist. –
Ich lese weiter Heidegger. Einige Male hat er mir im Fortschreiten seines Aufsatzes Fragen beantwortet, die ich stellte, viele Seiten zuvor. – Ich lese ihn (ich meine: diese Einführung in die Metaphysik) wie einen Kriminalroman. Ungeheuer spannend, wie er den Begriff des Seins ganz allmählich herausarbeitet mit einer Art sokratischen Methode. Oft führt er einen aufs Glatteis. »Nicht wahr, *so* ist es?« Dann soll man ja sagen, und er freut sich teuflisch, wenn er einen hereingelegt hat und man den Mörder im Kriminalroman *doch* nicht gefunden hat!
Ich bin zur Zeit geistig ungeheuer offen. Aber wieder einmal an einen Anfang zurückgeworfen. Scheinbar. Die Neu-Beginne sind ja *doch* immer Fortsetzungen! Die Spirale! Die Wendeltreppe! Aber ein bißchen unsicher bewege ich mich zur Zeit doch. – Gestern fragte mich mein humanistisch gebildeter Portier Antonio, was ich schriebe. Ich sagte: »Den Roman eines Zwanzigjährigen, eines Rebellen.« Er: »Wogegen rebelliert er – « Ich: »Gegen alles.« Er (sehr gescheit): »Und wo ist das Recht, bei ihm oder bei anderen? Wer hat die Wahrheit?« Ich: »Keiner. Und jeder. Jeder hat einen winzigen Zipfel der Wahrheit, ob Christ, ob Atheist, ob Mohammedaner, Hindu … Aber vielleicht, so glaube ich, ist *unser*, der Christen, Zipfel doch größer als der der anderen?« Er: »Ja, das meine ich auch.« Das überraschte mich, weil er, Protestant aus Venedig, ganz indifferent scheint in religiösen Fragen. – *Solche* Gespräche führen wir!!!

Abends:
Ich bin, plötzlich *entschieden*, am späten Nachmittag spazierengegangen … und zwar am Tiber entlang rechts (wo wir sonst mit dem Auto fahren) fast bis zum Ponte Vittorio Emmanuele (bei St. Peter) und auf der linken Seite wieder zurück, etwa eineinviertel Stunden, es war herrlich, der Tiber grün (kalkig grün, fast wie ein echter Gebirgsfluß), der Himmel auch ein wenig grün, Sonne vor dem Untergehen, dann beim Rückweg über den Aventin die ganz junge Mondsichel zwischen Palmen, rechts ein Stern, die Venus wohl; ich rieb meinen Ring, Du weißt: griechischer »Aberglaube«, man darf sich dabei (beim jeweils ersten Sehen des neuen Monds) etwas wünschen, – das erfüllt sich! … […]

17.früh:

Fisch, Dein großer, schöner Trostbrief! *Dank! Hat mir tief geholfen.* Jetzt lauf ich zur Post. Es regnete plötzlich, wieso, war gestern doch warme, helle Sonne! Jetzt *ist* aber Regenzeit, *muß* sein, der Felder wegen. – Hat schon wieder aufgehört. Während ich Deinen Brief las, wurde es heller und immer heller. War wie ein Wunder, ein kleines, liebliches. *Dank.* *Dein Wuschel*

Roma, 19.2.64[12]

Liebster Fisch,
ich bin vornehm geworden, habe Briefpapier drucken lassen!!! den allerersten Bogen für Dich, mit einem Gruß, den ich noch selber nach Termini bringe, damit er noch fort- und ankommt. Aber es steht nur wenig drin! Ich bin nämlich ganz tief in Arbeit an einer Erzählung, die mir zwischen dem neuesten Roman gekommen ist und Dringlichkeitsstufe 1 beansprucht. Ich schreib Dir heut abend oder morgen ausführlicher. Inzwischen hast Du ja einige *lange* Briefe von mir bekommen. Ich von Dir auch: *schöne* Briefe, die ich drei-, vier-, fünfmal lese, um sie auszuschöpfen.
Mir geht's gut, *da* ich arbeite, sonst bin ich zur Zeit nicht vorhanden, eben nur als Arbeitende. Das ist herrlich, nicht »ich« zu sein, sondern eine Arbeit zu *sein* (nicht zu machen).

Jetzt lauf ich zu Fuß nach Termini. Hab so ein Bedürfnis nach Luft und Bewegung. Gestern die ersten blühenden Bäume gesehen!!!

Dein Wuschel

Roma, 20.2.64[13]

A.S.: Deine Briefe sind jetzt immer alle *so* schön! Steht so viel drin. *Danke!*

Liebster Fisch,
eigentlich sollte ich auch mit Maschine schreiben, um Deine Augen und Deine Zeit zu schonen. Aber wenn ich das täte, würde mir das Herz davonlaufen, die Finger könnten nicht nach, und ich würde mir einbilden, was »Literarisches« zu schreiben. Nein, ich brauche die Hand und den Kontakt mit der Feder und dem Papier. Ich bin eine ganz altmodische Person.
Also ich gratuliere zu dem Orden[14]. Man trägt so was meist um den Bauch, da heißt's dann Hosenbandorden … (Oder unter'm Knie?) Schenk es mir! Ich besaß schon einmal den »Pour le mérite« (Plural oder Singular?), sehr hübsch, wollte immer eine Brosche daraus machen lassen, aber Orff ließ mich nicht. Es war nicht *seiner* (*er* hatte – hat – ihn auch –), es war der von seinem Großvater (die kleine Ausgabe, die man behalten darf, während man den großen nach dem Tod weitergeben muß. – Schön gesagt: stell Dir den Toten vor, der seinen Orden … usw.) Der Orff-Großvater hat ihn für seine kriegerischen Verdienste *gegen* Napoleon gekriegt oder vielleicht *mit*, wer weiß.
Aber, aber … wie kann einer nur so gar keinen Respekt vor Orden und Ehren haben. Die Jugend von heute …
Jedoch hingegen der Dr.h.c. (theol. oder phil.?) von Münster[15], der gefällt mir. (Mußt Du da nicht nach Münster? *Wann*? Fahren wir zusammen?) Kann ich dem Baptist [Metz] einen Kuß dafür geben bei passender Gelegenheit?
Ich hab von meiner Erzählung, die mir zwischen dem Roman kam, in drei Tagen 29 Seiten geschrieben, ist bald fertig, regt mich selber sehr auf. Heißt »Hinkela«, weil die Frau, die den kleinen Judenbuben

versteckt und mit ihm sterben muß, hinkt und weil ihr Mann sie Hinkela nennt. Ich meine fast, es ist eine *gute* Geschichte, ganz trocken hinerzählt, nur Fakten. Manchmal denke ich, daß meine blöden Kritiker noch nie gemerkt haben, was Dr. Hirsch sagte: daß meine Spannweite in *Stoff*wahl und auch in der *Form*wahl beträchtlich ist. Die »Hinkela« ist völlig anders als der »Septembertag« und ist doch »ich«[16]. Ich bin wieder ganz ruhig über all das. [...]
Deine Idee von einem weltlichen Konzil ist großartig. Das müßte der Unesco vorgetragen werden. Tu es! Mach eine Denkschrift nach Ende Eures (unseres) Konzils. Schreib auf, wie Ihr es gemacht habt, Euch nicht totzubeißen. Ich mein's ernst!
Also der Frings, der gratuliert fernsichtlich dem Fisch. Ich werde ganz schüchtern vor Dir, dem so Hoch-Geehrten. Aber außer dem Baptist [Metz] weiß doch keiner von all denen, wer Du wirklich bist. – Was *Du* bist, das kann auf Erden nicht gefeiert werden. Drüben (im Himmel, mein ich) dann: mit einer kleinen goldenen Krone aus der Hand einer schönen Frau, die Madonna heißt. (Brauchst die Krone nicht immer zu tragen: nur bei Staatsempfängen.)
Bei uns ist's frühlingswarm. – Am Montag fahr oder flieg ich (noch unentschieden) also nach Milano, bin Dienstag nacht oder Mittwoch vormittag wieder zurück. Mag eigentlich nicht. Ich hab schöne stille Tage hinter mir: kein Aldo, kein Pater Johannes, kein alter Jude. Vorgestern abends waren die Michaels da, wir haben den Geburtstag von *Fräulein* Michael vorgefeiert, er ist morgen. Ein Fisch auch. Sonntag muß ich mit Pater Johannes feiern, der hat am Montag Geburtstag. Am 27. [Februar] der Christel. Am 5. [März] – wer dann? Hab's vergessen. – Deine Mutter schrieb, ich soll ihr schreiben, was Du für Dein Münchener Zimmer brauchst. Wenn *ich* das wüßte! Ich weiß nicht, was *ich* Dir schenke. Doch, etwas schon. Ist aber zu wenig. Ach, komm doch endlich. 21., 22., 23., 24., 25., 26., 27., 28., – was, ein Schaltjahr auch noch? 29. [Februar], 1., 2., 3. [März] – *zwölf* Tage! Vergehen aber schnell, besonders da (für mich) Milano dazwischen ist.
Ich lese zur Zeit (neben Heidegger) Voltaire. Las noch nie vorher etwas von ihm. Bin *entzückt* von seinem Witz. »Zadig« las ich heute,

eine Art Geschichte wie aus Tausend-und-eine-Nacht. Aber höchst französisch, gescheit, ironisch. Elegant mit einem Wort, ohne oberflächlich zu sein und durchaus nicht atheistisch. Ich hab nämlich gelernt, Voltaire sei ein gottloser Spötter gewesen. Was man so lernt – es ist schon ein Graus. Ich fange, glaub ich, jetzt erst an zu lernen. Bin neugierig, wie eine Studentin im ersten oder zweiten Semester. Das kommt daher, daß ich bei Dir das Denken gelernt habe. Im Ernst! Dies ist (beinahe) der einzige *ernste* Satz in diesem Brief. Und noch was Ernstes:

Ich hab dich lieb natürlich!

Dein Wuschel

Roma, 22.2.64

Liebster Fisch,

ach, wie langweilen mich doch die Menschen! Gestern, von der »Anima« eingeladen, ein Diskussionsabend (ist jeden Monat), diesmal berichtete ein Journalist über Israel und Jordanien, er war mit dem Papst dort, aber er zeigte nur Lichtbilder vom Hl. Land, (ich kannte das ja alles), und erzählte oberflächliches Zeug. Und von all diesen Leuten geht soviel Langeweile aus, Selbstgenügsamkeit, vorletzte Intelligenz, (ich meine: von allem wissen sie etwas, aber eben nur das Vorletzte, und meinen *alles* zu wissen) – *Du* hast mich derart verwöhnt mit Deinem Geist, daß mich (beinahe) alle anderen zu Tode anöden. – Heidegger ist bessere Gesellschaft. Ich las heut morgen wieder weiter. Du bist doch merklich Heideggerschüler, finde ich, trotz aller Verschiedenheit ist Deine *Methode* (*die Art*) des Denkens Heideggerisch. Stimmt's? Oder kommt Ihr *beide* anderswo her, etwa von Husserl? Nur über Gertrude Stein, nein, *Edith* Stein – Gertrude Stein ist eine englische Schriftstellerin, die den berühmten Satz schrieb: »a rose is a rose is a rose is a rose«, was ich so gut verstehe und der *auch* Heideggerisch ist, oder nicht?) Jetzt werd ich Dir bald mit meinem ganzen alten Heidegger zum Hals raushängen! Und der Alte weiß nicht mal, was für eine begeisterte späte Schülerin er hat. Soll ich's ihm schreiben, dem Auch-Nazi (ich mein: dem Unter-anderem-auch-Nazi-gewesen-Seienden)?

23. früh:

Gestern mit Pater Johannes Geburtstag gefeiert hier bei mir, mit Tee und Kuchen, er hatte sich Andersens Märchen gewünscht. Er lehrte mich die gedruckten griechischen Buchstaben lesen im Heidegger. Mir fehlt doch die humanistische Bildung ganz schrecklich. Oh über meine Eltern – wie leicht hätten sie das so begabte Kind aufs Gymnasium schicken können! Aber nein: schon das Lehrerinnenseminar schien ihnen eigentlich zu intellektuell. Ist schon ein großer Verlust für mich. Aber es ist wie es ist. Basta. – Jetzt fahr ich zum Campo Santo, wo es, in der Kirche schrecklich kalt ist und unliturgisch und häßlich (die Kirche als Bau). Aber ich muß »Punkte« sammeln, sonst begraben sie mich einmal nicht dort. Aber das könnte mir eigentlich gleich sein. Oder? Neben Dir oder M.A. darf ich ja sowieso nicht liegen, nicht mal als Tote...! –
[...]

Nachmittag:
Ich sitze übrigens vor einem riesigen Strauß der herrlichsten, roten, langstieligen Rosen. Von einem Liebhaber, einem Anbeter bekommen. Er ist 23 Jahre, ich kenne ihn nicht, er ist Schweizer und schrieb mir einen Liebesbrief, schickte auch ein fotografisches Selbstporträt von sich (Mischung aus Christus und Zigeuner) und zwei Gedichte, von denen eines sehr gut ist. Komisch – er weiß doch, wie alt ich bin, – der Bub!
[...] *Dein Wuschel*

Roma, 26.2.64[17]

Mein Fisch,
Dank für drei Grüße aus Bremen, Dank für alles Schöne, das Du mir darin sagst. Eigentlich lohnt es sich gar nimmer, daß ich Dir schreibe, denn Du kommst ja schon bald! Aber Du sollst doch eben erfahren, wie es in Mailand war. *Gut* war es! Überall Plakate: »Luise Rinser cristianèsimo non conformista.« Am Abend sprach zuerst der Direktor der Deutschen Bibliothek, in Italienisch, dann Pater Sommavilla (S.J.! auch in italienisch) über mich und zwar eigentlich darüber, daß

ich den Begriff der »virtù« wieder gereinigt habe (als »Kraft«), im Sinne von Thomas von Aquin. Er sagte auch, daß dieses Buch (Abenteuer der Tugend) ein Vorgriff aufs Konzil gewesen sei und jetzt erst verstanden werden könne (er meint wohl: von seiten der Kirche). Alles in allem ein großes Lob insofern, als er mich im theologischen Sinne ganz ernst nahm und natürlich im Literarischen sowieso. Ein Teil seines Vortrags ist abgedruckt in der Zeitschrift »Letture« (rassegna critica del libro e dello spettaccolo). Sehr gute Zeitschrift, übrigens. – Pater Sommavilla schenkte mir ein dickes Buch von sich über zeitgenössische Literatur (nicht nur christliche oder katholische, aber es heißt: »Incognite Religiose«. Er schrieb hinein: »Con profunda ammirazione«.) Er ist vielleicht 45 Jahre alt oder jünger, mit einem sehr guten Kopf, klein, dicklich, mit weichen Bewegungen ganz sonderbar, aber wirklich gescheit, weltoffen, ein wenig scheu zugleich, sicher ein sehr warmer Mensch, der sich aber wieder in sich zurücknimmt, hat es wohl schwer mit sich. Aber diese Jesuiten da in dem Centro culturale machen eine Menge guter Sachen, sind sehr »auf Draht«. Sehr lieb ist Pater Fàvaro. Man war überhaupt sehr lieb zu mir. Zu dem Abend kam auch der Generalkonsul, da wäre ich auch gestern zum Essen eingeladen gewesen, aber ich hatte schon einen Platz in dem Rapido bestellt und bezahlt, und zog es vor, nach Rom heimzufahren, statt in dem frostigen Mailand zu bleiben, in dem es zu allem Überfluß auch noch schneite! Bis Bologna schneite es. Aber hier ist Frühling! –
Ich bekam von meinem Verleger Mondadori einen *riesigen* Fliederstrauß (weiß), der jetzt vor mir steht auf dem Schreibtisch, ich sitze fast wie unter einem Bäumchen, der Flieder duftet nach Frühling, macht sehnsüchtig nach – ich weiß nicht was – nach *allem.* – Obgleich man mich also gefeiert hat und obgleich ich hernach, nach dem Vortrag, an der Begrüßung durch viele Deutsche, mehr noch *Italiener*, merkte, daß ich da geliebt werde und *gelesen*, und obgleich mein italienischer Vortrag sehr gefiel (sie drucken ihn ab in der Zeitschrift »Letture«) – bin ich in tiefer Depression. Weiß der Teufel warum (ja, *der* weiß es sicher und freut sich). Ich glaube, es ist, weil ich mich endlich als eine nur mittelmäßige Schriftstellerin erkenne, während ich bisher glaubte,

ich sei auf der Bahn nach oben, und da käme noch vieles Große. Das zu denken fällt mir schwer, macht mich trübsinnig. Ich *bin* ehrgeizig in bezug auf *Qualität.*

Ich weiß, was ich jemandem anderen in dieser Situation sagen würde und müßte. Aber wenn ich das *mir* sage, nützt es nichts. Mir würde jetzt nur der Nobelpreis nutzen als Bestätigung, aber ich fürchte, ich würde sogar den nicht gelten lassen. Ich mag nimmer in der Literatur sein. Bin lustlos, mutlos. D.h. genau gesagt: Ich möchte schreiben, aber nichts mehr drucken lassen. So wie Du es vor zwei Jahren von Dir sagtest. Genau so. Ach, wie schwer hat man es doch, sich vor und mit sich zu behaupten gegenüber einer Welt, die sich durch uns angegriffen fühlt und die uns deshalb angreift.

Es ist mühsam zu leben. Und doch geht es mir so viel besser als vielen, vielen anderen. Ich weiß. Aber gegen Depressionen (Du weißt es) ist man machtlos, ratlos. – Nun, ich komme schon darüber weg. Will meine Erzählung von dem kleinen Juden fertig schreiben, dann den Roman weiterschreiben. Ganz verborgen in mir ist der Gedanke, ich könnte vielleicht *jetzt* erst beginnen, Gutes zu schreiben, jetzt, da ich mit der Bewältigung meiner *privaten* Angelegenheiten im Roman fertig bin und offen für anderes – z.B. im neuen Roman für die Nöte eines Zwanzigjährigen. Bet dafür, daß es etwas wird – nicht meinetwegen nur (*auch*), sondern um der Jugend willen, der es helfen soll. Du siehst – ich versuche meinen eigensinnigen Kopf über Wasser zu halten.

Ich war übrigens am Montag früh nach meiner Ankunft in Mailand im Dom, in der Messe, hab auch sehr an Dich gedacht, wollte zum Karl Borromäus hinunter, da war aber ein Sondergottesdienst und geschlossen. Aber ich betete heraußen, am Gitter, für Dich. Dann war ich zuerst bei den Jesuiten, da kam ein Franziskaner mich zu sehen, der schon im »Osservatore« über mich geschrieben hat, ich weiß nicht was, im letzten September, er schickt es mir. Ein lebensprühendes Mannsbild. Diese Franziskaner sind eine Rasse für sich. Ist schon sonderbar, wie Orden *prägen.* Vielleicht kommt's aber andersherum zustande: man geht in den Orden, der einem entspricht, und dort wird dann die angeborene Form gestärkt und gefestigt. *Du* bist der geborene Jesuit! Könntest in keinem anderen Orden sein.

Aber »in der Welt« könntest Du sein. – (Ich möchte einen Aufsatz schreiben über das Wort »Welt«. Soll ich?) – Ich war in Mailand auch in einer modernen Galerie. Interessante Leute (Maler, d.h. deren Bilder natürlich). –
Nach meiner Rückkehr hierher war ich so melancholisch, daß ich's daheim nicht aushielt, ich ging in die Stadt, wollte in irgendein Kino, und siehe da, man gab »Il Cardinale«, den großen amerikanischen Film nach dem berühmten Roman. Nicht schlecht. Leider kommt da drin vor, wie der junge Priester auf eine schöne Wienerin verzichtet (Romy Schneider, die sehr gut geworden ist) – und das ging mir ein bißchen auf die Nerven; *so* ist »so was« nämlich nicht; *so* ist es *nix*. Aber was wissen denn die Leute! – Jedenfalls ging der Abend vorüber und ich vergaß mich und meine Depressionen.
Dann schlief ich von zehn bis halb neun (!!!), wachte zwar erfrischt auf, aber nichtsdestotrotz tief depressiv. Aber – da hilft jetzt nichts als: Durchhalten. Wenn ich denke, daß ich 1961 ganze neun Monate so lebte – ich versteh nicht, daß ich's *über*lebte! Jetzt hab ich Dich und doch auch M.A., den ich damals mir verloren glaubte, und die Depressionen dauern nur kurz – also, Wuschel, Ohren steif! Der Fisch kommt bald – und er kennt ja auch das alles, viel schlimmer vielleicht, aber er ist's besser gewohnt (vielleicht)...!
Verzeih, daß ich so ausführlich und penetrant nur von mir rede. Hab mich dennoch lieb! Und kumm endlich!

Dein Wuschel

Roma, 27.2.64 (Christels Geburtstag)[18]

Liebster Fisch,
Dank für viele Briefe aus Bremen und Freiburg. Fünf kamen heut miteinander an. – Übrigens hat mein Portier Antonio auch heut Geburtstag! Wieder ein Fisch in meiner Nähe. Ich stelle ihm heute früh eine große Flasche Wein und Zigaretten hinunter auf sein Tischchen. Er kam eigens herauf und war ganz verwirrt und gerührt. Der Arme wird vom Leben auch nicht verwöhnt. –

Also, nun kommst du, und dieser Brief ist mein letzter vor dem 3. [März] *Ich freu mich innen und außen und überall auf Dich!* Mehr ist nimmer zu sagen. Alles andere mündlich, so und so.
Ich bin fleißig. Wirst dann schon sehen, was da entstand.
[…]

Abends:
Mein alter Jude war zwei Stunden da. Ich komm nicht recht weiter mit ihm. Er geht mir nicht »über die Schwelle«. Ich liebe ihn wohl nicht genug. Ach – ist das alles schwer, die Verantwortung für andere! Aber Christus ist ja auch noch da.
Fisch, liebster Fisch – könnte ein Mensch sich umbringen aus Verzweiflung darüber, daß er kein Erlöser ist??? Kumm bald!

Dein Wuschel

Roma, 29.2.64

Liebster Fisch,
diesen Brief werde ich nun nicht mehr abschicken, aber ich will jetzt mit Dir reden, will bei Dir sein. Du bist jetzt der einzige Mensch geworden, dem ich *mich* mitteile. – Heut nacht sind lautlos und sanft die Mandelbäumchen explodiert: sie blühen! Über Nacht! vor der Post drüben. Als ich sie heut früh sah, ganz unvorbereitet, tat mir das Herz weh. (Als Mädchen hatte ich Angst vor dem Frühling; mochte die Bäume nur kahl!) Es ist Frühling, unwiderruflich, wieder einmal. Wie oft noch? Wie oft noch für uns? Wie wird das im Himmel sein, wenn ich mir alle Jahreszeiten (außer Winter!) *zugleich* wünsche …
Ich las wieder Heidegger. Allmählich verdrießt er mich, weil er das Christentum überhaupt nicht versteht. – Aber ich lese tapfer weiter. Denksport. Und weil mir dabei andere Dinge einfallen. Aber Heidegger ist ein Nationalist und ein Heide (halber, eben kein reiner) und also unzulänglich. Schade. Aber interessant für mich. Doch bereitet es mir stellenweise wirkliche Leiden. Wäre er Christ, wäre er groß.
Im übrigen scheint mir, es war gut, daß mich dieser R. so angriff; dadurch bin ich wieder einmal gezwungen, mich aufs alleräußerste

anzustrengen, *mich* zu finden in der heutigen Welt und die heutige Welt in mir. Der Teufel, der mich verderben will, ist doch der Geist, der, wenn er verneint, mich gerade bejahen muß; der das Böse meint, das Gute schaffen *muß* – weil ich mich dem Teufel *stelle*! Jetzt geh ich ein wenig spazieren, kurz nur, vormittags war ein Wolkenbruch, dann Sturm, jetzt ist alles trocken, Sonne scheint.

Abends:
Ich lief am Tiber entlang bis kurz vor St. Peter, Gesicht im Wind, Blick auf dem Wasser, und fuhr dann mit dem Bus 23 zurück. Dann begann ich wieder mit meinem neuen Roman, von ganz vorne. Noch nie hab ich die Qual des Schaffens *so* bewußt erlebt wie jetzt. Ach, zum Teufel – warum ist man Schriftsteller? Aber diesmal lasse ich mich's etwas kosten. Diesmal *arbeite* ich. – Doch erlebe ich etwas Dämonisches dabei: Fast bei jedem Satz, den ich schreibe, *höre* ich, beinahe mit leiblichen Ohren, wie meine Kritiker lachen und den Satz lächerlich machen. Ich schreibe gegen die Dämonen an. Das ist mir neu und ungeheuer aufregend.

Das Ineinanderspiel von Phantasie und Realität

Roma, 7.4.64, 8 [Uhr] früh:
eben Dein Sonntagsbrief! *Dank!*[19]

Mein lieber Fisch,
Dein Brief vom *3.* erwartete mich hier, der vom *2.* kam heute abend an; Mysterium der Römischen Post. (Kommt vom Poststreik!) Dank für beide. Sie sind eine warme Welle für mein Herz, das hier, so ohne Dich, ohne die Kinder, ohne M.A., doch ein wenig hungert. Macht nichts. Und zwei von Euch kommen bald! –
Ich freu mich von Herzen und vom Geiste, daß Deine Vorlesungen gelingen, bis jetzt, – und sie werden es weiter tun; der Hl. Geist ist mit im Spiel. Auf der Fahrt dachte ich viel an Dich (wie

nicht!!!?) Bei B. war's schön, aber ich halte es einfach nicht mehr aus, sieben Stunden zu reden und zu hören. So auch in Zürich. Bei Ginsberg war's *erschütternd.* Er ist jetzt in der Klinik, aber man behandelt ihn in keiner Weise, weil es kein Mittel für diese Krankheit gibt. Er liegt da, steht manchmal (unter Assistenz von zwei Leuten) auf, sitzt steif, untauglich am Tisch, muß gefüttert werden (*ich* tat es: Kaffee und Butterbrot), er hat gelähmte Hände, die Füsse sind auch schon fast ganz lahm, das Schlimmste ist die Sprechhemmung: Er spricht ganz langsam und holprig, und manchmal geht's gar nicht, dazu kommen die Anfänge der Schlucklähmung; ich meine, es wird nicht mehr zwei Jahre gehen, wie er neulich schrieb, sondern eher drei Monate, ich *hoffe* es; er wird bis zum Schluß bei Bewußtsein bleiben, wenn keine andere Sache dazu kommt. Er ist aber geistig ungemein lebendig: Er schreibt (kaum leserlich) Gedichte, ich durfte sie lesen; ergreifend, besonders eines »Abschied von der Sprache« (ich fing einfach zu heulen an – das freute ihn gewissermaßen zu sehen, daß er erschütternd wirkt im Gedicht; ich weinte aber über ihn, ihn selbst.) Außerdem diktiert er seine Lebenserinnerungen, aber er wird nicht weit kommen, denn das Sprechen (die Sprache) wird versagen. Er lebt jetzt rasch auf den Tod zu. Er sagt, er opfere alles, damit seine zweite (geschiedene) Frau sich und Gott findet. Diese Frau, die ihn betrog, kommt jetzt täglich zwei Stunden zu ihm, das klingt schön, aber er mißtraut ihr; er sagt, sie tue es, damit es so aussähe, als stünden sie sehr gut miteinander. Er wollte, daß ich sie besuche; sie war nicht daheim; wir telefonierten; mir wurde ganz schlecht dabei, buchstäblich schlecht, weil ich fühlte, daß sie lügt (sich selbst und andere belügt). Ich sagte ihr in tiefster Sorge, daß, wenn sie Ginsberg noch einmal betrüge und er es erführe, dies sein Tod sei. Sie war verblüfft und stellte sich, als hätte sie ihn nie betrogen; aber ich weiß es natürlich. Wie er sie nur noch lieben kann nach alledem? –

Bei Benziger habe ich den Vertrag für das Buch von Tanjas Russischen Geschichten gemacht! Ist also perfekt. Sie bekommt sofort 1500 Deutsche Mark Vorschuß. Das ist für sie eine große Summe. –

[...]

Heute wurde das Haus abgesteckt. Die Pfirsichbäumchen blühen, die Feigen haben frische grüne Blättchen. Ich *freu* mich auf Haus und Garten und Stille. –
Eben waren unangemeldet zwei junge Leute da (Deutsche, Bruder und Schwester), von denen einer für eine Italienerin, die eine Doktorarbeit über mich schreibt, einiges von mir wissen wollte. Komischer junger Mann, der alle meine Bücher liest, aber meine Nina haßt, weil sie so »unmoralisch« ist. Ein ganz harter Puritaner! (Stark katholisch!) Ich hab ihm einiges dazu gesagt. Die Schwester, zwei Jahre jünger als er, hing stumm an meinem Mund und gab mir recht (mit vielem Nicken) *gegen* ihren Bruder. Der ist der reinste Moraltheologe alten Stils! Gräßlich. Das gibt es heut also auch. Dabei ein schöner Junge. Rheinländer. Ich sagte ihm, daß er aus Trotz handle, weil er anders sein wolle als die anderen. Das traf ihn. – Alles ist sehr kompliziert! –
Aber ich bin müd jetzt vom Reden. Ich mag nimmer. Es martert mich geradezu. Ich bin so weit weg von all diesen Problemen, muß aber des neuen Romans wegen *gerade* darin sein.
Ach, lieber Fisch – komm bald! Wer sonst redet mit mir über das, was wichtig ist? Und wer hat einen schönen Dienstag-Orden? Also: komm bald, bald.

[…] *Dein Wuschel*

Rom, 10.4.64[20]

Mein lieber Fisch,

[…]

Inzwischen war ich auf dem Grundstück; einen Nachmittag verbrachte ich mit Pater Johannes; einen Abend mit Aldo, Christels Freund. Morgen mittag muß ich zum Essen zu K., endlich einmal tu ich es. Sonntag nach der Kirche Frühstück bei den Michaels. Und inzwischen eben Post, Post. Ich hab Angst, den neuen Roman weiterzuschreiben. Ob das was ist? –
Ich bet fest für Dich, daß Deine Vorlesungen gut werden. Sie werden es. Je mehr Lampenfieber ein Schauspieler hat, desto besser wird die Aufführung. –

Ich hab vor, über Pfingsten nach München zu fahren und es so einzurichten, daß ich eine Vorlesung von Dir hören kann.
Mir werden Menschen immer beschwerlicher. Ich mag sie, ja, aber sie machen mich rasch müde mit ihren Problemen. Ich könnte eigentlich allen nur sagen: »Ertragt's und betet, das ist alles, was Ihr tun könnt«. Aber damit ist keiner zufrieden.
Hier ist Frühling. Zwar gibt's jeden Tag eine kleine Eintrübung, aber meist ist's herrlich, seit heut auch warm, aber angenehm, nicht schwül. Komm bald, Fisch, komm!
[...]
Du, mir sitzt noch immer der Schrecken von Ostermontag im Herzen – als Du glaubtest, mich verlassen zu müssen und es zu *können*. Ist ein Alptraum! Nie wieder so etwas!
Nun schreib ich nicht mehr, meine ich. Du kommst ja bald.
Tausend Grüße und mehr, ganz frühlingshaft warme!

Dein Wuschel

Roma, 28.4.64

Liebster Fisch,
vielleicht kommt der Brief noch vor dem Christel in München an! Ich bin seit Deinem Abflug noch nicht »zu mir« gekommen. Zuerst hab ich abgespült, aufgeräumt usw., dann (damit »Ruhe ist«) den Pater Johannnes eingeladen, der lästig war und »Du« sagen möchte zu mir, was ich rundheraus ablehne (ich übergehe seine Bitte glatt), dann war's Abend und ich schrieb noch drei Seiten Roman. Seit gestern beschäftige ich mich unaufhörlich mit dem Haus, denn es hat sich herausgestellt, daß der Hang doch so sehr abfällt, daß von der Kapellen-Ecke bis zur rechten vordern Hausecke *zwei Meter* Höhenunterschied sind: Das sah man vorher einfach nicht, man glaubt es auch ohne Wasserwaage nicht, und jetzt müssen wir uns etwas einfallen lasse, wie man's ausgleicht, ohne teure Erdbewegungen zu machen. Christel und ich kauften zwei Bücher darüber und studierten eifrig und haben schon Pläne. Heut treffen wir uns mit dem Architekten draußen. Gestern mittag war ich mit Christel am Meer, ich bin ganz braun geworden von dem

einen Mal; es war herrlich. Abend waren wir bei S., aber es war sehr langweilig, was vielleicht meine Schuld mit war, weil ich zu einem »geistigen Gespräch« unfähig war; allerdings wurde auch von den anderen nicht der geringste Versuch zu einem solchen gemacht. Ich mag und mag und mag die Leute nicht. Christel auch nicht. Sie sind so katholisch-machtpolitisch! Aber schön saß es sich auf ihrer Terrasse hoch über Rom, und die Sonne ging unter, pflaumenfarbig, und der Vollmond ging auf, und ein Brünnlein plätschert auf der Terrasse, und die Venus stand groß über uns (was hilft's –) *Me ne impipo*, zu Deutsch: »Ich pfeif drauf.« Auf was? Auf S.s und die Venus. Ich will arbeiten! Sonst nichts. Ich tu's jetzt, bis Christel vom Meer kommt und wir zum Haus fahren. Bist Du nett geflogen mit Ratzinger? Daheim, d.h. in München alles in Ordnung vorgefunden?

[…] *Dein Wuschel*

Roma, 1.5.64[21]

Mein lieber Fisch,

nun hast Du zwei Briefe von mir (einen kleinen durch Christel) und ich hab erst einen einzigen, aber sicher kommt morgen etwas.

Gestern also fuhr Christel, und er fehlt mir, ich bin jetzt ganz allein! Mein Geburtstag verlief so: Zuerst, fünf Uhr 45 Christels Abfahrt. Dann Messe. Dann der unvermeidliche Pater Johannes, der auf mich wartete; kurzes Gespräch. Dann, nach dem Frühstück, in die Stadt, zum Frisör und einiges besorgen. (Ich machte mir ein Geschenk: eine Plastikdose mit drei Fächern, zum Mitnehmen von Eßsachen ans Meer, wenn ich mittags draußen bin. Tolles Geschenk! 1200 Lire. Ist sehr viel.) Nachmittags eineinhalb Stunden Besprechung in der Stadt mit einem Italienischen Germanisten, Bologna, der viel über mich schon schrieb. Dann eine halbe Stunde allein Kaffee getrunken in der Sonne am Pantheon. Dann eineinhalb Stunden in der Kirche Maria Sopra Minerva bei der Feier der Hl. Caterina zu Ehren. Viel gebetet. Dann zu Fuß zu Michaels. Dort bis 10 Uhr. Dann daheim vor der Tür Blumen vorgefunden: Riesenstrauß roter Rosen. Leider von niemand »Besonderem«, sondern von meinem 26-

jährigen, mir persönlich unbekannten Verehrer. Und Telegramme. Und Briefe. So daß mein abgearbeiteter Poststoß wieder die frühere Höhe bekam. Sisyphos!
Es war aber ein stiller Geburtstag, weil ich früh am abend in der Kirche war und *innerlich* sehr still war.

2.5.:
Zwei Briefe von Dir, liebe, schöne, gute! *Danke!* Ich habe heut wieder mit dem Roman begonnen, von neuem, 20 Seiten geschrieben, aus dem Alten mit Neuem dazu, eine seltame Sache wird das. Die Langgäser schrieb einmal: »Ich arbeite wild, ich stürze mich ins tiefe dunkle Wasser, nicht wissend, ob ich einen Fisch (!!!) oder einen alten Stiefel herausfischen werde ...« (– so ähnlich). So geht's mir, so geht's Dir. *Du* hast sehr viele Aussichten, Wertwolles zu fischen, weil Du ein gutes Netz hast und Dein Fischwasser kennst und ein Geübter bist im Fischen. Aber ich –! Ich kann nicht, was ich können *möchte*! Ich hoffe, im Verlauf dieser Arbeit viel zu lernen. Es ist eine *schwere* Arbeit, eine verrückte: dies Ineinanderspiel von Phantasie und Realität innerhalb des Fiktiven, und dazu die echten Probleme eines jungen Menschen von heute –. Die Lust am Spiel, am Formalen darf den Ernst der Probleme nicht verdrängen, und umgekehrt auch nicht!
Du, ich mag aber zu Pfingsten *doch* kommen. Ich »mag« einfach, da ist nix zu machen. Am Mittwoch vor Pfingsten fahre ich ab, bin Donnerstag nacht in München! (Schenkst Du mir Deinen H.c.–Doktorhut? Du hast ja schon einen und ich keinen ... Ist er hübsch? Kann ich rote Kirschen und ein blaues Band dran machen?)
Nein: keine blasse Freundschaft zwischen uns. Nein! Du hast recht. *Das* geht nicht. Wir werden's schon lernen, es recht zu machen: dem Eros *seine hier* mögliche Form zu geben.
Dank für die Geburtstagsmesse. Ja, seltsam, das hab ich mir auch schon gedacht, schon oft, daß man zugleich das Fürchterlichste miterlebt: Christi Tod und dabei das *Leben* feiern. Aber das ist doch richtig: *dafür* starb ja Christus – fürs Leben, nicht für den Tod. Unser Leben kommt aus seinem Sterben. – Wenn ich in der Messe plötzlich freudig gestimmt bin, denke ich: »Meine Freude, Herr, bist ja

Du. Dein Tod ist mein Licht.« Und dann kann ich ihm nichts anderes anbieten zum Dank, als eben meine Liebe – und meine anderen »Verzichte«. –
Du nennst Dich einen alten Bären, der mit mir tanzen möchte. Kannst Du tanzen? Ich bin jetzt 53 (dreiundfünzig, in Worten) – also eine alte Kuh. Ein alter Bär, eine alte Kuh, das gibt ein Tänzchen ... Aber weißt Du, wir zwei, wir sind jünger als viele, weil wir geistig in ständiger Bewegung sind, und vor allem *Deine* Einfälle sind jung!

[...] *Dein altes Wuschel*

Roma, 4.5.64[22]

Liebster Fisch,
eben wieder ein Gruß von Dir. Zwei kleine, kleine Briefchen, aber liebe! Ich arbeite wie wild an dem Roman (*Neu* begonnen!). Heut 15 Seiten. Bin auf Seite 33. Mittags war ich am Bau und hab Grundstein gelegt. Ich ganz allein (mit den Maurern natürlich). Der Grundstein unter der Kapelle. Wo sonst. M.A.'s Kreuz, von Dir eine winzige Münze, die Du mir einmal geschenkt hast (eine Medaille, keine Münze, mit der Madonna, jemand hat sie Dir bei Rupert Mayer geschenkt) und eine Medaille von der Lourdes-Madonna, die mein Vater bis zu seinem Tod bei sich hatte, und M.A.'s Osterwasser darüber gegossen, und das Datum in Zement, und eine normale Münze von heute, das wollte der Maurerpolier so, Stein drüber, zugemauert. Ich hab still gebetet, die Sonne schien, der Wind wehte und gute Geister ließen sich nieder, es war zu spüren. Das Haus ist schon auf zwei Seiten ein Meter hoch! Die Garage ist sozusagen fertig.
(Meine Hand ist müd vom vielen Schreiben, Du merkst's an der Schrift.) Jetzt bin ich überhaupt ausgepumpt, und jetzt kriegst *Du* zur Abwechslung einen Brief, in dem gar nichts Gescheites steht! Aber wenn Du hier wärst, hätte ich schon einiges zu sagen. Weißt Du: man müßte am selben Ort leben, und wenn man nach getaner Arbeit Lust hätte, sich zu sehen, müßte man das können! – Ich komm aber bald.

Himmlisches Wetter! Ich hab heut draußen einen Spaziergang gemacht – die schlechte Straße hinunter (am Grundstück vorbei) zwischen hohen Hecken, es roch nach Kindheit, nach Brennesseln und Haselnußlaub und bitteren Kräutern und nach Erde und besonntem Bahndamm (weißt Du, da, wo nix mehr drauf fährt leider!) – ich war ganz still für mich glücklich, nicht sehr, aber genügend glücklich, um zu wünschen, nie unglücklicher zu sein!
Gestern auf dem Markt an der Porta Portese (wo wir waren) fand ich zwei kleine Steinlöwen, alte, verwitterte (zutrauliche!), sehr hübsche, die kaufte ich, sie liegen jetzt auf meiner Terrasse, ich liebe sie innig, sie kommen rechts und links an den Kamin draußen im Haus. Ich hab ihnen gestern die Gesichter gewaschen, sie konnten vor Dreck nicht aus den Augen schauen!

Auf *b-a-l-d*!
Dein Wuschel

Roma, 6.5.64

Liebster Fisch,
[…]
Ich mach bei der Romanarbeit gelegentlich überraschende Funde in mir. Ich kann *auch*, was andere können: mit Worten spielen. Es wird, glaube ich, doch was Interessantes in der Form. Vom Inhalt hoffe ich, daß er was taugt.
Jetzt ist's neun Uhr abends und ich bin müüüde (bedeutet Gähnen). Gestern abend hab ich Dich ganz besonders heftig herbeigewünscht, ich bin doch allein ohne Dich. Mit wem kann ich *so* reden, daß auch noch die Pausen zwischen den Sätzen sinnvoll sind???!

Ganz bald sehen wir uns!
Dein Wuschel

P.S.: 8.5.[64][23]
Jetzt hab ich den Brief in der Tasche vergessen –! Drum per express. Damit Du nicht *zu* lang warten mußt. – Eben kam der Deine vom 5. – Dank! Bin so froh darum.

Gestern war der S. Pater *wieder* da, drei Stunden und hat mir vorgeklagt und schreckliche Beschuldigungen gegen M.A. vorgebracht, auch wegen dessen Sekretärin (Du weißt) und daß alle sie »Frau A.« nennen und glauben, es sei »was« zwischen ihnen usw. Ich hörte mir alles ruhig an, war dabei fast ohnmächtig. Was tu ich? Sag ich's M.A.? – Ich *glaube*, ich komm schon eher nach München und kann dann vielleicht *doch* Deine erste Vorlesung hören.
Bin arg nervös. Macht nix. Bet für M.A. und mich!

Auf bald, ganz, ganz bald!
Dein Wuschel

Roma, 9.5.64

Liebster Fisch,
ich bin schon *vor* Dir in München, hoffe ich, und gratuliere Dir zum H.c.-Doktorhut. Laß ihn Dich erfreuen, weil ich mich dran freue, daß Du geehrt wirst.
Ich möchte Dir vieles sagen, hab drei ganz schreckliche Tage hinter mir, wegen der Anschuldigungen gegen M.A., tauche eigentlich jetzt erst ein wenig aus dem Sumpf auf, gegen Abend, nach der Matutin [lat. nächtliches Stundengebet] in S. Anselmo und sehe, daß der Teufel sich in jenen Pater verkleidet hat, um etwas Schönes, Großes zu zerstören. In meinem Credo steht: »Und ich glaube an den Teufel, den Allzerstörer (so man ihn zerstören *läßt* ...)« Glaubst Du an den Teufel? Ist er so etwas Wirkliches wie Gott? Muß er wohl sein. (Luzifer!) Und wie es unendlich viele Engel gibt, Augenblicksengel auch, gibt, so gibt es auch viele, viele Teufel, dumme und furchtbar gescheite, ordinäre und höchst subtile – je nach Bedarf.
(Du kannst mir für diese Erkenntnis ein Stück der Krempe Deines Dr.-Hütchens geben!)
Ich finde soeben, daß wir neueren Schriftsteller alle die Sprache, die überkommene, sprengen wollen. Neue Interpunktionsweise, Wiederholungen usw. – wir fühlen uns beengt im Überkommenen. Das ungeheuer Neue unserer Zukunft (die schon beginnt) paßt nicht mehr in die alten Schläuche und Körbe. So geht es auch Dir. Du mußt *schweigen*, um wirklich alles sagen zu können. In einem einzi-

gen Augenblick Deiner schönen Augen müßtest Du uns Gott zuwerfen. Und das tätest Du ja auch am liebsten.
Vieles andere mündlich – ganz, ganz bald. Ich freu mich

Dein Wuschel

[Es folgen mehrere witzige Zeichnungen: »Modelle für Dr.-Hüte«]

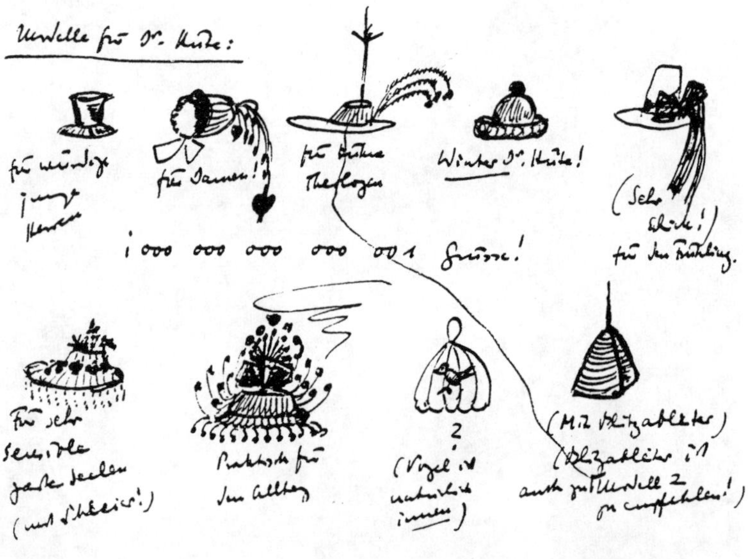

Roma, 26.5.64[24]

Mein lieber, sehr lieber, sehr naher Fisch,
ich bin froh über Deinen Anruf gestern. Freilich weiß ich, daß Du Dir heroisch Mühe gibst, mich nicht merken zu lassen, wie es Dir zumute ist; aber andererseits meine ich, daß gerade dieses Bemühen Dir (und mir) helfen wird. Ich will es auch so machen wie Du. Freilich war diese Münchner Woche entsetzlich *auch* für mich, und die Fahrt hierher, vorgestern, war schrecklich; immer nur Fisch, Fisch, Fisch, und das Herz drei Zentner und das Sonnengeflecht verkrampft vor Traurigkeit, und *alles* im Schatten. Nun stürze ich

mich in Arbeit. Zuerst hab ich auf meiner Terrasse den wilden Wein, der sehr wächst, angebunden (Nägel eingeschlagen, Bast geschnitten usw.) und vielerlei im Haus getan. Dann alle Post gelesen. Dann zu Michaels das Mitgebrachte, Gewünschte hingetragen: einen Rettich (gibt's hier nämlich nicht), einen Stock Schnittlauch zum Einpflanzen (gibt's auch nicht) und eine Platte von Karl Valentin; die zwei Michaels halfen mir sehr, in dem sie mich einfach wieder in die römische Luft eintauchten. – Jetzt muß ich die Korrekturen vom »Septembertag«[25] lesen (tu ich gern) und die Korrektur von »unserem« Aufsatz über die Hoffnung, auch eben gekommen vom Arche-Verlag[26], der ja ein Büchlein drausmacht; und unzählige Briefe beantworten. Ende September soll ich an einem internationalen Kongreß für christliche Autoren teilnehmen in Bologna. Tu ich auch. – Und viel beten will ich, für Dich, für M.A., für alle, und gar nicht nur »für«, sondern einfach beten, einfach den Urquell suchen, den ich schon fand und der immer neu zu suchen ist. – Ich bin sehr gespannt auf das, was Du eben schreibst. –

Ich bleib bei Dir! – Auf bald.
Dein Wuschel

In den Abgrund hinein

Roma, 10.6.64[27]

Liebster Fisch,
ich stand gestern noch lange auf dem Zuschauer-Balkon, bis Du abflogst. Ich habe gewinkt und gewinkt. Ob Du es gesehen hast? Wohl nicht, denn Du hast natürlich gedacht, ich sei eilends ans Meer gefahren. Aber nein. Ich habe Dir nachgeschaut und war leise traurig. Und das ist recht so.

Jetzt soll ich also wieder an meinen Roman. Hab keine Lust, und die *muß* ich doch haben zum Dichten! – Gestern hat Steffi den »Septembertag« fertiggelesen und gefunden, im dritten Drittel sei ihm zuviel »Theologie«. Dabei kamen wir darauf, daß er eine wilde Aversion gegen die Kirche und alles Religiöse hat, letzteres sobald es ausgesprochen wird. – Ich sagte fast nichts darauf. Aber ich bin traurig, denn ich verstehe mich sonst so gut mit ihm. Manchmal habe ich all diese zornigen jungen Männer satt bis oben hin. Ich bin einfach anderswo angelangt. Da sind diese Probleme gar nimmer da, auch wenn ich gelegentlich davon *rede*. In der Tiefe meines Wesens gibt es sie nicht. Da verstehe ich mich mit jeder kitschigen, frommen, naiven Klosterfrau besser als mit den gescheitesten Theologen. Bei Dir liebe ich die problemlose Tiefe auch am meisten. Du bist Theologe nur zur Hälfte. Zur anderen, besseren Hälfte bist Du einfach ein frommer Priester. Und das ist schön.

[...] *Dein Wuschel*

Roma, 12.6.64[28]

Mein lieber Fisch,

heut früh kam Dein Eilbrief mit der Post, dann die Zeitung (die ich erst zu lesen *begonnen* habe.) Dank. Es ist gut und schön, was Du schreibst, alles, besonders daß Du wieder ruhig schwimmst (ein schönes Bild übrigens vom Fisch, der im Wasser *steht* und nur ganz leise die Flossen bewegt. Ich *sehe* das. Kennst Du die herrlichen Fischbilder von Paul Klee? Leider sind sie jetzt unbezahlbar geworden, sonst kaufte ich eines.) Ich bin allein daheim. Steffi ist, wie jeden Tag, am Meer. Ich nicht, schon drei Tage nicht, ich muß arbeiten am Roman. Hab den Anfang dreimal neu geschrieben und bin jetzt auf Seite 61 (50 Seiten konnte ich aus der ersten Fassung – nein, es ist schon die zweite – übernehmen.) Heut schrieb ich schon 6 [Seiten].

Fenster, Türen, Läden dicht geschlossen. Es ist kühl. Draußen aber umso heißer. – Gestern abend langes Gespräch mit Steffi.

Interessant. Er sagte u.a., er begriffe plötzlich, wie in Gott das Gute und das Böse sei; schwebend, sich aufhebend sozusagen, ohne doch nicht zu sein. Wie der Minus- und der Pluspol-Magnet. Die Kraft ist in sich geschlossen. Man denkt, es rühre sich nichts. Dabei ist unheimliche Kraft da. Das Böse werde nur böse dadurch, daß es sich vom Guten trenne, verabsolutiere.

Dann fragte er, ob denn der Teufel eine Person sei. *Das* Böse sei die *privatio,* aber *der* Böse? Könne denn der Teufel eine Person sein, wenn Person-Sein ein Gutes ist? (Er denkt thomistisch.) Ganz interessant. Ich konnte die Frage nicht be-antworten, schaute bei Thomas [von Aquin] nach, fand nichts (ich hab nur 2 Bände der Summa theol[ogica]) *Wie* ist das? Übrigens sagte er mir gestern, er habe durchaus keine solche Aversion gegen die Kirche wie ich meinte. Er habe nur eine gegen das Reden über diese Dinge. [...]

Leben ist schwer. – Jetzt muß ich dann zu einem Vortrag über den »Augenblick im Roman« (Deutsch.) Ich muß anstandshalber hin, interessiere mich aber schon auch.

Der Pater Johannes spinnt wieder arg. Ich wollte ihn gestern, nach 10 Tagen Abstinenz mit zum Hans Linans nehmen, er konnte nicht, war beleidigt, weil ich mich so lang nicht um ihn gekümmert hab. Ich sagte ihm, ich ließe mich nicht versklaven. Ich hab immer Angst, wenn ich ihn einmal eine Woche lang nicht einladen kann. Dann bockt er, macht ein »geschmerztes« Gesicht. Ach, dieses Kind. Der hat auch nie echte Leiden gelitten. Seine tiefsten Schmerzen sind, wenn der Abtprimas ihn darum anredet, wenn die Druckbogen nicht rechtzeitig eintreffen und wenn ich ihn 10 Tage nicht einlade ... So gut möcht ich's auch haben. (Nein, nein, nein – !) Seien wir froh um unsere Leiden. Ich muß bei ihm an den herrlichen Ausspruch Cardinal Mercier's denken: »Manche Menschen machen nie einen Fehler, aber ihr ganzes Leben ist ein Fehler.«

Ich bevorzuge es, tausend Fehler zu machen und hoffe, daß Gott alles in allem mein Wagnis anerkenne. (Amen.)

Ich bin *so* froh und dankbar, daß ich Dich wieder auf meinem Altar stehen habe. Verstehst Du? Du bist *doch* der, den ich in Dir sah. Und also wieder sehe. Deine Kraft der Integration ist groß. (Wofür eine intellektuelle *declaration d'amour*!!)

Dein

Roma, 15. Juni 1964[29]

Mein lieber Fisch,

[...]

Heut in der Messe oder vielmehr nachher beim Rosenkranzbeten habe ich eine »Epiphanie« (das Wort bekam ich geschenkt in einem Vortrag letzte Woche in der Villa Sciarra hier, einem Vortrag über Literatur; es kommt von Joyce, der sagte, er habe bisweilen die »Epiphanie eines Wortes«. Das verstehe ich: wenn man plötzlich *sieht* was das ist: eine Rose, ein Stamm, ein Tisch. Er ist *auch* Heideggerisch. Man kann auch sagen: »es fällt einem der Groschen…« Oder der Kern wird sichtbar. Kurzum: das Wesen läßt sich sehen, plötzlich und nackt. Man »erkennt«. Das ist es.) Und so habe ich heute eine Epiphanie: Maria, als die erste *geistige* Frau, die Frau des neuen Aions. Daher die jungfräuliche Empfängnis schon, daher die Geburt ohne Zeugung durch einen Mann, einfach durch den Geist. So werden wir alle einst sein. Und ein bißchen so ist die geistige Frau heute schon. Ich sag's darum, aber Du vestehst sicher, was ich sagen will: Eva als die Ur-Mutter im natürlichen Sinn, das Weib, die Natur im Weibe, biologische Mutter. Maria eben das andere, das Neue. – Ich sag gewiß nichts Neues, ich weiß, aber daß ich(Nicht-Maria-Verehrerin) plötzlich hingerissen war von Maria, das ist eine Epiphanie. Ebenso wie ich einmal Angst vor Gott, dem Abgrund, hatte, der ebenso gut alles wie nichts enthalten kann, und wie dann greifbar menschlich Christus davor stand, am Rand des Abgrunds, tröstlich, und wie er dann quasi zurückschritt, Schritt für Schritt tat in den Abgrund hinein, immer sichtbar blieb, immer größer wurde, und schließlich identisch war mit dem Abgrund, aber den Abgrund ausfüllte mit seiner *menschlichen* Sittlichkeit, so daß ich keine Angst mehr hatte.

Du hast dauernd solche Epiphanien. In jedem zweiten Brief etwa schreibst Du einige Sätze solcher Art. (Was Nettes hast Du geschrieben, Tippfehler: »Lieber Himme*rl*«. Ein reizender Diminuitiv für Himmel. Das Himmerl. Das Höllerl…) Deine (ich zitiere) »Professorenspekulationen« sind mir ganz wirklich und ganz lebendig! Schreib sie mir weiterhin.

Dein Wuschel [Zeichnung]

Roma, 17. Juni 1964[30]

Liebster Fisch,

[...]

Und Du bist einsam, bist »tot«, alles in Asche? Mein armer Fisch: das ist genau die »Dunkle Nacht«. Aber Du hast ja Gott, wenn auch in Schmerzen, während er mir (noch!) bisweilen ein Fest bereitet. Daß Du darin »ärmer« bist als ich, beweist nur, daß er weiß, daß er Dir mehr zumuten darf als mir. Ich bettle ihn eben so lange um ein Zeichen seiner Nähe an, bis er mich spürbar umarmt. Aber bei Dir zeigt er sich anders: indem Er sich dem *Theologen* zu erkennen gibt. Du weißt recht viel von Ihm! (Vom Menschen her gesehen, ein Optimum, ein Maximum. Von Ihm her gesehen vielleicht wenig, aber das ist ja selbstverständlich.)

Was Du von dem Ungarn erzählst, ist merkwürdig. Du hast schon eine »tolle« Wirkung. Bist fast wie Paulus: »Allen alles«.

[...]

Roma, 19. Juni 1964[31]

Mein lieber Fisch,

[...]

Oft stimmt's eben wirklich, daß ein Nein auf die Dauer größere Liebe beweist. Manchmal kann man das Nein dem anderen süß machen durch eine Ausrede. Das ist eine List der Liebe. – Ich muß freilich auch sagen, daß man immer über das Maß der eigenen Kraft hinausgehen kann im Vertrauen auf *die* Kraft, die einem aus geheimen Reserven zukommt. Jeder von uns ist größer als er weiß, weil ja in ihm ER ist, der Heilige Geist. Nur meine ich, daß Du in allerallererster Linie den Auftrag hast, Theologie zu machen und das Christentum voranzutreiben. Alles andere ist bei *Dir* Nebensache. Nur darfst Du zu niemand so arg grantig sein wie Du's oft bist. Sei zu allen so lieb wie zu mir (Du mußt ja nicht die gleichen *Formen* anwenden...).

Daß Deinen Studenten Deine Vorlesungen schwierig erscheinen, kommt daher, daß sie nicht an Deinen Stil gewöhnt sind und daß sie denkfaul sind. Ich weiß noch, wie ich mich vor Jahren ab-quälte, um

Deine verschachtelten Sätze zu entschachteln. Jetzt lese ich meist mühelos, ich höre Dich dabei sprechen. Die Faul-tiere sollen nur sich anstrengen. Freilich mußt Du in den strengen Gang des Vortrags immer wieder Passagen einfügen, von denen die sich ganz unmittelbar angesprochen fühlen. Das macht Laud (Philosophie) meisterhaft, ich hörte ihn schon. Da kommt immer wieder ein Satz, der die jungen Leute direkt trifft, so daß sie förmlich zusammenfahren – ein Satz, genauso hingesagt wie die anderen, ohne Betonung, ohne Zeigefinger, aber wohl überlegt und doch als Understatement herauskommend, als spontaner Einfall ohne Gewicht. Das kannst Du auch. Das wollen sie.

[…] *Dein Wuschel*

Roma, 22.6.64[32]

Mein lieber Fisch,

drei Briefe von Dir heut morgen. Soll ich Dir was sagen? Manchmal verschluck ich Tränen, das sind keine Schmerzenstränen, es sind *doch* Freudentränen: weil ich Dir etwas sein darf, weil Du Deinen Schmerz (für den ich nichts kann und doch mich schuldig fühle) so schön trägst, weil Du treu bist, weil Du Deinen Reichtum über mich ausschüttest, weil Du Du bist, in *allem*: der große Karl Rahner. Und das ist wahr. Das meint das Wuschel so, wie es das sagt. Ob ich Dein Haus sein will? Ja. Dein Schneckenhaus, Deine Hütte am Meer (für Philemon und Baucis), Dein Arbeitshaus, Dein Atrium für den Himmel, dort wo Du in einem Becken, das Deine gesammelten Tränen enthält, Deine Augen auswäschst – und das Wasser ist gar nicht mehr salzig. Tritt nur immer wieder ein in dieses Haus, oder bleib drinnen, wie Du willst. Weißt Du: es hat was für sich, so frei zu sein! Wenn ich possessiv wäre, wär's schlimm. (Ich laß auch M.A. frei. Anders kann man Männer wie Euch nicht halten …)

[…]

Heut abend kommt die Marie-Luise Kaschnitz (die Schriftstellerin) zu mir, darauf freu ich mich. Was Du von Deinen Vorlesungen sagst, versteh ich: Fachsprache, Fachdenken muß präzise sein, ist keine Predigt, kein Beichtstuhl-Zuspruch, kein lyrischer Trostgesang.

Aber sag halt *dazwischen* mal was, ich schrieb's Dir, wie der Laud es macht. – Daß Du schreibst, wenn Du mit Baptist [Metz] telefonierst, merktest Du, »es geht n-o-ch« ist Blödsinn (daß Du es *meinst*, nicht daß Du es schreibst.) Denn jetzt hast Du ja erst die Höhe erreicht. Du steigst nicht mehr ab, Du baust das Gipfelhaus. Drum verstehen sie Dich so schwer jetzt. Du sagst *das* Schwierig-zu-Sagende, Du gibst Geheimnisse preis, die eigentlich nur für Dich faßbar sind. Ängstige Dich nicht. Geh nur weiter. Dich verstehen sie erst *ganz* in hundert Jahren. Erst im Jenseits!
Ich arbeite am Roman. Echternacher Springprozession: zwei Schritte vor, einen zurück. An einem Tag 10 Seiten, an nächsten 5 davon in den Papierkorb und neu. Aber dadurch wird's immer dichter. Ob's als *Ganzes* was wird – keine Ahnung. In den einzelnen Teilen ist's gut. – In Holland eine *2.* Auflage von »Mitte des Lebens«. »Geh fort wenn ...« in Portugiesisch.
[...]
Ganz wunderbar Dein Kommentar zu meiner Marien-Epiphanie. Du bist von der Mentalität her ein Dichter. Thomas von Aquin *konnte* dichten, war aber nicht poetisch. Du bist's. Drum auch Deine Inclination zu einer Dichterin ... (bei M.A. ist's genauso, er ist poetisch, ein verhinderter Dichter, er *träumt* seine Dichtungen, er schreibt Gedichte wortlos über mich. Ach Ihr meine beiden Poeten!)
[...] *Dein Wuschel*

Roma, 24.6.64[33]

Liebster Fisch,
[...]
– Montag abend war Maria-Luise Kaschnitz bei mir. 63 Jahre alt, zeigt es auch ungeniert; ich schätze *sehr* was sie schreibt, aber alles, auch sie, ist ungemein hart und schwierig, d.h. kantig und »unmusisch« sozusagen. Aber sehr gescheit und sie schreibt eben doch Dichtung, nur eine, die wehtut. So ist auch sie selbst, und weiß es nicht (ich wirke vielleicht auch so auf andere). Aber es ist natürlich schon gut, mit einer Kollegin vom Fach zu reden. Ich las ihr (auf

Verlangen) den Anfang meines neuen Romans vor. Sie meinte, ich müßte den Jungen viel langsamer erwachsen, zu sich selber kommen lassen. Das ist wahr. Ich werde, wenn der Roman ganz fertig ist, die ersten zwanzig Seiten ganz neu schreiben. –

[...]

25.6.
Heute Dein Brief vom 22. Morgen fliegst Du nach Hilversum, da hab ich auch schon einmal gelesen und einmal ein Interview geben müssen, vor zehn Jahren. – Ich schreibe und schreibe am Roman, aber es ist wirklich die Echternacher Springprozession; heut hab ich 2 Seiten sechsmal neu geschrieben, bis sie »saßen«, so einigermaßen. – Gestern war ich mit Pater Johannes am Haus, hernach einen Tee trinken in Castel Gandolfo (nein, nicht beim Papst, der ist in Rom, hat bald Namenstag!) und er, Pater Johannes, war glücklich, freilich, ich neckte ihn nicht, ließ ihn gelten, er schenkte mir sein neuestes opus: Neue, von ihm redigierte Ausgabe von Johann von Paris. In Latein. Vorerst französisch. Brauch's (kann's) (Gott sei Dank) nicht lesen. – Und Du wirst aufgearbeitet. Ich denke es oft mit heißer Sorge. Aber ein Rahner, der weniger arbeitete, wäre doch nicht Rahner und ist nicht zu denken. – Danke, daß Du mich gescheiter findest und menschlicher als die Frauen auf der Tagung. Aber weißt Du: es ist *arg* schwer, intellektuell *und* Frau *und* charmant *und* fromm zu sein; irgendwo haperts immer; bei mir am Intellekt, glaub ich, der ist nicht gründlich genug, aber Gott sei Dank von Rahner geschult. – Du untertreibst schamlos, wenn Du von Deinen Vorträgen schreibst; ich weiß genau, wie sie sind: manchmal eine Strecke lang etwas manieristisch anzuhören, so, als wäre ein gewisser Automatismus des Denkens am Werke, aber bald kommt etwas Neues, man horcht auf, das ist ja etwas Großartiges, sagt man sich, und dann begreift man, *wer* das spricht und was für eine Welt der da vor einen hinbreitet. Aber einen Manierismus gibt's auch im wissenschaftlichen Denken, nicht nur in der Kunst. Ich glaub, man muß da sehr streng sein gegen sich und immer einmal wieder sozusagen von vorn anfangen, auch die Denk-Methode (nicht nur die Inhalte) einer

Prüfung unterziehen. Ich laß mir jetzt beim Schreiben auch keinen Manierismus durchgehen, obgleich er mir, bei einem so ausgeprägten Stil wie ich ihn jetzt habe, recht »versucherisch« naheliegt.
Mein Roman wird sonderbar. Ich krieg Angst vor ihm, vor mir; dieser Zwanzigjährige beherrscht mich wirklich, das ist gar keine literarische Fiktion und Spielerei, was ich da am Anfang schreibe: Daß der Junge mit mir lebt Tag und Nacht, und mich quält, und mich zwingt, *seine* Sprache zu sprechen! Unheimlich ist der Vorgang des Dichtens. Eine Besessenheit von einem fremden Gott ist das, was man in sich trägt.
In dem Brief vom 23. [Juni] (kam heut morgen) steht ein Satz, der mich beunruhigt – Du müßtest bald noch über eine andere Angelegenheit mir schreiben, hättest aber heut keine Lust dazu. Solche Andeutungen darfst Du *nie* mehr machen – das beunruhigt mich zu sehr. Am liebsten rief ich jetzt an, mag's aber nicht der Schwester oder anderer Mit-Hörer wegen. So bet ich halt, daß es nichts Schlimmes ist.
Ach Fisch, mach mir keine Sorgen – ich mach mir schon ohnehin viele um Dich, wenn ich das einmal sagen darf: Deiner Arbeit wegen, Deiner Melancholie wegen, Deiner Leiden um mich wegen, Deiner Gesundheit wegen – kurzum eben Sorgen um Dich. – Überhaupt leb ich zur Zeit von (in) Sorgen um viele Leute: mein Münchner Schäfchen, der Lehrer mit den drei unglücklichen Eheversuchen (beim Autounfall bei dem seine erste Frau umkam, durch seine Schuld) usw., der ein nicht endenwollendes Verhältnis mit einer kleinen Soubrette hat, die nicht heiraten mag (mit Recht) und doch nicht freikommt. Dazu Ginsberg, der nicht mal mehr seinen Namen schreiben kann. – Und so fort. (Frau Baur, die basedowkranke Journalistin, in der Nervenklinik; Tanja tiefst erschüttert dank des ungeklärten Selbstmord eines jungen Psychiaters in ihrer Klinik – eine ganze Litanei könnte ich so aufsagen.) Wie soll ich da fröhlich sein.
[…] *Dein Wuschel*

Geschleppt als Klotz den Berg hinauf

Roma, 26.6., früh[34]

Eben Dein Brief mit den 2 Problemen: die Wienerin und die Sekretärin. Wegen der Wienerin weiß ich halt nicht, *wie* verrückt sie ist; vielleicht geht's doch; kannst Du sie nicht noch ein Jahr weiter vertrösten? Oft sind allzu schwierige Probleme einfach durch den Fluß der Zeit gelöst worden.

Wegen der Sekretärin: warum nicht. Aber wenn diesmal sie dabei ist, nicht ich. ... Freut es Dich, daß das Wuschel ein wenig eifersüchtig ist, ein wenig traurig, wenn es denkt, daß da doch eine andere sein könnte –?! Aber nimm sie nur mit, im Ernst, natürlich, Du *mußt* ja arbeiten, und Du erholst Dich besser, wenn Du einige Stunden am Tag diktierst als wenn Du den ganzen Tag selbst an der Maschine bist. – Armer Fisch, das böse eifersüchtige Wuschel quält Dich ein wenig. Mit Recht. – Wirst Du mir *doch* treu bleiben? Vielleicht. Aber hübsch ist sie ja auch, und jung. Na – da weiß ich nicht. In Deinem Alter ist so etwas gefährlich. Armes Wuschel – was bleibt ihm anderes übrig als dem alten Ehemann M.A. treu zu sein. Ist schon gut, wenn man verheiratet ist. *Der* ist doch treu, während der Fisch in fremden Gewässern schwimmen will. Ich vergifte dieses fremde Wasser!!! Aber im vollem Ernst jetzt: *Natürlich nimm sie mit.* Ich scherze ja nur. Daß die Vorlsungen *doch* gut sind, weiß ich ohnedies!

Rom, 30.6.64[35] abends 9 Uhr
(und noch immer scheußlich schwül)

Lieber Fisch,

Dein Brief nach der Ankunft aus Holland ist da. Du bist sehr, sehr lieb, mir so oft (so täglich!) zu schreiben. Du verwöhnst mich. Du machst mich süchtig: nun bin ich *so* verwöhnt, daß ich täglich einen Brief von Dir *erwarte*! Ich freilich, aus einigen Gründen, scheue mich so oft zu schreiben – ob nun die Schwestern oder Euer Minister oder Darlapp die römischen Briefe sieht, bleibt sich

gleich; geredet wird da und da, wenn zu oft einer von hier kommt. Daher einige Vorsicht. –
Es ist gräßlich schwül. Nicht heiß, das wäre schön. So wie letztes Jahr: »sole leone«. Trocken, hart, strahlend. Aber dieses Tropentreibhauswetter macht einen fertig. Meine Hände sind ganz schwach, der Federhalter ist zu schwer, die Haut ist einem immer feucht, Tag und Nacht. Das wäre nichts für Dich. Ich führe gerne jetzt gen Norden, aber ich darf nicht, ich muß noch beim Hausbau bleiben, es ist immer wieder etwas zu entscheiden. –
Ich bin zu müde zum Weiterschreiben. Morgen in aller Frühe dann, da geht's leichter.

1. Juli: Jetzt *ist's* »morgen« und ist früh. Also weiter. Aber hinten auf meiner Terrasse wird fürchterlich gehämmert, da reparieren sie seit Tagen etwas. Daß doch immer etwas ist, das einem an die Nerven geht, ganz unnötig. Ich hoffe, daß es in meinem Haus draußen still ist, ringsum! (Die Hähne, die dürfen krähen!)
Ich las eben etwas in einer pädagogischen Zeitschrift: In Südwürttemberg wurde ein Abitur-Aufsatzthema gegeben: »Können wir den Bau von Kunststätten verantworten, solange Menschen in Kellern wohnen?« Einer dieser Aufsätze wurde in einer Zeitschrift veröffentlicht mit der Bitte an alle Deutsch-Lehrer, ihn zu beurteilen. Der Aufsatz bekam alle Noten, von 1 – 6, und alle gut begründet. Voilà. So ist's heutzutage überall. In der Literatur auch. Es gibt einfach keine gültigen Maßstäbe mehr. Das ist scheußlich. Einerseits. Andererseits (ach, wie bin ich von meinem Fisch, dem »Relativisten« angesteckt!) – andererseits ist's positiv zu werten, weil es bedeutet, daß *alles* möglich ist, daß alles offensteht.
– Am 10. kommt jemand (denk ich) Interessanter zu mir: ein arabischer evangelischer Pastor aus Israel. Ich mußte ihm ein Hotel besorgen für ihn und seine Familie, und er will mich durchaus sprechen. Freitag abend kommt ein junger Professor zu mir, Sizilianer, Germanist und Altphilologe, der vor 5 Jahren mir hier Italienisch-Stunden gab, nur kurz, er kam dann weg nach Holland, Leiter der italienischen Kulturinstitute dort; er hat eine deutsche Frau und ist ungemein gescheit. Und Donnerstag abend kommt Pater Johannes

zum Essen, das ich ihm lang lang einmal versprach. Am Dienstag darauf reist er dann ab. Dann bin ich ganz allein, denn Steffi reist morgen, Donnerstag früh. Mir wird's sehnsüchtig sein nach ihm, aber andrerseits hab ich dann viel Zeit zur Arbeit, die ich eben doch bei Steffi drangeben mußte fürs Kochen, Einkaufen usw. – Gestern haben wir unser Kapellenfenster bestellt, das Steffi entworfen hat, in einem sehr alten, schönen Geschäft, wo man eigentlich *nur* Kirchenfenster macht. Es kostet nur 400 DM, das geht. (Eins zum andern – bald werde ich bei Dir betteln kommen. Oder am Hungertuch nagen, wenn mir noch ein Hungertuch *bleibt*!) ... Ich bin ein wenig »rammdösig« im Kopf von dem Gehämmer da hinten und von der Hitze (heut ist's heiß, nicht schwül, Gott sei Dank), und jetzt muß ich zum Haus fahren einiges besprechen. Wenn Du kommst, ist's fertig bis auf die Kapelle, das Fenster bekomm ich erst gegen Ende September, denn im August arbeitet man hier nicht.
Liebster Fisch – wir sehen uns *bestimmt* noch im Juli in München! Dank für alles Liebe und Gute und Schöne (im Was und im Wie Schöne)! *Dein altes Wuschel*

Roma, 4.7.64[36]

Mein lieber Fisch,
zur Zeit schreibst Du mir so wunderbare Briefe, daß ich mich der meinen schäme. Ich bin müd vom vielen Herumfahren. Gestern z.B.: den ganzen Sonntag am Bau, die Inneneinteilung festlegen usw., den ganzen Nachmittag in der Stadt, um Badewannen, Klos, Küche usw. auszusuchen in verschiedenen Geschäften, Preise vergleichen usw. usw. Um 8 Uhr kam ich heim, abends, erschöpft, ging bald zu Bett, schlief nicht (ich! die sonst schläft wie ein Murmeltier). Jetzt muß ich rasch die Korrekturen lesen vom »Septembertag«.
Es war so schön, Dich am Telefon zu hören. Aber ich war ja nicht allein: der Pater Johannes war da, Abschied feiern, und nebenbei war ein Arbeiter, der mir den Holzwurm jagte in den Stühlen im Gästezimmer. So war ich sehr gehemmt, ich hätte Dir gern Schöneres gesagt. Pater Johannes ging leider nicht hinaus, sondern hörte zu. Wie indiskret die Leute sind.

Ob ich eifersüchtig im Ernst bin? Nein. Aber ich bin so »pessimistisch« *allen* Menschen gegenüber, daß ich immer darauf gefaßt bin, verlassen zu werden. Ich halte niemanden fest. So sagte ich mir, als ich das las in Deinem Brief: »Ja ja, er wird halt in Freiburg nicht allein sein und ein bißchen Weiblichkeit haben wollen.« Ich lächelte leise dazu, verständnisvoll. Aber um Gotteswillen. Daß Du mir ja dieses Mädchen mitnimmst! Du *mußt* mit der Arbeit vorwärtskommen. Du *mußt* jemand zum Tippen haben. Und solltest Du Dich in sie verlieben, so mußt's halt tun. Ein wenig. Ich versteh's schon. Ich hab kein Recht auf Dich. Aber sie (das Mädchen) muß Qualität haben. Ich verzeihe Dir nicht gern ein Unters-Niveau-Gehen.
Freilich: was heißt das schon. Bin *ich* etwa »das Niveau«? Bin *ich* das Maß? *Nein*. Also. – Aber ich glaube eigentlich nicht, daß sich zwischen Dich und mich jemand hineinschieben lassen kann. Da ist doch zu wenig Platz! Der Zwischenraum ist zu eng für jemand anderen, nicht wahr?
Aber Schluß mit diesen Halb-Scherzen.
Ja, der Aufsatz (Deiner) über die Liebe, der wird schon noch geschrieben, ich bin sicher.
Ich leide ein wenig unter Zirkulationsstörungen, das macht müde. Ich muß nachher doch ans Meer, das hilft. Ich würde lieber arbeiten. Aber das Meer ist meine *Kur* (statt Kneippkur). Ich werf diesen dummen Brief gleich ein, damit Du nicht lange warten mußt. Ich hoffe bald einen besseren zu schreiben.

Sehr sehr sehr herzlich!

Dein Wuschel

Herzlich!

D. W.

Roma, 6.7.64[37]

Liebster Fisch,
es ist Montag früh acht Uhr, ich sitze auf der Terrasse, weil ich drinnen zu wenig Luft bekomme, es ist abscheuliches Wetter: der Himmel halb bedeckt, Wind, dennoch schwül, sehr feuchte Luft, macht mir Kreislaufbeschwerden. Gestern hab ich den ganzen Tag einfach nur gegen das Wetter angekämpft mit Duschen, Herzmitteln, starkem Kaffee, damit ich arbeiten habe können; ich war nämlich, eine Woche vorher (in dieser Woche jetzt konnte ich nichts arbeiten vor lauter Haus und anderer Dinge) an einer schwierigen Stelle steckengeblieben, die ich etwa fünfmal oder öfter umgeschrieben habe, 2 Seiten, aber an denen alles Nachfolgende hängt. Endlich ist mir's, halbwegs (nicht ganz noch), gelungen. Ich arbeite an diesem Roman sehr intensiv, weiß aber nicht, ob er *im Ganzen* etwas wird. Im einzelnen ist er überraschend (für mich überraschend) gut. Auch neu im Stil, in der Methode. –
Wenn's mit dem Wetter so weitergeht, komm ich eher als geplant. Ich muß eben noch alles mit Franco, dem Baumeister, durchsprechen.

7.7., nachmittags.

Als ich gestern so weit war, drängte es mich wieder zur Romanarbeit. Abends um halb sieben kam ein alter Bekannter (nein: Altbekannter, denn er ist erst 36), ein Italiener, Sizilianer, er war (mit seiner deutschen Frau) vor fünf Jahren mein Italienisch-Lehrer, er ist Altphilologe, bekommt jetzt eine Dozentenstelle an der Universität Messina,; ein ungemein gescheiter Mann, spricht fließend Deutsch. Er blieb bis halb ein Uhr nachts. Unser Gespräch war so dicht, daß da keine noch so winzige leere Stelle blieb. Über Literatur (moderne), über meine Arbeit (er hat alles gelesen und hat äußerst scharfe Urteile parat, aber schätzt meine Arbeit insgesamt sehr um der geistigen Klarheit willen und um des Stiles willen, den er mag), aber hauptsächlich sprachen wir über Religion. Er, katholisch durch und durch (und dies wissend!) ist »Atheist«. Wir definierten mitsammen diesen Begriff und kamen schließlich darauf, daß das nur eine Frage des Ausdrucks sei (in seinem Fall). Er sagte (ein bon-mot): »Heute ist Religion eine Frage der Sprache« (also der Interpretation, Rahner würde sagen: »Was meinen wir,wenn wir sagen ...« – Was ich Gott nenne, nennt er, Dr. Privitera heißt er, »das Unbegreifliche«. Er anerkennt keinen Gottesbeweis. Er sagt, es sei durchaus nicht so, daß als *causa prima* »Gott der Schöpfer« gesehen werden muß, das sei nur ein »vorläufig Gesetztes«, das vor dem Protein sei – sagen wir – die Elektrizität, vor der Elektrizität wieder eine andere Kraft, und so immer weiter, wir wissen noch lange nicht alles, und es könne ja auch ein »Kreislauf« sein – (ich sag's hier verkürzt, darum undeutlich).

– Das ist es, was ich mir in letzter Zeit auch oft sage:» Was ist denn »Gott«? Wer sagt, daß er eine »persona« sei? Vielleicht gibt es nur den Menschen. Christus als Gipfel des Menschen-Möglichen, *daher* »Gott«. (»Wer mich sieht, sieht den Vater« – kann heißen: Wer mich, den höchst entwickelten *Menschen* sieht, der sieht »Gott«. – Darüber *muß* ich mit Dir reden. – Freilich sage ich mir, daß auch dies wiederum nur Worte sind, und daß es (für mich jedenfalls) gleichgültig ist, ob ich sage »Lieber Gott, nimm mich in Deine Arme« oder ob ich sage: »Du unbegreifliche Kraftquelle, beschütze mich« – es geht einfach darum, daß man sich einbetten läßt ins Ganze. – Hab keine Sorge um mich. Ich hab's gern, immer einmal wieder auf einen (scheinbaren) Nullpunkt geworfen zu werden. Ich geh trotzdem zur Messe und fühle mich darin als braves Kind, und bete den Rosenkranz wie ein altes Bauernweiblein – und das ist *alles* richtig: die naive Frömmigkeit *und* der Zweifel. Das geht zusammen (bei *mir* jedenfalls, muß ich immer sagen). –

Ich denke jetzt auch oft, ob »Unsterblichkeit« *wirklich* personal ist, oder einfach bedeutet, daß unser Dasein unsterbliche Spuren hinterläßt, weil *jedes* Dasein irgendetwas im Universum verändert allein schon durch sein bloßes Dasein. – Mir schwindelt ein bißchen bei alledem, und ich strecke meine Hände aus wie Petrus nach dem »Herrn«, wer immer der »Herr« auch sei.

[...]

Es klingt schon toll, Dein »Institut für Christliche Weltanschauung und Religionsphilosophie der Universität München«. Und die elektrische Schreibmaschine (mit Rot! Warum *nicht* Rot??) und allem Komfort. Du Manager, Du. Aber es liegt Dir schon auch, als Spinne in einem Netz zu sitzen. Andererseits wärst Du lieber Kartäuser, Trappist oder derlei. Aber so sind wir, Du und ich. These und Antithese. Anders gesagt: zwischen »Hü« und »Hott«. Ich wäre auch gern unkrautjätende Nonne, namenlos.

Und Du fährst Auto mit Deiner Skretärin ... Ja, ja. Der Fisch inmitten der Versuchungen. *Neugierig* bist Du, ob Du Dich verliebst. Nach Kierkegaard'scher Art beobachtest Du Dich. Paß nur auf, daß diese negative Art der Beschäftigung mit einer Frau nicht umschlägt in eine positive! Ich würde Dich schön auslachen. So um die sechzig, das ist halt ein gefährliches Alter ... (Dieses böse Wuschel, Lästerzunge!)

Dein Wuschel

Roma, 8.7.64

Liebster Fisch,

ich schreib schon wieder (bin ich brav?) um Dir zu sagen, daß mein Pessimismus (den ich *allen* Menschen gegenüber habe, sogar zeitenweise auch M.A. gegenüber!) *auch* etwas Positives hat: das Nicht-halten-Wollen, das Hin-geben. Freilich ist's auch Ausdruck meiner angeborenen Schwermut, und Frucht meines Nicht-Angenommenseins durch meine Eltern. Ich werde immer ein Findelkind bleiben, ein Hündchen, das sich nie vor dem Fortgejagdwerden sicher weiß. Auch nicht dem höchsten Herrn gegenüber. Ich habe ein paar so fürchterliche Tage (hoffentlich:) *hinter* mir, daß ich Dir's gar nicht recht sagen kann: Ich hab auf einmal nicht mehr »geglaubt«, das heißt, ich habe erfahren, was es heißt, wenn jemand sagt: »Ich *kann* nicht glauben«. Ich war von Gott verstoßen. Buchstäblich. Wenn auch nur zur Probe. »Dunkle Nacht« – Generalprobe. Oder erste Bühnenprobe vielleicht. Ich »glaubte«, ging zur Messe, zur Kommunion, – und war ins Leere gefallen. Eine entsetzliche Angst hatte mich gepackt. Würgende Angst, daß Gott

nicht ist, daß mit dem Tode »alles aus« ist, daß der ganze Sinn des Lebens darin besteht, die Spezies Mensch zu neuer Mutation zu bringen – und wenn der einzelne Mohr seine Schuldigkeit tat, darf er gehen, zum Würmerfraß. – Aber das sind *Worte.* Was ich fühlte, ist unbeschreiblich. Ich weiß nur, daß der Verlust des Glaubens (das heißt der Verlust der gefühlten, erlebten, gelebten Bindung zu Gott) für mich gleich *Hölle* wäre. Ich würde mich töten. Ich merkte, daß ich wirklich nur *aus* Gott, *in* Gott *lebe.* Alles was schön ist auf Erden für mich, das ist Gott! Hausbauen ohne Gott? Romanarbeit ohne Gott? Reisen ohne Gott? M.A. und Fisch –, und ich ohne Gott: alles Hölle. Alles eisige Leere. Ein Vorgeschmack der Hölle. Das Nichts. Ach Fisch, es war *entsetzlich.* Einige Tage. Genau vier Tage. Heut früh in der Messe auf einmal löste sich alles; es blieb nur Schmerz, eine kleine Angst vor der Wiederholung. – Ich bete, daß Gott meine Kraft nicht überschätzen möge. *Ich* kann keine dunkle Nacht ertragen.
Jetzt bin ich etwas geschwächt von alledem. Aber ich weiß jetzt, was andere leiden. Nur leiden sie vermutlich gar nicht *so*, weil sie ja nicht wissen was ich weiß: wie es ist, ständig »bei Gott« zu sein. (Was sage ich da! Aber es *ist* so. Ich bin sehr verwöhnt, *sehr.*) Ich hatte früher, vorher, *nie* auch nur den leisesten Glaubenszweifel, höchstens »intellektuell«, aber nie in der Tiefe meines Wesens. Das ist eine schreckliche neue Erfahrung, daß mir diese Gnade (die ich als Besitz betrachtete) genommen werden kann! – Ja Fisch, so ist das mit Deinem dummen, alten Wuschel. –
Jetzt arbeite ich weiter am Roman, er wird seltsam. – Morgen abend kommt der Cheflektor von S. Fischer, dem lese ich was vor. – Jeden Tag ist jetzt irgendwer da. Macht nix. Wenn ich nur einige Stunden intensivst arbeite, geht das alles. Auch das Zum-Haus-Fahren usw., usw.
– Heut früh (das muß ich auch sagen) hab ich den Rosenkranz gebetet – und hatte das Gefühl, ich hängte mich daran wie an ein Seil bei einer Gratwanderung. Ach Fisch – wenn alles bloß »Einbildung« ist, Hilfskonstruktion, »Mythos« … Ich muß muß muß bald mit Dir *reden.* Wann? Ich weiß noch nicht. Spätestens am Sonntag in 8 Tagen (17.?) fahr ich ab. Mit Pina, die relativ normal ist.

Alles Liebe! ([Du] hast ein *schönes* Zimmer in dem Haus, das ich bin. Das Haus, das steht an einem Schmugglerpfad im Gebirg, an einem Abgrund. Jeder Wind kann's hinunterstürzen. Hast Du keine Angst für das Haus und Dich und andre Leute drin?)

Dein Wuschel

Roma, 10.7.64

Ach mein lieber Fisch,
Du schreibst von Deiner tiefen Schwermut. »Asche, Bitternis«. Aber warum, warum. Es gibt viele Gründe, nicht wahr. Aber daß *ich* einer der Gründe bin, das ist schrecklich. Du sagst es nicht, aber ich bin es, nicht wahr? Aber warum, warum eigentlich. Weil M.A. mich so »besitzt« wie Du es möchtest? (Simpel gesagt.) Aber Du bist stärker als er; mich zu verlieren würde für ihn *noch* schwerer zu ertragen sein als für Dich.

3 *Stunden später.*
Das bedeutet nicht, daß ich meine, Du liebtest mich weniger, aber ich meine Du hast *mehr* Kraftreserven als er. Meinst Du nicht auch? Aber wer weiß.–
Legen wir's Gott hin, das alles, *ich* kann's nicht lösen. – Auch ich bin tief schwermütig, mehr denn je. Aber es ist mir schon recht: Ich bin wieder einmal (siehe letzter Brief vom Nichtglauben) an einen Nullpunkt geworfen worden und fange wieder von vorne an zu glauben, zu hoffen, zu lieben, aber ich habe jetzt verstanden bis ins innerste Herz hinein, daß das *Gnaden* sind, nicht *Leistungen.* Man *kann* nicht, wenn man eben nicht kann. Das ist schrecklich. Ich zittere davor, diese *Gnaden zu verlieren*.
Ich hab inzwischen mit Michaels telefoniert und gesagt, daß ich so schwermütig sei und die Leiden (bekannter und unbekannter) vieler Leute mittrüge offenbar. Da sagten sie: »Kopf hoch, man darf die Schwermut nicht aufkommen lassen.« Ja, schon! Die beiden Frauen, die wirklich ein schweres Leben haben auf *eine* Weise, und die mit franziskanischem Leicht-Sinn es tragen im Vertrauen

auf den Himmel, müssen schon recht haben auf ihre Art. Aber für mich bedeutet diese Schwermut (Deine, meine) etwas ganz anderes; etwas das nicht unbedingt überwunden werden kann, nicht überwunden werden *soll*, sondern getragen, ertragen, geschleppt als Klotz den Berg hinauf. – Mich schleudert es zur Zeit recht rum. Das macht mein Roman. Nicht eigentlich die schöpferische Mühe, (es geht *partien*weise sehr leicht) sondern es ist wirklich so, daß dieser Tobias, mein Held, mich *zwingt* alles von vorne zu durchdenken. Es ist ein schrecklich wahrhaftiger Roman. Ich las gestern meinem Cheflektor vom S. Fischer daraus vor, er sagte, es sei großartig, neu, die Sprache sehr gekonnt, der Bilderreichtum überraschend, und ein »Griff«, diese Dialogform, die keine artistische Künstelei sei, sondern wirklich der Situation (dem Dialogischen *im* Menschen also in mir, der Autorin) entspreche (nach Buber: »Der Dialog, das bin ich.«) – und so fort. – Wir wollen sehen. – Ich möchte Dir was vorlesen. (Den Anfang ändere ich ganz. Aber erst am Schluß, wenn alles andere steht.)
Jetzt kommt dann gleich ein Ex-Germaniker, 21, unheimlich gescheit, aber zynisch, doch jetzt in einer Krise, will vielleicht (sagt Aldo, der ihm eine Art Freund ist) wieder zurück zur Theologie. Um 5 kommt mein Schreiner herein nach Rom, wir gehen mitsammen Türgriffe usw. aussuchen.
Morgen früh Messe im Campo Santo Teutonico. Mein Besuch, der arabische evangelische Pastor aus Israel, will durchaus (mit Weib und 2 Buben) mit mir katholisch beten gehn, ich nehm sie also im Auto dorthin mit, hernach lad ich sie zum Frühstück ein ins Café S. Pietro. – Abends 6 (bis....) kommt René Hocke, der Journalist, sehr sehr gescheit, ein Fisch (!) 55 Jahre alt, Curtius-Schüler, Romanist (der mich neulich mitgenommen hatte zu dem Abend bei der Croce-Tochter und zu Jolitti, dem Finanzminister für Bilanzen usw.).
Morgen wieder zum Haus, und Badewanne usw. aussuchen in Rom und Telefon beantragen für draußen, muß dazu an die Zentrale hier – und so fort. Ans Meer komm ich gar nicht mehr, und vorgestern nahm ich Aldo mit, für 2 Stunden. Bin also nicht sehr braun. Macht nix. Macht alles nix. Aber ich möchte in *dieser* Woche abfahren, mit

Pina. Vielleicht Donnerstag, oder sonst Sonntag-Nacht (wenig Verkehr, Montag nachmittag in München, vielleicht. Ich weiß noch nicht, wie alles geht mit dem Haus.
Jedenfalls: *bald*.
Da wird ein Freudenmahl vorgekocht (oder ein Opfermahl – wer weiß. Jedenfalls steigt der Rauch zum Himmel. Oder schreit zum Himmel.)

Roma, 13.7.64[38]

Mein lieber Fisch,
in *größter* Eile weil noch *so* viel zu erledigen ist:
Ich fahre Freitag, *oder* Samstag (weiß noch nicht) hier ab (hängt davon ab, wann die elende Pina ihren Paß (bzw. Identitäts-Karte) bringt, von der ich glaubte sie habe sie schon! –)
Jetzt nur dies:
Traurig bist Du. Ach Fisch. Du wartest auf ein Wort von mir. Ich weiß auch welches. Ich sag's doch immerfort auf meine Weise! Ist's nicht doch bloß ein Wort? (Freilich: Ich als Schriftstellerin darf so was nicht sagen! Ich meine nur: Mein ganzes Zu-Dir-Sein ist doch eine Form der Liebe, die sehr edel und schön und hoch gelegen ist. – Daß ich sonst halt »M.A. die Seine« bin, mein Gott – es ist eben so seit 9 Jahren. Keine Katz der Welt beißt diesen Faden ab. Fisch –

Lieber – Dir wird von Gott nichts erspart. Vergib daß *ich* Medium bin dafür.

Auf bald!

Dein Wuschel

Ich freu mich so auf Dich! *Wenn's* geht, quäl mich *am Anfang* nicht – wo ich mich doch so sehr freue!

Postkarte aus Heiligenblut, 4.8.64

Lieber Fisch,
ich sitze hier in herrlicher Sonne 2500 m hoch. Blauer Himmel, Wärme, trotz der Höhe. *Langsam* komme ich zu mir selber, hoffe ich. Ich bin *so menschenmüde.* Abstand, Abstand. Und Schweigen.

Alles Liebe! *Wuschel*

Kals am Großglockner, 5.8.64[39]

Liebster Fisch [Zeichnung],
eben kommen Deine beiden ersten Briefe aus Freiburg, und ich setze mich auch gleich hin, um wieder zu schreiben. Eigentlich geht die Post erstaunlich schnell: Eingeworfen am 3. früh 8 Uhr, hier am 5. nachmittag 3 Uhr. Wo es um so viele Ecken auf der Landkarte geht!!!– Der Telefon-Anruf heute (so besorgt) war lieb. Ich fuhr gestern früh um 1/2 8 etwa in München ab (wollte früher, aber Pina, ewig hysterisch, machte große Abschiedsszene: Sie tue zu wenig für mich, sei schlecht erzogen, mir nur eine Last usw. usw., und ich hatte alle Mühe, ihr zu sagen, wie gut wir sie leiden können. Aber *entre nous*: Ich hätte es beinahe nimmer mit ihr ausgehalten – immer reden, immer himmelhoch oben und schwups im Tränental. Aber tüchtig ist sie! Sie fährt nächste Woche zurück.) – Ich fuhr verdrossen und müde ab, bis zum Großglockner hinauf immer noch mürrisch und menschenscheu, oben gings besser, und hier ist's einfach schön. Ich bin, was Essen anlangt, leidlich versorgt, habe ein nettes Holzwände-Zimmer, das »Bischofszimmer« im 1. Stock mit einem schönen Blick über den Pfarrergemüsegarten hinweg auf eine ungemähte Wiese, zwischen einigen Lärchen hindurch auf einen Ge-

birgsbach und das Tal hinaus. Heut früh 7 Uhr Messe. Die Leute in Tracht. Frauen und Mädchen aufgesteckte Zöpfe. Alle zur Kommunion. Der Herr Pfarrer ist Dorfzentrum. Das gibt's noch: die schenken ihm viel: gestern fünf Forellen, Land-Butter und Fleisch usw. Das ist noch ganz wie vor 100 Jahren. Heut vormittag Stille. Nachmittag fuhren wir (Lipp, seine Hauserin Maria und ich) mit Sessellift auf einen Berg mit Blick auf den weißen Großglocknergipfel, lagen in der Sonne, schön warm, tranken Kaffee, aßen Apfelkuchen und redeten sozusagen über nichts. Man läßt mich durchaus in Ruhe. Und das *brauche* ich wirklich. Es ist still, die zahlreichen Fremden verlaufen sich in der reichen Landschaft, stören nicht, meine zum Zerreißen angespannten Nerven entspannen sich, ich denke still vor mich hin und an den Fisch.

[...]

Freilich weiß ich, was Dich bewegen mag in St. Urban jetzt, nur daß es wehtut, alles, weil überall Erinnerung hängt. Aber schau: in 4 Wochen sind wir ja doch wieder beisammen.

Das [Schiff – eine Zeichnung] soll uns dahin führen, wo ER ist – alles andere ist nicht so wichtig. Leb wohl, lieber Fisch. Ich bin bei Dir.

Dein Wuschel

Spüren das im Wort Verschwiegene

Kals, 7.8.64[40]

Liebster Fisch,

heut 2 Briefe voll herrlicher Theologie. Ja, ich denke auch, daß man immer nur Teil-Wahrheiten weiß, nämlich auf Kosten anderer (d.h. anderer Erfahrungen), und daß man darum eigentlich alles Suchen aufgeben sollte und ganz demütig oder besser: ganz *leer* sich zu Füßen

Gottes hinsetzen sollte und lauschen, und *da* erst weiß man dann »das Ganze«. Was ist es? *Was* weiß man dann? IHN. Wie das geht, daß man IHN weiß, kann ich nicht sagen. Aber wenn ich bisweilen aus einer Meditation heraus in den stillsten Raum eintrete, in die Leere, dann weiß ich einfach ALLES, nämlich NICHTS mehr. – Das kann man nicht erklären. Das ist halt wohl »Mystik«. Aber Parallele: Wenn man jemand liebt, vergißt man völlig die einzelnen Eigenschaften des Partners, man vergißt alle Erfahrungen, die man mit ihm gemacht hat, man vergißt sozusagen ihn selber und *ist in ihm*; ist Eins, statt zwei. Darum ist ja die körperliche Vereinigung, die Ekstase, eine so große Offenbarung: da fällt man in den Ur-Grund der Welt. Aber auch beim Gebet, in der Vereinigung mit Gott, geschieht das. – Es kommt immer nur darauf an, daß man den Anschluß an den Ur-Quell bekommt. – Ist es so? –

Ich sitze still in meinem holzgetäfelten Zimmer, ein elektrischer Ofen ist eingeschaltet, es ist Abend und etwas kühl auf 1300 Meter, es ist still um mich und in mir, aber ich habe mich noch nicht ganz gefunden, ich bin noch nicht ganz identisch mit mir sozusagen. Macht nix. Kommt schon noch. – Daß Du an M.A. dachtest, ist lieb. – Ich hab am Abend vor der Abfahrt ihn auch angerufen. Er sagte: »Man kann ja kilometergenau zielen« und meinte damit (in Anschluß an einige Sätze vorher) seine und (oder) meine Gedanken. So ist's. Der arme Hund hat *keine* Ferien dieses Jahr. Freilich arbeitet er nicht derart intensiv wie Du, aber er hat dafür allerlei *diverse* Arbeiten, jetzt z.B. ist er sein Prior, sein Cellerar, sein Chor in einer Person, weil die meisten *fuori del convento* sind. Und nebenbei muß er fürs Konzil was vorbereiten und zudem die Statuten der Bayrischen Benediktiner-Kongregation neu ausarbeiten nach den Vorschlägen des Generalkapitels. Er arbeitet leider sehr langsam und höchst unwillig. –

Ich muß hier schon *auch* reden, mit dem Prof. Lipp, der gern theologisiert, er hat vieles sich angelesen, aber weißt [Du]: Ich bin Deine Höhenlage gewöhnt und es macht mich oft ungeduldig, so »einfache« Sachen zu besprechen wie die Unbefleckte Empfängnis, nein, ich meine natürlich die Virginität Mariens – nämlich ob vor, in, nach der Geburt.... Mir ist das völlig gleichgültig. Mag sie *virgo intacta* sein oder nicht, das bedeutet mir kein Mehr und kein Weniger. Sie ist, was sie ist: Die junge Frau, die einen Menschen gebar, der Gott ist. Ganz einfach, nicht wahr? (!!!) – Ich ertappe mich dabei, daß ich, nach viel theologischer Skepsis und auch jenen Höllentagen, plötzlich wieder simpel glaube. »Es« glaubt in mir. Mein Intellekt mag da und dort viele Haare in der Suppe finden – mein eigentliches Ich *weiß*, daß Gott ist, daß er uns liebt, daß er uns unsterblich haben will. Basta. – Ich werde doch noch eine alte Klosterfrau, die vom »lieben Heiland« redet, und von früh bis spät Rosenkranz betet. (Ich war am Freitag abend, in der Kirche, »im Rosenkranz«. Schön ist das gemeinsame Gebet, der murmelnde, aufbrausende Chor.) – Halbgescheite Leute wie der Lipp sind was Arges. Aber er ist dafür sehr lieb, sehr hilfsbereit, schenkt alles her, braucht wenig für sich, ist ungemein offen für den Nebenmenschen, aber es plagt ihn halt doch noch immer der Eros-Sexus. Die Frauen mag er arg gern. Aber: macht nix. Dafür ist er demütig, fühlt sich als sündigen Menschen, aber nicht allzu arg, weil er auf die Liebe Gottes baut. Ist schon recht so.

Deine Theologie der Schweigens: Da müßte man auch sagen, daß das ja nicht nur eine Frage des Redens, sondern des gesamten Ausdrucks-Apparates ist. Eine Geste, ein unbewußter Blick verraten oft alles. Man *kann* nicht schweigen. Sonst wäre man aus Stein. Und selbst Steine reden. *Ihre* Sprache. –

Ob man dem geliebten Menschen etwas verschweigen soll? Ich weiß nicht. Wenn sich zwei lieben (*echt*), *spüren* sie das im Wort Verschwiegene. Aber man kann schon manchmal auch die eigenen Gedanken so abschirmen, daß sie den andern nicht erreichen. Man kann vor die eigenen Nöte den Paravant des Gebetes, zum Beispiel, schieben! Das tut das Wuschel. – Aber es hat jetzt eigentlich keine Nöte, es ist ganz friedlich, genießt Pinas Ferne, das Rauschen des Baches, die Harmlosigkeit der bäuerlichen Menschen hier. – Gestern war ich mit Lipp nachmittag Kirchen anschauen; drei alte schöne Kirchen, hier in der Nähe: St. Korbinian bei Lienz, eine in Obermauren, und die alleräIteste weiß nimmer wo. Romantisch, mit doppelter Apsis, unten und oben, herrliche Fenster, etwas das ich nie in einer Kirche sah: die vier Elemente, als Männer dargestellt, (das

Feuer ein feurigbrauner Mann mit einem kleinen Stier an der Hand; das Wasser ein wässrig blauer Mann mit einem Krug usw.) die Augen das Gewölbe über dem Altar. – Abends waren Lipp und ich bei einem Laienspiel auf der Burg Bruck bei Lienz, im Burghof; ein Barock-Mysterien-Spiel. Vom Segen des Rosenkranzes. Mit Engel, Madonna, Christus, Teufeln u. Teufelinnen. Besonders die 2 Mädchen gaben sich höllische Mühe, äußerst verrucht zu sein, indem sie ihre hübschen Kurven aufregend bewegten. Mich lächerte das Ganze, und doch, wie seltsam:

weiter am 8. früh:
– wie seltsam, es ergriff mich doch; – Und die Sterne über dem Burghof, die waren schön.
Heut in der Messe viele Kinder, zur Kommunion, Buben und Mädchen. Was für reizende Gesichter. Und junge Mädchen: herbe Jungfräulichkeit; strenge Pallas Athene-Gesichter. Scheinen unverführbar. – Der Pfarrer hier (der zur Zeit bei meiner Mutter in Obhut ist) möchte den Fremdenverkehr drosseln, um die Gemeinde so fromm zu erhalten. Geht aber nicht. In einem Jahrzehnt wird es nicht mehr so sein wie jetzt. Und in dreißig Jahren, wenn die Welt draußen *wieder* fromm ist, wird man hier »aufgeklärt« liberalistisch sein.
Liebster Fisch – ich entbehre ein Gespräch mit Dir. Ich entbehre Deine enorme Gescheitheit. Deine Überlegenheit. Deine geistige Fülle und Wendigkeit. Deine Kraft der Überschau. Du Aristokrat unter den Intellektuellen. Und Deine Fähigkeit, Deine (die) Widersprüche zu einen, und dazu noch *fromm* zu sein wie ein Kind.
Aber ich bin so verwöhnt durch Dich, daß mir die andern Leute bloß dumm vorkommen!!! Jetzt schick ich einen Pfeil in Richtung Freiburg. Vor Deinem Balkon verwandelt er sich in einen Vogel. Schau auf – dann siehst Du ihn!

Aller-aller-herzlichst.
Dein Wuschel [Zeichnung]

Kals, 9. August 1964

Liebster Fisch,

Sonntagmorgen: ich war um 6 Uhr in der Frühmesse, die ganze Kirche voll: Kinder, Frauen, Männer, alle gingen zur Kommunion, auch die Männer, und *wie* fromm. Und schön gesungen hat das Volk. Man spürt, daß diese Leute hier wirklich beten; daß ihnen bare Wirklichkeit ist, woran sie glauben. Ihr Glauben kommt einem Wissen gleich. Wenn man Religion *lebt*, *weiß* man sie auch, finde ich; dann braucht man nicht mehr eigens zu »glauben«. Glauben muß nur der, der schon aus dem selbstverständlichen Zusammenhang gerissen ist. Petrus brauchte nicht zu glauben, er wußte (Du bist Christus… – »Nicht Fleisch und Blut hat dir das geoffenbart…«). Thomas mußte glauben. Wir Modernen (mit Ausnahmen) müssen glauben. Das Mittelalter wußte. Die frommen Griechen wußten ihre Götter. Odysseus sprach mit Athene! Homer wußte. – Ich? Ich weiß meistens auch. Du auch? Man muß Leuten den Glauben zeigen, dann wird man auch, eines Tages, wissen.

Es regnet sehr. Der Regen und der Gletscherbach rauschen. Es ist ganz still. Ich habe einen Aufsatz von Golo Mann über Geschichtsphilosophie gelesen (in dem Buch, das Du mir gabst.) Sehr schön klar, sehr bescheiden, äußerst sympathisch vor allem darin, daß er das Metaphysische zugibt, daß er ausspricht, wie denn das Schicksal der Menschen nicht in die Hand des Menschen allein gegeben sei. – Der wahre »Realist« ist doch der religiöse Mensch, weil er das *Ganze* nicht oder doch ahnend so anerkennt. Ich weiß nicht, ob oder inwieweit Golo Mann Christ ist, aber areligiös ist er sicher nicht; im Gegenteil schon eher; das spricht für seine Gescheitheit. – Jetzt lese ich dann weiter im Joyce »Ulysses«, den, oh Schande, ich noch nie las. Er ist großartig, aber mühevoll zu lesen. – Leider kommt jetzt nach der Kirche ein Geistlicher aus dem Rheinland, ein Kaplan, der von meinem Hiersein erfuhr und mit seiner Familie (Schwestern oder Nichten) hier ist und begeisterter Leser von Luise Rinser; nun schön, mache ich halt ein bißchen Konversation in Gottes Namen.

[…]

Abends 1/2 9. – Vormittag mit dem Kaplan kamen zwei junge Mädchen, 18 und 16, beide lesen »Nina« und anderes von mir, und wollten mich durchaus sehen. Es war nett. Intelligente Kinder. Der Kaplan, Hirsch, hat bei Heidegger und Welte studiert, Dich bei Vorträgen gehört, ist 30 Jahre alt, kennt Vorgrimler gut usw. Aber von Baptist [Metz] hat er noch nichts gelesen, kaum etwas gehört. Das wenn der Baptist wüßt, daß es solche Theologen gibt....
Das ältere Mädchen stellte mir einige Fragen übers Schreiben, es ergab sich eine gescheite kleine Diskussion; hernach sagte sie, daß sie ihren eben geschriebenen Lebenslauf ändern müßte, nämlich darstellen als eine Zeit, in der sie mich nicht kannte, denn dies Kennenlernen sei eine Art Offenbarung für sie. – Lächeln muß man über solche jungen Dinger. Der Kaplan aber bat mich um eine Unterredung in den nächsten Tagen. Soll er haben.
Nachmittag lief ich 3/4 Std. spazieren, es hatte aufgehört zu regnen, dann wollten Lipp und Maria auch noch laufen, mit mir, so bin ich heut auch wieder 2 Stunden mindestens gelaufen, bergauf bergab am Gletscherbach entlang. – Auf den Bergen Neuschnee. Kalt. Im Zimmer gemütlich warm.
Jetzt geht ich ins Bett, lese den »Ulysses« weiter. Macht mich ganz verrückt, so schwierig ist das, so verworren, ineinanderverschlungen, überwuchernd und sehr irisch. Eigentlich nix für meine lateinisch-mittelmeerische Seele.
Du fehlst mir *natürlich.* Das war anzunehmen vorher. Und es ist recht so. – Ich hab 2 Tage (Samstag-Sonntag) keine Post von Dir. Das ist lang.
Gute Nacht. Der Bach rauscht und rauscht als rauschte die Stille. Das Holz im Haus knackt bisweilen leise. Die Stille jetzt am Abend ist schön.

Dein Wuschel [Zeichnung]

[Kals], 11. August 1964[41]

Liebster Fisch,
heut kamen *4* Briefe von Dir auf einmal, aber da ich, kluges Kind, die Post selber abhole, sieht Lipp sie gar nicht! Du schreibst mir

derart schöne Briefe, daß ich ganz arm bin dagegen – mir fällt eigentlich nichts ein, und eigentlich ist mir's recht so, grundsätzlich: daß ich gar nicht »gescheit« bin, sondern eher sanft müde und sanft dumm. Gestern ging ich um Viertel nach 8 ins Bett, um allein zu sein, und schlief fast sofort ein, bis 3 Uhr morgens, lag eine Stunde wach, dachte still vor mich hin und schlief weiter bis 6 Uhr. Und mittags schlaf ich meist auch 1 bis 2 Stunden. Das reinste Murmeltier. Nachholbedarf heißt das, glaub ich! Heut hielt die 7 Uhr Messe der junge blonde Dortmunder Vikar, kam nachher zum Frühstück und wir redeten Theologisches: über Zeit und Ewigkeit, über Sünde (was »Tod-Sünde« ist) ob es eine Hölle gibt, da sie ja nicht erschaffen wurde (Du, wie ist das? Die Sünde wurde auch nicht »erschaffen« und existiert doch. Ist Hölle auch bloß eine *privatio*? Steht da was bei Rahner?) Hernach lief ich mit dem Vikar noch ein wenig spazieren (auf den Bergen Neuschnee, Silberzucker) und ich sagte ihm, es sei recht schön und gut, wie »weltlich« die heutigen Theologen seien, die jungen, aber die dürften *doch* nicht das *Mysterium* des Priesterseins vergessen über aller aufgeschlossenen Intellektualität. Daß einer, selber voller Sünden, dennoch *wirklich* Sünden vergeben und Brot verwandeln kann, sei doch ungeheuer, und darum sei der Priesterberuf nicht eben einer neben anderen, und man sei kein Psychotherapeut. Das tat ihm ganz gut, ich merkte es an seinem Betroffensein.

Zu Deinem Brief: ja, die Welt ist kein Schein, das ist wahr, und man kann das Geschaffene nicht genug als wirklich nehmen. Wie gerne ließe ich M.A. *diesen* Brief lesen, aber leider, das geht *doch* nicht.

Sehr ergriffen hat mich Dein Satz, daß ich nicht wissen könne, wie das ist, wenn man nur *einen* Menschen habe. Ach Fisch – aber sag: *hast* Du nicht doch auch den Baptist [Metz]? Machst Du vielleicht nur nicht genügend Gebrauch von dieser Gabe? Hast Du nicht Vorgrimler? *Anders* habe ich auch meine Freunde nicht. Freilich die Kinder. Aber die gehen doch ihre eigenen Wege, die »hat« man am wenigsten. Ich hab M.A. und Dich. – Du sollst aber nicht sagen, nicht schreiben, nicht denken, daß Du »auch um den *einen* Menschen noch fürchten mußt«. Nein, das mußt

Du ganz einfach *nicht.* Was denkst du denn, wie nötig Dich mein Leben hat! Und das ist, weiß Gott, nicht so gemeint, als wärest Du mir »nützlich« als Anreger oder dergleichen; es ist anders, und das weißt Du recht gut. Diese ständige Verbundenheit mit Dir ist etwas ganz Wunderbares für mich, und etwas völlig Unentbehrliches auch. Also, fürchte nicht (nie!) mich zu verlieren. Du bist ganz eingebettet in mein Leben.

Daß Du nicht allein spazierengehen magst dort, wo wir mitsammen gingen, ist mir ganz klar und es tut mir weh, daß ich Dir dadurch Schmerz bereite. Aber ist's denn nicht besser, Du »hast« mich wenn auch in der Ferne, als daß ich neben Dir ginge und Du »hättest« mich nicht??? Daß beides zusammen das Beste wäre ist klar, aber es ist eben nun so, wie es ist.

Es ist mir gut hier und ich könnte hier, bliebe ich lang, sogar arbeiten (am neuen Roman), und dennoch freu ich mich aufs Fortfahren. Ich freu mich auf Rom, da gehör ich hin. In 4 Wochen sind wir dort wohl schon zusammen und fahren das Haus anschauen, das ich in Gedanken schon einrichte mit alten und den neuen Möbeln. Wird vermutlich schön! – Aber am liebsten hab ich doch das Fortfahren schlechthin, das Etwas-Hintersichlassen. Ich glaub, ich *mag* das Sterben! – Jetzt scheint Sonne, endlich wieder. Morgen, wenn's schön ist, fahren wir (wie das hier Sitte ist) mit einem Jeep hoch hinauf auf eine Alm, direkt gegenüber dem Großglocknergletscher. Und Donnerstag mittag fahr ich hier weg, durch das Tauerntunell; langsam fahr ich, still in mir. – Meine Menschenverdrossenheit ist schon wieder weg, – wenngleich ich doch viel, viel lieber *allein* bin (es sei denn, Du wärst da.)

Hunger hab ich jetzt! 3/4 12. Lipps Maria kocht derart verführerisch gut, daß ich, der sonst Essen egal ist, geradezu Freude am Essen hab! Und überhaupt tut mir der Friede und die Freundlichkeit der beiden, Lipp und Maria, sehr sehr gut. Da gibt's nichts Finsteres und Böses, da gibt's nur den »guten Willen« der Weihnachtsbotschaft; bloß ist Lipp eben ein ungestümer Tiger und er schlürft seinen Kaffee und seine Stimme dröhnt so laut, ich mag das Laute nicht!

Ich les weiter die Regel von Taizé, den Ulysses von Joyce, und die Geschichtsphilosophie-Aufsätze. Paßt alles zusammen! –
Abends: nach 2 Stunden, nein 3, Spaziergang mit Lipp und Maria bergauf, ein Himbeerschlag voll reifer Beeren. Viel gegessen. Und Wasserrauschen. Und eine verlassene Sägemühle. Kindheitserinnerungen. Jetzt blauer Himmel. Morgen wird's sonnig. – Und übermorgen fahr ich. Und Du hast bald 2 Wochen hinter Dir. Erholst Du Dich denn? Nein, natürlich nicht! – Heut auf dem Spaziergang hast Du mir ganz entsetzlich gefehlt. Mit Dir kann ich reden *und* schweigen. Ach *dummer* Fisch: Fürchte nichts! Nur Du und M.A. kennt mich wie ich *bin*. Die andern sehen nur Teile.

[Kals] 12.8.64[42]

Liebster Fisch,
das ist nun der letzte Brief von hier (ist auch der letzte Briefumschlag, den ich habe!). Morgen mittag fahr ich ab. Erholt. Wirklich. Ich mag die Menschen wieder, bin unbefangen; das Haus (physisch) ist sehr befriedigend, ich steige ganz leicht steile Wege, und habe insgesammt wieder hellere Augen. – Was Du schreibst, lieber törichter Fisch – daß Deine Briefe mich ungeduldig machten – ist dummes Zeug. Ich bin schon traurig, weil Du traurig bist, das schon! –
Später: Mittagsschlaf, dann mußte ich (es ist heut zum letzten Mal) mit Lipp und Maria in ein Berggasthaus zum Kaffeetrinken fahren; Lipp war heut melancholisch (hat Lebergeschichten, trinkt relativ viel – relativ zu seinem Leberschaden nämlich) ich heitere ihn mit Witzen und Geschichten auf. Jetzt gießt es, Wolken bis ins Dorf herunter, kalt, der große Kachelofen wird geheizt in Pfarrers holzgetäfelter Studierstube. Ach – ich wäre lieber allein, läse, schriebe weiter an Dich (bis sie mich rufen, darf ich schreiben) – aber daran, daß ich ohne großen Widerstand gehorche, merke ich, daß ich wieder »gesund« bin und doch nicht neurotisch, sondern eben bloß harmlos saumüde war. – Ich freu mich trotz allem (es war schon schön hier) aufs Wegfahrn. Weißt Du: Ich muß mein eigner Herr sein dürfen, ohne vorgeschriebene wenn auch noch so freundliche Tageseinteilung. Und Lipp ist halt gar nicht anregend für mich, in

keiner Weise. Manchmal erzählt er ganz hübsch aus dem Krieg. Z.B.: er war Divisionspfarrer in Belgien (oder Nord-Frankreich). Da kam, 1941 glaub ich, der Erlaß, daß deutsche Soldaten nicht mehr mit der französischen Bevölkerung in die Kirche gehen dürfen. Lipp predigte, sagte am Schluß: »Und daß Ihr's wißt (zu den bayerischen Gebirgsjägern redete er) – Ihr dürft's jetzt nimmer mit den Franzosen in den Gottesdienst gehen. Aber ins Puff ins Französische dürft's gehen. Gelobt sei Jesus Christus.« – Er bekam große Schwierigkeiten von der Heeresleitung aus, aber dann wurde doch alles vertuscht von seinem General. – Und einmal predigte er, als er hörte, seine Soldaten hätten sich schlecht benommen mit französischen Mädchen: »Was wollts Ihr sein? Gebirgsjäger?? Schürzenjäger seid's! Pfui Teifel. Amen.« Das reichte! – Insofern ist er ein Original. Er kann einfache Leute sehr gut »zur Religion bringen«. Und seine Schülerinnen an der Oberrealschule vertrauen ihm alles an. Er ist sehr offen, und ohne »Vorurteile«. (Was ist das eigentlich? Die ganze Moral ist ein Vor-Urteil!) – Du bist sehr lieb, M.A. zum Briefschreiben bringen zu wollen. Aber weißt [Du]: Er *kann* es ja nicht. Liebesbriefe zu schreiben erlaubt er sich nicht, und was andres will er nicht schreiben. Nein, nein, lassen wir den nur in seinem schmerzlichen Schweigen. Er redet ja in Gedanken ziemlich viel und laut mit mir.

Und Du machst mir gar nicht Kummer mit Deinen Briefen, weil nämlich (andererseits) Du *doch* glücklich bist mit Deinem Geheimnis tief innen, mit dieser Wunde, die wehtut und doch wärmt und lebendig hält. (Hat das Wuschel ein wenig recht?) Mein Gott, *wie* es gießt, und wie kalt es ist! Aber ich hab neben mir einen großen elektrischen Ofen, hab's warm hier drinnen. Bin aber schon halb auf der Fahrt innerlich.

Jetzt werd ich Dir erst Samstag wieder schreiben können oder erst Sonntag, denn morgen fahr ich bis Traunstein, Freitag nach Rosenheim, mittags nach München, dann zum Frisör (arg nötig). Samstag vielleicht zum Amt nach S. – Sei also nicht besorgt und nicht bang, wenn kein Brief kommt, höchstens eine Karte von irgendwo.

Eben fällt mir ein: ich hab gestern auf den Brief zu wenig Porto geklebt. Diese blöden Dreischilling- und Einschilling-Marken sehen sich zum Verwechseln ähnlich. Hernach erst merkte ich's, als mir eine Dreischilling-Marke übrig geblieben war. Verzeih!

Gegen Mittag, 13. [August] in Lienz: Lipp erzählte was Schönes von seinem Theologielehrer Muth in Freising. Er sprach über Konkupiszenz und sagte zu seinen Schülern: Als ich Militärpfarrer war, fragten mich einmal die Offiziere: Was würden Sie tun, Hochwürden, wenn Sie jetzt nach Hause kämen und ein schönes splitternacktes Weib in Ihrem Bett fänden? – Ich hab geantwortet: »Meine Herren, – was ich tun *müßte*, das weiß ich. Aber was ich tun *würde*, *das* weiß ich nicht.« Lipp sagte: Sie haben derart getrampelt (die Schüler), daß er die Vorlesung abbrechen mußte. (Sie liebten ihn sehr!) –
Wir sitzen jetzt in Lienz in der Sonne, beim Abschiedsmahl, denn nachher fahr ich allein weiter, Lipp's fahren mit ihrem eigenen Wagen zurück. –

Dein Wuschel

München, 17.8.64[43]

Liebster Fisch,
ich schreib Dir zwischen Aufräumen und Kochen, ohne eigentlich Ruhe zu haben. Aber Du sollst nicht so lange auf Nachricht warten müssen. Ich hab gar kein Foto von mir hier, kein Neueres. Magst Du die beiden vorläufig? Es ist zwar nicht das Wuschel, das Du kennst, sondern eines von vor vielen Jahren, aber ein friedliches. Daß gerade PAX darüber steht, ist schön, nicht wahr? (Auf Monte Cassino.) Ich merke gerade, daß ich ein bißchen was von Deiner nervösen Schrift angenommen habe, findest Du nicht auch? Ich schrieb früher größer. (Wenn ich nur auch Deinen Geist dadurch bekäme!!!) Deine Höllenlehre ist faszinierend. Warum schreibst Du das nicht öffentlich? Ich *muß* ja doch Deine Briefe (abzüglich des Allzu-Privaten) drucken lassen....! Sonst geht doch sehr viel großartige Theologie einfach verloren. Ich komm mir vor wie die Geliebte eines Schahs, der ihr jeden Morgen einen Brillanten von etwa 1 cm Durchmesser auf den Frühstückstisch legt; jetzt hat sie schon eine ganze Kette; von unschätzbarem Wert ist die, und keine andere Frau

PAX

auf Erden hat *so* eine (vielleicht noch Teilhard's Kusine, die Empfängerin vieler seiner Briefe und wohl auch »*sein* Wuschel« – oder??). Ich dürfte eigentlich überhaupt nicht melancholisch sein! Zu allem hin bekam ich heut von S. Fischer 15.000 DM Vorschuß fürs Haus, der erst im Lauf der Jahre abgerechnet wird. Also keine akuten Geldsorgen. Auch Steffi geht's besser; er las meinen (neuen!) Aufsatz über die Hoffnung, und vor allem mein (dies war wirklich *meiner)* Teil über das Gebet hat ihm, sagt er, geholfen. Er zeichnet jetzt eifrig neue Bühnenbilder, hat neuen Auftrieb. Und Christel ist ganz ausgeglichen. Und gestern abend hatte ich ein langes Telefongespräch mit M.A., sehr lieb von seiner Seite – als ich sagte ich sei so depressiv, meinte er: »Vielleicht müssen Sie für mich büßen«. (Er sagte es ernst.) Vielleicht ist es so. Dann will ich's halt in Gottesnamen tragen. – Eben fand Christel doch noch ein anderes Foto. Magst Du das? –Und jetzt ist's Nachmittag und herrliches Wetter, und Christel und ich haben beschlossen, nach Schleißheim zu fahren, dort spazierenzulaufen. So enthält dieser Brief nichts weiter mehr als eben das Foto und tausend innige Grüße, und daß ich wollt' Du wärest da, und das ist tausendmal wahr.

Bald mehr (hoff ich) !
Dein Wuschel [Zeichnung]

München, 18.8.64

Mein lieber Fisch,
ich müßte Dir jetzt viel schreiben zu Deinen Theologiebriefen, vor allem noch zur Höllen-Frage, die mich natürlich sehr beschäftigt. Aber ich bin zur Zeit so angefüllt mit Alltagskram, daß ich sozusagen nicht »im Training« bin mit Denken und Ausdrücken des Gedachten. Aber doch so viel: immer dichter *weiß* ich, daß wir schon *in* der Ewigkeit leben, daß wir schon Himmel und Hölle ganz nahe haben, daß es wirklich nur an uns (d.h. unserem Mitwirken mit den Gnadengaben) liegt, ob wir Gott erfahren oder nicht. Vor Jahrzehnten träumte ich, ich sei eingeschlossen in etwas, das wie eine lange dünne durchsichtige Wursthaut war, überdimensional, aber doch nur so weit, daß ich gebückt drin stehen konnte. Und eine Stimme sagte:

»So viel« (nämlich nur diese dünne Haut) »trennt Dich von –« dann schwieg die Stimme, und ich ergänzte schon im Traum, im Aufwachen genau gesagt: »Von Gott«. Es ist ein Bild. Es ist in Wirklichkeit noch anders. Ich weiß nicht wie. Aber ich weiß, daß Gott *da* ist, daß die Ewigkeit *da* ist, daß Maria *da* ist, die Heiligen, der Schutz-Engel, das Gericht (»... der ißt und trinkt sich das Gericht«...). Ich begreife mit allen Sinnen meines Geistes, daß Zeit und Raum »eingebettet« sind in Ewigkeit und Unendlichkeit. Darum *ist* (jetzt) die Vergangenheit und *ist* (jetzt) die Zukunft und *ist* (jetzt) die Ewigkeit und (jetzt) *ist* unser Tod. Ich *fühle* die Ewigkeit. Ich könnte das in einem Bild zeichnen:

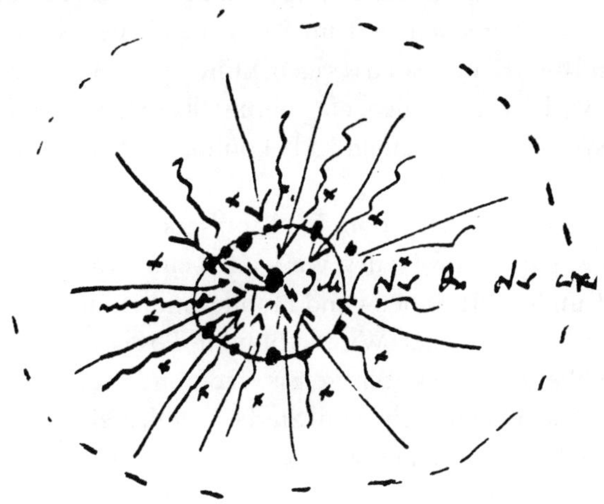

Im Zentrum der (einzelne) Mensch. Im Kreis darum »die Zeit«, d.h. die Menschen und aktuellen Erfahrbarkeiten seiner Tage (seines gegenwärtigen Tages.) Die Sternchen im weiteren Kreis sind »die Toten«, ist die Geschichte (da müßten auch Pfeile direkt im Zentrum schießen – ich kann bloß nicht *alles* zeichnen, sonst wird's zu unübersichtlich.) Die gewellten Linien (auch das müßten Pfeile sein) sind – sagen wir – »die Geister«, die Heiligen besser gesagt, und auch die Dämonen. Und die Pfeillinien, die geraden, das sind die Gnaden Gottes aus der Ewigkeit – aber all diese Linien sind ja in Wirklichkeit keine Linien, sondern etwas – wie soll ich sagen? – das Ganze ist ja eine *Kugel*, kein Kreis, und die Linien sind also *Räume*, und all diese Räume sind *in*einander. Und die äußerste gepunktete Linie ist Gott, aber der ist ja unendlich darum herum und darin drinnen. –

Ich sag das dumm, aber ich fühl's intensiv, ich bin Mittelpunkt eines Sonnensystems! Jeder ist das, denn für den andern bin *ich* in *meinem* System Mittelpunkt, in *seinem* aber im ersten Kreis gelegen.

[Zeichnung] Jeder dieser Punkte (Menschen) ist wieder Zentrum eines Systems. So ist die Welt voller sich durchdringender Sonnensysteme, die alle IN Gott sind.

Ich *sehe* das: den Riesenball voller Sonnensysteme! Und alle *drinnen* in Gott, und alles in ständiger Bewegung. Der Atomzerfall des Menschen, der (im Vergehen und im Tod) ungeheure Kräfte wieder freiwerden läßt. (Kann man das sagen?) Ein großer Teil der »ewigen Seligkeit« wird darin bestehen, eine unmittelbare Über- und Einsicht in dieses System von Systemen zu bekommen – Sphärenmusik! Sie tönt Liebe.

Ach – *Du* verstehst mich schon. Ich kann's nicht besser sagen.

...Und sonst gibts etwas Neues; wir kaufen einen *HUND*. Und zwar aus einer Familie (Menschen- und Hundefamilie), die wir gut kennen: Einen Urenkel jener Wunderhündin Tossi, von der ich Dir schon erzählte (die ihren Sohn selbst erzog und dressierte, und die eines Tages sich hysterisch zum Sterben hinlegte, drei Tage ans Sterben glaubte und dann, ohne krank gewesen zu sein, wieder weiterlebte, weil man sie dazu zwang.) Der Hund, 1 Jahr 5 Monate, sieht wie ein schwarzer Teufel aus, belgischer Schäferhund, ist Polizeihund und Sanitätshund, hat gerade »ausgelernt« in Zürich, hat tolle Zeugnisse von der Polizei und sei sehr lieb zu Herrn und zu Leuten, die er mag. (Dich *muß* er mögen!) Er wird mich beschützen. Morgen früh fahren wir 3 nach Zürich, ihn holen. Erst Donnerstag abend sind wir wieder hier, weil er sich erst 1 Tag an uns gewöhnen muß. wir freuen uns sehr. Wir sehen das Foto – und bei allen 3en wars Liebe auf den ersten Blick. (Ist teuer, natürlich, aber was hilft's: ich *brauch* einen Wächter, der auf den Mann dressiert ist.) –

»Infolgedessen« hab ich wenig Zeit zur Schwermut, das ist gut. Freilich: im Untergrund fließt der schwarze Strom, der schwarze Strom.

[Ich] weiß nicht, was das bedeutet, daß es *so* wehtut. Möglicherweise muß ich wirklich für M.A. etwas leiden. Oder für Dich. Oder für meine Kinder. Für Euch alle. –

[…]

So, jetzt muß ich ins Bett, weil wir morgen *früh* wegfahren. Wir müssen mittag in Zürich sein, um die Hundeherrin zu treffen, die von Lausanne kommt. Der Hund ist in Zürich in Dressur. Am Donnerstag fahren wir mit Hund zurück. – An Weihnachten fahre ich (statt zu fliegen) 2. Klasse nach München, und der Hund auch. Und während der 12 Tage Vorlesereise betreut ihn Steffi. (Und wenn er nicht kann, kommt Christel rasch heim.) Ich freu mich sehr auf den Hund, auf einen Gefährten, einen Beschützer.

Gute Nacht, mein lieber Fisch. Ich merke mit Erstaunen, *wie* rasch die Zeit vergeht bis Du kommst! Warum kommst Du erst am 31. [August], wenn Du am 1. [September] schon fliegst? Wäre der 30. nicht besser? Einen Tag für uns??? Aber wir haben dann ja in Rom »ewige« Tage für uns. M.A. sagte tröstend: »Ist ja nicht mehr lang bis Rom.« Doch, sagte ich, 4 Wochen. Er: »Nein, dreieinhalb«. Er zählt also auch.

Auf bald Fisch! Und vergiß »nie, niemals nicht«: das Wuschel hängt ganz sehr an Dir und braucht Dich und gibt Dich nicht freiwillig her – usw., usw. *Dein Wuschel* [Zeichnung]

Behalt mich lieb, auch wenn ich Dir wehtun muß

[München], 20.8.64

Liebster Fisch,

es ist spät abends, nach 9, und ich bin sehr müde, aber Du sollst doch Deinen Brief bekommen, wenn auch einen müden; einen der in keiner Weise ebenbürtig ist den Deinen. Wir kamen (heut) gestern

nacht 1/2 1 zurück (wie fuhren an *einem* Tag nach Zürich und auch zurück) und haben den heutigen Tag teils verschlafen teils mit dem Hund verbracht. Es ist ein ungewöhnlich schönes Tier, kohlrabenschwarz, mit glänzendem Fell, sehr lieb, sehr zärtlich, aber nur zu uns; (er hat sich rasch an uns gewöhnt); zu Fremden ist er äußerst scharf. Die Zöllner gestern konnten kaum wagen ans Auto heranzugehen, und alle Leute denen ich heut begegnete, machten einen kleinen respektierlichen Umweg um ihn. Er ist auf Polizeihund dressiert; er bleibt liegen und bewacht Sachen; er gehorcht; er findet (angeblich – noch nicht von uns ausprobiert) Spuren. – Heut nacht schlief er in meinem Zimmer. Um 1/2 4 weckte mich eine feuchte Hundeschnautze. Um 1/2 6 wieder. Um 1/2 8 (ich habe ausnahmsweise noch ein wenig geschlafen) stieg ein schwarzer Vorder-Hund auf mein Bett und weckte mich mit vielen kleinwinzigen feuchten Küssen auf Gesicht, Hals und Arme. Das war süß, aber dann stieg ein *ganzer* Hund aufs Bett, und da beschloß ich, wie eh und je, mein Lager und Gemach mit keinem Manne (er ist männlich nämlich) mehr zu teilen. (»Mei Ruah will i ham«, nachts wenigstens!) Aber sonst ist er, der Hund (Vanno heißt er) eitel Wonne für uns. Er ist wirklich ganz ungewöhnlich schön und lieb, und er riecht so gut! (Alle ganz richtig ernährten Hunde riechen gut!) Jetzt liegt er neben mir und schläft tief. Aber bei jedem winzigen Geräusch stellt er die Ohren. – Mein Wächter im Weinberg! – Ich schreib Dir heut gar nix Gescheites, gar nix Theologisches. Aber was Du schriebst, bewegt mich. Und morgen (jetzt geh, nein *fall* ich ins Bett) schreib ich, hoffentlich, was Gescheites!
Wieder später: der Hund mußte noch »äußerln« geführt werden zum großen Geschäft. – Es regnet. Ich möchte an einer freundlich lieben Schulter lehnen dürfen und jemand müßte mit beruhigender Stimme liebe Dinge zu mir sagen. –

> Daß Du gesund bist, ist mir eine tiefe Beruhigung. Aber daß Du es trotz Deines absolut »ungesunden« Lebens bist, das ist mir schon ein Wunder. Du demonstrierst die Kraft des Geistes.

Ich hab ein großes Bedürfnis nach Ruhe, nach Arbeit (nach meiner Roman-Arbeit.) Ich könnte hier mit all den mich besuchenden Leuten und der Haushaltarbeit einfach nicht mehr zu mir selbst kommen. Wie *Du* das alles machst, versteh ich nicht. Du bist rundherum ungewöhnlich. Ein Genie.
In den ersten Tagen allein in Rom muß ich Deine theologischen Briefe alle nocheinmal in Ruhe lesen. – In Deiner Zahlentheologie: Du sagst, die Zahl habe nur dann Sinn (sei nur dort denkbar) wo es sich um die Wiederholung derselben (des Gleichen) handle. Ja. Aber es gibt immer etwas Übergeordnetes, unter dem Verschiedenes zusammengefaßt werden kann und dann doch wieder sowohl Verschiedenes untereinander ist *und* als (unter dem gemeinsamen Übergeordneten) Gleiches gezählt werden kann:

[...]
1 Apfel, 1 Birne, 1 Pflaume – 1 Frucht plus noch 1 Frucht plus noch eine Frucht.
Ein Haus, ein Baum, eine Katze – 1 Ding plus noch 1 Ding plus noch ein Ding. (»Ich sehe 3 Dinge auf dem Bild: Ein Haus, einen Baum, eine Katze«.)
Ein jedes Ding ist ja, wie man sieht, zugleich nur es selbst, *und* eines von vielem innerhalb der Gruppe oder gar innerhalb alles Geschaffenem. *Jedes* Ding ist etwas, das sich wiederholt. Oder: *in* jedem Ding ist etwas, das sich *in* anderem wiederholt.
Absolute Einmaligkeit gibt es dann eigentlich schon nicht mehr. Absolut einmalig ist nur Gott. Aber dadurch daß Christus (2. Person) Mensch wurde, kann man Gott ja auch zu den Menschen zählen...
...
Warum ist »10 Gebote, 4 Kardinaltugenden« usw. ein Problem? Doch wohl nur insofern, als man sich fragen muß, warum gerade 10, warum gerade 4. Aber sonst?
Man kann *alles* zählen, weil alles nur Geschöpf ist. 1 Geschöpf plus 1 plus 1 plus 1..... das ist die Welt. Nein: das stimmt nicht. Die Welt ist nicht 1 + 1 + 1 + 1 .... Sondern die Welt ist 1. Indem alles darin zusammen »die Welt« (die *eine*) ausmacht. – Du siehst, schon verirre ich mich in diesem vertrackten Zaubergarten.

Es würde mir Vergnügen machen weiterzudenken, aber ich fürchte, daß ich nicht nur abends zu müde, sondern grundsätzlich zu dumm bin, um da auf einen auch nur halbwegs grünen Zweig zu kommen. Statt auf einen grünen Zweig versuche ich für heut, ins Bett zu kommen.
Alles andre hab ich Dir am Telefon gesagt, meine ich.
[...] *Dein Wuschel* [Zeichnung]

[München], 26. (oder 27. ?)
Mittwochnachmittag (August 1964)[44]

Mein lieber Fisch,
viele Briefe erwarteten mich hier, als ich Mittag zurückkam. Dank. Der Namens-Brief vor allem ist wunderschön. Der Satz, daß Gott uns einst mit dem *wirklichen* Namen rufen wird, ist mir ins Herz gefahren wie ein Blitz.
Gleichzeitig mit Deinen Briefen kam ein lieber von Deiner Mutter. Sie schrieb betrübt, weil ich nicht wenigstens am 22. gekommen bin.
[...]
Ich war den ganzen Dienstag nachmittag in der Irrenanstalt, unter Führung einer Ärztin, ich sah auch die schwersten Fälle (einen Tobsüchtigen auch, der gerade neben mir einen Anfall bekam); ich hab keine Angst bei so was, ich war gern bei den Irren, besonders bei den Kindern. Da brannte mir buchstäblich das Herz.
Denk Dir: ein Mädelchen, 8 Jahre, mager wie ein 3jähriges, sitzt im Türkensitz auf einem Stühlchen, die Arme sind ihm hinten auf der Stuhllehne festgebunden, weil es sich sonst schlimme Wunden beibringt (eine Kranke verletzte sich derart die Augen, daß sie blind wurde!) – da sitzt das Kind Tag um Tag! Und einer in einer Art Zwangsjacke, 9 Jahre, lief immer hin und her wie ein Wolf im Käfig, aufeinmal kam er zu mir, legte sein Kinn auf meine Brust und schaute zu mir auf, lange. Dann lief er wieder, kam nochmal, schaute mich an. Mehrmals. Zuletzt blieb er so stehen. Dieser Blick aus den großen Augen! Was soll man da tun –. Mit den kranken Frauen möchte ich nicht arbeiten, die sind so vielschichtig böse. Die Männer sind viel simpler. – Die Ärztin, die mich führte, macht, so meine ich,

viele Fehler. Sie hat gar nicht die Männerabteilung, kennt also die Krankheitsgeschichten nur vage, sagt aber z.B. zu einem reizenden 19 Jährigen (feines Gesicht, Arzt-Sohn, Jugendschizophrenie): »Du bist doch der, bei dem man immer Angst haben muß, daß er was anzündet.« Er, entsetzt: »Nein, um Gotteswillen.« Sie: »Doch doch, da war doch was mit einem Feuerzeug, mit dem du was gemacht hast.« Der Junge ist bestürzt, denn ich glaube, sie hat da etwas verwechselt. Die Folge war, daß ihr, als wir gingen, der Junge nachlief, kreidebleich, und rief: »Frau Doktor, Sie tun mir Unrecht.« Sie winkte bloß ab. Ich hörte noch, wie ein anderer Irrer zu ihm sagte: »So, so, ein Brandstifter bist du. Mit so einem will ich nicht beisammen wohnen.« – Ich finde so etwas einfach verboten. Auch daß die Ärztin vor den Ohren der Irren mir ihre Geschichten erzählte. Oder daß sie zu einem, der in einer Art mäßiger Verzückung da lag, sagte: »Hast du wieder Stimmen gehört?« Er: »Nein, keine Stimmen. Ich höre nie Stimmen.« Sie: »Doch doch, du hörst Stimmen.« – Wozu das? Ich glaube, ich muß ihr schreiben. Ich halte das für falsch. Man muß die Irren als Menschen mit Zartgefühl respektieren. – Im übrigen ist das Pflegepersonal *gut.* – Einen Italiener (»Irren«) traf ich, der reizende Körbchen flicht. Er fiel vom Bau (Maurer) und hatte eine Kopfverletzung, ist aber geheilt, darf jetzt heim (Sizilien). Ich redete italienisch mit ihm. Er sagte dann: »Jetzt war ich 2 Minuten glücklich.«

Mich hat das Ganze nicht so erschüttert wie ich dachte. Seit meiner 1. Begegnung mit Irren (1925 etwa) und jetzt ist viel geschehen in der Psychiatrie. Mit Medikamenten und neuen Behandlungsarten hält man sie viel menschlicher. – Für meinen Roman fand ich starke Eindrücke im Tagesraum der Männer: Einige ganz stumpf, die zehn, zwanzig Jahre da sitzen ohne zu reden.

Einer, der sich für einen Propheten hält. Und so fort. – Aber eigentlich wäre das ein Beruf für mich: Irrenärztin. Ich wirke beruhigend auf die Leute. Auch Tanja meinte das. – Tanja war unter all den Irren doch die Vernünftigste... Aber im Ernst: Sie hat sich sehr entwickelt, Gott sei Dank. Gestern abend war ich noch bei B., weil heut früh der arme Pfarrer I. (der Schwerkriegsverletzte) kommen wollte, um mir seine Not zu sagen. Heut früh telefonierte er ab. Ein fadenscheiniger Vorwand. Er hat einfach Angst, sich zu stellen. – Dann fuhr ich heim. Zu Kindern und Hund. War aber nur der Hund da, als ich kam. Der aber war *sehr* da! Ganz verrückt vor Freude.

[...]

Ach Fisch – ich erzähl Dir da so vielerlei. Ich muß Dir aber sagen, daß ich was Wichtigeres zu sagen habe: KOMM BALD! Ein Wuschel entbehrt dich. Es findet keinen anderen Lebenspartner, sozusagen. (M.A. ist natürlich abseits davon, aber das versteht sich ja von selbst.) Aber mit Dir lebe ich, und das ist doch auch etwas für *Dich*, nicht nur für mich, hoffe ich.

Auf Deutsch: Ich freu mich mit einigem Herzklopfen auf Dich (Herzklopfen vor Freude.)

Dein altes Wuschel [Zeichnung]

[...]

Roma, Samstag 17.10.64

Liebster Fisch,

ich bin so arg müd und will Dir doch noch schreiben. Aber das wird nur ein winziger Gruß, ein müder und hilfloser. – Nein, es geht doch nimmer heut. Ich schreib morgen früh.

Sonntag früh.

So, nun geht's besser, aber ich muß gleich mit Christel nach Genzano auf den Baum-Markt fahren, weil nun nächste Woche mit der Gartenanlage begonnen werden soll. Nun gibt's eine Schwierigkeit für den nächsten Sonntag: Da wird nämlich M.A. mit Christel und mir zum Haus fahren und vielleicht (nein, sicher) Messe lesen (letzte Möglichkeit und *erste*, denn das Haus wird erst am Samstag fertig sein – *letzte*, weil Christel am 28. wieder fährt und er doch dabei sein will). Aber *nachmittag* natürlich bin ich mit Freuden für Dich da. –

Abends, Dreiviertelacht:

Wir kamen erst spätnachmittag heim, weil wir das Haus von dem Journalisten Hocke anschauten, bei Genzano, auch neu gebaut, aber es gefiel uns nicht; unseres ist kleiner, aber viel »wärmer«, »gemütli-

cher«. Christel ist letzte Nacht (Mitternacht!), nachdem er mit drei Freunden in Frascati Abendessen hatte, am Haus gewesen, er sagt, er sei *ganz* herrlich gewesen, Mondschein, und unsägliche Stille, und das Lichtermeer von Rom. – Ich freu mich doch!
M.A. meinte, ob Du zur ersten Messe mitgehen wolltest, aber das geht einfach nicht, das ist *zu* schwierig für *alle*, jedenfalls ist meine Andacht dann dahin vor *inneren* Schwierigkeiten. – Du wirst nächstes Jahr, wenn alles eingerichtet ist, noch oft genug zelebrieren, meine ich, *hoffe* ich.–
[...]

Roma, 27.10.64[45]

Mein sehr lieber Fisch,
da ich heut nacht nur viereinhalb Stunden geschlafen habe nach einem Konzert und Empfang bei der Deutschen Botschaft, und vorgestern kaum geschlafen, und tagsüber immer auf den Beinen – kurzum: da ich tothundesteinmüde bin, wird das kein Brief, sondern ein kleiner Gruß nur, den Christel mitnimmt. Aber bitte, bitte eingedenk Deines Versprechens: mein jetzt nicht, da sei Kühle! Wenn Du wüßtest, wie ich Dich auf der Fahrt begleitet habe! Freilich habe ich auch *Deine* Gedanken gespürt: teils feierlich gelassen, teils voller Schmerzen. Sobald ich wieder zu mir selbst gefunden habe (jetzt lebe ich sozusagen außerhalb meiner selbst), werden auch meine Briefe wieder *so* sein, daß Du merkst, fühlst, weißt, *wie* ich zu Dir stehe.
Hab Vertrauen!

Innigst
Dein Wuschel

Roma, 28.10.64

Mein lieber Fisch,
[...]
Vormittag habe ich mit Pina meine arg vernachlässigte Wohnung in Ordnung gebracht. Jetzt, drei Uhr, habe ich ein paar Stunden Zeit bis zur Pressekonferenz (Christel hat Dir – fällt mir gerade ein – hoffentlich inzwischen meinen Brief gebracht.) – Daß ich am Mon-

tag früh wider Erwarten daheim war, als Dein letzter Anruf kam, daran ist M.A. schuld: Es goß in Strömen, da brachte er mich mit seinem Wagen heim – *darum* war ich schon zuhause. Das freute mich. – Im übrigen hat er mir jetzt genau gesagt, wie das war mit seinem Abschied von E. vor drei Jahren: man hat hinterrücks wirklich seine Beziehung zu mir benutzt um gegen ihn zu agitieren, und zwar muß da sein Nachfolger beteiligt gewesen sein. – Trotzdem fährt M.A. immer wieder hin, tut alles was er kann für den Nachfolger und läßt sich nicht's merken, daß er genau weiß, was da gespielt worden ist und *wer* es tat. Das ist immerhin eine »signorile« Haltung. Auch daß er, obgleich zutiefst getroffen in seinem Stolz und seinem Ehrgeiz (daß man ihn gehen ließ) weiter zu mir hielt anstatt mich dafür mit dem Abschied für immer zu strafen, ist schon auch etwas! Erst *jetzt* hat er es mir gestanden, aber gesagt, ich sollte mir nichts daraus machen, denn er habe eingesehen, daß er von E. »gelöst« werden mußte. (Er war zwar oft wütend dort, aber immerhin war es der ihm gemäße Rahmen, während der jetzige Ort »trostlos« ist, wie er sagt.)
Das *mußte* ich Dir jetzt doch erzählen, meine ich. Morgen früh fährt M.A. mit Jung nach München, kommt am 3. [November] nachts wieder. Ich werde nun einige Tage *viel* versäumten Schlaf nachholen und versuchen, auch wieder in die Arbeit hineinzukommen. – Und jetzt fehlst Du mir (auch der Arbeit wegen). Jetzt wäre ich mehr in Ruhe. Diese letzten Wochen waren einfach *zu* wüst für mich mit Hausbau usw., usw.
Vergib mir, daß ich so oft einfach nicht wirklich »bereit« war für Dich. Es ging mir halt gesundheitlich auch ziemlich schlecht, viel schlechter als ich Dir gestehen mochte. Aber das wird nun alles wieder besser, wenn ich wieder zu mir selber komme. Noch bin ich's nicht, noch »fällt mir nichts ein«, – ich weiß nur, was Du mir bist, *wer* Du bist (das *ahne* ich) und daß ich – wenn Du willst – weiterhin mit Dir leben möchte, das heißt in enger lebendiger Verbindung bleiben, alles Schwierige mit Dir tragen (wie Du mit mir), an Dir lernen, und Dir geben möchte, was ich geben kann (was freilich gering genug ist im Vergleich zu Deiner Gabe.) Kurzum: behalt mich lieb auch wenn ich Dir wehtun muß.

Ach, Fisch – ich rede da so, und eigentlich ist dies alles auch ein Palimpsest, bei dem man aber vieles nicht entziffern kann, nicht ich, nicht Du.
Jetzt will das Hündlein hinunter an sein Bäumchen. Also dann!

Dein altes Wuschel [Zeichnung]

Roma, 29.10.64[46]

Mein lieber Fisch,
eigentlich sitze ich jetzt an Deinem Bett, mache Krankenbesuch, mit einem Körbchen am Arm (wie Rotkäppchen – das aber den Wolf gleich selber mitbringt, an der Leine) – im Körbchen ist was drin, aber ich weiß nicht was; nichts zum Trinken, nichts zum Essen, und es nährt doch (was ist das? Wenn Du das Rätsel richtig löst, bekommst du es – wenn ich nach München komme. Also, streng Deinen Verstand so an wie damals bei Heidegger...). Inzwischen Dank für Deinen Brief, den Deinen, und den Heideggerschen. Er hält also die Theologie für wichtig, nicht nur die Deine, sondern die Theologie an sich. Aber wie kann er das, wenn er nicht an Gott glaubt? Denn eine Theologie ohne Glaube ist doch nichts; das wäre so, als triebe man Atomphysik, ohne daß es Atome gibt! Oder als täte man so, als gäbe es sie – (was natürlich geht!) – Theologie: die Wissenschaft des Als- ob-es-Gott-Gäbe!?!! (Spekulation: wie's wäre, gäbe es Gott.) Oder ist Theologie für ihn nur eine Art Philosophie; die befaßt sich ja auch mit Sachen, die es eigentlich »nicht gibt«, nämlich mit Ideen. Es gibt doch nur »Dinge«. Sind Ideen nicht nur Chiffren für Dinge? (Was für eine absurde Philosophie Dein Wuschel daherbringt. Verzeih. Es ist eben ein abgründig ungebildetes, nein, schlimmer: halbgebildetes Wuschel.)
Ich sitze endlich wieder am Schreibtisch. Freilich erst jetzt, abends. Vormittags mußte ich nach Albano wegen meines Telefons, das also genehmigt ist. Es dauert 2 Monate, bis es eingerichtet wird (nicht die Arbeit dauert 2 Monate, sondern das Drankommen.) Nachher war ich nochmal am Haus, das jetzt (bis auf den unteren Raum samt Bad – dies beides unfertig) wirklich fertig ist. Schön! Und die Bäume

gepflanzt. Sehr schön eine Trauerweide hinterm Haus, da wo die Kapelle ist ungefähr, und drei Zypressen an der Ecke,

und *vor* dem Haus das:

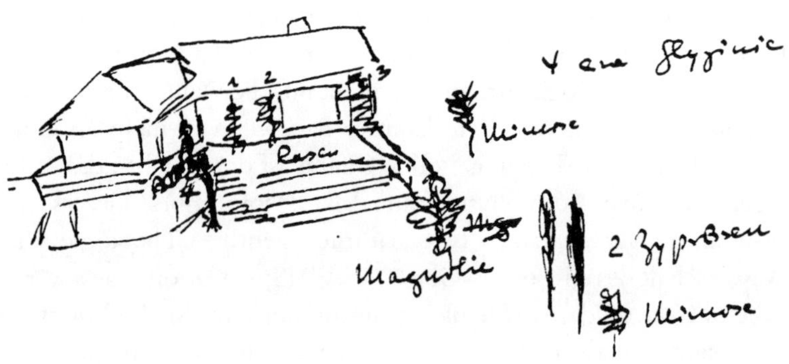

Und die Terrassenstufen bepflanzt mit Steingarten, Gewächsen und niedrigen Rosensträuchern. Schön! Du wirst's ja bei der nächsten Gelegenheit sehen. Meinst Du nicht, Ihr habt dort im Frühling noch eine Sitzung???
Wegen Messgewand: ja, das wäre schon *sehr* schön, und da kann ich mich ja doch wirklich auf Deinen Geschmack verlassen!
Daß *Böll* Dir ein Buch schickte, wundert mich nicht: Er hält Dich für einen revolutionären Katholiken gleich ihm.

Heutnachmittag kam überraschend ein polnischer Kriegsjournalist zu mir – jener, der den offenen Brief an Prof. Correa de Oliveira geschrieben hat wegen Atombombe. Weißt Du davon was? – Der Mann (Czajkowski heißt er) schreibt einen Aufsatz über mich; er ist auch Mitglied des Komitees des Pax-Verlags, und überbrachte mir erneut die offizielle Einladung. Ich *muß* sie wohl für 1965 annehmen. Im Mai oder Juni. *Vedremo.*
Also, dieser Mann (höflich und gescheit) war da, dann aß ich rasch was, und nun sitze ich da (vorher kam Dein Anruf. Dank!)
M.A. hatte gestern einen kleinen Autounfall, nur Sach-(Blech)schaden, er fuhr zu nah an einen Schlagbaum bei St. Peter (!!!) – rief kläglich bei mir an (ich *kenne* das, wie man sich schämt, so was getan zu haben; das ist sonderbar), aber ich ließ den Wagen heut früh, nachdem ich M.A. mit dem meinen zur Bahn gebracht hatte, gleich zur Reparatur bringen. M.A. muß 1 Tag nach S., dann zu einer patristischen Tagung nach Frankfurt usw. Er fliegt nie, verträgt es nicht, arbeitet im Zug. – Morgen schlaf ich endlich einmal aus, solang Vanno es erlaubt. – Fisch: Rotkäppchen samt Wolf umarmen dich, und nicht nur für drei Sekunden!

Dein Wuschel [Zeichnung]

Rom, 31.10.64[47]

Liebster Fisch,
ich habe mit – nein, nicht »mit brennender Sorge« aber mit brennendem Interesse Deinen Brief vom 27. abends gelesen über das Verhältnis von Gottes- und Menschenliebe. Weißt Du, ich hatte dieser Tage wieder eine Epiphanie: *alle* Menschen (nicht nur unsere Kirche, nicht nur die »Christen«) als mystischer Leib Christi. Von daher gesehen fällt die Liebe zu Gott (Christus) und den Menschen ganz klar und einfach zusammen. In der Theorie. In der Praxis ist's oft schwerer!!! Ich werde immer hellsichtiger, ich durchschaue die Menschen so rasch, sehe sogleich ihre Eitelkeiten und derlei sublime Mängel. Aber auch freilich ihre Sehnsucht *gut* zu sein.
Ein ganz großartig wahrer Satz in Deinem Brief: »Wenn man bloß von einer *Idee* eingenommen ist, ist man nur von sich eingenom-

men.« Siehe Idee der Keuschheit bei gewissen Ordensleuten (die keine Ahnung von Liebe haben. Taube Nüsse. Unfruchtbare Schösse.) Und Deine Meinung, daß man in *aller* Liebe Gott mitliebt. (*Daher* Christus über Magdalena: »Ihr wird viel vergeben werden...«) Daß Du am »Ende Deines Lebens« (wie Du sagst) erst den *Namen* fandest für das was Du immer liebtest – ach Fisch – was für eine himmlische Liebeserklärung ist das. Ich nehme sie beschämt an. »Auf den Knien meines Herzens«. Kennst Du das Zitat? So schrieb Kleist an Goethe, als er ihm – ich weiß nicht, ich glaube den »Prinz vom Homburg« überreichte. (Und Goethe geruhte nicht zu antworten, soviel ich weiß, und er mochte Kleist's Werke überhaupt nicht.)

Auf den Knien meines Herzens nehme ich Deine Liebe an. Vergiß *das* nicht!

Wenn Du meinst (was ich meinte und hoffte), daß diese Tage ruhig seien, so täuschten wir uns beide. Gestern vormittag mit Franco (dem Baumeister) in der Stadt, Tapeten für's Gästezimmer [Fischzeichnung]) besorgen und anderes mehr.

(Haus versichert gegen Feuer usw.) Vorgestern, das schrieb ich, vormittag in Albano wegen Telefon, nachmittag polnischer Journalist; heut vormittag in der Stadt, Frisör und einige Besorgungen verschiedener Art; nachmittag bis jetzt abends Dr. Becker (Leipzig) beim Tee. Dazwischen endlich meinen Post-Berg abzutragen begonnen. Dr. Becker (kennst Du ihn? Oratorianer, früher Sekretär von Guardini, jetzt Bea-Kommission) ist etwas selbstgefällig; ich sprach darum mit ihm über den Priester, wie ich ihn mir vorstelle (im neuen Konzils-Geist); ich sah, daß er betroffen war, und er sagte es später dann auch, und das war sehr demütig, daß er ganz einfach zugab, sehr ichhaft zu sein. Ich sagte ihm, ich kennte nur *einen* Menschen, der sich selbst bereits genommen ist: Rahner. Da sagte er (unter anderem): »Warum Rahner? Sagen Sie doch einfach »R« – ! er hatte zuvor »Septembertag« gelesen...

Er meinte (zum »Septembertag«) ich hätte mich den Lesern zu früh *so* geoffenbart. Er meint, da kämen sie nicht mehr mit. Ich fürchte fast, er hat recht (obgleich in 4 Wochen 4000 Exemplare verkauft worden sind.)

Mir fiel eben ein, für den Bayerischen Rundfunk eine Sendung zu machen »Was ist das denn: das »Gewissen«? (Weil Häring sagte, in moral-theoloischen Fragen müsse immer mehr dem Gewissen des einzelnen überlassen werden.)
Morgen weiter. Ob Du wieder gesund bist? Ich ruf so ungern bei Dir an (und geizig bin ich auch!!! Aber das ist erst sekundär. Das erste ist wichtiger.)

Roma, Allerheiligenmorgen, [1.11.64]

Liebster Fisch,
heute in der Messe hat sich meine »Epiphanie« von oben her bestätigt. Ich kann's aber nicht wiedergeben. Ich sagte zu Christus (nebenbei: ich verstehe Deine Betonung des *Namens* Jesus gegenüber der »Idee« Christus, aber für mich praktisch ist's Eins): »Ich verstehe: die Welt bist *Du. Die Inkarnation* bist Du. Alles was «Fleisch» wurde, bist *Du*.« (Das klingt jetzt seltsam, theologisch gesehen, aber ich hab's halt *so* gesehen, *so* erfahren.) Weißt Du, mir war klar, daß Jesus ja schon vor seiner Geburt als Christus *da* war. Das Wort war ja schon vorher da. »Fleischwerdung« heißt ja nicht nur, daß Christus einen Körper annahm, – meine ich, sondern die Inkarnation war immer schon. (Sags Du gescheiter, bitte! Erklär in Deinen Worten.) – Als ich nun heute dies Christus sagte (es ihm hinfühlte sozusagen) erlebte ich einen Sturm der Freude von oben, nicht aus mir primär, sondern so: Christus und alle Heiligen freuten sich, daß da wieder ein Mensch *kapiert* hatte. (Ist das vermessen es so zu sagen?) Aber der Sturm kam so unvermittelt von oben, er erfaßte mich von außen zuerst, sozusagen, und ergriff mich dann erst bis innen. Inkarnation identisch mit Liebe. »Fleisch « als »Liebe«. Nicht »Geist« als Liebe. Oder besser: Geist-Fleisch-Liebe. – Ich versteh's noch nicht ganz, muß mich erst weiter von IHM belehren lassen. Und von Dir. – Eben schrieb ich auch einen langen Brief an Deine Mutter, über dich, über Deine Art zu arbeiten, zu leben, sich hinzuopfern. Er soll sie freuen, meine ich.–
[...]

Eben Dein Anruf zehn Minuten vor Elf. Ach Du – wie kannst Du so verzweifelt sein, wo ich so innig bei Dir bin. Aber das ist nun offenbar das Kreuz, an das Du genagelt bist, und wenn ich die Nägel herausziehen will, sagst Du: nein, nein – das tut ja *auch* weh. –
Wegen der Briefe: ich verstehe nicht wieso das so lang dauert. Ich warf am Donnerstag früh, als ich M.A. zur Bahn brachte, einen Brief ein. Der Morgenzug hat keine Post: M.A. wollte ich einen Brief an Dich nicht mitgeben. Aber der Mittagzug hat Post. Du müßtest den Brief schon längst haben. Gestern (oder vorgestern vielmehr) warf ich einen in der Hauptpost S. Silvestro ein! Wo bleiben sie? Sie fallen *doch* in die unterirdischen Kanäle (siehe »Septembertag«...)
Fisch, Fisch – *weg* mit der Verzweiflung. Ich bin doch bei Dir: Auf den Knien meines Herzens.
»Armer« Fisch: weißt einfach nicht, was Du mir bist, und ich kann's Dir nicht sagen, weil Du so vieles in einem für mich bist, daß ich kein Wort dafür finde. Manchmal überfällt mich die Nähe zu Dir ganz heftig und ich sage dann: »Lieber Gott« (oder wie ich IHN eben wortlos anrede) »ich *danke* Dir für meinen Fisch.« Ja – und all das nützt Dir nichts, weil M.A. da ist. Was tun, was tun, was tun. Lieber Gott, hilf *Du* uns.

Dein Wuschel [Zeichnung]

Roma, Allerheiligenabend 1964.

Mein lieber Fisch,
ich bin so sehr in Sorge um dich. Einerseits weiß ich wohl, daß Du, um die Liebe ganz zu erleben, auch den Schmerz ganz erleben mußt, bis zur Verzweiflung hin. Du schenkst Dir nichts, tust nichts halb, gibst Dich ganz, das ist eben so, und es ist gut so. Aber andererseits weißt Du auch etwas von der *discretio*. *Bitte* um Deines Ordenberufes willen, um Deines Dasein-Müssens für *viele* willen: überlasse Dich nicht dem Schmerz; beginne nicht Dich in ihm einzurichten wie in einer Zelle in einem Gefängnis »lebenslänglich«. Du bist doch ein Christ. Was heißt denn das, *reverendo*? Einerseits: das Kreuz. Andererseits: die Hoffnung. Wenn ich Dir jetzt sagen würde, ich bitte Dich, mich weniger zu lieben – könntest Du gehorchen? Warum

nimmst du den Schmerz nicht einfach an? (du tust es schon, auch, ja, aber doch nicht so, daß er Dich vor *Übermaß* an Schmerz schützt, und das eben wäre das Wichtige!) Ach Fisch – schau: mußte und muß!!! nicht auch ich leben ohne Erfüllung *des* Lebenswunsches: wirklich Frau sein zu dürfen? Meinst Du, das sei *nichts? Worüber* eigentlich bist Du verzweifelt, sag einmal *genau!* Darüber, daß Du enttäuscht wurdest von mir oder vom »Schicksal«, indem ich (oder es) Dich glauben ließ, ich liebte dich so wie eben eine Frau *den* Mann liebt? Das wäre also einfach der Schmerz der Enttäuschung. Aber den erleben doch viele, viele, und sie tragen ihn. Was ist denn das *Besondere* an Deinem Schmerz? Das muß doch ein ganzer *Knäuel* von Schmerzen sein. Wickle ihn mir doch einmal *so* auf, daß ich *wirklich* verstehe. Denn ich meine so für mich, daß ein Mann wie Du, auch wenn er sich der Liebe, also dem Schmerz, ausliefert, schließlich *darüber* stehen lernt. Nicht sofort, aber nach und nach. Tatsächlich: *ganz* verstehe ich Deine Verzweiflung nicht. Den Schmerz: ja. Die Verzweiflung: nein. Und du sollst Dich ihr nicht so nähern. Du *darfst* es nicht, wenn du mich liebst, denn damit kannst Du sehr wohl mein Leben zerstören und meine Beziehung zu M.A. vergiften durch das Schuldgefühl. Um der echten Liebe willen: liebe mich so, daß ich *leben* kann, ich bitte Dich.

– Heut abend hatte ich mit Antonio, dem Portier, ein seltsames Gespräch über Allerseelen und den Glauben an die Ewigkeit. Er glaubt nicht daran. Ich sagte ihm, daß es auch mir schwerfalle zu glauben – usw., usw. Er sagte, er sei Atheist. Ich sagte, das stimme nicht, denn erstens: er habe ein gutes liebevolles Herz (das *hat* er!) und zweitens: er sei tief schwermütig. Er schaute mich betroffen an. Ja, sagte er, aber was hat das mit Gott zu tun? Ich sagte ihm, er soll über seine Schwermut nachdenken. Er kam von selbst darauf: sein Leben so wie es ist, genüge ihm nicht. Nur die Sorge für die Familie halte ihn. Also – es müßte etwas da sein .... »Etwas«, was? Das einen erfüllt. – Sehen Sie, sagte ich, wie sehr Sie Gott suchen?« – Er meinte, er käme aber dennoch nicht »in den Himmel«, aber ich. Da lachte ich ihn aus wegen seiner Inkonsequenz, die halb Scherz und doch Ernst war. Ich sagte: »Antonio, so wahr ich hier stehe – wir zwei sehen uns im Himmel wieder, ich verspreche es Ihnen.« Das kam so ernst aus mir, daß wir alle zwei bestürzt waren. Es war ein seltsamer Augenblick. Er meinte dann: »Wenn man *so* mit unsern Priestern reden könnte...« Ja, sagte ich, Eure italienischen Priester beider Konfessionen (Antonio ist ja Protestant) *die* sind schuld an Euerm *vermeintlichen* Atheismus. – Mein Gott, ich müßte mit all diesen Menschen reden, die sind ja hungrig nach *dieser* Art der Verkündigung. Fisch, ich *muß* so etwas tun, aber wie? Schreiben? Aber über die »anonymen Christen« habt Ihr (Du und A.) schon genug gesagt. Feilich: *reden* ist besser; weil ich wirklich glaube-hoffe-liebe, strahle ich das aus, und *das* überzeugt. – Es war *schön*, dieses Gespräch im zugigen Korridor unten an der Haustür, zwanzig Minuten etwa – auch über den »Hl. Geist« redeten wir, an den er nicht glaubt. Ich sagte: »Antonio, wenn Sie lieben – Ihre Frau, Ihre Kinder, meinen Hund, irgendwen, – das ist der Heilige Geist. Wenn Sie mit mir von Ihrer Sehnsucht und Schwermut reden – das ist der Hl. Geist. Wenn sie andern Gutes tun....« und so fort. Das begriff er sehr rasch und gut. –

[Roma], 3.11.64[48]

Eben las ich Deinen Aufsatz, die Rede, die Du auf der Akademietagung (Kirche und Frau) gehalten hast. Schön klar alles zusammengefaßt – aber das Wuschel mußte doch lächeln, denn sehr, sehr kurz hat da der Fisch das Kapitel »Klerus und Frau« abgetan!!! Und gerade da sollte man (freilich war's an jener Stelle und an jenem Tag unmöglich) etwas *Neues* sagen. Immer noch wertet der Klerus die Frau ab: Entweder er schläft mit ihr, benutzt sie also einfach zum Abreagieren und so weiter; oder er setzt sie vor sich und seinesgleichen herunter, damit ihm das (die) Begehrenswerte weniger begehrenswert erscheint. Die Schuld der Kirche an diesem höchst traurigen Kapitel (so und so traurig) ist groß, und wer da sagt, daß gerade die Kirche (in Maria) die Frau erhöht hat, sagt eine Viertels-Wahrheit, denn sie betrachtet Maria ja gar nicht wirklich als *Frau*, sondern als Jungfrau (jungfräuliche Mutter). Oh – denk Dir mal aus: man stelle sich Maria im Bette Josephs vor

(war sie da wirklich nie drin?) und beim Orgasmus etwa … Das ist doch eine geradezu »sündhafte« Vorstellung. Da haben wir's: Maria ist die Un-Frau, nicht die Über-Frau, und alles natürlich Geschlechtliche darf sie nicht erfahren und getan haben – *ecco*! Weil nämlich alles Geschlechtliche *ihrer* unwürdig ist – eben weil es (wie die Frau überhaupt) Widersacher des Geistes ist.
Ich hab zur Zeit wieder einmal einigen heiligen Zorn auf die Kirche, weil *doch* die Zölibatsfrage nicht *wirklich* gewagt wird. Lieber läßt man die armen Luder von Priester onanieren oder ins Bordell gehen oder in wüsten Träumen neurotisch werden oder aber vertrocknen in eiserner Askese, – als daß man sie *lieben* lehrt. Ich bin Gegnerin des Zölibats für alle, die nicht »*den* Ruf« haben (und *wie* wenige sind das). Das Muffige, Unappetitliche eines ganzen Teils des Klerus kommt doch vom Nichtbewältigthaben der Sexualität. Heiratet doch – und *das* Problem ist gelöst. Aber nein – man wäre ja dann »wie alle«. Welche Würde man da verlöre … das Geheimnisvolle, die Faszination des Zölibatärs … Nichts aufgeben davon. Nicht demütig Mann sein wie alle. Zum Teufel mit der Verlogenheit.
So, ich habe gesprochen.
Lieber Fisch, mein sehr lieber Fisch – ich rede ja immerfort mit Dir, auch wenn Du fort bist! Vergiß nicht: Auf den Knien des Herzens.

Dein Wuschel

Roma, 4.11.64

Mein lieber Fisch,
ich wollte heute bei Dir anrufen, aber ich habe Deine Nummer gar nicht, weder die von der Veterinär-Straße noch die andere, und per Telefon die Auskunft anzurufen, ist fast unmöglich, weil sie einen nie richtig verstehen; ich hätte zur Hauptpost gehen müssen nach S. Silvestro, aber mir ist noch immer nicht gut, und so *dachte* ich statt des Anrufes immerfort an Dich, und jetzt, vor dem (frühen) Schlafengehn (es regnet) tu ich's besonders, und bei der Messe habe ich sehr für Dich gebetet, damit Dein Patron Dich nicht im ärgsten Dunkel wohnen läßt.

Mir fiel heute einmal ein, ob Du nicht jetzt *alle* Deine Lebensschwermut auf mich projizierst. Ob ich nicht sozusagen der Sündenbock bin für Dein Lebensleid überhaupt. Das ist doch möglich. – Jetzt geh ich ins Bett und bet noch für Dich. Gute Nacht! Morgen früh weiter.

Laß uns nun ruhiger miteinander weitergehen

[Roma] 5.11.64[49]

Das war ein turbulenter Tag: am Morgen bat mich M.A. etwas für ihn zu tippen, für »sein« Schema. Ich tippte aus Etelbys *Handschrift* (protokollähnlich) – also aus einer mir völlig unbekannten, noch dazu englischen Handschrift (die ja anders ist als unsere), ich las Korrigiertes, Durchgestrichenes, tippte (und las) Latein, mir fremde *termini technici* der Ostkirche usw., jeweils sechs Kopien, zehn Seiten. Ich tippte von neun Uhr bis um halb zwei ohne Unterbrechung, nachher flimmerte mir alles vor den Augen. – M.A. hatte sonst niemand, der ihm half, denn in S. Anselmo hatten sie freien Ausgangs-Tag, es war niemand da. Ich war also prompt fertig. – Dann mußte ich zu der Ausstellungs-Eröffnung des spanischen Bildhauers Pastor, dessen Frau einmal bei mir war (Lietzmann) und die meine Wohnung haben will. Ich nahm Pater Johannes mit. Auf der Ausstellung traf ich Pater Lotz und Pater Schneider. Wir unterhielten uns, ich bot mich an, sie heimzufahren, und plötzlich (ich weiß nicht wie) war es abgemacht, daß sie noch mit mir heimfuhren, auch Pater Johannes, wir tranken Wermuth, sie bewunderten (und fürchteten – Lotz und Schneider) Vanno., der schrecklich wild tat (weil er Hunger hatte – um sieben noch nichts gefressen!!!) – dann brachte ich die beiden Jesuiten zur Piazza Venezia, und jetzt bin ich da, und las eben Deinen letzten, Deinen »befreiten« Brief vom 3.11. Gott sei Dank. Denn als ich heut *fünf* auf einmal bekam (gestern war hier

Feiertag, 4. [November], Sieg Italiens über Austria, irgendwann 1918 oder so) – war ich nachher wie zerrissen vor Qual. Ich hatte schon vor Dir zu schreiben, Du würdest auf solche Weise *wirklich* mein Leben gefährden. Denn ich *kann* (und will) mich nicht »freimachen« von Dir, um weniger zu leiden, aber ich könnte *so* auch nicht weiterleben. Du machtest den gleichen Fehler, den ich mit M.A. jahrelang machte: in der Angst, von ihm nicht geliebt zu werden, bohrte und bohrte ich in ihm, quälte ihn mit solchen Briefen wie du sie mir schreibst, und der Erfolg? – daß er sich mehr und mehr sperrte, aus lauter Angst vor dem Versagen. (Die anderen, äußeren Gründe spielten mit, waren aber sicher nicht *der* Grund.) Jetzt lasse ich ihn (mit Ausnahme weniger Schmerzenstage, siehe März) ganz locker, rede nichts von Liebe, bin ganz ruhig – und schau: er »kommt«. Aber auch er und ich sind viel ruhiger miteinander, und ich bin sicher, daß das Ruhig-Werden in einer Beziehung kein Erkalten der Liebe ist, sondern eine Stufe der Entwicklung nach Innen. Hab also keine Sorge, wenn Du weniger leidest. Nicht in *allen* Epochen einer Liebe ist Leiden (das Maß der Leiden) der Gradmesser für eben diese Liebe! Sei wie du bist, wie es Dir zumute ist. Sei ruhig, wenn und soweit Du kannst. (Aber erzähl mir nicht Du seist es, wenn Du es nicht bist... obgleich, ja, man wirklich ruhiger *wird*, wenn man dem andern zuliebe sich ruhiger *gibt*!) Im übrigen ist es so üblich, daß man im Geliebten bohrend herumfragt: »Liebst Du mich?« und daß man jede, aber auch jede Satz-Wendung und jedes Wort des Geliebten so lang herumdreht, bis sie die gewünschte (u.U. heißt das: die gefürchtete) Bedeutung haben!!! Sei doch *einfach* zu mir. Es ist so: Ich bin seit Urzeiten mit M.A. verbunden. Aber nach ihm (die Kinder sind natürlich auf ihre Weise dabei) bist *nur* Du da. Dann kommt *nichts* mehr, rein gar nichts mehr. Denn mit Helma Pösl, das ist eine völlig andere Sache, die ist mir sozusagen *Mutter*. Ich weiß, daß Du sagst, es nützte nichts, »nächst« (nach) M.A. der Nächste zu sein – Du willst der Eine Einzige sein. Ja – so ist die Liebe: ausschließlich. Aber müssen *wir* (die Wissenden) nicht doch hier schon üben, was Du im *so herrlichen* Allerheiligen-Brief vom Neuen Aion sagst? Sei nicht »eifersüchtig«. Ich könnte ja wirklich sagen: Ich liebe Dich – ich *möchte* es aber nicht sagen, weil ich sonst

in Verwirrung gerate, denn wie soll ich dann zu M.A. sagen? (Aber zu dem sag ich's ja nicht!!!) *Bitte,* erlaß mir die *Worte* darüber. Du *mußt* einfach wissen, daß Du mir ganz ganz viel bist (verdammt: *nicht* der große Theologe Rahner, *nicht* der berühmte Mann, sondern der *Mensch* so wie ich, und *nur* ich, ihn kenne), daß ich Dich brauche (*wie*viel hast Du in mir geweckt an geistigen – intellektuellen und religiösen – Kräften) – daß Du »etwas aus mir gemacht hast«, daß ich mit warmen Herzen (miß jetzt nicht die Wärmegrade nach, Du!!) mit Dir lebe wie mit sonst niemand außer M.A. und den Kindern, daß Du also in meinem Innern wohnst *»unausrottbar«* wie [eine Fischzeichnung].
So, und jetzt, zum Teufel, mag ich nicht mehr darüber reden. Ich kann einfach nicht jeden Tag schwören, daß ich – usw.,usw. Und ich hab Dich noch viel lieber, wenn Du auch (*jetzt* wieder) ein wenig *discretio* übst, weil nach dieser Sturm-Zeit für uns beide auch wieder eine sanftere Zeit kommen soll. Wir wollen uns nicht gegenseitig Kräfte abziehen durch gequältes Auseinander-Denken. Wie sollte ich Dir sonst noch »Licht« und »Haus« sein können, wenn Du mich auslöschst und niederreißt? Unterschätze nicht Deine Potenz: Du kannst heilen und aufbauen wie kaum jemand sonst, aber Du hast auch den Dämon der Zerstörung in Dir, natürlich, als den Schatten des Positiven, das ist klar. *Genial* ist man immer auf *beiden* Seiten!!! Schone Dein Wuschel, es *ist* ja kein Licht, sondern hat ja selber Mühe, den Kopf überm dunklen Wasser zu halten. Sei Du Hilfe – und tunke mir nicht meinen Kopf auch noch in den schwarzen Strom. Laß uns jetzt ruhiger miteinander weitergehen! Aber wenn Du nicht anders sein *kannst,* dann – hör gut zu! – dann ziehe ich es vor, von Dir gequält zu werden als Dich zu verlieren.

Dein altes Wuschel [Zeichnung]

P.S. Wo meine Briefe an Dich sind? Ich *glaube* in München, bin aber nicht sicher im Augenblick; ich muß erst nachsuchen in der Tiefe meines Briefschrankes... – Ja, in München sind sie. Lies sie nicht mehr, bitte – Das is nicht gut, das Bohren im »Vergangenen«, – denn es gibt in unserer Beziehung das Unvergängliche, das Zukünftige, *das* ist wichtig!

Rom, 7.11.64 (abends 1/2 6)

[...]

- Ich muß innerhalb von ein paar Tagen einen Leitartikel schreiben für »Feuerreiter« über die Rolle des Gewissens beim Konzil. Da fehlst Du mir, weil ich zwar viel über das Gewissen sagen könnte, aber Fakten (Konzils-Sätze!) brauche. Ich werde das »Jesuskind im Tempel« fragen; der gute Hirschmann wird mir schon was sagen können. Oder Dr. Becker (Leipzig.) – Im übrigen kam eine Einladung aus Norwegen, dort zu lesen, wann ich will. Müßte kombiniert werden mit Schweden (meine *ich*). – Wegen Polen: (das vergaß ich im letzten Brief zu schreiben) ja, da fahren (fliegen) wir mitsammen, Du, das stelle ich mir wunderbar vor. Aber wann? Im Mai/Juni? Da kannst Du doch nicht. Es müßte Anfang September sein, *vor* dem Konzil. Aber ob da die Leute in Polen nicht in Ferien sind? Wir müssen das noch eruieren. – Vanno liegt auf dem Sofa (widerrechtlich, aber toleriert) mit dem Kopf auf dem Kissen, wie ein Mensch liegt er da, aber mit gespitzten Ohren! – Pfoten hängen über dem Sofarand, anmutig!

[...]

Als ich gestern schrieb, Du fehltest mir beim Schreiben des Gewissen-Artikels, erschrak ich, weil ich dachte:» Jetzt denkt der Fisch, *da* fehle ich ihr, sonst nicht.« Siehst Du, so verschreckt hast Du mich jetzt schon gemacht. Ich bitte Dich: Gib mir meine Unbefangenheit wieder! Leg nicht jedes Wort auf eine böse Goldwaage. Laß mich doch ganz natürlich sein und nicht immer Angst haben müssen, Dich zu verletzen. Nimm alles als (unser Lieblingswort!) Palimpsest und *vertraue.* Du hast's versprochen. Wirf das nur den schwarzen Wölfen hin, das Zauberwort: »Wuschel vertrauen.« Dann gehen sie schon!

Ich hab immer etwas Magenweh (liegst *Du* mir im Magen??? Kann schon sein ...) und ich bin körperlich nicht recht in Ordnung. Am Dienstag muß ich wieder zum Arzt. Ich bin halt *arg* nervös von Geld-Sorgen, Arbeit, Haus-fahren usw., usw.

Der Hund erzieht mich zur Ruhe; er mag keine Nervosität, wenn ich eilig bin und er läuft mir immer nach, und zwischen die Beine, möchte ich oft schreien vor Ungeduld, aber statt dessen sage ich

sanft was Liebes zu ihm, sonst wird *er* nervös und verstört. So bin ich also nach außen zu allen sanft und lieb (so gut *ich* das kann), aber innen, da sind lauter kleine unruhige Wellen. – Ich sorge mich um Dich. Sehr. Das ist viel schuld daran. Kannst Du mir nicht ab und zu große Wellen von Ruhe und Vertrauen schicken? Sag's dem lieben Gott!
Jetzt bring ich den Brief dann noch zur Post. Ich hab Hunger, aber Angst vor dem Essen, weil dann vielleicht der Magen wieder weh tut. Auch kein lustiger Zustand. Der Onkel Doktor wird schon helfen, soweit da jemand anderes als ich selbst was machen kann.

Lieber Fisch – auf Wiedersehen!
Dein Wuschel

Roma, 9.11.64
(9.Nov.38! Kristallnacht!)[50]

A.S.: Umschlag zur Tarnung. *Ich darf* Dir nicht so oft schreiben, es fällt auf, sei sicher.

Mein lieber Fisch,
was ich, glaub ich, noch nie tat, tat ich heute: Ich zerriß einen langen Brief an Dich. Warum? Weil ich einfach jenen Ton nicht mehr hatte, der Dich *nicht* verwundet. Ich bin so befangen; ich habe nur mehr Angst, Dir weh zu tun, ich weiß gar nicht mehr, was sagen; denn hinter allem findest Du ein Aber, in allem siehst Du einen Wurm. Was soll ich denn bloß tun. Du machst mich ganz krank. Buchstäblich. – Ich bitte Dich (ja, auf den Knien), nicht mehr an die Vergangenheit zu denken. Bauen wir uns doch eine Zukunft auf! Daß wir zwei verbunden *sind*, weiß ich so gut wie Du; also bleiben wir es auch. – Aber laß jetzt *mich* noch einmal vom Vergangenen reden: erinnerst Du Dich Deiner Frage im «Grauen Bären«, als ich, ohne den Namen zu nennen, von M.A. erzählte? »Ist das exclusiv?« Ich sagte klipp und klar: »Ja.« – Daß wir beide *dennoch* das Wagnis einer Verbindung (nenn sie wie Du willst) begannen, ist keine Schuld, sondern eine Gnade, aber, wie jede große Gnade, eine entsetzlich schwere Aufgabe. Ich liebe Dich, ja! Freilich muß ich Dich

da an jenen so ungeheuer tiefsinnigen Traum von eben jenem ersten Treffen in Innsbruck (28.2.[62]) erinnern: »Ist Liebe Liebe nur / wenn sie geht der Liebe Spur?« Also: ich liebe M.A. mit einer Liebe, und Dich mit einer anderen. Ich habe Dich aber nie, nie, nie darüber belogen, daß M.A. das Mysterium meines Lebens ist. Das mußt Du zugeben. Meine Tränen um M.A., immer wieder einmal vergossen, haben Dir das deutlich genug gezeigt, wenn ich selbst es nicht *gesagt* hätte. Das ist ja alles klar. Ich bekenne mich sozusagen in aller Form zu M.A., ich würde ihn nie verraten, nie verlassen. Aber ich bekenne mich auch zu Dir und werde Dich nie verlassen, denn auch Du und ich haben ein Leben miteinander.

Aber es war nun einmal M.A., der mich zur Liebe erweckt hat (ich war 44 Jahre – und hatte in der Tat vorher nicht geliebt, das weiß ich), und er hat mich in meiner Gesamtperson gewonnen wie ein Mann eben *seine* Frau gewinnt. Vor zweieinhalb Jahren waren es immerhin auch schon sieben Jahre fast. Eine solche Zeit (und *wie* haben er und ich um diese Verbindung gerungen, um das *Ob* und das *Wie*) läßt sich nicht *übertönen* durch etwas anderes. Das andere kann nur *daneben* aufgebaut werden. Und das tun Du und ich, und es ist wichtig (nicht *für* etwas, sondern an und *in* sich.) – Daß *wir beide* die kleinen Formen erotischer Zärtlichkeit aufgaben, hat mit M.A. *nichts* zu tun, das haben wir schon gesagt. Es hat damit zu tun, daß so etwas nur zum Äußersten führen hätte können bei so leidenschaftlichen Menschen wie Du und ich es sind. Auch *ohne* M.A. wäre es so gekommen. M.A. spielte *mit*, ja. Denn was *er* nicht bekommt, soll auch sonst keiner bekommen. Ich habe mich in diesen Fragen der – sagen wir: (extrem ausgedrückt) Keuschheit, eben entwickelt; mein Gewissen ist schärfer geworden, meine Spontaneität von früher ist gebremst worden, und Du kannst froh sein, daß es so war. Es hatte nichts zu tun mit einem Mehr oder Weniger an Gefühl. Aber auch das *Gefühl* hat sich gewandelt – es ist ruhiger geworden, ich bin viel älter geworden in diesem letzten Jahr, und, es ist freilich auch wahr: meine Beziehung zu M.A. ist in eine größere und stille Tiefe gewachsen. Ich bin *insgesamt* anders geworden. Das bedenkenlos (mehr oder minder) spielerische Kind ist auf einmal eine Frau geworden, eine alte fast. Mir ist nicht erlaubt, was vorher erlaubt war, auch nicht die kleinen Dinge der Zärtlichkeit. Wir mögen's bedauern oder nicht: es *ist* so, *und ich verfüge da nicht über mich; es ist von oben her verfügt*. Daß Du, der nie vorher geliebt hat, die Liebe in anderer Weise erlebst als ich, (als einen furchtbaren Sturm nämlich erlebst Du sie) mußt Du auch bedenken. Ich *kenne* »sozusagen« die Liebe. Für Dich ist dieses wilde Ergriffensein etwas Fremdes, kaum zu Bewältigendes. Ich stehe vor Dir wie vor einem dunklen Abgrund, ehrfürchtig, weinend bisweilen, ein wenig glücklich (wenn's die Angst erlaubt) – aber eben: ich stehe *immer* dabei, ich bin sogar auf halber Höhe mit drinnen. Verzeih mir doch, wenn ich mit so scheinbar kühlen Worten über das schreibe, was für Dich fast tödlich ist. Aber was soll ich sagen. Meine Tränen (die Du nicht siehst) sagen mehr.

Dank für Deine Briefe. Ich habe heute mit den Eilbriefen *8* bekommen. *Bitte*, kannst Du die Adresse mit der Maschine schreiben, daß es Antonio nicht mehr auffällt? Deine Frage, ob sich Dein Aufwand an Mühe lohnte, (ob er meinem Interesse an Deinen theologischen Briefen entspräche oder vielmehr umgekehrt) ist fast böse. Du weißt, *daß* und *wie* ich sie lese. Ich kann nur nicht auf alles antworten, weil ich ja gar nicht entsprechend viel *weiß*. Ich bin die Beschenkte. (Übrigens: natürlich war meine Rebellion wegen des Zölibats eine kurzschlüssige, das weiß ich schon; sie hat aber rein gar nichts mit M.A. zu tun. (Ich würde ihn ja gar nicht heiraten!) Also: was soll ich zu jener bösen Frage sagen? Sage ich: bitte, schreib weiter – so denkst Du, ich sagte es um Dich nicht zu kränken; aber ich mute Dir damit zu, daß Du Deine Kraft verausgabst für diese Briefe. Sage ich, um dich (d.h. Deine Zeit und Kraft) zu schonen: nein, hör auf – so meinst Du, ich läse sie ungern. Es ist schon ein Kreuz mit Dir. Da hilft nur die nackte Wahrheit: Ich wünsche mir solche Briefe – aber nur wenn Du gerade *Lust* und *Kraft* hast. (Wie könnte ich sie mir *nicht* wünschen!)

Das was *Du* schreibst über den Zölibat, ist ganz großartig, das hast Du schon in einem Aufsatz geschrieben (gedruckt) – daß nämlich die Heirat auch nicht *die* Lösung wäre, für die Priester, und daß nur *der* heiraten sollte, der auch mit dem Zölibat »etwas anfangen kann«. Du hast (natürlich) recht: Ich seh's an mir – erst jetzt, nachdem ich das

Allein-Sein habe ertragen lernen, könnte ich die Opfer in einer Ehe auf mich nehmen.
Summa summarum: ich bin glücklich-unglücklich über Deine Liebe, ich zittere um sie und Dich, ich bin voller Angst Dich zu verwunden, ich versuche immer wieder klar zu sehen, ich möchte nicht mehr zurückschauen *jetzt*, sondern vorwärtsgehen mit Dir. Nimm mich mit. Und was das Jenseits (und das »Sitzen am Tische« anlangt, so überlassen wir das ruhig dem VATER, – vielleicht gibt's gar kein »Jenseits«, wer weiß, als was es sich entpuppt. Als Inseits. Jetztseits, sozusagen.
Noch etwas: Du läßt nie den Vergleich mit Deinem Leiden um mich und dem meinen um M.A. gelten. Ich sage Dir, daß Du es leichter hast, ich schwöre es Dir (*objektiv* leichter), denn ich bin bei Dir, ich antworte, mein Herz ist so sehr Dir zugetan –. Aber vom M.A. wußte ich *jahrelang* nichts als daß er ableugnete (vor Christel!) mich je geliebt zu haben. Und er wollte mich nicht sehen, er ließ mich an der Pforte abweisen usw. Sag nicht, daß das ja eben *die* Zeichen seiner hilflosen Liebe waren. Mag sein. Aber ich *wußte* das nicht. Ich fühlte es nicht. Ich ging im Dunkeln. Ich wollte mich töten. Was hätte ich gegeben, wenn ich von ihm auch nur *einen* Brief bekommen hätte wie den, den Du jetzt hier liest, voller Wärme, Nähe, voll von liebender Sorge. Stell Dir vor, ich schnitte alles zwischen uns durch – wäre da ein Unterschied zwischen Deinem Leiden und meinem von 1957/58? Ich wußte *wirklich* nichts von seinem Gefühl.
M.A. sagte gestern zu mir, er habe im Radio einmal das Stück »Orpheus« von Anouilh gehört. Da verliert Orpheus seine Euridyke, weil er sie fragt, ob sie ihn liebe. Das durfte er nicht. – Ich habe verstanden. Versteh Du auch.
Ich möchte einen Aufsatz schreiben über diesen Stoff, z.B.warum Elsa den Lohengrin nicht fragen durfte. Gibt es da noch andere Mythen oder Geschichten? Seltsames Phänomen. Was steht dahinter? Also, mein Fisch: frage nicht mehr! Sonst könnte es sein, daß der Hades Euridyke zurückruft.
Fisch, Fisch – ich beschwöre Dich: schau nicht zurück! Geh mit mir weiter!

Dein Wuschel

Rom, 13.11.64

Mein lieber Fisch,
es ist schon wieder spät abends, ich bin sehr müde, ich war beim Arzt, er hat eine Cholesteritis festgestellt. Vielleicht hab ich einen kleinen Gallenstein, das wird nächste Woche erst untersucht. Jedenfalls wieg ich nur mehr 104 Pfund, habe also in 3 Wochen über vier Pfund abgenommen, das ist zuviel und der Doktor tut sehr besorgt. Die Galle also ist's, was weh tut, nicht der Magen primär. Aber sonderbarerweise fühle ich mich nicht krank, ich kann auch (wenn ich Zeit habe) konzentriert arbeiten. Ach – wird schon wieder vergehen. Ich bekomme jetzt 5 Tage lang täglich eine besondere Spritze für die Galle, die muß der Arzt selber machen, weil er dabei meine Reaktionen beobachten muß, (wenn ich recht verstanden habe.) [...]
Und was Dich anlangt: wie ich heut am Telefon sagte – wenn man's nicht beredet, ist alles gut. Da hatte M.A. immer schon recht damit. Sobald ich anfing in ihn zu drängen, wurde alles verworren. Jetzt, wo nichts mehr »davon« geredet wird, ist alles wie ein ganz einfacher blühender Bauerngarten. Laß also alles – wenn Du kannst – im »Dunkeln«, das ja vielmehr das *Helle* ist. Man soll von der Liebe nur sprechen, wenn sie einen selber nichts angeht!!!
- Die Frage der Briefveröffentlichung: es gibt nur wenige unter Deinen Briefen, die nicht »Theologie« und »mich« vermischt haben. Es wäre eine sehr große Arbeit, dies zu trennen und alle Briefe zu redigieren. [...]

14.11. Jetzt ist's Mittag fast; die Gärtner sind da und holen alle meine Terrassenpflanzen weg. Das ist also schon Abschied – und eben fällt mir ein, daß Du und ich *hier* nie wieder auf dem blauen Sofa sitzen werden. Freilich: draußen wird es, wenn schon nicht *das* blaue, so doch ein andres blaues (oder schwedisch lederbezogenes, *viel* bequemeres) geben; aber zu denken »Hier nie wieder« ist auch ein kleiner Tod. Das »Nie wieder« oder »Nimmer« ist etwas, das mir einerseits (s. »Septembertag«) Lust bereitet, andrerseits einfach wehtut. Einübung in den Tod. [...]

Dein Wuschel [Zeichnung]

Roma, 17.11.64[51]

Lieber Fisch,
nur damit Du einen Gruß in Freiburg vorfindest, schreibe ich Dir jetzt ein bißchen, nach unserer Abmachung am Telefon. – Ich hab mich sehr geärgert über den blödsinnigen Zeitungsausschnitt mit all den Irrtümern über Ratzinger und Dich. M.A. meint, ich soll denen einen geharnischten Brief schreiben. Vielleicht tu ich's. – Was am Konzil vor sich geht? Da war etwas Aufregendes: Es hieß neulich, der Papst wolle dem Kirchenschema einen Annex machen mit der neuerlichen Betonung des Primats. Das wurde dann widerrufen. Gestern kommt das Schema heraus – und statt des widerrufenen Annexes hat es ein Vorwort mit eben dieser Primat-Betonung, und, was M.A. natürlich besonders trifft, mit der Feststellung, daß die Sakramente in der Ostkirche nicht gültig seien, da ja keine Nachfolge der Apostel bestehe.... Aber es gibt allerlei Erklärungen für diese Sache, – wahrscheinlich wollte der Papst dadurch zu der erwarteten großen Stimmenmehrheit kommen, daß er den Ängstlichen, den »Lateinischen«, etwas entgegenkam. Und es stimmten ja auch fast alle dafür. M.A. meint, man sei aber in ein Dilemma geraten: Stimmte man dagegen (was man eigentlich hätte tun können) so stimmte man eo ipso auch gegen die Kollegialität der Bischöfe, und das wiederum dürfte man nicht. – Es herrscht eine etwas resignierte Stimmung. – Über das päpstliche Vorwort wurde nicht abgestimmt, es wurde auch nicht als integrierender Teil des Schemas betrachet, und es wird am Schluß gar nicht drinstehen. – Dieser sonderbare Papst! – Meinen Tiara-Aufsatz lege ich Dir bei. Die Fakten (historischen) habe ich von M.A. und aus einem alten Aufsatz von Pater Johannes. –
Ich hab eine leichte Gallenblasenentzündung (das sagte ich wohl am Telefon?) und muß täglich zum Arzt zur Spritze. Er hofft, daß es kein Gallensteinchen ist. Mir geht's schon besser, also wird's keiner sein! Aber Holland habe ich abgesagt. Am gleichen Tag kam eine Einladung meines holländischen Verlegers, nächstes Jahr eine Vorlesereise dort zu machen, da meine Leserzahl ständig ansteige. Er schreibt ein so lustiges Deutsch, z.B. »Vielleicht auch Februar. Fühlen Sie etwas dafür? Das möchte ich gerne wissen.« Ich weiß nicht, ob ich was für

Februar fühle; aber ich weiß, daß ich für Dich was fühle, was wiederum den Verleger nix angeht.
[...]

18.11. Eben Deine 3 Briefe. *Alles* bewegt mich sehr: was Du über den nichtabstrakten Jesus sagst (dieses Thema beschäftigt Dich ja schon jahrelang; daß er *wirklich* Mensch wurde), und was Du über den Papst sagst (die Tiara) – das auch, und ich sollte es eigentlich noch in meinem Aufsatz hineinschreiben. Vielleicht tu ich's. Ja, – ich tu's!
M.A. sagte mir schon, daß er den Aufsatz für die »Stimmen« schreiben soll. Er sagte (seufzend): »Da steckt Rahner dahinter.« Aber irgendwie freut es ihn doch, *weil Du* dahintersteckst. Er muß heut und morgen auf Band sprechen (Kölner und Münchner Kirchenfunk) und Dr. Korten interessiert sich sehr für ihn, die SZ wird in einiger Zeit etwas über seine byzantinische Bibliothek bringen. – Das Schuldbewußtsein – ja; weißt Du nicht, wie sehr ich »Angst« habe vor dem Gericht Gottes im Tod? Dann, wenn ich *sehe*, was ich unterlassen habe. Ich meine, ich werde meine Unterlassungen bereuen. Aber ich fühle doch auch schon *voraus*, trotz meiner Angst, die große Vergebung. Das *muß* man doch! Das ist doch das Neue im Neuen Testament: das Vertrauen auf die *unendliche* Liebe Gottes (und vice versa: denn nur die unendlich liebende Seele kann vertrauen, also auf Vergebung *bauen*.) Es ist halt meine ganz persönliche Erfahrung: dieses gelassene Hinnehmen seiner selbst. Daß ich beispielsweise M.A.'s wegen tief besorgt bin, weißt Du auch. Aber ich habe Gott angetragen, vor 5 Jahren, feierlich, auf dem Altar (bei einer Messe vom M.A. hier beim Äbtekongreß) daß ER mir alles nehmen soll, was ER nehmen will. Da ich das todernst meinte und meine, wird ER es wohl tun, und also kann ich gelassen sein.
- Ich habe übrigens eben einen sehr höhnischen offenen Brief an »Die Zeitung« aufgesetzt und weise nach, was alles falsch daran ist, vom Nestorianismus (in Fragen der Sittlichkeit Mariens – dies hier im Brief nur *so* gesagt, *dort* ausgeführt) angefangen bis zu Ratzingers Alter und Rahners Ausführungen über die »Priester-Ehe«. Ich brauche noch einige Informationen, dann lege ich M.A. den Aufsatz vor.

M.A. ist *viel* »gebildeter« als ich je dachte; er weiß tatsächlich eine Menge, und ganz genau, wie ich merke, wenn ich nachher nachlese irgendwo. Ich schick Dir dann den Aufsatz.
[...]
Daß Du nicht schläfst, ist schlimm. Willst Du nicht Librium nehmen? Das ist *kein* Schlafmittel. M.A. und ich bekamen es, und es half uns sehr. Es beruhigt am Abend, man schläft sanft ein und wacht erholt auf. –

Dein altes Wuschel [Zeichnung]

Roma, 21.11.64[52]

Liebster Fisch,
diese Tage stehen unter dem Zeichen der Trauer über den Konzils-Ausgang. Die Erklärung über Maria hat uns alle völlig niedergeschlagen. Die Protestanten sind konsterniert. Das Ökumenismus-Schema ist dadurch in Frage gestellt, denn: was soll das Gerede von Annäherung, wenn man andererseits die Kluft unnötig, ja mutwillig vertieft? Dieser Papst ist ein Unglück für die Kirche unserer Tage. Alle lachen bitter über seine Tiara-Geste. Niemand glaubt sie ihm. Heut ließ er sich wieder feierlich hereintragen statt zu *gehen*, und an seiner Seite stand dann ein Prinz Colonna. Symbolisch. – M.A. und ich sind heut am Friedhof (Campo Veranno) spazierengegangen – wir haben das OSB-Grab gerichtet – und waren tief traurig über das alles. M.A. hat tapfer gegen »sein« Schema und gegen das Ökumene-Schema gestimmt (ersteres weil schlecht, letzters weil durch ungerechtfertigte Zusätze in letzter Minute zum Teil entwertet.) Du wirst's ja wissen. »Ich kann nicht des Papstes wegen gegen mein Gewissen handeln, wie viele andere es taten« sagte er. Er will auch einen Brief darüber an den Papst schreiben. Ich schriebe als *vox populi* auch gern – aber *der* Brief kommt ja doch nicht an. Schreib *Du* ihm. Du bist persona grata! – Er ist plötzlich besessen von Angst. – Ich weiß tatsächlich heute sonst nichts, *so* bedrückt bin ich durch dies alles. Ich schäme mich meiner Kirche. Aber M.A. sagte, uns (Dich und mich) tröstend, daß die Kirche eben als mystischer Leib Christi auch die Agonie Christi erfahren müsse. So ähnlich meinst Du doch auch. – Ich habe gar nicht gedacht,

daß mich eine unpersönliche Sache derart in den Wesenskern hinein treffen könnte. Ich hänge *mehr* an meiner Kirche als ich vorher wußte, aber ich werde erst jetzt Katholikin, denn jetzt muß ich bewußt eine *mangelhafte* Kirche als die meine betrachten – eine Kirche, welche die Chancen verpaßte und schuld sein wird an ihrer eigenen Schwächung. Schrecklich, dies alles.

Dein Wuschel [Zeichnung]

Roma, 24.11.64[53]

Mein lieber Fisch,
ich kann Dich doch nicht mit einem so dummen Grippebrief, wie neulich geschrieben, abreisen lassen. Statt dessen kommt das Wuschel samt Vanno, um Dich zu begleiten, wenigstens *so*. In Gedanken ist's natürlich ohnehin überall dabei. Ich kann auch jetzt nichts »Gescheites« schreiben; in diesen beiden letzten Wochen bin ich untergetaucht in praktischen Arbeiten. Es muß *so* vieles bedacht werden vor dem Umzug. Ich hab ja Ende Januar nur 5 Tage Zeit, wenn ich von der Lesereise zurückkomme. Also muß ich jetzt *alles* vorbereiten.
M.A., der Donnerstag früh abfährt, bringt die Konzilsberichte, die Dich vielleicht interessieren. Wenn ja, lies sie, wenn nein, gib sie *gleich* Christel (ich meine mit »gleich«: ohne sie zu lesen. Er soll sie letzten Endes so oder so kriegen.) Und ich komme vermutlich etwa gleichzeitig mit Dir in München an. Ist das ein *wenig* Trost?
Ich möchte, daß Du diese Woche USA *wirklich* erlebst, unbeschwert, ganz ruhig in den Gedanken an unser so baldiges Wiedersehen, das Dich, so bete ich, ein wenig entschädigen möge für die für Dich so schweren letzten Wochen; ich freu mich drauf! Du kannst Plätzchenbacken helfen .... Mit Vannos Schnauze auf Deinen Knien kannst Du dabei sitzen und Ihr dürft dann die verbrannten Plätzchen essen.... Es soll *Weihnachten* sein, ein bißchen *Kinder*weihnacht mit ein wenig Glück.

Reise gut! Viele Engel sollen Dich beschützen!
Dein Wuschel [Zeichnung]

Der Mausfisch

Ort unbekannt, 24.12.64[54]

Mein lieber Fisch,
hier kommt ein kleiner Gruß zum Heiligabend. Die Plätzchen sind von mir gebacken. Von allen eine Kostprobe, nicht mehr, weil Du sonst zu dick wirst vom Süssen!!! Ich werde sehr an Dich denken heute abend und in der Mette. Ich bin ohnehin sehr bei Dir, spürst Du es? Heut morgen kamen Deine 3 Heftchen an. Dank!.
Dein Wuschel [Zeichnung]

Im Banne der Schwermut (1965)

Ehrfurcht habe ich vor Deinem Schmerz

Rocca di Papa,
Via di Marino, 4.2.65, (1/2 9 abends)[1]

Mein lieber Fisch,
nun sitze ich zum erstenmal richtig an meinem Schreibtisch, einem neuen, kleinen, schwedischen, in meinem Balkonzimmer. – Eben dachte ich eine Weile nach, darüber, daß ich im großen schönen »Salon« gar nicht arbeiten kann, es ist ein sehr repräsentativer Raum, viel zu groß, um darin zu arbeiten; und ich dachte weiter, daß mir sogar dieses 16qm-Zimmer zu groß ist; ich wünsche mir immer inniger die Klosterzelle mit sozusagen *nichts* darin. Ist das nicht seltsam – jetzt, wo ich das schöne Haus habe, gemütlich auch, warm geheizt, mit dem Garten, der absoluten Stille (außer dem Summen meines Ölofens im Keller höre ich nur noch Vanno im Schlaf atmen, sonst tatsächlich gar nichts!) – und jetzt möchte ich weg. Nicht als gefiele es mir nicht; es gefällt mir so gut, daß ich glücklich bin. Und doch möchte ich weg. Nichts besitzen. Es *nicht* gut haben. Verstehst Du? Ich könnte das Haus wirklich sofort für eine Klosterzelle umtauschen. Ich meine das ganz ernst. Aber vorläufig wohne ich eben hier! – Heute nachmittag bin ich mit dem Einräumen *ganz* fertig geworden. Ich habe einfach verrückt gearbeitet. Als Ihr anrieft (ich war vorbereitet durch einen Anruf von Pater Johannes) war ich eben im Garten, um die häßlichen Zementsäcke, Butterbrotpapier usw. der Maurer zusammenzusuchen und ein Feuer zu machen. Morgen kommt der Mann meiner Putzfrau und übermorgen auch noch der Gärtner von der Comtessa nebenan, die machen dann richtig Ordnung, damit dann wieder ein Stück Garten angelegt werden kann. –

Gestern in Rom gab mir Pater Johannes die Rechnung für die Casel [Meßgewand]: 112.000 Lire. Wieviel Mark oder $ sind das? Ich weiß nicht. Etwa 800 Mark, meine ich. – Ich danke Dir ganz von Herzen dafür, und Du wirst es ja selbst tragen. – Ich habe vergessen Dir zu sagen, daß die 1. Messe hier schon gefeiert worden ist, am 8. November, M.A. und ich allein, er hat mir eine schöne Ansprache gehalten, es war sehr feierlich; er hat mir auch das Haus schon geweiht. – Ich bin so kreuzlahm vom vielen Bücken, daß ich kaum sitzen kann und die Hände tun weh und sind geschwollen von der vielen Handarbeit, besonders heut im Garten. Ich bin der »geistigen Arbeit« ganz entfremdet. Ich fühle mich wie eine Bäuerin. Es bricht plötzlich vieles in mir durch, das ganz echt *ich* bin. – Mein Gott, ist das eine Stille! Und der schmale junge Mond steht über dem Land, und wenn ich vors Haus gehe, sehe ich unendlich viele Lichter, von Rom, von der beleuchteten Via Appia nuova, von Mondo Migliore, Rocca di Papa…
Du schreibst so wehmütig vom blauen Sofa, von der römischen Wohnung. Aber das blaue Sofa ist auch hier, freilich freilich – ich weiß; aber Du wirst auch hier viel Schönes finden, und ich halte es durchaus für möglich, daß Du hierher kommst um Dich zu erholen. Wann? Ich weiß nicht. Aber nächstes Jahr sicher. Für einige Wochen. Ich gehe zu Simmel und frag ihn. Willst Du? – Ich antworte heut gar nichts auf Deine Briefe, weil ich einfach viel zu müd bin und gar nicht ganz »da« geistig, ich meine intellektuell. Ich bin halt eine Bäuerin. Übrigens habe ich meine Bücher alle selber eingerichtet in die Regale (den ganzen Montag, bis nachts 10) *ohne* Pater Johannes, der es machen wollte; aber ich wollte allein sein und nicht reden. Ich schweige so gern. Ich hoffe, hier wieder IHN ganz zu erleben. Ich habe ein großes Verlangen danach. Ich meine, ich werde hier ganz einfach und ganz einfach-fromm. Fisch – ich verstehe alle Deine Nöte, glaub mir. Aber ich kann ja nicht helfen. Was die Vergangenheit anlangt, so weiß ich einfach nicht, was recht war oder nicht; ich gehe im Dunkeln. Nimm doch dieses Dunkel an und hin. Geht das nicht?

Dank für alle Deine Gebete!
Dein Wuschel [Zeichnung]

Rocca di Papa, 6.2.65[2]

[…]

Du hast schon recht (natürlich), wenn Du schreibst, daß die *sacra indifferentia* nicht heißt: ohne Schmerz sein, sondern: alles annehmen; aber ich meine, daß aus dem Alles-Annehmen doch eine Art von Freudigkeit erwächst, die dem Schmerz so die Waage hält, daß ein Gleichgewicht entsteht, das wie Gleichgültigkeit gegen Freude und Schmerz aussieht. Wenn ich, wie heute nach (bei) der Kommunion, Seine Nähe erlebe, ist dieses Gleichgewicht da: nicht schmerzfrei, aber eben im Gleichgewicht.

Wegen der schweren Frage der »Aufarbeitung der Vergangenheit«: ich weiß wirklich keine Antwort; einerseits bereue ich, aus zwei Motiven heraus *zu* viel gegeben und *zu* viel genommen zu haben; das eine Motiv: eine Art Trotz gegen M.A. und Sehnsucht nach Wärme, die *er* nicht geben zu dürfen glaubte; das andere Motiv: das Hingerissensein von Deiner Person, von Deinem Geist, Deiner Frömmigkeit, Deinem dunklen Charme. – Wir hätten vielleicht (vielleicht sage ich) in gewisser Distanz bleiben sollen. M.A.'s wegen, – weil doch zu wissen war, daß das die eigentliche Ur-Bindung ist, war, sein wird.

Andererseits: es mußte wohl so sein, erstens damit Du in der tiefsten Tiefe aufgerissen würdest und den allereigentlichsten Schmerz erleben solltest, weil das zu Deiner Vollendung nötig ist; und nebenbei (aber freilich gar nicht *so* nebenbei) mußte M.A. lernen, daß er mich verlieren könnte (wenn es auch letztlich * nicht möglich war, so mußte er doch für sich an die Möglichkeit *denken* lernen); und daran, daß er mich *nicht* verlor an Dich (was doch so sehr »möglich« war (siehe oben *) eröffnete ihm erst die volle Einsicht in die Größe seiner und meiner Liebe. So wärest Du also gewissermaßen das Opferlamm – wenn es *nur* Opfer wäre; in Wirklichkeit bekommst Du ja doch auch etwas: ein *Du*, denn das bin ich doch wohl für Dich, – oder ich möchte es wohl sein dürfen, auch wenn es vice versa anders ist, jedoch nicht *nicht* ist. Ach, ist das alles schwierig!

Das ist gedanklich auseinanderzulegen, aber lebensmäßig nicht. Es ist,wie es ist. Es ist das Leben selbst. Das läßt sich nie ordentlich auf-

und einteilen. Die »Aufarbeitung« besteht, meine ich, im Annehmen ohne viel zu denken. –
Ich kann nichts anderes dazu sagen. In mir breitet sich eine tiefe Stille aus, in der alles zur Ruhe kommt. Ich meine, daß alles gut ist wie es ist, und daß auch Du Frieden findest. – Du sollst nicht allzu viel arbeiten, Deine Nerven sind höchst strapaziert, darum bist Du noch trauriger als Du's ohnehin wärest. Ich merke das: jetzt, so in der Stille, ohne Hetze, sehe ich die Dinge in besserer Ordnung.
[...] *Dein Wuschel*

Rocca die Papa, 10.2.65[3]

Nach Deinem Anruf: das Taxi kommt erst in 20 Minuten, hab angerufen, die Schneekette zerbrochen, muß eben repariert werden. Es war so lieb Deine Stimme zu hören, gerade im richtigen Augenblick, als ich doch etwas verzweifelt war: seit gestern Abend der fürchterliche Schneesturm, der Schnee, der hier etwas Ungehöriges an sich hat, das Versagen der Elektrizität seit heute früh, das heißt also keine Heizung (ich kauf mir aber jetzt dann einen Petroleumofen für alle Fälle), und das Wasser im Wasserturm bzw. in der nicht isolierten Leitung eingefroren – also keine Möglichkeit hier zu leben. Freilich dauert so was hier nur 1-2 Tage – schon beginnt der Schnee zu schmelzen, aber ich gehe doch in dieser Zeit lieber nach Rom in eine Pension oder wenn sie da ist, zu Frau Trappe, Via S. Anselmo 8. Mein Nachbar hier wird mich anrufen (bei Pater Johannes) wenn alles hier wieder funktioniert.
Ja – so hat alles seine 2 Seiten. Aber freilich: so ein Schneesturm kommt hier ja alle 10 Jahre mal vor. (Warum gerade jetzt – ?!?)
Man lernt halt aus Ungemach. In Rom muß ich rasch meine Fronarbeit für »Sie« ableisten; einen Aufsatz über die *Dummheit* schreibe ich; und einen über Träume. Mich friert's trotz Pelz. Bin beim Schneeschaufeln etwas zu arg durchwindet worden. Die Nachbarn (verschiedene, 5 waren es) haben mir auf meiner Privatstraße einen Pfad ausgeschaufelt, ohne Geld dafür zu nehmen. – Es geht übrigens kein Autobus, nicht mal das Bähnchen nach Frascati. Wenn hier 10

cm Schnee sind, läßt man verzweifelt das Leben stillstehen. Bin genau so geworden!
Nochmal: Dank für den Anruf. – Unterstrom unter all unseren Schwierigkeiten: man gehört zusammen. –

Dein Wuschel

Roma, Freitag den – ich weiß nicht,
vielleicht 13. Februar 1965

Mein lieber Fisch,
Du wirst inzwischen von Christel den »Lagebericht« erhalten haben und auch von Freiburg zurückgekehrt sein.

14.2.:
Gestern abend war ich so müde, daß ich um 3/4 9 ins Bett ging und sozusagen ohne Unterbrechung durchschlief bis früh 8! Auch die letzte Nacht; da schlief ich von 8 bis 8, also 12 Stunden, ohne Schlafmittel. Es war der Schlaf einer Erschöpften. Ich war die letzten Tage recht elend, mit Magenbeschwerden, irrsinnigem Kopfweh usw. usw. Aber jetzt ist's wieder fast gut, ich hab gestern und heute je einen Aufsatz für »Sie« geschrieben, sogar gut wie ich meine; einen über die Dummheit und einen über den Sinn des Träumens (Mittel der »Selbstfindung«). Für März ist also vorgesorgt. Morgen fahr ich zurück ins Haus; ich könnte heute schon, aber ich will morgen noch nach S. Anselmo ins Amt gehen. Pater Johannes begleitet mich hinaus, dann, so hoffe ich, wird mein Leben seinen normalen Gang gehen. – Das Plus dieser letzten turbulenten Woche ist, daß ich erlebt habe, wie ungemein hilfsbereit alle Leute hier und draußen sind. Ich habe die Italiener von ihrer nettesten Seite kennengelernt. Auch zu Vanno waren alle lieb! Der führt hier in Rom überhaupt das Leben eines *principe*: alle verwöhnen und verziehen ihn, alle finden ihn »un tesoro« (einen Schatz), alle geben ihm Kekse – Gino führt ihn stundenlang spazieren, obgleich Vanno ihn viel herumzieht und ihm natürlich nicht gehorcht, sondern ihn ausnützt! Er ist aber sonst wirklich gut zu haben. Selbst Frau Trappe, bei der ich hier wohne (wo ich mein Standquartier überhaupt haben werde, beson-

ders während der Konzilsmonate) liebt ihn; also ist das alles in Ordnung. – Ich bin trotz allem Hübschen hier recht froh, wieder draußen sein zu können und *schweigen* zu können. – Ich hab zwar gemerkt, *wie* anpassungsfähig ich bin; ich finde mich mit den meisten Leuten mühelos zurecht, auch mit der sehr schwierigen Frau Trappe, die halt eine alte Frau ist mit Eigenheiten (wer hat die nicht!!) – aber ich habe doch das große Bedürfnis nach meinem eigenen, schweigsamen Leben, bei dem ich den HERRN besser *spüre* (was natürlich nicht gesagt ist, daß es auch ein besseres Leben ist!) – Während ich jetzt schreibe, liegt Vanno mit Kopf und Vorderbeinen auf meinem Schoß – recht bequem für ihn, weniger für mich. – So, und jetzt gehe ich nach S. Anselmo und tippe meine beiden Aufsätze dort im Sprechzimmer. Mehr und »Gescheiteres« weiß ich heut nicht.

Alles Liebe!

Wuschel [Zeichnung]

Rocca di Papa, 14.2.65[4]

Mein lieber Fisch,
ich bin heute, vor wenigen Stunden, heimgekehrt. Pater Thomas, Cellerar von S. Anselmo, hat mich herausgefahren, mitsamt Vanno und Pater Johannes. Alles ist hier in Ordnung, aber es liegt noch Schnee. Der nette Gärtner-Nachbar hat aber die Einfahrtsstraße sauber geschaufelt und rings ums Haus auch. Wie lieb diese Leute hier zu mir sind.– Jetzt sitze ich warm und bei Licht wieder am Schreibtisch und bin glücklich, »daheim« zu sein, wenngleich mir in Rom in diesen Tagen bewußt wurde, welches Wagnis es für mich ist, so in die Einsamkeit gegangen zu sein. Aber es wird schon recht sein. – In Rom war mir körperlich elend: die Erschöpfung kam durch. Aber es geht mir schon wieder viel besser, nachdem ich ausgeruht habe. – Eben las ich mich durch einen Postberg, und zuletzt las ich Deine Briefe, auch den langen. Es macht mich traurig zu lesen, daß Du immer vom »Ende« und vom Tod sprichst. Ich kann's freilich verstehen. Auch ich weiß eigentlich nicht, *was* ich noch erwarte, aber freilich: ich erwarte doch immerhin noch Leben – das ist der Unterschied zwischen uns. – Ich habe schon ehe ich den langen

Brief las, auf einmal das Gefühl gehabt, daß ich unsere Beziehung in all ihrer Schwere von neuem in den Arm nehme (nicht nehmen »soll« als Pflicht, sondern weil es eben so ist.) Nur wenn Du die alte Frage stellst, versage ich vor mir und Dir. Ich kann eigentlich nur eins mit Sicherheit sagen: daß ich eines Tages entsetzlich erschrokken bin, weil ich merkte, daß ich beinahe zu Dir »übergelaufen« wäre, statt M.A. treu zu bleiben. Ob Du das verstehst? Der zweite Schrecken kam dazu: daß ich Dich in eine Art von Leben hineingezogen habe, die wohl nicht richtig war für Dich. (Das glaubte ich damals, und ich bin auch heute nicht sicher, ob es nicht so war und ist.) Da habe ich mir einfach geboten, einen andern Weg einzuschlagen. Mit Gewalt. Das *kann* ich. Freilich überspanne ich dann den Bogen und schütte das Kind mit dem Bade aus, und finde dann nicht ins Gleichgewicht zurück (oder vorwärts). So ist meine Situation. Und dazu (dann) kam der *circulus vitiosus*: Anfangs machte ich Dich glücklich und heiter, da war es *leicht* mit Dir zu leben; dann (s.o.) wurdest Du schwer und hart zu ertragen, und da wäre ich manchmal gern ausgebrochen, aus Bequemlichkeit.
Wenn ich mir jetzt die Schuld-Frage stelle, in aller Brutalität, dann muß ich sagen: Ja, ich finde, ich habe einiges getan, was ich nicht hätte tun sollen; wegen Dir, wegen M.A. und grundsätzlich, Du verstehst. Darüber komme ich nicht hinweg. Und daß Du mich nicht davon abgehalten hast, rechne ich Dir zur »Schuld« an. Ich setze es in »...«, weil ich mir nicht klar darüber bin, was ich damit *genau* meine. Aber ich glaube, ich liebe M.A. so sehr, weil er mit aller Härte vermied, den Kreis zu übertreten, der uns vorgezeichnet ist. –
Es ist hart für Dich (auch für mich, glaub mir) etwas, das so schön war, jetzt doch als etwas, das *so* nicht hätte sein sollen, zu betrachten.
[...]
Ich habe also, klipp und klar gesagt, ein schlechtes Gewissen, und darüber komme ich nicht hinweg, und da kannst Du mir nicht helfen, ich büße eben dafür mit mancherlei.
Es ist also eine moralische Frage, nicht eine des Gefühls. Natürlich hänge ich an Dir. Diese Jahre der Freude und der Qual haben uns verbunden – da kann man nichts weglügen, nichts wegschneiden.

Aber ich weiß, (das sagte ich schon oft) einfach nicht mehr, wie ich zu Dir sein soll. Jede kleine Zärtlichkeit scheint mir verboten, und doch neige ich sehr dazu, sie zu geben und zu *nehmen* (denn wer außer Dir ist so zu mir!?) – ich bin also immerfort im Dilemma. Wenn du fern bist, sorge ich mich mit aller Zärtlichkeit um Dich. Bist Du nah, dann bin ich voller Angst, etwas zu geben, was ich nicht geben darf, weil es eigentlich M.A. gehört. Ich möchte, daß Du und ich ein klares Verhältnis der Freundschaft haben, wobei Du der einzige wahre Freund wärst. (M.A. ist etwas anderes.) Aber das kannst wiederum Du nicht. Ich weiß also nicht, was tun. Bitte, bitte versteh das. Alles Nachdenken, alles ehrliche Nach-Fragen führt nicht weiter. Darum meine ich, daß ich alles »im Dunkeln« (das heißt nicht: im Trüben) lassen soll, bis es von selbst sich mir und dir erhellt. Es ist vielleicht gerade das Wesen unserer Beziehung, daß wir beide an ihr leiden sollen. Wenn ich nicht daran litte, wäre es ein Zeichen, daß ich sie als überlebt betrachtete. Aber ich leide ja, wenn auch, das gebe ich zu, nicht auf die gleiche Weise und nicht mit der gleichen Gewalt wie Du, und ich glaube, je mehr Zeit vergeht, desto mehr – ich möchte sagen: Ehrfurcht habe ich vor Deinem Schmerz. –

Aber bitte, sag nicht, daß ich mich immer hinter meine Müdigkeit verschanze. Ich *bin* entsetzlich müde. Ich bin irgendwie an einem Nullpunkt. Ich muß erst wieder zu mir selber kommen. Ich habe »nichts Rechtes« mehr in mir, verstehst Du; ich bin ausgelaugt (wie Du). Ich brauche auch endlich wieder das geordnete Gebet. Heute, endlich wieder, in St. Anselmo, im Konventamt, war ich auf die mir gewohnte Art mit Gott verbunden. Ich kann nicht leben ohne diese Verbindung. –

Bitte hab Geduld mit mir.

Aber die Wahrheit ist: Ich liebe M.A. mit meinem ganzen Wesen, für alle Ewigkeit, ihn allein auf solche Weise. Ich kann Dir also nur eine Freundin sein. Was aber ist das? Das muß die Zeit lehren. Die Wahrheit ist ferner, daß ich Dein Angebot der Trennung nicht annehmen *kann*, weil es keine solche Trennung *gibt* zwischen uns. Wir bleiben ebenfalls für ewig verbunden. Ich werde jetzt bald eine Novene halten zum Hl. Geist, damit er mich in meiner Beziehung zu Dir erleuchte.

Ganz simpel »menschlich« wünschte ich, Du wärest in meiner Nähe, so daß wir uns jede Woche einmal sehen könnten, in Ruhe. Bitte – hab Geduld. Verzeih alle Härten. Ich trage ja *auch* mein Kreuz.

Dein Wuschel

15.2.:

Ich hab doch auch oft Heimweh nach Dir. Aber ich bin so ängstlich geworden für uns beide.
Dein zweites »Beides« hat mich zu Tränen erschüttert.
Zu Deiner Frage im heutigen Brief. Ja, ich habe *4* große Ölbäume und ich lasse einige Rebstöcke stehen!.

Rocca di Papa, 15.2.65,

Ich hab heut den ganzen Vormittag im Haus herumgearbeitet, Wäsche gewaschen usw. und einen neuen Postberg gelesen, heut angekommen, zu dem von gestern eine Arbeit von 2 Tagen (d.h. alles zu beantworten.) Ich habe gestern auch das zu Pater Johannes gesandte Messgewand bekommen. (*Dank* inzwischen Dank. Geld geht über Pater Johannes dieser Tage ab.) Es ist ganz wunderbar, silbrig glänzend, äußerst einfach. Mit allem Zubehör. Auch die Armbinde (wie heißt sie? Hab's vergessen.) Tragen die [Manipel] nicht nur Äbte, Bischöfe usw. ???
Ach Fisch, ich bin zwar glücklich wieder hier zu sein, aber auch schwermütig, obgleich die Sonne halbwegs scheint und es wärmer ist, und ich ein blühendes Pflaumenbäumchen sehe, und Vanno bei mir ist, und ich einen *schönen* Auftrag, ganz unerwartet, von meiner »Sie« (Zeitschrift) bekam: Ich soll eine Serie über das *»Gebet«* schreiben. Als Literatur wurde mir empfohlen: K. Rahner: »Von der Not und Segen des Gebetes« (Innsbruck 1949) und Wladimir Lindenberg, auch so was ähnliches. Letzterer ist ein russischer Fürst, der in Berlin Psychiater ist, von dem mein Gummi-Fuchskopf stammt und den ich gut kenne. – Ich staune, daß die »Sie« so etwas will. Natürlich meint sie es nicht so einfach fromm. Sie will etwas wissen über das Gebet bei allen Völkern. Auch als Heilfaktor. Darüber gibt's sicher sehr viel Literatur. Sie lassen mir viel Zeit dazu. Arbeitslust hab ich schon. –

Vom Fischer Verlag hingegen bekam ich die Nachricht, daß man mir den H.-Hesse-Preis *nicht* geben will, wieder mit einer Ausrede. Na – dann sollen sie es halt bleiben lassen. Wie viele Feinde ich habe in der Literatur! Dafür: immer wieder Briefe von fremden Lesern, daß ich ihnen entscheidend geholfen habe. Freilich habe ich meinen *literarischen* Ehrgeiz, und da schmerzt es mich, einfach nicht für ganz voll genommen zu werden. (Es war schon anders!) Aber ich habe den längeren Atem – und so werde ich bleiben, wo viele vergessen sein werden. Sagt auch Helma Pösl. Ich lege es, mit *etwas* Bitterkeit, Gott zu Füßen. Wichtig ist nur ER und die Liebe. – Nochmals: hab Geduld mit mir, *bitte.*
Ich war mir meiner Unzulänglichkeit nicht so bewußt wie im Augenblick und vor allem Dir gegenüber.

Rocca di Papa, 16.2.65[5]

Eben wieder ein Brief von Dir. Ach Fisch, Fisch – ich kann es ja nimmer deutlicher sagen. Ich habe geglaubt, die Liebe zu M.A. mit einer *ähnlich* innigen Beziehung zu Dir vereinen zu können. Ich bin daran gescheitert. Es gibt nur *ein* Du für einen Menschen. Das ist M.A.
Was bist Du mir? Der Freund, zu dem ich flüchten könnte; der Mensch, den ich unendlich verehre; der, dem ich Freundin sein zu dürfen wünsche.
Was soll ich sonst noch sagen? Ich liebe Dich nicht in der eindeutigen Art, die man Liebe nennt. Aber ich bin Dir von Herzen zugeneigt, mit einem immer neuen Schrecken darüber, daß ausgerechnet Du mich liebst. Schau, jetzt wo ich in der Stille bin, kann ich erst wieder begreifen, was Deine Liebe ist. Und wie bitter, daß Du die meine nicht hast, nicht haben kannst. – Aber was sollen wir denn immer und immer und immer das gleiche schreiben. Hört das nie auf? Kommt etwas dabei heraus? Ich bin ratlos. Ich habe ein zerrissenes Herz, wenn ich an Dich denke, weil ich nicht weiß, *wie* ich Dir helfen kann. Sag doch *wie.* Aber sag nicht, daß wir jene 2 Jahre neu beginnen können, oder *so* fortführen. Ich kann *so* nicht. Schau,

wenn M.A. und ich verheiratet wären, und M.A. habe mich eine Weile verlassen, und ich habe Dich geliebt, zwar wirklich, aber doch immer mit dem Wissen, daß der Ehemann das erste Recht hat, und er wäre zurückgekehrt – was *müßte* ich da tun? Sag selbst. Und was könntest Du mir noch sein? Der Freund, der zweitnächste Mensch. Es *ist* so. Es ist nicht nur so »als ob«, sondern es ist die reale Situation. Damit müssen wir fertig werden. Ist es nicht auch für mich hart, nicht einfach Deine Liebe zu *leben*, da Du mir soviel gibst, während M.A. mich äußerlich so »kurz hält« meistens? Laß mich doch treu sein. Auf meine Weise bin ich auch Dir treu. – Ich *kann* einfach sonst nichts dazu sagen, ich weiß nicht *was* Du erwartest, daß ich sagen soll. Sag es mir, wenn Du es weißt, und wenn es etwas anderes ist als das, was ich nicht sagen kann und darf, weil es nur M.A. gehört.
Ich bet für Dich. Eine Novene zum Hl. Geist.

Rocca di Papa, 17.2.65[6]

Ach, Fisch, ich werde allmählich ganz verrückt über unsern Briefwechsel. Auch ich verstehe allmählich gar nichts mehr. Es ist so monomanisch, was wir da treiben, verzeih. Ich meine mich so gut wie Dich. Es kommt doch rein *nichts* heraus bei diesen Briefen. Wir sind wie die 2 aus der schrecklichen Anekdote von Kafka, die ganz eng beieinander sind, und sich doch nicht erreichen, weil sie nämlich hintereinander auf einem Karussell sitzen. – Zuerst will ich jetzt den ersten Punkt in Deinem heutigen Brief aufgreifen: »daß M.A. nie seine Liebe zurückgenommen habe.« Doch: Eben genau das tat er. Sogar auch Christel gegenüber, der einmal zu ihm fuhr und ihn zur Rede stellte, daß er mich zur Verzweiflung bringe. Und M.A. sagte: »Deine Mutter hat alles falsch interpretiert. Ich habe sie nie geliebt.« (und dabei habe ich's »schriftlich« – im Brief). Genau Deine Situation also habe ich erlebt. Und sogar letzten Oktober wollte er einmal wieder derlei behaupten, aber das kam er nicht mehr an bei mir, und auch nicht bei sich selber! Aber damals! Ich war fast wahnsinnig vor Schmerz, vor 3 Jahren. Sag nie mehr, bei Dir wäre alles anders und viel, viel schwerer. Ich hab tatsächlich genau so gelitten wie Du.

Jahrelang. Eigentlich 7 Jahre lang, ohne Unterbrechung, außer in einigen Stunden bei Dir, wo die Freude an und mit Dir den Schmerz überwog. Und ich habe M.A. weitergeliebt und ich habe genau so tapfer wie Du gelebt. Verzeih, daß ich das sage. Du hast noch dazu den Vorteil, daß ich Dir schreibe, daß wir uns sehen können. M.A. hat sich mir jahrelang entzogen, er schrieb nicht, wir sahen uns 2 Jahre lang nur je 3 mal bei offiziellen Gelegenheiten. Ich sage Dir noch einmal: Du bist halt nicht eingeübt in die Leiden der Liebe. Bei Dir kommen sie alle auf einmal in einem Alter, da man für die Liebe keine *andere* Zukunft mehr hofft. Ich weiß, daß *ich* Dir nicht das sagen sollte, aber wer sonst sagt es Dir? Nein, Fisch – Deine Leiden haben Unzählige vor Dir gelitten, leiden sie neben Dir, und werden sie leiden bis zum Ende der Zeiten.
Dabei hast Du den Vorzug vor andern, daß ich ja mit Dir lebe. (A propos: wie kannst Du einen solchen Unsinn sagen – daß ich Dich »relativ rasch und leicht vergessen werde«, falls Du gehst. Ein Quatsch ist das. Als ob ich dann nicht doppelt litte! Als ob ich dich vergessen würde...)
[...]
Ich bereue oder bedaure doch nicht unsere Beziehung. Sie ist doch eines der größten Erlebnisse meines Lebens.
Manchmal meine ich fast, wir reden *doch* aneinander vorbei. Es wäre besser, du kämst für einige Tage. Benütz doch die Gelegenheit nach Rom zu kommen. Hier würde doch vieles ruhiger und klarer zwischen uns.
Ich meine oft auch, daß Gott Dich unverhältnismäßig schwer leiden läßt – denn er läßt Dich gar nicht mehr fühlen, *wie* ich an Dir hänge, *wie* ich mich um Dich sorge, *wie* ich Dich oft herbeiwünsche. – Übrigens: daß ich neulich am Telefon so kurz war, oh Gott, hast du denn kein Verständnis für die Situation: ich eingeschneit, windumtost, aufs befreiende Taxi wartend, zitternd vor Kälte – meinst Du, da kann man lang und lieb telefonieren? Manchmal bist Du doch seltsam egoistisch. Mir scheint überhaupt, daß da jetzt eine kleine Gefahr ist für Dich. Auch die große Liebe, auch die bis ins Mark schmerzende, darf doch keine *idée fixe* werden. Ich sähe Dich gern ein wenig freier und unabhängiger. Geht das nicht? Im Lauf der

Zeit? Ich geb den Brief Franco mit zum Einwerfen, denn ich komme nicht oft zur Post. Vergiß nicht, daß ich in der Einsamkeit hause!!! – Eben ist Franco hier, schon seit Stunden, mit dem Elektriker, noch verschiedenes montieren usw. – Ich habe große Angst, nicht wieder in die Romanarbeit hineinzukommen. Überhaupt: nicht mehr zur Literatur gezählt zu werden (siehe letzten Brief) und ich flüchte dann zu Gott. – Wenn Du auf meine Nöte *auch* einmal wieder eingehen würdest – – ? – Wieso interessiere ich mich für Theologie nicht mehr? Ich hab das einmal so hingesagt. (»Was geht mich mein saudummes Geschwätz von gestern an«.) Ich las mit großer Begeisterung Deine Weihnachtspredigt vom »Kind«[7]. Da ging mir vieles auf, auch davon, was das heißt, daß »Gott *heute* geboren ist.« Allmählich wacht auch mein Intellekt wieder auf. Ich war *tatsächlich* erschöpft in jeder Hinsicht. Hab Geduld mit mir. Solange ich mich immer verteidigen muß, kommt nichts Positives mehr von mir zu Dir, scheint mir.

Ich lasse Dich ja nicht allein. Ich trage nun wieder Dein »Herz«, bzw. Deine beiden Medaillons. Vielleicht hilft Dir das, als Symbol. Wollen wir's versuchen, ob es nützt.

Du hast, Gott sei Dank, recht, mit Deiner Erklärung, daß Deine große Theologie immer in »Gelegenheitsaufsätzen« sich formte. Aber ich will nicht, daß Du Dich – siehe »Septembertag«[8] – fallenläßt. Du tust es fast mit Absicht. Du steigerst Dich in den Schmerz hinein. Das ist schlecht. Sieh doch das Positive an unserer Beziehung. Es kommt schon wieder heraus, wenn wir dieses Um-uns-Kreisen *lassen*. Du wirst sehen.

Komm, sei gut, ich bin ja bei Dir, in vielen Sorgen, in *echter* Treue.

(d.h. nicht aus »Pflichtgefühl«.)

Wuschel

Und der Fisch auf dem Bild ist viel zu klein um diesen Propheten auf die Dauer zu beherbergen!!!

Jonas wurde doch – *Symbol der Auferstehung!* – wieder ausgespien aus dem dunklen Fischbauch. *Amen*!

Du bist Reichtum auch wo Du Schmerz bist

Rocca di Papa, 18.2.65[9]

Ach, Fisch, Dein Brief vom 16. (zur Zeit geht's wieder mal rasch mit der Post) hat mir wahnsinnig weh getan, und zwar auch deshalb, weil Du dabei bist, mit Deiner besessenen Analysiersucht und Logik alles Schöne zu zerstören (es wird Dir nicht gelingen). Dein Brief mit I/a/b... usw. klingt ganz toll scharfsinnig, aber ist mir ein schlagender Beweis dafür, wie falsch Logik sein kann, wenn sie sich ans lebendige Leben heranmacht. Du wirst sehen, wieso; darüber nachher. * Was mir aber wirklich wie ein Messer ins Herz gestoßen war, ist Deine (selbstquälerische, selbstvergiftende) Ansicht, Du seist sozusagen nur ein Lückenbüßer gewesen. Ich werde rot vor Scham darüber, für Dich und mich. * Du weißt genau (Du *mußt* es wissen) daß das einfach falsch ist und daß ich das Motiv des Hingerissenseins als *gleichwertig* zu 1a/b verstehe. Ich war und bin »hingerissen« von Dir, von Deiner Person, Deiner Theologie. Ach glaub mir das doch. Du *weißt* es im tiefsten Herzen, sei ehrlich. Nur: ich fühle mich *noch* (jetzt noch) überfordert, was die äußere Art (die natürlich nicht, in einem gewissen Sinne, von der *Art* des Gefühls zu trennen ist) anlangt. Es ist eine sehr schwierige, schmerzbringende Situation, wenn ein Partner weit mehr liebt als der andere kann. Aber wenn ich genug in Ruhe bin (und es gibt hier Momente, z.B. in der Kapelle, wo ich's *bin*) dann weiß ich einfach, daß wir zusammengehören auf eine bestimmte, schöne Weise. Wenn du jetzt einmal aufhören könntest, dieser unserer – nennen wir's »Liebe«, denn es ist ja auch bei mir eine Form und Art von Liebe – ein Grab zu graben mit Deinen Händen und Nägeln, will sagen Deinen bohrenden *scheinbar* scharfsinnigen Gedanken. Laß uns doch Raum und Zeit. Ich meine, was ich sage, und ich betrüge mich nicht.

Heute, »hörte« ich sagen: »Liebe ihn (d.h. Dich!) so sehr du kannst«. Aber laß es mich auf die mir erlaubte und gemäße Weise tun, ohne immer zurückzuschauen. Ich meine auch, daß es richtig ist, was ich sagte: die bisher »unbewältigte Vergangenheit« einmal auf sich beru-

hen zu lassen. Bauen wir sie so wie sie ist, als schmerzhafte Erinnerung, in unser beider Leben ein.
DANK für das *sehr* schöne Bild von Dir. – Glaub mir doch – und zwinge mich zu keiner Analyse mehr, die doch nicht stimmt, weil sie nicht dem Ganzen und Tiefsten unserer Beziehung gerecht wird. Vielleicht (sicher!) kennen wir dieses Tiefste noch gar nicht. – Sei gut, sei ruhig, ich bin ja bei Dir, ich schwöre es Dir; hier bete ich (weils hier *gut* geht) mit heißem Herzen für Dich. Du müßtest es spüren. Blockiere nichts mit Festhaltenwollen am Schmerz!

Rocca di Papa, 25.2.65
Am *28*. sind's 3 Jahre. Grauer Bär.[10]

Mein lieber Fisch,
danke für alle Briefe usw. Hab schon begonnen, Deinen Aufsatz über den Offenbarungs-Begriff[11] zu lesen. *So* möchte ich auch *meine* Arbeiten, *meine* Themen in den Griff bekommen, wie Du es kannst. Du hast Deine eigene Art der Eröffnung: gleich stürzt Du auf einen los, ohne Zögern ins Wesentliche. –
[...]
Zum Thema: Du bist derart verletzt, derart eine einzige Wunde, daß du *alles* falsch verstehst. Ich sage es nocheinmal, genauer: ich litt fast immerzu um M.A., das war die dunkle Unterströmung; es gab Stunden, in denen Du, oh Wunder (»Wunder« bei der Tiefe meines Leidens) es fertig brachtest, mich dieses Leiden vergessen zu machen. – Das bedeutet doch nicht, daß ich nur in manchen Stunden bei Dir »glücklich« war. Das Glück mit Dir war *und ist* ganz anderer Art; das vereint sich gut mit Leiden. Du hast mich oft getröstet, in Worten, mit Deiner Gegenwart, und ich wünsche mir, daß Du es weiterhin tätest. – Ich will aber das, was war, doch durchaus nicht auf einige »Stunden des Glücks« reduzieren. Die Beziehung zu Dir gab meinem Leben eine neue Richtung, ich »lernte denken«, du verstehst was ich meine. Ich lernte verstehen – ach *was* alles, da kann ich gar nicht anfangen aufzuzählen. Ich war (und *bin*) – unendlich bereichert durch Dich. *Davon* nehme ich kein Jota weg. Ich kann bloß nicht unter *einen* Hut bringen die Liebe zu M.A. und etwas, das so ähnlich

ist wie Liebe und es doch nicht *»so«* ist, zu Dir. Ich bin zu klein dazu. Ich *kann* eben nur M.A. lieben. Oder ich hätte Dich allein lieben müssen, das wäre ja durchaus möglich gewesen und möglich. Aber ich bin nun eben durch eine Art Sakrament an M.A. gebunden. Ich bin aber auch an Dich gebunden. Nur finde ich noch keinen bestimmten Modus, diese 2. Gebundenheit *so* zu leben, daß die 1. nichts verliert. Ich weiß einfach nicht, *wie*. D.h. ich wüßte es eigentlich schon, *wenn* Du aufhören würdest, immer wieder und wieder das gleiche zu sagen. Ach – versteh doch: nicht als »langweile« es mich, das doch nicht, um Gotteswillen; aber ich sehe einfach nicht, daß vom *Reden* Segen und Ruhe kommen. Wenn Du mich in Ruhe Dich liebhaben ließest, wenn ich mit meinem Nöten und auch Freuden zu Dir kommen dürfte, wenn ich nicht immer gehemmt würde durch das Gefühl, du wirfst mir vor, ich hätte etwas versprochen und nicht gehalten – *wenn* das so wäre, dann hätte ich Dich unbefangen lieb und könnte es auch äußern. Aber – das menschliche Herz ist ein rätselhaftes Ding – du stößt mich immer wieder zurück mit Deinem tiefen Mißtrauen. – Ich *habe* vieles falsch gemacht Dir gegenüber, ich weiß es. *Wie* kann ich's gut machen? Wollen wir nicht eine Art Abkommen schließen, daß wir eine Weile einfach nicht mehr von der Vergangenheit reden? Geht das? Ich bin Dir nicht fern; oft wenn ich hier so allein bin (*zufrieden* allein zu sein!) dann wünsche ich Dich her – nicht als Trost oder dergleichen, sondern einfach weil ich *Dich* da haben möchte, weil Du Reichtum bist auch wo Du Schmerz bist. – Das Hingerissensein ist ja doch immer noch da, latent, auch heut, ich brauche bloß etwas von Dir zu lesen (wie im Exerzitien-Buch)[12] und schon fliegt mein Herz Dir entgegen. Das Genie, das Du bist, ist es, das mich hinreißt. Das Genie, das ist nicht nur Dein Intellekt, das bist eben *Du*. Nur: ich bin oft halb wahnsinnig, weil ich aus den Wirren, in die wir uns hineinmanövriert haben, nicht herausfinde, wenn ich *denke*.

Das Kettchen: es ist ganz genau richtig, und es ist sehr schön (»und teuer« sagst Du. Ach Du – Fisch – seit wann rechnen wir uns Preise vor... So *kannst Du* das nicht gemeint haben.) – Ich trage es, und werde es weiterhin tragen, und das bedeutet Treue, und das ist etwas Schönes meine ich. *DANKE*.

Übrigens: hier in dieser Einsamkeit wird *alles* bei mir in Frage gestellt, ich meine: meine ganze Existenz und ihr Wert. Ich bin hier, wo kein Publikum da ist, meinen »Charme« zu erwarten und zu loben, ganz nackt und arm vor Gott. Ich habe nichts, womit ich mich bedecken könnte.

[...] *Dein Wuschel*

Rocca di Papa, 25.2.65

Lieber Fisch,
eben mußte ich lächeln, als ich das Fische-Bäumchen-Amulett an die neue Kette hängte, daran: die neue Kette ist zwar viel länger und bequemer zu tragen, aber umso stärker. Kommentar überflüssig.

1. März.
Nun fliegst Du nach München zurück. Hoffentlich ist das Wetter nicht so stürmisch wie hier. Wir haben seit heut morgen einen heftigen Wind bei halbheiterem Himmel, nicht kalt. – Aber das soll ja kein Wetterbericht werden, sondern ein Geburtstagsbrief. Ich wünsche meinem lieben Fisch, daß er das, was ich durch das Wiedertragen des Kettchens sagen will, auch wirklich versteht, das heißt fühlt, und daß es ihm leben helfen möge. Amen. Mehr ist da nicht zu sagen. Ich wollte, wir könnten den Tag zusammen verbringen. Je tiefer ich in meiner Einsamkeit einwurzle, desto mehr lerne ich erkennen, was Du mir bist. Ich bekomme hier den scharfen Blick fürs Wesentliche. Wenn ich mir überlege, wen ich hier haben möchte, – gib Dir die Antwort selbst. Und eines Tages *bist* Du auch hier, vielleicht wirklich für einige Wochen. Der Plan läßt mich nicht los. Es ist hier so – wie soll ich sagen – so numinos, daß Dir hier vieles ausheilen könnte. Kannst Du nicht kommen? Keine Gelegenheit schaffen zu kommen, legal, oder illegal?
Weißt Du – voriges Jahr zum 60. wollte ich Dir bedrucktes Briefpapier schenken und Du sagtest, ich soll warten, weil Du nicht weißt, welche Adresse die bleibende ist. Ich war dumm, ich hätte nicht gehorchen sollen – jetzt hat's Dir jemand anderes geschenkt. Und was soll ich Dir jetzt schenken? Welches materielle Geschenk außer

Schlafanzüge, Hemden, Socken, Seife usw. ist von einigem Nutzen für Dich…? Ich schenk Dir die von Herzen kommende, gar nicht Dich-trösten-wollende, sondern einfach mir richtig scheinende (seiende) Einladung nach hier.
Ich begann wieder zu arbeiten, am Roman, schrieb 10 Seiten, mühsam, Tobias, der 20jährige Held, kommt eben auf der Vatersuche zu einem evangelischen Pastor, der seine Zelte abbricht und nicht mehr Pastor sein will, weil er nicht mehr glaubt, nicht mehr für würdig sich hält, seine Herde zu leiten, er ist verzweifelt, und Tobias *möchte*, daß dieser ihm in der Verzweiflung so ähnliche Pastor sein Vater wäre, aber er ist es ja nicht. Eben schreibe ich an dem Gespräch der beiden. Der Pastor spricht davon, daß er es satt hat, Dinge zu verkünden, an die er nicht glaubt; oder vielmehr: Dinge von Gott zu sagen, die ihm töricht erscheinen, antropomorph – was Tobias dazu herausfordert, *für* Gott und die Gottesebenbildlichkeit des Menschen Stellung zu nehmen – usw., usw.[13]
Ich fand nebenbei eine Definition von Heiligkeit: höchst intensive, anhaltende, konzentrierte Aufmerksamkeit aufs Göttliche (auf Gottes Stimme) mit allen Konsequenzen; dazu gehört auch das Unterscheiden zwischen Gottes und »Satans« Stimme, d.h. der Eigenliebe. Stimmt's? – Ich kam darauf, als ich einen Satz von Bergson las: »Die wahre Überlegenheit kann nichts anderes sein als eine größere Kraft der Aufmerksamkeit.« (Das paßt auf Dich! Du merkst, was die andern nicht merken. Darum bist Du ein großer Theologe, und vielleicht mehr als das.)
Allmählich merke ich, was Einsamkeit hier ist und wie sie gemeint ist. Manchmal habe ich Sehnsucht nach Menschen, nach dem Leben in irgendeiner größeren Gemeinschaft. Nicht als ob ich die Einsamkeit nicht liebte. Ich liebe sie sehr. Aber ich denke oft, es sei normaler, *richtiger*, ganz gewöhnlich in einer Gemeinschaft zu leben, die einem hundert Pflichten auferlegt. Ein bißchen exclusiv ist mein Leben jetzt schon. Aber dafür fällt auch vieles Überflüssige weg, und ich werde reduziert auf das, was wichtig ist an mir. Ich muß mich sehen wie ich bin, ohne das, was ich aus mir machen lasse oder mache, wenn ich unter Menschen bin. Ich bin allein mit Gott, und das ist keine einfache Sache. Oft ist weder M.A. da noch bist Du es,

noch die Kinder. Da wird es dann leer und kalt um mich, aber dann, wenn ich's ertrage, ist ER da mit einer Umarmung. Freilich: das andre will schon ertragen werden, Fisch. Ich ahne, warum mich jene Reclusin derart stark beschäftigte!

M.A. hatte schon recht, wenn er Angst hatte (hat) für mich in dieser Einsamkeit. – Aber das *beginnt* ja erst. Wenn ich das aushalte, ein Jahr etwa, dann habe ich vermutlich einen kleinen Schritt vorwärts getan. (Es gibt Stunden, in denen ich *Angst* habe vor dem Tod, d.h. vor dem Nicht-fertig-Werden meiner, ehe der Tod kommt!) Ich bin aber brav im Leben: Gestern hab ich auf dem Baummarkt in Genzano 10 Olivenbäumchen gekauft und sonstiges, ein paar Obstbäume auch, und ich freue mich, wenn (jetzt) meine Putzfrau das rote Pflaster im Salon putzt und putzt, damit es glänzt; es ist auf eine Weise schön, für ein Stück Welt Sorge zu tragen. Aber auf die andere Weise: mir ist's gleich, wo ich bin. Eine Zelle wäre genau so gut. Oder besser. Ich lebe wie eine Nonne, die den Auftrag hat von ihrer Oberin, dieses Haus zu verwalten. Es gehört ihr nicht.

[…] *Dein Wuschel*

Ein theologischer Einfall:

Wenn die Sünde (»nur«) eine *privatio* ist, ein Mangel an Gutem, dann ist der Teufel ja nur *Ausdruck* (Wort) für das Nicht-da-Sein Gottes an irgendeiner Stelle. Nicht-da-Sein im Sinne des: Nicht-wirken-Könnens, weil der Mensch es verhindert. Sag mir was davon.

Rocca di Papa, 1. März 1965[14]

Eben Deine beiden Briefe. Mir scheint, meine Novene hat in uns beiden eine Wandlung bewirkt; so ist es richtig, und das scheint mir als ein Zeichen, daß wir beide *jetzt* auf dem rechten Wege sind (ich will damit nicht sagen, daß wir es nicht vorher auch waren – denn wenn der andere Weg *ganz* falsch gewesen wäre, hätten wir den richtigen gar nicht finden können. Oder?)

Vergebung, sagst Du Fisch: so will auch ich dich um Vergebung bitten, denn ich weiß sehr wohl auch meine Schuld. Aber was *mein*

Vergeben anlangt, so ist es schon geschehen. Ganz von selbst, ich weiß nicht wie. Ich habe einfach das Gefühl, daß da gar nichts mehr ist zum Vergeben. Es ist aufgelöst in der Erwartung dessen, was uns beiden miteinander nun geschehen wird, nachdem wir durch eine Art Fegefeuer gegangen sind. Ich glaube, wer etwas zu vergeben hat, kann nur Gott sein. –

Übrigens habe ich vorige Woche für »Sie« über das Verzeihen geschrieben und dabei gefragt, was denn da geschehe beim Verzeihen. Ich geb Dir, wenn er gedruckt ist, den Aufsatz; er ist halt etwas populär. Ich sagte darin u.a. daß ich unseren Denunzianten aus dem 3. Reich nur scheinbar vergeben habe (ich rächte mich nicht, tat ihnen gar nichts Übles), weil ich ihnen keine Gelegenheit zur Buße gab, zum Wiedergutmachen (das fiel mir beim Schreiben siedend heiß ein), ich war einfach zu hochmütig, um den Dreck nocheinmal anzufassen. Mir steht also noch bevor, jenen Leuten die Hand zu geben. (So lernt man für sich durchs Schreiben für andere.)

Fisch – ich danke Dir von Herzen. Nicht weil Du mir das Leben leichter machst (ich habe es inzwischen *so* angenommen, wie es ist; ich meine, wie Du warst) – sondern dafür, daß Du *vorwärts*gehen willst, mit mir. So wird dann alles gut. Mit Rückfällen Deiner Traurigkeit, aber doch im Ganzen gut.

Das Gespräch zwischen Dir und Deiner Mutter über den Tod ist großartig! Echt Rahners!

Ich »mag« Dich viel zu sehr, um mich nicht tief zu freuen über das Licht über Dir, das aus dem letzten Brief leuchtet. Ich hab mich dumm ausgedrückt, aber Du verstehst schon.

Dein Wuschel

Rocca di Papa, 17.3.65[15]

Mein lieber Fisch,

ich wollte Dir am Sonntag gleich noch schreiben, aber ich hatte so Kopfweh, daß ich's unterließ. Montag stürzte ich mich in die Romanarbeit, dann kam Christel. Gestern war ich mit ihm in Rom, heute kam Aldo, Christel fährt abends mit ihm nach Rom und ich will ihm diesen Brief mitgeben. – Heut kam der Deine. Ja, auch ich bin »zufrieden«, nein: ich bin glücklich über den neuen »Kurs«. Ich habe das Gefühl: so ist's gut, so ist's richtig, und so hat es Zukunft. Es ist etwas tief Verworrenes »in Ordnung gekommen«. Hab Dank! *Gott* sei Dank, müssen wir sagen. Und Gott sei Dank, daß wir beide dieses Jahr durchgehalten haben in Treue. – Wir haben's uns nicht leicht gemacht, beide nicht, aber nun werden wir beide ja auch ein paar schöne Früchte ernten!

Die Tage waren kurz, aber schön, und ein Ganzes. Mit der Messe, mit Deiner Meditation, mit allem. *Dafür* hab besonders Dank.

[...] *Dein Wuschel*

Rocca di Papa, 19. März 1965[16]

Mein lieber Fisch,

[...]

Dein Reuchlin-Preis: ich freu mich[17]. Es ist ja nicht nur eine Anerkennung Deiner Person, sondern der neuen Möglichkeiten religiösen Denkens, *und* ein Beweis dafür, daß man *Sinn* hat für Theologie. Hätte vor 40, 60 Jahren ein Theologe einen wissenschaftlichen Preis bekommen? Ich glaube nicht. Also ist's schon eine Freude. Für uns alle!

Du sagst seit neuestem immer, ich verschweige etwas oder vieles. Ich wüßte nicht was. *Was* denn sollte oder könnte ich verschweigen vor Dir? Vielleicht aber werde ich überhaupt schweigsamer. – Vor 6 Jahren sagte mir M.A. einmal spontan: »Ich glaube nicht, daß Ihr Leben in der breiten Öffentlichkeit und aktiv verläuft. Ich meine, Ihr Teil ist Einsamkeit und Leiden.« Vielleicht hat er recht. Vielleicht muß ich wirklich ganz arm werden? (Siehe »Septembertag«, von Dir gesagt, jetzt von mir.) Auch recht. Kommt ja nur darauf an, daß man Seinen Willen tut. – Tut man ihn nicht, ist man *noch* unglücklicher.

Ach Fisch – wohin ist eigentlich meine »Vitalität« geraten, meine Lust am Mich-Verlieben in etwas oder jemand; wohin mein Mich-Freuen-Können an allem und jedem, wohin mein Planen und Hoffen auf ein unbestimmtes freudiges Ereignis? Auch ich bin ein Kar-

rengaul geworden. – M.A.'s »Gazelle aus der Wildnis« wird ein müdes altes Stalltier, dem das Heu nimmer schmeckt. Mach mich nicht zu früh zu alt, Fisch! Du hast einen ganz starken Einfluß auf mich, ohne daß Du ihn ausüben willst. Ich werde weise an Deiner Seite – aber ich will eigentlich gar nicht; ich will, und ich will nicht...! Ist schon recht so. Ich könnte mein Leben eine »permanente Krise« nennen. Nie Ruhe. Immer Wandlung. Bin ganz atemlos davon. *Mag nimmer!!!* Will glücklich sein. Friedlich. Meinen Tee genießen und daran glauben, daß morgen oder übermorgen oder nächstes Jahr etwas Schönes sich ereignen wird. Mag das Grau nicht. Mag die Traurigkeit nicht. Mag Farbe und Licht! – »MAG.« Als ob's *darauf* ankäme. Ich geh besser beten jetzt, als so zu klagen.
Dank für's Piper- und andre Bändchen! – Der hl. Josef, darüber hat M.A. vor 8 Jahren eine ganz herrliche Predigt gehalten, die war ganz allein für mich, obgleich die Kirche voll von Leuten war; ahnungslosen. Und was verschweigt der Fisch *mir? Er soll es sagen.* Darum bittet ihn sein *Wuschel*

Rocca di Papa, 23.III. 65.

Mein lieber Fisch,
[...]
Was schreibst Du da? Du seiest für mich zu nichts gut, ich habe Dich nicht nötig? Du lehrst mich das Allerrichtigste, das niemand sonst mich (mit Autorität!) lehren könnte: das Kreuz und den Tod. Das Sterben als Lebenstat. Ist das nichts? Und daß Du mich das lehren kannst und daß ich es von Dir lernen kann, gehört zu den Geheimnissen unserer Beziehung, die keinen Namen mehr hat, weil sie viele hat. *Wuschel*

Ich bin trotz aller Schwermut glücklich

Rocca di Papa, 25.3.65[18]

Mein lieber Fisch,

[...]

Mir fiel heute etwas ein, als Du meine Bücher (um mich zu trösten) lobtest. Überleg dir *bitte* ob der Vorschlag zu realisieren ist. Du weißt, daß Dein Wort gehört wird. Wenn Du einen Aufsatz über mich schreiben würdest (»Das Theologische im Werk von Luise Rinser« – oder so etwas wie: »Eine einsame Gestalt in der modernen deutschen Literatur«, so würde das meiner Arbeit plötzlich ein großes Gewicht geben. Willst Du das für mich tun? Es wäre ein ganz großer Freundschafts- oder »Liebesdienst«. Aber vielleicht kannst Du gar nichts dergleichen über mich sagen? Aber doch: Du könntest ja auch (wie wir früher sagten) einen Aufsatz »über die Unsterblichkeit des Maikäfers« schreiben.... Sag mir, was Du zu meinem – in Anbetracht Deiner vielen, vielen Lasten – unverschämten, anmaßenden Vorschlag denkst. –

Du sagst, ich hätte schon vor der Begegnung mit Dir »denken« können. Ja. Aber nicht *so*. Nicht so genau, so folgerichtig. Ich hatte *Einfälle*, aber jetzt kann ich sie besser auswerten, denkend. Nein nein, Du *bist!* (warst) *sehr* wichtig auch für mein intellektuelles Leben. Das »warst« bezieht sich auf den *Anstoß*, den ich Dir verdanke; die Begegnung mit Dir vor 3 Jahren löste neue Kräfte in mir aus.

Übrigens geht in mir *vieles* vor. Zum Beispiel habe ich ganz entschieden eine neue Nähe zu Dir. Das Prüfungsjahr scheint doch vorüber zu sein, und in unserer Beziehung (mit Opfern erkauft – meinst Du, es sei mir *kein* Opfer, Deine körperliche Nähe und Wärme, *nicht* zu haben??!) – ich wollte sagen: in unserer Beziehung herrscht nun wohl doch wieder das Licht vor. Eine seltsame Blockierung ist weggeblasen! Aber die neue Art unserer Beziehung, die neue Methode sozusagen, wollen wir beibehalten.

[...]

Mein Tobias überlegt gerade, ob er in ein Bordell gehen soll, weil man dort »das« ohne alle Lügen direkt kennenlernt. Das sei morali-

scher, meint er. Aber er tuts nicht. Er überlegt, ob er nicht lieber enthaltsam leben soll. Und dann wird er wütend (alles in einem inneren Monolog), weil er nicht *beide* Erfahrungen machen kann: »alles erleben« und »mönchisch leben«. Und dann findet er, daß der, der »alles erlebt«, eben gerade gar nicht alles erlebt, und vielleicht gerade *das Wichtige* nicht. Aber er wünscht sich ein »Bordell«, wo lauter Mütter bzw. Groß-Mütter sitzen, mit denen man nicht schlafen muß, bei denen man weinen darf und getröstet wird, ohne daß auch nur *ein* Wort gesprochen würde. Das Ammen-Trost-Bordell. (Einfälle hat dieser Tobias...!)[19]
Ach Fisch – in Rom solltst Du sein, damit wir jede Woche einen Tag oder Nachmittag für uns hätten!
[...]
Dein altes Wuschel [Zeichnung] (und jetzt kann ich eigentlich ruhig wieder sagen – mutatis mutandis –: betrachte [Dich als geküßt]!)

Rocca di Papa, 30.3.65[20]

Mein lieber Fisch,
Dank für alles. Herzlichen Dank natürlich für den Bericht von M.A.'s Vortrag. Ich hab ihm einige Sätze aus Deinem vorvorigen (nein, ist schon länger her) Brief über das Tragische seiner Konzils-Rede geschickt.
[...]
Ich führe kein glückliches Leben zur Zeit. Aber warum auch. Eigentlich ist's mir dann metaphysisch am wohlsten (wenn man das so sagen kann),wenn ich mitten im Leiden bin und also den Menschen ganz gleich. *Ohne* mein Geborgensein von der inneren Freude. Nacht. Ja. Ich möchte schon Dein Tag sein, aber wie kann ich das, da ich selber dunkel bin? »Die dunkle Luise Rinser«, schrieb Becher S.J. einmal in einer Rezension. – Weißt Du Fisch – ich glaub wirklich, es kommt mir doch nicht mehr auf irgendeine Art von »Glück« an, sondern darauf, in dieser 3. Lebensphase *direkt* auf Gott hin zu leben. Und was heißt das *praktisch*? Leiden. Das Kreuz. Den Tod wissen. Ich fühle mich eigentlich wie zwischen den Händen Gottes eingeengt, gepreßt, gedrückt, so daß es auch physisch wehtut. So

wird's ja auch bei Dir sein, nur ist Deine Art Kreuz *noch* grauer als die meine, denke ich. Meine ist mit Farben vermischt. Eine bist Du. Es gibt ja auch ein sehr schönes Grau!!!
Heut kam kein Brief von Dir, nur die sehr packende Misereor-Zeitung. – Wieso mag ich nicht wenn Du anrufst? Ich mag es schon, aber es ist immer so eine halbe Sache, weil man nie richtig reden kann, da es sonst zu lang dauert und zu teuer wird, und weil ich auch Deine Augen nicht sehe, in die hinein ich ja sonst spreche! Aber wenn *Du* willst, will ich auch (telefonieren).
Ich bin müde. Du auch? Vielleicht nehme *ich Dir* Tristezza ab statt Du mir? Der Herr wird's schon wissen, wem er geben und wem er nehmen muß.
Wir waren gestern (Du kriegst eine Karte) auf dem Vesuv, fast im Krater, aber vorher kehrten wir um, weil unsere Schuhe nicht fest genug waren und weil der Wind so kalt war. (Und dies am Vesuv!) Ein Witz übrigens: da, wo die nackte Lava anfängt, sind vorher einige Waldstreifen. Da stehen Tafeln: »Pericolo L'incendio«, (Feuergefahr). Und das am *Vesuv*, verstehst Du! Ich mußte laut lachen. Der Vesuv wird sich das Verbot schon zu Herzen nehmen und nichts mehr anzünden, wie 1944, wo er beträchtlich spuckte (man sieht die neuen Lavaströme). Eine unheimliche Landschaft. Und unten ein *Blütenmeer*! Alles sehr spät dran heuer. –
Über Dein Witzblättchen vom Sinn des Lebens hab ich gelacht, und es gleich im Roman verwendet für ein Gespräch zwischen Tobias und seiner jüngeren Schwester[21]. Danke!
Lieber Fisch – sei wegen dem Wuschel wieder heiter – es schwingt (vom Wuschel aus!) alles in die schöne echte Ordnung ein (mit viel Wärme. Laß alles weiterwachsen!)

Dein Wuschel

Rocca di Papa, 2.4.65[22]

Mein lieber Fisch,
der letzte Briefunterschriftsfisch waagrecht, während der vorletzte nach oben schwamm. Was ist besser? – Ich kann schwer schreiben, weil ich 3 Tage im Garten gearbeitet habe, jeweils ein paar Stunden

– meine Hände sind zerkratzt und steif. – Ich will Dir nur einiges sagen:

1. *So* ernst war das nun auch wieder nicht gewesen mit einer Arbeit über mich. Ich will Dich nicht auch noch belasten. Also – vergiß (oder wenigstens: vorläufig). Ich dachte nur, ein Wort aus Deinem Mund (es könnten ja wenige Seiten nur sein, für eine Zeitschrift – ev. Hochland?) würde den Dummen die Augen öffnen. Aber vermutlich überschätze ich mich in bezug auf meine »theologische« Wichtigkeit. Nochmal: vergiß.

2. Es ist kein Magengeschwür, und es geht mir viel besser!

3. Ich bin nach wie vor tief schwermütig, und es kommt mir fast so vor, als würde ich's bleiben, und als wäre dies der Zustand, in dem ich der Wahrheit am nächsten bin. Ich will ja keine Behaglichkeit mehr. Das Haus, für »Behaglichkeit« geschaffen, ist mir zum Schlangennest geworden. Aber es ist schon recht so. Ich will ja doch »wesentlich« werden. Also weg mit allem, was da stört. – Freilich (wie Du im vorletzten Brief schriebst) will der Herr nicht nur unser Leiden, sondern auch unseren Frieden. Und in meinem (wohl auch in Deinem) Zustand ist ja *aller*letzten Endes der Schmerz identisch mit der Freude.

4. Du hast also mit 4 andern die Verfilmung des Romans »Sündenbock«[23] angeschaut. Ich danke Dir dafür. Hat's den andern gefallen? Die Kritik in der Süddeutschen Zeitung ist blöd. Als wär's eine Kriminal-Komödie. Und von mir ist auch da sozusagen gar nicht die Rede. Als hätte nicht ich das Ganze erfunden und gemacht. Es ist schon seltsam: Ich muß lernen zu entschwinden. Helma Pösl schrieb mir, mein so plötzlich erwachter (weil gekränkter) Ehrgeiz sei mir der Berg der Versuchung. Sie hat recht. Früher waren »die Männer« meine Versuchung (einen Mann zu erobern – im Handumdrehen – das machte mir Spaß, und ich konnte es perfekt. Ach – vorbei, vorbei). Jetzt sind Ehrgeiz und Schwermut die Fallen, die mir gestellt sind. Aber »über Schlangen und Basilisken schreiten…«

[…]

Ein VI. Band der Schriften[24]? Großartig! Mein Gott, wieviel Du schaffst, und alles hat Hand und Fuß, und macht Epoche. Ich glaube, ich muß jetzt lernen, daß ich eine mittelmäßige Schriftstellerin bin;

basta. Wenn dann die Nachwelt (oder spätere Mitwelt) anders urteilt, ist schon recht, mich ficht es dann nicht mehr an. Es kommt ja nur darauf an, daß ich wieder einmal etwas »lasse«, nämlich meinen Ehrgeiz, d.h. eigentlich: mich selbst.
Dein Husten macht mir Sorge. Nimmst Du Mittel? Geh doch mal rasch zum Arzt.
Bei uns ist's Frühling, gestern war's heiß, heut Nordwind und kühl, aber eben doch Frühling. Alles blüht. Auch die 5 Pfirsichbäumchen in meinem Garten. Dank für Deine Schneeglöckchen von neulich! – Ich wollte, Du wärst da. Ich bin trotz aller Schwermut glücklich, daß zwischen uns neues Leben ist. Mir kommt's fast vor, als wäre das letzte dunkle Jahr ein Buß-Jahr für uns gewesen, weil wir doch vielleicht nicht alles recht gemacht haben. Was meinst Du? Es war über uns (zur Buße) verhängt worden, daß wir aneinander leiden sollten. Da wir, so scheint es, zuende gebüßt haben ohne uns zu drücken, dürfen wir wieder Freude aneinander haben. Oder verkenne ich *Deine* Lage? Leidest Du *schweigend* weiter? Nein. Es ist auch in Dir mehr Friede, meine ich, und du sagst es auch.
[...] *Dein Wuschel*

Rocca di Papa, 8.4.65

Mein lieber Fisch,
ich wußte nicht genau, wie lang Du fort sein würdest, darum schrieb ich jetzt nicht eher, ich will nicht, daß meine Briefe irgendwo bei Euch herumliegen. Dafür jetzt ein Expreßbrief, den ich heut nachmittag in Rom aufgeben werde, dann wirst Du ihn Sonntag abend haben, hoffe ich. – Am Mittwoch abend komme *ich*, statt Brief! –
[...]
Ich hab in dieser Woche täglich jemand da (gestern ein Germanist aus USA, Syracus-University, der ein Buch über mich schreibt; morgen »der Absurde«, übermorgen Pina, Sonntag Michaels, Montag eine (junge) Wienerin, die mir schon lange schreibt, dazwischen auch noch jene Tübinger Studentin, die dichtet (siehe »Septembertag«) – dazwischen immer wieder Franco, der dies und das zu richten

hat, und der Gärtner, der noch einiges pflanzte usw. Ich komm nicht zur Ruhe, bin aber dennoch einsam, und meine Depression will nicht weichen. Ich kann nichts tun als mich *völlig* ihr ergeben, vielleicht geht's dann leichter. – Gestern sagte mir der Amerikaner (der vor *40* Jahren aus Schlesien ausgewandert ist!) daß Hohoff *katholisch!* (Mitarbeiter von »Hochland«) in einer Übersicht über heutige Deutsche Literatur mich nicht einmal *genannt* hat. Das wird schon unheimlich jetzt, dieser Boykott von *allen* Seiten. Ich bekomme einen richtigen Verfolgungswahn; mir ist's als schlössen sich Gummi-Wände um mich. Ich las gestern in Deinem Exerzitienbuch, daß der echte Christ das Rennen in dieser Welt aufgeben soll bzw. gar nicht gewinnen könne. Ja – aber *Du* hast's doch gewonnen, trotz allem. Freilich: weil Du es nicht für Dich gewinnen wolltest, Du liefst für den *Herrn*, nicht für Dich, und für *ihn* wolltest Du gewinnen, und ER trug Dich. Aber ich – ? Ich bin schon wirklich tief getroffen durch diese merkwürdige Art meines Erfolgs bei den Lesern, die den Kritikern Beweis für meine Inferiorität in der *Kunst* ist. Kurzum: zu meiner Depression hinzu kommt diese Angst oder Beklemmung, bald völlig vergessen zu werden, ausgelöscht aus allen Literaturbüchern. Ich muß das eben lernen, ich weiß schon; es ist von Gott her so verfügt, so über mich verhängt; eines ums andere muß ich abgeben lernen. Die große Armut. Aber wie kann ich so in Freudlosigkeit, so ohne den Antrieb der Anerkennung *leben*? Ich *kann* es nicht. Da versinke ich in Düsternis. Ein Künstler *braucht* Anerkennung und Erfolg. – Vielleicht soll ich aufhören zu dichten. Wer weiß. Vielleicht entzieht mich Gott mit Gewalt der Literatur. Aber dann, zum Teufel (!!) soll er mir was andres zu tun geben.
Du siehst: ich bin in keiner guten Haut und bedarf diesmal dringend Deines Trostes. Ich hab keine Kraft *Dich* zu trösten – Du mußt sie für uns beide haben. – Es tut mir *weh*, all die blühenden Bäume zu sehen. Sonderbar. –

Auf bald!
Dein Wuschel

Rocca di Papa, 10.Mai 1965.

Mein lieber Fisch,

ich sitze auf der Terrasse, die Sonne scheint warm, mein Gras steht schön grün und glänzt, die Buchenwälder am Berg sind hellgrün und golden, Vögel singen, der Kuckuck ruft, der Gärtner ist da, um das Gras zu mähen mit der elektrischen Maschine, es duftet, der Wind – ein rechter Maiwind– weht, eben schreit ein Esel (das gehört sehr zum Süden). Gestern kam Pater Johannes, die Messe zu feiern, meine Geburtstagsmesse, sagte er; ich habe eine Erkältung vom Fahren im offenen Wagen (mit offenem Verdeck) oder auch davon, daß ich Samstag früh *4* mal durchs Telefon aus der Badewanne geholt wurde, nein 3 mal, denn Du hast mich noch *vor* dem Bad angerufen. – Eben große Störung: Franco war da und ging lange nicht mehr, aber er ist so nett, daß ich mich auch wieder freue, wenn er da ist. Bloß zu lange kann ich ihn nicht haben. Jetzt bin ich schon wieder müde. Die Erkältung macht mir zu schaffen. Ich möchte immerzu schlafen.

Ich bin jetzt nur wie ein Gast hier, da ich weiß, daß ich in 9 Tagen schon wieder wegfahre. Aber irgendwie entspricht mir das. Ich bin gern ungebunden. Besitz ist eine Kette. Freilich ist's auch *schön*, angekettet zu sein in schöner Umgebung. Ich weiß nicht recht (siehe gestriges Evangelium, nein Epistel war's) wie das ist, daß man zugleich »Pilger und Fremdling« ist auf Erden und doch ganz Kind dieser Erde (und das – beides! – sein *soll*). Man ist überfordert, wie man's auch ansieht.

Mein Tiger [Auto] »geht« gut und leise und rasch, er ist wirklich ein Tiger, auch so elegant; er freut mich. (Ach, hab ich ein Kopfweh!) Ich hör jetzt auf zu schreiben, mir fällt ja doch nichts ein, verzeih.

Übrigens hab ich schon einige Stunden damit verbracht, durch Deinen Feldstecher zu schauen, und dann fand ich plötzlich, als ich Deine alten Fotos durchschaute, eines, da bist Du mit Hugo und irgendeinem aristrokatischen ältern Ehepaar an einem Tisch – und in der Hand hältst Du diesen Feldstecher! Stimmt's? Ich war sehr gerührt darüber, weil ich dachte, daß Du Dich vielleicht doch nicht *so* leicht davon getrennt hast. Du schenkst und schenkst – und ich mach Dir nur mehr Kummer und Schmerz. Ich mag jetzt gar nicht ganz scharf daran denken, sonst weine ich, aber der Gärtner ist draußen, da darf ich halt nicht weinen. *Dein Wuschel*

Rocca, di Papa, 11.5.1965, abends[25]

Mein lieber Fisch,
[...]
Den ganzen Tag in Rom: den Tiger zum 1. größern Pflegedienst gebracht (muß man, nach 1200 km) dann die Aufenthalts-Genehmigung verlängern lassen usw. usw. (ich sehe eben, daß ich das gestern schon als Vorhaben schrieb).
Morgen früh kommt Pater Johannes, Messe lesen. Er quälte mich kommen zu dürfen, er habe etwas auf dem Herzen, was ihn bedrükke, weiß nicht was; hoffe nicht, daß er »meiner begehrt«, sonst werf ich ihn hinaus.
Heut mittag, als alle Läden geschlossen waren und ich nichts tun konnte, ging ich in die kleine Kirche an der Piazza Venezia, die immer offen ist. Da fiel mir ein: was ist eigentlich der sogenannte Seelenfrieden? – Man kann *leicht* ihn haben, wenn man schön brav betet, Gutes tut, säuberlich lebt – und sich dem Leben entzieht. *Ich* habe keinen Frieden dieser Art, weil ich mich immerzu von neuem dem Leben stelle und mich von der Unruhe der *andern* aufstören lasse. Willentlich. Bewußt. Annehmend, daß Gott das so will. Ich glaube (das ist *auch* ein Aphorismus, wenn Du es besser formulierst) daß die meisten frommen Leute ihren Egoismus für Seelenfrieden halten.
In dem, was Du schreibst: Ach Fisch, auch wenn Du sagst *Piscis ad seipsum*, so ist's doch auch mir gesagt. – Aber manches kann ich nicht akzeptieren z.B. daß »erst da, wo einer eine Last trägt, von der niemand weiß, er eine Unmittelbarkeit zu Gott hat.« Das hat doch nichts miteinander zu tun. (Übrigens weiß von *Deiner* Last doch jemand, nämlich ich, und deshalb bist Du doch darin nicht weniger unmittelbar zu Gott, als wenn ich's *nicht* wüßte).
Deine Aphorismen sind recht hart, zum Teil; ich meine: sehr fordernd, d.h. hohe Anforderungen stellend. An dich, an mich. Über-

haupt bist Du meine Geißel Gottes, weißt du das? Du bist mir die Stimme des Gewissens. Du bist also doch das geworden, was ich Dich zu werden bat am 28.2.1962 in Innsbruck, beim ersten Treffen: Mein geistlicher Führer. Aber einer, der in aller Stille ungeheuer viel von mir verlangt. Weißt Du, was das Schwierigste ist von Dir zu mir? Daß Du ein »Relativist« bist (mutatis mutandis). Seit ich so zu denken gelernt habe wie Du, wage ich überhaupt nicht mehr, etwas *sicher* zu behaupten (auch wenn ich's tu, faktisch, sitzt doch der Wurm der Skepsis darin). Ich fühle, wie Du mir den Boden unter den Füßen wegziehst. Das ist gut so. Ich werde nie mehr bequem werden können im Denken. Vielleicht wird auf solche Weise doch noch etwas Brauchbares aus mir. Aber leicht ist es nicht, auf »Sicherheiten« zu verzichten. Und besonders schwer ist es, den Bruch zwischen »Natur« und »Geist« noch vertieft zu bekommen. Ich kann mich oft kaum noch halbwegs zusammenhalten. Meine »Natur« kann ich nur mehr als Über-Natur finden, fürchte ich. Etwas habe ich dieser Tage beschlossen (»beschlossen bekommen« muß ich sagen!!) – nämlich, daß ich bewußt darauf verzichte, es jemals wieder »behaglich« zu haben, und sei es auch nur für wenige Stunden. Ich will bewußt, so weit ich es kann, die Leiden der andern mittragen um den Preis jeglichen Wohlgefühls. (Ich bestehe nicht darauf, denn das hieße, mich allzu wichtig zu nehmen; ich hab es bloß leise und vorsichtig Gott gegenüber angedeutet und angeboten). – Mein Gott – was für ein Abenteuer ist der Weg zur »Vollkommenheit«!
Und doch freut mich, wenn mein Tiger so schön schnurrt beim Fahren, und daß der Liegestuhl auf der Terrasse so leuchtend rot ist neben dem frischgrünen Gras! Aber schon dringt diese Freude nicht mehr ganz zu mir vor. –
Ich hörte, daß Papst Paul (der Unselige) schon wieder Blödsinn macht und *Euern Orden* zur Kampftruppe gegen den Atheismus erklärt. Und was er über die Juden sagte! Es ist doch eine Schande. Was Johannes gewann und was Paul selbst zu gewinnen begann, macht er nun wieder kaputt. Immer *zwischen* den Konzilsperioden fällt er um. Er ist doch ein *kleiner* Geist, ein feiger. Ein Papst der verpaßten Chancen. (Siehe Ostkirche. Siehe Judenschema. usw. usw.) Man könnte heulen. Soll ich als neue Catherina von Siena zu ihm gehen,

auf den Knien vor ihm liegen und ihn um Raison anflehen??? Wenn er weiter solche Sünden begeht (es *sind* Sünden), dann kann man doch nicht mehr *kirchlich* bleiben, dann muß man, als wahrer Christ, ins Exil gehen, geistig wenigstens. Was für Perspektiven. Schreib was dagegen – gegen diesen Papst und seine Feigheit.
Große Sorgen, kleine Sorgen – alles zusammen macht müde, nicht wahr? Wie war's in Köln? Schreib auch darüber.

Dein altes Wuschel

Den Aufsatz von Havemann, den ich gesondert als Drucksache schicke, gib mir bitte gelegentlich zurück. Ist wichtig!

Denn Genie und hohes Talent sind störend

Rocca di Papa, 13.5.65[26]

Mein lieber Fisch,
jetzt lohnt's aber schon eigentlich nimmer Dir zu schreiben, denn am 19. [Mai] fahr ich hier wohl ab, wenn ich (was ich jetzt erst telefonisch feststellen muß) noch einen Schlafwagen – single, wegen Hund! – bekomme. – Ich lese sehr gern solche »Reisebeschreibungen« wie die von Eurer Fahrt nach Weltenburg. – Unsere Salzburg-Tagung-Zeitungen haben sich gekreuzt oder beinahe; die meine war eben fort als die Deine kam. Auch der Kölner Brief ist da. Natürlich kenne ich jene Kirche, da haben wir doch Messe zusammen gehabt! – Die Anti-Depressions-Pillen täten mich schon sehr interessieren. Ich würde sie aber dann nur im äußersten Notfall nehmen, dann nämlich, wenn die Depression mich in der Arbeit oder in der Beziehung zu Mitmenschen erheblich stört. – Ich hab mich herzlich gefreut (ja, so muß ich wohl sagen, denn es war tatsächlich mein Herz, das sich freute) über den Satz des Weltenburger Paters: »Sie sind aber kein gewöhnlicher Geistlicher.« Das kann man wohl sagen, daß Du

kein »gewöhnlicher« Geistlicher bist! Du bist wohl das Ungewöhnlichste, was man sich im klerikalen Stande denken kann.
Ach, weißt Du – wenn Du's jetzt nicht todsicher falsch verstehen würdest, möchte ich Dir wohl sagen, daß (aber eben das verstehst Du falsch – – !) – also denn: daß ich ungemein stolz bin Deinetwegen. Nicht eigentlich, weil »so etwas« mich liebt, sondern weil ich »so etwas« *kennen* darf. Weil mir vordemonstriert wird, wie »der Geistliche« sein soll. Nein: sein kann. Denn wären alle oder viele so wie Du, wäre es arg. Soviel Zündstoff vertrüge die Kirche dann wohl doch nicht!
Dank für den Weltenburger Kunstführer. Meinst Du, der Hl. Georg ist M.A.? Ich weiß nicht. Überhaupt stimmt hoffentlich die Allegorie nicht, denn St. Georg ritt dann von der schönen Dame weg, nachdem er das Höllentier mit dem Regenschirm (so sieht nämlich das Schwert aus auf dem Bild!) erstochen hat, und ward nie mehr gesehen…
A propos: Stagnieren des Fisches. Natürlich warten immer alle lauernd darauf, daß ein Genie oder ein Talent sich erschöpfen, denn Genie und hohes Talent sind störend, weil sie den übrigen ihre Kleinheit zeigen. Wenn jene Großen erlahmen, so ist das für die Kleinen eine Genugtuung. Aber Du erlahmst nicht. Du bist im Stande, eine Stunde vor dem Tod noch etwas über die Erfahrung des Sterbens zu schreiben. Marcel Proust ließ sich kurz vor dem Tod, schon in der Agonie, eine seiner Arbeiten bringen, in der er eine Agonie beschrieb, und jetzt, aus der Erfahrung, korrigierte er sie!
Ich hab für mich keine Angst des Erlahmens, aber ich scheue nur eines: daß die andern mich in meiner Eigenart nicht akzeptieren. Aber im Augenblick bin ich fern von Ehrgeiz und Angst. Hab's ja sowieso nur selten, nur wie Fieberanfälle, und wenn ich ohnehin eine Depression habe, wo eben *alles* schwer ist.
Dank für alles Geschickte. Die Hugo-Arbeiten kann ich jetzt in der Eile nicht lesen. Meine Tage sind voll vom Garten, unteres Zimmer-Einrichten, Romfahren, Besuchen (heut kommt ein lieber Bekannter, Dr. Minwegen, der hier lange Botschaftsrat war, ich erzählte Dir von dem schönen jungen Ehepaar, das so fromm ist und nicht wußte, wie es, nach 3 Kindern, ohne Dienstmädchen und die Frau nicht

stark genug, weiter Kinder kriegen soll und *doch* miteinander schlafen wollte. – Ich schreibe viele Briefe und es ind immer noch etwa 15 da. Kein Ende!
Aber (wieso »aber«?) eines Tages mußt Du *doch* über die Theologie in Luise Rinser's Werken schreiben, auch wenn Du meine Bitte noch so sehr verdrängst... Armer Fisch. *Dein Wuschel*

Ich verschenkte eben »Worte ins Schweigen[27]« und las vorher darin. *Ist schon großartig.* Ich kann vieles nicht lesen ohne Tränen.

Rocca di Papa, 11.6.65[28]

Mein lieber Fisch,
diesen schönen Fisch kaufte ich heute im Museum in Palästrina (da waren wir doch auch schon, oder nicht? nicht im Museum, aber am Fortuna-Tempel). Er (der Fisch) schaut nicht sehr fröhlich, aber er leuchtet, doch weiß er das selber nicht. Morgen fahren Lipps, und ich gebe ihnen diesen kleinen Brief mit, damit er rasch zu Dir kommt. Aber darum eben auch enthält er nichts von Bedeutung, an Worten, meine ich. – Dank für Deine beiden Briefe. Ich werde die Stelle an M.A. schicken, gelegentlich. Herzlichsten Dank *dafür.* Bitte, faste nicht zuviel, sonst wirst Du zu mager, das geht auf Kosten der Nerven.
Seit heut ist Sommer hier. Strahlender Himmel. Es wird heiß. In den letzten Tagen zündeten wir abends den Gasofen an. Aber das ist wohl jetzt vorbei. Und bei Euch? Weiter Regen? – Von Christel ein ruhiger, zufriedener Brief mit der neuen Adresse. Sonst nichts Neues, da ich, nicht allein seiend, nicht zu mir selbst kommen kann. Bin noch nicht »da«. Bin noch in München, oder nirgendwo. Bald mehr; sobald ich wieder allein und bei mir bin. Seltsam: Lipp und Maria sind doch liebe Menschen und stören gar nicht, und doch bin ich gestört sobald wer hier ist in diesem Haus der Stille. Aber das macht nichts. Ich beginne Widerstände und Stimmungen fast zu lieben (auf *über*natürliche Weise – in genau dem Maß, in dem ich auf *natürliche* sie ablehne!)

Tausend Grüßen!
Dein Wuschel

Rocca di Papa, 15. Juni 1965[29]

Mein lieber Fisch,

Du schreibst mir so oft, und ich Dir so wenig, aber dies letztere ist keineswegs ein Zeichen dafür, daß ich weniger an Dich dächte als Du an mich. Ich schiebe mir das Briefschreiben immer für den Abend auf, da geht's (innerlich) leichter – aber dann bin ich zu müd. Nun, ich muß erst wieder ganz »in die Reihe« kommen hier. Die Reise und der Besuch haben mich doch etwas ermüdet. Vorgestern und gestern schrieb ich ziemlich neu den Aufsatz, »warum ich für ›Sie‹ schreibe«. Ist viel besser und bescheidener geworden, aber intensiver. – Jetzt möchte ich meine Begegnung mit Martin Buber aufschreiben für eine Zeitung. Dann muß ich etwa 5,6 neue Aufsätze für die »Sie« schreiben und weiß noch keine guten Themen. Für den eben geschriebenen (außer der Reihe) zahlen sie mir 1.000,— DM. Das braucht gerade Steffi, um den Einfuhrzoll für Julchen zu zahlen... (Wie's hereinkommt, so geht es hinaus. Ist recht so. Unser tägliches Brot gib uns heute...) – Ich gehe *scheinbar* oft auf Deine Briefe nicht ein, aber nur eben scheinbar, denn ich beschäftige mich mit allem, was Du schreibst. z.B. mit der Frage des »Diakonatskreises« – was ist das? Leute (eine Arbeitsgruppe?) die Deine Diakonats-Idee verfechten? Oder die selbst Diakone sind (werden wollen)? Gibt es eigentlich schon Diakone *mit* Zölibat? Daß es »ohne« noch nicht gibt, weiß ich.) Du fragst, wie ich es mache, daß ich immer auch aufnehme, statt nur zu geben (in der Arbeit.) Nun, ich lese viel, lasse mich anregen, oft von Lyrik. Am Sonntag war – a propos Lyrik – die Kaschnitz bei mir. Sie ist 61, aber entsetzlich gealtert in einem einzigen Jahr, geht krumm, trägt dekolletierte Kleider, ärmellos, zeigt das nackte schlaffe Fleisch, hat tiefe Falten neben dem Mund, und denkt immer an den Tod und schreibt solche Gedichte (»die schwarze Flosse meines Todes steigt vor mir aus dem Wasser«... so ähnlich heißt es da irgendwo). Sie wollte durchaus von mir wissen, wie ich mir das Jenseits vorstelle. Auch wolle sie etwas wissen über die *jüdische* Jenseitsvorstellung, da wußte ich nichts, meinte (meine) aber, daß die Juden kein *Jenseits* haben, sondern nur das Reich des Messias auf *Erden*, was natürlich *auch* ein »Jenseits« ist, nämlich jenseits dieses unseres normalen, harten Lebens. Aber wo ist dann bei

den Juden die Hölle? Es gibt natürlich Bücher über diese Fragen. Weißt Du ein gutes?
Wo mag Martin Buber sein? Er sagte mir vor 3 Jahren in Luzern: »Ich *liebe* Gott.« So wird er denn wohl in Ihm angelangt sein.
Ich bekam eine Einladung vom Kölner Jugendamt, Ende des Jahres mit 150 jungen Leuten auf Burg Dattenberg (wo ist das?) zu diskutieren über ein Buch von mir (nach Wahl; das sollen die Leute vorher lesen.) Es sind auch Franzosen, Belgier, Holländer dabei. Ich lese aus dem neuen Roman, und laß sie aber vorher »Geh fort wenn Du kannst[30]« lesen. – Ich sitze, am Vormittag, auf der Terrasse, Vanno neben mir, im Schatten, ich auch im Schatten, es weht ein schön kühler Wind, aber sonst ist es heiß, herrliches Wetter, meine Rosen blühen, es duftet nach ihnen und nach dem blühenden Wein, so ähnlich wie Lindenblüten (Honigduft), wundervoll, und alles ist friedlich, bloß mich drängt die Arbeit. So hat man nie alles, und das ist mir recht. – Tanja schrieb, sie scheitere an ihrer neuen Aufgabe (irre Kinder), sie hasse die Kinder, und werde daher unaufhörlich krank (Röteln, jetzt Angina.) Ich meine, sie wird gestraft dafür, daß sie zu den armen irren Kindern ging, nicht um ihnen zu helfen, sondern um heroisch zu sein und, unter anderm, *mir* (mit der Luxusvilla) zu zeigen, wie man leben soll. Ich ermuntere sie aber zum Durchhalten. Jetzt wird's ernst bei ihr, jetzt geht's an ihre wirkliche Substanz. – An M.A. schickte ich (d.h. ich schriebs ab natürlich) Deine Agraphen-Stelle samt Deinem kurzen Kommentar. Durfte ich das? Sag *ja!* –
[...]
Ich bekam aus Ostberlin einige interessante religionswissenschaftliche Bücher z.B. über den »Wettergott« in asiatischen Religionen. Ich sehe daraus, wie schon oft, daß die Wahrheit in Körnchen versprengt überall sich findet! Wie klein ist wohl unser christliches Körnchen im Vergleich zur Wahrheit selbst?

Tausend Grüße!
Dein Wuschel

Rocca di Papa, 19.6.65

Mein lieber Fisch, seit gestern freu ich mich auf eine ruhige Stunde, um Dir zu schreiben, aber nun, da die ruhige Stunde da ist, bin ich so müde, daß mir nichts einfällt. Ich war heute zum 1. Mal dies Jahr am Meer, nein *im* Meer (*am* war ich 2mal schon, vor Pfingsten) ich hab viel geschwommen, und das macht arg müd. Und einen Aufsatz für »Sie« schrieb ich vorher und nachher (Über: Mehr sein als scheinen), und Garten gegossen hab ich, und bei Franco war ich, um mit ihm den Bau eines Schwimmbeckens zu besprechen; er hat gerade keine Arbeit und möchte eine, so geb ich ihm eine; es kostet nicht viel, in Zement. Das Wasser reicht auch, vorläufig. Ich will aber dann doch noch einen Brunnen bohren lassen. S. Fischer muß mir die schon zurückgezahlten 10.000 wieder geben. Du siehst: ich habe lauter irdische Pläne im Kopf… Und *Du* schreibst *mir* so schöne abgründige Sachen, über die ich lange nachdenken (nein: meditieren) muß, bis sie mir *ganz* aufgehen. – Ach, unser Christentum, wie *zwingt* es uns, im Paradoxen zu leben: zugleich sterben und auferstehen; zugleich ganz arm sein im Nicht-Wissen und ganz reich im Alles-Hoffen, Alles-Glauben; zugleich weinen und sich freuen. Wie soll man das leben? Und doch, meine ich, lebe sogar *ich* es, andeutungsweise.

[…] *Wuschel*

Rocca di Papa, 21.6.65[31]

Mein lieber Fisch,

[…]

Du hast mir ganz herrliche Dinge geschrieben in den letzten Briefen: über die Messe und über das »Essen und Trinken«, das zugleich Lebens- und Todesgemeinschaft ist. Ich komme kaum nach mit dem *richtigen* Lesen Deiner Briefe. Die muß ich, wenn »Theologisches« drin steht (ich setze das in »…«, weil es ja nicht Schultheologie ist, sondern *Deine* Erfahrung Gottes) viele Male lesen, bis ich halbwegs auf den Grund komme. Nicht als ob's mein Verstand nicht kapiert; aber das besagt nichts; ich muß es so lange lesen, bis es ganz eins mit mir geworden ist. – Was du über die Trinität sagst und schreibst, das freilich muß ich für mich Geheimnis sein lassen. Du weißt, ich hatte einmal (in Kloster Engelberg) einen Trinitätstraum. Erinnerst Du Dich?

Ein Mann, ganz einfach und nur halb priesterlich gekleidet (in ein graues langes Gewand) ging mit einer Schriftrolle in einem großen rechteckigen leeren Raum so, daß er, ohne an den Wänden zu gehen, doch das Gebiet ausschritt. Ich sah das und auf einmal wußte ich, das sei »die Trinität«. Das heißt – und das ist das Seltsame – ich wußte es nicht, ich *setzte* es mir so; ich wollte, es sei so, und zugleich spürte ich, daß es so sei. Und da warf ich mich kurzerhand dem Grauen vor die Füße und sagte: »Heiligste Dreifaltigkeit«. Der Mann hob mich auf, und plötzlich waren es 3 Männer, aber wie 3 Stämme, die aus 1 Wurzelstock kommen; [an dieser Stelle ist eine entsprechende Zeichnung] und diese Dreiheit umschloß mich dicht mit ihren Armen. Ich fühlte eine im Wachen nie erlebte Freude, eine herzsprengende, fast tödliche Freude; es war das, was die Heiligen Verzückung nennen. Dann sah ich einen andern Mann, einen Menschen, daneben stehen. Ich bat die Trinität: »Ihn auch« (nämlich »hereinzuholen«.) Es geschah. Aber der Mann wurde bald wieder entlassen, während ich blieb; lange dauerte der Traum. Nun deute Du ihn! Seltsam war noch, daß ich ihn träumte in der Nähe der Klause des Nikolaus von der Flüe, von dem ich *nichts* wußte. Ich erfuhr es erst tags darauf, als ich einem Pater meinen Traum erzählte. – Seither weiß ich, daß die Trinität »*die* Fülle« ist, *die in sich geschlossene* Fülle, die Einheit – »das Absolute«, eben DER GOTT.

[...]

Hier ist's jetzt wirklich ungemein schön. In Rom ist's schon sehr heiß, die Leute klagen (Pater Johannes, und Aldo, der anrief) – aber hier ist's frisch und abends sehr kühl (mit Wolljacke!) und tagsüber ist leichter Wind, der süß duftet von all dem Blühenden: Oliven, Wein, Rosen, Heu. Ich bade in dem weichen Süßen! – A propos Baden: Ich bin leichtfertig. Da »mein« Franco keine Arbeit hat (die Bauerei ist z.B. ziemlich stehengeblieben in Italien, scheint mir) und da er mit leid tut, lasse ich ihn das Schwimmbecken im Garten jetzt bauen, obgleich ich zu wenig Geld habe.

Wird schon kommen. – Ich möchte auch gern *täglich* schwimmen, damit ich »jung« bleibe. Ans Meer gehe ich 2mal in der Woche, für öfter hab ich nicht Zeit. –
Ich schreib 5 Aufsätze für »Sie«: 1. Warum ich für »Sie« schreibe (lang) 2. Über Geduld. 3. Mehr scheinen als sein… 4. Wie wird man eine Persönlichkeit? 5. Was ist Dankbarkeit. – Jetzt schreib ich einen über das Gewissen; dann einen übers Briefeschreiben. Und alles, alles läuft darauf hinaus: Liebet einander, ertraget einander, vergebt einander. Ich kapiere, daß tatsächlich das *ganze* Gesetz an diesem Gebot hängt. – Wenn ich nur wirklich über mich hinausspringen lernte! Noch bin ich allzu sehr »ich«. Wie macht man's? Hilf mir!

Dein Wuschel

Fahr doch nach S. – warum nicht? Er [M.A.] *mag* Dich, schätzt Dich, *braucht* Geist. Gib ihm Geist von Deinem! Sei unbefangen, als Bruder zum Bruder. Geht das? Ich meine ja.

Rocca die Papa, ohne Datumsangabe

Mein lieber Fisch,
ich habe versucht Dir einen Brief zu schreiben mit etwas Schönem und Liebem, aber ich meine, daß Dir jedes Wort banal vorkommen muß oder irgendwie schief. Wie ich dich kenne, würdest Du denken: »Sie will mich trösten«. Aber nein, so wäre es nicht, und doch will ich lieber schweigen und nur in meinem Herzen reden. Vielleicht hast Du eine Antenne dafür.

Auf Wiedersehen, bald!
Dein Wuschel

Rocca di Papa, 23.6.65[32]

Mein lieber Fisch,
Zu Deinem Brief vom 20., Deine Meinung betreffend, Du gehörst allmählich zu jenen, die von der Jugend Deines Berufs nicht mehr ernstgenommen werden: Natürlich will diese junge Generation der älteren nicht allzuviel zu verdanken haben, sie will alles »selber ma-

chen«. Deshalb muß sie, aus Selbsterhaltungstrieb sozusagen, die Arbeit der Älteren geringer bewerten. Aber in Deinem Falle werden sie merken, daß sie das, was Du lehrst, noch gar nicht ausschöpfen können. Sie werden mit hängender Zunge Deiner Theologie nachlaufen müssen, um sie einzuholen. Weißt Du, wie die Astrologin hier sagte, als sie Dein Horoskop machte und als sie schließlich erfuhr, daß Du Theologe seist? Sie sagte: Dann ist er aber (sie wußte Deinen Namen nicht, und hätte sie ihn gewußt, hätte er ihr rein gar nichts gesagt, *damals*, vor dem Konzil –) – also: dann ist er aber ein *ganz* großer Theologe, und seine Lehre wird in hundert Jahren so diskutiert und kommentiert wie die von Thomas v. Aquin.» Und so wird es sein. Wuschel sieht es voraus ohne Hellseherin oder Astrologin zu sein. –

Sehr viel Schmerz hat mir Dein vorletzter Brief gemacht, worin Du von Deiner Beobachtung erzählst, wie der junge Mann den Ärmel der Jacke des Mädchens ergriff, als sie ihm die Hand nicht lassen wollte. Fisch, das Bild ist falsch, und Du solltest das wissen, denn ich geb Dir mehr als meine Hand. Aber wie soll ich der alten Liebe treu sein, wenn ich nicht eine Grenze ziehen würde? Du weißt, daß es mir ebenfalls ein Lebensschmerz ist, einer, der, auch wenn ich nicht darüber rede, immer da ist. Vielerlei tut darin weh, vor allem dies, daß Du mehr als meiner ganzen Liebe wert bist, wenn man so sagen kann (Du wirst's monieren), und daß ich Dir so wenig geben kann. – Ich denke jetzt oft, daß unsere Beziehung erst drüben leben wird; wir haben da einen Samen gelegt, der hier nicht recht gedeiht; drüben ist der Boden für so etwas. Sag nun nicht, wie du einmal sagtest (ich vergesse nichts, was Du sagst, und manches steckt als Pfeil in meinem Herzen), daß ich Dir nicht einmal für drüben eine Chance gebe. Das ist sicher falsch gesehen. Aber Du *mußt* es so sehen, denn es ist gewollt, daß Du den Becher menschlichen Schmerzes trinken sollst. Das Mysterium des Kreuzes ist das, wenn ich so sagen darf. Aber Du wirst doch wohl glauben, daß Du drüben nicht unglücklich sein wirst! Also muß ich die rechte, Dich ganz stillende Art von Liebe finden. Ist das nicht klar, sofern irgendetwas von unseren Jenseitsvorstellungen «stimmt«?

[...]

– Wegen [Konzils-]Judenschema: ich hörte das alles heute von Hokke. Er sagte auch, Bea habe alles dementiert. Aber wer weiß, was da dahintersteckt. Ich mag diesen Papst nicht. Ich hab Heimweh nach Giovanni und bete heftig zu ihm, er möge helfen. Er lächelt nur weise, fast schlau zu meinen Klagen. Na ja – da wo er ist, hat man ein bißchen mehr Überblick. –

Jetzt muß ich gießen. Ich hab Wassersorgen. Die *aqua diretta* ist jetzt täglich nur 3-4 Std. offen, so daß mein Reservoir im Turm nie mehr voll ist, weil ich ja auch davon etwas (viel!) zum Gießen brauche. Es ist sehr heiß jetzt, wenn auch hier draußen (oben) bei mir höchst erträglich. In Rom klagen sie; die Hitze kam *zu* rasch.

Morgen kommt ein Mann zum Prüfen, ob wir nach Wasser graben können. Kostet etwa 20.000,— DM...

Wenn ich mir Sorgen wegen Geld machte, dann jetzt. Aber ich tu's nicht. Das Geld *wird* kommen. Das Wasser auch.

Ich grüße Dich sehr von Herzen.

Dein Wuschel

Rocca di Papa, 25.6.65

Mein lieber Fisch,

statt einiger (weniger!) Briefe wird binnen kurzem das ganze Wuschel selber kommen. Wieso?

1. Weil hier das Wasser so knapp ist, daß ich immer Angst habe, es kommt mal gar keines mehr; die Gemeinde läßt das Wasser nämlich täglich nur mehr 2-3 Std. laufen (aber ganz spärlich). Ich habe nun beschlossen, einen Brunnen bohren zu lassen (130 m Tiefe – weiß ich, weil einige Nachbarn auch einen haben). Es kostet rund 20.000,— DM.... Ich bin natürlich etwas, sagen wir, verzweifelt und würde am liebsten das Haus mit allem Drum und Dran verkaufen. Keine Tinte mehr im Füller. Bin zu faul zum Füllen, daran siehst du meinen Zustand. Aber statt das Haus zu verkaufen, verlasse ich es nur; temporär. Während die ihren Brunnen bauen, (der große Bohrer lärmt) fliehe ich (4-5 Wochen dauert das!) Ich kann schließlich auch in München arbeiten (am Roman.) Was meinst Du dazu?

2. Wegen der Autogeschichte mit Steffi muß ich sowieso (ich als Besitzerin des Julchens) an den Brenner zum Zoll, damit wir die EWG-Zollerleichterung bekommen. Das kann ich dann gleich von München aus machen.
3. Hab ich sowieso Heimweh nach München.
Also – Du bekommst jetzt keinen Brief mehr bis ich komme, was spätestens am 3.Juli ist.
Sonst fällt mir rein gar nix ein. Es hat 35 Grad im Schatten (in Rom, wo ich eben war). Hier bei mir *im* Haus ist's recht schön kühl. Als ich eben Mittagschlaf halten wollte (aber vor lauter Überlegen nicht konnte) fror mich und ich zog eine Decke über.
In Rom kommt man schier um vor Hitze. Der Asphalt auf der Straße hierher *klebt*! *Nie* ist's einem recht. Oder vielmehr warum kann Gott nicht anständiges bekömmliches Wetter machen? Ich versteh ihn da nicht. Was hat er denn davon, uns auf *solche* Weise zu schikanieren? Ich bin heut in der Laune, mich sehr über ihn zu ärgern. Über alles. Über das Wasser. Das Geld usw. –
Ich wollte anstandshalber K. (weil sie 2 mal schrieb) einladen für morgen, aber sie kann nicht, weil sie ihren Mann schoffieren muß. Es *soll* nicht sein, daß sie das Haus betritt – die Hex. Ist recht so.
Das ist ein etwas verrückter Brief, verzeih. – aber ich komm ja bald.

Dein Wuschel

[München], 4.8.65[33]

Mein lieber Fisch,
[...]
Daß Du mir in nichts wichtig seist, oder daß ich, wie Du sagst, Dich in nichts brauche, ist natürlich Ausgeburt eines schwermütigen Geistes und eines verwundeten Herzens, aber nicht realistisch, denn Du weißt genau, daß es sonst keinen Menschen auf Erden gibt, mit dem ich die subtilsten Dinge besprechen kann und dabei
1. weiß, daß er es ganz genau, ganz adäquat versteht,
2. dazu immer etwas Richtiges, Originales, Weiterführendes sagen kann.

Das klingt so kühl, aber das ist doch für einen Menschen wie mich *wichtig*.
Auch weiß ich, daß Du mir in allen Lebenslagen Zuflucht wärst. Ich vertraue Dir unbedingt, und das heißt was bei einem so merkwürdig mißtrauischen Menschen, wie ich's im Grunde bin (bloß hin und wieder im ersten Anlauf, viel zu spontan, dieses Mißtrauen überspringend).
Nein, lieber Fisch, Du darfst *so* nicht denken. Was Deine Theologie anlangt, so kann ich jetzt, während ich Roman schreibe, nicht viel davon »brauchen«, denn ich *bin* jetzt Tobias und das absorbiert meine Geisteskräfte, so daß ich kaum irgendetwas Schwieriges lesen kann. Ich lese Romane! Es kommt sicher wieder die Zeit, in der ich anfange, mich auf's Neue damit zu beschäfigen. Du mußt halt Geduld mit mir haben. – Ob ich mich Deiner Liebe *freuen* kann, ist natürlich eine andre Frage. Ich trage sie mit Bangen, mit Schrecken auch, weil ich mir natürlich sage, daß ich die *zu* reich Beschenkte bin. Und weil ich ihr nicht gewachsen bin, darum bin ich bemüht, unsere Beziehung ein wenig alltäglich zu gestalten, damit ich sie ertrage. Du darfst doch nicht denken, daß ich nicht wüßte, was das heißt, von *Dir* geliebt zu sein. Wenn ich mir gestatte darüber nachzudenken, bekomme ich heftiges Herzklopfen. Aber ohne M.A. untreu zu werden, könnte ich ja meine (Deine-unsere) Beziehung nicht anders leben als ich's tu. Das hab ich aber schon oft gesagt, nicht wahr?
Daß Du einge*wurzelt* bist in meinem Leben, weißt Du. Freilich: ein Mann wie du ist eben nicht fähig, sich mit dem Nicht-Ganzen »zufrieden zu geben«. Ich meine schon, daß ich mir das Dunkel vorstellen kann, in das Du jetzt, in F[reiburg], getaucht bist. Meinst dagegen Du, daß ich fühllos das miterlebe? Denk das nicht, ich bitte Dich. –
Nun soll der Brief noch fort, damit er vor Sonntag sicher bei Dir ist.

Nächstens mehr!
Alles Liebe!
Wuschel

Dunkle und bittere Seite der Liebe

[München], 5., nein 6.8.65

Mein lieber Fisch,

[...]

Ich denke oft über Dich nach. Eigentlich bist Du mir die Demonstration des Kierkegaardschen Satzes: »Gesundheit ist in (oder mit) Gegensätzen leben können«. Du bist so ein Bündel von Gegensätzen. –

6.8. Gestern konnte ich nicht weiterschreiben, erstens fiel mir plötzlich was ein für den Roman, dann mußte ich einkaufen gehen, dann in die Stadt, wo ich hintereinander zwei Leute treffen mußte. Der eine, der Opel-Ingenieur, kam mit Frau – und er hatte doch über seine Ehe klagen wollen! – und er kam mit einem Sonnenstich, den er sich auf der Verkehrsausstellung geholt hatte; es wurde ihm entsetzlich schlecht, er sah aus wie ein Sterbender, blau, mit spitzer gelber Nase; ich lief in die Apotheke, dann telefonierte ich eine bekannte nah wohnende Ärztin an; nach 2 Stunden ging es ihm so, daß er einige Schritte bis zu deren Wohnung gehen konnte (sie sagte, wir sollten ihn so lang liegen lassen auf einer Bank im Café) –; dazwischen redete ich mit dem ebenfalls, aber für 1 1/2 Stunden später ins Café bestellten Chefdramaturgen von Zürich; immer wieder lief ich zu dem Kranken usw. 4 Stunden lang ging das Ganze, dann konnte der Kranke, den ich zur Ärztin gebracht hatte (alles während des Gesprächs – sozusagen – mit dem anderen) ins Hotel gefahren werden. Eben rief ich an – er ist ausgegangen. Na also. Mich anzurufen, kam ihnen nicht in den Sinn. – Dieser Zwischenfall aber war mir aufschlußreich: die von dem Mann so geschmähte Frau ist zwar eine »durchschnittliche« Frau, aber eine liebe, mütterliche; und sie verhielt sich völlig richtig, überlegt, ruhig, sanft, bestimmt. Er ist ein Fisch, also schwer zu behandeln (sic.!).

[...]

Man muß einander vertrauen, Fisch, und in *unserer* Beziehung bist ja Du der Größere und Wichtigere. – Also, Du Gegensätzemensch im

Kierkegaardschen Sinne: skeptisch und fromm gläubig; rational und mystisch (das letztere weißt Du vielleicht nicht so genau, oder doch?) diszipliniert und zum Exzentrischen geneigt; keusch und sinnlich; eigensinnig und demütig; tapfer bis zum Äußersten und wehleidig; stark und schwach. Um nur einiges zu nennen. (Und: Menschen prinzipiell liebend *und nicht* sie liebend!) Aber das ist nur eine oberflächliche Andeutung. Ich müßte einen Essay über Dich schreiben. Aber um Dich wirklich klar zu sehen, habe ich zu wenig Distanz von Dir. Jedenfalls bist Du der seltsamste Mensch, der mir je begegnete. Und interessante Leute habe ich sowieso gern. Ätsch, jetzt hast Du es. Das hast Du provoziert. Du gehörst doch zu meinem Leben. Das ist nun einmal so, und es hat seinen Sinn, seinen Glanz und seinen Schmerz. *Dein Wuschel*

[München], 9.8.65[34]

Mein Gott, Fisch, *wie* Du alles mißverstehst: Es war nicht die Rede von *Dich* ertragen, sondern davon, daß ich den Schmerz, der in dieser Bindung wohnt, ertragen müsse. Das ist doch etwas völlig anderes, ja es ist geradezu das Gegenteil. Wenn Du doch einmal verstehen würdest, daß ich ratlos und hilflos bin und darum eben alles »möglichst alltäglich« machen will. Sonst zerfleischen wir uns ja gegenseitig. Jetzt sag mir *Du* einmal, wie ich mich verhalten soll. Aus lauter Angst, nach der einen oder der andern Seite hin irgendeinen Verrat zu begehen, werde ich »ganz alltäglich«. Versteh das doch. Aber *was* ich auch sage: Du fühlst Dich verletzt. So *darfst* Du nicht sein. Du weißt in Dreiteufelsnamen, daß ich außer M.A. und Dir einfach niemand liebe, aber ich mußte mich zwischen Dir und M.A. entscheiden, und da blieb ich bei der *alten* Liebe, ist das denn eine Schuld von mir? Kann ich dafür, daß, als Du in mein Leben kamst, ich *entzückt* war von Dir, von Deinem Geist, Deinem dunklen Charme? Meinst Du nicht, daß M.A. in jener Zeit entsetzlich gelitten hat – er, der alle meine Erlebnisse spürt? Was hätte *er* sagen sollen? Er hat's ertragen und hat mir Treue bewahrt. Verließe ich ihn um Deinetwillen, was geschähe mit ihm? Klage Gott an, nicht mich. Das

Geheimnis der Wahl wurde mir auferlegt. Du treibst mich mit Deinen Anklagen noch wirklich in eine Verzweiflung, aus der ich einfach keinen Ausweg finde. *Darum,* ich sage es wieder und wieder, muß ich sehen, daß wir nicht immer aufs neue den gleichen Schmerzpunkt treffen. Was kommt denn dabei auch heraus? Ich *weiß,* daß Du leidest. Ich *weiß* daß ich nicht helfen kann – außer ich sage: Ich lasse M.A., ich liebe *Dich.* – Also? Was SOLL ich denn tun? Ich flehe Dich an: zerstöre nicht das, was zwischen uns ist, ganz gleich wie es genannt wird. Es ist eine Bindung seltener Art. Könntest Du denn nicht auch das Positive darin sehen?
Und wenn Du, Deiner Art gemäß, nun die *dunkle* und *bittere* Seite der Liebe *brauchtest?* Denk sie Dir weg aus Deinem Leben. Was dann? Wegen der Telefongespräche: Mit M.A. telefoniere ich äußerst selten und *kurz.* Und dabei ist die Freude, das zu dürfen nach all den Jahren, wo ich's *nicht* durfte, die Hauptsache. Ich *bitte* Dich, das zu verstehen.
Du fühlst, daß mich dieser Dein Brief wirklich tief getroffen hat.
Und das *wolltest* Du. Ein Liebender, der sich nicht geliebt glaubt, meint keine bessere Waffe zu haben als die: den andern in tiefste Schuldgefühle zu stürzen. Ich hab das eine Weile M.A. gegenüber auch praktiziert. Es ist schlecht. Es ist böse. Tu das nicht, sonst beginne ich mich vor Dir zu fürchten. Deine Potenz im Hellen wie im Dunkeln ist sehr groß.
Laß mich nicht allzu sehr büßen dafür, daß es mir – so scheint es – eine Weile erlaubt war, Dir eine Freude zu bringen, die wieder weggenommen wurde. – Ich habe das Gefühl, daß die Anklage, mit der Du Gott treffen wolltest, auf mich gerichtet wird. Nun gut. Aber erwarte dann nicht, daß ich Dir noch irgendeine *Freude* geben kann, wenn Du mich so sehr zur Schuldigen machst.
Können wir denn nicht so wie M.A. und ich es machten (als ich nicht ahnte, wie er zu mir steht): auf einer ruhigen Ebene uns treffen? *Du* bist mir doch nicht eine Last, wie soll ich Dir denn das erklären. Es ist eine »Last« d.h. ein Schmerz, ein lastender Schmerz, daß ich Dir einfach nur Anlaß zum Leiden bin, sonst nichts.
Bitte, bitte krieche doch heraus aus diesem finstren Trichter, in den Du Dich selbst immer weiter hineingebohrt hast. Wir müssen eben

beide büßen. Meinst Du, daß Du Deinem Gott gegenüber *alles* recht gemacht hast??
Du kannst nicht immer trennen: von *Gott* nehme ich den Schmerz an, nicht aber vom *Wuschel*. Das ist doch unlogisch. Was *Wuschel* tut, geschieht sicher auch ohne Anstoß von Gott. So sehe ich die Tatsache, daß Du mich quälst, auch als von *ihm* kommend an. Ich ertrag's darum, aber – laß das Maß nicht meine Kraft übersteigen, *bitte*!

Dein Wuschel

[München], 11.8.65[35]

Lieber Fisch,

[…]

Gestern kamen 3 oder 4 Briefe von Dir. Alle haben mich bestürzt und verdunkelt. Es *ist* so, daß Du Dich mit Tanja solidarisch fühlst gegen mich. Das macht mich ganz krank (realiter). Überhaupt dieses besessene Bohren, Dein Zitieren von Sätzen die ich sagte, dies alles ist nicht richtig, Fisch. Ich wage ja nichts mehr zu sagen, weil Du alles von der negativen Seite siehst, z.B. den Satz, daß ich Deine Liebe mit *Schmerzen* erfahre. Das ist doch etwas völlig anderes, als was *Du* daraus machst: Deine Liebe zu haben ist etwas Großes, etwas ganz ungeheuerlich Großes, *das* meine ich damit. Es erschreckt mich, daß *Du* mich mit solcher Leidenschaft liebst. Wenn ich diese Liebe *so* erwidern könnte, schlüge vielleicht das Meer über uns zusammen. Da ich es nicht kann (nicht DARF), ist es für mich eine große Last, *in* dieser Liebe zu leben. Es ist einfach furchtbar, Fisch, daß ich mich beschenken lasse, ohne zu geben. Und weil ich nicht dauernd im *Bewußtsein* dieser wahrhaft schrecklichen Inkongruenz leben kann, *darum* versuche ich, alles alltäglich zu machen und in eine gewisse Beruhigtheit zu bringen. Du natürlich meinst dann, ich wolle mich vor dem Eigentlichen drücken, oder ich versuchte alles zu verharmlosen usw. NEIN. Gerade *weil* ich das Schreckliche Deiner Liebe weiß, darum will ich, daß es verborgen bleibt unter Alltäglichem. Denn *sonst*, Fisch, zerstören wir uns. Ich bitte Dich, doch von dieser Art Besessenheit zu lassen. Es ist (solche Briefe zu schreiben meine ich) für Dich gewiß eine Art intensiver Bindung mit mir.

Aber gleichzeitig stößt Du mich damit von Dir. In der Zeit, als ich genau die gleichen Fehler M.A. gegenüber machte, zog er sich mehr und noch mehr zurück. Man kann nicht gleichzeitig lieben *und* sich fürchten. Begreif doch, daß mein *Gefühl* für Dich beinahe reziprok ist zu den Aufregungen zwischen uns. Die *Treue* natürlich erweist sich als stärker in solchen Zeiten wie diesen jetzt. Aber ich glaube nicht, daß wir *so* weiterkommen. Fisch – Deine Briefe sind seit langem nur voll von *Dir*. Wie es *Dir* geht. Ist das nicht gefährlich als Symptom? Frag Dich das selbst. Es steht mir, nach Deinen Worten, nicht an, Dich zu warnen und zu belehren. Aber vielleicht tust Du es selbst. *Lieben ist Freilassen*. (Nicht Fortgehen, nicht Trennen, das ist die zu billige Lösung. Bleiben *und* Freilassen.)

In Sorge!
Dein Wuschel [Zeichnung]

[München], 11.8.65

Lieber Fisch,
eben kamen 2 Briefe. Ich habe nur wenig Zeit, weil ich an dem letzten *sehr* schweren Kapitel des Romans bin (Physiker)[36]. Aber ich will Dir nur rasch sagen: Es kann keine Rede davon sein (wie Du schreibst), daß Du mich auch noch in *dem*, was Du von mir hast, verlieren könntest. Du hast nicht auf Widerruf von meinen Gnaden ein Teilchen von mir. Du hast, auf eigenartige Weise, *mich*. Jede Bindung ist für sich etwas Ganzes. Daß es zwischen uns ein sehr schmerzhaftes Ganzes wurde, ist nur zum kleineren Teil meine eigene Schuld. Es gibt eben Schicksale, Entwicklungen, geheimnisvolle Aufgaben. Wenn Du »zufrieden« sein könntest mit *dem* Ganzen, das *wir* haben, dann wäre doch alles gut. Verzeih wenn ich wieder mit M.A. und mir anfange. Ich habe *bei Gott* nicht gewußt (nach 1957) bis vor 1 1/2 Jahren, ob M.A. mich liebt bzw. wie diese Liebe aussieht (eigentlich weiß ich's *noch* nicht) und ich habe mich zufrieden geben müssen, ihn von mir aus zu lieben und bisweilen Zeichen seiner Freundschaft oder *Duldung* zu erfahren. Das *ist* so. Man muß eben Beziehungen nehmen so wie sie *sind*, nicht so wie man wünscht, daß sie seien. Es könnte zwischen Dir und mir *auch* heiter

sein, wenn Du mir *Freiheit* gäbst, wenn ich nicht immer schmerzhaft Dich zerren fühlte an der Kette, die Du aus Schuldgefühlen gemacht hast (beiderseits).

Jetzt zum Teufel, lassen wir doch dieses Bohren. Was *hilft's* gegenseitig zu sagen: »Verzeih.« Wir wissen, daß wir *beide* uns in *einer* Hinsicht geirrt haben, nämlich: daß M.A. verdrängt werden könnte. Auch Du mußt das geglaubt haben, denn *so* erfahren bist auch Du, daß Du nicht glauben kannst, man könne *2* gleicherweise lieben. –

Es ist falsch (ich habe dies praktiziert M.A.gegenüber) früher einmal Ausgesprochenes zu zitieren, als habe man *Anspruch* auf ewige Gültigkeit eines *so* gesagten Wortes. Man nimmt ja das Wort selbst nicht zurück, man lernt nur einsehen, daß man's falsch interpretiert hat oder daß man dem Angesprochenen Gelegenheit gab, es falsch zu interpretieren. Auf gut Deutsch: Ich denke nicht dran mich von Dir trennen zu lassen, denn über derlei kann ich ja gar nicht verfügen. Es gibt eben Beziehungen, die »ein Kreuz« sind. *Dir* brauche ich nicht zu sagen, daß damit nichts Negatives gemeint ist. –

[...] *Dein Wuschel*

[Ein Gebet]

Du, der Du *gewollt* hast, daß wir uns begegnen, daß wir uns erkennen als Weggefährten, Du mußt wissen, welches Kreuz Du uns auferlegst mit dieser schmerzhaftseligen Liebe, welche Wunde Du unserem Menschsein zufügst; Du mußt auch wissen, wie schwer es ist, standzuhalten dem Ansturm unseres Erkennens; Du sahst unsere Tränen, die aus einer glühenden Tiefe aufstiegen – *willst* Du unseren Schmerz, *willst* Du diese schwere Freude? Nun denn: so übernimm Du auch die Verantwortung für unser Bestehen oder Scheitern!

Die Ketten, die uns aneinanderbinden, schlagen zugleich jedes von uns in Fesseln.

So gefesselt kommen wir zu Dir, damit Du mit unsichtbaren Ketten uns an *Dich* bindest und uns so in unsern Ketten freimachst. Denn, Herr, *das* sollen diese unsere Ketten bedeuten: Freiheit in Dir. Aber vergiß nicht: wir sind Menschen, wir lieben uns mit irdischer Liebe,

wir gehören noch Deiner Erde an. Mach's nicht allzu hart, versuche uns nicht über unsere Kraft. Nun drücke Dein Siegel darauf; an diesem Siegel werden wir uns wiedererkennen vor Deinem Angesicht, einst, eines nicht mehr fernen Tages.
Zum 12.8.62, Brixen

[München], 16.8.65[37]

Mein lieber Fisch,
[...]
Steffi hat am Sonntag Abend aus Rocca di Papa telefoniert, er kam in 1 1/2 Tagen hinunter, riesig viel Verkehr mit Unfällen; der Motor für den Brunnen ist gar nicht laut, die Hitze nicht allzu groß, nur der Wassermangel noch hindernd. Man hat erst 40 m tief gebohrt! *120* sind es wohl. Na – Geduld. Wenn jetzt die Gewitterregen kommen (es sei ein Tief dahinunter gezogen) gibt es wieder mehr Wasser. Letzten Herbst gab es genug. –
Deine Geschichten haben mich amüsiert. Aber, lieber Fisch, Du mußt jetzt nicht meinen, daß Du gar nichts mehr von Deiner Traurigkeit schreiben sollst. Ich weiß sie zwar auch ohne Deine Worte, aber Du sollst nicht *alles* in Dich hineinfressen. Von Zeit zu zeit *mußt* Du es doch sagen dürfen. Freilich ist der Wille, dem anderen nur Heiteres zu sagen, auch schon ein Hilfsmittel, denn das Wissen davon, daß man den andern erfreut, wirft doch ein Licht auf den Schreiber selbst zurück, nicht wahr. Das Wollen, daß etwas *so* sei, hilft dazu, daß es so ist (wird).
[...]
Im übrigen finde ich auch, daß es verboten ist (für Dich), sich (Dich) an die Löwen zu verfüttern. Mein Tobias ist soeben ganz freiwillig von seinen Selbstmordplänen abgekommen. Er fügt sich, auf vieles verzichtend, in den Alltag ein. *Wie*, das werden Tobias und ich im allerletzten (kurzen) Kapitel noch erörtern. Ich lasse ihm da alle Freiheit.–
Das große runde Ding in Raisting sah ich schon oft. Ich wußte nicht, daß das eine Erdfunkstation ist. Warum gerade dort? Welche Vorteile bietet dieses Raisting?

Ich kann aber viel weiter funken: bis in den »Himmel«. Ohne Instrumente – außer meiner nach oben gedrehten Seelenspitze…
– Also, lieber Fisch – freilich sind mir solche Briefe *bequemer*, aber ein wenig mußt Du mich doch mittragen lassen. Denn – so einfach ist es nicht, mich zu »trösten« (oder wie ich sagen soll). Mein Seismograph registriert ja doch das See-Beben, das mein Fisch tief unten verursacht. […] *Dein Wuschel*

[München], 21.8.65[38]

Mein lieber Fisch,
ich habe 3 Tage keinen Brief von Dir. Ich nehme an, Du nimmst an, ich sei schon in Rom. Aber ich fahre erst am 23. [August] früh und will 24. abends dort sein. Ich bin jetzt, da die Spannung vom Roman nachläßt, völlig erschöpft und nicht einmal zu einem Brief an *Dich* fähig. Ich sehne mich jetzt nach Meer und Baden und einfach *Nichts*tun. Ich *kann* nicht mehr. Aber ich erhole mich ja meist sehr rasch. –
Ich vergaß neulich (3mal vergaß ich's) Dich zu bitten, doch mehr über Deine Ansichten zur Reinkarnationslehre zu schreiben, die Du neulich angedeutet hast (mein Deutsch!! Ich kann keine richtigen Sätze mehr machen.) – Gestern war ich bei dem »Dr. Stein« aus der Nina[39]. Das Urbild wohnt in Dachau und ist jetzt 77. Seltsames Wiedersehen. Er ist sehr gescheit und hat sich eben auch intensiv mit Heisenberg und der Quantenphysik beschäftigt. Er liest auch viel Theologisches, kennt einiges von Dir. Er lebt völlig einsam mit seiner alten seltsamen Haushälterin; er schrieb eben ein Buch »über den pädagogischen Bereich« heute (Umbildung des Bewußtseins).
Leb wohl, lieber Fisch. In ein paar Wochen (am 13.[9]) sehen wir uns in Rom!!! *Dein Wuschel*

[…]

Rocca die Papa, 6.9.65[40]

Mein lieber Fisch,
dieser Brief also soll Dich in München empfangen. Recht viel mehr Briefe werde ich Dir wohl nicht mehr schreiben können, denn Du kommst ja. Ich glaube, wir können uns doch mehr sehen, als Du dachtest, denn wenn ich über Nacht drin bleibe, haben wir ja den Abend, freilich müssen wir dann im Auto herumfahren, wenn wir allein sein wollen, denn meine Zimmerherrin, nein Vermieterin sagt man ja, ist überaus neugierig und geschwätzig. Aber immerhin werden wir beisammen sein. – Mir fiel eben ein, daß Du einmal verletzt warst, weil ich sagte, ich liebte (conjunktiv, Grammatik) Deine Gescheitheit. Du meintest, ich sollte sagen: ich lieb(t)e Dich. Aber: Du *bist* ja Deine Gescheitheit; Deine legitime, unverletzte, runde, klare Gescheitheit, das eben bist Du! Also!!!
[...] *Wuschel*

Durch ein Schlangental gegangen

Rocca di Papa, 25.10.65[41]

Mein lieber Fisch,
- den Briefumschlag hatte ich gerade hergerichtet, als Du – eben – anriefst. So weit weg bist Du jetzt schon, und wir können uns nicht sehen, jetzt, wo, wie ich glaube, alles Neues und Schönes aufblüht zwischen uns. Aber in wenigen Wochen dann!
Dank Dir für Deine Sorge um mich wegen M.A. – Es war sehr, sehr seltsam: Er kam, als ich ihn und auch einen österreichischen Abt fürs Konzert abholte, sehr lieb an, war offenbar verwundert über meine eisige Höflichkeit, saß im Konzert neben mir statt nach vorne zu gehen, redete mit mir herzlich vor den Leuten (die uns schon ein wenig oft mitsammen sehen) – hernach auf der Heimfahrt konnten wir, da der andre dabei war, auch nichts reden. Heute morgen nach

der Messe kam er – ich hatte in der Nacht kaum geschlafen (da ich kein Schlafmittel hatte, an das ich mich in dieser Woche gewöhnt hatte) und war ein Nervenbündel. Er sagte: »Ja haben Sie denn meinen Brief nicht bekommen? Ich habe ihn am Montag eigenhändig in «Ihren roten Briefkasten» (Anspielung auf «Septembertag«) geworfen.« Was stand darin? Sehr Liebes. Daß sich meine Gedanken über »Telstar« (sozusagen) träfen usw. usw. – Und dieser Brief war nicht angekommen, und also litt ich eine Woche Höllenqualen für nichts. Oder für was??? Jetzt, wo doch alles gut ist, wo ich froh und glücklich sein könnte, auch wegen Dir, und die Sonne scheint auch – jetzt bin ich völlig zusammengebrochen, zittere und kann nur mit Mühe vernünftig denken und leben. Es war zu viel. Und ich war ja (ohne M.A.'s unschuldige Schuld) vorher schon sehr überarbeitet und nervös. Aber vielleicht mußte das so kommen, damit ich wieder empfindlicher werde für andrer Menschen Schmerzen. Nun – es wird schon wieder besser werden; ich schlafe jetzt dann so viel wie möglich und esse soviel wie möglich. Sorge Dich nicht, ich bin ein Stehaufmännchen. Du betest ja für mich.
Es war so schön neulich als Du hier bei mir heraußen warst. Hoffentlich war es nicht nur so, weil Du Dich übermenschlich zusammengenommen hast um mich nicht zu beunruhigen. Ich hab's dankbaren Herzens hingenommen.
Den nächsten Brief schreib ich Dir wohl nach Freiburg. Bis dahin: zunächst begleiten Dich meine Gedanken auf der Heimfahrt über Innsbruck!

Dein Wuschel

Rocca di Papa, 27.10.65

Mein lieber Fisch,

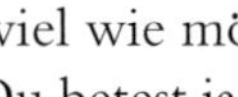

das Foto kam also doch an. Ist's nett? Jedenfalls für uns eine reizende Erinnerung. Ich meine: eine Erinnerung an einen Nachmittag voller Frieden. So hoffe und meine ich wenigstens. Aber wer weiß, was für schwarze Wölfe und Schlangen in Dir hausten. Ach Fisch, seit ich wieder einmal bis auf den Grund meines Wesens gelitten habe, kann ich wieder ahnen, wie *Du* lebst. Ist schon schlimm, wenn man zu De-

pressionen neigt. Wenn dann dazu noch ein Kummer aktueller Art kommt, ist's zum Sterben. Jetzt ist bei mir doch an sich alles wieder in Ordnung (M.A. ist besorgt und lieb und gut) – aber der Schreck der letzten Woche war so heftig für mich, daß mich auch nichts Gutes erreicht. Ich liege wie gelähmt auf dem Grund eines Kratersees, oder meinetwegen mitten auf dem Mond, alles ist dunkel und ich friere und habe Angst. Weißt Du, meine Kinderangst, mein *Trauma* ist da: verlassen zu werden, kein Daheim zu haben, immer in der Unsicherheit zu leben, ohne Wärme, allein – in alle Ewigkeit so.
Du magst sagen: »aber Du hast doch M.A.« – ja, und nein. Ich »habe« ihn nicht, das ist es ja. Aber lassen wir das. Leben wir halt »heroisch« weiter. – Franco sagte gestern (als ich ihn seiner Bau-Misere wegen tröstete mit dem Hinweis darauf, daß es schlimm wäre, wenn das Leben mit *diesem* Sch...leben zu Ende wäre –): »Ja, Signora, glauben *Sie* denn an den Himmel? Ich nicht. Uns gehört die Erde. Was wir uns auf ihr nicht nehmen, bekommen wir niemals mehr.« Was sagst *Du* dazu – ?
Und doch liebe ich irgendwie meinen Schmerz – denn ich fühle in ihm das Leben brennend und konzentriert. Nur gibt es Tage, an denen ich eben ganz am Ende scheine und sterben möchte, sonst nichts. Ich bin halt auch erschöpft vom vielen Leiden eines schon recht langen Lebens.
»Quick« fragte heute an, ob ich was schreibe zu dem Thema »Dürfen Männer weinen«. Und ob sie dürfen – wenn sie können. Bei Dir, lieber Fisch, sah ich auch Tränen, aber geweint hast Du nie – und doch wolltest Du es tun.
[...] *Dein altes Wuschel* [Zeichnung]

Rocca di Papa, 31.10.65[42]

Mein lieber Fisch,
Dank für Deine Briefe! Ich hoffe, Du hast den meinen nach Freiburg (mit Löwenbaby) bekommen. Alle, denen ich das Foto zeigte, fanden es ganz entzückend (»alle«, das sind: meine Freundinnen, die Michaels, Pater Johannes und M.A., dieser vor allem war sehr angetan, weil Du endlich einmal lächend zu sehen bist. – Ich hab letzte

Woche noch schrecklich gelitten unter den Nachwehen der vorletzten, es war wirklich fast unerträglich. Seit gestern lichtet sich die Nebeldicke. – Ach, Fisch, wie lebst *Du!* Ich kann es nach diesen Wochen wieder heftiger nach- und mitfühlen. Aber ich meine, das ist so: (ich spreche von mir – das schließt dann Deine Lage mit ein!) Du weißt, daß ich leide, weil ich allein leben muß, nicht heiraten kann usw., und zu alledem ist mir die Hoffnung darauf genommen, im Jenseits M.A.s Frau zu sein, denn ich glaube nicht ans Jenseits. Das ist wirklich ganz verrückt. Aber vermutlich ist das von Gott so verhängt über mich: Ich muß den Kelch des Verzichts bis zur Neige austrinken, *darf* also gar keine Hoffnung haben. Das ist furchtbar, aber es ist wie es ist. Nein, Fisch, ich glaube wirklich nicht an einen Himmel, der meine Wünsche erfüllt – was auch mein Verstand *dafür* sagt. Ich meine, daß auch Du nicht *wirklich* daran »glaubst«; Du *setzt* es Dir, Du willst es sei so. Aber glauben, hoffen??? – Gestern war Pater Lotz da, von nachmittags 1/2 3 bis abends 9 Uhr, da nahm ich ihn mit nach Rom. Er sieht aus wie das blühende Leben, und etwa 1 Stunde erzählte er von seinen Arbeiten, Erfolgen usw., ich ließ ihn reden und reden. [...]

– Das Ganze war, wie immer, anregend. – Heute war ich in S. Anselmo, um 1/2 10, dann mit Pater Johannes und M.A. ein bißchen im Rosengarten spazieren. Nachmittag habe ich sonderbar still hingelebt hier draußen in der Einsamkeit. Wie ein Rekonvaleszent, der noch nicht wieder ans Leben glaubt. – Ach Fisch, was für ein Leben!

Wie heroisch sind jene, die es leben, ohne an Gott zu glauben. Wie süß, es zu leben, wenn man, wie ich bis vor einiger Zeit glaubte, Christus (Jesus, sagst Du lieber) neben sich hat. – Aber es ist schon recht so: Ich will ein Mensch unserer Tage sein, will die andern verstehen, will ihre Leiden leiden, ihre Dunkelheit mittragen. – Ich komme mir immer kleiner und ärmer vor, nebenbei gesagt. Ich will *gar nichts* als mit den andern leben, d.h. leiden. Ich habe Angst vor den Konsequenzen eines solchen – ja, »Wunsch« ist es nicht, was denn – eine Vorahnung vielleicht. Aber auch das soll man nicht besonders ernst – und wichtig nehmen. Leben, den Tag leben, sonst nichts. –

[...] *Dein altes Wuschel* [Zeichnung]

Rocca di Papa, 2.11.65[43]

Mein lieber Fisch,
der Brief soll am 4. ankommen – ob er das tut? ich werde an Deinen Namenstag denken mit intensiven Gedanken, *guten* natürlich.
Heute kam Dein Brief, den Du vor der Abfahrt nach Fr[eiburg] schriebst, und der »Spiegel« [mit dem Interview Eures Jesuitengenerals] kam auch. Interessant. Aber ich mag halt alles Reißerische nicht. Diese Leute schlagen aus *allem* Kapital. Wenn Christus erschiene zum Jüngsten Gericht, kämen sie auch mit Mikrophon und Blitzlicht. Manchmal sträuben sich mir die Haare aus Angst vor dem Verlust an Ehrfurcht *und* Furcht, bei den Leuten unserer Tage.
[...]
M.A. war an Allerheiligen nicht heraußen, ich war drinnen, und wir gingen nach dem Gottesdienst in S. Anselmo zu Dreien im Rosengarten spazieren, mit Pater Johannes; war friedlich und fast lustig. – Ich sollte jetzt meinen Romanschluß schreiben und finde den Stil nicht mehr!!! Das ist arg. – Ich schreib lauter Unwichtiges, aber *denken* tu ich mehr und Wichtigeres. Ich denke mit Innigkeit an Dich, auch hier mehr begreifend als vorher.
Jede Krise schleudert mich in *jeder* Richtung vorwärts, wenn ich so sagen darf (das Bild ist eigentlich nur scheinbar schief!)
Daß Du die Kinder anrufen wolltest, ist sehr lieb. Ich danke Dir.
Bald sehen wir uns!
Dein Wuschel, das sich freute über die dem Fisch vom »Spiegel« zuerkannte Weltberühmtheit....

[...]

Rocca di Papa, 8.11.65[44]

Liebster Fisch,
Dein letzter Brief, (heute kamen drei) – ich meine den, in dem du schreibst, wie Du an meinem Unglauben leidest, hat mich tief bewegt. Ich meine, Du hast inzwischen so heftig für mich gebetet, daß sich die Nebel doch mehr gelichtet haben. Aber ich kann nicht sagen, daß ich ans Jenseits »glaube« – ich habe nur bisweilen eine

vage Hoffnung, aber dann kommt es mir fast vor, als sei das eine Minderung meines Schicksals: Wenn ich nämlich auf eine *Erfüllung* hoffe, die, wenn sie auch jenseits des Todes liegt, dennoch einmal kommen wird. Es ist somit nur ein *zeitlicher* Verzicht, ein *halbes* Opfer. Vielleicht (wenn man's schon analysieren will) steckt in mir der Wunsch zum Heroismus (wie er auch in einem *echten* Atheismus steckt, meine ich.) – Deine Argumente, daß ich M.A. nur deshalb nicht aus seinem Orden holen will weil ich ans Jenseits glaubte (*doch* glaubte) stimmt nicht! Es gäbe andre Gründe, z.B. daß ich weiß, M.A. würde nicht wirklich glücklich, wenn er jetzt noch sein Leben ändern würde; ferner: er wäre unglücklich, sein Gelübde zu brechen; *ich* hätte also auch kein glückliches Leben mit ihm. Das sind beachtliche und ausreichende Gründe – man braucht nicht ans Jenseits zu glauben; die Vernunft und die irdische Liebe genügen vollauf.
Ich rede mit M.A. schon auch darüber, aber natürlich mit Vorsicht. Da er immer wieder das Gespräch darauf bringt, meine ich, daß es ihn sehr beschäftigt (mein Unglaube), aber er sagt, ich sei nur eigensinnig und rebellisch und trotzig. Ein bißchen hat er auch recht. Aber wie auch immer: ich habe wieder einmal eine schwarze Nacht durchlitten, und jetzt ist's besser, ich habe wieder Geschmack am Beten (ich sag es mit Absicht so schnodderig – ich müßte anders sagen.) Laß mich nur nicht aus Deinen Gebeten fallen – und Deine Gebete machen ja den Kern Deiner Liebe aus. Du mußt mich halten und auffangen. Bei mir ist wieder einmal (im Leiden) *alles* aufgebrochen, damit alles Dunkle auch, aber viel neues Licht. Ich bin eben ein unruhiger und heimgesuchter Geist. Ist schon recht so.

9.11.

Ich kam den ganzen Tag, eigentlich 2 Tage, seit gestern Morgen, nicht aus dem Haus und vom Schreibtisch. Ich habe den Heiler (über das Gebet) halb (oder mehr) durchgearbeitet, Auszüge gemacht, eigene Gedanken notiert für meinen großen Gebet-Aufsatz für die Osternummer von »Sie«. Faszinierende Dinge gefunden, Parallelen in allen Religionen. Ist ein sehr gutes Buch mit einer Überfülle von Material.

Ich werde Gebete zitieren, auch aus Deinen »Worte ins Schweigen« (Innsbruck ^{7}1959). Heute ein Brief von Dir. Dank, Dank für den Besuch bei Setsuko Shimaya. Du warst ihr gewiß ein großer Trost. Ihr brauchtet gar nicht viel zu reden. Ich sollte mir Gewissensbisse machen, weil ich Dir, dem Vielgeplagten, diese Mühe auferlegte, aber ich bin sicher, daß Du es für *mich* tatest, und daß *Dir* ein Trost daraus erwächst. – Ist sie nicht lieb, diese kleine Japanerin? Ich habe sie gern. Ja, an Weihnachten kann sie zu uns kommen, mit Dir, und auch den Hl. Abend mit uns verbringen, wenn sie nicht anderweitig eingeladen ist. Es würde vielleicht schön für sie, ein christliches Weihnachten.

Heut betete ich für Verstorbene das »Herr gib ihnen die ewige Ruhe...« Ich kann dir nicht sagen, wie mich diese Gebetsformel irritiert. Sie erweckt doch den Glauben, die Toten *schliefen* in Frieden, oder jedenfalls sagt sie nichts vom ewigen, realen Leben. – Was Deinen Satz anlangt, daß man Nichtglaubenden eher helfen könne mit Glauben als mit brüderlichem Auch-nicht-Glauben, so meine ich, jetzt, es muß so sein, daß man selber den Abgrund erlebt, daß man aber dabei immer auch von Gott ein bißchen gehalten wird, so daß man mit einem *Restchen* Glauben die andern hält. So ungefähr meintest Du es ja auch, nicht wahr?

Im übrigen kannst Du Gott auf den Knien danken, daß er Dich, den Skeptiker, so tief und stark im Glauben hält. Das ist ein Gnadenwunder.

Steffi hat Dich *nicht* angerufen? Er hat Dich sicher nie erreicht. Aber seltsam war dieses Zusammentreffen. Es kann gut so sein, daß mein Wunsch nach Deinem Anruf Dich zum Anruf bewogen hat!. Wieso solltest nicht auch Du telepathische Fähigkeiten haben? – Ach, ruf doch an, wenn es Dich dazu drängt. Wenn wir auch nichts Wichtiges reden können, ist's doch eine lebendige Verbindung. Du bist ja nicht so »spinnet« wie M.A., der insgeheim immer ein wortloses Katakombenleben mit mir führen möchte, unsinnlich, ohne Zeichen der Liebe, abstrakt – (um dann wohl umso mehr zu träumen). M.A. ist schon seltsam. Aber neulich war er einen ganzen Tag bei mir, allein. Es war schön, aber furchtbar schwer. Es ist so unnatürlich, sich nicht einmal bei der Hand zu halten. Doch fürchtet er die

Flammen. Also lasse ich ihn. Am Tag darauf kam er nachmittag mit Pater Johannes, da sind die beiden einfach von einem Professoren-Abtei-Ausflug nach Grottaferata (wo sie mittag aßen) durchgebrannt zu mir, zum Tee. Ich war voller Übermut und »hänselte« M.A. mit Frechheiten, er war ganz verblüfft, daß ich *so* auch sein kann. Aber eigentlich hätte ich ebensogut weinen können. Kommt alles aufs Gleiche heraus. [...]
Ach – wie ich Deine Müdigkeit, die äußere und die innere, verstehe! Ja – es ist wahr, ich verstehe Dich jetzt viel besser. –

Dein Wuschel

Rocca di Papa, 12.11.65[45]

»Mein«(?) lieber Fisch,
Deine Reflexion über das Possessivpronomen könnte der Anfang zu einer Philosophie des Besitzes sein. Kann man etwas besitzen, wenn der Besitz gar nicht »besessen« sein will? Doch wohl. Denn ich »besitze« die Natur, die Sonne, meinen Garten – und der Besitz weiß gar nichts davon. Oder ist *alles* daraufhin angelegt, besessen zu werden? (=Geliebt zu werden!!) Was heißt: »etwas« besitzen, was heißt »jemand« besitzen? Ist da ein Unterschied (muß wohl sein, da ja alles Personale andere Gesetze hat als das Unpersönliche) oder ist doch alles im Grunde das gleiche? Man hat, was man sich nimmt, im *Lieben* nämlich. Was ich liebe, besitze ich, ob der Besitz will oder nicht.– [...]
An Weihnachten mußt Du mir wieder »Denken« beibringen, damit ich nicht dumm werde. M.A. bringt mich nie zum Denken, nur zum Träumen. Gestern waren wir mitsammen in Ratzingers Pressekonferenz-Vortrag. (Es war mager! So ein Vortrag wie der Deine damals und auch wie der von Lucas Vischer letztes Jahr war sonst nicht da.) Ich hörte aber aus Ratzingers Worten und von M.A., daß Döpfners Rede über den Ablaß sehr beifällig aufgenommen wurde. Nächste Woche redet König über außerchristliche Religionen, nein, über die »Ungläubigen«. –
Am 8.12. also endet es. Dann komm ich bald. – Heut früh hat ein besoffener Lastwagenfahrer, der Röhren für den Brunnen brachte,

mein Gartentor kurz und klein gefahren –. Nun, bezahlen müssen es andre, und für Franco bedeutet es etwas Arbeit.
Ich habe nun so ziemlich alle Vorarbeiten für meinen Gebets-Aufsatz beisammen; Stöße von Notizen, bald kann ich beginnen zu schreiben.
Bei Euch ist's »mürrisch« schreibst du über das Wetter, das ist sehr anschaulich. Bei uns ist's launisch: eigentlich schon Regenzeit, aber es regnet nur hin und wieder, eben jetzt scheint die Sonne, ich sehe das Meer, die Weinberge sind golden, aber schon kommt wieder Wolkengebirge daher, es ist auch kühl, ich heize (Gasöfchen abwechselnd mit Deinem elektrischen Ofen.)
Was Du mir schenken sollst? Irgendein Wörterbuch – z.B. ein *lateinisches*(-deutsches), das oder ähnliches würde ich *sehr* brauchen.
Aber was wünscht sich der Fisch? Etwas Kleines hab ich schon. Was sonst? Was Nützliches fürs Zimmer? Was fehlt dort? Eben ein Brief aus Ostberlin: »In Erinnerung an Ihre Lesung und als Zeichen des Dankes... übersende ich Ihnen die 1. Lieferung der Neubearbeitung des Deutschen Wörterbuches«. Wilhelm Braun, wiss. Assistent. Was ist das? Das Grimm'sche, erweitert, oder was? Es kam noch nicht an.
M.A. klagte gestern abend (er hielt mir einen gelehrten Vortrag über den Ablaß in Byzantium –, Kaiserin Irene und über den Pseudo-Areopagiten usw. – ich bewunderte sein Wissen, er »will« schon lang eine Arbeit drüber schreiben, er hat da einiges herausgeknobelt) – also er klagte, daß er nur rezeptiv sei, eine Ansammlung von Wissen ohne eigene Einfälle. Das stimmt. Daß er es weiß *und* hinnimmt, ist schön. Es ist natürlich auch seine Faulheit, die ihn an *allem* hindert; er ist ein Träumer, mag nicht gern auftauchen aus dem Meer. Manchmal bin ich ihm zu »hart«, zu »bewußt«. – Eben las ich (ich danke Dir fürs Schicken) das Heft zu Guardinis 80. Geburtstag. Ich mußte ein wenig lächeln, wie geschickt *Du* das gemacht hast. Alles in allem spüre ich (spürt man?) Deine Verlegenheit, da Du den Alten zwar einerseits wirklich schätzest, andrerseits aber auch wieder nicht. – Es ist viel leichter, echte *Fach*gelehrte zu würdigen als so halb-dichterische Erscheinungen wie Guardini.
Jetzt gehe ich wieder an die Arbeit – das Meer glänzt graublau, drüber, scheint's, ist Sonne, bei uns ist's bedeckt ohne Regen. Ich

hab ein bißchen Angst vor dem deutschen Winter. Auf meiner Terrasse blühen gelbe Rosen von der Art, wie sie damals eben aufgeblüht waren als Du hier warst (vor hundert Jahren –)...
Meine Brunnenbauer haben nun jene Schicht erreicht, (schwarzes Pulver, aus uralter Lava) wo man Wasser findet. Sie meinen in einigen Tagen... Tausend Grüße und 1 von Vanno!

Wuschel

P.S.: Ich vergaß zu schreiben, daß ich natürlich auch die Rahnerschen Schriften über das Gebet las (das im Pastorallexikon ist aber arg wenig!) – eben holte ich mir nochmal (wieder einmal) »Not und Segen«[46], und in Band III den Traktat über das Gebetsapostolat[47]. Wieder einmal bewundere ich Dich. Was Heiler in seinem Monster-Buch an Detail-Wissen zusammentrug, das weißt Du alles »einfach so«. Du gibst den Extrakt, und gibst ihn so, daß plötzlich die Frage des Gebets als eine existentiell wichtige (als die *wichtigste)* da steht. – Übrigens: wo kann man sich für dieses »Gebets- Apostolat« einschreiben lassen? Es ist sehr schön, wie Du es erklärst. Es liegt ganz in *meiner* Linie: einer für alle.
Mir scheint übrigens, daß der Herr (HERR, meine ich) (von Dir und wohl auch M.A. angefleht) mir wieder zulächelt – .

Rocca di Papa, 15.11.65

Mein lieber Fisch,
[...]
- Gestern war M.A. da, und als ich hinausging um etwas zu essen zu richten, stöberte er in meinen Schallplatten, und *was* wählte er? Deine Salzburger Rede (er sah die Widmung – es war die Probeplatte, inoffiziell und – mit Fisch und Baum; aber er sagte nichts). Doch später sagte er: »Ich kann Sie nicht verstehen – wenn ich Sie wäre und die Wahl hätte zwischen Rahner und mir, ich würde den größeren Geist wählen; was haben Sie denn nur an mir.« Ich schwieg darauf. Es ist seltsam: Ihr beide seid auf geheimnisvolle Weise verbunden; Ihr interessiert Euch ungemein füreinander, und jeder fragt sich wohl, was ich an ihm und am andern finde. – Und der gute Pater Johannes schaut von ferne zu und freut sich selbstlos »meines

Glückes«, wie er sagt. Nun – nachdem ich wieder einmal durch ein Schlangental gegangen bin, ist mir's wieder friedlicher. Der Schmerz bleibt. Wahrscheinlich hätte ich Schmerzen auch ohne M.A., auch ohne Dich. Wahrscheinlich hättest Du Schmerz auch ohne mich. Man hat immer, einige Tage oder Wochen oder Stunden ausgenommen, Schmerz, auch wenn man ihn nicht benennen kann, weil er sich auf nichts Handgreifliches bezieht. (»herzgreiflich« wäre auch ein schönes Wort.) – M.A. gefällt mein neuer Roman nicht, das heißt er findet Teile »meisterlich«, was das Sprachliche anlangt, aber als Ganzes kann es ihm nichts sagen, und er fürchtet, sagt er, daß die Leser nun ein falsches Bild von mir bekommen, weil der Tobias im Roman gar so rebellisch ist und soviel von Sexualität redet... M.A. meint, man meine, *ich* dächte soviel daran. Das ist recht sonderbar von ihm gedacht. Wenn Du mehr Zeit hättest, das Zeug zu lesen, im Dezember. Ich wage kaum, Dich darum zu bitten. Aber andrerseits wärest Du mir vielleicht böse, wenn ich's nicht täte.
Ich schreibe jetzt eifrig am Aufsatz übers Gebet. Ich beweise den Leuten, daß sie nicht besser beten als primitive Buschmänner. Du wirst ja sehen. [...]
- Dank für den mitgeschickten Zeitschrift-Ausschnitt über «Döpfners« Erfolg. Ach diese Ablaß-Geschichten. Dabei ist mir's doch ganz klar: Aus dem allgemeinen Schatz, den die »Gemeinschaft der Heiligen« anhäuft (von Gott »angereichert«, je nach Bedarf sozusagen) wird dem einzelnen zugeteilt, sofern und in dem Maß, als er's ersehnt und erfleht und in eben diesem Maß werden ihm »Sündenstrafen« nachgelassen. – Eigentlich ist's einfach so: soviel einer *liebt*, wird ihm vergeben. Aber *zählen* kann man das nicht. *Blöde* Verkennung Gottes und *seiner* Art zu sein und zu »rechnen« –.
Aber dieses Maß in Zahlen auszudrücken, ist lächerlich und *häretisch.* Immer mehr verehre ich Luther. Leider kann ich nicht protestantisch werden, weil mir da zu vieles fehlt. Aber den Papst könnte ich entbehren, diesen und jeden. Und die Kurie schon gar. Und Zölibat gibt's auch keinen. Aber ich bin katholisch, da ist nix zu machen. Nur sollte man *wirklich* Luthers Prozeß jetzt neu aufnehmen und Luther rehabilitieren.

[...] *Dein Wuschel*

Der Ausweg ist uns noch dunkel

Rocca di Papa, 19.11.65[48]

Liebster Fisch,

[…]

Ach diese unvollkommene Welt. Im Himmel will ich kein Haus mehr, keinen Brunnen bohren, nicht aufputzen, keinen Roman schreiben, nicht kochen, sondern in alle Ewigkeit stillsitzen und *nichts* tun. Nicht mal Hosiannah singen (das schon gar nicht. Aber Schlager vor mich hinsummen.)

(Wie Wuschel sich die Ewigkeit vorstellt… Ein Kaninchen nein, ein Hase will einen Himmel ohne Jäger, ohne Kälte, ohne Hunger, mit lauter saftigen Krautblättern. Ein Hund will immer zu Füßen seines Herrn liegen, vor einer vollen Fleischschüssel.) Es donnert blödsinnig hartnäckig. Und wieder ein neuer Regenguß. Ich fahr nach München, da schneit's wenigstens nicht in die Wohung hinein… Was für ein Brief. Ganz dumm. Gibt's gar nix Gescheites zu sagen? – Daß der Papst angeblich am Radio gesagt hat, man beginne mit der Beatifizierung der beiden letzten Päpste. Saudumm. Giovanni *ist* heilig, und bei Pius hilft's Heilig(Selig)sprechen auch nichts. Meintwegen. Jedenfalls hätte ich dann mal mit einem Heiligen 10 Minuten geredet gehabt (Pius XII.) Aber der Fisch ist *heiliger*, auch wenn er es nicht ahnt, und das ist eben das Heilige an ihm. Aber das ist ihm auch wurst. Du sollst nicht immer sterben wollen, weil Du nicht weißt, wie schön das Leben vielleicht doch noch sein kann. –

So, jetzt versuch ich wieder zu arbeiten. Das Petroleum stinkt. Aber es stinkt gemütlich.

Bis *bald*! 3 Wochen. – Telefon: falsch verbunden. Zum Kuckuck. – –

Dein Wuschel

Rocca di Papa, Sonntag
(22.?)11.65 (17.00)[49]

Mein lieber Fisch,
ich bin eben, einige Rosenkränze betend, im Garten, auf gepflasterten Wegen, spazierengegangen, müde von der Arbeit am Gebets-Aufsatz, an dem ich seit heute früh schrieb. Ich bin nicht einmal in die Kirche gegangen, um endlich einen ganzen Tag allein und ungestört arbeiten zu können. Jetzt sitze ich vor einem unsäglich wilden Himmel. Es hat zuerst kurz geregnet, nachdem der Tag still und grau, ohne Regen, gewesen war. Dann kam die Sonne durch, ehe sie – jetzt – unterging. Und das war nun ein so wildes triumphierendes aufrührerisches Licht, daß man's kaum ertragen konnte. Über dem Meer ein Stück Himmel, zartblau wie Emaille, ganz glatt und rein. Darüber schräg eine Schicht Grau. Und von der Sonne ausgehend breite Fächer von rosagelben, nein orange-rot-goldenen Wolkenfetzen über den ganzen westlichen Himmel, zu mir her. Ein Aufruhr von Licht, ein Wolkengetümmel, und jetzt, über der immer noch dauernden Emailleschicht, kommt das Grau auf, Schiefergrau, und verschluckt das rote Gold. Du hättest das sehen sollen. – Aber es ist ziemlich kühl. Draußen. Herinnen, mit der Ölheizung, ist alles sehr schön durchgewärmt. –
Morgen will ich auch noch eifrig arbeiten, aber nachmittag muß ich nach Rom, weil ich bei Max v. Brück eingeladen bin, mit M.A. zusammen, und wohl auch mit Dirks, der z.Z. hier ist.
[...]
Jetzt arbeite ich weiter. Aber nachher muß ich Dich noch was fragen wegen des »Sein« in der Eucharistie. Zufällig habe ich gerade beim Blättern im philos. Wörterbuch entdeckt, daß ich Alexandrinerin bin... nach Alexander von Aphrodisias; weiß der Herr Professor was darüber???! (Er leugnet individuelle Unsterblichkeit).
Abend 8.00, ich habe garbeitet bis zur Erschöpfung. Kann nicht mehr.
Also die Frage: M.A. sagte mir, daß man die Probleme der Transsubstantiation (und -figuration) neu aufgreift, da man in der Philosophie ja den Begriff des »Seins« heute anders interpretiere. Ich verstehe ahnungsweise (er hat mir's in der Eile auch nicht mehr

erklärt), aber doch nicht wirklich. Es ist brieflich wahrscheinlich nicht kurz und leicht zu erklären. Mußt Du mir dann in München sagen. –

Ich merke eben, daß ich nie auf Deine Briefe eingehe. Das ist aber nur scheinbar so. Ich lese sie genau und mit lebhafter Anteilnahme, z.B. was Du über die Hörerzahl schreibst, und mit besonderer Freude, wenn Du wie neulich, berichtest, daß Du »immer noch« mitkommst mit den Ansichten der jungen Generation. Natürlich – denn du bist ihr ja bereits voraus, dummer Fisch. Die kommen nur auf »moderneren« Wegen zu Deinen Erkenntnissen. Oder nicht?

[…]

Ach bin ich müd! Aber friedlich. Und freu mich, daß ich den Sie-Lesern etwas über's Beten sagen darf. Eigentlich weiß ich aus mir selbst das Wesentliche. Aus dem Heiler besorge ich mir nur Fakten-Material (Gebete usw.). Ich *kann* beten, wenn der *Herr* will!!! Manchmal ist er gnädig, dann strömt's. Manchmal nicht. Oft nicht. Aber etwas kenne ich doch: das unterströmige, das ununterbrochene Sein im Gebet, in der Gebetshaltung. Ich bin eigentlich erschrocken, wie mir das klar wurde. Überhaupt, Fisch – Du bist ein Phänomen. Was ist das? Kurz: etwas, das mir bisweilen Schrecken einjagt, weil ich in Dir etwas Außerordentlichem begegne. –

Noch einige Wochen.
Dein Wuschel

P.S. Mittwoch war Aldo mit seinem atheistischen Freund da, der eigentlich Pate stand für meinen »Tobias«.

Rocca di Papa, 25.11.65

Mein lieber Fisch,

[…]

Du schreibst so bitter, so voller halblauter Vorwürfe. Ach Fisch. Und wie oft Du das Gleiche sagst – daß ich einmal so und einmal so sage... Als ob so eine Geschichte nicht ihre Entwicklung hätte! Sie *ist* eben nicht immer gleich. Sie schreitet fort, sie kennt scheinbare oder wirkliche Rückfälle, Aufschwünge, Hoffnungen, Vorsätze, und auch Bitterkeit, Schwäche, Zweifel. Ich mach mir's weiß Gott auch nicht leicht mit Dir. Aber Du sollst jetzt endlich aufhören zu sagen, Du seist eine dunkle Last für mich und sonst nichts. Du weißt im tiefsten Herzen genau, daß es nicht so ist. Also sag es nicht mehr. Du bist schwer für mich, ja, aber das ist doch nicht *alles*, was Du mir bist. Lies doch meine Briefe genauer. Schrieb ich nicht gerade in den letzten Briefen, wie ich mich auf Dich freue? Aber das glaubst Du nicht. Alles ist ja nur billiger Trost... Du bist schon auch *ein wenig* selber schuld an Deiner Düsternis. –

[...]

Du sagst, ich überginge vieles schweigend, was du schreibst. Ja – was soll ich denn dazu sagen. Es steht mir nicht zu, etwas zu Deinen *eigentlichen* Schmerzen zu sagen. – Wegen »Boot, Haus, Baum...« Ich weiß. Vor 9 1/2 Jahren sagte mir M.A.: »Ich liebe Dich, und wenn ich dürfte wie ich wollte – mit tausend Freuden wollte ich Dich umarmen«. Und einige Jahre später leugnete er das glatt ab. Ich hätte das geträumt. – Ich leugne nichts ab. Ich konnte es nur nicht weiterwachsen lassen. Wäre M.A. nicht, wäre alles wahr. Es ist ja nicht *nicht* wahr,; es darf nur nicht so sein, weil ich ihm treu sein will. Ich sage es viele Male: Verzeih mir, Fisch. Aber was hilft das alles? Offenbar *gibt* es ausweglose Situationen. Aber der Ausweg ist uns nur noch dunkel. –

Dein Wuschel

Rocca di Papa, 29.11.65[50]

Mein lieber Fisch,

inzwischen hast Du meinen Brief, in dem ich einmal nicht »schweig«. Ist's besser so? Schau, ich kann doch nicht immer wieder »darüber« reden. Was soll ich denn sagen? [...]

Gestern ab mittag bis abends war M.A. mit Pater Johannes hier, aber dieser ist so verliebt in mich, daß M.A. etwas gestört war, und so litt ich mehr als ich mich freuen konnte. M.A. *ist* eifersüchtig, auch wenn er diese Feststellung entrüstet von sich wiese, falls ich sie ihm vortrüge. Das ist natürlich und richtig, nur stimmt's halt nicht zu seiner Theorie, daß ich nicht ihn, sondern alle lieben müsse... (saublöd, find ich. Er glaubt's aber, weil er es glauben möchte. Wie heiter blind man ist. Jeder in seiner Art. Ich auch.) Aber als wir gestern so saßen vor dem großen Fenster, war ein ganz unerhörter Anblick: ein Gewitter im Westen, dazu Sonne, der Himmel in verdunkeltem Gold, die Landschaft braun-golden; das Ganze hell-dunkel, mit schrägen Regenstreifen weit weg. Ein perfekter Rembrandt. Wir waren ganz bestürzt vor diesem lebendig gewordenen Gemälde. Es ist oft wirklich überwältigend schön hier, obgleich die Landschaft unscheinbar ist im Vergleich zu anderen. – Und am Samstag also kam Wasser. 140 m Tiefe. Die Kosten sind enorm. Aber das ist schon zu schaffen, da ich nicht alles jetzt zu zahlen brauche. Seltsam war zweierlei: erstens betete ich in den letzten beiden Tagen, Freitag-Samstag, intensiv zu den »armen Seelen« (die sicher längst reiche sind) aus meiner Familie; ich sagte vor allem zu meinem Vater und zu meinem heiligmäßigen Pfarrer-Onkel Georg, sie sollten mir helfen. Am Freitag früh kam ich aus Rom zurück und sagte zu dem Maschinisten: »Heut kommt Wasser.« (Ich täuschte mich um *1* Tag.) – Ferner: am Freitag abend sagte die Astrologin (sie hatte vorher schon einmal davon geredet), daß ich am Freitag ein Mars-Trigon habe, da müßte irgendetwas Freudiges geschehen. (So etwas wirkt sich immer 1 Tag früher oder später aus.) Am Samstag kam der Chef der Firma mit einer Pumpe. Nach kurzem Pumpen kam Wasser. Ich sagte »Regenwasser«. Es war schmutzig und wenig. Aufeinmal kam mehr und mehr, ein armdicker Strahl aus dem dicken Schlauch, dann wurde es klarer und klarer, und blieb und ist heute noch da, und schließlich ging ich hin und trank den ersten Schluck: gutes, frisches, etwas säurehaltiges Wasser (eine Art sanften »Überkingers«, wie es dies auch in Grottaferata gibt.) Es war ein Erlebnis: dieser erste Trunk, und daß die harte Erde endlich Wasser gab und Leben zeigte. Ich ging in die Kapelle und dankte wirklich unter Tränen, und mir war, als säße der HERR am Brunnen und sagte: »Nun gib

mir zu trinken.« Ich sagte, was jene am Brunnen sagte. Dann rief ich M.A. an, er freute sich, denn er hatte sich vorher mehr gesorgt als ich. Nun wird morgen die Pumpe eingebaut, dann wird das scheußliche Gerüst abmontiert, dann werden die Rohre im Garten gelegt. Bis ich wieder komme, ist alles in Ordnung. (So hoffe ich.)
Am Freitag – ach, das habe ich schon geschrieben, daß der Papst mir die Hand gab. Oder schrieb ich's nicht? Auch ein seltsames Erlebnis, wie er mich 2 m weit an seiner Hand mit sich zog. – Heut hab ich einen Sie-Aufsatz über die Keuschheit geschrieben. Mein Gebets-Aufsatz ist fertig, muß noch getippt werden. M.A. fand ihn sehr gut. (Er ist gräßlich kritisch.) Morgen kommt mein Verleger, Bermann-Fischer vormittag – und mittag. Nachmittag muß ich zum Gärtner nach Genzano, Bäume aussuchen. Immer was zu tun. Du denkst: Die hat es gut. Fisch – Du kennst *meine* Finsternisse nicht. Ich hab viele depressive Zeiten. Nur meistens krieg ich gerade noch Luft. Du siehst: obgleich Wasser, obgleich M.A. – ich kämpfe um mein Leben. Was für ein Leben leben wir. *Dein Wuschel*

[München im Dezember 65][51]

Lieber Fisch,
Du sollst wenigstens *hier* von mir empfangen werden mit einem herzlichen Gruß. *Natürlich* möchte ich Deinen Vortrag hören (hab eigens vieles andere »beseitigt«, um dabei sein zu können) – aber kannst Du mich mitnehmen, da es doch eine »exclusive Sache« ist, wie ich höre. Rufe mich halt an – ich bin Samstag früh daheim und warte, falls Du nicht doch Freitag noch anrufen kannst (auch mitternacht!). Wieviel *dummes* Zeug (neben Gescheitem, Schönem) Du schriebst! Man kann Dich halt nicht allein lassen, sonst »spinnst« Du. Alles andre mündlich. Ich *freu* mich doch so auf Dich!

Wuschel

Lieben und Leben auf die endgültige Erfüllung hin (1966-1984)

Wenn ich die Nachricht von Deinem Tod bekäme

Frankfurt 15.1.1966, früh 7.30

Mein lieber Fisch,
nur ein kleiner Gruß vor der Abfahrt nach Düsseldorf. – Ich sitze in einem komfortablen Zimmer des »Intercontinental«, und laut Erzählungen stand gestern in der F.A.Z. oder »so wo«, daß im »Intercontinental« abgestiegen seien: »Prinz So und so von Preußen und Luise Rinser«. So ein Blödsinn. Ich ärgere mich. Das kommt so heraus, als wäre ich ein Snob, eine Kapitalistin. Und dabei zahlt alles der Verlag. Na ja.
Gestern den ganzen Tag Reden mit Menschen. Wozu eigentlich? Was hat jemand davon? Man kommt auch so leicht dazu, unnett über andre zu reden. Wenn ich auf das sehr achtgebe, rutscht einem doch da und dort eine schärfere Bemerkung heraus. Trappisten haben es da leicht. Freilich: die *Gedanken*!! – Ach, und all die Eitelkeiten, bei Intellektuellen so gescheit versteckt und doch so leicht aufzufinden. Ich möchte nicht mehr mitmachen. Schon beim *Leben selbst*, doch, da wohl, aber nicht bei *dieser* Art mit *diesen* Leuten. Und doch: sie sind auch Menschen mit Leiden und Nöten. –
Wie geht's meinem Fisch? Er arbeitet, arbeitet...
Das Wuschel denkt an ihn (wie er an diesem Brief sieht, beispielsweise). Tausend Grüße!
[...]

Hamburg, 19.1.66

Mein lieber Fisch,
ich hab heut bis 1/2 *10* geschlafen, von 10 Uhr abends an, stell Dir vor. Das nennt man »Nachholbedarf«. Jetzt sitze ich in dem reizenden Hotelzimmer, aufs Frühstück wartend. Dann muß ich 20 Zeilen (oder mehr) schreiben für den Osservatore Romano – ob ich mit dem Konzilsergebnis zufrieden sei; einer der Redakteure rief mich gestern aus München an, er hoffte mich dort (da er mich in Rom nicht traf) interviewen zu können. Ich schreibe etwa so, daß ich zufrieden bin insofern, als ich weniger erwartet habe *vorher*, daß ich nicht zufrieden bin in Anbetracht der großen Möglichkeiten, die sich *während* des Konzils zeigten. – Eben kam das Frühstück, schön serviert. Draußen, vor dem sehr großen Fenster, sind wundervolle alte Bäume, verschneit, unter einem grauen Himmel. Hamburg ist tatsächlich eine *schöne* Stadt, eigentlich wohl die (baulich und gartenbaulich, oder wie man sagt?) die schönste, finde ich. So viele Gärten und Parks, und Wasser überall. Gestern war ich bei der »Welt«. Dieses Axel-Springer-Haus ist schon toll. – Man machte mir viele Angebote für die verschiedensten Sparten der Zeitung, ich kann schreiben was ich will, aber sie möchten mich vor allem zur Literatur-Kritik. Mal sehen. Heut abend geh ich ins Theater. Gestern führte man mich zum Essen in ein Luxusrestaurant, sehr schön. Ja, der Mensch versteht schon zu leben, nur das Geistige kommt nicht mit. – Auf bald, Fisch. Der Brief kommt Donnerstag an, ich Samstag.

Dein Wuschel

[...]

Rocca di Papa, 14.2.66[1]

Mein lieber Fisch,
2 Briefe von Dir sind bis jetzt angekommen. Jetzt bist Du wieder zurück von der kleinen Reise. Du mußt mir noch die genauen Daten schreiben für die andern Reisen, sonst bleiben meine Briefe liegen oder jemand andrer öffnet sie womöglich. – Ich hab an Deine Mutter geschrieben zum Geburtstag. Ich hab sie wirklich lieb, merke

ich immer wieder. Sie ist doch eine große Persönlichkeit in ihrer Art. Das merkst Du als Sohn vielleicht gar nicht. – Anbei etwas übers Schlecht-Hören. Ich mußte lächeln, ich spreche ziemlich leise mit Dir und du verstehst mich fast immer. Also! Was dieses »Also« bedeutet, begreifst Du erst nach Lektüre des Zeitungsausschnitts.– Ich hab auch schon fleißig gearbeitet – aber was ist das gegen Deine Arbeit! Zwei Aufsätze für »Sie«, einen über »Tierliebe fragwürdig«, einen über »Die minderwertigen andern« (gegen Pauschal- und Vorurteile.) Gestern hab ich begonnen für die »Welt« das von dort gewünschte »Interview mit mir selbst.« Da kann ich allerlei anbringen gegen meine Widersacher. Die Kunst ist nur, es so zu sagen, daß es nicht bissig klingt und nicht beleidigt-seiend. – Oh, jetzt solltest Du mit mir aus dem Fenster sehen: über der Campagna (Rom) liegt ein so leuchtendes Licht – wir selber sind ein bißchen in Wolken, es hat zwei Tage geregnet, immer mal wieder, aber gründlich, und das wird es heut auch wieder tun. –
Woher der Schreiber der SZ-Rezension weiß, daß die Leute zu meiner Lesung aus weltanschaulichen, nicht literarischen Gründen kommen? Wie kann man so etwas einfach behaupten. Aber vielleicht hat er recht, und dann ist's mir auch recht.
Warst Du beim Arzt Deiner Stimme wegen? – ob ich Deine Briefe mit Kummer und Schmerz lese – wie Du mir wünschest, Du Menschenfeind… – das sage ich nicht. Ätsch. Aber du weißt es ja. Ich hab heut Leber- bzw. Galle-Magenweh, nicht sehr, hab zuviel Kaffee getrunken oder sonst was, drum ist mein Kopf dumm. Du merkst's an diesem Bief, aber schreib mir trotzdem bald wieder, bitte. *Dein altes Wuschel*

Rocca di Papa, 15.2.66

Lieber Fisch,
ich schaue grad zufällig aus dem Fenster und auf dem neugekauften Stereo-Plattenspieler läuft ein Quartett von Bartok, und ich sehe draußen eine Schafherde den Hügel herunterkommen, und der Rhythmus, der kleinwellig flutende, ist der gleiche wie jener der Musik. Seltsam, so eine völlig zufällige vollkommene Kongruenz –

Ich bin fleißig: hab gestern und heut endlich für die »Welt« das Interview mit mir selbst geschrieben, als echten Dialog, etwas bissig, aber in einer »verfremdeten« manierierten Art, ein bißchen in Umgangssprache, da konnte ich unpathetisch alles anbringen, was mir am Herzen liegt. Jetzt versuch ich meinen Romanschluß zu schreiben. [...]

Rocca di Papa, 15.2.66[2]

Mein lieber Fisch,
es scheint tatsächlich ganz augenfällig ein Gesetz zu geben, das auf »unserer« Ebene (nämlich auf der Deinen, M.A.'s und meinen usw. usw.) gilt: was man um jeden Preis halten will, entgleitet, was man freigibt, bekommt man, ja es bietet sich einem neu an. Ich erlebe das mit M.A., Du erlebst es mit mir. Wir können viel daraus lernen. Für vieles ist dieses Gesetz gültig.
Du fährst also nach Münster und bekommst diesen Brief erst nach Deiner Rückkehr. Nach Münster zu schreiben, ist mir zu riskant.
Die Sache mit dem Zentralkomitee ist irgendwie faul, *sehr* faul. Als ich neulich bei der Einladung bei meinem Verleger mit Dieter Sattler darüber reden wollte (ich schrieb Dir, glaub ich, schon darüber) merkte ich, daß er sich erst ganz kurz davor (über den Fall Waltermann) informiert hatte, aber die Sache selbst regte ihn gar nicht auf. Ich sagte zu ihm: »Herr Botschafter, ich *lasse* mich nicht durch einen Antisemiten beim Vatikan vertreten.« Er sagte: »Was wollen's machen???« Ja, was will *ich* machen, wenn Du schon nichts tun kannst? Oder halt: Du hast die Öffentlichkeit aufmerksam gemacht. Das ist viel und das ist *gut*!
DANK dafür. Wie mutig Du bist. (Wie traurig, daß Mut dazu gehören muß, diesem klerikalen Nest die Wahrheit zu sagen.)

16.2.[66] Es ist noch nicht 7 Uhr, ich habe gebetet, gefrühstückt und sitze am Schreibtisch jetzt. Es ist schon hell. Und kalt draußen. Hier drinnen aber warm. Ich muß endlich diese Texte über die Jugend fertigbringen. Immer neues Material fällt mir in die Hände – ich muß

alles zum Abschluß bringen. Ich habe auch die ersten Kapitel nochmal völlig neu- bzw. umgeschrieben. Jetzt hat es erst die richtige Linie. Aber für mich ist's – so gern ich an sich so etwas arbeite, etwas Handfestes – doch eine grausame Arbeit, weil mich das alles ja etwas angeht! Wie ich mich mitverantwortlich fühle dafür, daß (oder wenn) diese Jugend »verlorengeht«, d.h. für den Geist. (Was ist das eigentlich: *der Geist*? Gibt es darüber etwas Gutes, Geschriebenes, *Neues*, oder auch gültiges Altes?)
Ich lese, was Du mir an Büchern und Heften schenkst, nicht immer sofort, aber nach und nach. So las ich das Heft über Freiheit, wo Du, Horkheimer und Weizsäcker schreiben. Sehr gutes Heft. – Ich möchte mehr von Weizsäcker lesen.
[...]

Rocca di Papa, *19*.2.66
(ich warte noch Deine Post ab!)[3]

Mein lieber Fisch,
es macht mich ganz verrückt, wenn Du in jedem Brief schreibst, Du habest keine Nachricht von mir. Ich schrieb sofort nach meiner Ankunft eine Karte und inzwischen 3 Briefe, oder 4. Wo um Himmels willen bleiben die denn? Wenn Du wieder einmal längere Zeit nichts hörst, so denke einfach, daß die Post vertrackt arbeitet. Mach Dich doch nicht verrückt mit dem Warten. Wenn was Schlimmes wäre, hättest Du längst Nachricht. Ich mag nicht anrufen bei Dir, weil erstens ich nie weiß, ob Du zu Haus bist und zweitens weil es auffällt. Aber *Du* könntest es ja tun zu Deiner Beruhigung. Warum tust Du es nicht? Und wenn wir nur fünf Sätze sprechen würden, wärest Du nachher wieder ruhig. Ich spreche nicht gern telefonisch, aber zu Deiner Beruhigung will ich doch alles tun und es ist ja gleichgültig, ob ich's mag oder nicht. Also – ein für alle Male: wenn Du wieder unruhig bist, so ruf halt einfach an!.
[...]
Ich bin heut etwas nervös, weil ich den ganzen Tag gestört war, weil die Putzfrau und der Gärtner da waren und weil ein gräßlicher Sturm weht, der macht mir Kopfweh, dagegen hilft kein Mittel. Ich hab das

Radio *laut* an, nur um den verdammten Wind nicht mehr zu hören. So schön es sonst hier ist – wenn Sturm ist, fühl ich mich in der Wüste ausgesetzt. Es könnten ebenso gut Schakale ums Haus heulen und Geier aufs Dach hacken. Und im Radio spielen sie Schubert, süß und traurig. Nicht mal beten kann man bei Windstärke 11. Ich schätze, es ist 11, wenn 12 das Heftigste ist. Bei 11 habe ich vor 9 Jahren die Überfahrt nach Athen gemacht, das war vielleicht lustig... Alle seekrank außer Orff, der absolut seefest ist, während ich – na, schweigen wir davon. Mein Haus hat den Vorteil, daß es nicht im Wasser schwimmt.
Der Gärtner hat viele Rosen gepflanzt. – Dank dafür, daß Du mir über M.A. schriebst. Also er arbeitet »Dir zuliebe« mit. Recht so. Eben las ich den Osservatore-Artikel über Dich zu Ende. Wieso ist das Bußsakramentbuch in Italienisch da? Es ist doch noch nicht einmal in Deutsch[4] erschienen? –

Später: – Eben blätterte ich im Philosophischen Wörterbuch (Kröner) und fand bei »Tod«, daß es ihn erdgeschichtlich noch nicht lange gibt, weil nur höher organisierte Lebewesen ihn kennen. Das ist (für mich) recht aufregend zu denken. Da kann man ja den Sündenfall geschichtlich zeitlich »genau« eruieren. »Die Bibel hat doch recht« – aber nicht ganz, denn waren *vor* den Menschen nicht schon Lebewesen da, höher organisierte (Affen z.B.) die *sterben*, ohne erbsündig zu sein???
Bitte, Herr Professor, erklären Sie das einer armen Studentin.
Ebenso lese ich (man soll Kindern nicht solche Bücher geben),daß *Thielicke* schreibt: alle Bemühungen, eine Unsterblichkeit des Menschen glaubhaft zu machen, sind von vornherein zum Scheitern bestimmt und haben nur *wörtlich*: »den Zweck, daß das Ich sich der unbedingten Drohung durch den Tod oder den herrschenden Gotteswillen entzieht, indem es eine unangreifbare Zone proklamiert, in der es – Gott ist.« Versteh ich nicht.
Immer wieder muß ich Hürden des Zweifels tapfer überspringen. *Du* glaubst an Deine Unsterblichkeit. *Du* wirst sie haben – schon allein durch Deine Bücher. Vielleicht besteht die Unsterblichkeit »nur« darin, daß man »Geist weitergibt«, der eben weiterlebt. Aber

verdammt nochmal: ich will *Ich* bleiben. Mir liegt das Anonyme nicht... »Lieber Gott, laß mich als Wuschel eingehen in Dein Reich«. Lieber als Wuschel im Fegefeuer denn als Funke im göttlichen Feuer... Siehst Du, so dumm bin ich. Nix zu machen.
Also, lieber Gott, tu halt, wie Du willst, wird dann schon recht sein, so oder so. Aber ich wär schon gern weiterhin ich...
Und Du? Du bist imstand und willst auslöschen. Du bist eben weise und eine alte Seele, während ich jung und dumm bin.
Und das alles kommt vom Sturm draußen, der mich ein bisserl spinnert macht. Die Stimme – hast sie untersuchen lassen???

Dein Wuschel

Du hast im vor-vor-vorletzten Brief geschrieben, daß Du so egoistisch seiest zu wünschen, ich möchte Deine Briefe nicht ohne Schmerz lesen. – Das hast Du vergessen, scheint's – weil Du um eine Erklärung fragst!.

Rocca di Papa, 23.2.66[5]

Mein lieber Fisch,
ich muß gerade zwischen der Arbeit rasch an Dich schreiben (ich schrieb vor einigen Tagen als dritten der jetzt hier entstandenen »Für Sie«-Aufsätze über das Thema »Die minderwertigen anderen«, also über Vorurteile gegenüber anderen Rassen, Völkern usw., und jetzt, als Pendant dazu, schreibe ich über »Vaterlandsliebe heute«, das ist ein aufregendes Thema!)
Heute kamen 2 Briefe von Dir. So schwermütige. Du sagst, es liege eine Zone des Schweigens zwischen uns. Ja, aber, aber, aber – was denn soll *ich* sagen? Du weißt ja alles genau. Soll ich's wiederholen? Es hätte doch nur Sinn darüber zu reden, wenn sich etwas ändern würde. Aber es ist wie es ist: Du bist mir zutiefst wichtig, aber ich »gehöre halt zu M.A.« oder wie ich sagen soll. Ich stellte mir heute, nach Deinem Todessehnsuchtsbrief, vor, wie es wäre, wenn ich die Nachricht von Deinem Tod bekäme. An dem schneidenden Schmerz, den dies bewirkte, merkte ich deutlichst, wie sehr Du in mein Leben gehörst, wie Du Wurzeln geschlagen hast und wie »das

alles« (das enge Zusammengehören, meine ich) immer noch gilt und weiter gelten wird. Sagt Dir das nicht viel, Fisch? Macht es die Lage nicht eigentlich klar? Wenn einem ein Mensch derart unentbehrlich ist, dann muß man doch eng mit ihm verbunden sein. Sag nicht, – ach, wie ich Deine Skepsis kenne und fürchte, Deinen Wahn, alles gleich wieder zerstören zu müssen – sag nicht, daß mir auch andre Leute unentbehrlich seien, der Franco etwa, der alle Reparaturen für mich macht und verhütet, daß seine Landsleute mich betrügen. Das wäre sehr häßlich von Dir. Aber Du wirst es trotzdem denken. Wieviel *richtiger*, nicht nur schöner es wäre, daß ich... – ach, Du willst ja nur eines hören, und dieses Eine kann ich halt nicht guten Gewissens sagen. So laß das doch, Fisch. Du mußt mich nicht ein Leben lang büßen lassen dafür, daß ich Dir einmal allzuviel Gefühl entgegenbrachte – das ich um M.A.s willen, der ja zuerst da war, nicht hätte *so* äußern dürfen! Was kann ich denn tun sonst? Wenn Du mir einen vernünftigen Rat geben kannst, der vor Gott besteht– ? Meinst Du, mir schnitte Dein Schmerz nicht ins Herz? Aber wird er besser, wenn davon geredet wird? Nicht im mindesten. Du hast über Weihnachten in ganz großem Format still gelitten und mir das Schöne und Gute des Beisammenseins gewährt ohne Quälereien. Wie dankbar war ich Dir, und wie habe ich mich gefreut, daß die Kruste der Angst, die immer um mich lag, aufgebrochen ist, weil Du mich nicht geplagt hast. Komm, Fisch, sei gut, grabe nicht in der alten Wunde. Ich sag das jetzt nicht aus Feigheit, ich sag's bloß, weil durch das Bohren Du mich von Dir treibst, während anders Du mich hättest. Jetzt sagst Du: sie denkt nur an sich. – Schau, wie ich angstvoll immer schon Deine Erwiderungen voraus weiß. Wie vergiftet ist das alles immer dann, wenn Du wieder anfängst zu fragen. Laß mich Dich doch unbefangen erleben! Ich kann ja nichts anderes tun als jedem von Euch beiden auf die nun einmal jedem gemäße Form anhangen.

Jetzt hat's aufgehört zu stürmen, schon wieder war heute solcher Wind, gräßlich. Dann hat's geregnet, der Regen lief in Schnüren übers Fenster. Vor dem Fenster, innen, hab ich einen blühenden Zweig von einem wilden Pflaumenbaum stehen, das Ganze sieht vor dem silbergrauen Abendhimmel sehr japanisch aus – so zart und

Schau, wie ich angstvoll immer schon Deine Erwiderungen erwarte. Wie vergiftest Du alles immer dann, wenn Du wieder anfängst zu fragen. Lass mich doch das unbefangen erleben! Ich kann ja nichts anders tun als jedem von Euch beiden auf die ihm einmal jedem gemässe Form anhangen.

Jetzt hats aufgehört zu stürmen, schon wieder war heut solcher Wind, grässlich. Dann hats geregnet, der Regen lief in Strömen übers Fenster. Vor dem Fenster, innen, hab ich einen blühenden Zweig von einem wilden Pflaumenbaum stehen, der sieht vor dem silbergrauen Abendhimmel sehr japanisch aus – so zart u. schön, dass es ein Gefühl von Geist vermittelt. Wie gerne zeigte ich es Dir. Du weisst gar nicht, wie oft ich das denke: „Das sollte der sehen."

(geht nach rechts noch weiter.)

Ach, Du — Du schwarzer Engel.

Verrissen hat Dich ein Idiot? Neid, mein Lieber, nichts als Neid. Lass nur. Den kennen wir beide!

schön, daß es ein Gefühl von *Geist* vermittelt. Wie gerne zeigte ich es Dir. Du weißt gar nicht, wie oft ich das denke: »Das sollte der Fisch sehen.« Ach, Du – du schwarzer Engel.

Verrissen hat Dich ein Idiot? – *Neid*, mein Lieber, nichts als Neid. Laß nur. Das kennen wir beide!

– Nocheinmal: die Briefe. Ach Fisch. Als ob Du noch nie zu etwas beharrlich geschwiegen hättest, worum ich bat! Erinnerst Du Dich, als ich Dich bat, einmal einen kurzen Aufsatz über mich zu schreiben? Ich habe die Bitte längst zurückgezogen, weil ich Dir diese Arbeit nicht mehr zumute, obgleich so ein winziger Aufsatz von Dir mein Prestige um Zugspitzhöhe gehoben hätte. Aber Du hast die Bitte vergessen und verdrängt. Ist das *nichts*? Das ist kein Vorwurf – ich sage ja auch, daß ich eingesehen habe, daß es eine törichte Bitte war – nur: nicht immer bin *ich* Angeklagte! Aber um Gotteswillen, beschließ jetzt nicht, was über mich zu schreiben. Das ist vorbei und von mir eingesehen. Nur eben: mußt nicht immer wieder mich ausschimpfen und anklagen. Solltest Du nicht eigentlich froh sein, daß ich es fertigbrachte, aus dem (damals) bergenden Nest, das Du mir warst, zu fliehen, um dem »Verzicht« treu zu sein? Wäre es nicht leichter für mich gewesen, M.A. untreu zu werden, damals??? Aber, halt, ethische Grundsätze gelten nicht, wenn sie sich gegen einen selber richten, nicht wahr? (*Böses* Wuschel!)

Im Ernst, Fisch: ich bin immer wieder einmal ratlos Dir gegenüber. Es gibt für mich keinen andern Weg, als den, den ich wählte. Auf dem andern verlöre ich mich selbst, M.A. *und* Dich, glaub mir's! Laß mich nicht bis zu meinem Tod für etwas büßen, was ich nicht anders machen *kann*.

– Jetzt geht die Sonne unter, völlig irre trimphierendes Licht über dem Meer, zwischen Meer und schieferblauem Himmel. Die Regentropfen am Fenster leuchten. –

Treib mich nicht fort von Dir, Fisch! –

Jetzt schweigt das Licht, das Grau und Lila – die große Stille kommt.

Ach, Worte, Fisch, Worte zwischen uns, sie sind nicht gut. –

Dein Wuschel

25.2.[66]: Ich denke so liebevoll an Dich und kann's doch nicht recht sagen, weil ich immer denke, Du nimmst's als bloße Tröstung. Ach Fisch, Fisch, Fisch!!

Rocca di Papa, 25.2.66[6]

Mein lieber Fisch, das soll allmählich ein Geburtstagsbrief werden. Wer weiß, wie lang die Post braucht! Aber was schreib ich meinem Fisch? Was könnte ich ihm wünschen, das, von mir kommend ihn nicht betrüben müßte, da ich ja seinen einen einzigen Wunsch weiß?! Aber nimm's halt an, wenn ich Dir (außer diesem einen) sehr viel Gutes wünsche. Oder anders und besser gesagt: nimm's halt an, wenn ich Dir sage, daß es mich sehr schmerzt, wenn es Dir *nicht* gut geht. Aber alles, was ich sag, ist ja nichts Gescheites. Ich werde jedenfalls am 5. [März] in besonderer Weise für Dich beten.
Ob Du nach Münster gehen sollst? Ja, nein, ja, nein. Ob Du mit Baptist so nah zusammenarbeiten kannst? Daß Lehmann dann sich habilitieren könnte, würde ich ihm gönnen, diesem tüchtigen Mann, der Dir eine wirkliche Hilfe ist. Und wenn Du 5 Monate im Jahr, wie Du schreibst, doch in München sein könntest, wär's ja auch in »anderer« Hinsicht nicht so schlimm, 7 Monate *nicht* dort zu sein, ich bin ja auch nicht dort in diesen Monaten. An sich wäre es gut, wenn Du nochmal einen neuen Anfang hättest, der Dir Deine Todesgedanken vertreibt. Ist ja kein Drandenken, daß man Dich schon sanft und leise in die Erde sinken läßt! Im Gegenteil: »leider« (von Dir aus gesehen, schlecht) mußt Du noch eine Menge arbeiten und es wird Dir noch eine Menge neuer Sachen einfallen! [...]
Es ist spät abends. Ich schrieb heut vormittag den Aufsatz über »Lieben Sie Ihr Vaterland« neu, dann tippte ich ihn und den andern über »Die minderwertigen anderen«, las Teilhard de Chardin, schrieb Briefe, und jetzt *sinke* ich ins Bett. Morgen weiter.

26.2.[66]

Wie war der Vortrag in der Uni? (Weiße Rose.) Wie war's in Freiburg? –

Ob ich Deine Platte will? Bitte, ja. Wenn ich vielleicht auch jetzt nicht gleich sie spielen würde, aber eines Tages doch. Im Herbst hörte ich mit M.A. zusammen »Löscht den Geist nicht aus«, schrieb ich das? – Aber *schick* sie nicht, damit sie nicht verlorengeht. Gib sie mir zu Ostern, bitte! – Nein: ist das wahr, was Du schreibst, daß das Kind im Mutterleib Daumen lutscht usw.? Woher weiß man das? Röntgen? Fruchtwasser mag ich nicht gemocht haben. Fruchtsaft ja. Und wenn ich schon bei dummen Witzen bin: Mutterkuchen lehne ich auch noch rückwirkend ab. *Ich* hab sicher solche Sachen *nicht* gemocht. Daumengeluscht hab ich auch nachgeburtlich nicht, nachgewiesenermaßen.

Jetzt such und such ich den Brief, in dem Du schreibst, Du kämst nach Rom – wo ist der hingeraten? Hab ich ihn geträumt? Nein. Du bist doch zum Experten gewählt worden für eine nachkonziliare Arbeit (nichtchristliche Religionen. Und noch was.) Zum – wo ist dieser Brief? Er wird wieder erscheinen, aus der Flut der Papierblätter aufsteigen! – Von *Döpfner*(!!) kam heut ein Briefchen, daß er versuchen wird, mich bei einem seiner Besuche hier aufzusuchen (ach – deutsche Sprache: 3mal »suchen« – und sowas will Schriftstellerin sein. Oder ist's ein neues Stilmittel...?) Auf meinen Keuschheitsaufsatz kamen Briefstöße mit freudiger Zustimmung. Nur ein paar fanden, daß es unerhört sei, wie ich die »voreheliche Liebe« bejahe... Die Leute lesen schlampig. – Eine alte Frau, Zeugin Jehovas, schrieb mir einen langen *lieben* Brief. Ich erlaubte mir trotzdem, sie auf die Widersprüche ihrer Lehren aufmerksam zu machen. Wie kann das Reich Gottes ewig dauern, wenn der Mensch sterblich ist dann, wenn es keinen Tod mehr gibt?? Bin zu dumm, das zu verstehen. Ist doch ein recht albernes Durcheinander. Jetzt ist's schon wieder gegen Mitternacht. Der ganze Tag war voll von Störungen. Bin nicht zum Arbeiten gekommen. Macht auch mal nix. Könnte ich nur *so* fleißig sein wie Du – und daß auch so war Gescheites herauskäme wie bei Dir. Der gläserne Fisch soll Dich *lieb* anschauen! Ich wünsche das.

Dein Wuschel

Weißt Du, daß ich noch immer keinen handbeschrifteten Briefumschlag von Dir wegwerfe (verbrenne) ohne ihm vorher einen Kuß zu geben?

Rocca di Papa, 27.2.66
(Christels 26. Geburtstag.)

Mein lieber Fisch,
[...]
Heut in der Predigt sprach der Abt von S. Nilo (der übrigens ausgezeichnet predigt, in einem klaren schönen unpathetischen Italienisch) davon, daß Jesus zu Nathanael sagte: »Sieh da, ein wahrer Israelit, an dem kein Falsch ist.« *Ich* habe immer gedacht, es gehöre zu unserem Menschsein, daß wir imperfekt, fehlerhaft, verzweiflungsvoll klein sind. Und da sagt nun Jesus von einem Menschen, der sei ohne Falsch, also tadellos.– Wie ist das nun: entweder sagt Jesus das als Mensch, und sieht die Fehler nicht *an* (obgleich er sie sieht), weil die Fehler Nathanaels gering sind im Vergleich zu denen andrer; oder Jesus sagt es als Gott, und dann liegt der Schluß nahe, daß Gott den Menschen anders beurteilt als der Mensch sich selbst beurteilt. Es kann also sein, daß wir viel besser und großartiger sind als wir wissen. Vielleicht weiß nur Gott, *wie* schwer es für den Menschen ist, anständig zu sein. Vielleicht denkt er: »Wenn ich meine Engel in die gleichen schwierigen Konditionen entließe, benähmen sie sich mindestens so schlecht wie meine Menschen.« Was meint mein gelehrter Fisch dazu? (Hat jemand vor und außer mir schon darüber nachgedacht – wer, wo, wann? Die Frage interessiert mich sehr.)
Übrigens: ganz gleich, was genau Christus gemeint hat – jedenfalls hatte er Wohlgefallen an Nathanael. Oder hatte er Wohlgefallen nur, weil Nathanael eben ein richtiges Mannsbild war, ein geschlossenes Ganzes, mit allen Fehlern und Tugenden, alles schön »integriert«? Vielleicht ist Christus (und Gott) gar kein Moralist, sondern ein Künstler. Wer weiß...
Jetzt ist's draußen schiefergrau geworden, und ich hab Deinen elektrischen Ofen angemacht (*vieles* ist von Dir!)
Ich schreib einen Sie-Aufsatz über Freundschaft. Ist gar nicht so einfach, sauber zu wissen, was das ist. Ich bemühe mich, allerlei ähnliches zu scheiden. (Clique, Männerbund, Bande, Club, Kameradschaft usw., usw.)
28.[2.66] (Grauer Bär Innsbruck *28.2.62.*)
[...] *Dein altes Wuschel*

Auf den Knien meines Herzens

Rocca di Papa, 2.3.66

Mein lieber Fisch,
also – diese Briefe. Schau, ich hab Angst, daß Du da sitzest, stundenlang, Nächte lang, und liest und liest und Dir das Herz aufreißest. Sie gehören Dir, natürlich, und wenn Du sie durchaus haben willst, so gebe ich sie Dir. Sie sind in München, aber versteckt, Steffi kann sie nicht finden (und *soll* sie nicht finden.) Aber sei doch lieber von Dir aus so klug, sie nicht zu lesen. Warum Dir *unnötig* wehtun in der Erinnerung an den Beginn und an die Zeit der Kämpfe? Und Du wirst sie auch als Waffe gegen mich benutzen und daraus zitieren, wie Du's schon machtest. – Aber, nocheinmal: ich gebe sie Dir, da Du sie willst. –
[...]
Heute war der Gärtner mit einigen Arbeitern da, und Franco mit einigen; (bedeutet: fünfzig Störungen bei meiner Arbeit) – aber es ist viel geschehen im Garten. Ich freue mich darüber. Etwas entstehen zu sehen, nach eigenen Plänen, noch dazu etwas, das mit Erde und Pflanzungen zu tun hat, ist herrlich, und *liegt mir.* (Alte Bäuerin.) Aber – nebenbei schrieb ich einen Aufsatz für »Misereor« (die wünschen sich einen von mir, zur Werbung –) und da ist der alte Schmerz wieder da; selbst wenn ich nach Jahrzehnten der heftigsten Arbeit, der Entbehrungen usw. das *Recht* habe, Haus und Garten zu haben wie jeder Bauer, jeder Arbeiter, jeder Angestellte, jeder »Geistliche« sogar – habe *ich* das Recht? Ich habe Angst vor dem Gericht. Aber was tun? Vielleicht ist diese meine Angst schon mein Fegefeuer: nämlich das Gegenüber von dem, wie ich lebe, mit dem, was der HERR von mir fordert. Die Divergenz tut weh, beschämt, ist ein wilder Stachel. Was tun, was tun, was tun –.
[...] *Dein altes Wuschel*

Rocca die Papa,
genaues Datum unbekannt, 1966[7]

Mein lieber Fisch,
gestern, als ich meinen Brief eingeworfen habe, kamen 4 von Dir. Du schreibst immer, ich ginge nicht auf Deine Briefe ein. Aber ich meine, ich tu es doch, auf meine Weise. Und jetzt verbiete ich Dir, noch einmal zu sagen, ich schriebe nur aus caritativen Gründen, aus Mitleid usw. Ich meine, Du sollst mehr Selbstachtung haben, deutlicher wissen, daß Du auf jeden Fall ein großes Geschenk bist für einen andern Menschen, und daß die »Last«, die Deine Schwermut wohl ist, eine Last bedeutet, mit der befrachtet man reicher wird. Du sollst nicht jeden Satz von mir analysieren und mit giftigen Säuren dabei arbeiten. Man kann auch Gold zerstören mit Scheidewasser. Laß es Gold sein. – Wie kannst Du sagen, ich dächte sicher, Du störtest meine Heiterkeit. In diesem Satz stecken mindestens zwei (nein *vier*) Fehler:

1. ich bin nicht heiter,
2. störst Du mich also darin nicht,
3. eine Heiterkeit, die sich durch einen Schmerz wie den Deinen »gestört« fühlte, wäre eine sündhafte, lieblose, gottlose;
4. ziehe ich Deine Schwere einer billigen Heiterkeit vor.

Mach doch unsere Beziehung nicht geringer als sie ist, Fisch. Deine Selbstdemütigung entspringt dem Stolz, der verletzt wurde. Aber warum das eine wie das andre? Wisse Deinen Wert und den Wert des Geschenkes, das Du mir machst mit Deiner Liebe.
Daß Du so tief leidest – ja meinst Du denn, ich litte nicht *mit?* (Innsbruck, Juni 1962.) – Im übrigen war ich gestern abend bei Michaels, wir schauten in Deinem Horoskop nach. Du hast in diesen Jahren sehr schwere Schatten zu bestehen. Frl. Michael sagte, Du habest etwas Selbstzerstörerisches in Deinem Wesen, das jetzt im Älterwerden deutlich hervortritt und Du müßtest sehr darauf achten, damit Du nicht bitter und ungerecht wirst.
Im übrigen: diese Finsternis ist völlig unabhängig von mir, sie ist einfach angezeigt als Gemütslage bei Dir im Alter. – Ich will damit nicht sagen, daß ich keine Rolle dabei spielte, aber – was ich neulich ohne Astrologie sagte – sie wäre auch ohne mich gekommen. Frl.

Michael sagte: Wenn er *Sie* (also mich) nicht hätte, wäre es viel schlimmer, dann lebte er gänzlich licht- und hoffnungslos; so *lebt* er doch. – Und das ist es, was ja Du selbst auch sagst.
Versteh: das ist für mich so, wie der Satz meint »Ärgernisse müssen sein, aber wehe dem, durch den sie kommen«. Das gehört zum Mysterium der Schuld. Mich tröstet, daß auch astrologisch ich *dadurch* für Dich »Leben« bin.
[...] *Dein Wuschel.*

[Rocca di Papa], 6.5.66[8]

Mein lieber Fisch,
auf der Fahrt hierher sprach ich viel mit Dir. Das Abschiedstelefongespräch war wirklich sehr »kühl«, scheinbar; aber erstens stand Steffi daneben, und zweitens wußte ich vor Traurigkeit nichts zu sagen. Im übrigen ist es nicht so, daß ich nicht *mag*, wenn Du nur Deinen Tages-Stundenplan schreibst. Ich sagte nur, daß ich das manchmal diagonal lese, denn ich kann mir's ja doch nicht merken. Würdest Du es Dir merken, wenn ich schriebe:
8.00 Arbeit begonnen. 8.30 lange mit jemand von der Botschaft telefoniert. 9.00 Besuch einer Schweizer Reporterin. 10.00: nach Grottaferata gefahren zur Post usw. usw.? Du würdest Dich auch nur summarisch für so was interessieren, das ist doch begreiflich – freilich ist's bei Dir schon noch anders, weil es ja interessant ist zu sehen, was Du alles an *einem* Tag bewältigst. Darum ist es also nicht so, daß Du es nicht schreiben sollst – hörst Du! – sondern einfach nur so, daß ich's nicht auswendig lerne, sondern eben rasch zur Kenntnis nehme, und die Essenz daraus ziehe: »Armer Fisch – « und: »wie macht er das bloß? Woher *diese* Kraft?« – Also: leg nicht jedes Wort auf die Goldwaage; hab halt Vertrauen, Du verwundetes Kind! – (leicht gesagt... ich weiß!) Deine Abhandlung ist schwierig – ich meine nicht: schwierig zu lesen, – sondern: das *Problem* ist schwierig.
Im Augenblick bin ich *zu* müde um etwas dazu zu sagen (und Du hast ja alles gesagt) – und es liegt ein Postberg da – etwa 50 Briefe, mindestens, ich bin leicht verzweifelt. (Geburtstagspost und für »Sie« Leserbriefe, und anderes.) Gutes und Dummes, auch Böses: ich

schrieb für die »Sie« über Tierliebe, und daß immer noch der Mensch mehr sei als das Tier und daß viele Leute ein Tier lieben, weil sie unfähig sind, einen Menschen zu lieben. Da kamen einige bitterböse Briefe von sichtlich (fühlbar) alten Jungfern: »Tiere sind besser als Menschen« und ich verstünde nichts von Tierliebe, sei eiskalt, ein böser Mensch (ich schrieb, daß besäße ich *ein* Stück Brot nur und hätte die Wahl, es einem hungernden Kind oder einem Hund zu geben, ich es dem Kind gäbe – aber da fielen die Hyänen über mich her. – Ach Fisch, oft stellen Menschen eine *große* Versuchung für meinen Lebenswillen dar. Sie sind oft *so* dumm, so unbeschreiblich (und böswillig) dumm.

Eigentlich hätte ich so viele theologische Fragen gehabt. – Ein ander Mal.

Ich habe bei mir beschlossen Dich zu bitten, keine Rücksicht auf meine Feigheit mehr zu nehmen: schreib Du *alles* was Dein Herz bedrückt, auch wenn *ich's allein* nicht tragen kann. Ich will es *wenigstens halbwegs* mitleiden – halbwegs, weil ich *völlig* ja nicht kann.

Dein Wuschel

Eben entdecke ich auf meinem Briefblock das Fisch-Zeichen!!! Du hast's neulich gemacht, am Montag.

Rocca di Papa, 7.5.66[9]

Mein lieber Fisch,

heute kamen 3 Briefe von Dir, darunter der lange vom 2.[5.] – Zuerst einmal: *ich* freue ich über den neuen 9. h.c. (Frl. Michael, vor ein paar Tagen Dein Horoskop betrachtend, sagte: »Der erntet jetzt Lorbeer um Lorbeer« – und siehe da, schon berichtest Du mir davon.) Dank für das Büchlein, und die winzig klein hinzugeschriebene Widmung von Deinem Geburtstag. Da bekam also *ich* zu Deinem Geburtstag ein Geschenk. – Und nun soll ich also auf Deinen langen Brief eine Antwort finden. Ich hätte eine! Die heißt: Wenn man einen andern Menschen liebt, der schon gebunden ist, also *so* nicht wiederlieben kann, warum dann nicht *im Lieben* (ohne *solche* Gegenliebe) *eine Erfüllung finden?* Das wäre eine objektive Antwort.

Wenn Du sagst, Du meinst, ich stünde nicht zu jenen 2 Jahren, so hast Du natürlich insofern recht, als ich, an M.A. gebunden, niemals hätte so sein dürfen, daß Du denken mußtest, ich wäre von M.A. weg zu Dir übergelaufen. Wenn ich von Anfang an nicht nur gesagt, sondern ganz so gelebt hätte Dir gegenüber, daß ich M.A. gehöre, dann wäre niemals das alles so gekommen. Aber Du wärest auch nie bis zum schrecklich glühenden Kern des Lebens durchgestoßen. Ich weiß, jetzt zuckst Du zusammen und sagst: das darf *sie* nicht sagen. Wer aber sagt es sonst??! Und es ist einfach wahr. Indem Du Liebe plus Schmerz kennenlerntest, bist Du ganz groß geworden. – Aber ein wenig egoistisch bist Du schon auch – wie einfach Du hinweg gehst über jene Sachen, daß Du nicht über mich schreibst. Weil ich damals selber gesagt habe, Du sollst nicht? Ach Fisch, ich wollte Dich nur entlasten. Du hättest mein Prestige sehr heben können. Du tust es nicht. Du wolltest nicht einmal meinen neuen Roman[10] lesen. Und ich versteh: Du hast einfach keine Zeit. *Und das respektiere ich.* –
Aber nun zu einer anderen Sache, die ich schon mehrmals schrieb und die Du einfach nicht akzeptierst: Du wußtest vom *ersten* Treffen an, daß M.A. meine große Liebe ist. Ich ließ keinen Zweifel daran. Wie konntest Du, als Priester, als Seelsorger, *wollen* daß ich Dich statt seiner liebe? (Denn man kann nur einen lieben.) Mußtest Du nicht genau wie ein andrer Mann, der eine gebundene Frau liebt, den »Anfängen wehren«? Niemals sagst Du Dir: was habe ich M.A. getan, was dem Wuschel! – Aber dies alles *ist* einfach, wie es ist, und da ist noch soviel zu reden – und es bleibt alles wie es ist. – Unsinn ist, wenn Du meinst, Du seist mir (von mir aus gewertet) eben ein guter Freund, ein anregender. Zum Teufel, Du weißt ganz genau, daß ich Dich lieben könnte (theoretisch sozusagen, von der Neigung her) – ich meine so wie Du möchtest, wenn nicht das Schicksalswort längst gesprochen wäre.
Ich habe nur die Wahl: M.A. oder Du. Und es ist eben M.A., und wenn Du mich tötest, wird's davon nicht anders. Aber wenn es je ein andrer wäre als M.A., wärst es Du. Ich kann aber nicht anders als M.A. lieben. Also. Du bist mir nicht etwa »Freund«, das *weißt* Du. Wie man diese Beziehung nennen soll, weiß ich nicht. *Muß* man sie nennen?

Im übrigen kann ich Dir guten Gewissens vor Gott auf Deine Frage, ob *ich* mit M.A.'s *Freundschaft* zufrieden wäre, sagen: Ja, ich wär's, ich *bin's*, denn was weiß ich von seiner Liebe? Ich quäle ihn nicht mit Vergangenem. Auch er sagte mir einmal »Ich liebe Dich« – und *leugnete* es dann und *widerrief die Leugnung nie!* Seine Liebe zu mir ist eine Art Freundschaft. Ich bin zufrieden. Ja. Warum? Weil es darauf nicht ankommt. Und selbst, wenn er mich »liebt«, liebt er mich nicht »fürchterlich«, sondern eben freundschaftlich. Liebe, Fisch, Liebe fragt nicht und fordert nicht. Warum kannst Du mich nicht lieben, bloß schenkend lieben? Hättest Du nur vor 7, 6 Jahren miterlebt wie selten ich M.A. sah (2, 3 x im Jahr, und mit Kühle) – und ich war (leidend) zufrieden. Irgendwie versteh ich Dich doch nicht ganz. Natürlich – Du sagst, »ich habe nicht gespart und dann ein für alle Male gegegeben« – ja, und? *Reut es Dich, Fisch? Was hast Du dabei verloren? Bin ich Dir nicht verbunden?* Hör doch auf zu *rebellieren.* Aber freilich – Du sollst ja drüber reden. Nur: kommst Du denn bei alledem einen Schritt vorwärts?
Zur Selbstentäußerung hin?
Du quälst mich mehr als ich je sagte in letzter Zeit. Aber gut, ich nehme es hin. Für dich ist es die Art, mich zu lieben. Gemeinsamer Schmerz, so denkst Du, bindet tief. Ja, schon. Ich will's ja annehmen. Es ist der Preis dafür, daß ich Dich habe »kennenlernen« dürfen, der Preis dafür, daß ich die bin, die Dein Herz hat. Ich habe Dir einmal gesagt, und sag's nicht gern wieder, weil solche Worte ihren Glanz verlieren bei der Wiederholung: Ich nehme Deine Liebe an, auf den Knien meines Herzens liegend. Das *ist* so. Nur: das *Übermaß* an Vorwürfen, Klagen, bohrenden Fragen *erschöpft* mich einfach. Die ständige Defensive, in die Du mich treibst, beraubt Dich meiner schönsten Worte, Empfindungen, Gedanken.
Was Schreckliches schriebst du – ob Du mich »nur bis zum Tod büßen« ließest. *Willst* Du, daß ich in alle Ewigkeit büße? Kann ein Liebender das wollen? Ich habe M.A. sogar sein Ableugnen der Liebe vergeben, ich würde ihm sogar vergeben, wenn er mich verließe. Der Mensch ist frei. Liebe *ist* Freigeben, Fisch! Warum läßt Du mich so etwas *sagen? Du weißt es! – Vielleicht* hast Du das Wort aber anders gemeint und bis zum »Tod büßen« – vielleicht meintest

Du, ob es *nur* eine Buße sei. Nein, – es ist *nicht* nur eine Buße, es ist ein schreckenerregendes Geschenk, Deine Liebe. Ich hoffe zu Gott, ich sagte kein Wort in diesem Brief, das Du *negativ* werten kannst. Fisch. Fisch – versündige Dich nicht gegen das Leben.
Daß Du lieben kannst, endlich – ist das nichts???

Dein Wuschel

Rocca di Papa, 10. Mai 1966[11]

Mein lieber Fisch,
ich bin zur Zeit dumm im Kopf, kann nicht arbeiten, habe »schlechte Sterne« (sagte mir Frl. Michael ungefragt!) Schlechte Sterne für geistige Arbeit, aber nur einige Tage – aber ich *muß* ja arbeiten! Nun – erst einmal will ich an den Fisch schreiben. – Das was Du über »die Wahrheiten« sagst, ist mir im Augenblick sehr wichtig, denn gerade mit dieser Frage schlage ich mich herum. Das Konzil ist schon ungeheuer gefährlich. Wenn ich jetzt irgendetwas Alt- und Liebvertrautes denke, denke ich sofort: »*ist* das so? was eigentlich meint es? und *wer* weiß, ob es *so* ist?« Manchmal frage ich mich ganz trostlos aufsässig, woher eigentlich *Du* weißt, was Du sagst. Was ist das: »der Hl. Geist«, der einem »Wahrheit« eingibt? Manchmal habe ich Angst, daß zwar Gott existiert, aber daß er ganz und gar nicht so ist, daß wir ihn »lieben« können; und daß die Entwicklung der Menschheit ganz unpersönlich ist, und daß jeder von uns nur dazu da ist, um die Spezies Mensch hinaufzuentwickeln, und daß von persönlicher Unsterblichkeit keine Rede sein kann usw., usw. Was ich da so töricht sage, ist aber bisweilen ein furchtbares Gefühl: Da tut sich ein Abgrund auf. Für mich meint z.B. Glaube noch etwas völlig anderes als es bisher war. Es wird ein wirklich heroisches Vertrauen, und also, auf Umwegen, doch wieder *kindlich*. Jedenfalls wankt mir der Boden unter den Füssen. Aber das ist schon recht so. –
Deine Erklärung zum Thema des Widersprüchlichen und der Einheit sind ebenfalls ganz nach meinem »Geschmack«. –
Im letzten Brief stand etwas von der Hölle: daß bei Dante *geredet* wird, während Hölle doch das eisige Verstummen ist, das Nichtdasein der andern. Ich könnte mich eigentlich Gott anbieten, mich in die Hölle

zu schicken, damit ich ein paar »Verdammte« (ersten, d.h. leichtesten Grades…) rette, indem ich mit ihnen rede. (Was war die »Vorhölle«, in die Christus ging? Ein Provisorium, ein Wartesaal?)
Ich hatte immer soviel mit Dir zu *reden*, aber wenn wir beisammen sind, bist Du so müde, daß ich nur im Ausnahmefall (wie neulich) Dich plagen mag. Eigentlich müßte gerade *ich* Dich ganz in Ruhe lassen. Du müßtest bei mir ganz «dumm« sein dürfen. Aber das geht auch wieder nicht, denn wenn *Du* nicht redest, muß *ich* reden, und ich weiß nichts Rechtes, und wenn wir beide nicht reden, ertragen wir die Lage nicht. Ist schon ein Kreuz mit uns! – Daß Liebe nicht »schöpferisch« sei, glaube ich Dir nicht; es stimmt nur in dem Sinn, in dem stimmt, daß *alles* bereits »da« ist; auch in der Kunst wird von uns nur wiederholt und betont, und markiert, was Gott längst geschaffen hat. Aber genau wie man als Künstler »schöpferisch« ist und (Pseudo-)Neues macht, so in der Liebe.
Ist wirklich eine Liebe nur dann gut, wenn das Geliebte liebenswert und gut ist? Wer entscheidet aber darüber? Dann wäre Gottes Liebe zu uns auch nur *bedingt* gut – denn sind wir vielleicht alle liebenswert???
Vielleicht ist eine Liebe umso größer, je weniger liebenswert, ja weniger gut das Objekt ist? –
Dein LThK hat einen sehr schönen Platz bekommen: links vom Kamin.

Ist das klar?
Wer ist M. Benedicta Kampner? Und ist ihr Buch gut über Priester vor Hitlers Tribunalen?
– Ja, die *Gewaltlosigkeit* ist eine Form von Gewalt, das ist mir klar geworden. Siehe auch, was Karl Barth darüber sagte. Ich las es in einer Zeitung. –

Im übrigen, lieber Fisch, mußt Du nicht unbedingt, wenn Du müde bist, Dir eine Abhandlung für mich abringen. Ich will ja doch auch wissen, was Du so alltäglich tust. Wenn ich einen Wunsch nach der einen oder anderen Seite äußere, so mußt Du ihn nie so absolut auffassen und so extrem!

Ach, Fisch – wenn Du Dich nur nicht so *mit Gewalt* und *Absicht* zu Tod arbeiten wolltest. Ist das recht, was Du tust??? Ich frage es mich mit Bangen. –

Gratuliere zur 4. Auflage von »Sendung und Gnade«[12]. Wenn Du Dich nur ein wenig darüber freuen könntest. Aber Dir ist's wurst. Ich weiß. Freilich: wenn's *nicht* so wär, wär's Dir doch auch nicht gleich, denn Gott sei Dank hast Du doch auch Ehrgeiz. Überhaupt ist's nicht wahr, wenn Du von Dir immer sagst, Du seist tot. Quatsch! Du lebst, Du lebst höchst intensiv sogar, wenn auch als rechter Schächer am Kreuz! –

Und draußen blühen die Rosen. Aber es ist immer noch ein wenig trüb und kühl. Nix baden! Öfchen heizt!!! (es ist Abend.)

Eben las ich erst *richtig*, was Du über die Messe schreibst. Das ist aufregend großartig. Ich muß es meditieren.

Alles Liebe
von Deinem *doch* ratlosen *Wuschel*.

[...]

Rocca di Papa, 14.Mai 1966[13]

Mein lieber Fisch,
warum malst du den Fisch jetzt immer gar so tiefschwarz an, so durch und durch schwarz? Das ist doch Schwarzseherei...

In Deinem letzten (theol.) Brief – über das Irren bei Christus: kommt sein Irrtum in bezug auf das Ende der Zeit, auf die Parusie, nicht vielleicht daher, daß für ihn, der doch *auch* Gott war und also neben dem menschlichen das göttliche »Bewußtsein« hatte, die Zukunft sich genau so schon ereignet hat wie die Vergangenheit? Daß er dunkel wußte (dunkel – als Mensch, der er war), daß in ihm selbst alles schon *da* war. (Sagest Du nicht auch so ähnlich?)

Das Transponieren dessen, was Du über Jesus sagst, auf eine andre Ebene habe ich versucht. Es heißt dann: obgleich der Fisch in seiner hohen Spiritualität jegliches weiß über das Nötige im geistlichen Leben, und obgleich er den großen Verzicht (im allgemeinen und besonderen) bereits geleistet und also das Sterben schon vorausgenommen hat, leidet er dennoch menschlich. Oder umgekehrt: obgleich er menschlich leidet, hat er den Sprung schon getan in jene Zone, in der das Leiden der Freude gleicht??? Oder wie meinte es der Fisch??? – Ich las in dieser Woche (um es für die »Welt« zu rezensieren) ein ungeheuer aufregendes Buch einer ital. Journalistin »Wenn die Sonne stirbt«: ihre Erfahrungen bei ihrem Aufenthalt bei den amerikanischen Astronauten. Ich bring es Dir mit im Juni. Für mich ist's weniger aufregend durch das, was drin steht, als durch das, was nicht (wenigstens nicht explizit) drin steht. Du wirst's ja lesen. Jedenfalls mußte ich dabei immer an Dich denken, weil Du ein theologischer Astronaut bist. Was Du zu denken und zu sagen wagtest, ist kühner als die Fahrten jener Männer ins Weltall. Ich dachte mir dabei aber auch (und darin stimmt Dein heute gekommener Brief mit mir überein) daß eine kleine fromme Nonne, die sich nie aus ihrem Kloster weg rührt und mit ihrem kleinen und glühenden Herzen bei Gott ist, genauso viel weiß vom Weltall *und* von Gott wie die Astronauten und Theologen miteinander (im Nicht-wissen-Wollen alles wissend. Ich schrieb darüber auch im »Septembertag«). Man findet alles auf allen Wegen, wenn man diesen Weg (jeder den seinen) wirklich bis zu Ende geht.
Die Beschäftigung mit der Zukunft gibt teils Angst und Sorge, teils aber auch Beruhigung und Hoffnung – denn Gott ist immer da: *Non timebo mala, quoniam tu mecum es*. Und er wird uns immer nur richten nach Maßgabe der *Zeit*, in der wir leben. D.h. er wird uns schon nicht überfordern. –
In den nächsten Wochen werden mich mehrere Leute besuchen: meine französische Übersetzerin, meine japanische Freundin (die nach Japan zurückfliegt über Rom und einige Zeit hierbleibt), eine junge Deutsche usw., usw. Ist schon recht. Ich hab dazwischen immer wieder Stille.

Übrigens: daß die Schultheologie Jesus nur *praktisch* göttliche Eigenschaften zuschreibt und ihm nicht zugesteht, daß er *wirklich* leidet, daß er sich irren kann usw., beweist, daß die Schultheologie nichts hält vom Menschen! Ein Mensch, das minderwertige Geschöpf.
Die kluge italienische Journalistin schreibt zum Schluß – obgleich sie desillusioniert ist, daß der Mensch doch etwas Großartiges sei. Er ist's ! […]

Dein Wuschel

Was Du im vorletzten Brief über veraltete Frömmigkeits-Stile schreibst, beschäftigt mich auch sehr. Aber die alten Schichten erhalten sich neben den neuen – und in der pluralistischen Welt hat *beides* Platz, oder nicht?

Rocca die Papa, 15.5.66

Liebster Fisch,
[…]
Was Du über die Mitte zwischen zwei Extremen schreibst, beschäftigt mich sehr. Ich hab früher, als ich jung und wild und zornig war, immer gegen alles »Mittlere« rebelliert. Ja, das versteh ich: das Mittlere muß das Höhere sein. So:

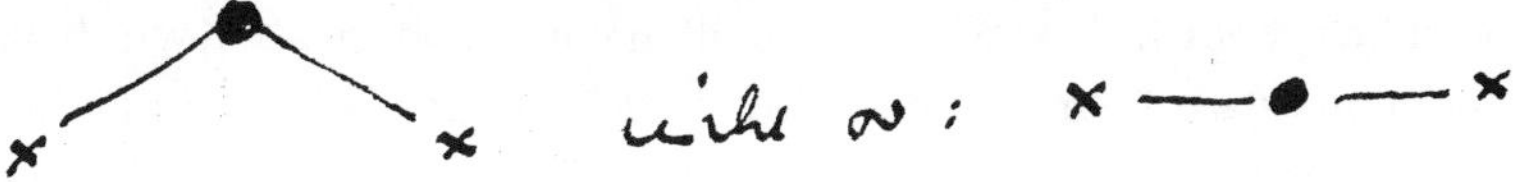

Aber der Fisch spricht dabei pro domo. – Das Maß hat nichts mit Quantität zu tun, das ist mir klar. Die Mitte zwischen Vielfraß und Askese (im Essen) ist: normales Essen nach subjektivem Bedarf.
Die Mitte zwischen Treue und Untreue gibt es aber nicht. Die Mitte zwischen zerstörerischer Leidenschaft und abgeklärtem Verzicht ist: ruhige innige Liebe. Ja aber: was ist das?
Diese Frage wird mich noch länger beschäftigen. Du wirfst zur Zeit lauter Fragen auf, die mich sehr angehen.
[…]

Allerherzlichst *Dein Wuschel*

Rocca di Papa, 17.5.66[14]

Mein lieber Fisch,

[...]

ich hatte eben einen ketzerischen Gedanken: wieso sagt man immer, Maria, Mutter Jesu, habe am tiefsten und meisten gelitten unter allen Frauen? Wieso denn? Hatte sie nicht eine schöne, behütete Jugend? Gute heilige Eltern? Eine ausgezeichnete Erziehung im Tempel? Einen guten, lieben Ehemann? Einen wohlgeratenen Sohn? Ihr Auskommen? Und ganz zuletzt wieder einen lieben Sohn und eine Heimat bei Johannes. – Was soll das schon heißen: daß sie ihr Kind in einem Stall zur Welt brachte? An was für schrecklichen Orten haben Frauen schon geboren! Daß sie »arm« war? War Josef arm? Er hatte Arbeit. War sie krank? Wir wissen nichts davon. War sie verlassen? Niemals. War sie verhaftet? Nein. War sie verleumdet? Kaum. War sie bedrängt von Versuchungen? Nein, oder sicher nur mäßig. Sie war im vollen Stande der Gnade. – daß sie zum Schluß ihren Sohn am Kreuz sterben sehen mußte und seine Mission in Frage gestellt sah, war arg, ja, aber das erlebten so oder so auch andre Mütter. Im Ernst: ich sehe nicht das Schwert im Herzen – ich meine: nicht ein größeres und schlimmeres als Tausende und Millionen anderer Frauen auch tragen. Wozu das Getue? Oder verstehe ich's nicht recht?

Etwas anderes überlege ich auch, nichts Ketzerisches: ob ich Dich wirklich genug kenne, was soviel heißen will als: ob ich Dich wirklich in Deiner ganz überragenden Größe erkannt habe. Vielleicht nicht. Vielleicht ahnungsweise – sonst würde ich ja nicht darüber nachdenken und zweifeln! – Aber wer *zu* nah bei jemanden steht, sieht ihn bekanntlich nicht mehr als Ganzes. – Und kennst Du mich? Ich habe keine Größe wie Du, aber meinen spezifischen Wert. Kennst Du den? Oder nur meinen Wert *für Dich*? – Ich lese ein wenig Theodor Haekker (»Tag und Nachtbücher«.) Ich weiß nicht: er schreibt recht gut und recht schöne Sachen, aber recht arg wichtig ist's nicht. Er ist sicher kein schöpferischer Denker, sondern ein guter Nachdenker (ich wollte hiermit gar nicht sagen, daß er *anderen* etwas nachdenkt, ich wollte nur sagen, – daß er gut über vieles nachdenkt. Aber es mag beides stimmen.) Seit ich Dein Denken kenne, bin ich sehr empfindlich in puncto Qualität, d.h. Originalität und Tiefe. [...]

Ich kann mir eine Trennung von uns beiden nicht vorstellen

Rocca di Papa, 25.5.66

Der Fisch ist diesmal *hell* gezeichnet...
Aber wieso?

Mein lieber Fisch,
vor Deinem, wie *du* sagst, »schrecklichen« Brief bin ich natürlich ratlos. Was soll ich da sagen, was ich nicht schon gesagt hätte. Es ist einfach so, daß ich zu M.A. eine »eheliche« Liebe habe und zu Dir eine andre, *aber nicht keine!* Wenn das letztere nicht so wäre, würde ich mit Freuden Dein Angebot der Trennung annehmen müssen!!! Aber es ist eben nicht so, daß mich die Trennung freuen oder erleichtern würde, sondern sie wäre mir ein unersetzlicher Verlust und ein tiefer Schmerz, und ich kann und mag sie mir nicht vorstellen.
Aber hartnäckig, sage ich etwas anderes: Du hättest auch ohne den Grund-Schmerz mit mir jetzt eine sehr schwere Zeit. Dein Horoskop ist miserabel seit 1 1/2 Jahren etwa, und wird's noch eine Weile bleiben. »Saturn-Übergang«. Das ist immer, besonders da in Deinem Horoskop noch andre »schlechte« Sterne dazu kommen, sehr schwer. – Dr. Hocke, am 1. März geboren, hat jetzt auch diesen Saturnübergang; da er aber ein paar »gute« Sterne dazu hat, ist es nicht so arg wie bei Dir, aber es geht ihm vieles schief, alles geht zäh und schwer, und seine Frau nörgelt, was sie früher nie tat, jetzt in Gegenwart von Gästen an ihm herum, und er ist sehr bedrückt. Ich will damit sagen, daß es halt so ist wie in dem Satz: »Ärgernisse müssen sein, aber wehe dem...« Also: Schlechte Konstellationen müssen kommen, aber wehe dem Wuschel, das gerade in dieser Zeit dem Fisch Kummer macht, während es ihm, als der Fisch den Jupiter strahlend über sich hatte (1961–62) keinen machte. – Aber Du *darfst* mich nicht verantwortlich machen für Deine *Depressionen*, Fisch. Die hast Du auch ohne mich, die hattest Du auch früher, natürlich

nicht so sehr, denn im Altern kommen sie stärker, und da Du für kurze Zeit im Licht standest, erscheint Dir das Dunkel, das Gewohnte, erst jetzt dunkel. Das würde ich alles sagen dürfen, wäre ich nicht, eben ich, der Gegenstand Deines Kummers. –

Das einzige »Schreckliche« in Deinem Brief ist der Satz, daß nicht nur *wir* dank Deinem Brief nicht weiterkommen in unserer Sache, sondern daß Dein Leben an sich dadurch nicht weiterkommt. Ist *das* aber *meine* Sache? Da hast doch Du die alleinige Verantwortung. Ich kann sie Dir nicht abnehmen.

Du kannst doch einfach nicht sagen, Dein Leben sei tot, *weil* ich Dich nicht mit jener Liebe liebe, die Du wünschest. Natürlich verstehe ich genug von der Liebe (überhaupt, und von Deiner) um zu wissen, wie gefährlich so etwas den Lebenskern berührt. Aber ich meine doch, daß man auch *mit* einem solch großen Schmerz *wirklich* leben kann. Und das tust Du ja auch. Denn wärest Du »tot«, würdest Du ja gar nicht leiden. Vielleicht hast Du noch nie *vorher* gelebt? *Du hast Dich ja auch nie vorher mit einem Menschen eingelassen!* Das bringt immer Schmerzen. Du hast sie nie gekannt und bist nicht trainiert.

Vielleicht holst Du in und bei und mit mir alles nach, was Du an Lebensschmerz mit Menschen bisher versäumt hast?

Es ist seltsam, daß immer *ich*, die vergleichsweise Unwissende, »Unheilige« es ein muß, die Dir derlei sagt, was Du doch selber denken müßtest. Aber Du denkst vermutlich vieles andre, woran *ich* nicht denke.

Ich weiß nicht, was ich sonst noch sagen soll – und Du nimmst ja nichts von mir an. Du willst, daß ich etwas sage, aber weil ich nicht das eine Einzige sage, das Du hören willst, ist alles andre Gesagte eben *nichts*. Ich bin in einer schwierigen Lage darin.

Aber wenn Du von *Dir* aus willst, daß wir uns trennen, (wie Du schreibst) was soll ich *dazu* sagen? Das ist eine Fang-Frage, lieber Fisch – und *was* ich antworte, ist verkehrt. Ich antworte darauf nicht, denn Du weißt genau, daß eine Trennung (worin bestünde sie?) nur eine Fiktion wäre, eine äußere, eine ganz unsinnige, was den Effekt anlangt.

Lieber Gott, – *was für* einen Fisch gabst Du mir da!

Einen Schwert- und Haifisch in einem, und er besteht aus tausend winzigen Fischchen, jenen, die im Amazonas einem im Nu das Fleisch von den Knochen nagen… *Mein* Fisch zieht mir die Nerven *einzeln* heraus!!! Ich scherze. Nimm's ja nicht ernst, Du!
So – weil ich lauter *Solches* schreiben mußte, konnte ich Dir nichts schreiben, was heiterer wäre, z.B. vom Schwimmen, und daß ich Stifter lese (»Nachsommer«) und daß Vanno Geburtstag und eine übersprungene gezerrte Vorderpfote hat und nur dann hinkt, wenn er sich beobachtet fühlt…
Morgen ist großer Empfang bei der Vatikanbotschaft. (Sattlers Empfang.) Endlich denkt man dort auch wieder mal an mich. Weil Sattlers mich kennen. – Fisch, Fisch, Fisch – !

Dein Wuschel

Rocca di Papa, 28.5.66

Liebster Fisch,
eben Dein Telefongespräch. Also zuerst die Verteidigung der Sterne: ich oder sie widersprechen uns nicht. Du hast einen Saturnübergang, der sich bei *Dir* nicht *erfolgs*widrig auswirkt, sondern auf Dein Inneres, Dein Gemüt, Deine Nerven. Das Äußere geht tadellos weiter. Ehre um Ehre, Erfolg um Erfolg. Bloß: es freut Dich nicht, es schmeckt Dir nicht, es schmeckt nach Nichts. So also ist das. Aber wozu rede ich, da Du nicht einmal Thomas v. Aquin kennst, der eine Einwirkung der Gestirne auf den Menschen annimmt und sich mit knapper Not vor der Häresie rettet, indem er feststellt, die Gestirne wirkten indirekt, also auf die Physis sozusagen, aber nicht auf den (freien) Willen direkt. Na – als ob die Physis nicht weitgehend den Willen beeinflußte! Wenn man müd ist, ist man schwach. Also. – Lies Du erst mal Deinen Thomas, ehe Du mit einem theologisch derart beschlagenen Wuschel die Klingen kreuzest… Aber Du bist ja Heideggeraner, nicht Thomist – das ist freilich was andres. Was sagt der Alte vom Berge denn zur Astrologie?
Ich versteh nur eins nicht: wieso jemand wie Du offenkundige Fakten einfach leugnen kann. Ich mag nicht, wenn wer stur ist! So, jetzt hast Du's! –

Dafür mußt Du auch im Regen sitzen, während ich im Rosenduft (wirklich: das ganze Haus *innen* duftet stark nach Rosen, und außen erst recht) sitze und, falls es mein Gewissen erlaubt, rasch noch ans Meer fahre zum Baden, das Wasser ist schon herrlich warm. Ich schrieb den ganzen Morgen an meinem Fernsehspiel, weiß aber nicht, ob es überhaupt was wird.

[...]

Ich las in den letzten Tagen Stifters »Nachsommer«. Das fiel mir so in die Hände. Und wie gut es paßt! Erstens ist darin immer vom »Rosenhaus« die Rede – und *mein* Haus wird auch ein Rosenhaus, in 2 Jahren ist's von Rosen eingesponnen; und zweitens weil da soviel vom Verzicht die Rede ist und von der Liebe alter Leute. Ein seltsames Buch. Streckenweise nur Belehrung über Hölzer, Blumen, Vögel, Steine, Ethisches, Restauration alter Möbel und Altäre (weil Stifter doch Konservator war!) und doch diese Belehrungen so dichterisch; das Ganze ein Lehrbuch hoher Ethik und doch zum Weinen schön, unerträglich und herrlich. Das Altmodischste, was man sich denken kann, und doch das Ewig-Aktuelle. So wie Du neulich einmal schriebst, daß Du froh seist, nicht das Heutige, sondern das Gestrige und Morgige leben und lieben zu können (so ungefähr, dem Sinne nach schriebst Du.)

Jetzt fangen die Nachtigallen an zu schlagen, aber nur mehr wenige, bald ist's vorbei. Aber schon werden sie abgelöst durch die Zikaden. Das ist Sommer-Musik. Manchmal macht mich's schwermütig. Warum? Weil ich allein bin und noch nicht alt.

[...]

Ja, das paßt zu dem, was Du im heutigen Brief von jener Frau schriebst, die auf die Ehe verzichtet hat und den Arzt leiden sieht und es nicht arg findet.

Falls der hinterlistige und hintersinnige Fisch (der *meine*) da eine Parallele sieht oder sucht, sei ihm gesagt, daß er spinnt. Hat er verstanden? Ich wollte, ich würde auch *nicht* leiden um Deinetwillen.

Jetzt ists Nacht, das geht hier ganz schnell. Die Berge vor dem Fenster (Monte Cavo) sind sammtschwarz, und Rocca di Papa voller Lichter, die funkeln.

An solchen Sommerabenden tut man gut, zu arbeiten, zu beten, ins Bett zu gehen. –
Ob Du jemals daran denkst, daß auch andre Leute als Du ihre Leiden haben??? – Morgen fahr ich nach S. Anselmo, Pfingsthochamt. Dann treff ich meine (unsre) kleine Japanerin, die zur Zeit hier ist. –

Gute Nacht – oder guten Morgen – Fisch!

Dein Wuschel

Rocca di Papa, 31.5.66[15]

Mein lieber Fisch,
eben kam Dein Brief vom 26. also auch in umgekehrter Richtung dauerts länger als sonst. Es war ein *Teil*-Streik. Zeitungen kommen gar nicht an zur Zeit.
Aber daß Du schreiben kannst – unter den Dir denkbaren Gründen für mein vermeintliches Schweigen – »Zurücktreten des Fisches hinter Dir wichtigeren Dingen« , ist *sehr häßlich.* Das zu sagen, solltest Du Dir nicht gestatten. Ich *will* nicht so oft schreiben, denn das fällt doch auf bei Euch, wenn immer Post aus Rom kommt. Ich schreibe in dieser Hinsicht schon viel viel zu oft. –
Morgen kommt M.A. für einige Tage. Ich hoffe ihn zu sehen, aber er wird viel zu tun haben. – Ich wußte gar nicht, daß ihr das Haus in der Veterinärstraße verkauft habt. –
Ich lese eben die Korrekturen meines »Tobias«. Streckenweise finde ich ihn sehr gut.
[…]
Eben (mit dem Deinen) bekam ich einen Brief von der Caritas (Vatikan), daß sie doch 70000 Lire bezahlen für den Krankenhausaufenthalt von Siro, meinem armen Schuster, Pinas Mann. Ich hab auf dem Empfang bei Sattler neulich den Carlo Bayer getroffen, den Caritasdirektor, und hab ihn angebettelt – und schon hat's geklappt. Schön. Ich freu mich so sehr für Pina und Siro, die diese Rechnung *nie* hätten bezahlen können. Sie liehen sich überall herum kleinste Summen. –
[…] *Dein Wuschel* [Zeichnung]

Rocca di Papa, 4.Juni 1966[16]

Mein lieber Fisch,

Dein Brief vom 28. betrübt mich sehr. Warum? Weil du einfach nicht verstehen willst, was geschehen ist. Ich sage es jetzt noch einmal, aber dann nie mehr.

Ich habe, als ich Dich (zum 1. Mal) sah und sprach, eine große Freude gehabt, denn Du gefielst mir ungemein in Deiner ganzen menschlichen Art; dazu kam das Entzücken über Deinen Geist; dazu noch die Dankbarkeit für Deine Theologie, mit deren Hilfe ich wirklich noch einmal neu zu verstehen begann, was das Christentum eigentlich ist; dazu noch das Gefühl, bei Dir jene Geborgenheit zu finden, die mir M.A. nicht geben zu dürfen glaubte – er war damals so bös zu mir –; kurzum: Du warst mir wahrhaft ein Geschenk des Himmels (Du bist's noch; das »war« meint nicht, daß Du es nur damals warst!!!). Ich stürzte mich mit Freuden in diese Beziehung, ich wollte sie mit aller Intensität leben, und irgendwo *hoffte* ich, dadurch M.A. vergessen zu können. (Es gelang mir nicht.) Aber allmählich erwachte ich und sah zweierlei: 1. daß es zwischen uns *so* nicht weitergehen konnte, es hätte doch sehr gefährlich werden können zwischen uns; dazu kamen dann jene Warnungen von Seiten eines Deiner Obern; Du weißt; und es haben auch sonst Leute viel über uns geredet, besonders wegen Freiburg, auch Deine Mutter machte sich große Sorgen und bat mich (das sagte ich Dir nie, oder nicht deutlich) doch Distanz zu wahren; – und 2. sah ich, daß ich die Liebe zu M.A. niemals vergessen würde; sie blieb, sie wuchs; ich sah, daß ich diese beiden Beziehungen *so* nicht leben konnte; einen von Euch habe ich (in diesem Sinne) aufgeben müssen. Und M.A. war die ältere und die eigentliche Liebe. Warum ist denn das einfach nicht zu verstehen? Das »Ich liebe Dich«, zu Dir gesagt, war anders als das zu M.A. (nicht-mehr) Gesagte!!

Ich drücke mich nicht (wie Du schreibst) vor diesem Punkt. Ich hab ihn Dir erklärt, und es *ist* so, und anders ist es nicht – was ist da noch zu sagen?

Warum wirfst Du mir immer vor, daß ich damals Dir mehr gab als nachher? Eben das ist es doch, was dann, von dem Punkt meines Erwachens an, nicht mehr sein durfte. – Was in Innsbruck am Altar

besiegelt wurde, war nicht die (»eheliche«) Liebe, sondern die *Treue* der tiefen Freundschaft und dazu stehe ich.
Jetzt sag selbst: wo ist da eine sachliche Unklarheit? Worin bin ich zu feige? Worin und welcher Sache weiche ich aus?
Im übrigen haben auch andre schon mehr gesagt als sie nachher wahrhaben wollten: 1956 sagte mir M.A. (und schrieb es) daß er mich liebe. Ausdrücklich. Er sagte sogar mehr. Und zwei Jahre später widerrief er und *leugnete* (das tu *ich* nicht!). Und das sagte er nicht nur so hin, das *meinte* er wirklich, und ich litt. Ich will damit nur sagen, daß mir das Gleiche geschehen ist. Sag nicht, ich hätte *doch* gewußt, wie es ist. Nein, ich wußte es nicht. Ich war in der dunkelsten Nacht. Ich hatte nicht einmal den Trost, in Briefen an ihn bzw. von ihm darüber reden zu können und reden zu hören. Ich sah ihn während 2 Jahre nur 6 mal kurz in E. vor andern Leuten! Er wies mich ab durch den Pförtner. Habe ich derlei je getan? – Warum willst Du *nie* wahrhaben, daß es so war?
Wieso Du Deine Arbeit abhängig machst von *mir*, begreife bzw. akzeptiere ich nicht. Das sind 2 Dinge. –
Ich lese eben wieder, daß Du schreibst, man könne den Wandel in unsrer Beziehung nicht damit erklären, daß ich mich gewandelt habe. Ich habe mich nicht gewandelt; ich habe nur zu M.A. zurückgefunden, weil er eben mein Du ist. Gerade weil ich mich *nicht* gewandelt habe, mußte ich wieder zu M.A. gehen, explizit, meine ich, denn ich war nie von ihm fortgegangen.
Ach, zwinge mich doch nicht immer jene Dinge zu sagen, die Dir so wehtun. Aber ich kann nichts anderes sagen. Bei Gott: es *ist* die Wahrheit.
Wie denn hätte ich's machen sollen! Jetzt sag einmal selbst. Ich hätte nicht an M.A.'s Stelle Dich setzen können, selbst wenn ich's »Dir zuliebe« hätte tun *wollen.* Denn dieser Platz ist in alle Ewigkeit vergeben. (Ach – verzeih, verzeih, aber es *ist* so). Ich konnte nicht *2* lieben. Ich kann das nicht, ich *kann* es nicht. Und wenn M.A. damals so gewesen wäre wie jetzt, dann wären Du und ich gute Freunde geworden, und alles wäre gut.
Warum, Fisch, warum können wir nicht *das* sein: Freunde, wirkliche Freunde, tief verbunden? Ich sagte Dir und sage es wieder: ich

kann mir eine Trennung von uns beiden nicht vorstellen. Es *gibt* keine. Meinst Du, ich könnte leben ohne nicht immerfort an Dich zu denken? – Du schreibst von Deinem »legitimen Stolz«. Ja. Den achte ich. Und ich glaube nicht, daß dieser Stolz beleidigt ist, wenn ich sage, ich bin M.A.'s Gefährtin (seit 1955!!) und ich bin Deine Freundin, wobei in diesem Wort eine ganze Farb*scala* leuchtet. Ich bin sonst keines Mannes Freundin. Das weißt Du. – Im übrigen spinnst Du, wenn Du meinst, Deine Theologie interessiere mich auch nicht mehr. Wenn *Deine* Theologie mich nicht mehr interessierte, interessierte mich doch Theologie *an sich* nicht mehr. Und die wird mich *immer* interessieren. Also – ziehen Sie selbst den Schluß, Reverendo. Aber es ist nicht die Theologie, die mich Dir verbindet, oder doch – insofern sie mit Dir identisch ist.
Himmelkruzitürken, Fisch – ich schwöre Dir, daß Du mir »was bedeutest« – ich kann's nicht in Zahlen und Gewichten und Maßen usw. ausdrücken. Aber ist das nichts, wenn ich sage: außer M.A. ist mir kein Mann der Welt so nahe wie Du? Ist das wirklich nichts? Nein – es ist nichts, sagt der Fisch. Und ich kann dann nicht weiterreden.
Inzwischen hat M.A. Dich (er hat sich neulich über Deinen Anruf sehr gefreut!) angerufen, hoffe ich (er hatte es vor) und meinen Brief an Dich eingeworfen. Er war bei mir heraußen, trotz seiner vielen drängenden Arbeiten. Er klagte, er sei kein guter Mönch, er bluffte immer usw. – Auch er hat seine Leiden, und davon erfährt normalerweise niemand. Aber freilich, Du wirst sagen, der hat ja ein Wuschel; das ist wohl wahr, aber das ist nicht eine reine Freude für ihn, sondern ein Stachel. – Ach, wie so ein jeder sich durchs Leben leidet. Und das Wuschel? Das hat entdeckt, daß sein Kreuz ist, einfach nicht an M.A.'s Liebe glauben zu können. Er gibt jetzt »Beweise«, aber ich denke so lange dran herum, bis sie wieder keine sind, und dann stürze ich in Leid. Aber ich hab Gott sei Dank keine Zeit, lang an mich zu denken. – Ach Fisch, Fisch – warum willst Du nicht mein brüderlich-väterlicher Freund sein, bei dem ich geborgen sein könnte? Warum nicht? – *Dein Wuschel*

Rocca di Papa, 7.6.66[17]

Mein lieber Fisch,
jetzt hab ich den ganzen Tag Briefe geschrieben – sie waren alle liegengeblieben letzte Woche – und freute mich, zuletzt an Dich zu schreiben in einer Art »Heimkommen«, und jetzt bin ich so müd, daß mir die Augen und der Kopf wehtun. –
Zuersteinmal: wenn Du nochmal sagst, Deine Theologie in Briefen langweile mich, kann ich nur ganz respektlos sagen – ich sag's gleich jetzt! – Du spinnst *wirklich*! Du bringst mir Schätze an und meinst, das sei mir nichts! Hast Du denn nicht in meinen letzten Briefen gemerkt, wie ich darauf einging? Ich tu's nicht immer, weil ich manchmal etwas einfach annehme, ohne daß ich drüber zurückreden müßte. Aber ich bin Dir doch so dankbar dafür. Mein Gott – was gäben tausende von Menschen (Frauen) dafür, *solche* Briefe von Dir zu bekommen. Ich bin doch nicht *ganz* dumm, Fisch – !!! Was Du im Brief vom 29.[5.] schriebst – daß alles Wissen »ungefähr« sei und wir auch – ist etwas, das mich ungemein beschäftigt. –
Dank für Przywara-Brief. (Dieser schwierige Name!) Ich wußte nicht, daß er *so* wichtig ist für die moderne Theologie. Ich hörte, er sei früher sehr liiert gewesen mit Gertrud v. Le Fort, aber er habe sie sehr beeinflußt, daß sie sich von ihm befreite. Ob daran Wahres ist? Vielleicht war's ganz anders.
Die Hausmann-Zeile »Wer liebt blüht ohne Frieden« ist nicht so einfach zu bejahen oder zu verneinen. Ich *möchte* sagen, wer wirklich liebt, ist gestillt. Aber man muß die menschliche Natur (auch Geist-Natur) einrechnen, die immer Angst vor Verlust hat, eifersüchtig ist, nicht genug hat, sich und dem Partner zuviel abfordert, und überhaupt kein Genügen an irdischen Erfüllungsformen hat usw. Ich möchte wissen, ob man *wirklich* Mensch sein *und* in jenem Frieden sein kann, von dem östliche Weise und Heilige reden. Eliminiert man da nicht einfach eine Seite des Lebens? Und das ist der Preis für jenen Frieden. –
Fisch – ich sagte es Dir schon einige Male – Du bist ungeheuer gefährlich für mich. Du erziehst mich zu einem Relativismus, der tödlich sein könnte, wäre ich nicht (ähnlich wie Du selbst) im Letzten »aufgefangen«. Ich wage im Grunde überhaupt keine Aussage

mehr zu machen, weil sofort sich der Widerspruch meldet. Auf diese Weise lerne ich zwar denken, aber ich weiß dann halt oft auch nicht mehr, ob man Dogmen braucht, ob es sie geben kann und darf, ob sie wirklich eine Wahrheit treffen usw., usw.

Ich bin heut dumm, da Kopf- und Magenweh – ich kann's nicht so sagen, wie ich möchte und sollte. Ach wie oft wirst Du ungeduldig sein über meine (relative) Dummheit, die aber Deiner Gescheitheit gegenüber beträchtlich (dumm) ist. Armer Fisch. Aber der Mantel der Liebe muß halt das alles zudecken.

Du warst also wieder auf Reisen. Ach Du – fliegender Holländer Du!

Ich sitze still, wenn man mich läßt. Ja sagst Du, das tätest Du auch, in Badehose auf Terrasse!

In – warte – 13 Tagen fahre ich hier ab, *etwa* am 19.[6.], meine ich. Am 23.[6.] hab ich meine Fernsehgeschichte.

Ich hab meinen Roman (Fahnen) fertig korrigiert und versteh überhaupt nicht mehr, wie ich den habe schreiben können. Jetzt schreib ich dann wieder weiter am Fernsehspiel, dem melancholischen. Ich bin schon ganz schön braun. (Wie wichtig. –) Rief M.A. Dich an? Was sagte er? Ach, der hat solche »Minderwertigkeitskomplexe« – er sei ein mittelmäßiger Mönch und Mensch. Was soll *ich* da sagen vor Euch beiden? Ich bin ein sehr ungefähres Wuschel!

Dank für italienische Übersetzung. Den Übersetzer kenn ich auch! Freund von Aldo – ein Gespräch mit ihm hat wesentlich zum »Tobias« beigetragen!!

Rocca di Papa, 11.6.66[18]

Mein lieber Fisch,

heut kamen 5 Briefe von Dir aufeinmal, 2 aus Berlin, der Bärenbrief, ein andrer auch vom 5.[6.], und der lange und wichtigste vom 8.[6.] –

Zuerst einmal: ganz tief gepackt hat mich das, was Du sagst über den Protest gegen das Leben (das Lebenmüssen). Darüber werden wir in einigen Wochen reden. Diesen Protest haben wir alle, wenigstens

von Zeit zu Zeit. Aber ich halte ihn *doch* für Sünde. – Daß Gott es sehr schwer gefallen sein muß, die Möglichkeit der Sünde zu schaffen, verstehe ich. Aber machst Du aus Gott nicht etwas zu Menschliches? Wie kann es Gott *»reizen«*, das Beinahe-Unmögliche zu tun? Ich stelle mir Gott vor als ein Wesen, das keine solchen »menschlichen« Regungen hat. Aber freilich: es »reizte« ihn ja auch, den Menschen zu schaffen. – Ach – manchmal möchte ich mausetot sein (also nicht »im Himmel« und gar nicht mehr irgendwo) weil mir das alles viel zu schwierig ist, zu begreifen. Vielleicht ist das »Wenn ihr nicht werdet wie die Kinder« *das* Schlüsselwort zur Rettung der Menschheit? *Du* bist aber kein Kind. Oder doch?
[…]
M.A. war nur 4 Tage 31.[5.]-4.[6.] da. Er wollte Dich anrufen nach seiner Rückkehr nach S. Tat er's nicht? Aber den Brief warf er sicher ein.
Hier ist's *plötzlich sehr* heiß geworden. Das ist immer eine recht schwierige Zeit für alle hier, weil der Körper sich so rasch nicht umstellen kann. Selbst bei mir hier oben ist's heiß. *Im* Haus nicht. – Ich bin, mitten im Sommer, erkältet, hab Schnupfen und arg Kopfweh. Macht nix. Ich arbeite trotzdem an meinem Fernsehspiel. Morgen, Sonntag, kommen 3 Leute, eine Dichterin Christa Reinig und zwei Komponisten (alle 3 waren in der »Villa Massimo«, wo gestern ein Empfang war, da mußte ich auch hin, trotz Kopfweh) – der eine der Komponisten, Killmeyer, ist Schüler von Orff, ich kenn ihn schon lang; der andere hat, als Protestant, begonnen eine Messe zu schreiben; ein sehr frommer und höchst begabter junger Mann (Zimmermann, – und woher stammt er? Aus Freiburg!!!)
Und nun zum langen Brief. Ja – ich weiß das alles doch. Ich weiß doch, wie das ist, wenn Du, fast 60 Jahre alt, zum ersten Mal Dich öffnest einem Menschen und dich ganz gibst und Du ganz vertraust – und der andre dann sagt: »Aber so hab ich's nicht gemeint.« – Ich bin damit nach 2 Seiten hin schuldig geworden, Dir und M.A. gegenüber. Damit muß ich eben leben, und du bist also mein »Gewissenswurm«, der mich dies nicht vergessen läßt. Aber meinst du, es sei *nötig*, mich immer wieder darauf hinzuweisen? – Und habe ich

nichts verloren bei alledem? Habe ich nicht mich selbst abgeschnitten von Deiner Liebe, die so ist, wie ich sie mir wünschen müßte? So heftig, und so mutig im Ausdruck, so männlich, und so tod-ernst? Und dabei noch all das, was mich ohnehin fasziniert: der Geist, und die Theologie. – Und alle Geborgenheit in einem absoluten Bejahtwerden. – Dies alles, das einmalige Angebot des Lebens an mich, habe ich zurückweisen müssen um der Treue zu M.A. willen, der es mir soviel schwerer macht als Du, weil er nach jedem Beweis seiner Liebe es sich schuldig zu sein glaubt, mir zu sagen, ich dürfte das nicht mißverstehen...

Wärest Du denn nicht *der* gewesen, der mir alles gegeben hätte, was ich mir wünschte? Wenn Du einmal alles das von dieser Seite her ansehen könntest? Es ist ja nicht nur Du der Verlierende, auch ich bin es. – Wäre das nicht eine neue Grundlage für unsere Beziehung?

Vielleicht – das denke ich jetzt zum *ersten* Male – vielleicht ist unsere Beziehung überhaupt *so* gedacht von Gott her: Daß da zwei zusammengepaßt hätten, die nicht zusammen »gehörten«?

Ich habe keine Schulter mehr, an der ich lehnen könnte. Bei M.A. ist das *unmöglich.* Ich habe keine Arme mehr, die mich halten wenn ich weine. Ich habe keine Brust, an der ich liegen könnte. Ich habe niemand, zu dem ich sagen könnte: »Komm, fahren wir irgendwohin, laß uns still zusammensitzen –«. Nichts mehr von alledem. *Die* Zuflucht ist dahin.

Du fragst (Du könntest fragen), warum ich denn dies zurückweise, warum ich denn nicht weiter »Gebrauch« davon machte. Warum, warum. Weil M.A. da ist, und weil beides sich nicht verträgt.

Laß mich doch auch einmal klagen!

Ja, es ist alles gut zwischen M.A. und mir; er tut mir nicht mehr weh, er ist offen und gelöst, und er ist es *bewußt,* und es ist schön, wenn er da ist, warum soll ich's leugnen. Aber jene *Geborgenheit,* die ich bei Dir hätte, gibt er mir nicht, weil er die große Souveränität nicht hat, die Du hast. Er hat Angst vor sich selber, immer noch. – Es ist viel, daß ich Dir das sage, Du verstehst. – Aber ich bin nun einmal die Seine auf *diese* Weise. – Und doch klage ich nach allem, was Du mir geboten hast. Ich wollte das eigentlich nie mehr tun, aber vielleicht, indem ich *meinen* Stolz überwinde, tue ich *Deinem* etwas Gutes. – Du bist nicht verschmäht, du bist nicht »der Zweite«, Du bist nicht das Überlebte, das einmal *war. Du bist das, was ich nicht haben durfte.*

Laß mich auch etwas sagen. Du meinst, es sei *nicht* ein Grund gewesen, daß Deine Mutter und Deine Obern mich baten zu gehen? Nein, es wäre kein Grund gewesen zu gehen, das ist wahr, aber es war ein Grund für mich, um aufzuwachen. Es half, mich aufzuwekken. Ich erschrak sehr, es war doch ein Schock zu wissen, vielmehr plötzlich zu erfahren, daß andre voller Angst uns beobachten. Aber es ist zweitrangig, das ist wohl wahr.

Daß ich Dir das alles sage, obgleich M.A. hier war und es ganz wunderbar war, mag Dir zeigen, daß Dein Platz in meinem Leben ein fester ist und keiner im Hintergrund. Ich bitte *Dich um Gotteswillen:* glaub es mir endlich. Du darfst nicht negativ denken. Du mußt an meine Freundschaft glauben. Übrigens hat M.A. recht, wenn er mir sagt, man soll solchen Beziehungen keine Namen geben, sondern sie *leben*. – Also! –

Dein Wuschel

München, Sonntagmittag, 17.6.66

Mein lieber Fisch,

vorgestern um diese Stunde warst Du noch hier. Jetzt bist Du in Münster und hast schon einiges eruiert über Deine Möglichkeiten dort. Ich bin neugierig, etwas darüber zu hören. – Es war schön mit Dir, und Du hast gesehen, wie gut es ist, wenn man nicht über das Problem redet, sondern einfach miteinander lebt. Natürlich wirst du sagen: »für *Dich*, Wuschel, ist's besser, aber nicht für mich.« Und in einem gewissen Sinne magst Du für Dich recht haben. Aber andrerseits ist der »Lohn« fürs Nicht-Reden einfach meine größere Nähe zu Dir. – M.A. hat schon recht, wenn er immer wieder verbietet, die Frage der Liebe zu be-philo-sophieren. Man muß diese Dinge nicht ins helle Bewußtsein zerren. Es ist *immer anders, als man es denkt.* Zwischen Dir und mir ist's viel schöner als wir mit Worten wissen. Unser Drüber-Reden erreicht nicht den Kern.

Das stille Nebeneinander-Sein sagt mehr aus darüber als meine mehr oder minder gescheiten Analysen.

[...] *Dein Wuschel* [Zeichnung]

Rocca di Papa, 2. Juli 66[19]

Mein lieber Fisch,

wie geht's Dir wohl? Du hast in München noch Post von mir erwartet, aber ich schrieb schon nach Freiburg – ich wußte nicht genau, wann Du hinfährst. Jetzt hast Du aber schon 2 Briefe vorgefunden, meine und hoffe ich. – Bei uns scheint's jetzt endlich heiß zu werden, aber ich sitze noch mit Wolljacke am Schreibtisch, vormittag. Mein Haus ist herrlich kühl, das machen die dicken Mauern. – Ich las weiter in Deiner »intellektuellen Redlichkeit«[20] und freue mich der *Deinen*. Aber manchmal frage ich mich, ob so etwas bei Dir nicht *auch* wie eine mathematische Gleichung ist: Dein x ist genau so groß, so viel, wie Du es brauchst, damit die Rechnung aufgeht. Du kannst alles so hindrehen, wie Du es haben willst. – Gott sei Dank weiß ich, daß Du wirklich so denkst, wie Du schreibst. Aber es ist gefährlich zu denken (wissen), daß es einen gibt, der mit aller Raffinesse eine intellektuelle Redlichkeit verteidigt, weil genau das in sein System paßt. Nochmal: ich meine nicht Dich, sondern nur die Möglichkeit einer solchen Erscheinung. Wie soll der arme Laie unterscheiden, wo er ge- und wo er ver-führt wird? Sagt es ihm sein »Instinkt«? Bei mir ist's so, daß ich, lese ich Fremdes, dann doch still wieder in meine Wahrheit zurückschwinge. Übrigens fehlt bei Deiner Definition des Christentums etwas. Du schreibst nur von der Lehre, vom Es. Aber zum Christentum gehört *wesentlich*, daß es *als Liebe vollzogen* werden muß; davon sagst Du nichts und es ist auch nicht implizit da (in Deiner expliziten Definition S. 410.) (Wie will das freche ungebildete Wuschel dem Fisch dreinreden – pardon. Es meint halt bloß so.)

Neulich rief M.A. mich an, daß es ihm endlich besser gehe. Er war *sehr* lange krank. Er geht in Erholung. Leider war die Telefonverständigung derart schlecht, daß ich nicht viel sagen mochte, und ich verstand vieles nicht. Und jetzt hab ich an Dich eine *sehr* große Bitte

– ich hab sehr viel Vertrauen in Deine Generosität!!! – M.A. ist jetzt also nicht in S. Könntest Du, als *Rahner*, dort anrufen und fragen, wo er ist, Du brauchtest seine Adresse. Ich *meine* verstanden zu haben, daß er im Kurhaus Schlemmer in Wiessee (?) ist, bin aber durchaus nicht sicher. Du kannst das ja fragen, d.h. als Dir bekannt voraussetzen. *Ich* kann nicht anrufen.

Dein Wuschel

Rocca di Papa, 4.7.66[21]

Mein lieber Fisch,
*halb*schwarz nur (also gehts ihm nur halb schlecht? Wäre schön!) Du darfst mir ganz »dumme« Briefe schreiben, ohne Spur von Theologie oder sonstwas Intellektuellem! Hauptsache: Du kriegst Deine Arbeiten fertig und erholst Dich auch ein bißchen dabei. Du bist ja ein Wundertier: Du kannst Dich arbeitend erholen! – Ein wenig bist Du schon selber schuld: *warum* nimmst Du so viele Aufträge zu Reden an! Ich weiß natürlich, daß Du Dich damit zwingen läßt, weitere Beiträge für Band 7, 8, 9, 10 (Schriften zur Theologie) zu schreiben. Aber dennoch –. Nun, ich predige an die Wand, also lasse ich's sein. – Ich hingegen bin auf eine neue Art faul. Ich arbeite zwar vormittags, liege aber dann (nach dem Essen schlaf ich 1/2 Stunde am Schwimmbecken in der prallen Sonne (um die Wette der Bräune zu gewinnen...) Dann arbeite ich weiter. Aber so viele Stunden pursten Nichtstuns habe ich mir noch nie gegönnt. Es bekommt mir ausgezeichnet. Es ersetzt mir eine teure Kur.
[...]
Wofür schreibst Du den Trinitätstraktat? – Ich hab die Trinität *erlebt*, ich habe sie »geträumt«, ich erzählte Dir davon, seither brauch ich eigentlich nichts drüber zu wissen, auch wenn meine Vorstellung im Traum häretisch war im Tridentiner Sinn – ich war doch mitten in ihr drinnen. – Aber dennoch möchte ich mich mit Deiner Theologie darüber befassen. Wo erscheint die Arbeit?
[...]

Dein Wuschel

Rocca di Papa, 19.7.66

Mein lieber Fisch,
mir ist, als hätte ich Dich endlos nicht gesehen und endlos keinen Brief von Dir bekommen – was letzteres ja auch stimmt. Du wirst es natürlich wieder nicht glauben, aber es *ist* so: ich entbehre Deine Briefe. – Eben dachte ich darüber nach, wie das ist bei Dir: Du bist ungemein berühmt, füllst überall die Säle, selbst Gegner des Christentums schätzen Dich überaus, die Kirche braucht Dich, die Theologie der Zukunft wird die Deine sein oder vielmehr umgekehrt – und Du bist ein grau-bescheidener Mann, der unter Depressionen leidet und eine Frau liebt und an ihr leidet. Mein Gott – könnte ich diesem Mann doch das sein, was er möchte, daß ich ihm bin. – Dir wird nichts erspart an Gutem wie an Schmerz. (»Alles geben die Götter ihren Lieblingen ganz: die Freuden die unendlichen und die Leiden, die unendlichen«. Goethe.)
Heut ist's seit der Nacht gewitterig, es ist abgekühlt und wie an einem deutschen Sommerregentag. Eigentlich schön, so zur Abwechslung!
[…] Wuschel

Ob Zölibat heute sinnvoll ist?

Rocca di Papa, 24.7.66[22]

Liebster Fisch,
jetzt zitiere ich aus Deinem letzten Brief (vom 20.) »Mein Kopf ist zu blöd im Augenblick und die Zeit fehlt auch… Ich denke immer an den letzen Donnerstag/Freitag. Für Dich wird er ja (wie auch anders?) nicht mehr gewesen sein als halt ein einigermaßen nett verlaufener Besuch, wie Du viel hast.«

Letzterer Satz ist nur verständlich und – vor allem – verzeihlich, wenn man ihn in Verbindung mit dem ersteren liest. Denn *so* dumm *darf* ein Fisch nicht schreiben, das ist schon wirklich eigensinnig selbstquälerisch. Ich finde, Du begehst die Sünde der Selbstquälerei. Das ist *wirklich* eine (daß auch ich sie bisweilen begehe, ist keinerlei Beweis dafür, daß es keine ist!!!). Im Ernst, Du *kannst* doch einfach nicht glauben, was Du da so leichtfertig hinschreibst. Manchmal solltest Du schon bedenken, daß Du mir mit so etwas wehtun kannst. Wofür hälst Du mich eigentlich? Erstens habe ich ein ausgesprochenes Qualitätsgefühl. Daß Du mir tausendmal mehr bist als mir jemand anderer ist, das dürftest Du ja wissen. Zweitens habe ich außer M.A. keinen Mann in meinem Leben, der mir ernstlich etwas be-deutet – ich meine außer M.A. *und Dir*, denn davon rede ich ja. Drittens habe ich ja schließlich nicht ausgelöscht, was uns Schönes und Tiefes verbindet, ich mußte nur der Treue zu M.A. wegen das Ganze dahin führen, wo es, für mich, hingehört. Viertens sind mir Deine Leiden denn doch nicht ein lästiges Abzumachendes, sondern eine ehrfurchtgebietende (Sache.) –
[...]

Rocca di Papa, 28. Juli 66

Mein lieber Fisch,
jetzt kommt dieser Brief doch zu spät zum Empfang, denn ich hatte immer im Kopf, Du fährst am 1.[8.], aber ich erinnere mich, daß Du sagtest, Du fährst schon am 29.[7.], stimmts? ein Telegramm mag ich nicht schicken, das fällt auf. Ich wünsche Dir auf jeden Fall, daß diese Wochen nicht allzu unruhig werden und Du doch ein wenig Erholung haben mögest. Statt daß du alte Wunden aufreißest, sollst Du denken, daß ich auch heute und dies Jahr mit Dir vertraute Wege gehe und fahre. Eigentlich wäre ich gern eine Woche dort. Aber es geht halt nicht.
Ich arbeite an meinem Text über die Jugend und komme immer mehr dazu, sie zu verstehen und zu bejahen. Gestern abend und nachts war ich mit Bekannten in einem internationalen Jugend-Club hier, d.h. natürlich in Rom. 2 Stockwerke tief unter der Erde, damit

der ohrenbetäubende Lärm der Beatmusic nicht stört. Lauter *sehr* nette junge Leute. Tanzen wie Kinder und Wilde, ohne sich zu berühren, mit kindlicher Lust an der wilden Bewegung, unsentimental, unsinnlich, fröhlich oder trocken-ernst; den Club gründete ein römischer Rechtsanwalt; ein älterer Herr geht höchst wachsam immerfort durch. Eine Ungezogenheit (würde!) wird mit Hinauswurf beantwortet. Es geht so gesittet zu wie Du Dir's gar nicht vorstellen kannst. Dazwischen Stegreifspiele: eine Verulkung von Wildwest-Filmen, eine Jagd quer durch den Saal – und alles ohne Exzesse. Stell Dir vor: ich hab 4 Tänze mitgetanzt, wie eine Routinierte (es sind auch manche ältere Leute da, meist Eltern mit ihren Kindern – ein Vater tanzte aufs lustigste mit seiner Tochter!). Ich tanzte ohne atemlos zu werden – ich konnte den Tanz sofort –. (Schlagzeile für die AZ Abendzeitung: Luise Rinser tanzt in römischem Beat-Keller)... Es machte mir einen Riesenspaß. Wie albern jung ich doch bin.
Teilhard de Chardin schreibt, es komme alles darauf an, daß man der Menschheit die Lust am Weiterleben erhalte!!! Wie recht er hat – auch wenn man nicht einmal *seine* Perspektiven im Auge hat, sondern nur die individuellen.
Ich bräune (von braun) Dir nach, allmählich; bis zum Bauch (von unten und von oben) bin ich braun. Ich liege jeden Mittag an meinem Wasser. Es ist herrlich. Aber mein linkes Bein (mit dem ich unter Schmerzen tanzte) tut so weh. Entweder Nervenentzündung oder Arthritis. Mir ist's gleich – ich ignoriere es und hinke, bis es nimmer geht. Der Arzt gab mir was dagegen, nützt aber nichts, weil ich ruhig sitzen soll und nicht ins Wasser – gehen, *glaub* ich; er sagte es nicht, aber es ist klar. Na ja. Lieber ein wehes Bein als sonst was. Wenn nur der Geist funktioniert.
Jetzt fahr ich zur Post, weil keine kam, da der Briefträger krank ist... Und da werf ich gleich diesen Brief ein.

Herzlichst Dein Wuschel [Zeichnung]

Rocca di Papa, Sonntag, 31.7.66

Mein lieber Fisch,
ich wollte Dir heut einen längeren Brief schreiben (den Empfangs-Expreß-Brief hast du ja bekommen, nicht wahr?) aber nachmittag kamen die Michaels mit einem belgischen Bildhauer und Freundin, und jetzt sind sie rasch in die Kirche gefahren (ich war schon früh morgens) und nachher wollen wir alle zusammen essen gehen, bei Vollmond – und so hab ich keine Zeit zum Schreiben, aber die Michaels sollen den Briefgruß nach Rom mit-nehmen, damit Du wenigstens *etwas* hörst (siehst, fühlst) von mir. – Ich las heute nocheinmal den 1. Teil Deines Aufsatzes (Intellektuelle Redlichkeit). Ich las genau, mit Bleistift in der Hand; und ich finde ihn diesmal *noch* großartiger als das 1. Mal – großartig im Sinne der herrlichen *Brauchbarkeit* für sich und viele Probleme anderer Menschen. Ich mag Deine Denkmethode so gern, sie ist so sauber, und im Grunde so einfach; Du hast die Kompliziertheit schon wieder so weit vorangetrieben, daß sie wie Einfachheit aussieht – und, oh Wunder, es auch *ist*! –

Es ist herrlich still. Ich mag eigentlich gar keine Menschen mehr hier haben (außer den Allervertrautesten.)

[...] *Dein Wuschel*

Rocca di Papa, 6.8.66[23]

Mein lieber Fisch,

[...]

aus Deinem vorletzten Brief habe ich erst begriffen, was Du meintest, das ich hätte übelnehmen können im vor-vorletzten: was Du sagtest darüber, daß auch M.A. sich nicht begnügen könne, seine Beziehung zu mir einfach unreflektiert zu leben, sozusagen »nicht hinschauend was man tut«, sondern bewußt und klar das (*sein*) »Beides« durchdenken müsse. Ja, schon. Aber M.A. ist ein andrer Typ als Du. Bei ihm ordnen sich die Probleme auf andre Weise: er läßt alles wachsen, dann kommt es auf den richtigen Weg und zum Ziel. So hat er's ja in den letzten Jahren gemacht – und es ist gut. Vorher hat er gedacht und gedacht – und brachte das Beides einfach nicht zusammen, in der Theorie. (In der Praxis *besser.*) Es gibt da offenbar wirklich verschiedene gleichberechtigte Methoden. Ich selbst war immer fürs Durch-denken. Und ich wollte von M.A. ja auch, daß er es täte, aber das ging halt nicht, und so ist alles organisch gewachsen.

[...]

Inzwischen kam Dein Brief vom 3.[8.] mit Beilage (Deine Daten und der Aufsatz über die türkischen Funde) und der vom 4.[8.] mit dem, was Du über die Jugend sagst.

Ich sehe mit Freude, daß wir da *gleich* denken. Übrigens Dein so kühner Satz, daß wir nicht in einen fertigen Himmel einziehen (wie, sage *ich*, in eine von einem glänzenden Innenarchitekten vorbereitete Luxuswohnung) sondern uns den Himmel *schaffen*, ist mir völlig klar. *Jeder* wird *seinen* Himmel haben, so wie er ihn wollte. –

Das was Du schreibst, ist *großartig.* Du sollst daraus etwas machen: »An die Jugend«. –

In Deinem Brief ist eine *Unmenge* von Stoff. Du bist schon wirklich genial – wie Du sowas ad hoc hindenkst, und wie viele Facetten das hat, und *wie* christlich es ist und *wie* modern. Ich muß es noch mehrmals lesen, bis ich das ausgeschöpft haben werde. Neben Dir komm ich mir immer recht arg dumm vor. Es ist gar nicht so leicht, mit einem Genie zu leben, weißt Du das ???!

So, jetzt muß ich weiterarbeiten. – Wir haben immer noch, seit vielen Wochen, das herrlichste Wetter, Tag für Tag, strahlende Sonne, leiser Wind, und mein Gras wächst und ist grün, und Rosen blühen immer neue auf, und mein Brunnenstrahl rauscht ins Bekken.

[...]

Leb wohl, mein lieber halbschwarzer Fisch!

Das braune Wuschel und der ganz schwarze Vanno grüßen herzlichst.

Wie es wohl Deinem Bruder Hugo geht?

Ich kann mir unter dieser Operation gar nichts vorstellen. Du? Weißt Du, genau, was gemacht wird?

Rocca di Papa, 8.8.66[24]

Mein lieber Fisch,
Du bist sehr lieb, mir immer noch Einfälle zum Thema Jugend zu schreiben, aber Du vergißt, daß ich ja keine Philosohie oder Theologie der Jugend schlechthin schreiben muß, sondern ein kritisches Bild der *Jugend von heute!* Vieles von dem, was Du im ersten Jugend-Thema-Brief schriebst, habe ich nachträglich in mein 1. Kapitel (Einleitung) hineingearbeitet. Es ist dank Deiner viel viel besser geworden. Aber jetzt schreibe ich ja über Spezialthemen, z.B. Kriminalität, Mode, Gruppe, Berufswahl usw. Da muß ich schön real bleiben! Aber was Du schreibst, ist mir natürlich immer, auch wenn ich's nicht unmittelbar »verarbeiten« kann, Anregung, das weißt Du. –
Du willst viele Briefe von mir. Das ist, außer dem ersten, dem Expressbrief, der 5., den ich schreibe. Heute morgen hab ich einen eingeworfen. – Ich war heut am Meer, damit Du nicht den Bräune-Preis gewinnst. Aber das ist jetzt unfair von mir, wo's bei Euch regnet und regnet. Ihr Armen. Ich werde also am Freitag in den Regen fliegen! Ich denke, ich werde 5 Tage in München sein, eben so lang, bis Christel mich mit seinem Auto hierher zurückfährt.
Es ist schön hier – jetzt, nachts, rauscht mein Brunnenstrahl, und viele viele Zikaden machen Musik; ich werfe mich ganz tief hinein in die südliche Nacht. Ich bin selber ganz südlich: eins mit mir und allem. Aber das dauert nicht ewig, das weiß ich. Doch ich genieße das Fehlen der Schwermut. Der Süden ist *doch* heilsam und korrigierend.
[...] *Dein Wuschel* [Zeichnung]

9.8.

Eine Beobachtung: man muß alle verblühten Blumen abschneiden und darf keine Frucht ansetzen lassen (z.B. Rosen) sonst kommen weniger Blüten. Man betrügt oder *erpreßt* also die Pflanze, immer mehr Blüten zu bringen, in der Hoffnung (der Pflanze), endlich doch zu Früchten und Samen zu kommen. Macht man's mit uns auch so???

Rocca di Papa, 10.August 1966[25]

Mein lieber Fisch,

[...] Du tust mir so leid, weil du schlechtes Wetter hast. Mir scheint, in Freiburg ist fast immer Regen. Als ich dort war, wars doch einige Zeit sehr kalt. Man konnte nicht oft im Freien baden. Man könnte sagen: Ist ja gleich. Aber es ist *doch* nicht ganz gleich. Ich merke nämlich, daß dieses gleichmäßig helle heiße trockene Wetter hier mich immer »leichter« macht. Das Thermometer steigt und steigt, aber das macht jetzt rein gar nix mehr, weil *diese* Hitze einem nur wohltut – hier draußen. Im Centro von Rom ist's gräßlich, weil da die Autogase die Luft zum Ersticken machen. Aber hier – also, ich sagte es schon mal: *so* muß (für mich) das Wetter im Himmel sein. Und ein Schwimmbecken dazu, bitte lieber Gott. Und jeden Monat ein Gewitter mit einem Regentag, weil Regen auch schön ist, so sanft ins Grüne. – Also Fisch, Du kennst meine Wünsche... – Ich rechne damit, daß Du im Himmel was zu sagen hast. – Fragt Deine Mutter nie nach mir? Magst sie nicht doch grüßen? Ich hab sie lieb. Wenn sie das wüßte und glaubte!

Natürlich ahnt das Wuschel (in der 3. Person), wie es dem Fisch zumute ist in der Erinnerung. Hat der Fisch aber auch schon einmal drangedacht, ob nicht auch besagtes Wuschel daran denkt als an eine Sonder-Zeit, herausgefallen aus aller übrigen, einzigartig, zauberhaft? Meint der Fisch, der »Egoist«, daß nicht auch das Wuschel auf was Wunderschönes verzichtet? Hätte es dies, grundsätzlich, nicht wiederholen können? –

Natürlich stimmt, was Du zur Verteidigung Deiner Denkmethode sagst – daß Du nämlich doch nicht alles «hindrehen« kannst. Ich weiß schon. Außerdem hat Dich der Hl. Geist unter Sonder-Aufsicht. Soll man ein neues Unfehlbarkeitsdogma machen, auf den Fisch bezogen? Du siehst – ich bin zu nichts Ernstem heut fähig. Das himmlische Wetter begünstigt die Heiterkeit des Geistes – und ich genieße sie so dankbar, in Erinnerung an lange Depressionen und in der Vorausahnung künftiger Leiden. Aber der Augenblick jetzt, der ist mein und ist schön. Kann ich Dir Wellen von Zuversicht schicken, von »spiritueller Lustigkeit«?

[...] *Dein Wuschel*

Rocca di Papa, 20.8.66[26]

Mein lieber Fisch,

[...]

ich hab keine rechte Zeit und Ruhe, um *wirklich* auf Deinen letzten Brief einzugehen, aber soviel doch: Du tust, als nähme ich M.A.'s Zölibat »halt in Kauf«. Wie Du mich unterschätzt. Als ob Du mir – nach 10 1/2 Jahren Beziehung zu M.A. – *das* sagen müßtest! Seltsam, Fisch, daß Du meinst, es sagen zu müssen.

Vielleicht kommt es daher, daß ich über mein Verhältnis zu M.A. nur dann (und nur insofern) sprach, wenn (und als) M.A. mir (und sich) Schwierigkeiten machte. Aber der Kern dieser Liebe ist doch etwas ganz anderes. Das ist doch klar. Und daß ich M.A. seit vielen Jahren zwinge, seinen Beruf *mit* mir, *durch* mich neu zu erleben, weißt Du eigentlich auch nicht. – Wenn M.A. nicht über das »Beides« mit mir *reden* mag, so bedeutet das noch lange nicht, daß er nicht darüber nachdenkt. Bei ihm geht alles einen andern Weg. Wenn er nach rund 7 Jahren heftigsten Kampfes sich vor nunmehr 3 Jahren entschloß, »Beides« zu leben, so heißt das doch, daß er es jetzt *bewußt* tut.

Du spürst sicher, daß ich mit einigem Widerstand antworte. Irgendwie erscheint mir etwas nicht richtig daran, daß *Du* so sehr mich drängst, M.A. zu drängen, bewußt zu leben und zu lieben. Ich mags nicht analysieren, obgleich ich's vielleicht könnte. Verzeih – aber es gibt Dinge, die nur die Betroffenen angehen. Ebenso würde ich ja auch M.A. nicht gestatten, sich in meine Beziehung zu Dir einzumischen, weil das jeweils Bereiche sind, die einen Dritten angehen.

Aber zum Problem Zölibat selbst wäre viel zu sagen; es ist wirklich die Frage, ob Zölibat heute sinnvoll ist. Er gehört wesentlich in eine historische Epoche, in der man Welt und Gott trennte, und in der das asketische Ideal triumphierte. Aber heute ist das doch anders.

Wenn M.A. und Du in *jener* Zeit den Zölibat wähltet, so ist's gut, und so soll er zu Ende gelebt werden. Aber jungen Menschen zum Zölibat raten, würde ich nie. – Als absoluten Wert betrachte ich den Zölibat nicht. Er wird ja doch meist eben nur so aufgefaßt: daß man nicht heiratet und mit keiner Frau schläft und sich übers Sexuelle erhebt (oder erhaben dünkt.) Aber das Sich-Gott-Weihen bedeutet was anderes, bedeutet mehr. Wenn ein Priester statt der Ehe seinen Bauch hat und frißt (wie es viele tun), oder seinen Ehrgeiz, oder seine Liebhabereien, so ist das genau so schlimm als schlafe er mit einer Frau (nein: *viel* schlimmer.) Was von Gott abzieht, ist schlecht. Also –

Ich bin zu müde, um in die Tiefe zu gehen, jetzt. Aber ich bin überzeugt, daß der Zölibat fallen wird. Man wird dafür *lieben* lernen.

[…]

Bei der Abendmeditation kam ich zur Trinität. Ich verstehe sie nicht mit dem Verstand. Denn wieso ist der »Hl. Geist« eine »Person«? Er ist eine Relation (nach Augustinus – oder? Er ist die Liebe, mit welcher der Vater den Sohn liebt – oder wie ist das?) Aber – *muß* man's verstehen? Wer sagt, daß dies für unser Glaubensverständnis wichtig ist? Ich bin sehr gespannt auf *Deinen* Trinitätsaufsatz. Wann kann ich ihn lesen?

Verzeih, wenn ich wegen M.A. und des Zölibates etwas abweisend bin. Du mußt es verstehen. Bitte! Ich habe nämlich 1956 schon zu M.A. gesagt (und es geschrieben) daß ich ihn *in* seiner Situation liebe und diese mitliebe und ihm in ihr dienen will. Also. – Aber dennoch Dank für Dein Bemühen um M.A. –

herzlichst *Dein Wuschel* [Zeichnung]

[…]

Rocca di Papa, 27.8.66[27]

Liebster Fisch,

wenn ich nur Zeit hätte und wirkliche Ruhe, Dir richtig zu antworten. Ich hatte ja neulich keine Zeit, um dem Problem ein bißchen mehr auf den Grund zu gehen. Ich meine doch nicht, daß du nichts über M.A. und meine Beziehung sagen dürftest (ich habe ja einige Male Dich darum gebeten, *ja* etwas zu sagen!) nur: in diesem Punkt siehst Du unser Verhältnis nicht recht. Hätte ich M.A.'s Zölibat nicht als positiven Wert betrachtet von jeher, hätte ich ihn doch verführen können; am Anfang hatte ich dazu Gelegenheit genug. Nur: ich mag *darüber* nicht reden, weil darüber nichts zu reden ist! – Ich meine auch nicht, daß es *keinen* Zölibat mehr geben soll – ich habe mich da in der Eile falsch ausgedrückt. Ich meine nur, daß die Weltpriester heiraten dürfen sollen. Ordensleute aber sind jene, die wirklich die Jungfräulichkeit leben. Und so bliebe immer noch »die Torheit des Kreuzes« sichtbar. – Da ich fasziniert bin vom Gedanken der Pluralität, *kann* ich gar nicht für die Abschaffung jeglichen Zölibats sein! – Es ist aber doch praktisch so, daß die Kirche – so *scheint* es! – keine Priester mehr bekommen wird, wenn man sie nicht heiraten läßt. Es ist einfach nicht *wesentlich* im Christentum, ehelos zu leben. Wesentlich ist: unbedingt auf Gott hin gerichtet zu leben. Und das kann man auch in der Ehe. Zölibatäre haben oft (sehr oft, meine ich) derart viel zu schaffen mit ihrem Sexualleben, daß sie davon weit mehr okkupiert sind als ein Ehemann, für den das Bett einfach Teil der Liebe und Ehe ist, und legal, und gottgesegnet. – Daß sich diese Sexwelle bald totlaufen wird, denke ich freilich auch. Aber wenn dann der Zölibat als *Muß* aufgehoben wäre, könnte er als freiwillige Gabe ebenso wichtig (und häufig!) sein.

Ich habe selbstverständlich weder Deine noch M.A.'s Lebensform degradieren wollen, wie kannst du das denken. Aber man muß doch auch den Mut haben zu denken, daß etwas, das einem heilig ist, eines Tages überholt sein wird. Denk doch: Ablässe. Wie eifrig haben wir sie abgebetet. Und jetzt?

Oder das ganze jüdische Ritual! Es kann doch sein, daß jetzt andere Dinge von uns (und vom Priester) gefordert werden. (Waren übrigens die jüdischen Priester Zölibatäre?) Und eine andere Frage: ist es wirklich so, daß vom Zölibat her erst die Liebe und Ehe und der Sexus ihren höheren Sinn bekommen? Wieso eigentlich? Sie hatten den gleichen Sinn auch in den ersten christlichen Jahrhunderten *ohne* Zölibat.

Im übrigen bleibt natürlich immer die Frage, wie man in sex-betonten Ländern (Lateinamerika) Priester bekommen soll ohne ihnen die Ehe zu erlauben. Und es bleibt die Frage, ob es nicht viel schlimmer ist, daß *viele* Priester gegen die Keuschheit und indirekt gegen die

Ehe sündigen, wenn sie (schlechten Gewissens) eine Frau ins Bett nehmen?
Ich weiß ja nicht, was *recht* sein wird. Aber ich meine, es sei *sinnvoll, heute* Priester heiraten zu lassen, damit sie die *Ehe* (die doch am Kaputtgehen ist) *vorleben in Christus*. Ist es nicht sehr wichtig heute, zu zeigen, daß nicht einfach »Jungfräulichkeit« sinnvoll ist um ihrer selbst willen sozusagen, sondern das *Maß* im Sexuellen ebenso sehr? (Ich war gestört durch Steffi und Vanno, darum wurde der Satz höchst unklar!)
Ich meine: ob es nicht heute wichtiger wäre zu zeigen, wie man den Sexus leben soll, als zu zeigen, daß es Leute gibt, die ihn *nicht* leben, nicht ausleben. Und der Zölibat ist ja doch, man mag sagen was man will, die Demonstrierung des Gedankens, daß Ehe-losigkeit höher stehe als Ehe und sexuelles Leben. Und daran glaube ich nicht. Und wenn M.A. und ich *heute* uns als junge Leute träfen, würden wir höchstwahrscheinlich heiraten (trotz Zölibat). – An die Absolutheit des Werts des Zölibats glaube ich nicht. Er ist eine *Möglichkeit zu leben, aber nicht die höchste.*
Dieser Brief ist wieder nur in Eile geschrieben. Ich hab einfach jetzt Kopf und Hände voll mit Haushalt und Kindern. Hab Geduld. Es ist etwas anderes, wenn Du, der Du in der Materie bist, über diese Frage schreibst, und wenn ich es tu, die nur ein paar Gedankenfetzen hinschreibt. Du mußt da nichts auf die Goldwaage legen. Wie eilig ich schreibe, siehst du an der Schrift. – Ich bekam eine Einladung von den Dominikanern in Fribourg, ich soll da einen Vortrag an der Uni halten über »Verantwortung der Laien«. Soll ich? Am 23.11. – Eine Menge Einladungen kommen, auch nach Wien – aber ich kann nicht, ich hab ohnehin meine Lesetournee. –
[…] Herzlichst *Dein Wuschel* [Zeichnung]

Rocca di Papa, 30.8.66[28]

Liebster Fisch,
Du machst Dich und mich ganz verrückt mit dieser Zölibatsgeschichte. Warte doch, bis wir in Ruhe darüber reden können. Ich bin einfach zur Zeit nicht in der Lage, darüber nachzudenken. […]

Der Wert Deines Lebens für die *Menschen* ist evident,ob *Dein* Zölibat etwas Großartiges ist oder nicht, weiß ich nicht. Als Du auf Ehe und Frau verzichtetest, schien Dir das doch überhaupt kein Opfer, weil Dir die Frauen wurst waren. Du hast gelobt, für Gott zu leben – und das tust du, also. – Wie *Gott* dies alles sieht, weiß ich nicht. Aber Dein Wert für mich d.h. von mir gesehen liegt darin, daß Du der Kirche ungeheuer neue und starke Impulse gabst. Reicht das nicht?
Eigentlich wäre der Zölibat erst dann außerordentlich, wenn man das andre probiert hätte, es herrlich fände und *dann* darauf verzichtete.
Du siehst, ich verstehe das alles *nicht*. Ich *will's* vielleicht nicht verstehen, weil mir die Überheblichkeit der Jungfräulichen von eh und je zuwider war – und dieser Abneigung verdankst Du mich, nämlich mein Kommen nach Innsbruck nach der Lektüre jener Doktordissertation über die Jungfräulichkeit!!! *Bitte* lassen wir das *jetzt*. Nur das noch: ich halte Dein Leben für ungewöhnlich *wichtig*, was ich, *menschlich* gesprochen, von wenigen Leuten sagen würde. Jetzt muß ich kochen gehen. Hab Erbarmen mit einem Kopf, der voll ist von Gedanken wie: Was koche ich um Himmelswillen heute abend, da der Dr. Frankenstein (aus Israel) nichts Süßes mag und kein Fleisch... Und: wann les ich bloß die Umbruchkorrektur von meinem Bändchen übers Gebet[29]. Und: wann um Himmelswillen schreib ich weiter am Jugend-Buch...
Ich hab Kopfweh vor lauter innerer Nervosität. Und da kommst Du auch noch mit *so* einem Brief, der wirklich zu 3/4 aus Mißverständnissen besteht! Also, sei gut, Fisch, und warte!
[...] *Dein Wuschel* [Zeichnung]

Den Raum der Stille in mir wiederfinden

Rocca di Papa, 4.9.66

Liebster Fisch,
Du wirst inzwischen vom Christel (Telefonat) gehört haben, daß ich krank war. Es scheint mir seit heute ein bißchen besser zu gehen, aber da ich 5 Tage nichts essen konnte, bin ich sehr müde. Dieses Jahr ist eine Kette von Krankheiten für mich; na ja, wird auch vorbeigehen. Für Dich interessant dürfte sein, daß nicht zuletzt Deine Briefe mich buchstäblich krank machten. Das mag Dich freuen, weil Du daran siehst, wie mir Deine Leiden nicht nur zu Herzen, sondern zu Leber-Galle-Magen gehen. Meinst Du etwa, ich sei ein Holzklotz? Mit Rahnerscher Vehemenz an den Kopf geworfene Klagen und Vorwürfe –, ein wahres Bombardement davon, – wirft das stärkste Wuschel um. Und so wolltest Du es ja auch. Voilà. Leider hilft das weder Dir noch mir. Es macht mich bloß unfähig zum Denken und Briefeschreiben. Ich hab doch wirklich nicht genug nachgedacht über das Problem, um die Sache selbst abzulehnen. Aber ich *begann* nachzudenken – und Du nahmst das Ergebnis voraus als feststehend, und zwar als Dich betreffend. Du mußt doch nicht *so* – ich weiß nicht wie – sein. Ich bin doch kein gründlicher Denker. Ich sag halt schon mal was Vorläufiges, besonders wenn die Kinder da sind, ich mich schlecht fühle und kochen, kochen, kochen muß. Hab doch Einsicht! Wenn ich *Deine* Art der Existenz negierte, würde ich doch auch die von M.A. negieren. Tu ich das? Doch nicht. Aber ich kann einfach jetzt nicht denken. Ich muß jetzt gesund werden und arbeiten, arbeiten. Am 11.[9.] wird M.A. kommen, da möchte ich nicht gerade eine kranke Frau sein. –
Du hast also nichts getan als gearbeitet in Freiburg – wie immer, und hast Dich dabei doch erholt, wie immer, und merkst es nicht, wie immer, und arbeitest weiter wie ein Besessener, wie immer. Seine Worte folgen ihm nach – ein ganzes Engel*corps* wird Deine Bücher zu Gottes Thron tragen müssen. Ach ja – wo alle Tränen abgetrocknet werden. Glaubst Du daran? Also dann. Und ich muß im Fege-

feuer sitzen zur Strafe für unbedachtes Reden. Recht geschieht es ihr…

Dein Wuschel [Zeichnung]

Rocca di Papa, 6.9.66[30]

Mein lieber Fisch,
ich sitze wieder am Schreibtisch und arbeite: Und dabei fällt mir ein, daß Du den Eindruck haben mußt, als läse ich Deine Briefe nicht richtig, weil ich meist auf nur wenig darin eingehe. Aber wie kann man (ich) das, wenn Du täglich schreibst. Da komm ich gar nicht mehr zum Verarbeiten. Es ist so, wie wenn jemand immerzu essen würde: er verdaut's nicht mehr. – Ich meine nicht, wenn Du »das Normale« schreibst. Ich meine, wenn Du Dinge schreibst, auf die ich besonders eingehen sollte. Ich habe einfach nicht die geistige Kraft wie Du. – Du bist *immerzu* direkt an der Materie. Aber ich – wie ist denn *mein* Tag? Am Morgen einkaufen. Das nimmt mindestens 1 1/2 Stunden, dann Essen vorbereiten, kochen. Dazwischen Post machen und versuchen, eine Seite zu schreiben. Dann mit Steffi essen und reden. Dann – – usw., usw. – Selbst wenn bei Dir Besuche (lästige) kommen, bleibst du immer »im theologischen Stoff« und »im Geist«. Bei mir bringt der Tag Kraut und Rüben, und nicht immer ist mir nach Theologie und schwarzer Tiefe zumute. – Ich *versuche* mich ehrlich in Deine Lage zu versetzen. Kannst Du's umgekehrt auch tun – bitte? Wenigstens solange Steffi und M.A. da sind. – Im übrigen bin ich von dieser an sich kleinen Krankheit seltsam schwach geworden. Schlapp. Aber es wird schon wieder werden. – Heut kam Dein Friedmann-Gespräch. Dank! Ich werde es baldigst lesen. – Übrigens mußt Du nicht meinen, daß ich mir nicht immerfort Deiner geistigen Bedeutung bewußt wäre. Das *ist* ja das Schwierige, daß ich immerzu denken muß: »Mein Gott – *dieser* Mann verdiente ein anderes Schicksal, eine große alleinige Liebe, eine grenzenlose Verehrung.« Wenn Du irgendwer wärst, dann wäre alles viel einfacher. *Dich* kann man nicht übersehen im eigenen Innern. Man *will* es auch nicht! Nur: mit Genies lebt sich's nicht leicht.... Sei's drum! Wer sagt, daß es leicht sein *soll*???
[…]

Rocca di Papa, 14.9.66[31]

Lieber Fisch,
jetzt weiß ich wirklich nicht, wann ich Dich wo erreiche, ich finde den Brief nicht, in dem Du schreibst, wie lang Du in Münster bist. So wird Dich dieser Brief in München erwarten. Ich danke Dir für alle Briefe und die interessanten Beilagen im gestrigen. – Ich bin neugierig, was Du in Münster eruiert hast. Du hast mit Baptist [Metz] wohl noch gar nicht über die Frage gesprochen, scheint mir. Jedenfalls schriebst Du nichts darüber. – Ich bin nun zwar wieder gesund, aber die Müdigkeit ist noch da, und alles strengt mich an. – Mit Steffi ist's schön, wir baden und reden, wenn ich nicht arbeite; aber das Arbeiten geht schwer zur Zeit. – M.A.ist hier und bereitet den Kongreß vor, sofern er nicht »die Idylle mit mir lebt«, die du mir (ich zitiere) »gerne gönnst«. Wir haben ja, er und ich, nun 10 1/2 Jahre Idylle hinter uns und wir können uns gar nicht vorstellen, daß es Probleme gibt und daß man daneben auch Aufgaben hat... Ich glaube nicht, daß ein Mann wie M.A. ausgerechnet mich dazu braucht, um seine Pflicht zu tun. – Wollen wir dieses Gespräch nicht lieber lassen? –
Mein »Tobias« ist erschienen, heut kamen die ersten Exemplare, ich werde dir eines überreichen können, wenn Du kommst. –
Schrieb ich, daß die Dominikaner in Fribourg darauf bestehen (trotz meiner versuchsweisen Absage zuerst) daß ich im November dort bei den Studenten einen Vortrag halte über den Laien in der Kirche? Das genaue Thema darf ich mir selber wählen. Was genau soll sich wählen? »Die *Frau*« mag ich nicht – d.h. nicht etwa »*Frau* und Konzil« oder derlei. Das ödet mich an, vermutlich zu unrecht!
[...] *Herzlichst Dein Wuschel* [Zeichnung]

Rocca di Papa, 20.9.66

Liebster Fisch,
ob Dich dieser Brief noch erreicht? Er soll Dir nur sagen, daß ich, trotz *meines* letzten und *Deines* vorletzten (»Idylle«) mich auf Dich freue, daß ich aber durch M.A. natürlich etwas unfrei bin d.h., nicht ganz über meine Zeit verfügen kann, da ich seine Chauffeuse bin (er

ist ohne Auto) und daß ich etwas lavieren werde müssen. – Du schriebst bis jetzt nicht, wann genau Du kommst – und ich weiß nicht, ob ich Dich abholen kann diesmal – aus obigem Grund, aber auch weil ich noch immer sehr müde bin und weitere Fahrten und viel Verkehr meide. Ich muß im Herbst in München mal eine Generaluntersuchung machen lassen, was da nicht stimmt bei mir, weiß ich nicht. Ich bekam schon Spritzen, merke aber gar keinen Erfolg. Nun – wir werden uns ja ganz bald sehen.

Herzlichst Dein Wuschel [Zeichnung]

Rocca di Papa, 3.10.66

Mein lieber Fisch,

[...]

Freitagabend war ich also bei Sattler eingeladen; es stellte sich heraus, daß außer den deutschsprachigen Äbten nur *2* Frauen geladen waren: Fr. Dr. Speyer (die Vatikan-Archäologin) und ich (und natürlich 3 Frauen oder Mädchen von der Botschaft, die beim Servieren usw. halfen.) Sattler hielt eine seiner konfusen Reden und begrüßte nur 2 Frauen, und sagte bei mir, ich sei eingeladen, weil ich »eine so enge Beziehung zum Benediktiner-Orden habe.« Ich frage mich (auch M.A. fragt sich) was er damit meinte. Aber wie auch immer: es freute mich für M.A., weil ich und er vor den andern Äbten natürlich jetzt »anders dastehen«, da ich offiziell als »zum Orden gehörig« bezeichnet wurde. Seltsam war das. Es war ein hübscher Abend. Und dann wurden wir für Samstag noch zu 4. zu Merschmanns eingeladen zum *Mittagessen.* – Gestern war M.A. bei mir; er hat hier gearbeitet. Die andern waren in Montecassino. Es war ein schöner Tag, aber ich mußte M.A. sagen, daß ich mich mit Dir theologisch viel besser verstehe. Er redet oft noch Klischees, die mich auf die Palme bringen. Wie sehr bin ich Deine Schülerin. Wirklich, Du: ich merke immer aufs neue, wie ungeheuer Du mich beeinflußt hast.

[...] *Dein Wuschel* [Zeichnung]

Rocca di Papa, 7.10.66[32]

Mein lieber Fisch,
wie gut, daß ich jetzt immer das Datum weiß mit Hilfe Deiner Uhr! Ich danke Dir für 2 Briefe und die Berliner Karte. Ich bin nun wieder allein seit vorgestern nacht und stürze mich in Arbeit. In Sant Anselmo ging es so aus, daß man 5 Kommissionen bildete, die nun weiterarbeiten analog den Konzilskommissionen. M.A. ist in 3 davon gewählt worden. Der Abt-Präses dankt nicht ab, obgleich er sehr krank ist. Nun wird man ihm ein Ultimatum stellen: wenn er bis 31.12. nicht freiwillig geht, wird man den Papst einschalten. Jedenfalls wird also im Frühjahr etwas sich ereignen. Aber was – ?
(Der Hund, ich meine den meinen, hat Hunger, er kratzt am großen Fenster und ist ungeduldig, er soll noch ein bißchen warten, aus aszetischen Gründen...)
M.A. hat, wie ich sah, tapfer seinen Mann gestanden und im übrigen viel gelernt. Vielleicht hat Dein Drängen über mich doch Früchte gebracht.
Ich höre, daß mein »Tobias« schon verrissen wird. Die alten erbitterten Feinde Reich-Ranitzki (Zeit) und Christa Rotzoll (FAZ) natürlich geifern wieder. Ich lese das Zeug nicht, man erzählt mir nur darüber. Ich dachte, ob du nicht doch einmal ganz *objektiv* Stellung nehmen könntest zu meiner Art Literatur. Oder mir einen (Sie-Anrede) Privatbrief darüber schreiben könntest, den man veröffentlichen könnte. Es wäre mir eine *so* große Hilfe. Aber Du wirst es nicht tun, das weiß ich, und es macht mich traurig, daß Du mir da so gar nicht helfen willst. Aber lassen wir das.
[...]
Ich habe den Tag heute damit verbracht, über mich hinauszuwachsen... Das hört sich lustig an, nicht wahr?
Ich meine das so: als ich hörte, wie man mich verreißt, war ich wütend und betrübt usw. – und zwar nicht über das Verrissen-Werden als solches als über den Inhalt der Verrisse bzw. den Aspekt unter dem es geschieht. Man wirft mir »Verlogenheit« vor, so scheint es. Und das ist absurd. Wenn ein Schriftsteller integer ist, wenn sich so Leben und Schreiben deckt, dann doch bei mir. Oder irre ich mich?

Nun habe ich also immer wieder mich gefragt, warum mich die Kritik überhaupt trifft und ob ich mich denn nicht darüber erheben könne. Einfach in stiller Hin-nahme des Schicksals des *Nicht* oder Noch-Nicht-Verstandenwerdens. Und so ganz allmählich komme ich dahin, den Raum der Stille in mir wiederzufinden, in dem es um anderes und Größeres geht als um diese Meinungen. Ich bin noch nicht *ganz* »durch« und werde Rückfälle haben und möchte Trost. Von Dir zum Beispiel. Aber es geht auch so, »vor allem«, mit SEINER Hilfe. Man muß solche Dinge auf die Ewigkeit hin sehen und ganz nachgiebig sein, nicht wahr?
Am 14.[10.] fliege ich also nach Paris, bis 21. bin ich dort. Ich hoffe Gabriel Marcel wiederzusehen, unter anderm, aber beinahe: vor allem.
Jetzt schreib ich dann, heut, den 2. Aufsatz schon, weils pressiert. Dann habe ich endlich die Sie-Aufsätze hinter mir für 1966. Die wollen, daß ich 1967 jeden Monat *einen* (statt 2) doch noch schreibe. Naja. Werd's wohl tun. Aus verschiedenen Gründen. Auch den Kritikern zum Trotz. So, nun hab ich eine lahme Hand vor lauter Schreiben.
Könnte ich dich nur ein wenig erhellen. Aber wie, wie denn, da mein bloßes Dasein schon Schmerz für Dich ist.
Vergib. *Dein Wuschel* [Zeichnungl

Rocca di Papa, 9.10.66

Mein lieber Fisch,
[...]
Frl. Michael sagte mir, daß ich trotz aller Verrisse einen dauernden Erfolg haben würde mein Leben lang. – Wie nur ein Mensch, der doch so sehr »jenseits« verankert lebt (wie ich's doch tue) noch *so* an diesen akzidentiellen Dingen leiden kann. Aber andrerseits: wir leben nun einmal in der »Welt«, wir sind keine Buddhisten, keine Welt-flüchtigen, wir brauchen die Kommunikation, auch die positive, das Ja zu uns und unserer Arbeit, wir schreiben ja für »die Welt« und darum leiden wir auch an ihr. »Die Welt« ist eben *unsre* Welt, ist unser Leben, unsre Aufgabe. Wer sich von der Welt abwendet,

tut es, weil er sie nicht bewältigt. (Ich rede von der heutigen Zeit, und ich nehme ausdrücklich aus, daß das Leben in kontemplativen Orden Weltflucht sei –

[...] *Dein Wuschel* [Zeichnung]

P.S. Mir ist gerade beim Schreiben eines Aufsatzes »Was kann uns Weihnachten heute sein« eingefallen, was da alles zu sagen ist: 1. Warum wir so an Weihnachten hängen (wie dieses Fest mit dem Symbol »Kind« einer Tiefenschicht in uns entspricht, die wir instinktiv festhalten als Rettendes) 2. Wie wir Weihnachten verarmen lassen, wenn wir die Symbole nicht mehr als sich immer ereignende Wirklichkeit erleben: Armut, Engel, Stern, Mutter, Nacht, Geburt, Kind... Ich will versuchen, den Leuten diese Symbole als ihre eigene Wirklichkeit zu erklären. Ich schreib den Aufsatz vorerst für »Eltern« etwas einfacher, will später dann länger drüber schreiben, eventuell für das Radio, zu Weihnachten. (»Was ist Weihnachten dem modernen Menschen.«)
Mir fällt z.Z. so vieles ein, aber das verwirrt mich auch alles so sehr. Wie relativ einfach war meine Welt bis vor kurzem. Jetzt weiß ich nicht mehr, *wer* recht hat. »Pluralismus« anerkennen heißt aber doch nicht: Alles als gleich wahr nehmen. Und hier beginnt die enorme Schwierigkeit. Vor allem ist es gräßlich sich sagen zu müssen, daß die autoritären Meinungen (auch eines Rahner) nur *eine* Art der Interpretation ist. Wo ist Halt, wo ist Wahrheit? Die Evangelien scheinen so einfach, und sind doch ungeheuer weit offen, so daß man eigentlich *doch* keinen absoluten Fixpunkt finden kann. Wie sind wir doch ausgesetzt! Ich habe Angst. Andrerseits, wer kann von uns mehr als *Bemühen* um Wahrheit verlangen? – Aber wenn das »Bemühen« nicht reicht? Ich hole z.Z. ein ganzes Zeitalter von Skepsis und Sekptizismus nach, scheint mir. Mir tut mein eigenes Sein und Dasein weh! Ich wollte Du wärst erreichbar. Aber erst am 20.11. oder, da ich da ja nur 1 Tag in München bin vor Fribourg, dann auf Vorlesereise muß, erst nach dem 10.12.! Das ist laaaang!

Rocca di Papa, 12.10.66[33]

Mein lieber Fisch,

Du hast mir einen sehr schönen, guten, lieben Trostbrief geschrieben.

[...]

Daß Du meinst, bald von der Kritik verrissen zu werden, trifft wohl nicht *so* zu. Vielleicht für einige Jahre. Aber du bist ja noch nicht einmal ein-geholt von der Theologie, geschweige denn über-holt. Und selbst wenn es so wäre, so bliebest du immer noch der »Große alte Mann«, der das meiste überhaupt erst ins Rollen brachte. Ohne Dich wären doch Metz und andere gar nicht da, wo sie sind. Du hast eine Riesen-Lebensleistung vollbracht, ob nun noch etwas kommt oder nicht. Dein Werk ist nicht wegzudenken, es wird erst noch im vollen Umfang gewürdigt werden, später. Aber wenn Du es anders *fühlst* (man lebt ja auf 2 Ebenen – auf vielen! –) dann ist es eben so ähnlich wie bei mir: wir müssen lernen auch hierin arm zu werden. [...]

Ja, wir müssen die Armut lernen. Wir sind eben Christen. ich beginne zu begreifen, was das ist: das Mysterium des Kreuzes. Wir sind eben keine bloßen »Humanisten«.

- Wann gehst Du in die Schweiz? – Ich werde am 23.11. in Fribourg sein. Läßt du Dir noch einige Sätze einfallen für meinen nicht-ferngesteuerten Laien[34]?

Am 14.[10.], übermorgen, fliege ich nach Paris. Adresse für alle Fälle: Hotel du Rond-Point de Longchamp... Ich will am 21./22.[10.] wieder hier sein; den Rückflug habe ich noch nicht gebucht.

Ich wollte Du wärest da. Auch glaub's doch. Du *darfst* nicht so mißtrauisch sein gegen mich.

Ich weiß mich von Dir verstanden. Wie arg, daß Du es nicht, umgekehrt, weißt. Ich denke sehr sehr viel an Dich. – Ich trage meine ziemlich tiefe Depression auch mit dem Bewußtsein, die Deine mitzutragen.

Dein Wuschel

Eben kamen 2 Briefe von Dir. Dank. *Eins* hättest Du nicht schreiben dürfen: daß Du keine *Zeit* hast um etwas für mich zu schreiben. – Ich *meine*, daß da keine Liebe ist, die sich so lange bitten läßt etwas zu tun. Aber wenn Du es nur gezwungen tust, hat's keinen Wert. Ich dächte, es müßte Dich *drängen* mir zu helfen. Aber so ist's halt. –

Liebe ist doch nicht Abhängigkeit

Rocca di Papa, 22.10.66[35]

Lieber Fisch

Dank für alle Deine Grüße. Ich bin seit gestern abend wieder da, müde, aber sehr getröstet, denn diese Pariser Tage waren sehr schön, und dort hält man was von mir. – Bei Gabriel Marcel (er erblindet wirklich! Netzhautablösung) war ich, ja, er lud mich von sich aus zum Tee ein, er sagte, ich sei nicht nur eine starke Dichterin, sondern habe den Rahmen der Kunst gesprengt und ich sei eine wichtige Gestalt im europäischen Geistesleben, das werde sich noch zeigen. Naja. Jedenfalls, wie ich aus den vielen Interviews hörte und was mir der französiche Verleger sagte, gelte ich in Frankreich neben *Grass* (!) als die stärkste Begabung. Böll nicht so sehr, aber auch. Ich war auch in Chartres. Wunderbar.–

[…] *Dein Wuschel* [Zeichnung]

P.S. In der leidigen Frage.

Du sagst, ich sei vorschnell bitter. Nun – ich habe Dich schon seit 2 Jahren gebeten, und da kann man von vorschnell wohl nicht mehr reden.

Aber ich verstehe, daß Dir dieses Buch nichts sagt und du einfach nicht weißt, was Du sagen sollst. Ich wüßte es schon, z.B. in «Christ und Welt« stand sehr lauwarm 1. *Für wen* sei das Buch geschrieben? 2. Am Schluß erwiese ich mich doch als fest gläubige Christin – so daß man nicht weiß, ob das ein Lob oder ein Tadel sei. *Da* könnte ein Theologe einsetzen. – Vielleicht werde ich Pater Lotz darum bitten, sich zu äußern, vielleicht lasse ich eben alles auf sich beruhen. Aber es ist schon sonderbar, daß die Kirche ihre Leute nie schützt – und daß jemand, der mich, wie er sagt, liebt, einfach nicht sofort, *von sich aus*, zu Hilfe kommt.

Du hättest Zeit, tagelang bei mir zu sitzen, weil es *Dir* so gefällt. Aber Du hast »keine Zeit« (Du schreibst, es sei eine Zeitfrage *auch*) für mich *eine* Stunde zu opfern, um etwas zu schreiben, was Dir so leicht fiele. –

»Zeitlassen« – Fisch, nein. Das müßte sofort kommen, mitten in die andern Kritiken hinein. Du weißt, welches Gewicht Dein Wort hat. Und Du weigerst Dich (mit vielen Ausflüchten.) Warum soll unsere Beziehung ein Hindernis sein, objektive Dinge zu bereden? Geht es nur um mich? Geht es nicht um *unsere* Sache?
Ich bin tiefst enttäuscht, Fisch, und ich kann Deine Worte der Liebe jetzt nicht mehr *so* arg ernstnehmen, das mußt Du verstehen – selbst wenn Du ein Dutzend anderer Erklärungen bereit hast.
Der Frau – wie heißt sie (Der anonyme Christ) hast Du immer geholfen und sie gefördert. Und ich, ich?
Im Übrigen: die Zustimmung »der Leser« ersetzt mir nicht die *öffentliche* Zustimmung in der Kritik.
Ich würde sofort »das Tollste« über Dich schreiben, um Dir zu helfen.
Nein – ich versteh Dich wirklich nicht.

[Rocca di Papa] 23.10.66

Lieber Fisch,
[...]
Deine Genfer Berichte haben mich sehr interessiert, besonders daß eine Frau die Morgenandacht hielt. – Lucas Fischer hörte ich in Rom, er ist eine sehr reine Gestalt.
Daß [Urs von] Balthasar Dich so angreift, verstehe ich nicht ganz. Ich habe immer gemeint, bei Dir sei gerade die Theologie des Kreuzes betont oder doch überall vorhanden, implizit. – Ich meine aber, daß es Balthasar zwar um die Sache selbst geht, aber daß er auch ein wenig neidisch ist auf Deine Weltgeltung, die *er* nicht hat, obgleich er wirklich gescheit und auch wissend ist. Im übrigen habe ich in Frankreich gemerkt, wie sehr man doch Angst vor dem Überhandnehmen der »Häresien« oder doch des Skeptizismus hat. Man neigt dort, unter den Laien, zu Orthodoxie. Ich meine: zu einer *neuen*, bewußten Orthodoxie. Ich sage: das ist *auch* ein Weg. Alles geht eben dialektich vor sich, das wissen wir längst. – Übrigens kennt man Dich in Frankreich sehr gut. Jedermann weiß etwas von Dir und hat etwas gelesen und kann etwas darüber sagen. Ich habe mit Dir ge-

protzt, indem ich bei allen Interviews erwähnte, daß ich theologisch von Dir herkomme.

Warum schreibst Du immer, daß Du die Menschen fürchtest und nimmer leben magst? Ich kann – trotz allem – nicht *wirklich* verstehen, daß *Du* so vieles von mir abhängig machst. Mir ist immer, als sei da etwas falsch, und dann habe ich Angst um Dich, d.h. um Dein – wie sagt man – »Seelenheil«. Liebe ist doch nicht Abhängigkeit. Aber ich maße mir nicht an, dazu *wirklich* etwas zu meinen. Wer kennt die eigentliche Seins-Aufgabe eines andern?! – Es stimmt doch nicht, was Du sagst, daß man »nur im Tod das Leben habe«. Nein: Leben ist Leben; der Tod ist eine Form des Lebens (nicht das Ende) und alles Leben ist fortgesetzt Tod. Manchmal weiß ich, was ich da sage, ganz genau, mit allen Fasern meines Wesens.

Warum fällt Dir die Arbeit über den Zölibat so schwer? Weil der Zölibat die Freiheit von einem menschlichen Du meint und weil Du erfahren hast, daß das *so* nicht stimmt? Weil du nicht mehr wagst, Gültiges darüber zu sagen?

Warum bist Du so *tief* verzweifelt, wie du sagst. Ich meine natürlich nicht, daß ich nicht die *Ursache* wüßte, aber ich meine nicht zu wissen, ob das so sein muß und ob es für Dich nicht *die* Auf-gabe ist, diese Verzweiflung dahinzugeben. Du könntest verzweifelt sein, wenn ich dich als Persönlichkeit ablehnte und mißachtete. Aber ich tue das Gegenteil. Ich habe nie etwas anderes getan. Freilich hat mich Dein Wort vom Nicht-Zeithaben (um über mich zu schreiben – über mich als geistige Erscheinung, nicht über den »Tobias«) tief irre gemacht an gewissen Zügen an Dir, aber nicht an Dir – Selbst. Ich verstehe Dich darin wirklich nicht und du verteidigst Dich ja auch nicht, weil Du es eben nicht kannst, – denn eine verweigerte Bitte in wichtiger Sache *ist* eben ein schreckliches Ding. –

Aber selbst *so* bist Du, der Du bist, und ich beweise Dir dieses mein Urteil, indem ich Dir Deine Ablehnung meiner Bitte vergesse. Ich kann freilich nicht mehr so recht daran glauben, woran ich immer glaubte: daß Liebe ohne Rücksicht hilft, von sich aus; und gerade von Dir habe ich blind geglaubt, Du seist mein Beschützer. Aber – »lasciamo perdere«.

[...]

In Paris (schrieb ich das?) wurde ich sehr verwöhnt, sehr bestätigt, sehr gefeiert. Schrieb ich, was Gabriel Marcel über mich sagte? Ich glaube ja.

[...] *Herzlichst Dein Wuschel* [Zeichnung]

Rocca di Papa, 25.10.66

Lieber Fisch,

ich muß gerade sehr an Dich denken, weil ich begonnen habe an meinen Vortrag für Fribourg zu arbeiten. Ich las einige Arbeiten von Dir zum Thema Laien und Kirche, auch wieder einmal in den »Questiones Disputatae« über das »Charismatische in der Kirche«[36], auch den Sonderdruck mit dem Aufsatz über den Laien in »Geist und Leben« (übrigens ein irreführender Titel: »Geist und Leben«, als wären das Gegensätze, und als wäre mit »Leben« das rein Vitale gemeint. Unbefriedigender Titel! Als wäre nicht eben Geist – Leben! Leben ohne Geist ist *nicht* Leben.) Und ich habe unter »Laie« im großen Lexikon (dem Deinen) genau nachgelesen und jetzt suche ich mir aus dem Handbuch der Pastoraltheologie[37] alles Einschlägige heraus. Ich bin Dir sehr sehr dankbar für diese Bücher, die ich *dringend* nötig habe, auch für alle zukünftigen Arbeiten. Mir fällt *vieles* zum Thema ein, so vieles, daß ich kaum alles verarbeiten kann. – Zuerst mußte ich einmal laut lachen, als ich las, was Du schriebst: daß die Eucharistie nicht vor allem »eine himmlische Privataudienz« sei. Das ist aber, nebenbei gesagt, für mich immer praktisch sehr schwer: das mystische Erlebnis der Nähe Christi sozusagen in mir einzudämmen zugunsten der Gemeinschafts-Erlebnisse. Ich *kann* es einfach nicht zusammenkriegen. Mich reißt die *mir* zugedachte Gegenwart Gottes hin, und was die andern dabei erleben, ahne ich nicht. Mein guter Wille zum kirchlichen Verständnis der Eucharistie wird überfahren vom Erlebnis der Berührung mit dem Gott. Kannst *Du* das zusammenbringen, wirklich, nicht nur willentlich vom Verstand und von der Theologie und vom Imperativ der Kirche her??? Ich glaube, ich werde als nächstes (ab Frühjahr) 2 Bücher nebeneinander schreiben müssen: eines »über die Wahrheiten meines Glau-

bens«, so daß alle es wirklich verstehen, und ein Tagebuch mit (*auch* mit) religösen Fragmenten, wie es die Kaschnitz anregte, als sie neulich hier war.
Zum ersten regte mich eine Schweizerin an, die ich in Paris traf, eine alte Bekannte (»alt« nicht: sie ist 30). Sie ist katholisch, aber »gleichgültig« geworden. Ich redete gar nichts »Frommes« mit ihr, sondern spielte mit ihrer kleinen Tochter. Da sagte sie: »Du müßtest einmal etwas schreiben, wodurch auch so jemand wie ich kapieren würde, was *Du* kapierst« (nämlich vom Glauben.) Und meine jüdische (katholisch verheiratete, d.h. mit einem Katholiken verheiratete) Übersetzerin sagte: »*Sie* wissen«. Ich fragte: »Was?« Sie sagte: »Das Wichtige. Schreiben Sie es auf.« Auch sie sehnt sich nach »dem Glauben« ohne recht zu wissen, was sie meint.
Ich weiß, daß ich mich da in ein großes Abenteuer einlasse. Aber ich spüre den Anruf (pathetisch gesagt. – Mein Gott, welche Angst man heute vor dem Aussprechen großer religöser Impulse und Erfahrungen hat!! Es ist Keuschheit *und* Feigheit auch *und* Skepsis gegen sich selbst.)
[...]
Eben ein langes Telefon-Gespräch mit einer jungen Frau, die eine These über mich schrieb und begeistert von Tobias ist und sagt, ein Neffe von Manfred Hausmann habe Selbstmord geübt (sie kennt ihn) und zwar aus Gründen ähnlich denen des Tobias. »Na siehste«.

Rocca di Papa, 2.11.66[38]

Lieber Fisch,
nur ganz rasch einen Gruß zu Deinem Namenstag! Du hast ja einen Namenspatron, mit dem Du Dich sehen lassen kannst!
Dank für Deine Briefe und Briefchen und die Karte. Ich habe den Freiburger Vortrag sozusagen fertig; er ist ziemlich gescheit, meine ich, und es ist mir vieles dazu eingefallen, auch durchs Schreiben hab ich erst kapiert, was ich da schreib. Schreiben nicht als Dokumentation dessen was man weiß, sondern was man sucht und schreibend erst findet. –

Du fragst nach M.A. – ich weiß nichts im Augenblick. Er schrieb mir nach Paris. Jetzt ist er unterwegs da und dort, Vorträge halten und auf Tagungen. Auch er, mitsamt seiner *stabilitas loci*, aber die meint auch noch was anderes.
Wir haben Regen und saukalt, ich heize seit gestern, aber dazwischen – jetzt – ist *warme* Sonne; wir sind halt doch im Süden. Und der Himmel ist blau, und Rosen blühen.

Herzlichst Dein Wuschel [Zeichnung]

Rocca di Papa, 11.11.66[39]

Lieber Fisch,
[...]
– Ich hab alle Arbeiten erledigt, die ich bis jetzt zu machen hatte, aber mein Jugend(foto)buch ist noch nicht fertig. Ich kann eben nicht *mehr* tun, als ich tun kann. *Du* kannst mehr tun als Du tun kannst. Aber Du zahlst ja auch hoch dafür. *Zu* hoch.
[...]

Herzlichst Dein
Wuschel [Zeichnung]

[Siegen], 30.11.66

Lieber Fisch,
ich habe gerade noch ein bißchen Zeit, ehe ich weiterfahre. Zwei Abende habe ich erst hinter mir und noch *10* vor mir. Morgen in Essen. Bisher war alles gut. Viele Leute. Hier in Siegen war es ganz besonders reizend. Ich las die Geschichten (aus Tobias) vom Manager (»Fuchs«), dem Oberbürgermeister –, und der Ober-Bürgermeister von Siegen saß in der ersten Reihe – und war (wie der Ober-Bürgermeister im »Tobias«) genau 3 Monate im Amt. Es gab Riesengelächter. – Ist bei Dir auch alles gutgegangen? – Ich mache mir viele Gedanken über Dich. Weißt Du, ein bißchen wunderts mich schon, daß Du einfach mit *keinem* Wort erwähnst, was uns doch einige Schwierigkeiten macht: daß Du nicht über mich schreiben willst. Ich hätte eine neue Gelegenheit: S. Fischer macht ein

Werkheft über mich. Da sollen einige bedeutende Leute über mich etwas sagen.
Du mußt nicht denken, daß ich Dich nicht irgendwie verstünde. Aber andrerseits ist eine Weigerung, eine Bitte zu erfüllen, doch nicht etwas, was der Partner einfach hinnimmt. Denk nur nicht, daß ich nicht sehr hart daran beiße. Es war immerhin die 1. wirkliche Bitte, die ich an Dich richtete, und die blieb unerfüllt – wegen Zeitmangel (*auch*. Du schriebst es.) Ich komme nicht wirklich *darüber* hinweg. Wenn Du mir nicht soviel wert wärest als der, der Du bist, so hätte ich ziemlich harte Konsequenzen daraus gezogen. Aber ich weiß, daß man Deine Lebenslast nicht noch mehr erschweren darf. Denk nicht, daß ich nicht wüßte, wie Dir zumute ist, insgesamt. Und ich kann Dir nicht helfen. Weil da überhaupt nicht von Menschen geholfen werden kann. Ich denke viel an Dich – ohne Groll, mit tiefer Sorge und manchem Befremden, aber in ebenso tiefer Treue und das wird so bleiben. Bis zum 12.[12.] also!

Dein Wuschel [Zeichnung]

Erkelenz (bei Aachen) 6.12.66

Lieber Fisch, nun habe ich 8 Lesungen hinter mir und nur mehr 4 vor mir. Jetzt fahre ich nach Osnabrück, morgen fliege ich von Hannover nach Berlin, am 8.[12.] lese ich in *Münster*, am 9. in Gummersbach (Hessen, glaube ich) – dann ist's fertig. Bis jetzt ging alles ganz gut, bis auf Essen, wo – man hatte mir gesagt, das Publikum seien Studenten der Pädagogischen Hochschule – nachher fast lauter junge Mädchen (Katholisches Jugendwerk!) dasaßen und überhaupt nichts begriffen. Aber sonst war's überall nicht nur nett, sondern meist auch ein sehr aufgeschlossenes Publikum. Mit Christel hatte ich eine lange Unterredung. Ich erfuhr von einem seiner früheren Kollegen an der Berufsschule (seinem »Mentor«), daß er seine Sache an der Schule *sehr* gut gemacht habe, daß er schon mehrere Vorträge vor Erwachsenen gehalten habe, mit viel Erfolg usw., daß aber das Ordinariat böse sei, weil er nicht bei der Schule blieb. – Jetzt will er in Bonn promovieren. Der Profesor gab ihm ein sehr schönes Thema: Ökumenische Arbeit zwischen den Weltkriegen. Darüber gibt es noch gar nichts. (Christel will

arbeiten, der Professor mag ihn gern, er [Christel] braucht nicht einmal mehr Vorlesungen zu hören), ich bin sehr einverstanden, muß halt bloß wieder viel zahlen, aber das geht schon, und ich bin glücklich. Man sagt hier (in Essen), er sei ein ganz ausgezeichneter Theologe! Er liest jetzt auch viel.
Jetzt werd ich abgeholt zum Zug – und ich wollte noch mehr schreiben. Ich las Deine Erklärung in der Süddeutschen Zeitung.

Auf bald!

Dein Wuschel [Zeichnung]

[…]

Im Schweigen sind wir uns viel näher

Rocca di Papa, 28.1.67[40]

Mein lieber Fisch,
nachdem ich mich 3 Tage vergeblich gequält hatte, begann »es« plötzlich wieder zu fließen. Heute schrieb ich gleich 2 »Für Sie«-Aufsätze: Über Ehrfurcht und über Sicherheit in der Unsicher-heit. Den über Rücksicht ließ ich halbfertig liegen, er kommt nächste Woche. Jetzt (Morgen) muß ich die Korrekturen zum 2. Band (Echter) der »Lebensfragen«[41] lesen, dann gehts wieder ans Jugend-Buch, vor dem mir graut, weil ich nicht weiß, ob ich »die« Jugend auch nur ahnungsweise kenne. Ich verlasse mich auf Informationen aller Art. –
Du hast mir einen schönen Satz über mein »Hoffnung«-Buch gesagt. Danke! Dabei fällt mir (wieder mal) ein, ob Du so etwas in aller Kürze über mein Gesamtwerk sagen möchtest oder über Tobias. Die Frage des Werkheftes über mich wird akut[42]. Ich will auch Gabriel Marcel bitten, mir zu wiederholen, was er sagte. Man muß halt Reklame machen. Es geht mir nicht (zuerst!!) um mich, sondern darum, daß mich die Leute für »so berühmt« halten, daß sie mir glauben, was ich ihnen sage, verstehst Du? […]

Du hast mir ein Buch gekauft? Ich freu mich drauf. Ich hab zwar schon 1 Buch (das ist von Rahner...). –
Ja, »brume nordiche« ist richtig geschrieben. Und hier sind keine. Strahlendes Licht! Denk Dir: eine Rose fängt an zu blühen! Du sollst mir bitte *doch* Theologisches schreiben, wenn Dir was einfällt. Morgen lese ich Deinen Aufsatz. Ich *mußte* erst die Sie-Aufsätze machen zum Abliefern, und *mußte* erst wieder in die eigene Arbeit hineinkommen.
Ich schrieb an M.A. (einen meiner spärlichen Briefe, ich meine spärlich was die Zahl anlangt, hoffentlich nicht den zwar auch reservierten Inhalt), daß du ihn zum Essen in den »Stimmen« einladen möchtest.
Du hast mir was verheimlicht, Du! *Was* schreibst Du über den Zölibat??? Für die österreichischen Bischöfe? Ha, – die Welt weiß alles. Rom weiß alles. –
[...]

Leb wohl für heut!
Dein Wuschel [Zeichnung]

Rocca di Papa, 4.2.67

Liebster Fisch,
heut fand ich zufällig beim Blättern im LThK, Lexikon für Theologie und Kirche (unschätzbarer Wert für mich – und nicht nur für mich!!!), daß es in der Nähe von Haifa (Karmel) auch noch ein anderes Bethlehem gab, also Nähe Nazaret. Wäre es nicht denkbar, daß Joseph und Maria nicht in *dieses* Bethlehem gehen mußten statt bis nach Jerusalem? Dies nebenbei. –
[...]
– Du schriebst, Du wüßtest nichts von mir. Lieber Fisch – ich auch nicht, zur Zeit. Ich arbeite ohne Hetze, aber intensiv. Eben, gestern und heut, arbeite ich den Fribourger Aufsatz für die Buchausgabe durch, immer wieder. Ich mache es mir nicht leicht. Ich schaue auch bei Dingen, die ich im Vortrag damals frank und frei behauptet habe, im L.Th.K. nach, usw.
– Und sonst? Die Sonne scheint, wenn auch nicht immer, so doch oft und warm, die Hyazinthen blühen auf, eine nach der andern,

Vögel singen, Frühling liegt in der Luft, ich bin ohne irgendwelche besonderen Beschwerden, und der Herr ist nicht fern. Also –: ich bin mir nicht wichtig, und das sind immer die besten Zeiten. – Übrigens weißt Du nie, wie oft ich an Dich denke, z.B. meinst Du sicher, ich nähme Dein »Schweigen« einfach »erlöst« hin. Als ob *ich* so dumm wäre!!! Aber im Schweigen sind wir uns viel näher als im Reden (»darüber«), glaub mir. Seitdem wir nur behutsam oder gar nicht »darüber« reden, wachse ich Dir wieder in aller Selbstverständlichkeit zu. Du bist mir wieder ungestört der hohe Wert in meinem Leben.

Es gefiel mir sehr, was Du schriebst über die römischen Schriftsteller, die keine Angst haben zu sagen, sie wollten »fürs Volk« schreiben. – Hast Du nicht den Schweizer Literaturstreit verfolgt? E. Staiger (Philologe, Germanist, Zürich) bekam doch das Bundesverdienstkreuz – oder den Pour le mérite oder was weiß ich, irgendsowas, und in der Rede sagte er Scharfes gegen die »Dekadenz« – und nun fielen sie alle über ihn her.

Mir gehts wie Dir: ich verstehe *beide* Parteien. Aber man muß die »dekadenten« Jungen *doch* ernst nehmen, denn auch Dekadenz bringt in der Kunst ganz potente Dinge hervor. Jeder Künstler ist »dekadent«. Und Du bist es auch. Ich bin es nicht genügend, sonst wäre ich eine größere Dichterin.

Meine neuen Ölbäumchen, zwar ziemlich zurückgeschnitten, (das muß man beim Neupflanzen) aber doch eben Bäumchen, glänzen silbern im Morgenlicht. (Morgen: es ist halb 10 Uhr!) Ich sitze schon lange hier am Schreibtisch, bin aus Versehen viel zu früh aufgestanden, war noch fast dunkel, die Uhr ging vor, war aber gut so. Ich kaute lange herum an den verschiedenen Deutungen des Begriffs »Welt«. Ich *habe* das schon, aber ich mußte es besser durchdenken und besser formulieren. Manchmal macht mir Denken einfach Spaß. Neulich bei der Diskussion am Campo Santo Teutonico, merkte ich, wie gut ich logisch denken kann. Ich mußte den Leuten, auch dem Rector, mehrmals sagen: »Aber unter *diesem* Aspekt...« oder: »Wir vermischen zwei Ebenen« usw., usw.

Wäre ich doch jahrelang Deine Studentin gewesen! Aber mir *fehlt* die philosophische Vorbildung. Ja, sie fehlt mir wirklich. [...]

Rocca di Papa, 6.2.67[43]

Mein lieber Fisch,

[...]

Du schriebst *sehr* lieb, ob ich ein theologisches Thema wüßte in bezug auf meine Bücher. Ja, z.B. »die Idee der Freiheit (nämlich Verhältnis von Getriebenheit und Geführtsein) in den Romanen von Luise Rinser« oder: »Zwei Glaubensweisen« (Titel ist aber von Buber!) (nämlich: Nina und Marie-Catherine: die moderne, skeptische, suchende Frau und die durch Gnade Gläubige.) Aber Du sollst da keine große Arbeit machen, nur eben »mich ernstnehmen« in aller Öffentlichkeit.

[...]

Warum sagst Du: »daß man nichts Sanftes und Zärtliches sagen kann, darf...« WARUM NICHT???

Du weißt, oder solltest wissen, daß ich – jetzt wieder – all so etwas auf den berühmten Knien des Herzens entgegennehme. Ist schon so! Ich kleide es nur ein bißchen ironisch ein, als under-statement. – *Meine* Zärtlichkeit liegt darin, daß ich viel an Dich denke, in Dankbarkeit (ich bitte Dich: versteh das recht. Ich geh ja auch am Morgen in die Kapelle und sage als *erstes*: »Ich danke Dir, Gott, daß Du bist.« Ich danke also nicht für eine Gabe, sondern – doch, ich muß mich unterbrechen: natürlich heißt mein Gebet *dort*: Ich danke Dir, Gott, daß Du mir die Gabe gabst, Dir für Dein Sein danken zu können. – Also heißt mein Dank an den Fisch doch wohl auch: ich danke Dir, daß Du mit Deinem Sein in mein Leben eingetreten bist, so daß ich es erkennen konnte und kann. – So, Klammer *zu*.)

Ich arbeite an meinen Texten zum Jugendfoto-Buch[44]. Kapitel »Sex« neugeschrieben. Zum Kapitel: »Jugend und Religion« vieles gelesen. Es gibt ein sehr gutes Buch darüber von einem Herrn Halbfas; muß Theologe sein, vielleicht Priester. Er hat das Kölner Imprimatur 1964. Im Namensverzeichnis finde ich Karl Rahner 17 mal angeführt. Das ist beinahe der Rekord, außer 2 Psychologen, die noch öfter zitiert werden.

Ich glaube, Du solltest auch einmal drin lesen. Ihr habt es sicher. Es lehrt Dich noch einiges mehr verstehen vom modernen Menschen bzw. von der Jugend. Ich meine, das statistische und das Tagebuch-Material wäre interessant für Dich.

Auch was über den Priester-Ordensnachwuchs gesagt ist. (Sofern es nicht von Dir stammt… Dich kann man ja fast bei allem zitieren, denn irgendwann irgendwo hast Du irgendwie über alles was gesagt.) *Mir* ist beim Lesen dieses Buches plötzlich klar geworden, was ich längst hätte explizit wissen sollen: daß Religion und Moral nicht identisch sind; daß es also nicht genügt, »christlich« zu leben im Sinne von *brav* leben, sondern daß christlich leben heißt: eben Christus zum Zentrum haben.
Also das *Vertikale* ist wichtiger als das Horizontale. Oder nein: beides muß korrespondieren. Das ist alter Schnee und kalter Kaffee, aber manchmal fällt bei mir ein Groschen, der schon vor Jahren eingeworfen worden ist. Dummes altes Wuschel. Macht nix. Es weiß jetzt aber, daß Fisch[Zeichnung] und Wuschel und M.A. *wirklich* Christen sind! Nicht weil sie relativ tugendhaft sind, sondern weil sie in jeder Sekunde auf Gott bezogen leben. So – jetzt wissen wir's. Stimmt's?
[…] *Dein Wuschel* [Zeichnung]

Rocca di Papa, 9.2.67

Liebster Fisch,
heute *kein* Brief von Dir. Aber du warst ja in Zürich. *Daher* die Pause. Ging's gut dort? Du fragst mich nach dem Datum unserer 1. Innsbrucker, Begegnung; ohne im Büchlein nachzuschauen: der 28. Februar 1962. Stimmt's? Jetzt schaue ich erst nach. Moment – ich suche. Ach, das Büchlein ist ja in München. Der 28. stimmt aber. Mittag 12.00. Punkt. Du kamst mit dem (alten?) Regenmantel als Päckchen unterm Arm und mit der »Hebammen«-Mappe. Ich stand auf. «Wohin gehen wir?« fragtest Du. Ich: »Zum Essen.« Und wir gingen in den Grauen Bären, der gar nicht grau war, und wir aßen, und Du bliebst bis zur Vorlesung, ich glaube um 5 Uhr. Wir wurden aus dem Eßsaal vertrieben und redeten in der Halle weiter (Tisch ganz links in der Ecke, nicht am Fenster, sondern zum Empfang hin) auch über Knaus-Ogino – und die Leute hörten verwundert zu, und ich böses Mädchen dachte: »Was würde er jetzt tun, legte ich meine Hand (die ohnehin, aber

zufällig, neben der Deinen lag auf dem Tisch) auf die seine?« Aber ich tat's natürlich nicht. – Und in der Nacht der Traum mit dem Vers »Ist Liebe Liebe nur wenn sie geht der Liebe Spur«, und am Morgen Deine Deutung (beim Frühstück); und am Mittag *vorher* meine Erzählung von M.A. (ohne Namensnennung.) Und jene, Deine, nie im Sinn geklärte Frage: »Ist das ausschließlich?« Eine in Dein Unterbewußtes versunkene, eigentlich unheimliche Frage. Und dann bald darauf Dein Brief mit »*Liebe* Frau Rinser«, und später »Liebe*r* Wuschel« –. Und so fort. Oh, ich erinnere mich. Ich habe *nichts* vergessen, nichts verdrängt. Und ich danke Dir für all diese Jahre, für alle Briefe, alle Deine Tränen (die ungeweinten), Deine Gebete, Deine theologischen Unterweisungen (mir so unentbehrlich), Deine Treue, Deine qualvollen Nächte, Deine über sich hinauswachsende Liebe (oder in sich hineinwachsende, besser!) Für ALLES. *Für Dich.* *Dein Wuschel* [Zeichnung]

Rocca di Papa, 13.2.67

Mein lieber Fisch,

[...]

Gestern abend war ich eingeladen in Rom, spät abends, bei meinem Verleger, Bermann-Fischer. (Sie haben eine hübsche Wohnung gemietet, gegenüber der Farnesina, in Trastevere; *romanissimo*!) Es waren auch da: der Israeli-Botschafter mit Frau (Wiener Jude) und unser Botschafter am Vatikan, Sattler, den ich ja schon sehr lange kenne. Er ist irgendwie nett und irgendwie ein Hanswurst, aber auch das ist nett an ihm. Wir sprachen über die Waltermannsache. Ihn läßt das alles gleichgültig. Ich sagte: »Aber *ich* lasse mich nicht von einem feigen Antisemiten beim Papst vertreten« – und Sattler lachte: »Warum sich *darüber* aufregen!?« – Ich weiß nicht, das gefällt mir nicht. Überhaupt dieses Zentralkomitee. Überhaupt alle kirchliche Geschaftel-huberei. Wenn ich nur aus der Kirche austreten könnte. *Kann* es nicht. Wie sehr ich an dieser Kirche leide! *Dafür* komm ich in den Himmel: weil mein Leiden echt ist. Ich fühle mich darin recht solidarisch mit Jesus. Wir klagen einander unser Leid...

– Wir hatten 3 kalte Tage mit Nordwind, heut wars still und wärmer. Ich hab einen Rundgang im Garten gemacht und alle meine Bäume besucht. Sie bekommen schon, was sie jeweils bekommen müssen: Knospen für Blüten und Knospen für Blätter; man sieht schon, was bald herausschauen wird. Die Aprikosen und Mandeln zuerst. Die Trauerweiden haben schon winzige Blättchen. Jedes Bäumchen wurde gestreichelt. Die Aprikosen bekommen einen Kuß, weil sie so tapfer und süß sind! Hyazinthen kommen natürlich auch, und die Rosen zeigen rötliche Blätter (nicht Blüten. Außer der einen, die mich hier erwartete, voll aufgeblüht, kam keine mehr.)
Nächste Woche werden wir mit dem Stallbau für meinen Esel beginnen. »Mein« Esel ist vorläufig noch irgend jemands Esel, aber er ist seit Ewigkeit der meine. Ich werde ein Buch schreiben über meinen Esel und *den* Esel schlechthin und alle literarischen und bildnerischen Eselsdarstellungen sammeln. Hilfst Du mir dabei[45]?
[...] *Dein Wuschel* [Zeichnung]

WAS wünscht sich der Fisch [Zeichnung] zum 5.3.?

Zum Thema Esel:
Bei Marcus und Lucas heißt es nur: »ein Füllen«. Ja von *was* denn?
Bei Matthäus heißt es: »eine *Eselin* und ein Füllen.«
(Zacharias: »auf einer Eselin reitend...«)
Bei Johannes: »Jesus *fand* einen jungen Esel.«
Ich muß im Alten Testament noch viele Esel finden: ... Bileams Esel und den Esel zwischen den Heubündeln usw. –
Ich las eben im Johannes Evangelium. Ich kann das nie lesen ohne Herzklopfen und Tränen.
»Nie sprach einer so wie dieser Mensch« sagten die Diener der Hohenpriester.
Ich möchte gern bald Jesus persönlich kennenlernen. Lach nicht, bitte. Du möchtest es ja auch!

Rocca die Papa, 19.2.67

Liebster Fisch,
mir fällt gerade ein: ich hörte im Radio Vatikan sagen, daß der Papst sein Mißfallen ausgesprochen habe über die Verletzung des Konkordats in Baden-Württemberg – wegen der Konfessionsschule bzw. deren Ablehnung – oder was ist da passiert? Hat Baden-Württemberg es überhaupt grundsätzlich abgelehnt, Konfessions-Schulen zu dulden? Das wäre freilich *zu*viel. – Ich, strikte Gegnerin der Konfessions-Schule , überlege eben, ob es nicht doch besser wäre, gebundene (weltanschaulich gebundene) Schulen zu machen. Der junge Mensch weiß ja sonst gar nicht mehr, woran er ist. (Du und ich, wir werden noch ganz altmodisch.) – Und Dich greift der schöne eitle Gschaftlhuber H. an. Na ja. Du hast ihn natürlich empfindlich getroffen. Er fühlt sich als einer der wichtigsten Männer der Kirche … Der wird schon noch Cardinal, der! – Es ist übrigens klar, daß Deine Berühmtheit, die Du so still erreicht hast und die so spektakulär ist, diese Leute alle reizt, die sich so sehr um Berühmtheit bemühen und sich mit einem provinziellen Ruhm zufriedengeben müssen. –
[…]

21.2.[67][46]

[…]
Ich hab mal wieder Goethe entdeckt: in dem Gedicht »Sehnsucht« der 1. und 3. Vers:

»Dies wird die letzte Trän' nicht sein
Die glühend herzauf quillet
Das mit unsäglich-neuer Pein
sich schmerzverzehrend stillet.
Könnt ich doch ausgefüllt einmal
Von Dir, o Ew'ger, werden!
Auch diese lange tiefe Qual
Wie damals sie auf Erden.«

Dieser Goethe, der die Kirche verachtete und haßte, wie war er fromm. Und wie schlecht war die Kirche, daß sie so einen Mann nicht zu gewinnen vermochte. Er wußte *so* viel von Gott, nur nicht das, was die Kirche über ihn zu sagen pflegt. Aber Gott wird diesen frommen Goethe schon auch in seine Arme geschlossen haben. –

Ich merke, daß mein Verbleiben in der Kirche einfach Treue zu Jesus ist, weiter nichts. Aber vielleicht gibts kein »weiteres« und dies ist das Richtige?

Jetzt muß ich mich schön machen für Rom. Der arme Vanno ahnt schon, daß ich fortgehe, wenn ich mich pudere und Lippen anmale, das mag er gar nicht gern. Aber auch seine Liebe und Treue muß Opfer bringen können. Guter Hund. *Wofür?* Er *muß* in den Himmel kommen. Du auch. In den Deinen, den sehr oberen, wo ich bloß mal hineinschauen darf von dem meinen, einem unteren, aus. (Meine Heilsgewißheit ist schon unverschämt, nicht wahr? Aber da ich Gott liebe, wie sollte ich nicht *sicher* sein???)

Dein Wuschel [Zeichnung]

Ich muß lächeln, wie Du Dich vor dem Aufsatz über mich zu drükken versuchst in aller Unschuld. Aber ich erlasse Dir ihn nicht. Keine Länge ist vorgeschrieben, kein Thema (ich schlug Dir ja schon einiges vor) bloß: es sollte in nicht ferner Zeit sein… (bis Mai???)

A-aaarmer Fisch [eine Kugelfischzeichnung]

Das ist das Problem, daß Gott schweigt

Rocca di Papa, 22.2.67

Liebster Fisch,

[...]

heut nachmittag war Dr. Hocke da (auch ein Fisch [Zeichnung], am 1.3. geboren, 1905 glaub ich), das Gespräch mit ihm ist immer sehr an- oder aufregend; wir sprachen über die Scheu der heutigen Menschen vor allem Metaphysischen. Er habe bei einer Diskussion mit Adorno geäußert, daß der Mensch nicht ohne Metaphysik leben könne und daß er auf Gott hin ausgerichtet sei (so ähnlich.) Adorno sei daraufhin beinahe ohnmächtig geworden: »Was, Sie, ein moderner Intellektueller...?!« Hocke sagte, (er hat einige Kritiken meines »Tobias« und dann den Roman selbst gelesen),ihm sei völlig klar, warum man mich derart bekämpft: weil man tatsächlich meine Gläubigkeit (noch dazu in »katholischer Form«) für das Zeichen mangelnden Verständnisses für unsere Zeit usw. halte. Ich sei eben reaktionär (in den Augen jener Leute). Hocke sagt, wir müßten dennoch den Menschen zeigen, daß wir, wenn auch angefochten, uns doch »im Spannungsfeld zwischen Glauben und Unglauben befinden und halten.«

- Ach – weißt Du, manchmal fühle ich mich und Dich und unseresgleichen auf verlorenem Posten. Wir halten an etwas fest, was vielleicht nie mehr gelten wird. Nicht als wäre es nicht wahr. Aber so, als wären eines Tages keine Menschen mehr da mit dem Organ für Wahrheit. Was für ein schlechter Untergang des Menschen wäre das! Die Hölle auf Erden. Das *kann* doch nicht sein. Ich horche in mich hinein und finde dort Glaube und Hoffnung. Für mich (natürlich damit von *mir* aus für alle andern auch!). Aber die andern, die Millionen, nein Milliarden *andrer*??? Man könnte darüber wahnsinnig werden vor Angst. Und wer ist Gott selbst??? Warum läßt er das zu, daß die Menschen sich selbst ihres *Lebens* berauben und ihrer Ewigkeit? *Das* ist das Problem: daß »Gott schweigt«. –

Können die sich wirklich ihr ewiges Heil zerstören??? Was sagt Jesus dazu?

Gestern war ich in Rom, bei Frl. Michael Geburtstag feiern, abends war ich in einem Pantomimen-Abend des Goethe-Instituts. Ich habe mich nach den 10 Tagen Klausurarbeit gefreut,wieder einmal in der Stadt zu sein. Aber ich war *so* froh, als ich wieder hier war. Immer weniger liegt mir am Reden mit Leuten. Aber das gehört halt auch »dazu«. Ich kann *so* gut allein sein. Nur abends ersehne ich bisweilen einen Arm und eine Schulter, mich dran zu bergen. Eine Stimme hören. Wärme fühlen. – Aber da ist niemand und kann niemand sein; so ist es halt; und dann flüchte ich in Gottes Arme.
Jetzt muß ich lachen, weil mir heut einfiel: die modernen Leut sind so allergisch gegen das Wort Gott. Das ist so, wie wenn man sagte: »Shakespeare hat nicht gelebt; seine Werke schrieb ein gleichnamiger Mann…«
Diese dummen Leute, die sich selber nicht in ihrem Menschsein verstehen.
Du siehst: nach meiner Krise (»Glaubenskrise«) bin ich mit Vehemenz zum Glauben zurückgekehrt. Jetzt ärgert mich dafür die Kirche. Ich glaub, ich sterb einmal (»einmal« – wann ist das?) *gern*. Dieses ganze Theater der Leute immer wieder miterleben, immer Warner und Mahner zu sein, nichts erreichen, sehen, daß alles Neue alt wird – und so fort.
Andiamo? Aber wie –? das ist die Frage.
[…] *Dein Wuschel* [Zeichnung]

Rocca di Papa, 1. März 1967

Mein lieber Fisch,
was ich Dir zum Geburtstag sagen wollte, habe ich Dir vorgestern am Telefon gesagt: an dem tiefen Schrecken, den mir der Gedanke es könnte Dir beim Flug im Sturm etwas zugestoßen sein, genau gesagt du könntest tot sein, habe ich gemerkt, wie Du in meinem Leben verwurzelt bist, und umgekehrt. Das alte Symbol, es hat sich langsam und sicher neue Geltung verschafft. Kann ich Dir etwas Besseres schenken zum Geburtstag? Nimm *dies*. Und sonst will ich heut gar nichts weiter sagen, denn sonst gibts nichts Wichtiges. Ich

werde am 5. [März] sehr bei Dir sein. Und wenn's mit den Blumen nicht gehen sollte wie ich meine, so folgen sie bei Deiner Rückkehr.

Ich umarme Dich.

Wuschel [Zeichnung]

Rocca di Papa, 10.3.67[47]

Mein lieber Fisch,
jetzt bist du wieder zurück von einer Deiner vielen Reisen, die du pflichtgetreu und lustlos machst. Manchmal schmerzt es mich, daß Du so farblos leben mußt. Aber da ist wohl auch wirklich Fische-Los. Mein Vater war genau so, bei Christel ist es auch schon ein bißchen so. Bei mir, obgleich ich schwer unter dem Saturn stehe, bekommt doch alles auch im Dunkeln einen farbigen Glanz. Ich hab's leichter als Du.

[…] *Dein Wuschel* [Zeichnung]

Rocca di Papa, 13.3.67[48]

Mein lieber Fisch,
nachdem wir bis vor 2 Stunden fast immer, seit Wochen, unsäglich schönen Frühling hatten, kam fast aus heiterem Himmel ein Gewitter, kurz, aber mit etwas Hagel, jetzt regnet es, und wenn es schon bei uns so schlecht ist, wie ist es dann bei Euch!

[…]

Rocca di Papa, 29.(oder 30) Mai 1968[49]

Mein lieber Fisch,

[…]

die Lehre von der Wiedergeburt ist schon recht plausibel. Warum bauen wir sie nicht ein in unsere Lehre? Einfach statt Fegefeuer sagen wir: Wiedergeburt. Wir *sind* ja im Fegefeuer – oder nicht? Es folgt eben noch ein anderes Fegefeuer. Na schön. Ich hab genug zu tun damit, die Leute zu lieben, die ich nicht mag. – … Aber woher wissen *wir die* Wahrheit. Niemand weiß was. Und Dogmatik, wenn nicht von Rahner geschrieben, ist meist halt auch bloß Vermutung. Rahner läßt viel Raum zur Deutung und zur Skepsis frei, und das ist gut so. Manchmal, gerade wenn ich Gott *sehr* nahe fühle und Jesus sehr liebe, ist mir, als sollten wir nicht Theologie treiben. Religion ist keine Wissenschaft. Aber wenn es keine ist, was ist dann Theologie? Meditation? Hellseherei? (Ich meine das ernst.)

Ich hab dieses Mal kein Heimweh, seltsamerweise. Vielleicht weil ich gleich wieder reisen muß. Mein Programm: 6. Juni Flug Köln oder Düsseldorf, 7. Diskussion Ehe-Liebe in Mülheim/Ruhr. 8. zurück. – 21. Juni München/bis 30.Juni. – 10.-12. Juli Luxemburg, große Tagung der »EGKS« Europäische Gemeinschaft Kommission –

(Radio-Fernsehen-Aufnahme das Frauen-round-table-Gespräch. Luise Rinser und 2 andre. »Frau und Wirtschaft.« Darüber weiß ich nix.)

August hier. September: Katholiken-Tag, Essen. – Oktober: Tagung »Jugend« (Paulus Gesellschaft) (Darüber schrieb ich schon.) Dazwischen viel Arbeit fürs Buch usw., usw.

[...] Sei herzlich umarmt vom *Wuschel* [Zeichnung]

2. Juni 1968[50]

Mein lieber Fisch, es ist Sonntagnachmittag. Pfingsten. Mir ist nicht pfingstlich. Ist auch wurst. Dabei war es heute morgen schön. Um 7.00 Uhr (bei Euch ist's 6.00) fuhr ich nach »Mondo migliore« und holte Pfarrer Zieger ab, den Leiter der deutschen Sektion der Bewegung Lombardi's. Wir fuhren nach Nemi zu den Verbiti, wo Du auch schon warst. Um 1/2 8 war Gottesdienst. Zwei Autobusse von Teilnehmern eines Kurses in »Mondo migliore« waren da, darunter etwa 30 Priester. Machten Konzelebration, sehr schön. Eine gute kurze Predigt über das Wort von Klaus von der Flühe: »Nimm mir alles, was mich hindert zu dir...«; das Wort so weiter gedeutet: »Nimm mir alles, was mich hindert zum Menschen«. Also diese Leute von Mondo migliore haben etwas, das packt, das ist echt und hat doch wohl Zukunft. Du bist sehr geschätzt dort. Sie sind das Gegenteil von »Una voce« und fast schon unkirchlich – d.h. sie sind

Kirche von morgen. – Nach der Messe fuhr Pfarrer Zieger (mit) zu mir zum Frühstück und mittags gingen wir zum Essen.
[…]
Zieger glaubt so fest daran, daß die »neue Erde« auf *unserer* Erde sei (Teilhard de Chardin!) und daß die »Toten nicht-tot« bei uns leben, mit uns, sie ihrerseits schon im neuen Himmel, der bei unserer noch nicht neuen Erde sei, und daß Jesus unter uns lebt. Der (Zieger) hat einen wunderbaren Glauben und ist ein *guter* Mensch.
[…] Gedenke Deines gequälten *Wuschels* [Zeichnung]

23.3.84[51]

Liebster Fisch [Zeichnung],
es ist früher Morgen, ich steh ja zwischen 5 und 6 Uhr auf. Die Amseln singen schon, obwohl es noch fast dunkel ist. Ich denke an Dich und bin besorgt. – Es hat mich sehr bewegt, was Du am Telefon sagtest: daß Du Dich einsam fühlst. Aber Du hast doch Freunde – oder? Voriges Jahr in Nordkorea fragte mich der Präsident Kim Il Sung, ob ich mich einsam fühle. Ich sagte nein, und das ist wahr. Erst nachher begriff ich, daß er von *seiner* Einsamkeit sprach. – Ich bin mir bewußt, daß ich viele Feinde habe (politische Idioten auch oder besonders in der katholischen Kiche) aber auch viele viele Freunde. Deren Liebe trägt mich. Bei meinen Lesungen sind die Säle *über*füllt; unter 800 nie! Weißt Du noch, als Du und ich zufällig in Köln lasen bzw. redeten, am selben Abend, und Du hattest 1000 Hörer – und ich auch, und die Ehe- und Freundespaare teilten sich; einer zu Dir, einer zu mir!
- Eine gescheite Ingenbohler Schwester (Lehrerin) schrieb mir empört, der Ratzinger und der Urs v. Balthasar haben Dich wieder angegriffen. Stecke ihnen die Zunge raus und sag laut: «Ihr könnt mich…« Der Urs ist neidisch. Ich las eben einen dicken Roman von dem Italiener U[mberto] Ecco »Der Name der Rose«, über die Ketzerstreite im 13. Jahrhundert. Mein Gott, was für böse Dinge. Es gibt in Werl (Essen) eine »Vereinigung zur Verteidigung der römischen Katholischen Dogmen…« kommt in Schrift »Bischöfliches Manifest», und erst innen steht, welche Bischöfe ge-

meint sind: der Lefèbvre natürlich. Was für ein Irrtum, wenn Christen heute gegeneinander polemisieren. – Da mache ich es besser: mein Roman «Mirjam«[52] ist ein Erfolg besonderer Art. Viele Leute schreiben und sagen mir, daß sie durch das Buch zum erstenmal zu Jesus finden.
Ich bin Ende April in den USA und muß u.a. an der Uni Milwaukee einen Vortrag halten: »Gibt es heute noch christliche Literatur«. Ich sage »häretische« Sachen über Christentum heute. Ich sage, daß christliche Literatur da ist, wo von Hoffnung und Liebe die Rede ist, auch wenn die Verfasser sich für Atheisten halten. – Ach ja –. Manchmal ist mir, als flöge ich hoch über all diesen Fragen in eine große Weite hinein – in die Freiheit der Kinder Gottes, denen alles erlaubt ist und die doch nichts tun wollen, was sie könnten. »Heilige Passivität«. – Auf der andern Ebene bin ich freilich höchst aktiv (Friedensbewegung usw.).
Wenn ich wüßte, daß es Dir ein Trost wäre, wenn ich Dich besuchen würde, täte ich's. Ich ruf Dich bald wieder an. Ich umarme Dich. *Dein altes Wuschel* [Zeichnung]

24.3.84

Ehe ich den Brief aufgebe, kommt mir noch eine Frage: Ich weiß überhaupt nicht, wie »das« für Dich ist, zu dem Du betest, *wenn* Du betest. Stellst Du Dir etwas vor dabei, ein Licht oder einen Abgrund oder was? Kannst Du mir das sagen? Undogmatisch, ganz spontan und einfach.

P.S. Nach meiner Lesung in Berlin fragte mich in der Diskussion eine Elfjährige (!!!) ob es mir lieber ist, daß Jesus ein Mann ist,oder ob ich ihn als Frau möchte. Die Frage brachte mich in Verlegenheit. Mein Feminismus kam ins Wanken. Ich sagte, er sei nun mal ein Mann gewesen. Die Kleine beharrte auf ihrer Frage. Da sagte ich: Lieber als Mann. Seither denke ich darüber nach, ob der Messias am Ende der Zeit nicht weiblich ist. Die »Madonna«…

Der letzte Brief (30. März 1994)

Liebster Fisch [Zeichnung],
man sagt, Du seist vor zehn Jahren gestorben und also nicht mehr unter uns Lebenden, sondern »tot«. Was für ein Irrtum! Freilich: in Deiner alten Erden-Seinsform bist Du nicht mehr bei uns. In der Nacht vom März 1984 bist Du in eine andere Existenzform verwandelt worden, und in dieser neuen Form lebst Du. Wie könntest Du tot sein, da es den Tod nicht gibt. Alles ist Leben. Und Du lebst. Du lebst in deinen Werken, in den Werken Deiner Schüler, in der Geschichte der Kirche, jener Kirche, die Dich als offenen und geheimen Anstifter zur Rebellion gegen alles geistig Tote, gern »tot« hätte. Aber Du lebst, Gott sei Dank. Der Samen, den Du ausgestreut hast, fiel nicht nur auf trockenes römisches Gestein. Er fiel, vom Wind des Geistes über die Kontinente geweht, in Spalten mit gutem Erdreich, in denen er weiterwächst. Und lebtest Du nirgendwo sonst: Du lebst im Gedächtnis meines Herzens.

Vor vielen Jahren, als Du krank warst, sprachst Du vom Sterben. Ich weinte. Da sagtest Du: »Was weinst? Wenn ich drüben bin, geht alles viel leichter. Ruf mich, und ich komm.«

Jetzt rufe ich Dich. Hörst Du mich? Erkennst Du die Stimme Deines Wuschels?

Lachst Du jetzt über meine Inkonsequenz, da ich ja nie so recht an das *persönliche* Weiterleben glaubte, und jetzt dennoch Dich als Person anrufe? Ach, lieber Fisch, laß mich ruhig inkonsequent sein. Ich bin noch unverwandelt auf dieser Erde und weiß so vieles nicht.

Einmal, 1964 etwa, sagtest Du, daß Du sterben wolltest. Ich war entsetzt. »Bist Du so lebensmüde?« Deine Antwort: »Ich will doch nach Drüben, denn ich will endlich WISSEN.«

WEIßT Du jetzt? Was aber weißt Du? Wenn wir uns wieder begegnen, werden wir uns erkennen? Für heute bitte ich Dich, der Schutzgeist zu sein für dieses »unser« Buch, das ich mit so viel Sorge der Öffentlichkeit übergebe. Bewahre es vor Mißverständnissen und laß es den Lesern eine Hilfe sein bei der schweren Aufgabe, zu lieben.

Anhang

Editorische Notizen

Vorwort

1 Der im Archiv von Luise Rinser aufbewahrte Briefwechsel mit Karl Rahner umfaßt insgesamt 2203 Briefe bzw. Postkarten sowie einige Telegramme im Umfang von über 4000 Seiten. Sie sind zur Hälfte hand- und zur Hälfte maschinenschriftlich (Rahner) geschrieben.

2 Die Spuren dieser Gespräche sind in den Rinser-Briefen vom 28. Juli 1962 und vom 13. November 1964 (nach einem Telefonat mit Rahner) zu finden. Rahner selbst hat zunächst laut seinem Brief vom 13.11.64 konkret ein Buchprojekt anhand seiner »theologischen Briefe«, bzw. »theologischen Fragmente« innerhalb des Briefwechsels in der Herder-Bücherei geplant, aber dann wegen der Schwierigkeit mit der Trennung des »persönlichen Kontextes« vom »theologischen Gehalt« diesen konkreten Plan vorläufig aufgegeben. Wegen dieser Verflechtung hat er auch noch einmal später während einer gesundheitlichen Krise in den Jahren 1970 und 1971 um Absehen von der Veröffentlichung seiner Briefe gebeten. Er äußerte seine Sorge, daß die Veröffentlichung seiner Briefe andere mit ihm verbundene Personen irritieren könnte. Rinser hat diese Bedenken entschieden entkräftigt (z.B. in zwei momentan unauffindbaren Briefen vom August 1970 und 14. November 1971, die Rahner in seinen Briefen vom 28. August 1970 und 22. November 1971 inhaltlich wiedergab). Sie hatte Auslassungen in bezug auf diese Personen vorgeschlagen und ihre Meinung geäußert, daß dieser Briefwechsel wesentlich zur Biographie beider gehört. Später war diese Frage in den Briefen nicht mehr debattiert. Im Brief vom 5.12.1981 hat K. Rahner bemerkt, daß er, ähnlich wie früher nach München von Münster, so auch nun beim Umzug von München nach Innsbruck alle Rinser-Briefe mitgenommen und in einem verschlosse-

nen Kasten aufbewahrt hat. Er hat dabei die Bemerkung gemacht, sie sollten nach seinem Tode ungeöffnet und ungelesen an Luise Rinser zurückgegeben werden. Wenn dies kein direktes Einverständnis mit der Veröffentlichung aller Briefe sein sollte, dann ist damit sicherlich eine Entscheidungsbefugnis Luise Rinser gegeben, da auch alle seine Briefe nach seinem Willen sowieso in ihrer Hand blieben.

3 Rahner hat insgesamt 1847 Briefe und Postkarten (sowie ein Tagebuch von seiner USA-Reise zwischen 20. März und 5. April 1966) in den Jahren 1962 bis 1984 an Rinser geschickt. Sie sind auf die einzelnen Jahre wie folgt verteilt: 1962 - *110*, 1963 - *123*, 1964 - *276*, 1965 - *249*, 1966 - *222* + Tagebuch, 1967 - *252*, 1968 - *119*, 1969 - *126*, 1970 - *142*, 1971 - *75*, 1972 - *50*, 1973 - *26*, 1974 - *8*, 1975 - *15*, 1976 - *11*, 1977 - *9*, 1978 - *3*, 1979 - *3*, 1980 - *4*, 1981 - *10*, 1982 - *3*, 1983 - 7 und 1984 - *3*.
Seit 1971 wird der gesamte Briefwechsel knapper aber beständig, wobei der telefonische Kontakt intensiver gepflegt wird, wie aus den Rahner-Briefen zu entnehmen ist.

4 Der unvollständige Rinser-Briefkorpus beträgt insgesamt 366 Briefe, Postkarten und Telegramme. Sie verteilen sich auf einzelne Jahre folgendermaßen: 1962 - *93*, 1963 - *56*, 1964 - 77, 1965 - *64*, 1966 - *64*, 1967 (ein Teil zwischen 4. Februar und 13. März) - *11*, 1968 (ein Teil zwischen 29. Mai und 2. Juni) - *4*, ... 1984 (vom 23. u. 24. März) - *2*.
Die fehlenden Briefe aus den Jahren 1967 bis 1984, auf die Rahner in seinen Briefen öfters eingeht, befinden sich wahrscheinlich im Karl-Rahner-Archiv in Innsbruck oder im Zentral-Archiv der Jesuiten in Rom (laut unbestimmter mündlicher Auskunft der Oberdeutschen Jesuitenprovinz in München).

5 Das Gespräch fand im Juli 1992 in Rinsers Münchner Wohnung statt.

6 Aus den hier veröffentlichten Rinser-Briefen sind diese drei Schichten des Briefwechsels, die noch stärker in den Rahner-Briefen verdeutlicht sind, ersichtlich:
– Dies ist die ungewöhnlich intensive und sich gleichzeitig mit der Umwälzung des 2. Vaticanum abspielende *Beziehung Priester und Frau*, in allen möglichen Facetten von beiden Autoren menschlich, spirituell und theologisch tiefgreifend und offen reflektiert; so z.B. im Rinser-Brief vom 8.4.63, PS.
– *Das theologische, spirituelle und »mystische« Zwiegespräch* zeigt in diesem geschützten Raum der Freundschaft die persönlichen, tiefsten Hintergründe der schriftstellerischen Tätigkeit beider Briefpartner und ihre gegenseitige Bereicherung und in manchen Fällen konkrete Beeinflus-

sung, was die Themen und Grundorientierung betrifft, kontroverse Dispute nicht ausgeschlossen; so z.B. im Rinser-Brief vom 28.6.62.
– *Stellungnahmen zum Zeitgeschehen* – eine Art Chronik der Konzils- und der Nachkonzilszeit, die persönliche Positionen mit dem allgemeinen kirchlich-politisch-kulturellen Umfeld verbindet; so z.B. im Rinser-Brief vom 11.5.1965.

7 Der Kösel-Verlag bat mit der Beteiligung von Luise Rinser im Gespräch vom 3. November 1992 und erneut am 3. März 1993 schriftlich um Abdruckgenehmigung mit Probetexten des Briefwechsels. Der Provinzial der Oberdeutschen Provinz SJ in München lehnte am 1. Juli 1993 nach internen (im Orden) und externen kirchlichen Konsultationen die Veröffentlichung der Rahner-Briefe ab.
Auch die Verwendung kleiner Zitate aus den Briefen Rahners in diesen »Editorischen Notizen« als Belege zum Verständnis der Aussagen in den Briefen Rinsers wurde im Brief des Provinzials SJ vom 2. Mai 1994 untersagt.
Einen gewissen Eindruck, wie Rahner seine Begegnung mit Rinser als Schriftstellerin öffentlich bekennt und verarbeitet, verleiht sein Essay *Von der Größe und dem Elend des christlichen Schriftstellers* in: *Luise Rinser. Zu ihrem 60. Geburtstag am 30. April 1971*, S. 35-46, weiter zitiert: *Von der Größe*, den Rahner ausdrücklich für das Werkheft des S. Fischer Verlags geschrieben hat (siehe dazu z.B. Briefe Rinsers vom 7.10., 12.10., 22.10., 23.10. und 30.11.66). Abgedruckt wurde dieser Text noch in: *Luise Rinser. Materialien zu Leben und Werk. Hrsg. von H.-R. Schwab*, Fischer Taschenbuch Verlag, Frankfurt/M. 1986, S. 89-102.
Andere Tatsachen-Aussagen aus Briefen Rahners werden im folgenden nur erwähnt, wenn sie aus den Briefen Rinsers oder aus anderen Quellen bekannt sind, z.B. aus Rahners 2bändigem Werk *Im Gespräch*, Hrsg. von P. Imhof und H. Biallowons, Bd. 1: 1964-1977, Kösel-Verlag, München 1982, weiter zitiert: *Im Gespräch 1*, Bd. 2: 1978-1982, weiter zitiert: *Im Gespräch 2*.

8 Dies bestätigte derselbe Provinzial im Brief vom 24. Juli 1993.

9 Vgl. M. Viller–K. Rahner, *Aszese und Mystik in der Väterzeit*, Freiburg i.Br. 1939.

10 Im Brief vom 20.2.62 begründet Rahner den Vorteil einer persönlichen Aussprache damit, daß schriftliche Antworten zu langen Abhandlungen werden, während mündlich sich vieles leichter besprechen läßt.

11 Vgl. dazu die neueste Anthologie: Luise Rinser, *Fließendes Licht. Ein Lesebuch*, Hrsg. v. B. Snela und U. Zydek, Kösel München ^{2}1993.

Mit welchem Namen nennst Du mich vor Gott? (1962)

1 Der erste Brief von Luise Rinser, den Karl Rahner im Brief vom 20.2.62 beantwortet und in dem er sie nach Innsbruck einlädt, fehlt.

2 Es handelt sich um den Aufsatz *Felix Tristitia. Ein Versuch*, in: Erbe und Auftrag 37 (1961) 9-21; danach als Buch erschienen unter dem Titel: *Vom Sinn der Traurigkeit (Felix Tristitia)*, Zürich 1962.

3 Rahner schreibt dazwischen 2 Briefe: vom 8.3.62, in dem er sich zu Rinsers Roman *Nina. Mitte des Lebens – Abenteuer der Tugend*, Frankfurt/M 1961, sehr lobend äußert (Bestseller!); sowie vom 11.3.62, in dem er sich für die Übersendung von *Der Schwerpunkt*, Frankfurt/M 1960, bedankt und die *Felix Tristitia* lobt.
Dieser erste tiefe Eindruck zieht sich auch durch in *Von der Größe*, S. 40f.: *Es ist Sache des Theologen, nicht des Dichters, das »scheinbar« bloß »Humane«, das in Freiheit und tapferer Verantwortung getan wird, als christlich zu erkennen. Der Dichter sagt es als Humanes und hat nicht mehr zu tun. Er beläßt es in seiner anonymen Christlichkeit (wie etwa in den Nina-Romanen oder in den »Gläsernen Ringen«). Der Christ, dem es vorgestellt wird, weiß, daß auch dies Gnade ist, und der Nichtchrist soll es als Humanes annehmen; es ist dann auch ungesagt mehr. Denn es ist ein Teil jener Menschheit und Menschlichkeit, die Gott sich selbst in seinem WORT zu eigen gemacht und als ewig gültig erklärt hat. Aber schon dieses Humane, das der Anfang (und das Ende) des explizit Christlichen ist, ist schwer so aussagbar und gestaltbar, daß es jeden überzeugt. Auch der Dichter schafft nicht den ersten Anfang des Humanen, der schlechthin und für alle unbezweifelbar ist. Das ist schon darum unmöglich, weil es unzählig viele solcher Anfänge gibt, jeder Mensch seinen eigenen hat, sein Selbstverständliches, das immer als gegeben hinter ihm liegt und anderen vielleicht als höchst fragwürdig und bedenklich vorkommt.*

4 *Zur Theologie des Konzils*, in: *Schriften zur Theologie*, Zürich 1954ff. (weiter zitiert: *Schriften*) *V*, 278-302; vgl. in: Stimmen der Zeit 169 (1962) 321-339.

5 Es handelt sich um *Felix Tristitia* a.a.O.

6 Dieses Gedicht *Die Stimme* wurde 1935 geschrieben und in: Neue Rundschau, im Januar 1939 veröffentlicht.

7 Der von Rinser angesagte Besuch im Mai wird auch im Brief Rahners vom 13.3.62 angesprochen, ebenso wie Rinsers Befürchtung, daß es eine Anordnung Roms gibt, theologische Bücher in Latein zu verfassen. Rinser schreibt einen kurzen, hier nicht abgedruckten Brief vom 14.3.62.

8 Rahner antwortet im Brief vom 24.3.62 auf Rinsers Nachtbrief und nennt sie zum ersten Mal *Wuschel* – ein Kosename, mit dem Rahner Luise Rinser bis zu seinem Tod anspricht. Den Aufsatz *Über das Latein als Kirchensprache*, in: *Schriften V,* 411- 467, früher in: ZkTh 84 (1962) 257-299, hat er eindeutig aufgrund der Anfrage von Rinser geschrieben.

9 Paul Overhage/Karl Rahner, *Zum Problem der Hominisation* (Questiones disputatae 12/13), Freiburg i.Br. 1961.

10 In: *Schriften V*, 222-245.

11 Aus Freiburg berichtet Rahner im Brief vom 4.4.62 u.a. über seine Arbeit am Lexikon zur Theologie und Kirche (weiter zitiert: LThK) und von der Einladung der Kardinäle Döpfner und König sowie vom Bischof Volk, zum Konzil als Berater zu gehen. Er bedankt sich für die Zuschickung von Rinsers neuem Roman *Die vollkommene Freude* Frankfurt/M 1962.

12 Inzwischen schreibt Rahner 3 Briefe nach Israel: Vom 17.4.62 u.a. mit der Nachricht, daß er offiziell als Berater von Kardinal König aus Wien nach Rom geht, vom 19.4.62 mit der Information, daß er die *Vollkommene Freude* als eine Art Brief an ihn zu lesen anfängt, und vom 20.4.1962 mit den Karfreitagsgedanken – ähnlich wie Rinser im Brief vom gleichen Tag – und der Erinnerung, daß er vor 40 Jahren am 20.4.1922 in Feldkirch ins Jesuiten-Noviziat eingetreten ist.
Zur *Vollkommenen Freude*, die Rahner mehrmals gelesen hat, äußert er sich inhaltsvoll in *Von der Größe*, S. 40: *Wer die Marie-Catherine in der »Vollkommenen Freude« nicht ganz überzeugend für die Gestalt einer »Heiligenlegende« hält, der muß genau zusehen: es ist ihr ja gar nicht gelungen, Clemens von ihrer echten Liebe – anstatt Mitleid – zu überzeugen und so zu erlösen. Sie scheitert vielmehr an ihren Aufgaben. Sie findet die »vollkommene Freude« in der stummen Annahme des Geschicks, das auch sie überfordert hat. Es ist immer nur Christentum im Fragment, im Ansatz, im Aufbruch zum ungekannten gelobten Land der Freiheit und des Friedens da. Christen, die theologisch »exemplarisch« sind, kommen, Gott sei Dank, nicht vor. Und so sind sie – exemplarisch.*

13 Einen Tag darauf, am 26.4.62, berichtet Rahner vom Konzils-Gutachten, das er für Kardinal König schreiben muß.

14 Am 27.4.62 bestätigt Rahner die Ankunft des Briefes von Rinser aus Israel und den Erhalt von den *Gläsernen Ringen*, Berlin 1941; Frankfurt/M (Fischer-Bücherei 393) 1961.

15 *Kleines Kirchenjahr*, München 1954.

16 Nach der Lektüre der *Vollkommenen Freude* schreibt Rahner im Brief vom 11.5.62 das, was Rinser in ihrem Brief vom selben Tag anspricht, nämlich: daß er wegen dieses Buches geweint hat. Die Spuren dieser Erschütterung findet man noch in *Von der Größe*, S. 39f.: *Nun kann es auch für den, der sich so in den Abgrund fallen läßt, ohne die in eigener Vollmacht manipulierbare »Aufklärung« der Daseinsunheimlichkeit zu besitzen, gewiß die gelöste Heiterkeit dessen geben, der überwunden hat, die »vollkommene Freude«, die »Harmonie«. Das kann es geben, wenn es die Gnade gibt, die sich zwar so nicht geben muß, aber kann, freilich aber auch noch hinabsteigen kann in die finstere Unterwelt der ausweglos sich erfahrenden Verzweiflung. Aber diese gelöste Heiterkeit des Hoffenden wider alle Hoffnung ist etwas ganz anderes als das Pseudochristentum jener Literatur, die so tut, als sei der Christ der, der mit allen zu Rand gekommen, fertig geworden sei, der alles wisse und durchschaue, während er in Wahrheit der ist, der das kommende Undurchschaute in Hoffnung festhält und immer aufs neue die Illusion zerstört, die den Tod im Leben verstecken will (dabei aber die Desillusioniertheit nicht nochmals zum Götzen macht und darum sogar auch ein Stück des Schleiers für eine Zeitlang liegen zu lassen bereit ist, der das Schreckliche gnädig bedeckt).*

17 Über das Buch *Vollkommene Freude* haben Rahner und Rinser sicherlich auch telefonisch gesprochen; vgl. dazu Anmerkung 16.

18 In Erwiderung auf Rinsers Aussagen zum Verhältnis: Schmerz und Liebe schreibt Rahner im Brief vom 13.5.62 z.T. ähnlich, wie er sich zu ihrer Lebenserfahrung in *Von der Größe*, S. 36, äußert: *Was ist ihr [Luise Rinser] sonst fremd geblieben, von dem allem, was zum Leben des Menschen gehört, an Hunger und Krankheit, an tragischer Liebe, Einsamkeit, Ferne von kirchlich gefaßtem Christentum, an Nähe zu großen Geistern der Menschheit und zu den vielen »Allzuvielen« (die sie jedoch nie so empfindet) und an all dem, was darin und darüber hinaus den Menschen trifft? Freilich, all das ist (wie die Werke bezeugen) immer gelebt und erlitten worden auf einem »Niveau«, mit Unterscheidungen, es war nie einfach verschlungen im Chaos des gleich gültigen Gleichgültigen, das einfach durch den Menschen gestaltlos hindurchfließt, in allem gleich gewichtig und gewichtlos zumal, registriert, aber nicht gemessen und gewogen; es wurde immer schon entgegengenommen mit einem geheimen Anspruch der Hoffnung, die auch die Verzweiflung und die Ratlosigkeit mißt, als solche erfährt und darum weiß, daß sie nur das Vorläufige sind.*

Am 14.5.62 um 6 Uhr morgens, schreibt Rahner einen Brief mit den Anspielungen auf Rinsers Buch *Geh fort, wenn du kannst*, Frankfurt/M 1959 – seine aktuelle Lektüre.

Darauf folgt ein Brief vom 16.5.62.

19 Im Brief vom 20.5.62 werden die Berge von Konzilsmaterial für ein neues Gutachten für Kardinal König, einen Tag darauf, am 21.5.62 um 21 Uhr – im Einklang mit Äußerungen Rinsers aus den letzten Briefen – u.a. die Verankerung der zwischenmenschlichen Beziehung in der abgründigen Tiefe Gottes von Rahner angesprochen.

20 Rahner schreibt einen Brief am 26.5.62.

21 *Meßopfer und Aszese: Eucharistie und Frömmigkeit* (Pastoral-Katechetische Hefte 14), Leipzig 1962, 61-77.

22 Am 7.6.62 schreibt Rahner einen wichtigen Brief zur Begegnung mit Rinser, in dem er seine Treue der Zölibatsverpflichtung gegenüber betont.

23 Im Brief vom 8.6.62 berichtet Rahner über die von anderswo bekannte Tatsache des Schreibverbots aus Rom, vgl. dazu: *Im Gespräch 2*, S. 158: *Ich mußte ermahnt werden, daß ich meine Vorlesungen in Innsbruck in Lateinisch halten soll; ich habe einmal Redeverbot erteilt bekommen, das mir (wahrscheinlich) der spätere Kardinal Bea eingebrockt hat; ich bekam dann kurz vor dem Konzil vom Heiligen Offizium die Verfügung, ich dürfe nur noch etwas Theologisches schreiben, wenn es durch eine römische Vorzensur gegangen ist. Daraufhin habe ich erklärt, daß ich dann eben nichts mehr schreibe. Aus dieser ganzen Sache ist deswegen nichts geworden, weil dann das Konzil kam, und ich während des Konzils mit Kardinal Ottaviani, dem Chef des Heiligen Offiziums, ganz gut ausgekommen bin. Und wie das dann in Rom so geht, werden diese Sachen nicht feierlich zurückgenommen, sondern nicht mehr beachtet. Und so habe ich tatsächlich immer geschrieben und nie an einer römischen Vorzensur zu leiden gehabt.*

Dieses Thema wird viel Platz in der weiteren Korrespondenz von Rinser und Rahner einnehmen.

Im Brief vom 9.6.62 antwortet Rahner auf Rinsers Brief vom 7.6.62, in dem er auf das Heilig-Sein zu Lebzeiten in etwa ähnlich antwortet wie in *Von der Größe*, S. 39: *Ein verläßliches Kriterium dafür, ob eine Gestalt in christlicher Dichtung echte Wirklichkeit oder »allegorische« Einkleidung abstrakter christlicher Lehrsätze ist, ist wohl damit gegeben, daß gefragt wird, ob eine Gestalt mehr oder weniger das ganze, vollentfaltete »System« des Christentums (in Anschauung und Leben) repräsentiert oder als anfangender, unfertiger, suchender Christ (bis zum »anonymen«, sich selbst als solchen noch nicht reflex kennenden Christen) dargestellt wird. Der wahre Mensch ist eben meist nur ein Christ im Fragment, im Ansatz, in einer (vielleicht sehr undeutlich bewußten) geheimen Führung. Nur das, das aber eigentlich immer, weil das Geheimnis, das wir Gott und seine überall wirkende Gnade nennen, nirgendwo radikal ausgemerzt werden kann und selbst im Widerspruch zu ihm noch da ist. Eine undichterische, aber im Grunde auch religiös unechte Literatur übersieht oder leugnet, daß der Christ ein homo viator ist, unfertig, mit sich selbst im Widerspruch, das, was das Christentum meint, höchstens in irgendeinem kleinen Ansatz ergreifend.*

Darauf folgt noch ein Brief Rahners vom 11.6.62.

24 Rahner schreibt am 17.6.62 einen langen und am 19.6.62 sowie am 20.6.62 2 kürzere Briefe, in denen u.a. die Frage einer gemeinsamen Erholung in Brixen besprochen wird. Auf einen, hier nicht abgedruckten Rinser-Brief vom 17.6.62 folgen nun 3 Briefe Rahners: vom 18.6., 19.6. und 20.6.62.

25 Im Brief vom 25.6.62 bezieht sich Rahner auf seinen Besuch bei Rinser in Rom und ihre Äußerungen dazu.

26 Einen Tag davor, am 27.6.62, an dem Rinser noch einen anderen, hier nicht abgedruckten Brief an Rahner schickt, schreibt auch Rahner 2 Briefe. Im ersten berichtet er über einen kleinen lobenden Aufsatz über die *Nina* Rinsers und freut sich darüber – ebenso über die Tatsache, daß zwei Bücher Rinsers auf dem 4. und 7. Platz der Spiegel-Bestseller-Liste plaziert worden sind –.

27 Erschienen zum ersten Mal in Berlin 1941.

28 Erschienen Frankfurt/M 1962.

29 Dazwischen schreibt Rahner einen Brief am 28.6.62 und einen am nächsten Tag, dem 29.6.62 – Rinser schreibt einen hier nicht abgedruckten Brief am 30.6.62.

30 Im Brief vom 2.7.62 antwortet Rahner auf Rinsers Bedenken vom 27.6.62. Es geht dabei um zwei Artikel *Weihe des Laien zur Seelsorge* in: ZAM 11 (1936) 21-34, und *Die ignatianische Mystik der Weltfreudigkeit*, in: ZAM 12 (1937) 121-137, beide in: *Schriften III*, 313-328, 329-348. Ausdrücklich geht es um folgende Sätze aus *Schriften III*, S. 327: *Im Sakrament der Ehe wird diese Liebe aber mächtig auch zur letzten Liebestat in der Liebe Gottes. Der eheliche Liebeswille, in dem im Angesichte der Kirche zwei Getaufte sich einander schenken, ist ein sakramentales, gnadenwirkendes Zeichen, schafft heiligmachende Gnade, göttliche Liebe. Das heißt aber: Wenn zwei Menschen im Jawort des Trautages ihr Sein gegenseitig ineinander hinein verströmen lassen, wird ihr Sein gleichzeitig in noch größere Liebesnähe Gottes hineingezogen. Durch Gottes Gnade wird der Weg zum geliebten Menschen ein Weg zu Gott, die Nähe zum Menschen größere Nähe bei Gott. Der Weg in Gott hinein aber – das war der letzte Sinn des ersten Teiles unserer Erwägungen – ist wiederum der nächste, ja einzige Weg in die letzte Tiefe des*

geliebten Menschen, dorthin, wo er selbst sein Heil besorgt, wohin man vorgedrungen sein muß, will man sein Letztes liebend mitumsorgen…
Und ebd. S. 335: *Er [der Mönch] nimmt die Entsagung des Herrn auf sich, er ist angetan mit seinem Kleid, Tor um Christi willen, der Mensch, dem der Genuß der Welt durch Armut, irdische Liebe durch Jungfräulichkeit, die geheime Seligkeit der Selbstbehauptung durch die Entsagung seines Wollens in fremden Willen hinein untergegangen ist[…] Der Mönch flieht aus dem Licht dieser Welt in die Nacht der Sinne und des Geistes, wenn wir dieses mystische Wort so anwenden dürfen, damit ihm komme die Gnade und die Barmherzigkeit des ewigen Gottes.*
Gleichzeitig schreibt Rinser 2 hier nicht abgedruckte Briefe am 1.7. und am 2.7.62.
Rahner berichtet im zweiten Brief vom 2.7.62 über das baldige Erscheinen des 5. Bandes der *Schriften zur Theologie.* Und schreibt im Konzert mit Rinsers Hochstimmung annähernd ähnlich wie in *Von der Größe*, S. 45f.: *Und darum soll es Schriftsteller geben, die das Unsägliche sagen. Auch wenn sie so das Elend durchwandern, das ihre letzte Größe ist. Wenn sie dann sogar dieses Unsagbare sagen ohne Prophetenmantel und -gestik, ohne wild die Abgründe der Hölle des Menschen beschwörend aufzureißen, wenn sie vom Unsagbaren fast heiter sagen, wie ein anderer von den Blumen des Feldes und der Seligkeit der Liebe zweier Menschen, wie von den anderen vertrauten Dingen des Lebens, dann ist solche Rede vielleicht erst recht vielen unverständlich, darum aber noch lange nicht dem unangemessen, von dem sie reden. Im Gegenteil.*

31 Am 10.7.62 schreibt Rahner einen Brief während des Examens mit drei anderen Professoren und der Prüfung der lateinischen Thesen, worauf Rinser in ihrem Brief vom 13.7.62 witzig eingehen wird. Davor schreibt sie noch einen hier nicht abgedruckten Brief vom 10.7.62.

32 Rahner schenkte Rinser tatsächlich ein kleines goldenes Herz, in dem das Wappen eingraviert war – später wurde dasselbe Wappen auf einem runden Anhänger eingraviert, auf dessen Rückseite zwei Fische dargestellt sind; siehe beides auf der Abbildung, Seite 80: Beide Anhänger sind hier etwa dreifach vergrößert.

33 Rahner schreibt inzwischen einen Brief am 12.7.62 abends, in dem er sich u.a. zum Thema Brevier-Beten äußert – das Beten gehört in dieser Zeit zu einem der wichtigsten Themen in Rinsers Briefen ähnlich wie in vielen ihrer Werke, worauf Rahner in *Von der Größe*, S. 42f. eingeht: *Aber diese Unmöglichkeit der Fixierung des christlichen Anfangs in einem ganz bestimmten, allen selbstverständlichen Humanen ist auch erst – der Anfang des*

Elends des christlichen Schriftstellers. Er hat es noch schwerer. Er soll auch vom eigentlich und ausdrücklich Christlichen reden. Oder nicht? Warum nicht? Wer darf es a priori verbieten, wenn der Dichter überzeugt ist, daß solches ist, wenn ihm dieses Christliche das wahrhaft Wirkliche und der abgründige Grund seines Daseins ist? Warum sollte er also nicht über Gott, das Gebet, den Tod in Hoffnung, über Berufung durch Gott, der nicht gehen läßt, über die vollkommene Freude, über den Gehorsam, der freimacht, über Jesus, der der Christus ist, schreiben, wenn er kann, wenn es ihm damit wahrhaft ernst ist? Natürlich reden, wie es dem Dichter geziemt, nicht dozierend, sondern seine Gestalten bildend, aber eben Gestalten, die Christen sind, nicht nur in der Anonymität des redlichen Humanen, sondern in der simplen, unerschrockenen Deutlichkeit dessen, der im Alltag Christ genannt wird.

Am 13.7.62 schreibt Rahner 3 Briefe, einen am Morgen, einen um 12.20 Uhr, in dem er die Ankunft von zwei Romanen Rinsers bestätigt: *Daniela*, Frankfurt/M 1953 und *Der Sündenbock* Frankfurt/M 1955; im dritten Brief dieses Tages um 21 Uhr abends geht er erneut auf das auch von Rinser angesprochene Schreibverbot, im Brief vom 14.7.62 auf sein dreißigjähriges Priesterjubiläum am 26.7. ein.

34 Rahner berichtet am 16.7.62 über die Aktivitäten der ihm befreundeten Persönlichkeiten in der Sache des Schreibverbots – und schickt einen anderen Brief am 17.7.62.

35 Neben den 3 erwähnten Karten schrieb Rahner Briefe am 23.7., dreimal am 24.7. und je einen Brief an folgenden Tagen: 25.7., 26.7. und 27.7.62, in denen über Aktuelles berichtet wird.

36 Aus Freiburg werden Briefe am 28.7.62 (2) und aus Innsbruck am 29.7.62 geschickt.

37 Am gleichen Tag, dem 30.7.62, schreibt Rahner einen Brief aus Innsbruck, in dem er Aktuelles erzählt.

38 Unter dem Eindruck der gemeinsamen Zeit in Brixen schreibt Rahner je einen Brief am 11.8. und am 12.8.62. Am 25.8.62 schreibt Rinser 2 hier nicht abgedruckte Karten an Rahner im Zug von Hannover nach München, nach dem Katholikentag. Im Brief vom 2.9.62 geht Rahner auf Rinsers Leiden wegen M.A. ein. Aus Bad Horn schreibt Rinser eine kurze Karte an Rahner – am selben Tag um 22.45 Uhr schreibt Rahner einen Brief und am 6.9.62, 21 Uhr einen anderen Brief aus Innsbruck. Es folgen noch Briefe von Rinser an Rahner aus Zürich vom 7.9.62 (hier nicht abgedruckt), von Rahner an Rinser am selben Tag und am nächsten Tag, 8.9.62 aus Innsbruck, ein Brief von Rinser an Rahner vom 9.9.62 (hier nicht abgedruckt) und ein Brief Rahners

an Rinser vom 9.9.62 um 15.45 Uhr – aus Mainz, wo er beim Bischof Volk zu Gast ist. – Von dort aus folgen 2 Rahner-Briefe vom 10.9. und 11.9.62. Wieder in Rom schreibt Rinser am 11.9.62 einen hier nicht abgedruckten Brief an Rahner.

39 Am 13.9.62 schreibt Rahner 2 Briefe: Einen um 10.35 Uhr und einen um 18.30 Uhr – im zweiten Brief klagt Rahner u.a. über die Unzulänglichkeit der Sprache, die es unmöglich macht, die in die Tiefe der zwischenmenschlichen Beziehung gehenden Fragen adäquat zu beantworten, ähnlich etwa wie in *Von der Größe*, S. 43f.: *Und wovon denn sollen die Dichter reden, wenn nicht von diesem Unsagbaren? Von dem, wovon man reden kann, reden andere besser und deutlicher. Dafür braucht es keine Dichter. Seitdem aber der Abgrund Gottes und der Abgrund unseres Todes in dem Gekreuzigten einer und der Abgrund unserer Hoffnung geworden ist, müssen die Christen von dem reden, worüber man nicht reden kann. Denn diese Rede ist die eigentliche Rede und der Ursprung aller Sprache, die mehr ist als die Signale findiger Tiere, die sich selbst verborgen bleiben, die Sprache, die das Unsagbare beschwört und jenes Schweigen erst schafft, von dem Wittgenstein schließlich doch auch sagt, daß es sein müsse. Aber das ist die Größe und das Elend des christlichen Schriftstellers (wie des Theologen; aber dem nimmt man es nicht so übel, weil solche Rede, von allen zugestanden, nun einmal eindeutig sein Handwerk ausmacht): Der Christ im Schriftsteller muß reden, wovon man nicht reden kann.*

Am 15.9.62 um 13.30 Uhr, berichtet Rahner u.a., daß er schon den fünften Tag nicht mehr raucht.

40 In Briefen vom 16.9.62 um 11 Uhr, vom selben Tag um 18.45 Uhr, vom 17.9.62 um 9.05 Uhr und vom selben Tag um 14.15 Uhr berichtet Rahner u.a. von seinem Besuch bei Kardinal Döpfner und freut sich, daß Bertelsmann *Die vollkommene Freude* in sein Club-Programm aufnimmt.

41 Im Brief vom 18.9.62 um 8.45 Uhr aus Feldafing tröstet Rahner Rinser in der Frage nach der ersehnten Ewigkeit und realen Zeitlichkeit; wie etwa *Im Gespräch 2*, S.134: *Aber irgendwo innerhalb des Lebens geschieht eben doch – oder kann sich mindestens doch ereignen – ein absolutes Loslassen, ein absolutes Sich-alles-nehmen-Lassen, kann also der Tod in einem theologischen Sinne passieren, und dieser kann dann doch im Grunde genommen sehr unbedingt die schweigende und doch hoffende Kapitulation vor der Unbegreiflichkeit des eigenen Daseins und darin der Unbegreiflichkeit Gottes sein. Ich meine also, daß der Mensch sehr pessimistisch, sehr skeptisch und sehr relativistisch in seinem Leben sein kann; er braucht sich nichts vorzumachen, er braucht*

nicht so zu tun, als ob man sich nur ein bißchen anstrengen müßte und dann das Leben nach allen Seiten hin als besonders herrlich empfinden könne. Solche romantisch-amerikanischen Rezepte der Bewältigung des Lebens stoßen bei mir wenigstens auf einen massiven Skeptizismus, und ich glaube nicht, daß man das gewöhnliche Leben in seinem Beruf, in seinem Verhältnis zu anderen Menschen so wunderbar herrlich finden muß; aber ich glaube, daß letztlich eben doch in der Gesamtheit des Lebens und in ganz bestimmten, besonders gesegneten Augenblicken eine Entscheidung über das eigene Leben fällt, in der man, wenn ich einmal so sagen kann, auf der einen Seite alles läßt und alles sich nehmen läßt, und gerade in dieser scheinbar stummen, schrecklichen oder erschreckenden Leere geschieht die Ankunft des unendlichen Gottes und seines ewigen Lebens.

Nach seiner Rückkehr schreibt Rahner aus Innsbruck einen Brief – datiert am 18.9.62 um 20 Uhr und beendet am 19.9.62 um 5 Uhr morgens.

Am 20.9.62 schreibt Rahner 3 Briefe: um 6 Uhr morgens, um 12.35 Uhr und um 18.37 Uhr abends, am nächsten Tag, dem 21.9.62 schreibt er wieder 2 Briefe um 6.50 Uhr und um 22 Uhr – in dem letzten freut er sich wegen Rinsers Telefonanrufes und auf ein baldiges Treffen in Rom.

42 Es handelt sich hier um Rahners Beiträge: *Auferstehung des Fleisches*, in: *Schriften II*, 211- 225 und *Über das Problem des Stufenweges zur christlichen Vollendung*, in: *Schriften III*, 11-34.

43 Im Brief vom 23.9.62 bezieht Rahner sich auf Rinsers »mystische« Fragen annähernd zu seinen Aussagen in *Von der Größe*, S. 41: *In jedem Dasein, auch dem skeptischsten und zerstörtesten, ist ein Heil immer noch gegeben, weil keine noch so abgründige Bosheit oder Zerfallenheit Gottes Gnade ganz aus einem Dasein ausmerzen kann. Aber eben dieser immer noch durch Gottes freie Gnade gegebene heile Anfang, den der Dichter nur anzurufen, nicht selber zu schaffen vermag, ist in jedem Menschen anders. Der heilige Anfang, in dem jeder eingesetzt ist, damit er Christ aus Gnade sei und werde, ist das je einmalige Geheimnis eines jeden einzelnen. Was so eine christliche Dichtung als Anfang und Selbstverständlichkeit anruft, kann daher immer unglaubwürdig sein. Das Fraglose des einen ist das Fragwürdigste des anderen. Das ist auch dort noch so, wo es sich in gar keiner Weise um christliche Dichtung handelt.*

Am 24.9.62 um 7.50 Uhr schreibt Rahner ebenfalls einen Brief.

Rahner schreibt inzwischen mehrere Briefe: Am 25.9.62 um 9.30 Uhr, am selben Tag um 16 Uhr, am 26.9.62 um 8.35 Uhr und um 11.15

Uhr, am 27.9.62 um 8 Uhr und um 20.30 Uhr, am 28.9.62 um 10.15 Uhr und um 17 Uhr – im letzten u.a. darüber, daß er als offizieller Konzilstheologe ernannt worden sei.

44 Es geht um den Beitrag *Zur Theologie des Konzils*, in: Stimmen der Zeit 169 (1962) 321-339; in: *Schriften V*, 268-302, und um *Kleines Theologisches Wörterbuch* (zus. mit H. Vorgrimler) (Herder-Bücherei Bd. 108-109), Freiburg i.Br. 1961.

45 Inzwischen schreibt Rahner aus München mehrere Briefe: Am 29.9.62 um 9.30 Uhr, am selben Tag um 17 Uhr, am 30.9.62 um 11.15 Uhr und am selben Tag um 16 Uhr – in die alltäglichen Berichte mischt sich die Sehnsucht nach dem Treffen am 9. Oktober in Rom.

46 Die 12 Briefe Rahners in diesen Tagen zwischen 2.10.62 und 7.10.62 stehen, ähnlich wie Rinsers Briefe aus dieser Zeit unter dem Vorzeichen der baldigen Begegnung in Rom.

47 Am 16.12.62 um 14.14 Uhr schreibt Rahner nach längerer gemeinsamer Zeit in Rom und nach dem Besuch Rinsers bei ihm über seine Freude auf ein baldiges Wiedersehen zu Weihnachten in Rom. Zu Rinsers Traum äußert er sich im Brief vom 19.12.62.

Heiterkeit und Freiheit – die Frucht des Verzichts (1963)

1 Rahner freut sich im Brief vom 6.1.63 auf die gemeinsame Zeit in Köln – Rinser schreibt in Köln am 11.1.63 morgens einen hier nicht abgedruckten Brief zur persönlichen Übergabe an Rahner vor Ort.

2 *Ich weiß Deinen Namen. 73 Fotografien gedeutet*, Würzburg 1962.

3 Im Brief vom 13.1.63 freut sich Rahner über ein evtl. Treffen in Frankfurt und präzisiert Pläne für die gemeinsame Zeit in Freiburg im August 63.
Aus Frankfurt schreibt Rahner nach seiner Ankunft am 18.1.63 einen Brief, um Einzelheiten des Treffens mit Rinser in Frankfurt zu präzisieren.

4 Am 25.1.63 fängt Rahner an, eine Art Brief-Tagebuch bis zum 27.1. zu schreiben, in dem er den Verlauf einer Sitzung in Mainz kritisch referiert. Dabei schreibt er – im Einklang mit Rinsers Bitten um Rahners Gebet – für sie Wichtiges, wovon man einen Eindruck in *Von der Größe*, S. 45 gewinnen kann: *Aber bevor die Frage der unechten Objektiva-*

tion echter religiöser Erfahrung gestellt wird und gestellt werden kann, ist die Unmöglichkeit zu sehen, überhaupt eine religiöse Objektivation in einer Gestalt und ihrer Aussage zu vollziehen, die nicht unvermeidlich zweideutig ist. Das WORT Gottes erscheint wie ein bloßer Mensch (omnis homo mendax: Röm. 3,4) und in der Gestalt des am Kreuz gescheiterten Sklaven der Mächte und Gewalten dieser Welt: darin liegt das unentrinnbare Elend des christlichen Schriftstellers, gerade wenn er bildet und nicht abstrakt redet. Er kann gar nichts zeigen, was nicht zweideutig wäre, er kann gar nicht eindeutig überzeugende Gestalten christlichen Daseinsvollzugs vorstellen, die von dem, der dieser Vorstellung nicht mit der willigen eigenen religiösen Erfahrung entgegenkommt (Ohren hat, zu hören, Augen, zu sehen), nicht als ärgerliches, unvollziehbares ideologisches Gemächte gedeutet werden könnte oder, wo es sich um unbestreitbare »Realitäten« handelt, nicht tiefenpsychologisch, soziologisch usw. auf ihre »wahren« Ursachen zurückgeführt werden könnte. Muß man nicht dem sogar noch hinzufügen, daß auch das Unechte zum echten Menschen gehört, daß wir immer auch Geschwätz sind (selbst wo wir die Wahrheit sagen und sie sind), daß der Paroxysmus unbedingter radikaler Echtheit, anstatt gelassen unbefangener Geduld mit unserer Mischung aus Echtem und Unechtem, selbst wieder – höchst unechte Verkrampfung bedeutet und erst recht literarischen Krampf erzeugt?

5 *Nina. Mitte des Lebens – Abenteuer der Tugend*, Frankfurt/M 1961.

6 *Geh fort, wenn Du kannst*, Frankfurt/M 1959.

7 Rahner schreibt am selben Tag, dem 30.1.63 2 Briefe: um 5.45 Uhr morgens und um 17.15 Uhr – in dem letzteren berichtet er u.a. über seine Arbeiten zu einem Konzilsschema.

8 Rahner schreibt inzwischen 2 kurze Briefe am 1.2.63 und am 12.2.63, in dem er seine Ankunft in Rom am 18. Februar ankündigt und sich auf die Begegnung mit Rinser freut. Rinser schreibt einen hier nicht abgedruckten Brief am 13.2.63.

9 Dazwischen liegt ein reger Briefwechsel: Rahner schickt 7 Briefe zwischen dem 17.3.63 und dem 8.4.63; Rinser schickt eine kurze Karte am 26.3.63 und hier nicht abgedruckte Briefe vom 1.4.63, vom 4.4.63 und einen zweiten Brief vom 8.4.63.

10 Rahner schreibt inzwischen täglich mehrere Briefe: Am 9.4.63, am 10.4.63 – 3 Briefe und am 11.4.63 um 7.15 Uhr, in dem er das Ergebnis seiner Krankenhaus-Untersuchungen mitteilt und gute Wünsche zu Ostern anschließt.

11 Erschienen zunächst in München 1946 – hier handelt es sich um die Neuausgabe in Frankfurt/M 1963.

Rahner schrieb inzwischen mehrere Briefe: vom 17.4.63, vom 18.4.63, vom 19.4.63, vom 20.4.63 und vom 21.4.63 um 21 Uhr, in denen er Alltägliches und Aktuelles aus seiner Arbeit berichtet.

12 Rahner versorgt Rinser täglich mit seinen Briefen: am 22.4.63, am 23.4.63, am 24.4.63 um 6.30 Uhr morgens und am 26.4.63 – mit 3 Briefen auf einmal – darunter über seine Fahrten nach Wien, über ein Münchner Gespräch am 26.4. mit Kardinal Döpfner zur Entwicklung in der Sache des Schreibverbots für Rahner, wobei eine positive Lösung in Sicht sei.

13 Dazwischen liegen 8 Briefe (mehrfach täglich) von Rahner aus Salzburg zwischen dem 27.4.63 und 1.5.63; Rinser schickt aus Rom einen hier nicht abgedruckten Brief vom 1.5.63.

14 In 2 Briefen vom 6.5.63 kündigt Rahner seine Ankunft in Rom am 15. Mai abends an. Es folgen dann 6 Rahner-Briefe zwischen 7.5.63 und 29.5.63 – dazu noch 4 nicht abgedruckte Briefe von Rinser aus dem Urlaubsort Camaiore vom 7.5.63, vom 9.5.63, vom 28.5.63, vom 29.5.63 um 14.30 Uhr.

15 In Briefen vom 30.5.63, vom 31.5.63 und vom 1.6.63 gibt Rahner Ratschläge zu Rinsers Nachforschungen für ihr Jugendbuch und bezeugt eine gewisse Ähnlichkeit mit Rinsers Befindlichkeit in Camaiore (z.B. in ihrem Brief vom 5.5.63) im Brief vom 31.5.63; hier äußert er sich u.a. zur Perspektive seines Lehrstuhls in München.

16 Am 4.6.63 schreibt Rahner 2 Briefe, u.a. mit der freudigen Entdekkung, daß *Die Welt* von Rinsers mehrwöchigen Reisen nach Polen berichtet.

17 Rinsers Ehe mit Carl Orff dauerte fünf Jahre, von 1954 bis 1959, wonach Rinser nach Rom übersiedelte.

18 Dieses Projekt wie auch das in den Briefen viel besprochene Jugendbuch-Projekt, kamen in dieser Form doch nicht zustande.

19 Rahner schickt inzwischen 5 »alltägliche« Briefe nach Rom zwischen 10.6.63 und 15.6.63 – alles Berichte zu den Arbeiten am LThK und an Konzilsvorbereitungen; dazwischen liegen auch Rinsers hier nicht abgedruckte Briefe vom 10.6.63 und vom 11.6.63.

20 Im Brief vom selben Tag, dem 16.6.63, gibt Rahner in Erinnerung an die Zeit vor einem Jahr in Innsbruck, auf die auch Rinser in ihrem Brief vom 15.6.63 hinweist, eine kurze Charakteristik *seines Wuschels* und somit Rinsers Werkes –. Ein Echo dieser Charakteristik kann man annähernd in *Von der Größe*, S. 35, finden: *Zweifellos will das Werk Luise Rinsers dem Menschen dienen, will ihm helfen heil zu werden, und – das ist*

für sie schließlich dasselbe – ein Christ zu sein. Ich sage nicht: Die Dichterin hat bei ihrer Arbeit diese Absicht. Das hat sie schon ausdrücklich bestritten, und es ist bei dem Rang ihrer Werke eigentlich selbstverständlich. Solche Werke entstehen nicht aus einer erbaulichen oder pädagogischen Absicht heraus. Der Dichter schafft lebendige Gestalten, nicht Puppen, die Theorien vortragen oder spielen. Doch diese Absichtslosigkeit des Dichters hebt die dem Werk nun einmal immanente Dynamik des Ausgesagten selbst nicht auf. Diese Aussage ist aber eine christliche. Und in diesem Sinn spreche ich von einer christlichen Absicht des Werkes selbst. Diese »Absicht« des Werkes selbst mag in den Werken fortschreitend deutlicher werden und so auch für ihr Werk als dichterische Aussage gefährlicher. Aber sie ist im Grunde vom Anfang des Schaffens Luise Rinsers an da, auch wenn zuerst diese Absicht sich selber noch sucht, das heißt langsam erst das Wissen selbst deutlicher und voller wird, wie der Mensch sein müsse und könne, der heil ist, oder genauer: wenigstens entschlossen sich zu diesem seinem Heilsein hin auf den Weg macht. Welch eine Absicht!

21 Es geht hier um den Beitrag *Geistliches Abendgespräch über den Schlaf, das Gebet und andere Dinge* in: Wort und Wahrheit II (1947) 449-462; in: *Schriften III*, 263-281.

22 Dazwischen liegt ein reger Briefwechsel zwischen Rahner und Rinser, der hier nicht abgedruckt ist: Rahner schreibt 13 Briefe zwischen 17.6.63 und 5.7.63, darunter am 20.6.63 über das sich schleppende Konklave; Rinser schrieb über die abgedruckten Briefe hinaus noch Briefe am 3.7.63 um 22 Uhr, am 4.7.63, morgens um 7.15 Uhr aus Innsbruck mit Bedauern, daß sie Rahner dort nicht getroffen hat, am 4.7.63 und am 5.7.63 einen zweiten Brief.

23 Neben 2 hier nicht abgedruckten Karten Rinsers von unterwegs nach Rom folgen inzwischen Rahners Briefe aus Saarbrücken vom 7.7.63 um 6.17 Uhr morgens, vom 8.7.63 um 6.08 Uhr morgens, in denen er u.a. am 7.7.63 über die Entwicklung bezüglich seiner Münchner Professur berichtet.

Im Brief vom 9.7.63 um 6.15 morgens beschreibt sich Rahner selbst – im Gegenpart zu Rinsers Charakteristik aus den Handlinien in ihrem Brief vom 5.7.63; ein späteres Echo dieses Austausches kann man *Im Gespräch 2*, S. 277 finden: *Ich kenne eine deutsche Dichterin, die mir erzählt hat, daß sie einmal in Irland gewesen sei und da erkannt habe, daß sie in einem früheren Leben dort einmal existiert habe. So gibt es natürlich sehr viele Beispiele, die für eine solche Seelenwanderung, Reinkarnation, oder wie man das nennen will, zu sprechen scheinen. Ich meine, daß man einmal grob und genauere Differenzierungen weglassend sagen muß,*

daß man von einem katholischen, christlichen Standpunkt aus daran nicht festhalten kann.
Die Frage natürlich, wie dann solche wahren oder vermeintlichen Phänomene einer Wiedererinnerung an vergangene Leben genauer erklärt werden können, das ist natürlich noch einmal eine andere und dunkle Frage, obwohl es da durchaus Möglichkeiten einer Erklärung gibt, auf die ich jetzt nicht näher eingehen kann, für die aber die Annahme einer eigentlichen Seelenwanderung nicht notwendig zu sein scheint. Ich für mich muß als freies Subjekt jedenfalls meine jetzige Lebenszeit, die mir gewährt ist, als die entscheidende Geschichte auffassen, die ich in Endgültigkeit hinein vollende, und kann mich nicht mit dem Gedanken trösten und so mein Leben billiger machen, daß ich ja, wenn es jetzt schiefgeht, noch einmal eine weitere Gelegenheit finde, die Sache besser zu machen. Auch ein Buddhist müßte doch im letzten den Willen haben, aus dem ewigen Rad von Geburt und Tod herauszukommen, und ich behaupte: als Christ hoffe ich zu Recht, daß es mir auf Wegen, die letztlich natürlich nur Gott weiß, in diesem meinem konkreten jetzigen Leben auch wirklich gelingt, aus dem ewigen Auf und Ab, der ewigen Wiederkehr aller Dinge usw. herauszukommen und die unendliche Seligkeit Gottes, sein ewiges Licht, seine ewige Gnade, sein ewige Liebe von Angesicht zu Angesicht zu finden.

24 Rahner schreibt am selben Tag noch 2 Briefe um 15.30 Uhr und um 20.30 Uhr – im ersten präzisiert Rahner – parallel zu Rinsers Aussagen – eine tiefgehende Selbstcharakteristik, die man aus seiner Äußerung in *Im Gespräch 1*, S. 71f. erahnen kann: *Es gibt Ehelosigkeit um des Himmelreiches willen. Zweitens ist doch ein wirklich um der Liebe Gottes in einem persönlichen Verhältnis zu Jesus Christus gelebter, durchgehaltender Verzicht auf einen solchen hohen Wert wie die Ehe ein konkreter, real werdender Vollzug des Glaubens an das ewige Leben. Denn entweder macht man das deshalb – oder es ist von vornherein ein menschlicher Unsinn, eine menschliche Selbstzerstörung. Und umgekehrt würde ich sagen: Wenn eine solche Lebensweise in der Kirche schlechterdings aussterben würde, – ich sage in der Kirche als Ganzes, – dann wäre die Kirche als Ganzes eine gesellschaftliche Institution, die eigentlich mit dem Glauben an das ewige Leben, an den lebendigen Gott, an die Ungeheuerlichkeit der Gnade (die mit menschlichen Maßen nicht gemessen werden kann) nichts mehr zu tun hat.*

25 Ebenfalls aus Saarbrücken schreibt Rahner 4 Briefe zwischen 10.7.63 und 12.7.63, u.a. Berichte über die laufenden Vorträge, Arbeiten z.B. zum ersten Band des *Pastoraltheologischen Handbuches.*

26 Der Roman *Abenteuer der Tugend* ist erschienen in Frankfurt/M 1957. Rahner nimmt Rinsers Zweifel sehr ernst und artikuliert später seine

Meinung zu diesem Fragenkomplex in *Von der Größe*, S. 93: *Wer a priori der Überzeugung ist, daß es solche Christen [im Alltag] in Wahrheit nicht geben kann, daß sie notwendig im Menschlichen geschädigte, mit ideologisch Unechtem und Angequältem verdorbene, unfreie Menschen seien, der kann solches dichterische Wagnis nur als Katastrophe werten. Aber hat er recht? Ist seine Erfahrung die immer und allein gültige? Wittgenstein hat zwar gesagt: »Worüber man nicht reden kann, darüber muß man schweigen«, und dieses Wort scheint vielen heute der wahrste, in sich evidenteste Satz. Und einer für die Dichtung vor allem. Aber derselbe Wittgenstein hat streng rational die Existenz des »Irrationalen« bewiesen. Und also muß von ihm geredet werden, obwohl davon nicht geredet werden kann.*

27 Rahner schreibt ebenfalls aus Saarbrücken Briefe am 14.7.63 um 9.30 Uhr morgens und am selben Tag noch einen anderen Brief, dazu noch am 16.7.63 um 6.45 Uhr morgens, sowie am selben Tag um 17.15 Uhr.

28 Es geht um den Aufsatz: *Das Christentum und die nichtchristlichen Religionen*, zunächst in: Polarismus, Toleranz und Christenheit, Nürnberg 1961, 55-74; in: *Schriften V*, 136-158.

29 Es geht hier um die Einladung im Dezember 1964 zum 175jährigen Jubiläum der Georgetown-Universität in den USA und ein Ehrendoktorat von dieser Universität für Rahner; darüber auch in Rahners Brief vom 12.7.63 um 17.15 Uhr.

30 Es handelt sich höchstwahrscheinlich um folgende Beiträge Rahners: *Über Konversionen*, in: Hochland 46 (1953) 119-126 – in: *Schriften III*, 441; *Der Christ und seine ungläubigen Verwandten*, in: Geist und Leben 27 (1954) 171-184 – in: *Schriften III*, 419-439; *Weltgeschichte und Heilsgeschichte*, Erstveröffentlichung in: *Schriften V*, 115- 135.

31 Immer noch aus Saarbrücken schreibt Rahner zwischen 17.7.63 und 22.7.63 insgesamt 10 Briefe, wobei er am 17.7.63 um 11.30 Uhr Stellung nimmt zu Rinsers »Versuchung, endlich einmal mit einem Nicht-Klerikalen auszubrechen« und sich freut, am 5.8.63 Rinser in Freiburg zu sehen.

32 S. Abbildung S. 80 in diesem Buch.

33 Aus Saarbrücken schreibt Rahner einen Brief am 24.7.63 um 16.15 Uhr.

34 In der Zwischenzeit schreibt Rahner 10 Briefe, darunter am 11.9.63 aus Vicarello, wo er Exerzitien hält.

35 Dieser Band ist in der Reihe »Questiones disputatae« als Nr. 5 in Freiburg 1958 erschienen.

36 Die Novelle *Jan Lobel aus Warschau* ist 1948 in Kassel zum ersten Mal erschienen.

37 Aus Vicarello schreibt Rahner Briefe am 12.9.63, am 13.9.63, am 14.9.63 und am 15.9.63 – mit den Berichten über den Verlauf seiner Arbeit und über aktuelle Befindlichkeiten.

38 Ebenfalls aus Vicarello schreibt Rahner einen Brief am 16.9.63 um 17.30 Uhr und am 18.9.63 und einige weitere Briefe vom 19.10.63, vom 14.12.63 und vom 16.12.63, in dem er sich auf die Begegnung mit Rinser am folgenden Tag freut.

Wie an einem Seil bei einer Gratwanderung (1964)

1 Am 2.1.64 berichtet Rahner über seine Ankunft in Aachen, wo er einen Vortrag halten soll.

2 Es folgen Briefe Rahners vom 9.1.64 aus Köln und vom 10.1.64 aus Innsbruck.

3 Rahner schreibt inzwischen einen Brief am 15.1.64, in dem er sich über die Festschrift zu seinen Ehren freut, vor allem aber auf seinen 60. Geburtstag in Rom mit Rinser. Es folgen Briefe vom 7.2.64 um 18 Uhr, vom 8.2.64 und vom 9.2.64, in denen Rahner seine aktuellen Alltagsbeschäftigungen mit seinen geistigen Befindlichkeiten in Einklang bringt und u.a. darüber schreibt, daß er an dem Artikel für das neue Buchprojekt *Sacramentum mundi* arbeitet.

4 Am gleichen Tag, dem 10.2.64, schreibt Rahner einen Brief, in dem er u.a. das von Rinser in ihren Briefen oft angesprochene Thema der Gottes- und Nächstenliebe aufnimmt. Vgl. dazu *Im Gespräch 2*, S. 45f.: *Diese schon in der Nächstenliebe gegebene Selbstlosigkeit, der Durchbruch aus dem Gefängnis des Egoismus, bedeutet nicht bloß einen Durchbruch zum Nächsten, sondern auch schon, wenn auch noch unausgesprochen und unreflektiert, einen Durchbruch zu Gott. Man bricht gewissermaßen aus der Enge seiner eigenen Existenz heraus, man kommt in eine Weite, die kein Ende mehr hat, und bewegt sich, ob man nun reflektiert oder nicht, schon auf Gott hin. Das sind jetzt nur ganz primitive Andeutungen für den Doppelsatz: Nächstenliebe ist Voraussetzung und Folge der Gottesliebe. Mit anderen Worten: Man kann nur wirklich von sich selber wegkommen, wenn eine Bewegung eingeleitet ist, die keinen Halt mehr hat und nicht bloß beim Nächsten, sondern schließlich und endlich bei Gott ankommt.*

5 Am selben Tag, dem 11.2.64, schreibt Rahner 2 Briefe, in denen er seine Ankunft nach Rom am 2. März ankündigt und sich auf das Treffen mit Rinser riesig freut.

6 Dies ist die erste Information über den neuen Roman Rinsers: *Ich bin Tobias*, erschienen in Frankfurt/M 1966.

7 Am 12.2.64 schreibt Rahner 2 kurze Briefe.

8 Am 13.2.64 schreibt Rahner 2 Briefe und am 14.2. ebenfalls 2 Briefe, u.a. im Nachklang zu Rinsers Berichten im Brief vom 10.2.64, was man auch in *Von der Größe*, S. 35f. in etwa wiederfindet: *Wenn schon vielen eine »engagierte Literatur« ein Greuel und ein Verrat an der Aufgabe des Dichters ist (obzwar auch noch die Treue zur eigenen Sache des Dichters, wie immer sie auch bestimmt werden mag, nochmals ein Engagement ist und also nur der Dumme nicht merkt, daß er sich unweigerlich engagiert, engagieren muß, zu dieser Freiheit verdammt ist), wie provozierend muß es dann vielen vorkommen, wenn jemand sich nicht nur für dieses oder gegen jenes Bestimmte engagiert, etwa gegen den Vietnamkrieg, die Notstandsgesetze oder die Neonazis, die Plebejer oder gegen klerikale Machtansprüche (merkwürdig, daß man meist nur deutlich sagen kann, wogegen man ist), sondern den Menschen als einen und ganzen meint und ihm sagen will, was er ist und werden soll. Wie aufreizend unverständlich müssen vielen von heute all die Vokabeln vorkommen, die in dieser Absicht eingeschlossen sind und in ihrem Dienst stehen: Ordnung, Liebe, Hoffnung, Gebet, göttliche Berufung, Vertrauen, Annahme des Lebens, Gott! Ordnung, die den Menschen sanft und bestimmt ortet, Liebe, die mehr ist als zynisch oder skeptisch sich selbst demaskierende, entmythologisierte Sexualität, Hoffnung, die nicht vergeht vor der Absurdität des Lebens, Gebet, das gelassen einen Adressaten kennt, Gott, der da ist, obwohl man heute auf dem Markt und sogar in dieser oder jener »christlichen« Theologie schreit, er sei tot.*

9 Am 15.2.64 schreibt Rahner 2 Briefe, in denen er über die formalen Umstände seiner baldigen Arbeit an der Universität München berichtet und Rinser in ihrer Enttäuschung wegen der schlechten Kritiken tröstet; vgl. dazu *Von der Größe*, S. 36: *Wie erst, wenn einige Kritiker dieser Rinserschen Werke meinen, den Eindruck haben zu müssen, der Mensch solcher Worte sei gar nicht durch das Inferno des Menschen hindurchgegangen, denn (das ist doch die stillschweigende, aber fragwürdige Voraussetzung dieses Eindrucks) dieser Mensch sei jetzt nicht mehr in diesem Inferno, also sei er nie drin gewesen, da keiner, der in diesen Abgrund gefallen sei, wieder herauskomme. Die – auch denkbare – Möglichkeit, man sei drin und doch auch draußen – simul iustus et peccator – wird erst recht nicht in Rechnung gestellt. Und noch*

weniger die Möglichkeit, daß man das Recht und den gelassenen Mut haben könne und dürfe, aus einer nun einmal gegebenen, unverbrauchten, nicht notwendig durch alle Feuer höllischer Verzweiflung erprobten Substanz von menschlicher »Gesundheit« (neuer Schock!) zu leben und das unbefangen zu sagen. Aber, so wird man grimmig einwenden: das ist nichts für uns, so sind wir nicht, diese Sicherheiten sind nicht unsere, so kann nur jemand reden, der nichts weiß, nichts erfahren und erlitten hat! Hat er nicht? Woher weiß man das?

Hat Luise Rinser nicht instinktsicherer als viele ihrer Kollegen und ihrer Kritiker von Anfang an dem Ungeist der braunen Zeit widerstanden bis an den Rand des Todes?

10 Deutsche Übersetzung von W. Widmer, München 1958.

11 Im Brief vom 16.2.64 um 14.45 Uhr berichtet Rahner vertraulich, daß die katholisch-theologische Fakultät der Westfälischen Wilhelms-Universität am 13. Februar 64 beschlossen hat, ihn zur Vollendung seines 60. Lebensjahres die Ehrenpromotion am 13. Mai in Münster zu verleihen.

12 Rahner schreibt seine täglichen Briefe am 17.2.64, am 18.2.64 und am 19.2.64 und bestätigt Rinser in ihren philosophischen Gedanken und Erfahrungen.

13 Am 20.2.64 schreibt Rahner einen Brief und eine Postkarte aus Bremen, wo er einen Vortrag in Delmenhorst halten wird.

14 Es handelt sich um ein Ehrenzeichen der Landesregierung Tirol in Würdigung der Verdienste Rahners auf dem Gebiet der Wissenschaft, das ihm am 20. Februar 64 verliehen wurde.

15 Rahner hat *die Würde des Doktors der Theologie ehrenhalber* in Münster bekommen.

16 Zuletzt erschienen in: *Geschichten aus der Löwengrube. Acht Erzählungen*, Frankfurt/M 1986. Rahner reflektiert die hier angesprochene Beziehung der Dichterin zu ihren dichterischen Gestalten in *Von der Größe*, S. 45: *Wenn ein Dichter seine Gestalten in die Wüste des unsagbaren Gottes ziehen läßt, geraten sie notwendig ins Elend in der ursprünglichen Bedeutung dieses Wortes, und der Dichter mit ihnen. Es ist leichter, seine Gestalten dort leben zu lassen, wo der Mensch fraglos behaust ist, im Sagbaren. Das sollte der Kritiker des christlichen Schriftstellers immer bedenken. Aber der Mensch ist das Wesen der unsäglichen Finsternis und des unsäglichen Lichtes.*

17 Inzwischen schreibt Rahner am 21.2.64 3 Briefe und je einen Brief am 22.4.64 um 14.45 Uhr und am 26.2.64 u.a. mit der Nachricht, daß er Fahnen des 9. Bandes vom LThK gelesen hat.

Rinsers älterer Sohn Christoph wurde am 27.2.1940, der zweite Sohn Stefan wurde am 10.10.1941 geboren.

18 Rahner schreibt an diesem Tag, dem 27.2.64, um 18 Uhr einen Brief, in dem er sich freut auf ein baldiges Wiedersehen in Rom, wobei er u.a. auf das von Rinser mehrmals angesprochene »Weinen« eingeht.

19 Inzwischen schreibt Rahner mehrere Briefe aus Freiburg am 15.3.64 um 10 Uhr, am 16.3.64 um 7.30 Uhr morgens, am 2.4.64 – 2 Briefe, am 3.4.64 wieder aus München, am 4.4.64 morgens, am 5.4.64 und am 7.4.64, u.a. mit der Frage, ob er mit seinen Vorlesungen zu Grundwirklichkeiten des Glaubens in München ankomme.

20 Dazwischen kommen 2 kurze Briefe Rahners vom 8.4.64 und vom 10.4.64, in dem er über seine Vorbereitungen zur Vorlesung am 12. Mai schreibt, wobei er am 27.4. von Rom kommen will, um noch seine Vorlesungen durchzusehen.

21 Am Tag der Rückkehr von Rom, am 27.4.64, schreibt Rahner zwei Briefe, u.a. bezogen auf Rinsers Zweifel über ihre weitere schriftstellerische Zukunft. Dies findet auch seinen Widerhall in *Von der Größe*, S. 36f.: *Aber ist das nicht nochmals selbst ein Vor-urteil, dem gegenüber, also sich selbst gegenüber, der Kritiker kritisch sein sollte?*

Sei es so, wird man sagen, uns interessiert nicht die Person, wir greifen das Werk an und zwar seine Christlichkeit. Diese Christlichkeit ist uns zu »positiv«; wir wollen kein Werk, das uns sagt, es heiße uns hoffen und Hoffnung sei nicht absurd; wir dulden höchstens eine »Hoffnung«, die selber nochmals nichts ist als der Trotz in der Verzweiflung und um keinen Preis auf seine Implikationen befragt werden darf (des verborgenen Lichtes, der unbegreiflichen Verheißung), wie es die Christen (und andere, die sich nicht so nennen) tun. Hier ist gewiß eine neue Frage angemeldet, die zugleich Größe und Elend des christlichen Schriftstellers in sich schließt.

Nochmals sei gesagt: Der Theologe fühlt sich nur berufen (wenn überhaupt), theologische Maßstäbe zu verwenden, nicht aber literarische. Es soll auch nicht eigentlich die Frage gestellt und beantwortet werden, ob ein Werk christlich gut und doch dichterisch schlecht sein könne oder ob (weil der höhere Maßstab den niederen einschließt) das nicht möglich sei, obzwar gewiß ein antichristliches, ein böses Werk des Hasses und der Verzweiflung, des schrecklichen Zynismus eine große dichterische Aussage zu sein vermag, wenn auch das wiederum nicht schon einfach darum, weil es böse ist (wie heute manche zu meinen scheinen).

Es folgt noch ein kurzer Brief vom 1. Mai 64.

22 Am 2.5.64 schreibt Rahner 2 Briefe und wünscht Rinser Fortschritte beim Bau des Hauses und bei der Fortsetzung des Romans. Ähnliches noch im Brief vom 4.5.64.

23 Am 5.5.64, am 6.5.64 und am 8.5.64 (2mal) schreibt Rahner nach seiner eigenen Bezeichnung *Alltagsbriefe* und entschuldigt sich, daß er wegen seiner Erkrankung am 7.5.64 keinen Brief geschrieben hat.

24 Dazwischen kommen Rahners Briefe vom 9.5.64, vom 19.5.64 um 11.30, vom 24.5.64 um 14.30 Uhr, vom 25.5.64 um 14 Uhr und vom 26.5.64.

25 Erschienen in Frankfurt/M 1964.

26 Zunächst erschienen im Sammelband *Die Kraft, zu leben. Bekenntnisse unserer Zeit.* Gütersloh 1963, 175-189, in der Fassung vom August 62 in Brixen – mit Stellen, die Rahner bzw. Rahner und Rinser gemeinsam in Rinsers Text eingebracht haben – dann erschienen als Buch *Über die Hoffnung*, Zürich 1964.

27 Im Brief vom 27.5.64 freut sich Rahner wieder auf seine von Rinser auch ersehnte Fahrt nach Rom.

28 Im Brief vom 11.6.64 setzt Rahner seine Gedanken zur Sprache fort, indem er das Reden mit Gott im Reden des Mitmenschen wesentlich schon vorfindet. In einem Brief ohne Zeitangabe, an den sich ein fiktiver Dialog zwischen Wuschel und Fisch anschließt, reflektiert Rahner den Ertrag des Konzils und die tiefsten Dimensionen der Verbindung zwischen der Nächsten- und Gottesliebe.

29 Wie schon einmal vorhin und mehrmals später macht sich Rahner im Brief vom 12.6.64 Gedanken – ähnlich wie öfters Rinser, welchen Stellenwert seine Briefe an Rinser haben.

Im Brief vom 14.6.64 vormittags äußert sich wiederum Rahner – im Zusammenhang mit Rinsers Bemerkungen im Brief vom 10.6.64 zu seinem Priester- und Theologen-Dasein: zu seinen Vorlesungen, wie etwa *Im Gespräch 2*, S. 224f.: *Ich kann und muß natürlich zwischen einer religiösen Sprache und einer eigentlich wissenschaftlich theologischen Sprache unterscheiden; aber diese beiden bedingen sich natürlich gegenseitig; beide Sprachen können nie in absoluter Reinheit ungemischt auftreten, denn in jeder vernünftigen, echten theologischen Reflexion ist natürlich doch ein letzter Impetus, eine letzte Sehnsucht, ein letzter Wille des religiösen Menschen mitgegeben, sonst geht die Theologie auch als wissenschaftliche Reflexion zugrunde. Das kann zwar sehr verschiedene Grade haben, aber es kann nicht ganz fehlen, denn auch die unmittelbarste, unreflektierte religiöse Sprache gibt doch gleichsam in einem Begleitphänomen darauf acht, ob sie richtig ist, ob sie die gebotenen*

Grenzen enthält, ob sie ankommen kann beim anderen, auf den hin sie redet usw.; mit anderen Worten: Auch die unmittelbarste religiöse Sprache ist immer noch eine Sprache, die von einem gewissen Moment der Reflexion begleitet ist, und deswegen kann man diese beiden Dinge, theologische Sprache und religiöse Sprache, nicht absolut voneinander trennen; sie bedingen sich gegenseitig, ohne deswegen einfach zusammenzufallen.

In zwei Briefen vom 15.6.64 schreibt Rahner u.a. Denkwürdiges zum Thema des Ins-Kloster-Gehens – in Antwort auf Rinsers dazu geäußerten Gedanken.

30 Dazwischen kommen 2 Briefe Rahners vom 16.6.64 und vom 17.6.64, in denen Aktuelles und Zwischenmenschliches besprochen wird, auch über eine potentielle Selbstmörderin, die sich bei Rahner habilitieren will.

31 Es folgen 2 Briefe Rahners vom 18.6.64 und vom 19.6.64; in dem zweiten wird die Hoffnung ausgesprochen, daß Rom Rahner in Ruhe lassen will, was aufgrund eines Artikels in *Corriere de la Serra* vom 18.6.64 anzunehmen ist.

32 Dazwischen kommen Rahners Briefe vom 20.6.64, 2 Briefe vom 22.6.64 – mit aktuellen Berichten des Münchner Professors im universitären Einsatz.

33 Rahner schreibt am 23.6.64 und am 24.6.64 je einen Brief; in dem letzten bespricht er u.a. die Probleme mit dem zweiten Band des *Pastoraltheologischen Handbuchs*, des Werkes *Sacramentum mundi* und der Fortsetzung der Arbeiten am LThK.

34 Im Brief vom 25.6.64 gratuliert Rahner Rinser u. a. zu ausländischen Auflagen der Bücher *Geh fort, wenn du kannst* und *Mitte des Lebens.*
Es folgt noch ein kurzer Brief vom 26.6.64.

35 Dazwischen kommen Rahners Briefe vom 28.6.64 und 29.6.64 (zweimal) und vom 30.6.64.

36 In 2 Briefen vom 1.7.64, im Brief vom 2.7.64, im Brief vom 3.7.64 und vom 4.7.64 berichtet Rahner über Aktuelles.

37 Weitere aktuelle Berichte folgen in Briefen Rahners vom 5.7.64 und vom 6.7.64.

38 Dazwischen folgen Rahners Briefe vom 7.7.64 (2), vom 8.7.64, vom 9.7.64 (2), vom 10.7.64 (2), vom 11. vom 12.7.64 und vom 13.7.64, in dem er seine Schwermut beklagt.

39 Dazwischen liegen 9 Briefe Rahners zwischen 14.7.64 und 5.8.64 – alles lange handgeschriebene Berichte aus Freiburg, wo Rahner die Arbeiten an seinen Werken im Herder Verlag fortsetzt.

40 Die Briefe aus dieser Zeit sind eine Art Chronik; so am 6.8.64, am 7.8.64 und am selben Tag noch um 11 Uhr.

41 Die Fortsetzung dieser Chronik geht mit Briefen Rahners vom 8.8.64, vom selben Tag um 10 Uhr und 14.15 Uhr, vom 10.8.64 um 8.30 Uhr, vom 11.8.64 um 6.25 Uhr morgens und in noch einem Brief vom selben Tag weiter.

42 Am selben Tag, dem 12.8.64, schreibt Rahner 2 Briefe um 6.15 Uhr morgens und um 14.30 Uhr.

43 Es folgen 6 handgeschriebene Briefe Rahners zwischen 13.8.64 und 17.8.64.

44 Die Intensität und Häufigkeit der Rahner-Briefe wird in 18 Briefen dieser Tage zwischen 18.8.64 und 26.8.64 fortgesetzt – alles handgeschriebene mehrseitige Briefe in Form eines Tagebuchs.

45 Die Zeit zwischen August und Oktober verliert nichts an Intensität des Briefeschreibens Rahners, wobei die Lage zwischen Rinser und Rahner sich zuspitzt, besonders als auch M.A. zeitweise gleichzeitig im Oktober in Rom anwesend ist. Aus den 29 Briefen, die Rahner in dieser Zeitspanne handschriftlich und oft mehrmals am Tag auf mehreren Seiten schreibt, heben sich zwei ab: der Brief vom 20.10.64 um 16 Uhr, den Rahner nicht abgeschickt, sondern unter den Briefen Rinsers an ihn aufbewahrt hat, und der Brief vom 23.10.64 um 11 Uhr, den Rinser ungeöffnet und ungelesen läßt, was von ihrer Überforderung zeugt.

46 Die schmerzhafte Erfahrung begleitet auch Rahner im Brief vom 28.10.64 um 7.30 Uhr, obwohl beide einen Höhepunkt ihrer Beteiligung an den Arbeiten für das Konzil in einem Artikel der »Zeitung« Nr. 14 vom 29. Oktober 64 erlebt haben, indem beide nebeneinander im Kontext des Konzils genannt werden. Diese ambivalente Situation verraten auch 2 Briefe Rahners vom 29.10.64 um 14.30 Uhr und um 19 Uhr abends.

47 Die Herausforderungen dieser Zeit behandelt Rahner in seinen 7 handgeschriebenen Briefen zwischen 30.10.64 und 31.10.64, an welchem Tag Rahner 4 Briefe schreibt.

48 Dazwischen kommen weitere 7 handschriftliche Briefe zwischen 1.11.64 und 3.11.64, wobei er sich unter dem Eindruck von Rinsers Briefen dieser Zeit, die ihre Beziehung zu M.A. wieder in den Vordergrund stellen, nüchterne Gedanken macht.

49 In weiteren 6 Briefen vom 4.11.64 und vom 5.11.64 wirbt Rahner für dieses neue Verhältnis.

50 Der Schmerz dieser aktuellen Auseinandersetzung macht sich bemerkbar in Briefen vom 6.11.64 um 9.30 Uhr, am selben Tag um 11.45 Uhr, 14.15 Uhr und 20.15 Uhr.

51 Die Empfindlichkeit Rahners auf seine ungeklärte Situation setzt sich fort in Briefen vom 7.11.64 um 15.15 Uhr, vom 8.11.64 um 8.15 Uhr und am selben Tag um 16.30 Uhr, sowie in Briefen vom 9.11.64 um 7.20 Uhr, um 12.15 Uhr und um 18 Uhr – alles handschriftliche vom Leiden und Suchen geprägte Briefe.

52 Die 23 Briefe zwischen dem 9. und dem 17.11. bezeugen, das sich die Lage beruhigt hat; die Aufmerksamkeit Rahners konzentriert sich auf den Sinn, Rinser weiter *Theologische Briefe* zu schreiben. In diesem Zusammenhang überlegt er sich die Möglichkeit, solche theologischen Briefe in der Herder-Bücherei zu veröffentlichen – dies zeigt sich auch aufgrund der Erkenntnis Rinsers nicht praktikabel, wie Rahner am 13.11.64 schreibt.

53 Rahner schreibt nun intensiver *Fragmente einer Theologie der Liebe* u.a. in 13 Briefen aus München zwischen 14.11.64 und 20.11.64 – der letzte kommt aus Straßburg, wo Rahner am darauffolgenden Tag, dem 21.11.64 den *Doktor honoris causa* der Universität Straßburg bekommen wird.

54 Bis zum Ende des Jahres 1964 schreibt Rahner noch 14 Briefe aus Deutschland und 14 Briefe aus den USA, wo er an der Georgetown-Universität ein *Doktorat honoris causa* empfängt und Vorträge hält.

Im Banne der Schwermut (1965)

1 Diesem Brief gehen 25 Briefe Rahners im Januar und Anfang Februar 65 voraus; daneben auch einige hier nicht abgedruckte Briefe Rinsers: Vom 12.1.65, vom 17.1.65 aus Wuppertal und vom 3.2.65 aus Rocca di Papa.

2 Dazwischen kommen Briefe Rahners vom 5.2.65 um 6.20 Uhr, eine Karte vom 6.2.65 und ein Brief vom selben Tag um 11.20 Uhr.

3 Rahner schreibt inzwischen 5 Briefe vom 7.2.65 bis 10.2.65.

4 Es folgen 4 Briefe Rahners zwischen 11.2.65 und 14.2.65.

5 Dazwischen kommen Rahners Briefe vom 15.2.65 um 7.30 Uhr, vom 16.2.65 um 5.45 Uhr und vom 6.2.65 um 16.30 Uhr – alles handschriftlich und auf mehreren Seiten.

6 Am selben Tag, dem 17.2.65, schreibt Rahner 2 Briefe um 6.15 Uhr morgens und um 16 Uhr.

7 *Weihnachten, Fest der ewigen Jugend.* Ein Rundfunkvortrag im Dezember 1964, In: *Schriften VII*, 123- 127.

8 Erschienen in Frankfurt/M 1964.

9 Am selben Tag, dem 18.2.65, schrieb Rahner 2 Briefe um 6.10 Uhr morgens und um 17 Uhr.

10 Dazwischen liegen 11 Briefe Rahners vom 19.2.65 bis 25.2.65 – alles handschriftliche und mehrseitige Briefe, in denen Verletzungen Rahners zutage treten.

11 Wahrscheinlich ein Beitrag für *Sacramentum mundi III*, 832- 843; vgl. auch (zusammen mit J. Ratzinger) *Offenbarung und Überlieferung* (Questiones disputatae 25), Freiburg i. Br. 1965.

12 *Betrachtungen zum ignatianischen Exerzitien-Buch*, München 1965.

13 Es handelt sich immer noch um den neuen Roman *Ich bin Tobias*, erschienen in Frankfurt/M 1966. Die Zweideutigkeit solcher Gestalten im Werk Rinsers vertieft Rahner in *Von der Größe*, S. 43f.: *Darf man nur vom Humanen reden, weil das explizit Christliche schwerer zu sagen ist? Darf man nur berichten: »Meister, dieses Weib ist auf frischer Tat beim Ehebruch ertappt worden« (Joh 8,4) oder darf man auch sagen, daß dieses Weib das Wort des Meisters ergriffen hat: »Geh hin und von nun an sündige nicht mehr«? Kann nur die Schuld und nicht die Vergebung glaubwürdig sein? Für uns ist die ausweglose und tragische Schuld verständlicher und glaubwürdiger, uns kommt das Gute immer vor wie das Impotente und Naive. Aber das begreift sich auch wieder leicht. Wie soll es uns, den Sündern, anders vorkommen? Wer sich nicht als solchen weiß, dem muß es erst recht so vorkommen. Noch genauer: es gibt zwar keine religiöse Erfahrung ursprünglicher Art, die nicht auch schon worthaft wäre. Aber sie ereignet sich nicht dort allein, wo das Wort, das man sagen und schreiben kann, ist, es selber ist (und auch das Wort vom Unsagbaren ist noch ein Wort, das auf das Unsagbare bestenfalls hinweist, dieses aber nicht selber ursprünglich aufgehen lassen kann).*
Wo immer also diese ursprüngliche religiöse Erfahrung in das Wort vor-kommt, in es hinein ausgehen muß, ist sie nicht mehr am Ort ihrer ersten Geburt allein, der die im Schweigen sich ereignende Gnade Gottes ist. Am Ort des Vorkommens aber wird sie zweideutig. Nicht nur weil das Wort unechtes Gerede sein kann. Das ist noch ihre harmloseste Zweideutigkeit. Sondern weil sie, auch wo sie selber ist, in ihre Erscheinung eingeht, die zweideutig ist. Es gibt nichts Religiöses, das, insofern es sich raumzeitlich, »kategorial« objektiviert und so erst sagbar ist, nicht zweideutig wäre, das heißt: nicht auch aus einer anderen

Ursache als der ursprünglichen religiösen Erfahrung ableitbar wäre: aus Verdrängung, Frustration, Sexus, Angst, gesellschaftlichen Bedingungen und all dem, was der Mensch heute sonst noch weiß und benützt, sowohl um die echte religiöse Erfahrung, die es eben doch gibt, unehrlich aus der Welt hinauszudisputieren, als auch um die unrechte religiöse Erfahrung, die es auch gibt, ehrlich zu entlarven.

14 Dazwischen liegen 5 Briefe Rahners vom 26.2.65 bis 1.3.65.

15 Inzwischen schrieb Rahner 9 Briefe vom 2.3.65 bis 17.3.65.

16 Dazwischen fallen Rahners Briefe vom 18.3.65 um 6.15 Uhr morgens und am selben Tag um 10 Uhr morgens, am 19.3.65 um 8 Uhr und am selben Tag um 18.35 Uhr.

17 Rahner bekam feierlich diesen Preis am 26.6.65.

18 Dazwischen schreibt Rahner Briefe am 20.3.65 um 8 Uhr und um 18.15 Uhr, am 22.3.65 um 18 Uhr, am 24.3.65 um 6.20 Uhr und am 25.3.65 um 6.30 Uhr morgens.

19 Es handelt sich immer noch um den Roman *Ich bin Tobias* a.a.O. Rahner begleitet Rinser aktiv in ihrem schriftstellerischen Bemühen und nimmt sie später in Schutz vor den Kritikern in *Von der Größe*, S. 41f.: *So aber kommt der christliche Schriftsteller notwendig immer wieder bei vielen in den Verdacht, naiv zu sein, nicht zu wissen, was eigentlich im Menschen ist, Voraussetzungen zu machen, die »keiner« (lies: der Kritiker) teilt. Das ist vermutlich besonders heute der Fall: die Menschen, die sich heute meist in der Literatur zu Wort melden, um zu sagen, was sie leiden, und so auch die Mehrzahl der Kritiker bilden, sind gar nicht die Repräsentanten des Menschen von heute, sondern eine bestimmte, gewiß auch authentische, Gruppe dieser Menschen. Es gibt gewiß die wild Verzweifelten, die echt Chaotischen (neben denen, die bloß so tun, um ihre Bücher zynisch marktkonform zu machen).*

Aber es gibt daneben auch die Menschen, die von jener bescheidenen, nüchternen Sachlichkeit geprägt sind, die aus der wirklich echt betriebenen Naturwissenschaft und Technik von heute herkommt, und die dabei (ja von daher) von gelassener, zuchtvoller und williger Humanität sind. Und dieser Menschentyp, der im Ganzen der westlichen Gegenwartsliteratur kaum zur Erscheinung kommt, hat vermutlich, so seltsam das scheinen mag, eine größere existentielle Affinität einerseits zu dem noch echten »Bürgerlichen« der Vergangenheit und andererseits zu dem »aufbauenden Realismus«, der – wenn oft auch schon anfechtbar und primitiv – sich in den Gebieten des amtlichen Marxismus zu Wort meldet. Es ist von daher noch gar nicht ausgemacht, welcher Literatur die Zukunft gehört und welche Kritiker im Namen der Menschen von heute und morgen sprechen, zumal wenn solche Kritiker sehr unkritisch ihren eigenen Maßstäben verfallen zu sein scheinen. So ist vielleicht der Sinn für Maß und Ordnung, der manchen Kritiker bei Luise Rinser ärgert und mißtrauisch macht, »moderner« und ihre »Überlieferung« der weiteren Zukunft näher, als manche Kritiker denken. Man verstehe das »Bürgerliche« in den Werken Luise Rinsers nicht falsch. Ihre Gestalten bleiben im »bürgerlichen« Lebensraum, sie brechen daraus nicht aus (so wenig wie der wirkliche Arbeiter in der DDR), weil solches »Ausbrechen« im Grunde höchst unrealistischer Krampf für uns wäre und auch von solchen Kritikern Luise Rinsers nicht praktiziert wird. Aber ihre Gestalten brechen in die Tiefe dieses nüchtern normalen Daseins durch, in die Tiefe der Liebe, der Verantwortung vor Gott, der gelassenen Annahme des unbegreiflichen Schicksals. Und dieser Durchbruch (anstatt eines theatralisch gespielten Ausbruchs) verwandelt die »Bürger« in – Menschen.

20 Rahner schreibt Briefe am 26.3.65 um 8.30 Uhr, am 27.3.65 um 6.05 Uhr morgens und um 12 Uhr am selben Tag, wobei er über seinen Preis der Stadt Pforzheim am 27.3.65 berichtet, den er am 26.6.65 bekommen soll; am gleichen Tag schickt er noch eine Karte und schreibt Briefe am 29.3.65 um 7.15 Uhr und sofort danach um 7.55 Uhr sowie am 30.3.65 um 7.30 Uhr morgens.

21 In *Ich bin Tobias* a.a.O.

22 Rahner schreibt inzwischen Briefe am 31.3.65 um 6.05 Uhr morgens, am 1.4.65 um 7.45 Uhr, und eine Karte vom 2.4.65 um 6 Uhr.

23 Im ARD 1965, Regie: Fritz Umgelter.

24 Erschien zum ersten Mal 1965, zweite Auflage 1968.

25 Dazwischen liegen Rahners 13 Briefe, darunter eine Selbstreflexion Rahners *Piscis ad se ipsum* (Fisch an sich selbst), in der Rahner seine existentiell bedrängte Lage reflektiert. In diese Zeit fällt auch die berühmte Tagung der Paulus-Gesellschaft *Christentum und Marxismus heute* in der Salzburger Residenz vom 29. April bis 2. Mai 65, an der Rahner neben Professor Garaudy aus Paris der wichtigste Gesprächspartner der Tagung war, und davon in seinen Briefen dieser Zeit berichtet.

26 Dazwischen schreibt Rahner einen kurzen Brief vom 12.5.65 um 15.10 Uhr und 2 Briefe vom 13.5.75 um 7.15 Uhr und um 9 Uhr morgens.

27 Innsbruck (1938) ^{4}1948.

28 Dazwischen schreibt Rahner 11 Briefe, darunter auch Wichtiges – in Antwort auf Rinsers Briefe in dieser wieder schwieriger gewordenen Zeit – am 15.5.65 um 14 Uhr zum Thema »Relativist«, vgl. dazu *Im*

Gespräch 2, S. 130: *Vermutlich würde so vom Ganzen meines theologischen Habitus her gesehen die theologische Entwicklung bei mir eher noch ein Stück weiter in Richtung auf das Zugeständnis hinauslaufen, daß wir das und jenes nicht wissen, also mehr auf einen christlich legitimierten Skeptizismus hin; nicht auf einen beliebigen, aber auf einen christlich legitimen Skeptizismus hin, in dem sich eben der Mensch, ohne auf alles schon vorher Antworten zu haben, der Unbegreiflichkeit Gottes anvertraut – hoffend, liebend, wissend, daß gerade dieser Akt einer letzten Kapitulation vor der Unbegreiflichkeit Gottes sogar das Letzte ist, was dem Menschen abverlangt wird.*

29 Dazwischen kommen Briefe Rahners vom 12.6.65 um 21.15 Uhr, vom 13.6.65 um 20 Uhr, vom 14.6.65 um 18 Uhr, vom 15.6.65 um 6.30 Uhr morgens und vom selben Tag um 17 Uhr.

30 Erschienen in Frankfurt/M 1959.

31 Es gehen 10 Briefe Rahners aus Hamburg voraus zwischen 16.6.65 und 21.6.65 – in die Berichterstattungen und vielfältigen Gedankensplitter mischt sich, wie oft, die Bitte vom 19.6.65 aus Hamburg um das entgegenkommende Verständnis Rinsers für Rahners geistige Lage.

32 Dazwischen schreibt Rahner Briefe vom 22.6.65 um 17 Uhr, vom 23.6.65 um 7.30 Uhr.

33 Während Rinser vom 3. Juli 65 in München ist, schreibt Rahner beständig seine schwermütigen Briefe (11mal), in denen er sich u.a. beschwert, daß Rinser das Interesse für seine theologischen Briefe verloren habe.

34 Weitere 10 *de profundis* (aus der Tiefe) – wie Rahner es ausdrückt – beschwörende Briefe Rahners folgen.

35 Die schwermütige Stimmung Rahners setzt sich fort in seinen Briefen vom 10.8.65 um 7.20 Uhr, am selben Tag um 17.30, und vom 11.8.65 um 11 Uhr.

36 Rinser arbeitet auch in München an ihrem Roman *Ich bin Tobias* a.a.O. sehr intensiv.

37 Die Beschwörungen Rinsers haben es geschafft, daß Rahner seine dazwischen liegenden Briefe in gelassener Stimmung schreibt: vom 12.8.65 um 13.45 Uhr und vom 14.8.65 um 13.50 Uhr.

38 Dies setzt sich fort in Briefen vom 17.8.65 um 13 Uhr, vom 19.8.65 um 13.30 Uhr, vom 20.8.65 um 17.15 Uhr und vom 21.8.65 um 17.15 Uhr und vom 21.8.65 um 8 Uhr morgens. Rinser schreibt am 19.8.65 einen hier nicht abgedruckten Brief dazu.

39 *Nina. Mitte des Lebens – Abenteuer der Tugend*, Frankfurt/M 1961.

40 Während Rinser ihre Rückkehr nach Rocca di Papa in dem hier nicht abgedruckten Brief vom 25.8.65 gemeldet hat, schreibt Rahner wieder dorthin seine dazwischen liegenden 12 Briefe.

41 Die positive Stimmung nach der Münchner Krise dauert auch in weiteren 7 dazwischen liegenden Briefen Rahners an. – Die Rollen wurden umgetauscht, indem nun Rahner Rinser in ihrem Schmerz tröstet.

42 Das reizende Foto mit dem Löwenbaby wird zu einem Symbol des neuen Friedens zwischen Rahner und Rinser, was sich auch in Rahners Briefen manifestiert: vom 26.10.65, vom 27.10.65 abends, vom 28.10.65, vom 29.10.65 (zweimal) und vom 31.10.65 um 6 Uhr morgens, wobei Rahner am 31.10.65 stolz über das abgeschlossene große Werk seines Lebens, LThK mit 21996 Artikeln, 2677 Mitarbeitern, 103 Karten und 557 Abbildungen, berichtet.

43 Dazwischen kommen Briefe Rahners vom 31.10.65 um 16 Uhr, vom 1.11.65 und vom selben Tag um 18 Uhr, wobei Rahner sich auf das auf der Seite 116 abgebildete Foto bezieht.

44 Trotz der Überwindung der Krise zwischen Rahner und Rinser ist die unterschwellig schwermütige Stimmung in den Rahner-Briefen – wahrscheinlich auch als Reaktion auf Rinsers Berichte über die Begegnungen mit M.A. – deutlich, besonders im Brief vom 3.11.65 um 7.35 Uhr und vom 4.11.65, in dem ähnliche resignierte Nüchternheit zum Vorschein kommt wie *Im Gespräch 2, S. 212f.: Wir brauchen nicht die entsetzlich Entzückten, die furchtbar Begeisterten als Richtschnur zu nehmen, wenn wir es in Wirklichkeit nicht sind. Wir müssen gewissermaßen eher unsere Skepsis als Erfahrung von Gnade verstehen. Wir leben in einer nüchternen, in dem Sinn winterlichen Zeit, wo es im religiösen Leben nicht sehr viele Blüten gibt, über die man entzückt sein könnte. Aber auch eine winterliche Zeit, meine ich, kann durchaus eine Zeit der Gnade sein. Sterben wir, wenn wir krebskrank auf einem Sterbebett liegen, mit einer großen charismatischen Begeisterung oder mühevoll und trotzdem über alle Hoffnung hinaus hoffend: »Herr, in Deine Hände lege ich meinen Geist«? Wenn das Zweite der Stil unseres Sterbens ist, dann – so meine ich – gibt es auch einen legitimen, diesem analogen Stil des Lebens, auch des Lebens der Gnade; denn Gnade kann auch die nüchterne Hoffnung wider alle Hoffnung sein.*
– Diese Grundstimmung setzt sich fort, auch in Briefen vom 4.11.65 um 7.40 Uhr morgens, vom 5.11.65 um 7.15 Uhr und in einem anderen Brief vom selben Tag, vom 6.11.65 um 7.30 Uhr und vom selben Tag um 14.30 Uhr, vom 8.11.65 um 7.30 Uhr und vom selben

Tag um 10.30 Uhr. Dabei verstärkt sich Rahners Enttäuschung wegen der Gedanken Rinsers zum Thema Unglaube hinsichtlich des Jenseits, wie im Brief vom 5.11.65. Dies findet ein Echo etwa in der Überlegung, die wir *Im Gespräch 1*, S. 170 wiederfinden: *Nein, ich weiß weniger. Das heißt, ich weigere mich, in meine Glaubensüberzeugung von der Endgültigkeit des Menschen nun eine Zeit einzutragen, die nach dem Tode beginnt, die dann quasi weiterläuft und die nur fordert, daß in dieser Zeit etwas Neues geschieht. Denn dann stünde ich bereits vor der Schwierigkeit sagen zu müssen, warum ich in dieser Neuphase nicht etwas ganz anderes anfangen könnte als in meinem bisherigen Leben! Die ganze Vorstellung von einem mit dem Tode geschehenden Gericht, die Vorstellung einer Endgültigkeit meiner Ewigkeit würde dann ja sinnlos werden! Mit anderen Worten: Es gehört zu einer wirklich durchdachten christlichen Grundüberzeugung, daß man die Frage: Wie geht es nach dem Tode weiter? von vornherein ablehnt und sagt: Es geht nicht weiter! Mit dem Tode ist die Geschichte, verstanden als laufende Zeit, wirklich abgeschlossen. Was dann kommt, ist die Endgültigkeit dieser hier in der Geschichte sich entschieden habenden Existenz des Menschen.*

45 Dazwischen liegen Briefe Rahners vom 8.11.65 um 10.30 Uhr, vom 9.11.65, vom 10.11.65 (2mal) und vom 11.11.65.

46 Rahner schreibt in der Zwischenzeit täglich seine Briefe (am 14.11.65 2mal).

47 Es geht um: *Von der Not und Segen des Gebetes*, Innsbruck 1949, und *Sendung zum Gebet*, in: *Schriften III*, 249-261; früher in: Stimmen der Zeit 152 (1953) 161-170.

48 Auch in dieser Zwischenzeit folgen 3 »alltägliche« Briefe Rahners.

49 Dazwischen liegen 4 Briefe Rahners.

50 Wiederum schreibt Rahner alltäglich in der Zwischenzeit 5 Briefe.

51 Zwischen dem 1.12.65 und dem 7.12.65 folgen 6 Briefe Rahners, bevor er Rinser wieder in München trifft.

Lieben und Leben auf die endgültige Erfüllung hin (1966-1984)

1 Davor hat Rahner 7 Briefe aus Freiburg, Köln und Bielefeld geschrieben. Aus München schreibt Rahner inzwischen Briefe vom 10.2.66, vom 11.2.66 um 7.45 Uhr morgens, vom 12.2.66 um 16.15 Uhr, vom 13.2.66 um 8.25 Uhr, vom 13.2.66 abends und vom 14.2.66 um 16.45 Uhr.

2 Am selben Tag, dem 15.2.66, schreibt Rahner um 22 Uhr einen Brief, in dem er Aktuelles berichtet.

3 Dazwischen liegen Rahners Briefe vom 17.2.66, vom selben Tag um 13.15 Uhr, vom 18.2.66 und eine Karte vom 19.2.66 aus Münster – mit aktuellen Berichten.

4 Der Band *Schriften XI. Frühe Bußgeschichte. In Einzeluntersuchungen* ist 1973 in deutsch erschienen 1973; davor in italienisch: *La Penitenza della Chiesa. Saggi Theologici Storici*, Rom 1964.

5 Dazwischen schreibt Rahner Briefe am 21.2.66 um 7.35 Uhr am selben Tag um 10 Uhr, Am 22.2.66 um 7.30 Uhr und am selben Tag um 11.40 Uhr sowie am 23.2.66 – mit Gedanken zum Aschermittwoch.

6 Dazwischen liegen Briefe Rahners vom 24.2.66 um 7.40 Uhr und vom 25.2.66 um 6.15 Uhr.

7 In der Zwischenzeit hat Rahner 11 Briefe geschrieben.
Rahner antwortet im Brief vom 3.3.66 auf Rinsers Briefe vom 25. und 27.2.66 mit der Beurteilung des seelsorglichen Charakters seiner Theologie; vgl. dazu *Im Gespräch 2*, S. 150f.: *Ich kniete mich in die Theologie hinein und bin dann bei diesem Metier mein ganzes Leben lang eigentlich auch geblieben, obwohl ich gleich dazu sagen darf – das habe ich auch immer ausdrücklich erklärt –, daß ich eigentlich kein theologischer Wissenschaftler war und auch gar nicht sein wollte.*
Nein, ich habe eigentlich keine wissenschaftliche Theologie, oder besser nur sehr wenig wissenschaftliche Theologie betrieben.
Kurz und gut, ich bin kein Wissenschaftler und will auch keiner sein, sondern ich möchte ein Christ sein, dem das Christentum ernst ist, der unbefangen in der heutigen Zeit lebt und von da aus sich dann dieses und jenes und ein drittes und ein zwanzigstes Problem geben läßt, über das er dann nachdenkt; wenn man das dann »Theologie« nennen will, ist das ja gut.

8 In der langen Pause, die Rinser mit dem Briefe-Schreiben an Rahner gemacht hat, schreibt Rahner beständig seine Tagebuch-Briefe: Am 5.3.66 antwortet er im zweiten Brief dieses Tages in Antwort auf Rinsers Brief vom 2.3.66 zum Thema des eventuellen Flugzeugunglücks mit der Folge seines Todes in der Richtung wie etwa *Im Gespräch 2*, S. 136: *Jeder Mensch stirbt so, daß ihm alles genommen wird, und der Christ hat die Überzeugung im Leben und im Sterben, daß diese Leere, die durch dieses Genommen-Werden entsteht eben haargenau durch das ausgefüllt wird, was wir Gott nennen. Und wir haben im Grund genommen Gott überhaupt nur verstanden – als den Unbegreiflichen natürlich –, wenn wir sagen: Er ist der, der in dieser letzten existentiellen Leere, die durch unseren*

Tod geschaffen wird, als die Erfüllung hineingehört; als die Erfüllung, die endgültig ist; als die Erfüllung, die unbegreiflich ist; als die Erfüllung, die als unbegreifliche – so wie wir hoffen – die selige ist. Unter dem Jenseits können wir uns nicht viel vorstellen, und wenn wir da bescheidener sind als vielleicht frühere Zeiten, die sich das Jenseits massiver ausmalten, – ist diese Entmythologisierung, die dadurch vielleicht eingetreten ist, durchaus legitim; wir als Christen müssen sie gar nicht wegdisputieren – im Gegenteil, in ihr tritt das wirklich Letzte und Eigentliche des christlichen Jenseitsglaubens, den es immer gab, deutlicher, radikaler, unverschleierter hervor als in früheren Zeiten. Wenn wir dem Tod gegenüber skeptisch sind, ist das noch keine Verleugnung des Christentums, sondern durch diesen scheinbaren Nullpunkt muß das menschliche Leben hindurchgehen, wenn es nicht mit diesem und jenem, sondern mit Gott erfüllt werden soll.

Es folgen noch 7 Briefe zwischen dem 6.3.66 und 10.3.66, 2 Briefe aus Barcelona vom 11.3.66, 3 Briefe aus Wien zwischen 14.3.66 und 16.3.66, 5 Briefe aus Graz zwischen 16.3.66 und 18.3.66, 2 Karten vom 23.3.66 und 25.3.66 aus den USA, wobei Rahner ein Tagebuch aus der Zeit zwischen 20.3. und 5.4.66 von seiner Reise in den USA in einem Heft von 36 Seiten Rinser nach seiner Rückkehr überreicht, darüber hinaus 4 Briefe und Karten aus Rom nach München, wo sich Rinser befindet, während Rahner in der Deutschen Bibliothek in Rom am 19. April 66 einen Vortrag hält.

Kurz vor Rinsers Geburtstag schreibt Rahner im Brief vom 28.4.66 Denkwürdiges.

Es folgen noch Rahners Briefe vom 3.5.66 um 18 Uhr, vom 4.5.66 um 17.20 Uhr und vom 6.5.66 um 6.35 Uhr.

9 Am selben Tag, dem 7.5.66, schreibt Rahner 2 Briefe um 6.35 Uhr und um 20.10 Uhr abends.

10 *Ich bin Tobias*, Frankfurt/M 1966.

11 Dazwischen liegen Rahners Briefe vom 8.5.66, vom 9.5.66 um 6.32 Uhr morgens, vom 9.5.66 um 18.55 Uhr und vom 10.5.66 um 11.45 Uhr, wobei Rahner am 9.5.66 schreibt, daß er wieder in der *Vollkommenen Freude* Rinsers gelesen hat und daß er wegen seiner Bewerbung für die Professur in Münster noch nichts Verbindliches gehört hätte. Rahner nimmt Rinsers Anfrage zu Kempners Buch *Priester vor Hitlers Tribunalen* im Brief vom 10.5.66 vorweg.

12 Diese Sammlung Rahners pastoraltheologischer Beiträge ist zum erstenmal erschienen in Innsbruck 1959 – die 2. Auflage folgte im gleichen Jahr und die 3. 1961.

13 Rahner schreibt wieder gelassenere Briefe am 11.5.66 um 6.50 Uhr, am selben Tag um 11.45 Uhr, am 12.5.66 um 6.35 Uhr, am 13.5.66 um 6.45 Uhr, am 14.5.66 – wobei auf die von Rinser oft angemeldeten Zweifel in bezug auf das theologische Wissen sehr Interessantes im Brief vom 12.5.66 zu lesen ist. Dieses Thema der »docta ignorantia« hat Rahner auch *Im Gespräch 2*, S. 212 erläutert: *Eine weise, gelehrte Unwissenheit über sich selber, die man Gott anvertrauen muß, ohne zu wissen, wie es ist. Der hl. Paulus hat schon gesagt: Ich richte mich nicht selber. Ich bin mir zwar keiner Schuld bewußt, aber der, der mich richtet, ist Gott allein.*
Und so gehört zum Wesen des Menschen, trotz aller Psychologie und Psychoanalyse und all dieser Dinge eine letzte Unreflektiertheit auf sich selber, die gar nicht überwindbar ist. Und der Mensch, der das weiß und der auch weiß, daß er von sich nichts weiß, der vertraut sich Gott an und hofft, ein – wie wir in altchristlicher Terminologie sagen würden – gnädiges Gericht bei Gott zu finden. Wir müssen im Alltag unseren Tod einüben und da so zu leben versuchen, wie wir im Tod zu sterben wünschen, ruhig und gelassen. Im Alltag ist Gott und seine befreiende Gnade. Es gibt die Mystik des Alltags, das Gottfinden in allen Dingen, die nüchterne Trunkenheit des Geistes, von der die Kirchenväter und die alte Liturgie sprechen, die wir nicht ablehnen oder verachten dürfen, weil sie nüchtern ist.

14 Dazwischen liegen 13 Briefe Rahners, wobei im Brief vom 15.5.66 Denkwürdiges zum Thema Kontaktfähigkeit versus Kontaktlosigkeit und zum Thema Geburtenkontrolle – ein altes heikles Thema zwischen Rinser und Rahner – (die Majorität der Pillenkommission in Rom ist für die liberale These) zu finden ist. Es mischen sich aber auch düstere Töne dazwischen wie am 17.5.66 in Zusammenhang mit Rinsers Fragen vom 14.5.66 am Beispiel eines unheilbar Krebskranken. Dieses Thema wird von Rahner auch später *Im Gespräch 2*, S. 130 behandelt: *Wenn jemand mit seinem Alter und seinen Gebrechen und Leiden in einem stoischen Heroismus – wie z.B. der krebskranke Freud mit seinen furchtbaren Operationen – auch noch in irgendeiner Weise fertig wird, dann kann ich nur mit allem Respekt den Hut vor so jemandem ziehen; aber erstens bleibt die Frage, wie weit er da nicht im Grunde genommen doch verzweifelt ist, und es bleibt weiter die Frage, wie weit dieser Heroismus – tiefer theologisch und metaphysisch interpretiert – eben im Grund genommen doch die letzte Lebenstat eines Menschen ist, der in einer anonymen Weise glaubt, und es bleibt drittens, möchte ich sagen, immer noch die Frage an mich, der ich dann sagen kann: Wenn ich mit meinem Leben anders als ein Freud, eben auf meine Weise, besser fertig werde – wer soll mir denn das übelnehmen?*

15 Dazwischen liegen 7, meist lange Briefe Rahners, in denen er Aktuelles berichtet und sich beklagt über seinen geistigen Dauerschmerz – nach dessen Quelle Rinser beständig fragt – wie z.B. am 27.5.66; vgl. dazu (annähernd) auch *Im Gespräch 2*, S. 130f.: *Es gibt natürlich unter Umständen, theologisch gesehen, einen Grad des Schmerzes, der physiologischen Unerträglichkeit, die den Menschen in einem personal-theologischen Sinne von aller Verantwortung dispensiert. Wenn Sie in eine chinesische oder ich weiß nicht was für eine Gehirnwäsche geschickt werden, so daß Sie im Grunde genommen physiologisch zerstört sind, dann hört die theologische Frage einer Verantwortung vor Gott auch automatisch auf. Und so ist es auch beim Alter. Wenn ich einen Schmerz als Krebskranker habe, der mir im Grunde genommen jede Möglichkeit einer freien Gestaltung meines Lebens und meiner Verantwortung raubt, dann ist theologisch gesehen das Problem im Grunde genommen zu Ende. Dann bin ich vielleicht nur noch ein Menschenwesen, das noch eine physiologische letzte Phase überstehen muß; aber gerettet und mit Gott in Frieden bin ich durch meine früheren Taten. Diese letzte Phase ist also religiös und auch menschlich im Grunde genommen unwichtig. Deswegen sollte man, nebenbei gesagt, ja auch solche Phasen nicht durch medizinische Kunstgriffe überflüssigerweise unsinnig verlängern.*

16 Rahner berichtet in Briefen vom 2.6.66 um 6.35 Uhr, vom 3.6.66, vom 4.6.66 um 7.55 Uhr über seine theologischen Gedanken z.B. zur allseitigen Abhängigkeit und Interdependenz der Menschen, über seine Kontakte mit einem japanischen Zen-Meister und über die Begegnung mit Raimon Panikkar, der in München einen Vortrag zum Dialog der Religionen gehalten hat.

17 Im Brief vom 5.6.66 um 6.30 Uhr setzt sich Rahner weiter mit Panikkar auseinander. Seine weiteren Briefe vom 5.6.66 um 8.30 Uhr und dann vom selben und nächsten Tag aus Berlin sind resignativ gelassen und enthalten viel Erinnerungen an Brixen, an kleine Zeichen der Freundschaft, an seinen Schmerz.

18 Von Berlin zurückgekehrt setzt er seine Reflexionen in 3 Briefen vom 8.6.66 fort, wobei er die Folgen Rinsers »Erwachens« in bezug auf die neue Art ihrer gemeinsamen Freundschaft reflektiert. Im Brief vom 11.6.66 um 11.45 Uhr verschärft sich seine resignative Stimmung. Die Frage des Verzichts, die oft zwischen Rahner und Rinser diskutiert war, kommt auch *Im Gespräch 1*, S. 68f. zur Sprache: *Ich würde sagen, daß es einen Verzicht auf die Ehe um des Himmelreiches willen gibt, um eines – wie Paulus sagt – ungeteilten Verhältnisses zu Christus willen. Das ist in der Heiligen Schrift durchaus bezeugt. Eine ganz andere Frage ist, ob die*

Verbindung des Zölibats mit dem weltpriesterlichen Beruf in der Schrift verankert ist. Da wird man zunächst sagen müssen: Nein, davon steht nichts in der Schrift. Damit ist aber die Frage nicht erledigt, ob es nicht durchaus sinnvolle Gründe gibt, von denen her die Kirche nur denjenigen das Amtspriestertum als Dienst für die Menschen im Auftrage Gottes übergeben will, die sich gleichzeitig zu der Lebensweise des Zölibates entschließen können. Diese Frage ist in der Heiligen Schrift nicht behandelt. Dafür war die konkrete Zeitsituation ja auch gar nicht gegeben. Aber dieses Schweigen ist nicht negativ zu werten – vorausgesetzt, daß man noch zugibt, daß es eine echte charismatische Berufung zum Verzicht auf die Ehe überhaupt geben könne. Und da bin ich immer noch der Meinung, daß diese Sache in der Schrift bezeugt ist.

19 Bevor Rahner Rinser in München trifft, schreibt er noch täglich Briefe zwischen dem 12. und 15.6.66 (6), mit aktuellen Berichten, mit Dank für die guten Worte im Brief Rinsers vom 11.6.66.

20 *Intellektuelle Redlichkeit und christlicher Glaube*, in: *Schriften VII*, 54-76.

21 Ab Mai 66 fing Rahner an, seine Fisch-Zeichen am Ende der Briefe ganz schwarz zu zeichnen – mit der Ausnahme, als es ihm besser zu gehen schien.

22 In der Zwischenzeit schreibt Rahner seine täglichen Briefe (8 insgesamt), u.a. am 20.7.66 um 6.45 Uhr morgens über das Vorhaben des protestantischen Bischofs von San Francisco, sein Bild neben Buber auf einem Glasbild in der neuen Kathedrale zu plazieren. Und im Brief vom 22.7.66 um 7.35 Uhr über die Feinheiten seiner *Theologie der Kindheit*.

23 In den 13 Briefen aus der Zwischenzeit bezeichnet Rahner immer wieder als Trost für Rinser, vor allem im Brief vom 27.7.66 um 17.45 Uhr, jene Empfindung, die beide schon früher »Heiterkeit des Schmerzes« genannt haben.

24 Davor schreibt Rahner Briefe am 7.8.66 um 8.45 Uhr und am 8.8.66 um 10 Uhr, in dem er u.a. über die Fortschritte des zweiten Bandes von *Mysterium salutis* berichtet, für den er ein Traktat über die Trinität schreibt.

25 Am 9.8.66 um 11.30 Uhr und am 10.8.66 um 8.10 Uhr mischt sich in Briefen mit aktuellen Berichten die freudige Erwartung der Ankunft von Rinser in München, von wo die Entfernung nach Freiburg, wo er gerade arbeitet, kürzer sei als von Rom.

26 Aus den 9 Briefen der Zwischenzeit ragt die Information heraus, daß der offizielle Berufungsbrief für die Professur in Münster vorliege. (Am 13.8.66 um 13.10 Uhr).

27 In 8 Briefen der Zwischenzeit wird ernst die Frage diskutiert, ob Zölibat heute sinnlos ist. Rahner nimmt die Bedenken Rinsers ernst, behält aber für sich eine diesbezügliche Meinung, vor allem zu seiner persönlich nicht diskutablen Haltung dem Zölibat gegenüber. Auch öffentlich hat Rahner mehrmals diese Haltung differenziert erörtert, z.B. *Im Gespräch 1*, S. 69f.: *Die Amtskirche hat sicher die Pflicht, sich mit dieser Tatsache ernsthaft und gewissenhaft auseinanderzusetzen. Eine solche Auseinandersetzung muß sicher das Prinzip berücksichtigen, das nach meiner Meinung gilt: Wenn die Kirche eine wirklich genügend große Zahl von Weltpriestern nicht findet, außer sie gibt den Zölibat auf, dann hätte sie unter dieser Voraussetzung – die noch nicht bewiesen ist – die Pflicht, auf den Zölibat zu verzichten. Das ist die eine Seite. Auf der anderen Seite würde ich nicht meinen, daß in der Kirche einfach in einer x-beliebigen Weise abgestimmt werden darf, ob die Kirche den Zölibat beibehalten oder aufgeben soll. Erstens ist das Problem einer solchen demokratischen Abstimmung innerhalb der Kirche ein theologisches Problem. Zweitens muß man auch damit rechnen, daß es demokratisch zustande gekommene Majoritäten gibt, die deswegen noch lange nicht garantiert das Richtige fordern, und drittens wird man doch auch wieder betonen müssen, daß das Amtspriestertum nicht etwas ist, auf das von vornherein jeder, der es haben will, ein klagbares Recht der Kirche gegenüber hat.*
Wir setzen voraus, daß es eine sinnvolle Konvergenz zwischen einer priesterlichen Berufung gibt – in der ein Mann radikal frei sein soll für den Dienst an den Menschen über eine mögliche Familie hinaus – und dem Zölibat. Wenn eine solche innere sinnhafte, wenn auch nicht notwendige Verbindung zwischen Zölibat und priesterlichem Dienst gegeben ist, dann meine ich, steht es im Urteil der Kirche, ob sie nur unter der Bedingung des Zölibates ein Priestertum verleihen will, auf das niemand von sich aus ein klagbares Recht hat. Dabei ist immer wieder das vorhin Gesagte aufrechtzuerhalten, daß die Kirche für einen genügend zahlreichen Klerus zu sorgen hat. Gegenüber der Möglichkeit, den Zölibat vom Priester zu fordern, ist das eine vorrangige Pflicht der Kirche.

28 In den Briefen vom 28.8.66 um 6.45 Uhr morgens, vom 29.8.66 um 9.15 Uhr und vom 30.8.66 um 7.25 Uhr sowie vom selben Tag abends schreibt Rahner am 29.8.66 u.a. Wichtiges zu der Aufbewahrung der Briefe Rinsers, die in einem verschlossenen Kuvert zeitlich geordnet worden sind. Weiter kommt er noch einmal auf die in dieser Zeit viel diskutierte Frage des Zölibates und begründet tiefsinnig sein Verbleiben in dieser Lebensform.

29 *Hat Beten einen Sinn?*, Zürich 1966.

30 In 9 Briefen dieser Zwischenzeit mischen sich unter alltägliche Berichte auch Überlegungen, ob Rahners Gang nach Münster eine sinnvolle Lösung ist wie z.B. am 2.9.66 und am nächsten Tag – wobei es um die Durchführung von Habilitationen in der Theologie, was ihm in München nicht ermöglicht worden sei, geht.

31 In diese Zwischenzeit fallen 5 Briefe Rahners über Aktuelles und über Befindlichkeiten, die nicht von Schmerz frei sind.

32 Rahner schreibt weiter in dieser Zwischenzeit 17 Briefe mit vielen Berichten über Aktuelles, aber auch wie z.B. am 7.10.66 um 17.30 Uhr über die existentielle Erfahrung des Infragestellens von allem Aktuellen im Bewußtsein des Todes – ähnlich wie z.B. *Im Gespräch 2*, S. 135f.: *Ich möchte einmal kurz und einfach und mit Vorbehalt aller weiteren Erklärungen sagen: Der Tod wäre negativ zu interpretieren, wenn wir nicht mit Jesus, dem Gekreuzigten und Auferstandenen, sterben würden. Diese negative Aussage ist also im Grund genommen mit einer Bedingung konditioniert, die nach dem Glauben der Christen durch Jesus Christus schon längst überholt ist. Man kann doch sagen, daß eine paradiesische Unsterblichkeit sicherlich schlechter gewesen wäre als der Tod mit Christus; denn zweifellos ist das Christusereignis doch für den Theologen und seine Maßstäbe und für den christlichen Glauben nicht die mühsame Restitution einer paradiesischen Bestimmung des Menschen, sondern überholt sie wesentlich. Von da aus kann man natürlich beruhigt sagen, daß – abgesehen von allen evolutionistischen Theorien und Überlegungen – der Tod durchaus als ein positives Ereignis des Lebens aufgefaßt werden kann, als Sieg des absoluten Lebens in der Dimension der Endlichkeit des Menschen; ein Sieg, der demonstriert, daß auch noch einmal in der scheinbaren Absurdität des menschlichen Todes Gott und Sein ewiges Leben zum Siege kommen.*
Die meisten Menschen sterben natürlich in einer sehr tristen Weise; es sieht wenigstens so aus. Sie sind bewußtlos, sie röcheln, man wartet beinahe ungeduldig, bis alles zu Ende ist; sie werden irgendwo in eine Intensivstation abgeschoben, und den Angehörigen wird vielleicht sogar verboten, überhaupt dabeizusein, und die sind vielleicht, wenn sie ehrlich sind, noch froh, nicht dabeisein zu müssen. All das ist traurig, all das ist vielleicht trist, und es müßte vielleicht anders sein. Aber im allerletzten ist das doch nicht die Hauptsache.

33 In Briefen Rahners vom 10.10.66 um 7.45 Uhr, am selben Tag um 9.45 Uhr, am 11.10.66 um 7.35 Uhr, am 12.10.66 und am selben Tag um 18.50 Uhr setzt sich diese resignativ-gelassene Stimmung wie z.B. am 10.10.66 durch.

34 Es geht um Rinsers Buch: *Laie, nicht ferngesteuert*, Zürich 1967.

35 Davor schreibt Rahner 4 Briefe aus Genf und schreibt am 16.10.66 um 16 Uhr nach seiner Rückkehr von Genf, daß er den *Tobias* wieder zu lesen und genau zu studieren angefangen hat und seine Trauer über die Vorwürfe Rinsers wegen der nicht geleisteten Hilfestellung nicht verwinden kann. In den Briefen vom 17.10.66 und 19.10.66 abends werden die Mißverständnisse nicht ausgeräumt – Rahner leidet sehr an Rinsers Vorwurf.

36 Es geht um *das Dynamische in der Kirche* (Questiones disputatae), Freiburg/Br. 1958.

37 *Handbuch der Pastoraltheologie*, 5 Bände, hrsg. von Karl Rahner u.a., Freiburg 2. Auflage 1970ff.

38 In den 9 Briefen der Zwischenzeit bekennt Rahner wie am 25.10.66 die Unfähigkeit, aus der durch den Vorwurf Rinsers herbeigeführten Krise herauszukommen. Nach den Reisen nach Köln, Essen und Berlin kommt eine gewisse Beruhigung der geistigen Lage – Rahner berichtet über und interessiert sich wieder für Aktualitäten.

39 Rahner schreibt in der Zwischenzeit Briefe am 5.11.66, am 9.11.66 und am 11.11.66 sowie eine Karte aus Sankt Georgen am 7.11.66. Wieder tritt der resignative Ton entgegen den Bemühungen Rinsers um hellere Stimmung, wie am 8.11.66, in den Vordergrund.

40 In der Zwischenzeit schreibt Rahner noch je einen Brief am 15.11.66 und am 23.11.66, in dem er mitteilt, daß er den Ruf nach Münster angenommen hat.
Nach der gemeinsam verbrachten Weihnachtszeit schreibt Rahner den ersten Brief am 23.1.67.
Darauf folgen 5 »alltägliche« Briefe.

41 Der erste Teil *Gespräch über Lebensfragen* erschien in Würzburg 1966, der zweite Teil *Gespräch von Mensch zu Mensch*, Würzburg 1967 und der dritte Teil *Fragen, Antworten*, Würzburg 1968.

42 Dieses Werkheft ist unter dem Titel *Luise Rinser. Zu ihrem 60. Geburtstag am 30. April 1971* in Frankfurt/M erschienen – darin befindet sich auch auf den Seiten 35-46 Rahners Beitrag *Von der Größe und dem Elend des christlichen Schriftstellers* und ein Zitat Gabriel Marcels über Rinsers *Nina*. Rahner nimmt in *Von der Größe*, S. 37f. die Bedeutung dieser Aussage Marcels und Rinsers Popularität in Frankreich auf: *Wenn bei Luise Rinser ein Gabriel Marcel etwas Eigenes findet, wenn sie in Frankreich, dem klassischen Land der modernen christlichen Literatur, übersetzt, gelesen und als bedeutend anerkannt wird, dann ist sie offenbar nicht jemand, der nichts unverwechselbar Eigenes zu sagen hat, der nur überkommene Schablonen*

durchpaust, dann gibt es offensichtlich Menschen, die ihre Aussage besser verstehen als die anderer. Und sodann: ist vielleicht nicht diejenige zeitgenössische Literatur, der man ziemlich allseits einen hohen literarischen Rang zuerkennt, oft (nicht immer!) dadurch leichter als das Werk Rinsers vor dem Verdacht des billig »Christlichen« und so vor dem Vorwurf der Ranglosigkeit geschützt, daß es Christen darstellt in außergewöhnlichen Situationen, die nicht die unserer eigenen Alltäglichkeit sind? Ist vielleicht der Triumph der Gnade in einer Sündenmystik, die wir gewöhnliche Menschen praktisch uns gar nicht leisten können, leichter »überzeugend« als christliche vorzustellen als das »Christentum«, das wir selber leben müssen, die wir (samt allen Kritikern) eben westeuropäische späte »Bourgeois« sind und es im Grunde auch ganz gerne sind (wenn wir ehrlich sind), so daß nur die Frage ist, ob in dieser Situation eine christliche Existenz immer noch eine ernste, das Letzte aufrufende und in Zweifel ziehende Möglichkeit ist oder ob das nicht möglich ist. Wie dem auch sein mag, was ist »positiv« gerichtete Literatur, die von vornherein keine künstlerischen Maßstäbe verträgt? Gewiß ist eine solche nicht schon durch jene Absicht allein gegeben, von der bereits gesprochen wurde, wobei nochmals ausdrücklich zu bemerken ist, daß eine solche »Absicht« des Werkes im Akt des dichterischen Schaffens selbst ganz vergessen wird, als Forderung aus der gestalteten Wirklichkeit auf den Leser zukommt, nicht aber vom Schreiber von außen als Zutat zu dieser Wirklichkeit hinzugefügt wird und dann undichterisch erscheinen muß.

43 In diese Zwischenzeit fallen Rahners 6 »alltägliche« Briefe, u.a. reagiert er positiv am 2.2.67 auf die Bitte Rinsers wegen des Werkheftes. Nach intensiver Lektüre des 1966 erschienenen Romans von Rinser *Ich bin Tobias* schreibt Rahner dazu in *Von der Größe*, S. 40: *Nicht wenige der Gestalten Luise Rinsers präsentieren überhaupt nichts explizit Christliches, sie sind Menschen, die willig unterwegs sind, einer Ordnung sich einzufügen lernen, lieben, Not leiden, tapfer sind, das unbegreifliche Leben hoffend wagen. Ihre jüngste Gestalt, Tobias, ist am Ende gerade am Anfang angekommen: Tobias wagt es, das Leben anzunehmen in der äußerlich spießbürgerlichen Gestalt seines wirklichen Vaters. Wenn solche Gestalten in dem Milieu agieren, das Restbestände traditionellen unverstandenen Christentums aufweist – nun, so ist es eben heute noch so.*

44 *Jugend unserer Zeit.* Bildauswahl: Herbert Sailer, Würzburg 1967.

45 Der Roman *Der schwarze Esel* ist in Frankfurt/M 1974 erschienen.

46 In diese Zwischenzeit fallen wieder 15 Briefe Rahners, wobei er am 10.2.67 seine Bereitschaft bekräftigt, den Beitrag zum Werkheft zu schreiben und sich überlegt, wie er sein Thema präzisieren könnte; im

Brief vom 13.2.67 nimmt Rahner Rinsers Erinnerung an den 28. Februar 1962 auf.

47 Wieder fallen 15 Briefe Rahners in diese Zwischenzeit – am 26.2.67 wird erneut die Frage des Beitrags zum Werkheft angesprochen. Rahner bereitet sich auf das subtile Problem vor, das er später in *Von der Größe*, S. 38f. u.a. behandelt: *Solche »positiv« eingestellte und so verdächtige Literatur ohne künstlerischen Rang liegt vor, wenn abstrakte Ideen, die zuerst da sind, »eingekleidet« werden, wenn in diesem Sinn geredet, statt gelebt wird, wenn die theoretische »Lösung« formaler Dialektik vorgetragen wird (obzwar »eingekleidet«) anstatt der Einmaligkeit, die das Unlösbare des unerfindlichen Lebens in sich birgt, das vom Dichter nur demütig dem Abgrund des Geheimnisses, den wir Gott nennen, anvertraut, nicht aber »gelöst« werden darf. Freilich muß – und das macht alles theoretisch noch komplexer – auch gesagt werden, daß zur echten Wirklichkeit des Menschen, so der Mensch nicht freventlich verkürzt werden soll, auch die Reflexion, die gute oder schlechte, tiefsinnige oder infantile »Theorie« gehört. Konkrete Gestalten von Menschen, die denken, von grundsätzlichen Fragen betroffen werden, in Frieden oder im Konflikt mit einer höheren Ordnung leben, dies wissen und damit sich auseinandersetzen, sind darum noch lange nicht schon erdachte Schemen einer »positiv« gerichteten Literatur. Eine Literatur, die nur den gleichgültig alles und jedes mitschwemmenden Strom der Empfindungen und vitalen Antriebe in einem Menschen registrieren würde, für die alles im Menschen sich auflöst in ein bloßes, personal strukturloses Geschiebe von physiologisch-psychologisch-gesellschaftlichen Determinanten, ist gerade kein echter »Realismus«. Denn so ist der Mensch in Wirklichkeit gar nicht. Er hat, er ist eine Struktur mit einem Oben und Unten, mit Wirklichkeiten, die der Rede wert sind, und solchen, die man schweigend übergeht, er ist nicht bloß das Gemengsel genitaler, analer und ähnlicher Empfindungen. Wem es wichtig vorkommt, mag auch davon reden, vorausgesetzt, daß er den Menschen nicht in einer unrealistischen Ideologie darauf reduziert und sich dann noch einbildet, die Wirklichkeit ideologiefrei und unvoreingenommen zu sehen. Wer solches unbefangen übergeht, weil er gewichtiger Wirkliches vom Menschen zu sagen hat, ist noch kein Utopist und Schönfärber.*

48 Die letzten 2 Briefe, die im Kontext der Rinser-Briefe des Jahres 1967 stehen, hat Rahner am 11.3.67 und am 12.3.67 geschrieben: in beiden freut er sich auf ein baldiges Wiedersehen zu Ostern in München.
Die weiteren Briefe Rahners aus dem Jahre 1967 – um die 200 – bleiben ohne Gegenpart von seiten Rinsers: ihre Briefe aus dieser Zeit stehen für diese Publikation nicht zur Verfügung.

49 Die Briefe Rahners aus dem Jahre 1968 kommen aus Münster – Rahner erkundigt sich im Brief vom 26.5.68 u.a. nach dem Fortgang von Rinsers literarischen Arbeiten, während im Brief vom 27.5.68 sich Rahner zu den Notstandsgesetzen äußert, die während der Studentenunruhen erlassen worden sind.

50 Der Briefwechsel des Jahres 1968 endet für die vorliegende Auswahl mit Rahners Briefen um Pfingsten herum, einem Fest, zu dem sich Rahner und Rinser immer Wichtiges zu sagen pflegten; in Briefen vom 30.5.68, vom 31.5.68, vom 1.6.68, und vom 2.6.68 ist wieder eine freundschaftlich versöhnende Wärme wie in früheren Jahren um diese Zeit zu spüren.
Die übrigen Briefe Rahners des Jahres 1968 – ca. 100 – haben ebenfalls keine Entsprechung – die verschollenen Briefe Rinsers dieses und der folgenden Jahre stehen für diese Auswahl nicht zur Verfügung.

51 Rahner hat im Jahre 1984 drei Briefe geschrieben: Am 2.2.84, dem Lichtmeßtag, fragt er, warum so lange von Rinser keine Briefe kommen. Weiter erzählt Rahner von den Vorbereitungen zu seinem 80. Geburtstag in Freiburg und von den bevorstehenden Fahrten nach London und nach Budapest.
Am 20.2.84 schreibt Rahner nach seiner Rückkehr von London und bedankt sich für Rinsers Dabeisein in Freiburg. Der dritte Brief vom 14.3.84 ist offensichtlich mit zitternder Hand geschrieben und daher schwer leserlich. Geschrieben ist er vom Sanatorium in Rum-Innsbruck. Rahner beschreibt sein aktuelles Befinden nach seiner Rückkehr von Ungarn.

52 Erschienen in Frankfurt/M 1983.
Rinsers Brief ist 7 Tage vor Rahners Tod geschrieben. Sein gedruckter Dankesbrief für die Feierlichkeiten seines 80. Geburtstags ist noch von seiner zitternden Hand unterschrieben.
Rahner starb am 30. März 1984.

Lebensdaten von Karl Rahner (1962-1984)

1962 Peritus des Zweiten Vatikanischen Konzils

1964 Ehrenzeichen der Landesregierung Tirol in Würdigung der Verdienste auf dem Gebiet der Wissenschaft (20.2.) – O. Professor für christliche Weltanschauung und Religionsphilosophie an der Universität München (25.3.) – Dr. theol. h.c. der Theologischen Fakultät der Universität Münster/Westfalen (13.5.) – Dr. h.c. der Universität Straßburg (21.11.) – Herausgeber von *Handbuch der Pastoraltheologie*

1965 Träger des Reuchlin-Preises der Stadt Pforzheim (26.6.)

1966 Dr. jur. h.c. der juristischen Fakultät der Notre Dame University (USA) (23.3.)

1967 Ordinarius für Dogmatik und Dogmengeschichte an der Theologischen Fakultät der Universität Münster/Westfalen (1.4.) – Dr. h.c. der Saint Louis University (USA) (12.10.)

1968 Empfang der Universitätsmedaille von Helsinki (Finnland) (1.4.)

1969 Mitglied der Päpstlichen Theologenkommission (27.4.) – Dr. theol. h.c. der Yale Universitiy (USA) (9.6.)

1970 Träger des Romano-Guardini-Preises der Kath. Akademie in Bayern (München) (18.3.) – Großes Bundesverdienstkreuz mit Stern der Bundesrepublik Deutschland (6.5.) – Dr. phil h.c. der Universitä Innsbruck (6.6.) – Mitglied des Ordens Pour le mérite für Wissenschaften und Künste (Bundesrepublik Deutschland) (23.6.)

1971 Prof. emeritus (3.9.) – Honorarprofessor für Grenzfragen von Theologie und Philosophie an der Hochschule für Philosophie in München (1.10.)

1972 Dr. theol. h.c. der Universität Löwen (Belgien) (2.2.) – Ehrenmitglied der American Academy of Arts and Sciences Boston (USA) (10.5.) – Honorarprofessor für Dogmatik und Dogmengeschichte an der Theologischen Fakultät der Universität Innsbruck (18.6.) – Erscheint *Strukturwandel der Kirche*

1973 Sigmund-Freud-Preis für wissenschaftliche Prosa 1973 der Deutschen Akademie für Sprache und Dichtung (20.10.)

1974 Dr. h.c. Litterarum Humaniorum, Georgetown University, Washington, USA (19.5.) – Dr. theol. h.c. der Pontificia Universitas Comillensis, Madrid (31.5.) – Corresponding Fellow of The British Academy (10.7.) – Doctor of Humane Letters, University of Chicago, USA (8.11.) – Doctor of Laws, Duquesne University, Pittsburgh, USA (9.11.)

1976 Erscheint *Grundkurs des Glaubens. Einführung in den Begriff des Christentums* – Träger des Kardinal-Innitzer-Preises 1976 (4.9.)

1978 Erscheint *Ignatius von Loyola* (zus. mit P. Imhof und H.N. Loose)

1979 Mehrere Ehrungen in den USA, u.a.: Doctor of humane letters der John Carroll Universiy in Cleveland (USA) (6.4.) – Doctor of humane letters der Weston School of Theology, Boston (USA) (18.4.) – Kultureller Ehrenpreis der Landeshauptstadt München (15.5.) – Erscheinen: *Was sollen wir noch glauben?* (zus. mit K.-H. Weger); *Rechenschaft des Glaubens* (hrsg. v. K. Lehmann und A. Raffelt)

1980 Doctor of Laws der Fordham University, New York (USA) (25.5.)

1981 Erscheint *Theologie in Freiheit und Verantwortung* (Hrsg. zus. mit H. Fries)

1982 Träger des Dr. Leopold-Lucas-Preises der evang.-theol. Fakultät Tübingen (14.5.) – Erscheinen: *Was heißt Jesus lieben?*; *Karl Rahner im Gespräch Bd. 1:* 1964-1977 (hrsg. v. P. Imhof und H. Biallowons); *Mein Problem – Karl Rahner antwortet jungen Menschen*; *Praxis des Glaubens. Geistliches Lesebuch* (hrsg. v. K. Lehmann und A. Raffelt)

1983 Erscheint *Karl Rahner im Gespräch Bd. 2:* 1978-1982

1984 Erscheint der 16. Band der *Schriften zur Theologie* – Große Feier zum 80. Geburtstag Rahners in Freiburg (5.3.) –
Gestorben am 30.3.

Lebensdaten von Luise Rinser (1962-1984)

1962 Akkredidierte Journalistin beim 2. Vatikanischen Konzil (bis 1966) – Erscheinen: *Die vollkommene Freude. Roman; Vom Sinn der Traurigkeit (Felix Tristitia)*

1963 Erscheint *Die Kraft zu leben*

1964 Erscheint *Über die Hoffnung; Septembertag*

1965 Umzug nach Rocca di Papa in den Albaner Bergen. In den beiden folgenen Jahrzehnten unternimmt L.Rinser zahlreiche Reisen, u.a. nach Osteuropa, Amerika sowie in den Mittleren und Fernen Osten.

1966 Erscheinen: *Ich bin Tobias; Hat Beten einen Sinn?; Gespräche über Lebensfragen*

1967 Erscheinen: *Laie, nicht ferngesteuert; Zölibat und Frau; Gespräch von Mensch zu Mensch; Jugend unserer Zeit*

1968 Erscheinen: *Von der Unmöglichkeit und der Möglichkeit, heute Priester zu sein; Fragen und Antworten*

1969 Erscheint: *Nach seinen Bild* (zusammen mit Oswald Kettenberger)

1970 Erscheinen: *Baustelle*, das erste von L. Rinsers zeitkritischen Tagebüchern; *Unterentwickeltes Land Frau*

1971 Engagement als Wahlhelferin für die SPD bei den rheinland-pfälzischen Landtagswahlen – Erscheint: *Warum bleibe ich in der Kirche?; Werkbuch* (zum 60. Geburtstag)

1972 Erscheint: *Grenzübergänge. Tagebuch-Notizen*

1973 Erscheint: *Wer ist Jesus von Nazaret – für mich?* (in: H. Spaemann, Hrsg.); *Hochzeit der Widersprüche*

1974 Erscheinen: *Der schwarze Esel. Roman; Dem Tod geweiht? Lepra ist heilbar (Fotos: Christoph Rinser)*

1975 Verleihung der Ehrenbürgerschaft von Gwang Ju/Südkorea – Christophorus-Jugendbuchpreis – Erscheinen: *Bruder Feuer; Leiden, Sterben, Auferstehen*

1976 Erscheint: *Wenn Wale kämpfen. Porträt eines Landes: Süd-Korea*

1977 Nach der Entführunge des Arbeitgeberpräsidenten Schleyer durch die »Rote Armee Fraktion« wird L.Rinser von einem Teil der öffentlichen Meinung (selbst von einigen Politikern) als Sympathisantin des Terrorismus diffamiert. – Die Volkshochschule Gerlingen bei Stuttgart sagt im Oktober eine vereinbarte Dichterlesung ab: »man garantiere nicht für meine Sicherheit, die Bevölkerung plane ›Maßnahmen‹ gegen mich...« (*Kriegspielzeug*, 125) – Rehabilitierung vor dem Bundestag, Verleihung des Großen Bundesverdienstkreuzes.

1978 Erscheint: *Kriegsspielzeug.Tagebuch 1972-1978*

1979 Roswitha-Gedenkmedaille der Stadt Bad Gandersheim für Schriftstellerinnen – Premio mediterraneo/Italien – Erscheint: *Das Geheimnis des Brunnens*

1980 Premio Europa/Italien – Zunehmendes Engagement in der Friedens- und Umweltbewegung – Erscheint: *Mein Lesebuch; Mit wem reden*

1981 Erscheint: *Nordkoreanisches Tagebuch*

1982 Erscheint: *Winterfrühling. 1979-1982*

1983 Erscheinen: *Miriam; Den Wolf umarmen*

1984 Als Kandidatin für das Amt des Bundespräsidenten erhält L. Rinser bei der Wahl am 23.5. in Bonn 68 Stimmen (von 1040); die Fraktion der Grünen, von der sie nominiert worden war, zählt lediglich 39 Mitglieder – Premio Europeo »Lorenzo il Magnifico«/Letteratura (Ernennung zur Senatorin der Universität Florenz) – Johannes-Bobrowski-Medaille der CDU/DDR.

Bildnachweis:

Károly Forgács-Budapress, Würzburg: S. 279; Bernhard Moosbrugger, Zürich: S.116; Foto Friedl Murauer, Innsbruck: S. 195; Carl Pospesch, Salzburg: S. 45; Archiv Luise Rinser, Rocca di Papa/München: S. 14, 164, 229, 321, 383; Adolf Waschel, Wien: S. 421; Foto Studio Liselotte Weich, München: S. 80; © Madeline Winkler-Betzendahl, Stuttgart: S. 353.